POLITEXT 180

Los pilares del marketing

POLITEXT

Bernardo López-Pinto Ruiz
Marta Mas Machuca
Jesús Viscarri Colomer

Los pilares del marketing

EDICIONS UPC

Primera edición: enero de 2008
Reimpresión: marzo de 2010

Diseño de la cubierta: Manuel Andreu
Diseño del interior: Antoni Cristòfol
Maquetación: Azahara Vera

©   los autores, 2008

©   Edicions UPC, 2008
      Edicions de la Universitat Politècnica de Catalunya, SL
      Jordi Girona Salgado 31, 08034 Barcelona
      Tel.: 934 015 885 Fax: 934 054 101
      Edicions Virtuals: www.edicionsupc.es
      E-mail: edicions-upc@upc.edu

Producción: LIGHTNING SOURCE

Depósito legal: B-9.949-2008
ISBN: 978-84-8301-949-8

Prólogo

Mi relación con el profesor Bernardo López-Pinto Ruiz se inició hace muchos años, cuando era él estudiante en la Escuela Técnica Superior de Ingenieros Industriales de Barcelona. Desde entonces ha demostrado un interés clarísimo por la dedicación al mundo académico, en especial en el área de marketing. Esta especialización ha constituido una característica de su vida profesional y desempeñado puestos de alta responsabilidad en los campos de la Gestión Pública y Privada, en las áreas de Dirección General, Dirección Financiera y Dirección de Mercadotecnia.

Al acabar su formación entró en la Cátedra de Administración de Empresas, centrando sus enseñanzas en el área de mercadotécnica y posteriormente dentro del Departamento de Organización de Empresas de la UPC. Sus antecedentes como académico y profesional le hicieron un profesor muy valioso en estas materias. Su conocimiento de la realidad, y sus experiencias tecnológicas y económicas, le han preparado especialmente para ser muy buen profesor en esta área.

Este libro, que presenta en colaboración, ofrece los pilares de conocimientos como marco de referencia de los problemas específicos en el área de marketing. Está estructurado y organizado para ser especialmente útil a los estudiantes y profesionales del marketing.

Lo ha concebido en forma sistémica, colocando las funciones de mercadotecna dentro de un sistema interdependiente que existe simultáneamente y en colaboración con otros. Estos pilares se complementan con descubrimientos, formulaciones, investigaciones y experiencias desarrollados por el autor.

Estos principios básicos en forma de teoría contemplan las variables y los procesos de contenido cultural. Las teorías formuladas adecuadamente y usadas en forma apropiada resultan ser eminentemente prácticas en la vida profesional. Los enfoques básicos se pueden aplicar a cualquier empresa en cualquier lugar. La publicación incluye los últimos avances y los cambios producidos en los entornos debidos a los nuevos planteamientos que se están produciendo en el sector causados por los avances en las tecnologías y sus aplicaciones, y por la aparición del fenómeno de la globalización.

La planificación de cada uno de estos capítulos se estructura bajo una dinámica de aprendizaje, empezando con la presentación del capítulo, su temario, un glosario de términos utilizados en el mismo, una serie de casos prácticos, y un test de comprensión de todo lo expuesto.

Felicito al profesor Bernardo López-Pinto y a sus colaboradores, Jesús Viscarri Colomer, excelente profesor del área, ingeniero industrial y master del IESE, y Marta Mas Machuca, licenciada en Administración y Dirección de Empresas de la Universidad de Navarra, premio extraordinario de la carrera por esta magnífica obra, en la que presenta sus pensamientos, estudios y experiencias académicos y profesionales sobre el área, augurándoles un éxito con esta publicación.

Josep M. Fons-Boronat
Catedrático de Universidad de Gestión de Empresas (Emérito)
Académico Numerario de la International Academy of Management
Académico Numerario de la Real Academia de Ciencias Económicas y Financieras

Barcelona, 18 de enero del 2008

Presentación

La función principal de una empresa es la creación de valor. En efecto, cualquier organización ha de conseguir los mejores resultados a partir de sus recursos. La eficiencia en la gestión ha de facilitar la creación de valor para los accionistas, pero también se ha de corresponder a los demás miembros con los que la empresa interacciona: empleados, clientes, proveedores y comunidad en general. Solemos otorgar un protagonismo especial al beneficio porque es el mejor indicador dentro de la ecuación de valor. Cuanto mayor sea éste, mayores serán los recursos a destinar a un fin determinado.

El área de marketing de la empresa, al igual que el resto de áreas, ha de trabajar para conseguir el mayor beneficio. "Incrementar el volumen de ventas" ya no es el único modo de obtenerlo. Quizás lo sea a corto plazo, pero si ello no va acompañado de un nivel elevado de satisfacción del cliente o de una innovación en el producto debida a la detección de unas necesidades en el mercado, la capacidad de creación de valor de la empresa pronto se verá mermada.

El contenido de este libro pretende dar a conocer, de forma generalizada y sintética, los principales aspectos del marketing. Consideramos que son los *pilares* sobre los que debe planificarse un marketing adecuado al mercado en el que se desea incidir.

La investigación del mercado, su segmentación con las variables más apropiadas, el estudio del comportamiento del consumidor y la recopilación de datos son elementos capitales para descifrar el mercado y conocer qué ofrecemos y a quién. Todo ello, junto con los objetivos de la empresa, los recursos con los que contamos y el posicionamiento elegido, nos facilitará la elección de un modelo apropiado para aplicar la estrategia de marketing.

La aplicación de esta estrategia será posible gracias al conocimiento de los instrumentos del *marketing mix*: producto, precio, posición y promoción, así como su adaptación durante el ciclo de vida del producto.

Las nuevas tecnologías, como por ejemplo Internet o el móvil, nos aportan nuevos canales de distribución, de comunicación o de adecuación de productos y precios. Estas innovaciones no son únicamente propiedad de las grandes empresas. El pequeño comercio, aunque con menos recursos, presenta grandes iniciativas en este ámbito y es, en muchos casos, un referente en su aplicación al marketing.

También incorporamos en nuestro estudio todas aquellas herramientas necesarias para alcanzar el éxito en la acción de marketing. Es preciso planificar, organizar, controlar y auditar nuestros programas de marketing. Asimismo, se insiste en las nuevas teorías del marketing relacional.

En definitiva, la obra está destinada principalmente a difundir todos los elementos que han de tenerse en cuenta para desarrollar y aplicar un plan de marketing que nos ayude a contribuir, desde el área correspondiente, a la creación de valor para la empresa. Cada capítulo consta de una parte teórica y de unos casos prácticos. En la web www.edicionsupc.es/poli180, puede consultarse un esquema de cada capítulo en un PowerPoint, que facilita al lector una visión rápida del contenido del libro.

Índice

Agradecimientos

En primer lugar quiero destacar la buena sintonía y criterio que he encontrado en los coautores de este libro, Marta Más y Jesús Viscarri.

A las empresas Jallut Ibérica, Agroterra y a Einsmer Escuela de Merchandising, les agradecemos la aportación de la documentación necesaria para algunos de los casos prácticos.

A Rafael Domínguez, ingeniero industrial, al Dr. Ingeniero Industrial Ferran Espuñes en lo referente a producto, patentes y marcas, que nos ayudó en la redacción de los casos y de los test de evaluación; a Jaime Carrió, economista, en el tema de auditoría; a Magí Torner, en los casos de promoción, y a Luz Dávalos, doctoranda en la UPC, nuestro agradecimiento.

Al Dr. Mario Aguer le debemos un agradecimiento especial por sus sugerencias y por su apoyo constante.

Bernardo López-Pinto Ruiz

1

Introducción y conceptos básicos. Mercado y marketing

OBJETIVOS

1. Analizar la evolución del mercado, desde la autosuficiencia hasta nuestros días
2. Definir los conceptos básicos del marketing
3. Detallar las principales variables que intervienen en el mercado
4. Definir los conceptos básicos de: producto, mercado y demanda

1.1 EVOLUCIÓN HISTÓRICA DEL MERCADO Y DEL MARKETING

Para entender la naturaleza de un mercado, suponemos la existencia de una economía primitiva, compuesta tan sólo por cuatro personas especializadas, cada una de ellas, en la producción de un bien: A, B, C y D. Existen tres situaciones, secuenciales en el tiempo, en que estos mercaderes podrían satisfacer sus necesidades.

En el primer caso, la **autosuficiencia**, en que las personas reúnen los bienes que necesitan para sí mismas. Por tanto, cada centro de producción dedica la mayor parte de su tiempo a su especialidad, aunque, para obtener otros bienes que necesita para subsistir, también debe darse tiempo para conseguirlos.

En el segundo caso, el intercambio descentralizado, donde cada una de estas personas piensa que las otras tres, que componen un

mercado, son posibles "compradores" y "vendedores". Así pues, A, B, C y D viajarán con el propósito de intercambiar sus productos.

Por último, el intercambio centralizado, donde aparece otra persona más, que llamaremos comerciante, la cual se coloca en un lugar, llamado mercado central. Cada mercader entrega sus bienes al comerciante, canjeándolos por los bienes que necesita. Así pues, en lugar de negociar con los otros proveedores, A, B, C y D harán respectivamente sus transacciones en un mercado central para obtener todos los bienes que necesita. Los comerciantes y los mercados centrales reducen notablemente la cantidad de transacciones necesarias para obtener un volumen dado de intercambios.

De esta manera, hemos podido observar la aparición del concepto del marketing y la aparición de la figura del comerciante. La autosuficiencia carece de estas propiedades, al no existir intercambio. Esta situación evoluciona hacia un comunismo primitivo, en que las personas o unidades de producción se aliaban para desarrollar en común tareas económicas de forma que todos pudieran verse beneficiados.

Cuando este agrupamiento resulta insuficiente, aparece la necesidad de intercambio

/1.1/
Evolución hacia
un intercambio
centralizado

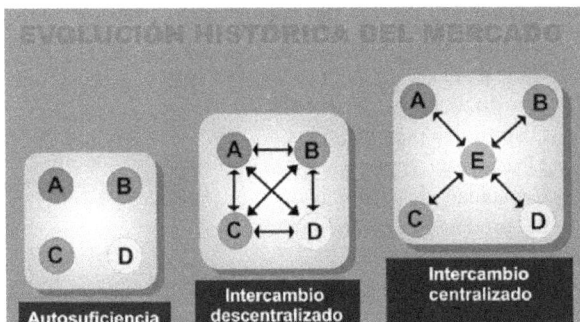

con otras familias mediante el trueque, fase que podríamos enmarcar dentro del intercambio descentralizado. Se inician, en el ámbito rudimentario, actividades propias del marketing, como son la búsqueda y la negociación.

La práctica del intercambio provoca la aparición de los mercados centrales y la moneda como solución para resolver los problemas que se planteaban con la transacción de bienes indivisibles o de valor muy distinto. Entonces nace la venta y con ella la figura del comerciante. El dinero conlleva la posibilidad de acumular riquezas. La finalidad de la producción ya no es únicamente la subsistencia, sino que con ella se busca ya la obtención de un beneficio. Esto hace aumentar la producción, y surgen actividades de negocio que requieren la búsqueda de clientes y de mercados, y el transporte de los artículos desde los centros de producción hasta los de consumo, con objeto de obtener ganancias. Podríamos calificar esta etapa de *capitalismo primitivo*.

Pasan muchos siglos durante los cuales no se presta demasiada importancia al problema de colocar las producciones. Las empresas producen sobre la base de lo que pueden ofrecer, con lo que el consumidor debía adecuarse a los productos que el fabricante ponía a la venta. El marketing surge de la necesidad de colocar en el mercado los excedentes de una producción poco planificada. A partir de 1950, aparece la empresa orientada al marketing, fabricándose lo que el mercado solicita.

La cantidad de comerciantes y de mercados aumenta en la medida en que la sociedad avanza y cada vez existen más personas y, por tanto, más transacciones y voluntad de intercambio. En los países avanzados, los mercados no son siempre lugares físicos donde interactúan compradores y vendedores. Con las nuevas tecnologías de comunicación y los transportes modernos, un comerciante puede anunciar un producto en un medio publicitario, en un horario nocturno, atraer pedidos de miles de clientes por teléfono y, al día siguiente, enviar los productos a los compradores. En un caso así, las partes que intervienen en el intercambio puede que no hayan tenido ningún tipo de contacto.

El mercado puede crearse alrededor de un producto, un servicio o cualquier cosa que entrañe valor. Por ejemplo, el *mercado de trabajo* está compuesto por personas que están dispuestas a ofrecer su trabajo a cambio de salarios o productos. El *mercado de valores* se centra en la valoración de los activos de las empresas.

El concepto de mercados nos lleva al concepto del marketing. A su análisis y definición dedicamos los siguientes apartados. Tanto el mercado de vendedores como el de compradores realizan actividades mercadotécnicas.

1.1.1 Requisitos para la existencia del marketing

La introducción al concepto de mercado supone, como hemos visto, la existencia de una serie de características que aparecen en el momento en que percibimos que sobre aquél pueden utilizarse técnicas comerciales. Para que exista el marketing debe haber intercambio, transacciones y relaciones entre dos o más partes.

El **intercambio** es el acto mediante el cual se obtiene un objeto deseado, perteneciente a otra persona, ofreciéndole algo a cambio. Entendemos este concepto como una de las muchas formas en que las personas pueden obtener un objeto deseado. Por ejemplo, alguien hambriento puede conseguir comida cazando, pescando o recolectando fruta. Puede mendigar o puede quitarle la comida a otra persona.

Intercambio: Es el concepto central del marketing.

Las personas se pueden dedicar a hacer aquellos productos en que estén especializados y cambiarlos por otros que necesitan, fabricados por otros. Así pues, el intercambio permite que la sociedad produzca mucho más de lo que podría con otro sistema. El intercambio es el concepto central del marketing. Para que exista deben darse varias condiciones:
- Que haya dos o más partes.
- Cada parte debe contar con algo a lo que el resto de las partes dé valor.
- Disposición para negociar.
- Libertad para aceptar o rechazar las ofertas.
- Capacidad de comunicación y entrega del producto intercambiado.

Una **transacción** es la unidad de medición del marketing. Es un canje de valores entre

Transacción: Es la unidad de medición del marketing.

las partes. No todas las transacciones entrañan dinero. Pueden intercambiarse productos o servicios, con lo cual tendremos un trueque. Por ejemplo, un mecánico puede reparar un automóvil de un médico a cambio de un examen clínico.

Las transacciones en el mercado forman parte de un concepto más amplio, el de la comercialización por medio de **relaciones**. Los buenos comerciantes hacen un esfuerzo por crear relaciones duraderas con clientes, distribuidores, vendedores y proveedores valiosos. Establecen vínculos sociales y económicos sólidos, prometiendo y entregando siempre productos de gran calidad, buen servicio y precios justos. El marketing (concepto que podemos, momentáneamente, imaginar como el manejo de los mercados con la finalidad de propiciar el intercambio) está cambiando a pasos agigantados, está pasando de tratar de maximizar las utilidades en cada transacción a maximizar las relaciones mutuamente beneficiosas entre los consumidores y otras partes. En este caso, la hipótesis sería: si se establecen buenas relaciones, llegarán transacciones rentables.

1.2 CONCEPTOS BÁSICOS DEL MARKETING

A lo largo del apartado anterior, ya se han citado algunos de los términos que forman parte de la definición y el alcance del marketing. Conviene analizar otros conceptos antes de concretar su filosofía en una definición.

1.2.1 Necesidades, deseos y demandas

El marketing trata de satisfacer necesidades y deseos e identifica, crea, desarrolla y sirve a la demanda.

Necesidad:
carencia de algo.

La **necesidad** es una condición en que se percibe una carencia de algo, un estado fisiológico o psicológico que es común a todos los seres humanos. Según Abraham H. Maslow (1970), existe una jerarquía de las necesidades. Por orden de importancia son:

1. Necesidades fisiológicas: hambre, sed.
2. Necesidades de seguridad: seguridad, protección.
3. Necesidades sociales: sentido de pertenencia, amor.
4. Necesidades de estima: amor propio, reconocimiento.
5. Necesidades de autorrealización: desarrollo y realización propios.

Es decir, no se satisfará el nivel de necesidades de seguridad hasta que queden satisfechas las necesidades fisiológicas, etc.

Necesidades fisiológicas: Estas necesidades constituyen la primera prioridad del individuo y se encuentran relacionadas con su supervivencia. Dentro de éstas encontramos, entre otras, necesidades la alimentación, el saciar la sed, el mantenimiento de una temperatura corporal adecuada, etc.

Necesidades de seguridad: Con su satisfacción se busca la creación y mantenimiento de un estado de orden y seguridad. Dentro de estas encontramos la necesidad de estabilidad, la de tener orden y la de tener protección, entre otras.

Necesidades sociales: Una vez satisfechas las necesidades fisiológicas y de seguridad, la motivación se da por las necesidades sociales. Estas tienen relación con la necesidad de compañía del ser humano, con su aspecto afectivo y su participación social. Dentro de estas necesidades tenemos la de comunicarse con otras personas, la de establecer amistad con ellas, la de manifestar y recibir afecto, la de vivir en comunidad, la de pertenecer a un grupo y sentirse aceptado dentro de él, entre otras.

Necesidades de estima: Este grupo radica en la necesidad de toda persona de sentirse apreciado, tener prestigio y destacar dentro de su grupo social; de igual manera, se incluyen la autovaloración y el respeto a sí mismo.

Necesidades de autorrealización: En este nivel el ser humano requiere trascender, dejar huella, realizar su propia obra, desarrollar su talento al máximo.

La teoría de Maslow plantea que las necesidades inferiores son prioritarias, y por lo tanto, más potentes que las necesidades superiores de la jerarquía: "un hombre hambriento no se preocupa por impresionar a sus amigos con su valor y habilidades, sino, más bien, por asegurarse lo suficiente para comer" (DiCaprio,1989, pag.364). Solamente cuando la persona logra satisfacer las necesidades inferiores, aunque lo haga de modo relativo, entran gradualmente en su conocimiento las necesidades superiores, y con eso la motivación para poder satisfacerlas.

Un **deseo** es la forma en la que se expresa la voluntad de satisfacer una necesidad, de acuerdo con las características personales del individuo, los factores culturales, sociales y ambientales, y los estímulos del marketing. Así, por ejemplo, la manera de satisfacer la necesidad básica de comer varía según se trate de un español o de un indígena africano, de un cristiano o de un musulmán, y de un niño o un anciano. El deseo supone un acto de voluntad, posterior a la necesidad, pero de la cual no se deriva necesariamente. Se puede necesitar algo pero no querer satisfacer esta necesidad. Así, por ejemplo, un testigo de Jehová puede necesitar una transfusión de sangre, pero bajo ningún concepto la admitirá, aun cuando esté en peligro su vida.

La **demanda** es una formulación expresa de un deseo, que está condicionada por los recursos disponibles del individuo o entidad demandante y por los estímulos de marketing recibidos. Las necesidades son ilimitadas, pero los recursos, en cambio, son limitados, y el comprador tratará de asignarlos del modo que estime más conveniente para él. Conforme una sociedad evoluciona, los deseos de sus miembros aumentan. Cuando el poder adquisitivo respalda estos deseos, éstos pasan a ser demandas.

El marketing actúa fundamentalmente sobre la demanda. Identifica, crea o desarrolla demanda, posibilitando que los deseos se conviertan en realidad. Pero no ha de crear necesidades artificiales. Estas deben existir, ya sea de forma manifiesta o latente. Han de ser reales y no aparentes. Si esto no ocurre, en general, la reacción del mercado puede ser opuesta al propósito de la empresa. En algunos casos, marcas con un elevado componente de prestigio son capaces de no coordinar sus herramientas de marketing, creando necesidades y, al mismo tiempo, dificultando al consumidor la compra.

No es fácil, sin embargo, traducir en términos operativos las necesidades de los consumidores. Puede ser que éstos no sepan lo que quieren o sean incapaces de expresarlo hasta que se enfrentan a elecciones específicas. Por otra parte, los consumidores pueden ser inconsistentes al fijar sus preferencias y necesidades, pidiendo que un producto reúna simultáneamente características contrapuestas (por ejemplo, calidad y bajo precio, versatilidad y simplicidad). Los productos innovadores y, en concreto, la tecnología son claros ejemplos.

Conocer las variables que determinan la aceptación o el rechazo de una innovación es una de las principales preocupaciones de los profesionales del marketing. Según AC Nielsen en Europa, el 90% de los productos lanzados fracasa en el transcurso de dos años. En los países europeos, como en Gran Bretaña, 90.000 productos nuevos son lanzados anualmente al mercado, lo que implica que aproximadamente 81.000 productos acaban fracasando.

Y es que: "Las buenas ideas no se venden a sí mismas"[1] (Rogers, 1985), existen ciertas variables que harán relativa su adopción.

¿Por qué tardamos tanto en adoptar las innovaciones?

1. No saben que lo necesitan.
2. No lo pueden comprar.
3. No saben que existe.
4. El innovador no sabe qué o a quién vender.
5. Nadie lo acaba de entender.
6. No sabe a quién comprarlo.
7. No sabe que ya puede comprar.
8. El adoptante potencial no se fía de la credibilidad del proveedor.
9. El vendedor está poco comprometido.

Deseo:
Forma en la que se expresa la voluntad de satisfacer.

Demanda:
Formulacion expresa de un deseo.

Necesidades de autorrealización
de lo que uno es capaz, autocumplimiento

N. de autoestima
(autovalía, éxito, prestigio)

N. de aceptación social
(afecto, amor, pertenencia y amistad)

Necesidades de seguridad
(seguridad, protección)

Necesidades fisiológicas
(alimentación, agua, aire)

Como ya hemos comentado, las actividades del marketing se encaminan a alcanzar los objetivos de la organización descubriendo las necesidades de los clientes y tratando de satisfacerlos. Por tanto, podemos decir que el marketing a nivel agregado realiza dos funciones básicas: ajusta los flujos de producción y consumo, y organiza las relaciones de intercambio en la sociedad.

1.2.2 Productos, bienes, servicios e ideas

Producto: Todo aquello que puede satisfacer una necesidad.

Por **producto** se entiende todo aquello que pueda satisfacer una necesidad. Puede ser un bien material, servicio o idea que posea un valor para el consumidor o usuario y pueda satisfacer una necesidad. Este término, por tanto, se utilizará de forma genérica, no incluyendo únicamente a bienes materiales o tangibles, sino también a servicios e ideas. Las personas satisfacen sus necesidades y anhelos por medio de productos.

Un **bien** es un objeto físico, tangible, que se puede ver y tocar, y en general, percibir por los sentidos; puede destruirse por el consumo, como es el caso de un alimento o una bebida; o, por el contrario, puede ser duradero y permitir un uso continuado, como, por ejemplo, un automóvil.

Un **servicio** consiste en una aplicación de esfuerzos humanos o mecánicos a personas. Los servicios son intangibles, no se pueden percibir por los sentidos, son perecederos y no se pueden almacenar. Como ejemplo tenemos las actividades desarrolladas por los bancos, agencias de seguros, la docencia, o agencias de viaje, etc.

Marketing: El conjunto de actividades destinadas a lograr, con beneficio, la satisfacción del cliente.

Una **idea** es un concepto, una filosofía, una opinión, una imagen o una cuestión. Al igual que los servicios, es intangible. Una cuestión social, como la donación de sangre, es un ejemplo de idea a la que se le puede aplicar la marketing. De hecho, muchas empresas ya han empezado a reconsiderar su misión y su acción como piezas influyentes de la sociedad, tratando de colocar sus principios sociales y su razón de ser por delante de la obtención de beneficios. Estas acciones suelen enmarcarse dentro de lo que se conoce como Responsabilidad Social Corporativa, sobre lo cual haremos especial hincapié en el apartado 1.3.5.

1.2.3 Valor y satisfacción

Los consumidores deciden comprar o utilizar un producto en función de la percepción que tienen del **valor** del bien o servicio. Hay muchas necesidades distintas, que pueden ser satisfechas con productos diferentes, y un mismo producto puede satisfacer varias necesidades a la vez.. Así, por ejemplo, una necesidad de transporte puede ser satisfecha mediante diferentes alternativas: automóvil, autobús, tren, bicicleta, etc.; pero cualquiera de ellas no sólo satisface la necesidad primaria del transporte, sino también otras: estatus, independencia, posibilidad de hacer otras cosas mientras viaja, etc. Y cada alternativa citada le satisfará de algún modo alguna de esas necesidades.

El concepto rector es el valor que tiene para el cliente, el cual adjudicará a cada producto una capacidad para satisfacer sus necesidades. Siguiendo con el ejemplo anterior, como cada producto entraña un coste, y ya que un automóvil cuesta mucho más que cualquiera de los otros productos, el consumidor adquirirá el que le proporcione más beneficios por sacrificio en dinero, el que tenga mayor valor para él.

1.2.4 Definición de marketing

La palabra empezó a utilizarse en Estados Unidos a principios del siglo XX, aunque con un significado distinto al actual. Las propuestas para traducirlo por mercadotecnia, mercadeo, mercadología, y más recientemente, comercialización, no han tenido aceptación total. Es una disciplina joven, con un desarrollo científico muy reciente, caracterizado por muchos intentos de definición y de determinación de su naturaleza y alcance.

Muchas veces se confunde el marketing con la venta o la publicidad, algo que no es de extrañar, al ser éstos los instrumentos más visibles de esta disciplina. Las ventas sólo representan la punta del iceberg del marketing; no son sino una de entre varias funciones del marketing y, con frecuencia, no es la más importante. Si el especialista en marketing logra identificar debidamente las necesidades de los consumidores, desarrolla buenos productos, les fija un precio adecuado, los distribuye y promueve bien, dichos productos se venderán con facilidad.

Peter Drucker, un destacado teórico del management, ha dicho que: "el propósito del marketing es lograr que las ventas resulten superfluas. El objeto es conocer y entender tan bien al cliente que el producto encaje... y se venda solo".

Por marketing entendemos el conjunto de actividades destinadas a lograr, con beneficio, la satisfacción de las necesidades del consumidor, con un producto o servicio. Es decir, el marketing es el *análisis, organización, planificación y control de los recursos, políticas y actividades de la empresa que afectan al cliente, con vistas a satisfacer las necesidades y deseos de grupos escogidos de clientes, obteniendo con ello una utilidad.*

Philip Kotler define el marketing como el *desempeño de actividades de negocios que dirigen la corriente de bienes y servicios del productor al consumidor o usuario.* Otros autores coinciden en definir el marketing como la combinación de las cuatro "P", es decir, producto, precio, posición y promoción.

La American Marketing Association (AMA), definió en 1985 el marketing como *el proceso de planificación y ejecución de la concepción, fijación del precio, promoción y distribución de ideas, bienes y servicios para crear intercambios que satisfagan los objetivos de los individuos y de las organizaciones.* Observamos en esta definición la aparición de: el desarrollo de actividades de análisis, planificación, organización y control, los cuatro instrumentos del marketing y los beneficios de doble sentido: satisfacción mutua. Esta definición también muestra el objeto de estudio del marketing: la creación de intercambios.

Recientemente, la American Marketing Association acaba de promulgar una nueva definición de marketing. Con ello, la AMA sigue una larga tradición consistente en ir adaptando sus definiciones al compás de la evolución de los conocimientos y actividades en esta especialidad. Estas definiciones se pueden encontrar en el *Dictionary of Marketing Terms*, de la AMA, cuya primera edición vio la luz en 1988.

Tras una amplia consulta, la AMA acaba de emitir una nueva definición: "Marketing es una función de las organizaciones, y un conjunto de procesos para crear, comunicar y entregar valor a los clientes y para gestionar las relaciones con los clientes mediante procedimientos que beneficien a la organización y a todos los interesados". Jack Hollfelder, director de publicaciones de la AMA, dice que la nueva responde a la necesidad de adaptarse a los rápidos y profundos cambios que ha experimentado el marketing en la última década y avisa de que, dado el dinamismo de la disciplina, esta nueva definición se revisará en un plazo mucho menor.

La nueva definición marca tres importantes cambios. La primera, la sustitución del clásico paradigma de las cuatro P (producto, precio, lugar (*place*), y promoción) por el "crear, comunicar y entregar valor". Por otra parte, la nueva definición responde también a la creciente atención prestada a los procesos de creación de valor, no sólo para la organización y sus accionistas, sino también para los clientes y los demás interesados. Hoy en día ya se da por evidente que el valor se crea indistintamente mediante ideas, bienes y servicios, por lo que no se considera necesario especificarlo.

4 P: producto, precio, posición, promoción.

El segundo gran cambio consagra la creciente superación del paradigma del *marketing transaccional,* implícitamente centrado en los intercambios individuales, por el nuevo paradigma del *marketing relacional.* De acuerdo con este nuevo paradigma, lanzado por Berry en 1983, e impulsado entre otros por Grönroos, se propugna que el verdadero objetivo de las actividades comerciales es el de crear relaciones a largo plazo, con especial atención a los mejores clientes.

Para ello, es preciso llevar a cabo una serie de actividades tendentes a identificar, informar, vender, servir y satisfacer a los clientes, al objeto de fidelizarles y de desarrollar y ampliar la relación con ellos, llegando incluso en algunos casos a la generación de una comunidad de usuarios de la marca. Estas acciones pueden ir acompañadas de otras tendentes a eliminar de la base de clientes a aquellos a los que no interesa servir; evitar perder a los mejores clientes; y en algunos casos, llevar a cabo actividades de repesca y relanzamiento de la relación.

1.3 VISIONES PARA LA ADMINISTRACIÓN DEL MARKETING

Las empresas tienen un nivel deseado de demanda para sus productos. La administración mercadotécnica, que coincide frecuentemente con la dirección de marketing, no sólo trata de encontrar la demanda y aumentarla, sino también de cambiarla o incluso disminuirla. Por consiguiente, la dirección de marketing de la empresa pretende afectar el grado, los tiempos y la índole de la demanda, de tal manera que sirva para que la organización alcance sus objetivos (la definición y determinación de objetivos del marketing se estudiará en el siguiente capítulo).

Definimos pues la administración mercadotécnica como el análisis, la planificación, la aplicación y el control de programas diseñados para crear, ampliar y sostener intercambios benéficos con los compradores que están en la mira, con el propósito de alcanzar los objetivos de la organización.

Existen cinco visiones alternativas según las cuales las organizaciones desarrollan sus actividades mercadotécnicas: la producción, el producto, las ventas, el marketing y el marketing social.

1.3.1 Concepto de producción

El concepto de producción sostiene que los consumidores optarán por los productos disponibles que sean asequibles y, por consiguiente, asume que la administración de la empresa se debe enfocar a mejorar la eficiencia de la producción y de la distribución. Este concepto representa una de las filosofías más antiguas de los vendedores.

Este concepto es útil cuando la demanda de un producto es superior a su oferta. La empresa deberá encontrar la manera de aumentar su producción. También resulta útil su aplicación cuando el coste del producto es demasiado alto y se quiere aumentar la productividad para bajarlo: economías de escala.

1.3.2 Concepto de producto

Sostiene que los consumidores preferirán aquellos productos que ofrezcan gran calidad, rendimiento e innovación y, por consiguiente,

que la organización debe realizar un esfuerzo constante para mejorar sus productos.

Ya en 1960, Theodore Lewitt sugirió que el concepto de producto puede desembocar en la "miopía del marketing". Por ejemplo, hubo una época en que los administradores de ferrocarriles pensaron que los usuarios querían trenes, en lugar de transporte, y no tuvieron en cuenta el reto que representaban las líneas aéreas, los autobuses, los camiones y los automóviles. Otro ejemplo lo tenemos en aquel fabricante de brocas que piensa que cubre la necesidad de sus clientes creyendo que éstos quieren una broca, ignorando que lo que en realidad quieren es hacer un agujero.

El producto, según Lewitt, es un conglomerado de tangibles e intangibles que se agrupan en un producto total, por lo tanto este producto total será una combinación de elementos.

1.3.3 Concepto de venta

Sostiene que los consumidores no comprarán bastante cantidad de productos de una organización, salvo que ésta realice ventas y promociones a gran escala. El concepto se suele aplicar a bienes que los compradores no piensan comprar normalmente, por ejemplo, enciclopedias.

El concepto de ventas también se aplica al campo de las actividades no lucrativas. Por ejemplo, un partido político venderá con ahínco a su candidato, diciendo a los votantes que se trata de una persona fantástica para el puesto. Los fallos del candidato se ocultarán al público porque el objetivo es conseguir la venta y no preocuparse del todo por la posterior satisfacción de los clientes.

1.3.4 Concepto de marketing

El concepto de marketing sostiene que para alcanzar las metas de la organización se deben definir las necesidades y los anhelos de los mercados meta, a los cuales se les deben proporcionar las satisfacciones requeridas con mayor eficacia y eficiencia que la competencia. Resulta extraño que este concepto sea una filosofía empresarial relativamente nueva.

Es frecuente confundir el concepto de venta y el de marketing. El concepto de venta adopta una perspectiva de interior a exterior. Empieza en la fábrica, se centra en los productos existentes de la empresa y requiere gran cantidad de ventas y promociones para que las ventas sean rentables. Por otra parte, el concepto de marketing adopta una perspectiva del exterior al interior. Empieza con un mercado bien definido, se centra en las necesidades de los clientes, coordina todas las actividades mercadotécnicas que afectan a los clientes y logra la rentabilidad por vía de la satisfacción de los clientes.

Muchas empresas triunfadoras, bien conocidas, han adoptado el concepto de marketing. Cada vez son más las empresas que tienen en el centro de su organigrama al cliente. Por otra parte, muchas otras dicen que utilizan el concepto de marketing, pero no es así. Cuentan con la estructura empresarial típica y apropiada para llevar a cabo esta filosofía administrativa, pero la duda es si se adaptan a las necesidades cambiantes de los clientes y las estrategias de la competencia. Empresas que fueron inmensas (General Motors, IBM, etc.) perdieron partes importantes de mercado por falta de adaptación al cambio. La meta es incluir la satisfacción de los clientes en la mismísima composición de la empresa. Esto ha dejado de ser una moda para convertirse en una forma de vida.

¿Por qué es tan importante satisfacer a los clientes? Las ventas de una empresa se derivan de dos grupos: los clientes nuevos y los repetidores. La literatura clásica del marketing relacional sostiene que a medida que un consumidor acumula tiempo con la empresa, pasa a ser más rentable. Se sostiene que es más barato retener a un consumidor que captar a uno nuevo, y que un consumidor retenido y satisfecho tiende a ser menos sensible al precio, a comprar más de la empresa y a ser más barato de servir.

Sin embargo, la realidad es que hay muy poca evidencia empírica de que esto sea realmente así. En un estudio realizado por Reinartz and Kumar (2000) se muestra que estas tesis son ciertas en algunos casos, pero que no lo son siempre. Por ello, la empresa debe medir lo que gasta en retener a sus clientes y saber quiénes son los clientes que retiene.

Ponemos como ejemplo el caso de Amazon y Barnes and Noble. Las dos empresas compiten intensamente en el mercado de libros a nivel internacional. Los dos envían regularmente campañas de descuentos a sus clientes, con el objetivo de mejorar la lealtad. Sin embargo, podría ser que un grupo no pequeño de consumidores a pesar de ser clientes antiguos de, por ejemplo, Amazon, lo fuesen también de Barnes and Noble, y de hecho solo comprasen en el *e-tailer* que les diese los mejores descuentos. Por tanto, para Amazon o Barnes and Noble no siempre los clientes antiguos son los más rentables. Hay que estudiar a cada cliente o cada segmento para hacer una valoración seria de lo que dejan en la empresa y lo que debe gastarse en ellos.

Los consumidores satisfechos no necesariamente son leales. Especialmente en mercados de alta competencia, hacen falta índices de satisfacción junto con costes de cambio muy elevados para conseguir lealtad. Diversos estudios empíricos han demostrado que la satisfacción de los clientes está íntimamente relacionada con la esperanza de vida de un cliente y ésta a su vez con la rentabilidad. Además, retener clientes satisfechos es más rentable a largo plazo que retener a clientes con otros costes de cambio, porque para los competidores seguramente será más difícil captarlos.

La clave está en satisfacerlos. Un cliente satisfecho compra más, es "leal" durante más tiempo, habla bien del caso a los demás, le presta menos atención a las marcas de la competencia y a la publicidad, es menos sensible a los precios y cuesta menos servirle que al cliente primerizo.

/1.2/
Comparación del concepto de las ventas y el concepto de marketing

Sin embargo, los especialistas comerciales deben encontrar el equilibrio entre crear más valor para los clientes y generar beneficios para la empresa.

1.3.5 Concepto de marketing social

Sostiene que la organización debe determinar las necesidades, los anhelos y los intereses de los mercados que sean su meta. A continuación debe ofrecerles las satisfacciones deseadas con mayor eficacia y eficiencia que la competencia, de tal manera que conserve o mejore el bienestar de los consumidores y de la sociedad. Esta es la filosofía más moderna de entre las cinco de la administración mercadotécnica.

El concepto de marketing social se cuestiona si el concepto de marketing puro funciona en una época de problemas ambientales, escasez de recursos, veloz crecimiento de la población, problemas económicos mundiales y servicios sociales desatendidos. Se pregunta si la empresa que satisface y sirve a los deseos individuales siempre hace lo más conveniente para los consumidores y la sociedad a largo plazo. Según esta visión, el concepto mercadotécnico puro pasa por alto los conflictos que se pueden presentar entre los deseos de los consumidores a corto plazo y su bienestar a largo plazo.

Pensemos en el caso de Coca-Cola Company o Starbucks. Hay muchos que piensan que se tratan de organizaciones responsables, que producen magníficos refrescos o cafés que satisfacen el gusto de los consumidores. Sin embargo, ciertos grupos han manifestado su preocupación porque la Coca-Cola carece de valor nutritivo y representa un peligro para los clientes, o porque el denominado comercio justo en lo que se refiere a la compra de café por parte de Starbucks está en entredicho.

Más allá de las buenas obras, el mecenazgo o la filantropía, la responsabilidad social corporativa abarca un concepto amplio cuyo interés se manifiesta de forma recurrente en todos los sectores. Se trata de la contribución voluntaria de las empresas hacia el desarrollo económico, ambiental, legal y social. Un compromiso que surge del resultado de identificar y asumir los deberes de la organización ante la sociedad. La cuestión de fondo consiste en saber si son suficientes y están correctamente dirigidas las acciones que se están llevando a cabo en este campo.

Existe cierta controversia a la hora de definir cuál es la función de una empresa, su razón de ser. Para muchos, es la de crear valor para el accionista. Para otros, la de aportar algo beneficioso a la sociedad. Podemos encontrar puntos de encuentro entre las dos tendencias si aceptamos que la creación de valor para el accionista se corresponde únicamente con la función financiera de la empresa y que, por encima de ella, todos estamos obligados a contribuir al progreso social.

En efecto, como institución económica, la empresa debe conseguir los mejores resultados a partir de los recursos con que cuenta. La eficiencia en la gestión ha de facilitar la creación de valor para sus propietarios, pero también se debe corresponder con los demás miembros con los que la empresa interacciona: empleados, clientes, proveedores y comunidad. La búsqueda del equilibrio entre la obtención de un buen resultado financiero y la utilidad aportada a los demás participantes lleva a pensar en que el objetivo de la empresa, como parte del sistema económico, no es tanto la maximización de valor para los accionistas como la contribución decidida al desarrollo sostenible.

La empresa desempeña un importante papel en el progreso de la sociedad. No es posible conseguir un impacto relevante en la sostenibilidad si ella misma no lo es. Consolidar una posición interesante en el sector debe facilitar la definición de políticas de RSC dentro de la propia misión de la empresa. No se trata de una cuestión de evitar el escrutinio de otros a través de la aportación voluntaria a obras sociales, sino de integrar la responsabilidad social en los esquemas de la empresa, estableciendo los contenidos, los recursos y las estrategias necesarios para su desarrollo.

Las prácticas erráticas de RSC que cuelgan de los departamentos de marketing yerran el tiro. Si bien es verdad que, cada vez más, las empresas dedican más recursos al patrocinio de iniciativas de responsabilidad social corporativa, algunos agentes desconfían de su autenticidad. Es posible que los intentos de promocionar determinadas actividades, como por ejemplo las dirigidas a los desfavorecidos en épocas señaladas del año, sean contraproducentes. Las acciones voluntarias orientadas a alguno de los aspectos que componen la RSC no deben perseguir directamente un incremento en las ventas, sino un compromiso auténtico de generación de valor en la sociedad.

Para unos es más fácil que para otros. Existe una distancia considerable entre la caja de ahorros que destina grandes sumas de dinero a obras sociales y el laboratorio farmacéutico cuyos precios de los medicamentos es demasiado elevado para que los grupos desfavorecidos tengan acceso a ellos, o fijen su foco únicamente en mercados rentables. Los sectores más vulnerables a las críticas han de desarrollar una actividad más intensa en RSC. El reto es aún mayor para las empresas que operan a nivel internacional y que, quizás, tengan que tratar con proveedores de países emergentes, poblaciones con un alto nivel de marginación o con conflictos sociales.

Lo mejor que podemos esperar es que siga en aumento la concienciación hacia las prácticas voluntarias y activas de responsabilidad social corporativa, dentro y fuera de la empresa. Es un importante paso que ninguna gran compañía publique en sus principios que su responsabilidad primordial sea la de maximizar beneficios.

1.4 EL MERCADO

1.4.1 Concepto de mercado

El mercado puede definirse como el lugar físico o ideal en el que se produce una relación de intercambio. Sin embargo, desde el punto de vista del marketing, el concepto de mercado como lugar es muy limitado y poco operativo.

Resulta más conveniente definir el mercado por los elementos que determinan su existencia. Así, un mercado es:
- Un conjunto de personas, individuales u organizadas
- Que necesitan un producto o servicio determinado
- Que desean o pueden desear comprar
- Que tienen capacidad económica y legal para comprar

No basta, por tanto, con la existencia de necesidades y deseos para que exista un mercado. Es preciso, además, que las personas tengan capacidad económica para adquirir los bienes y servicios que necesitan y quieren. Pero también es necesaria la capacidad legal (un menor de edad, por ejemplo, no puede comprar un automóvil ni conducirlo). En cuanto hay un mercado, es posible la transacción de intercambio.

El comportamiento global del mercado se exterioriza y se mide por medio de la demanda, que es la formulación expresa de los deseos y necesidades de los consumidores en función de su poder adquisitivo.

Cuando se analiza un mercado, hay que distinguir entre:
- El **mercado actual o real:** el que en un momento dado demanda un producto determinado.
- El **mercado potencial:** número máximo de compradores al que se puede dirigir la oferta comercial y que está disponible para todas las empresas de un sector durante un período de tiempo determinado. Si estos compradores potenciales reciben suficientes estímulos de marketing, pueden llegar a demandar el producto ofertado.

Desde el momento en que los mercados actual y potencial son de distinta magnitud, completamos esta clasificación con el **mercado virgen,** resultado de la diferencia entre el mercado potencial y el actual.

También hay que diferenciar entre el mercado de un producto y el mercado de la empresa o mercado objetivo, es decir, aquel al que la empresa ofrece sus prOductos. En todos los casos, la definición del mercado de un producto debe basarse en el consumidor. Bajo este enfoque, el **mercado-producto** se define como el conjunto de productos considerados como sustitutivos -dentro de aquellas situaciones de uso en las que se buscan be-

El comportamiento global del mercado se exterioriza y se mide por medio de la demanda.

neficios similares- y los clientes para los que tales usos son relevantes.

Un mercado presenta límites de distintos tipos que han de conocerse para diseñar adecuadamente una estrategia comercial. Estos límites pueden clasificarse en:

- *Físicos:* territoriales o geográficos. Lo que da lugar a mercados locales, regionales, nacionales y extranjeros.
- *Según las características de los consumidores:* demográficas, sociales, económicas, étnicas y culturales. Por ejemplo, el mercado de la tercera edad, el de los estudiantes, etc.
- *Según el uso del producto:* estos límites son los más relativos y los que pueden modificarse más fácilmente. El mercado puede ampliarse por nuevas aplicaciones del producto. Por ejemplo, los helados no tienen por qué ser sólo una golosina o un refresco que se toma en verano, sino que también pueden convertirse en un completo alimento rico en vitaminas que sustituya a la fruta o a cualquier otro postre en cualquier época del año. El champú para niños puede pasar a ser un producto utilizado por cualquier persona de la familia.

1.4.2 Clasificación del mercado

El análisis del mercado debe contemplar los distintos tipos de mercado existentes y los criterios de clasificación. Estos criterios pueden basarse en los límites del mercado (ya considerados en el apartado anterior), en el tipo de comprador, en los productos ofertados, en el número de competidores, en la intensidad de la oferta y la demanda y en el tipo o forma de la relación de intercambio.

/1.3/
Mercado potencial

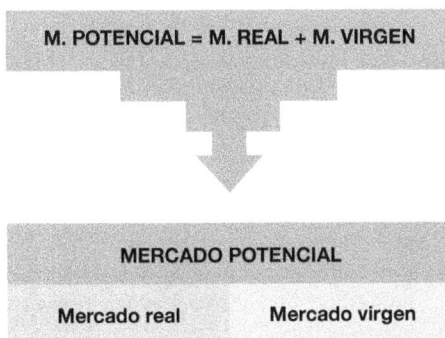

M. POTENCIAL = M. REAL + M. VIRGEN

MERCADO POTENCIAL

Mercado real   Mercado virgen

a. Según el tipo de comprador

Según las características o personalidad jurídica del comprador, los mercados pueden clasificarse en cuatro tipos distintos:

Particulares. Individuos cuya relación con el vendedor es puramente personal, sin obedecer a una actividad industrial, mercantil o de servicios. Compran para su propio consumo o el de sus allegados. Pueden clasificarse a su vez por sexo, edad, nivel social, volumen de compras, fidelidad, etc.

Empresas. Su demanda se deriva de la de los mercados de consumo. Adquieren los bienes o servicios para incorporarlos a sus procesos productivos. Pueden clasificarse por:

- Tamaño: grandes, medianas o pequeñas.
- Tipo de actividad: industria, comercio, servicios.
- Propiedad: privada o pública

Organismos públicos. Al igual que las empresas, su demanda es derivada, pero su actividad no tiene una finalidad económica. Pueden clasificarse por:

- Competencias territoriales: nacionales, autonómicas, locales.
- Centralización: administración central, organismos autónomos, etc.

Otras instituciones. Asociaciones profesionales, culturales, benéficas, deportivas, partidos políticos, etc.

b. Según el tipo de producto ofertado

El tipo de producto intercambiado puede dar lugar a múltiples clasificaciones del mercado en función del grado de detalle de la división de los productos y el criterio utilizado para diferenciarlos. Atendiendo a las características intrínsecas del producto, puede considerarse la clasificación siguiente:

- Productos agropecuarios y del mar
- Materias primas
- Productos manufacturados
- Servicios
- Activos financieros
- Ideas

c. Según el número de competidores

En función de que existan uno o varios oferentes y uno o varios demandantes, pueden darse las siguientes combinaciones:

Monopolio. Hay un solo oferente y muchos demandantes. Las barreras de entrada son numerosas. Por ejemplo, una compañía nacional de transporte ferroviario.

Oligopolio. Hay pocos oferentes y muchos demandantes. Existen considerables barreras de entrada. Por ejemplo, el mercado de telefonía móvil.

Competencia oligopolística Es la situación más frecuente. Hay muchos oferentes y demandantes, con productos diferenciados. Existen pocas barreras de entrada. Por ejemplo, el mercado de productos alimenticios.

Competencia perfecta. El número de compradores y vendedores también es muy elevado, pero el producto intercambiado es homogéneo, como el caso del mercado de valores mobiliarios. No hay barreras de entrada.

d. Según la intensidad de la oferta y la demanda

El dominio del mercado estará en manos de los vendedores o de los compradores según sea mayor o menor la demanda que la oferta. Estas dos situaciones posibles se identifican como:

Mercado de vendedores. La demanda supera a la oferta.

Mercado de compradores. La oferta supera a la demanda.

e. Según el tipo o forma de la relación de intercambio

El mercado puede clasificarse, finalmente, en función de las características o de la forma específica que adopte la relación de intercambio, dando lugar a seis situaciones distintas:

Subasta. El intermediario de la transacción no actúa ni como comprador ni como vendedor. Por ejemplo, el que dirige una subasta de obras de arte.

Licitaciones. En este caso la subasta es dirigida por una de las partes, que ha establecido previamente las condiciones de la misma. Por ejemplo, las compras efectuadas mediante concurso por las administraciones públicas.

De relaciones. Son las más habituales. En ellos se producen transacciones simples sin contrato formal y con influencia previa de alguna de las partes. Por ejemplo, la venta detallista de productos de consumo como las prendas de vestir, etc.

Contractuales. Cuando la relación se formaliza en un contrato de duración limitada. Por ejemplo, la compra de una vivienda.

Franquicias. En este supuesto, la relación contractual cubre una amplia gama de prestaciones de servicios, suministros de bienes y cesión del nombre comercial o marca por parte del franquiciador. En contraprestación, el franquiciado abona un porcentaje de los ingresos y acepta las condiciones de venta que se le imponen. Por ejemplo, las tiendas infantiles Prenatal y las de hamburguesas Burger King.

Obligacionales. La relación contractual es, en este caso, duradera. Una de las partes tiene el control, pero no la propiedad de los servicios prestados por la otra, como, por ejemplo, las relaciones que surgen en el mercado de trabajo.

1.5. LA DEMANDA

La demanda total del mercado de un producto es el volumen total que compraría un grupo definido de consumidores, en un área geográfica definida, en un tiempo definido, en un entorno de marketing definido, y bajo unos programas de marketing definidos. El análisis de la demanda supone llevar a cabo tres tipos de tareas fundamentales:

a. Medir la demanda

Es decir, cuantificar su alcance, tanto de la demanda actual como de la potencial. Por *demanda potencial* se entiende la formada por todos los consumidores que tienen algún interés por un producto o servicio en particular y a los que es posible alcanzar con una utilización intensiva de los instrumentos del marketing por parte de todos los competidores. La medida de la demanda, actual o potencial, puede realizarse, fundamentalmente, de tres maneras:

- En unidades físicas. Es decir, indicando el número de productos demandados, peso, longitud, superficie, etc.
- En valores monetarios. Es el resultado de multiplicar la cantidad demandada por su precio unitario.

Demanda:
Es el volumen total que adquiriría un grupo definido de consumidores.

- En términos de participación de mercado. Indica la relación entre las ventas (en unidades o en valores monetarios) de una o varias empresas y el total de la demanda del mercado.

La medida de la demanda está siempre referida a un tipo de producto o marca, a la totalidad o parte del mercado, a un ámbito geográfico y a una unidad de tiempo.

b. Explicar la demanda

Con ello se tratan de identificar las variables que determinan la demanda y averiguar de qué modo influyen en su comportamiento, así como las interacciones que existen entre tales variables. Estas variables pueden ser controlables por la empresa, como los instrumentos del marketing, o no controlables, como son la competencia y los demás factores del entorno.

La explicación de las variables que influyen sobre la demanda permitirá realizar análisis de sensibilidad sobre su comportamiento, es decir, cuantificar en qué medida se modificará el nivel de demanda ante una posible variación de uno o varios de los factores que la determinan.

c. Pronosticar la demanda

El conocimiento del comportamiento actual y pasado de la demanda, así como de las variables que influyen en dicho comportamiento, puede ser utilizado para efectuar un pronóstico de la demanda, es decir, una previsión del nivel de demanda en el futuro.

La previsión de la demanda puede realizarse con una amplia variedad de técnicas. Pero difícilmente será eficaz el pronóstico si no se basa en una medida apropiada y una explicación rigurosa de los factores que influyen en el comportamiento de la demanda.

Las tres tareas básicas indicadas (medir, explicar y pronosticar) ponen de manifiesto la importancia que tiene el análisis de la demanda. Una correcta medida y explicación de los fenómenos que determinan la demanda permitirán un pronóstico más acertado de su comportamiento futuro, así como una mejor utilización de los instrumentos del marketing y una dirección del entorno más efectiva, lo que, en definitiva, supondrá tomar mejores decisiones.

La previsión de la demanda basada en una correcta medición y explicación de la misma no garantiza el éxito de una estrategia, pero sin tal previsión las decisiones del marketing y de otras áreas de la empresa se basarán en presunciones no comprobadas, y posiblemente erróneas, sobre las necesidades del mercado.

El análisis de la demanda puede ser cuantitativo o cualitativo, y agregado o por segmentos. Cuantitativo, en cuanto que evalúa la cantidad o el importe en unidades monetarias que el mercado demanda de los productos. Cualitativo, es decir, el estudio del proceso de decisión de compra y de los factores que influyen en él. Agregado, en cuanto que mide el comportamiento de la demanda del conjunto del mercado. Por segmentos, considerando partes específicas de dicho mercado.

Los distintos métodos que pueden seguirse para medir, explicar y predecir la demanda pueden agruparse, según el enfoque utilizado, en cuatro tipos:

- **Subjetivo**. Utiliza métodos de explicación y predicción informales, basados en estimaciones. Los métodos más importantes son la estimación de vendedores, los jurados de opinión y el método Delphi.
- **Investigación de mercados**. Utiliza tanto métodos informales, basados en opiniones, como métodos más sofisticados con aplicación de técnicas de análisis multivariable. Por ejemplo, los métodos de intención de compra, test de concepto y de producto, y test de mercado.
- **Series temporales**. Se utiliza el tiempo como variable explicativa del comportamiento de la demanda. Se supone que la evolución histórica de la serie de datos explica suficientemente el comportamiento de la demanda actual y pasada y contiene toda la información necesaria para poder predecir el comportamiento futuro. Entre los métodos más conocidos se encuentran las medias móviles, alisado exponencial, descomposición de series y los sofisticados métodos de Box-Jenkins.
- **Análisis causal**. Se pretenden identificar las variables que causan la demanda y determinar en qué medida influyen sobre ella.

Para ello existen los métodos de regresión, los sistemas de ecuaciones simultáneas, el análisis *input-output* y los modelos de previsión de ventas de nuevos productos.

1.6 LAS FUNCIONES DE LA DIRECCIÓN DEL MARKETING

Partiendo de la información y de su experiencia, el directivo se enfrenta a múltiples alternativas u opciones que debe evaluar. Las alternativas o cursos de acción seleccionados implican la ejecución de ciertas tareas y unos resultados. La función de control se encarga de **medir los resultados de las acciones** y compararlos con los objetivos. El resultado de la comparación facilita nueva información que permite tomar nuevas decisiones y cursos de acción correctores en su caso.

Desde el punto de vista funcional, la dirección de marketing realiza tareas de análisis, planificación, organización, ejecución y control:

Análisis. La información es el instrumento con el que cuenta el directivo para mejorar la toma de decisiones. En un entorno cambiante, competitivo y turbulento la información se convierte en un factor esencial para responder a las demandas del mercado con rapidez. La necesidad de una adaptación continua de la empresa al medio ambiente precisa un sistema de información comercial eficaz.

El sistema de información comercial vincula a la organización con su medio ambiente de mercado, incluye la especificación, la recolección, el análisis y la interpretación de la información para ayudar a la administración, a entender el medio ambiente, a identificar problemas y oportunidades, y a desarrollar y evaluar cursos de acción de marketing.

El análisis del entorno permite potenciar las oportunidades de negocio de las empresas desarrollando ventajas competitivas sostenibles. De igual forma, es necesario conocer los puntos fuertes y débiles que posee la empresa con objeto de gestionar los recursos disponibles con los que se encuentra la dirección de marketing para enfrentarse competitivamente al mercado seleccionado.

Planificación y organización. La planificación especifica las políticas comerciales y selecciona las líneas de acción que guían la actividad comercial.

Ejecución. La organización interna de los servicios de marketing debe atender los siguientes requisitos:
I. Debe ser coherente con el tipo de estructura organizativa adoptada por la empresa.
II. Debe permitir realizar los objetivos y la estrategia de marketing con el máximo de eficacia.
III. El reparto funcional de las actividades debe conciliarse con una orientación hacia los productos, las zonas geográficas y los mercados.

Control. El propósito de todo control es cerciorarse del logro efectivo de los objetivos. La implantación de un sistema de control permite la visualización rápida y adecuada de la situación, en el momento oportuno, con la menor inversión y esfuerzo. Es posible distinguir cuatro niveles posibles:
I. El control del plan anual, que verifica los resultados obtenidos en relación con lo establecido en el plan de marketing.
II. El control de la rentabilidad trata de medir la rentabilidad de los distintos productos, territorios, clientes o canales de distribución, para determinar qué actividades potenciar y cuáles deben reducirse o eliminarse.
III. El control de eficiencia trata de medir la eficiencia obtenida por la empresa a través de la fuerza de ventas, la publicidad, la promoción y la distribución.
IV. El control estratégico se centra en la revisión de la efectividad de la función estratégica.

---

[1] Good ideas do not sell themselves

Conceptos fundamentales

Autosuficiencia. *Si las personas producen los bienes que necesitan.*
Bien. *Es un objeto físico, tangible, que se puede percibir por los sentidos.*
Competencia monopolística. *Hay muchos oferentes y demandantes, con productos diferenciados.*
Competencia perfecta. *El número de compradores y vendedores es elevado, pero el producto intercambiado es homogéneo.*
Idea. *Es un concepto, una filosofía, una opinión, una imagen o una cuestión.*
Intercambio descentralizado. *Concepto en el que aparece el mercado entre dos o más personas.*
Intercambio centralizado. *Concepto en el cual una persona adquiere bienes de otros fabricantes para comercializarlos. Aparece en este concepto la "comercialización".*
Licitación. *La subasta es dirigida por una de las partes, que ha establecido previamente las condiciones de la misma.*
Mercado actual o real. *El que en un momento dado demanda un producto determinado.*
Mercado potencial. *Máximo número de compradores al que se puede dirigir la oferta comercial.*
Mercado virgen. *Es la diferencia entre el mercado potencial y el mercado real.*
Monopolio. *Cuando hay un solo oferente y muchos demandantes.*
Oligopolio. *Cuando hay pocos oferentes y muchos demandantes.*
Producto. *Todo aquello que pueda satisfacer una necesidad.*
Servicio. *Una aplicación de esfuerzos humanos o mecánicos a personas.*
Subasta. *El intermediario de la transacción no actúa ni como comprador ni como vendedor.*

Test sobre el capítulo (Sólo una respuesta correcta)

1. Para que haya intercambio es necesario que:
   a) El cliente cuente con productos sustitutivos
   b) La situación permita llegar a un acuerdo en el precio
   c) Exista un intermediario entre las dos partes

2. El marketing piensa en:
   a) Crear y detectar necesidades y atender demandas
   b) Fabricar productos a bajo precio
   c) Ninguna de las anteriores

3. El marketing supone necesariamente:
   a) Pagar un dinero por un producto
   b) Exista competencia en mercados oligopolísticos
   c) Que dos o más partes intercambien libremente productos

4. ¿Qué es la competencia oligopolística?
   a) Un mercado en el que hay varios oferentes y demandantes, con productos diferenciados.
   b) Un mercado con un oferante y muchos demandantes
   c) Una unión de varios mercados monopolísticos

5. ¿Cuál o cuáles de los siguientes métodos puede utilizarse para medir y explicar la demanda?
   a) El método de Maslow
   b) Métodos subjetivos y de transacción
   c) Series temporales e investigación de mercados

6. ¿A qué considera T. Levitt como la "miopía del mercado"?
   a) Al desconocimiento de los mercados vírgenes

b) Al error en la identificación de lo que realmente desea o necesita el consumidor

c) Al error en la identificación del mensaje publicitario de televisión

7. El valor de un producto depende de:
   a) Que su precio sea lo más bajo posible
   b) Que proporcione la satisfacción esperada
   c) Que esté disponible

8. Una empresa con enfoque de marketing es la que da máxima importancia a:
   a) Precio, calidad y servicio
   b) Las anteriores y además, beneficios a la compañía
   c) Satisfacer las necesidades de los clientes

9. ¿Cuál de las siguientes acciones suele ser la más cara para la empresa?
   a) Recuperar un cliente que se ha perdido
   b) Hacer un cliente nuevo
   c) Mantener un cliente repetidor

10. El suministro eléctrico en un país con cuatro empresas suministradoras es:
    a) Un monopolio
    b) Un oligopolio
    c) Una competencia perfecta

11. Los cinco niveles de las necesidades humanas propuestos por Maslow son, por esté orden:
    a) Necesidades fisiológicas, seguridad y confianza, pertenencia y afecto, estima y categoría, y autorrealización
    b) Fisiológicos, psicológicos, económicos, sociales y espirituales
    c) Necesidades físicas, sociales, de protección y amor, de estima y, de autorrealización

12. Si tuviera que definir qué es el marketing, ¿cuál de estas afirmaciones rechazaría?
    a) Es fundamentalmente publicidad
    b) Es un conjunto de técnicas para ejecutar de una forma determinada la relación de intercambio entre dos o más partes

c) Se apoya en cuatro instrumentos básicos: el producto, el precio, la distribución y la promoción

13. ¿A qué actividades no puede aplicarse el marketing?
    a) Comercialización de bienes de consumo
    b) Actividades sindicales
    c) A aquellas en las que no hay un intercambio entre dos o más partes

14. El marketing y las ventas se diferencian en:
    a) El marketing es un complemento de la actividad de ventas
    b) La venta se apoya en estrategias a largo plazo y el marketing, en cambio, en acciones a corto plazo
    c) La venta trata de que el cliente quiera lo que la empresa produce, mientras que el marketing trata de que la empresa produzca lo que el cliente quiere

15. La licitación es:
    a) Un tipo de mercado según la intensidad de la oferta y la demanda
    b) Una subasta dirigida por una de las partes
    c) Las dos anteriores son ciertas

16. A efectos del marketing:
    a) Producto y servicio son la misma cosa
    b) El servicio es más importante que el producto
    c) El producto aumentado no existe

17. En sus inicios, el marketing nace:
    a) De la necesidad de colocar en el mercado los excedentes de una producción poco planificada
    b) Para dar trabajo a comerciantes inmigrantes
    c) De la necesidad de buscar satisfacer las necesidades de las familias

18. ¿Cuál de las siguientes afirmaciones es correcta?
    a) El mayor valor de un producto va siempre ligado al menor coste del mismo

b) Consumir un producto fabricado por uno mismo supone una actividad propia de la mercadotecnia

c) El cliente que compra un producto que le resulta más o menos como esperaba puede decirse que es un cliente satisfecho

19. ¿Cuál de estos conceptos representan un valor aumentado del producto?
    a) Pagar el producto en plazos mensuales
    b) Descuento por compra de cantidad de producto
    c) El diseño del producto

20. La Responsabilidad Social Corporativa se enmarca dentro del:
    a) Marketing operativo
    b) Marketing directo
    c) Ninguna de las respuestas anteriores es correcta

AGUA DE RANDA (Promoción)

(Este documento no pretende ilustrar una determinada forma de gestión, sino que debe servir como base para el diálogo. Para que la discusión sea provechosa, es necesario preparar el caso con antelación, definiendo los problemas y proponiendo alternativas de solución y acción.)

Palma de Mallorca, marzo de 2006. Como todas las mañanas, José Oliver iniciaba su jornada en la agencia Oliver&Jaume. Tras atender los asuntos más urgentes, centró su atención en la carpeta azul de "Nuevas Cuentas" donde esperaban su turno los briefings de los productos y empresas a los que, como director de creatividad de la agencia, debería enfrentarse en los próximos días.

Agencia de publicidad Oliver&Jaume

Con más de 150 empleados, Oliver&Jaume, una empresa publicitaria con sede en Palma de Mallorca y delegaciones en las principales ciudades españolas, era la primera agencia por nivel de facturación de las Islas Baleares. En origen, sus principales clientes provenían del sector turístico (cadenas hoteleras, empresas de servicios y mantenimiento, transportes...), aunque en los últimos años, y dado el notable aumento del número de ciudadanos europeos que fijaban su residencia en el archipiélago, eran muchas las firmas europeas que confiaban también en Oliver&Jaume para la gestión de sus asuntos publicitarios y de imagen. Desde sus inicios, la agencia había adquirido un enorme prestigio en el sector como fruto de su excelente trabajo, basado en exhaustivos y detallados estudios (mercado, imagen, comportamiento de compra...) y una agresiva línea creativa.

Aquella mañana, José Oliver estudiaba los tres nuevos briefings que descansaban sobre su mesa. Los tres retos eran muy distintos, ya que se trataba de modificar la estrategia publicitaria de una empresa de seguridad alemana presente ya en el mercado, asesorar a una cadena catalana de supermercados que estudiaba su entrada en el mercado balear, y definir la campaña de una nueva marca de agua mineral que planeaba su lanzamiento para finales de ese mismo año. Bajo el título de "Campaña de lanzamiento de producto:

Agua de Randa", este último briefing establecía las directrices para la campaña de lanzamiento de una nueva marca de agua mineral.

Historia de la empresa

Agua de Randa era el nuevo producto de Frares, una empresa familiar dedicada a la comercialización de productos típicos de Baleares, como sobrasada, quesos y patés. La empresa tenía su sede en la localidad mallorquina de Randa, donde la familia poseía una gran cantidad de terreno en el que se explotaba, de forma muy primaria y desde hacía más de medio siglo, un manantial de agua mineral. La entrada de las nuevas generaciones en la empresa supuso un impulso en sus actividades y una política de crecimiento basada en la diversificación, lo que originó el nacimiento de una nueva línea de negocio: la comercialización del agua mineral bajo el nombre de Agua de Randa.

La propuesta de Oliver&Jaume
(Datos principales del contrabriefing presentado al cliente)

Tras un minucioso y detallado estudio, Oliver &Jaume presentó, unos días después, la propuesta de lanzamiento al mercado del nuevo producto.

1. Línea de actuación

Oliver&Jaume propone lanzar en un principio la nueva marca de agua mineral al mercado balear en una fase de prueba. Las razones de esta decisión son:

- El lanzamiento del producto en un mercado mayor aumentará las barreras de entrada a causa, sobre todo, de los mayores costes publicitarios.
- El mercado balear es muy conocido por la compañía, y a la inversa, Frares es una marca con una gran tradición en el mercado balear.

- Los consumidores de los productos de Frares identifican la marca con calidad, sabor y tradición.
- El consumo de agua embotellada en las Islas Baleares es superior al de otras comunidades autónomas, debido a la baja calidad del agua canalizada y al importante peso del sector turístico.

2. El consumo de agua mineral

La creciente preocupación de los españoles por los hábitos de alimentación con el fin de llevar una vida sana podría ser la razón por la que se ha producido un incremento en el consumo de aguas envasadas.

En España, según los estudios llevados a cabo por la agencia, el consumo de agua mineral embotellada tiene un alto componente de estacionalidad, ajeno a las condiciones climatológicas del país y relacionado con el hecho de que los consumidores españoles consideran el consumo de agua natural como un lujo, y no como un producto de primera necesidad. Sin embargo, esta tendencia está cada vez menos marcada. A pesar del aumento del consumo registrado en los últimos años, especialmente entre los consumidores más jóvenes, éste sigue siendo muy inferior al registrado en los países del centro y norte de Europa. En estos países el agua embotellada es considerada como un producto básico en la cesta de la compra, y el precio es un factor fundamental a la hora de adquirirlo.

Sin embargo, existen consumidores para los que el agua embotellada es un producto de primera necesidad, como es el caso de las personas enfermas o los niños pequeños. En este caso, el agua mineral se considera un producto pseudomedicinal, lo que conlleva un alto componente de fidelización respecto a una marca determinada y minimiza la importancia del precio a la hora de realizar la compra.

Según datos de Aneabe, los españoles consumen tres tipos de aguas distintas: agua mineral natural, 90%; agua de manantial, 7%; agua potable preparada, 3%.

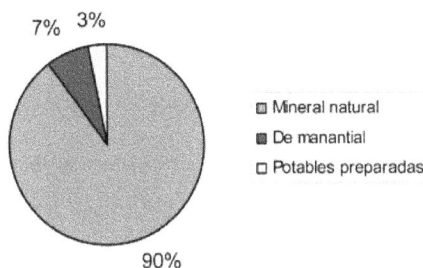

Gráfico 1. Consumo de agua según tipología

En cuanto a la producción de envases, con respecto al año anterior ha aumentado un 7,3%, alcanzando los 3.196 millones de unidades. De estos, el 70,9% del volumen se trata de envases inferiores a los 2 litros.

En relación con los materiales utilizados para su envasado, el plástico ha sido el material de más éxito.

Por último, en el gráfico 3 pueden observarse los diferentes canales de distribución utilizados para su comercialización:

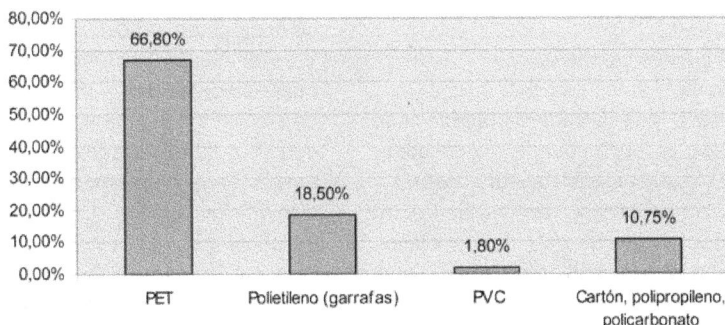

Gráfico 2. Materiales de envase utilizados

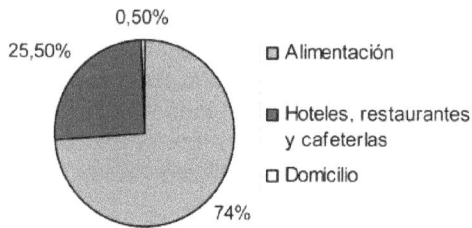

0,50%

25,50%

74%

☐ Alimentación

■ Hoteles, restaurantes y cafeterías

☐ Domicilio

Gráfico 3. Canales de distribución

3. Posicionamiento de Agua de Randa

- Producto tradicional, a pesar de ser nuevo, que ofrece la misma calidad y garantía que el resto de la gama de productos de Frares.
- Su alta calidad le permite posicionarse como un agua mineral "todo-terreno", adecuada para todo tipo de consumidores.
- El "agua buena de Mallorca" contrasta con la cantidad de marcas de agua mineral procedentes de la península (Font Vella, Solán de Cabras, Agua de Viladrau...) y con otras marcas de agua mineral de las islas cuya calidad y sabor son menores.

4. Barreras de entrada

- La marca es muy conocida por el público objetivo, pero no se identifica con el agua mineral, sino con otros productos muy distintos. Hay que establecer una política de comunicación diferente a la que se lleva a cabo con el resto de categorías, aunque sin perder la imagen de marca mallorquina y de calidad.
- Cerca del 70% del mercado está copado por Font Vella, Solán de Cabras y Agua de Viladrau. El 30% restante se reparte entre 11 marcas locales y extranjeras, aunque con una participación poco destacable.

5. Objetivos de la campaña

- Dar a conocer la marca.
- Identificar la idea de tradición también con este nuevo producto, que ya era consumido pero no comercializado a gran escala.
- Ofrecer los beneficios del Agua de Randa a todos los segmentos de consumidores, tanto a los que lo identifican como un producto de primera necesidad como a los que lo consideran un producto de lujo.

- Posicionarse como competidor de las grandes marcas, no de las pequeñas. Potenciar la idea de "David contra Goliat".

6. Mercado mallorquín y público objetivo

Antes de concretar el mercado potencial de Agua de Randa, observemos la siguiente información económica sobre las Islas Baleares que nos proporcionan el INE y la Cámara de Comercio de Mallorca, y que nos ayudará a situar coyunturalmente el mercado al cual pretendemos dirigir nuestra oferta.

- En el año 2001, en las Islas Baleares hay un total de 845.630 habitantes. Repartidos entre las cuatro islas, observamos la gran población que habita en Mallorca en comparación con el resto de las islas. En Formentera la población es de 6.289 habitantes, en Ibiza de 89.611 y en Menorca de 72.716, mientras que en Mallorca es de 677.014 habitantes.
- El IPC balear aumentó en el año 2000 un 3,8%, 0,2 puntos porcentuales por debajo del IPC nacional. El consumo en 2000 disminuyó con respecto al año anterior a una tasa del 3,6%. La energía eléctrica aumentó en un 5,6 %, mientras que la matriculación de vehículos bajó en un 1,9%. Por otra parte, el consumo de cemento aumentó solo en un 7,1%. Según datos de la EPA, la tasa de paro es de solo un 7,1%. Este es, quizás, el mejor indicador de la situación económica de Baleares en 2000.
- En términos de comercio exterior, la exportación experimentó una bajada de 0,4%, mientras que la importación se ha visto favorablemente aumentada en un 30,7%.
- Si desglosamos la oferta en sectores productivos nos encontramos con que el sector de la construcción es el que más ha aumentado, un 9%, generando el 10% del PIB balear. Por otra parte, el sector que genera el 80% del PIB en las islas, el de servicios, tan solo ha crecido un 4,1% debido a la estabilización de la afluencia turística y del consumo interior. El turismo alemán sigue siendo el de mayor afluencia en la isla, con casi 4 millones de llegadas anuales. Otro sector que también ha crecido es el industrial, que lo ha hecho en un 2,6% debido a la atonía del mercado

interior y del turismo. Por último, el único sector que ha descendido ha sido el agrario, un 10%, a consecuencia de la sequía sufrida en este año.

El mercado objetivo es el siguiente:
- Todas las edades
- Clase media, media-alta y alta
- Hábitat: núcleos urbanos y también rurales (primeros consumidores)

7. Mensaje principal que se debe comunicar
- Agua de Randa es un producto adecuado para todos los usos.
- Es una marca nueva, pero no un producto nuevo.

- Mantiene la calidad de todos los productos de Frares, productos naturales, tradicionales y propios de la zona.

Agua de Randa quiere posicionarse como la primera marca de agua mineral balear porque es tan buena como las mejores.

Cuestiones

1. ¿Qué estrategia publicitaria debería seguir la compañía para cumplir sus objetivos?

2. ¿Qué sistema de promoción es más apropiado utilizar?

CHOCOLATES LA PLATA (Estrategia de empresa)

(Este documento no pretende ilustrar una determinada forma de gestión, sino que debe servir como base para el diálogo. Para que la discusión sea provechosa, es necesario preparar el caso con antelación, definiendo los problemas y proponiendo alternativas de solución y acción.)

Nicolás Morell se enfrentaba a una decisión clave para el futuro de su empresa y el de las personas que la integraban. Tenía sobre la mesa una importante oferta de compra de su empresa. La oferta la realizaba un grupo multinacional de capital mexicano que quería comenzar a vender en el mercado argentino.

Historia de la empresa

Nicolás Morell era el accionista mayoritario y presidente de una empresa líder en Argentina: Chocolates La Plata. La creó hace cincuenta años en Salta, su ciudad natal.

Tras comenzar a vender barras de chocolate elaboradas de manera artesanal, había conseguido ser el líder en ventas de barras de chocolate en Argentina. Nicolás Morell decía con orgullo y razón que sus barras de chocolate eran las preferidas por los niños argentinos. El color y la mascota que aparecía en el envoltorio de su producto estrella era reconocido por el 90% de los niños, así como por buena parte de los adultos. Con una imagen de producto de buena calidad, había expandido sus ventas desde Salta a todo el país.

El rápido éxito del producto le había permitido hacerse con el 80% del mercado de tabletas de chocolate dirigidas a niños. Aunque la competencia era numerosa, eran todas ellas empresas pequeñas que fabricaban aún con métodos poco modernos, no pudiendo ofrecer una calidad semejante. Los responsables de Chocolates La Plata habían invertido para contar siempre con la maquinaria más moderna, lo que le permitía tener unos costes inferiores de fabricación. En suma, La Plata era capaz de ofrecer un producto de mejor calidad a un igual precio al público que los competidores.

Preguntado recientemente en una entrevista radiofónica por cuáles eran los secretos de su éxito empresarial, Nicolás Morell había señalado tres puntos clave:

1. Los programas de mejora continua y cero defectos, que habían garantizado una óptima calidad de los productos y que marcaban la diferencia respecto a la fragmentada aunque numerosa competencia. El altísimo porcentaje de productos que reúnen los requisitos de especificación es fruto de estos programas.

2. La fuerza de ventas de Chocolates La Plata llegaba a la mayoría de los puntos de distribución de Argentina. No había tienda que se crease en Argentina que en menos de quince días no recibiera la primera visita de la red de ventas de la empresa.

3. El producto era semejante al que había sido lanzado hace 50 años. El sabor tradicional y el aspecto del producto eran intocables para Nicolás Morell.

Dado que el producto era conocido por la mayor parte de la población, Nicolás Morell había decidido suspender la inversión publicitaria hacía dos años. Este ahorro de gastos lo necesitaba para crear una nueva fábrica con el doble de capacidad que la anterior, y con unos costes de producción unitarios un 20% inferiores. Era política de la empresa no recurrir a la financiación ajena para inversiones.

El chocolate que fabricaba la empresa seguía siendo el preferido de los niños. Además era una marca muy apreciada por los padres, pues era la que ellos consumían cuando eran niños. De hecho, muchos padres compraban las tabletas para sus hijos y en casa terminaban consumiendo ellos mismos el producto.

El mercado de chocolates para niños crecía a un ritmo del 7% anual. El equipo directivo de La Plata estaba convencido de que su cuota de mercado podría ser superior si ofreciera precios inferiores a los de la competencia. Es por ello que había decidido modernizar la fábrica, conseguir unos costes inferiores que destinaría a rebajar los precios. Su intuición le decía que esto llevaría a crecer a un ritmo del 15% anual.

La empresa contaba con una red de distribución excelente. En Argentina, donde la mayor parte de las tiendas de alimentación son pequeñas, contaban con una red propia con más de 300 camiones en propiedad y 50 almacenes distribuidos por toda Argentina.

Además de este producto estrella (chocolate para niños), que significaba el 80% de las ventas de la Sociedad, distribuían otras 375 referencias (que no eran barras de chocolate) en los puntos de venta que visitaban. Los responsables de la empresa pensaban que esta variedad de productos les permitía repartir los costes fijos de distribución entre muchos productos, así como rentabilizar las visitas a tiendas más pequeñas.

A pesar de ser una empresa familiar, el comité de dirección estaba compuesto por miembros profesionales, no pertenecientes a la familia. El presidente y propietario de la compañía había reclutado a profesionales del sector, creando las siguientes áreas funcionales: Comercial, Fabricación, Distribución y Transporte y Relaciones Laborales.

El dilema

Hacía una semana, Nicolás Morell había recibido una visita de un intermediario de compra y venta de empresas. Le vino a ofrecer una importante cantidad por la propiedad de su empresa: el beneficio del último año multiplicado por veinte. La oferta de compra venía acompañada de una clara advertencia. Caso de no vender, el grupo ofertante (Veracruz) comenzaría a comercializar sus productos en Argentina en un período de cuatro meses. Veracruz era un empresa creada en México. Se había convertido en compañía multinacional líder en Sudamérica. Su gama de productos

de chocolate era muy amplia, con productos para niños y adultos.

Sus productos eran muy sabrosos y de alta calidad. Presumían de disponer de la mejor tecnología de la industria, así como del mayor número de patentes industriales en el mercado del chocolate en los últimos diez años. Eran capaces de obtener productos imposibles de obtener sin su tecnología (mezclas de sabores, adición de frutos secos, etc.).

Veracruz solía seguir unos principios de actuación e inversión muy consistentes al comenzar a operar en un nuevo país. Comenzaba invirtiendo fuertes sumas en publicidad y distribución. Estaba dispuesta a perder dinero los primeros años, bajando mucho los precios (normalmente lanzaba a precios un 10% por debajo del líder). Debido a su gran volumen, contaba con los menores costes del sector. Esta estrategia hacía que la mayoría de la competencia o le vendiera a buen precio o abandonase el negocio en cuanto la introducción de Veracruz les hacía comenzar a perder dinero.

Esta estrategia le había dado muy buenos resultados en los últimos años. Una exitosa expansión en Sudamérica era la mejor muestra de ello. Era líder en México y en otros seis países de Latinoamérica. En tres países había comprado al principal fabricante local. En otros tres países, al no vender un fabricante local, entró con fuertes inversiones en la creación de su marca propia convirtiéndose en líder en dos años

El debate interno

La oferta de "el beneficio del año pasado multiplicado por veinte" era por la compra del 100% de las acciones. El grupo mexicano rechazaba una toma de control parcial. O el 100% o nada.

Los directivos de Chocolates La Plata eran consciente de lo ocurrido en otros países muy cercanos y que, por tanto, la única solución a la pérdida del mercado significaría tomar acciones en todos los ámbitos de la empresa para adaptarse al nuevo entorno de competencia.

Por ello, Nicolás Morell convocó con urgencia una reunión del comité de dirección para escuchar cuales eran los puntos de vista de los gestores. Quería escuchar de ellos cuáles eran las acciones más urgentes que necesitarían emprender.

El fundador de La Plata comenzó la reunión explicándoles cuál era la situación muy claramente. No les ocultó tan siquiera el precio ofertado. Les anunció que su intención era no vender y que quería de su equipo el diseño de un plan que les permitiera afrontar con garantías el futuro.

Tras la descripción de la situación realizada por Nicolás Morell, comenzaron a hablar los directores departamentales.

Director de Fabricación
En su opinión, la mejor gestión de los costes de fabricación sería la clave. Los nuevos competidores eran bien conocidos por su gran productividad.

Debido a su liderazgo en varios países, habían invertido en maquinaria de última generación y tenían una muy alta ocupación de las líneas de producción. Ello les permitía alcanzar unos costes fijos unitarios muy bajos en comparación con el resto del sector. Para el Director de Fabricación, acelerar la construcción de la nueva fábrica sería la acción clave que les permitiría tener unos costes muy competitivos.

Director de Calidad
Su visión proponía acelerar la implantación del programa de calidad total. "Aún tenemos un 5 por mil de productos con algún tipo de falta de conformidad que es lo que nos puede llevar a perder clientes. Si no tenemos problemas de calidad, nuestros consumidores nos seguirán prefiriendo", comentó.

Director Comercial
Pidió un incremento de los descuentos promocionales que les permitiese siempre estar al mismo precio que los productos de Veracruz. Asimismo hizo la siguiente consideración a Nicolás Morell: "Si redujésemos los precios un 15% desde ahora, quizás se replanteasen comercializar en Argentina al ver que no vamos a dejar perder nuestra cuota de mercado."

Director de Relaciones Laborales
Temía que una caída en la producción provocase excedentes laborales, que iniciase una conflictividad laboral sin precedentes. El mantener el nivel de producción y ventas es básico. El 98% de los contratos laborales eran fijos. Si las ventas bajasen un 20%, una de las líneas quedaría parada, y con ella las personas que trabajaban en ella.

Ante este comentario, el Director Comercial anunció que tenía una oferta para comenzar a fabricar para una Cadena de Tiendas (con marca de la cadena de tiendas). Este contrato serviría para compensar una posible caída de ventas de nuestro producto.

Director Financiero
Advirtió que el momento no era el mejor para la compañía. La construcción de la nueva fábrica absorbería los beneficios de los próximos cuatro años. Por ello, cualquier inversión adicional requeriría recurrir al exterior para financiarse.

Conclusiones de la reunión

El equipo directivo parecía preocupado. La venta de la empresa parecía una buena opción, aunque parecía que podría tener grandes desventajas para sus empleados y familias.

Por otro lado, el comenzar a invertir parecía muy arriesgado, más teniendo en cuenta la reciente modernización de la fábrica que les había dejado con una alta deuda.

Otra gran preocupación es que la venta de la empresa conllevaría el cierre de la fábrica y con ello la pérdida de empleos. Esto lo sabía, pues conocía que Veracruz poseía en Chile una fábrica con capacidad para abastecer Argentina.

Lamentaban no haber previsto antes esta situación, pues desde que Veracruz comenzó a operar en Chile algunos empresarios conocidos le habían comentado que el desembarco en Argentina sería el próximo paso de la empresa mexicana.

De vuelta a casa, la esposa de Nicolás Morell opinó que, si vendía la empresa, en qué trabajarían sus tres hijos. "Es el proyecto de toda una vida, y no puedes abandonarlo de repente…", le comentó.

Tras el agotador día de conversaciones y discusiones, la idea de vender le vuelve a rondar con fuerza a Nicolás Morell. Chocolates La Plata es grande y cualquier movimiento le va a costar mucho. Y quizás sin grandes resultados. Algunos otros lo habían intentado sin éxito. Veracruz venía dispuesto a invertir, lanzar nuevos productos, ofrecer precios muy competitivos a la distribución.

Cuestiones

1. ¿Es la venta a Veracruz una decisión acertada? En caso afirmativo, ¿qué temas podría negociar Chocolates La Plata?

2. ¿Puede Chocolates La Plata afrontar la amenaza de Veracruz?

3. ¿Caben otras alternativas?

2 La segmentación del mercado

OBJETIVOS

1. Explicar de qué forma pueden segmentarse los mercados
2. Exponer las ventajas que supone para la empresa la segmentación del mercado
3. Explicar de qué forma segmentaremos el mercado y cuál será la estrategia que utilizaremos para aplicar nuestro plan de marketing

2.1 INTRODUCCIÓN

Las personas u organizaciones que forman el mercado tienen muchos tipos de necesidades diferentes, y cuando compran un producto no buscan siempre los mismos beneficios. Por esto, no puede considerarse el mercado como una unidad y ofrecer a todos sus integrantes las mismas ofertas. El marketing de producto diferenciado, de selección de mercados meta, ayuda a identificar mejor las oportunidades de mercado para los productos. Si se quieren satisfacer realmente las necesidades del mercado e incrementar la demanda, debe hacerse una propuesta diferenciada para cada uno de los grupos de consumidores que presentan características o necesidades distintas. La segmentación pone de manifiesto precisamente

Criterios de segmentación: a priori.

estas diferencias y permite detectar cuáles de ellas son relevantes.

Esta gran variedad de deseos y preferencias está reforzada por las motivaciones singulares e influencias variadísimas propias de la evolución tecnológica y de los medios de comunicación, agravado todo ello por una oferta de productos muy superior a las necesidades que realmente tienen los consumidores.

A la empresa no le queda más remedio que aplicar la segmentación:

Consiste en diferenciar el mercado total de un producto en un cierto número de elementos (personas u organizaciones) homogéneos entre sí y diferentes de los demás, en cuanto a hábitos, necesidades y gustos de sus componentes; se denominan segmentos, obtenidos mediante diferentes procedimientos estadísticos, a fin de poder aplicar a cada segmento las estrategias de marketing más adecuadas para lograr los objetivos establecidos por la empresa.

Esta división puede hacerse directamente, de acuerdo con alguno o varios criterios preestablecidos, o determinando primero cuáles son los criterios más adecuados que permiten obtener los segmentos más homogéneos internamente y diferentes entre sí. Cuando estos criterios están previamente preestable-

¿ QUÉ SIGNIFICA SEGMENTAR?

Técnica que sirve para subdividir el mercado en conjuntos homogéneos de consumidores que permitan diseñar estrategias de marketing adecuadas.

cidos, se trata entonces de una segmentación a priori. Esta división puede hacerse bien por cualquier atributo de los consumidores (edad, sexo, nivel de ingresos, etc.), o bien, por el comportamiento de compra de los mismos (lugar de compra, frecuencia de la compra, etc.). Este tipo de segmentación es fácil de aplicar, aunque no garantiza que se obtengan los segmentos más relevantes.

Para detectar los segmentos que más se diferencian por sus necesidades y actitudes, se utiliza la segmentación óptima, para lo cual existen técnicas estadísticas multivariables que explican mejor los resultados. Algunos ejemplos de estas técnicas son el AID (Automatic Interaction Detector), que permite conocer la interacción de diversos atributos y características de los consumidores sobre el comportamiento que se quiere explicar; y el análisis de grupos, con lo que se obtienen tipologías de consumidores, es decir, grupos con características o comportamientos similares.

En este capítulo trataremos de desglosar esta definición, describiendo los conceptos clave para entender este procedimiento de marketing.

Técnicas estadísticas: AID y análisis de grupos.

2.2 BENEFICIOS DE LA SEGMENTACIÓN

Segmentar es la técnica que sirve para subdividir el mercado en conjuntos homogéneos de consumidores que permitan diseñar estrategias de marketing adecuadas. Con ella, la empresa puede obtener una serie de ventajas importantes:

- La empresa encontrará y analizará las oportunidades que ofrece el mercado, evaluando el grado en que las necesidades de cada segmento están cubiertas con los productos y servicios existentes. Hay consumidores que prefieren un producto de calidad y están dispuestos a pagar un alto precio; otros, en cambio, buscan el ahorro y prefieren un precio bajo. La variedad existente de comportamientos y características del mercado permite encontrar siempre algún segmento cuyas demandas no son atendidas o lo son de modo insatisfactorio. Se trata de oportunidades de negocio que pueden ser explotadas por la empresa que esté dispuesta a adaptar su oferta a las necesidades concretas de estos subgrupos.
- Resultado de lo anterior, la empresa elegirá a cuáles de esos segmentos se dirigirá de acuerdo con los criterios que establezca dicha organización, es decir, se analizará la conveniencia de evaluar los segmentos:
  - el tamaño de segmento
  - el potencial de compra del segmento
  - su accesibilidad
  - la complementariedad con otros subgrupos en curso

- su evolución
- los objetivos y recursos de la empresa
- la capacidad de oferta que posea la empresa.

- Facilitará el análisis de la competencia, pudiendo concentrar esfuerzos para aumentar la cuota de mercado, es decir, tendrá la posibilidad de adaptar la distribución, la comunicación o los precios a las características específicas de cada segmento, incrementando la eficacia de las actividades de marketing.
- Permitirá conocer los deseos y gustos de los consumidores y, en consecuencia, ajustar los productos y los programas de marketing a sus preferencias. De esta forma la empresa conseguirá clientes fieles.
- Fijará los objetivos de venta con más fundamento, y a su vez podrá implementar

Beneficios:
- *más oportunidades de negocio*
- *selección de segmentos*
- *mayor eficacia de los instrumentos del marketing*
- *fidelización*
- *mejor orientación del presupuesto de marketing*
- *mejor orientación de la red de distribución*

BENEFICIOS DE SEGMENTAR EL MERCADO

- Incrementa la lealtad al producto/marca
- Capta clientes con más facilidad
- Facilita el análisis de la competencia
- Ayuda a comparar prioridades
- Ayuda a descubrir oportunidades
- El equipo de ventas emplea sus conocimientos para orientar mejor el presupuesto total del marketing

mejor sus acciones de comunicación para colaborar con la consecución de dichos objetivos. El equipo de ventas empleará mejor sus conocimientos para orientar mejor el presupuesto de marketing. Esto será posible gracias a que la empresa obtendrá información más profunda sobre las necesidades más específicas de cada grupo.

- Finalmente, la empresa que utilice la segmentación podrá organizar su red de distribución, ya que conocerá las peculiaridades de cada segmento y sus características de consumo.

Sin embargo, esta técnica también puede tener inconvenientes.

Utilizar programas comerciales específicos supone un mayor coste en las actividades de marketing.

Por ejemplo, la variedad de campañas publicitarias y de canales de distribución que deben ser utilizados incrementa el coste total de estos recursos: asimismo, el coste de administración de los inventarios se incrementa como consecuencia de su gran variedad. Debido a la pérdida de las ventajas derivadas de la estandarización se ven incrementados los costes de producción.

2.3 CONSIDERACIONES QUE SE DEBEN TENER EN CUENTA EN LA SEGMENTACIÓN DE MERCADOS

Una simple observación de la gran mayoría de los mercados nos hace ver la existencia de grupos de consumidores con características relativamente homogéneas en cuanto a sus percepciones, valoración, comportamiento y necesidades de un producto o servicio. Esta ya puede ser una consideración que se deba tener en cuenta para segmentar, dado que es posible que los mercados estén segmentados de forma natural. En la medida en que esos grupos sean:

- Internamente homogéneos
- Diferentes de los demás grupos en cuanto a su reacción ante acciones comerciales, es decir, heterogéneos externamente.

Puede ser conveniente tratarlos de modo distinto en cuanto al tipo de producto, política de precios, canales de distribución y demás variables comerciales con las que vamos a servirlos.

Para ello debe tenerse en cuenta que:

- Dos o más empresas pueden segmentar el mismo mercado de forma totalmente diferente.
- La segmentación no es algo inmutable. Los gustos, preferencias y necesidades de los consumidores evolucionan.

Una vez comprobada en primera aproximación la posible existencia de segmentos en el mercado que se atiende, es preciso analizar con detalle las características que definen exactamente su comportamiento. Posteriormente, se deberá elegir el o los segmentos que parezcan más adecuados. Por último, hay que adaptar la oferta a los que se hayan seleccionado.

Observaciones respecto a la segmentación:

Algunas observaciones en relación a la segmentación que tienen gran trascendencia práctica son:

- No siempre existe en la realidad, o no siempre alcanza la entidad suficiente, un segmento que sobre el papel parece evidente. Es preciso aplicar técnicas de investigación de mercado antes de lanzarse a atender un segmento cuya rentabilidad puede ser insuficiente.
- En muchas ocasiones no compensa el trabajo de descubrir los diferentes segmentos para adaptar a cada uno la oferta correspondiente, puesto que los clientes agradecen la variedad, prefieren adquirir novedades, es difícil establecer las fronteras de los diferentes grupos o el mismo consumidor se comporta de distinta forma según la ocasión. En estos casos, una política de producto basada en la variedad y en la gama puede ser mucho más efectiva que otra basada en los segmentos de mercado.

- Los grupos de clientes varían con cierta frecuencia, por lo que es preciso repetir el análisis con periodicidad.
- Si bien puede parecer que el crecimiento y desarrollo de los mercados comporta la tendencia hacia una mayor segmentación (al justificar un mayor volumen la aparición de empresas que sólo ofrecen artículos a una parte del mercado total), no siempre ocurre así.

El lanzamiento de artículos para uso de toda la familia representa, en ocasiones, un proceso inverso al de segmentación, al presentar el mismo producto para ser usado por el hombre, la mujer y los jóvenes.

2.4 REQUISITOS DE LOS SEGMENTOS DE MERCADO

Directamente del apartado anterior se desprenden unos requerimientos que deben cumplirse para obtener una segmentación eficaz. Los segmentos deben ser:

Cuantificables. Una segmentación basada en la edad o el sexo puede que no ponga de relieve las mayores diferencias en las respuestas de la demanda, pero permitirá determinar con facilidad los integrantes de los grupos y cuantificar su potencial de compra. Ya vemos que el tamaño del segmento, el poder adquisitivo y los perfiles de los segmentos se pueden medir. Ciertas variables de segmentación son difíciles de medir. Por ejemplo, los criterios de variables como la personalidad son difíciles de identificar y medir, a diferencia de los demográficos y los geográficos.

Accesibles. Los segmentos han de poder ser alcanzados y servidos. Los programas de marketing deben poder llegar fácilmente a los miembros de los segmentos, es decir, éstos deben localizarse en lugares a los que se acceda sin dificultad. Para ello, deben conocerse los lugares donde compran y cuáles son los medios de comunicación a los que están más expuestos.

Como toda estrategia lleva asociado un coste, la elección del criterio de segmentación debe realizarse teniendo en cuenta la facilidad y adecuación del coste de localizar a las personas que componen cada segmento.

Rentables. Los subgrupos elegidos deben estar formados por un número tal de sujetos que justifique económicamente la puesta en marcha de una estrategia por parte de la empresa. Si el potencial de compra es reducido, puede que no se justifique el diseño de una oferta específica para los segmentos detectados. Por ejemplo, no sería rentable que un fabricante de automóviles fabricara coches para personas que miden menos de metro y medio. No es aconsejable la segmentación cuando los usuarios más importantes del producto suponen una proporción tan importante del volumen de ventas que representan el único grupo relevante.

Operativos. Se pueden diseñar programas efectivos para atraer y atender los segmentos. Para ello es importante que los programas puedan llevarse a la práctica, considerando los recursos y capacidades y determinar si puede desarrollarse una oferta diferenciada para los distintos segmentos existentes. Por ejemplo, aunque una línea aérea pequeña identificara siete segmentos de mercado, su personal sería demasiado poco para elaborar programas de marketing separados para cada segmento.

Defendibles. Que el segmento pueda defenderse depende de los recursos necesarios para dirigir el segmento y de la disposición de la dirección de la empresa a adoptar el concepto de marketing. Los segmentos rentables representan un fuente valiosa para cualquier organización y deben defenderse contra la competencia.

CONDICIONES O REQUISITOS DE LA SEGMENTACIÓN

Grupos *excluyentes* o diferentes. Deben demostrar diferencias en comportamientos de compra o uso del producto.

Cuantificables o *medibles*.

Accesibles o *alcanzables*.

Rentables. Deben representar un potencial suficiente para justificar una estrategia de marketing específica (tamaño- duración temporal- sustancialidad.)

Motivables, con capacidad de respuesta.

Defendibles de la competencia.

2.5 EL PROCESO DE LA SEGMENTACIÓN

Aunque cada empresa y situación tienen características propias, se pueden enumerar algunos pasos que suelen seguirse a la hora de utilizar la segmentación como técnica de análisis comercial. Ilustraremos cada uno de ellos con varias preguntas que pueden plantearse y a las que es preciso dar respuesta:

1. Definición del objeto y alcance de la segmentación
   - ¿Cuáles son nuestros objetivos comerciales? (Por ejemplo: aumentar participación en el mercado.)
   - ¿Buscamos segmentos nuevos o sólo pretendemos satisfacer mejor a los ya conocidos?
   - ¿Usaremos información preexistente o queremos invertir tiempo y dinero en más investigación?
   - ¿Hasta qué nivel de detalle queremos analizar?

2. Análisis de la información disponible sobre el mercado
   - ¿Cuáles son las características del mercado? (Tamaño, estructura, etc.)
   - ¿Hay diferencias básicas entre los usuarios de esta clase de productos y los que no lo son?
   - ¿Hay algún factor que ayude a distinguirlos?
   - ¿Cuál es nuestra situación competitiva actual? (Por ejemplo: líderes, no estamos en este mercado, pequeños pero con consumidores leales, etc.)

3. Elaboración de perfiles de los segmentos
   - ¿Qué factores diferencian más claramente grupos consumidores?
   - ¿Son realmente homogéneos los perfiles de cada segmento? ¿Tiene sentido la descripción de las características de consumo y de comportamiento para este grupo?

4. Evaluación de la segmentación
   - ¿Cuáles son las principales semejanzas y diferencias entre segmentos?
   - ¿Es conveniente aumentar o disminuir el número de segmentos identificados?
   - ¿A qué variables es más sensible la segmentación efectuada? (Entorno competitivo, crecimiento de mercado, etc.)

5. Selección de los subgrupos objetivo
   - ¿Qué segmento constituye la mejor oportunidad comercial?
   - ¿Qué otros detalles conocemos de sus características de comportamiento?
   - Si no disponemos de información completa para este segmento, ¿podemos hacer suposiciones razonables?
   - ¿Somos los únicos que competimos en este segmento?

6. Diseño de la estrategia comercial para cada segmento objetivo
   - ¿Qué tipo de producto quieren estos consumidores?
   - ¿Qué tácticas de precio, promoción y distribución se ajustan mejor a sus necesidades?
   - ¿Hay otros segmentos que puedan reaccionar positivamente a una estrategia similar? (Si los hay, deben unificarse todos.)

7. Análisis final de la segmentación
   - ¿Tenemos recursos apropiados para llevar a cabo la estrategia?
   - Si quisiéramos más adelante ampliar o cambiar los segmentos a que nos dirigimos, ¿contamos con una estrategia suficientemente flexible?
   - Si quisiéramos más adelante modificar algún elemento de la estrategia, ¿cómo afectaría dicho cambio al segmento a que nos dirigimos?
   - ¿Está el segmento escogido como plan estratégico en línea con nuestros objetivos y complementa los puntos fuertes de la empresa?

Algunos autores consideran que la segmentación de mercados forma parte de una parte de un proceso de selección del mercado meta.

Existen tres pasos principales del marketing de selección del mercado meta.

El primero de ellos es la segmentación en sí; es decir, dividir el mercado en grupos definidos de compradores, con diferentes necesidades, características y comportamiento, que podrían requerir productos y programas distintos.

La empresa identifica diferentes maneras de segmentar el mercado y prepara perfiles de los grupos que resultan de ello.

El segundo paso es el marketing de selección del mercado meta; la evaluación del atractivo de cada segmento del mercado para elegir uno o varios segmentos del mercado al que se accederá.

El tercer paso es el posicionamiento en el mercado; es decir, la formulación de un posicionamiento competitivo del producto y la creación de un marketing mix adecuado.

Finalmente, en un intento de consolidar los dos puntos de vista planteados en este apartado, el proceso de segmentación puede agrupase en cuatro fases principales:

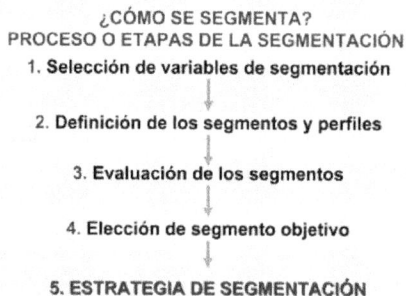

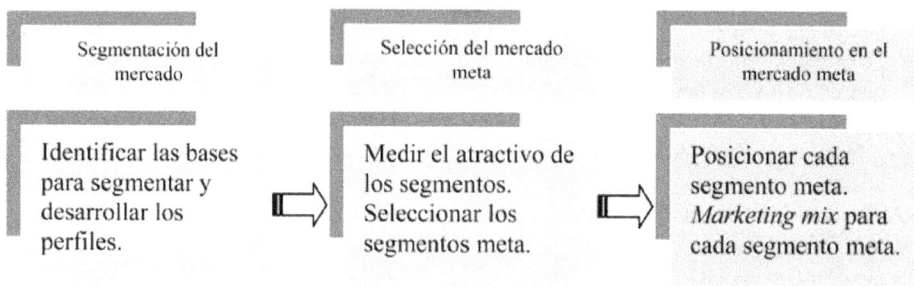

¿CÓMO SE SEGMENTA?
PROCESO O ETAPAS DE LA SEGMENTACIÓN

1. Selección de variables de segmentación

2. Definición de los segmentos y perfiles

3. Evaluación de los segmentos

4. Elección de segmento objetivo

5. ESTRATEGIA DE SEGMENTACIÓN

Segmentación del mercado	Selección del mercado meta	Posicionamiento en el mercado meta
Identificar las bases para segmentar y desarrollar los perfiles.	Medir el atractivo de los segmentos. Seleccionar los segmentos meta.	Posicionar cada segmento meta. *Marketing mix* para cada segmento meta.

Pasos en el marketing de selección del mercado meta

2.6 CRITERIOS DE SEGMENTACIÓN DE MERCADOS

Por regla general, se suele comenzar un análisis de segmentación identificando aquellas variables del consumidor que sean más útiles para predecir el modo de compra y uso del producto en cuestión. Estas variables son las que definen si un individuo pertenece a uno u otro segmento, y qué segmentos ofrecen mayores oportunidades de éxito comercial.

Las variables de segmentación pueden dividirse en dos categorías generales: variables personales de los consumidores y factores históricos de su comportamiento en el mercado.

Las características personales describen al consumidor como individuo. A veces, se puede predecir con bastante certeza si una persona puede considerarse comprador potencial al conocer su edad, nivel de renta, personalidad o gustos.

En otras ocasiones, la clave para definir al comprador potencial consiste en analizar cómo ha usado este tipo de producto o cómo lo ha adquirido con anterioridad. Los factores históricos del comportamiento del consumidor en el mercado describen lo que el consumidor ha hecho en relación al producto-servicio o bienes similares. Normalmente, se debe emplear una combinación de ambas categorías de factores de segmentación, que suelen estar en muchos casos interrelacionadas.

El procedimiento de segmentación implica un análisis de las variables descriptivas del consumidor para:

1. *Definir* los factores determinantes de las diferencias más significativas en su comportamiento frente al producto
2. *Identificar* y aislar los segmentos más importantes
3. *Escoger* el que ofrece más opciones para la empresa
4. *Concretar* las características del sub-grupo o subgrupos elegidos

La elección de las variables necesarias depende del tipo de problemas a que nos enfrentamos y de la información disponible.

La globalización de las marcas, la creciente aceptación de productos de marca blanca, las compras on line y el aumento desmesurado de expectativas y exigencias de los consumidores son algunos de los cambios a los que se enfrenta el directivo de marketing en la actualidad.

Es preciso considerar la diversidad del mercado y las nuevas tendencias de consumo: inmigrantes, solteros, cazadores de gangas, gourmets de fin de semana, etc. Todo ello se complica aún más la segmentación: cada consumidor presenta diferentes rostros y desea experiencias distintas en diferentes momentos.

Precisamente, la globalización y la capacidad de acceso a información, debido en parte a las nuevas tecnologías como Internet, ha convertido algunos segmentos en abrumadoramente homogéneos. Por ejemplo, los adolescentes de todo el mundo constituyen un mercado global importante y tentador. El vendedor ha menospreciado durante años el mercado de adolescentes, considerando que son más bien una cantera de clientes que trabajan a tiempo parcial y no un colectivo al que hay que cuidar.

Todo ello presenta retos y oportunidades a los empresarios, que deben seguir un camino más complejo para satisfacer a una base de consumidores cada vez más exigente y variada.

2.7 VARIABLES QUE SE UTILIZAN EN LA SEGMENTACIÓN DEL MERCADO

2.7.1 Segmentación de mercados de consumo

Los segmentos pueden determinarse de acuerdo a criterios genéricos, que sirven para dividir cualquier población, sea o no un mercado, o específicos, que están relacionados con el producto o el proceso de compra.

Tanto los criterios generales como los específicos pueden ser objetivos (fácilmente medibles) o subjetivos (difíciles de medir).

Muchos autores suelen distinguir únicamente entre los factores objetivos y subjetivos, obteniendo clasificaciones del tipo:

- *Variables basadas en las características del consumidor:* geográficas, demográficas, socio-económicas, psicográficas, estilo de vida, etc.
- *Variables basadas en el comportamiento:* índice de uso del producto, fidelidad a la marca, lealtad al canal de distribución, tasa de utilización, tipo de comprador, uso final, beneficio buscado, sensibilidad al precio, etc.

Sin embargo, nuestra intención es dar una clasificación lo más detallada posible, y es por ello que desglosamos de la manera antes citada los tipos de variables:

a. Factores de segmentación genéricos objetivos
Geográficos. Dan lugar a considerables diferencias en las características y comportamientos de los consumidores. Por ejemplo, las diferencias gastronómicas dentro de un mismo país son significativas.

Variables observables:
- *Áreas de distribución del producto*
- *Diferencias culturales (costumbres, gustos)*
- *Movilidad geográfica*

Demográficos. El perfil demográfico de cada segmento es especialmente importante a la hora de tomar decisiones publicitarias.

SELECCIÓN DE VARIABLES. TIPOS

BASADAS EN LAS CARACTERÍSTICAS DEL CONSUMIDOR

- *Geográficas:* mercado de origen, tamaño del hábitat, climatología...
- *Demográficas:* sexo, edad
- *Socioeconómicas:* ocupación, nivel de renta, clase social, educación religión, raza...
- *Psicográficas:* personalidad, independencia, liderazgo...
- Estilos de vida

BASADAS EN EL COMPORTAMIENTO

- Índice de uso del producto o servicio
- Fidelidad o lealtad a la marca
- Lealtad al canal de distribución
- Ventaja / beneficio buscado
- Sensibilidad al precio, comunicación, servicios
- Tasa de utilización
- Tipo de comprador
- Uso final

Variables observables:
- *Edad*
- *Sexo*
- *Renta*
- *Nivel de educación*
- *Clase social*
- *Estado civil*

b. Factores de segmentación genéricos subjetivos

Psicológicos. Constituyen el grupo de aplicación más compleja.

Variables observables:
- *Personalidad.* Los factores son importantes porque a menudo no hay una relación directa entre variables demográficas y de comportamiento en el mercado. Los perfiles que se obtienen suelen tener relación más directa con la motivación de compra y uso del producto.
- *Percepción*
- *Actitudes acerca de sí mismo, familia, sociedad, etc.*
- *Grupos de referencia*
- *Roles sociales*

Estilo de vida. Determinado por las actividades desarrolladas, los centros de interés y las opiniones. Pueden generarse grupos como: los vip, los postmodernos, los progresistas, los tradicionales, etc.

Variables observables:
- *Correlación entre variables demográficas psicológicas.* Proporciona un perfil rico y multidimensional que integra variables individuales y describe de forma más clara los hábitos del consumidor y su «modo de vida».
- *Actividades e intereses.* Combinando este perfil con variables específicas de actitud y comportamiento para un producto, pueden obtenerse segmentos de estilo de vida para productos específicos.

c. Factores de segmentación específicos objetivos

Uso del producto. Este criterio de segmentación permite centrar el esfuerzo comercial en aquellos segmentos que proporcionan las mayores cifras de venta o desarrollar acciones específicas para estimular la demanda en segmentos con potencial emergente.

Variables observables:
- *Frecuencia de uso para una marca o producto.* Una segmentación basada en usuarios intensivos, medios y moderados proporciona una visión clara de la situación del mercado.
- *Lealtad a la marca*
- *Actitudes hacia el producto*

d. Factores de segmentación específicos subjetivos

Beneficios del producto. Es conocida la diferencia que existe entre la persona que se compra un automóvil con la intención de satisfacer una necesidad de transporte y aquella que lo hace por prestigio o para manifestar una posición social.

Variables observables:
- *Rendimientos o prestaciones esperadas del producto.* Muy útil si el producto puede posicionarse de varias formas. Sirve principalmente para identificar segmentos que buscan beneficios distintos en el mismo producto.
- *Necesidad que cubre el producto*
- *Percepciones de marca*
- *Satisfacción (medidas de insatisfacción)*

Proceso de decisión

Variables observables:
- *Hábitos de compra.* Usando este factor se segmenta el mercado en consumi-

Variables: edad y sexo

dores sensibles e insensibles al precio, compradores por impulso o dispuestos a buscar en varios sitios, y otros segmentos que caracterizan el comportamiento de mercado de cada subgrupo.

- *Hábitos de uso de medios de comunicación*
- *Búsqueda de información para un producto.* Debe usarse en conjunción con un análisis de características del consumidor para facilitar la identificación de componentes de cada subgrupo.
- *Sensibilidad:*
  - al precio
  - a puntos de distribución
  - a ofertas de promoción

Los factores arriba mencionados pueden ser observados y cuantificados en la realidad. Normalmente, la estructura final de los distintos segmentos se apoyará sobre todo en aquel o aquellos que tienen mayor relación con la posible compra del producto. Los demás factores pueden usarse para reforzar y enriquecer los perfiles de cada segmento.

2.7.2 Segmentación de mercados industriales

En la segmentación de los mercados de empresas suelen utilizarse criterios de uso de producto y/o por los beneficios que comporta éste.

Existen varios modelos de compra industrial, cuyas variables se clasifican así:

1. Características de la organización del comprador

2. Características del centro de compra
3. Características del producto
4. Características de la organización del vendedor

El modelo de Wind y Cardozo para la segmentación de mercados industriales contempla una segmentación en dos etapas. En la primera, se identifican macro segmentos sobre los factores externos siguientes:

- Los mercados de los usuarios finales
- La aplicación del producto
- El tamaño del cliente
- La proporción de uso del producto
- La localización geográfica

Si con esta segmentación no es suficiente, se procede a la obtención de divisiones más pequeñas, tomando como criterio aspectos internos de la unidad de decisión de compra:

- La posición jerárquica de la unidad de decisión
- Las características personales de los decisores
- La importancia percibida de la compra
- Los criterios de decisión de compra
- La etapa en el proceso de compra

El criterio de selección del segmento objetivo más importante en este tipo de segmentación es el coste o el beneficio.

Existe un modelo multietápico propuesto por Shapiro y Bonoma, con un enfoque basado en el grado de dificultad en la identificación de los factores de segmentación. Se utilizan cinco grupos de variables:

- *Demográficas:* tipo de empresa, tamaño de la empresa, localización, etc.
- *Operativas:* uso del producto, tecnología de la empresa, etc.
- *Enfoques de compra:* organización de la función de compra, estructuras de poder, relaciones comprador-vendedor, políticas y criterios de compra.
- *Factores de situación:* urgencia del cumplimiento del pedido, aplicación del producto y tamaño del pedido.
- *Características personales del comprador:* aversión al riesgo, meticulosidad, etc.

ELECCIÓN DEL SEGMENTO OBJETIVO

La elección de uno o varios segmentos de mercado determinará el tipo de alternativa estratégica emprendida por la empresa.

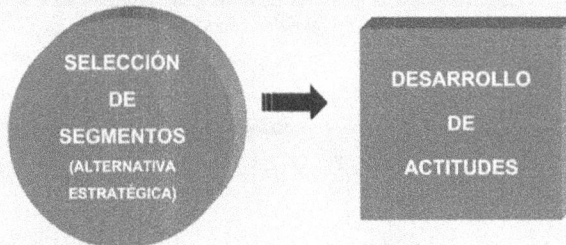

SELECCIÓN DE SEGMENTOS (ALTERNATIVA ESTRATÉGICA) → DESARROLLO DE ACTITUDES

2.8 ESTRATEGIAS ALTERNATIVAS PARA LOS SEGMENTOS DE MERCADO

Una vez evaluados los distintos segmentos, la empresa puede adoptar una de entre tres estrategias básicas para cubrir el mercado: marketing indiferenciado, marketing diferenciado y marketing concentrado. La empresa tendrá que decidir cuáles y cuántos segmentos cubrirá. Esta es la tarea de seleccionar los mercados meta. Un mercado meta está compuesto por una serie de compradores que comparten unas necesidades o las características que la empresa ha optado por atender.

Marketing indiferenciado

La empresa que opta por una estrategia indiferenciada ignora las diferencias de los segmentos de mercado y ataca el mercado entero con una oferta. Esta oferta se centrará en los aspectos comunes de las necesidades de los consumidores y suele utilizarse bajo el paraguas de marcas muy poderosas y con productos líderes de su categoría. La empresa diseña la misma estrategia de marketing (producto, precio, distribución y promoción) para atraer a la mayor cantidad posible de compradores. Depende de la distribución y de la publicidad masivas y pretende dar una imagen superior del producto.

Esta estrategia permite obtener ventajas en los costes. La estrecha línea de productos mantiene bajos los costes de producción, stock y transporte, obteniendo economías de escala. Igualmente, la publicidad, al estar dirigida a todo el público, o a gran parte de él, también repercute positivamente en los costes de la organización. La ausencia de investigaciones y de planes de marketing que supondría la gestión de un segmento recorta de manera importante los costes de investigación y administración del producto.

Sin embargo, es difícil que con una estrategia de este tipo puedan satisfacerse adecuadamente las necesidades de todos los consumidores. Por ello, la mayor parte de los especialistas en este campo tienen serias dudas acerca de la viabilidad de esta estrategia. Cuando se desarrolla un producto o marca para que sean satisfechos todos los consumidores, aparecen problemas. Cuando una empresa se dirige al mercado masivo o a un segmento grande aparece la competencia en estos mercados, disminuyendo la rentabilidad que aportan éstos, y alcanzándose menos satisfacción en los segmentos pequeños.

Un ejemplo de este tipo de estrategia lo vimos en la Coca-Cola años atrás, cuando un sólo producto, la Coca-Cola clásica, se introducía en el mercado de manera masiva. En la actualidad, la empresa ofrece varios productos dirigidos a distintos segmentos.

Marketing diferenciado

Sucede cuando la empresa opta por dirigirse a varios segmentos del mercado y diseña distintos programas de marketing para cada uno de ellos. Se adaptan los productos a las necesidades de cada uno de los distintos segmentos meta, utilizando también de modo distinto los instrumentos comerciales. Al ofrecer estas variantes en el producto y comercialización, se espera obtener más ventas y una posición más firme en cada uno de los distintos segmentos. Esta estrategia puede incrementar substancialmente la demanda total del mercado. Constituye la forma de segmentación más difundida en los mercados.

Sin embargo, los costes para la empresa que utiliza esta estrategia son mucho más elevados al reducirse las economías de escala, y en consecuencia la empresa debe contar con recursos suficientes y debe evaluar la rentabilidad de cada uno de los segmentos atendidos.

ELECCIÓN DEL SEGMENTO OBJETIVO

MERCADOTECNIA INDIFERENCIA: Consiste en ir a todo el mercado por igual, con un único markting mix. El público objetivo es todo el mercado. *Ventajas de coste mayores economías de escala.*

El marketing diferenciado suele producir un total mayor de ventas que el indiferenciado. Por ejemplo, Procter & Gamble cubre una parte mucho mayor del mercado total con 10 marcas de detergentes para ropa que con sólo una. Sin embargo, los costes de investigación, producción, promoción y otros son mayores. La empresa deberá comparar el incremento de ventas con el incremento de costes cuando se opte por una estrategia de este estilo. Otro caso lo encontramos en Inditex, cuya segmentación por edades y poder adquisitivo constituyó en los años noventa la clave de su éxito.

Marketing concentrado

Resulta atractivo cuando la empresa no dispone de recursos elevados. Si bien pueden detectarse varios segmentos relevantes, la empresa se concentrará en aquellos a los que pueda acceder y sobre los que pueda obtener una ventaja competitiva, tanto en calidad como en los instrumentos del marketing, y obtener así una mayor participación de mercado en ellos.

Esta posición sólida en el mercado ocurre porque la empresa conoce mejor las necesidades de los segmentos y por la imagen que adquiere de especialista. También se consiguen muchas economías de escala en sus actividades al existir una producción, promoción y distribución especializadas. Si el segmento está bien elegido, la empresa puede obtener una rentabilidad muy alta sobre su inversión.

Sin embargo, esta estrategia comporta

otros riesgos. La disminución de la demanda, los cambios en las preferencias de los consumidores o la entrada de nuevos competidores por lo atractivo del segmento pueden reducir las ventas y beneficios de la empresa al no estar su oferta suficientemente diversificada. Así, el segmento específico del mercado se puede echar a perder. Por ejemplo, la empresa Bobbie Brooks vendía ropa deportiva a mujeres jóvenes. Cuando éstas dejaron de comprarla, la empresa sufrió pérdidas importantes. Igualmente, la empresa Amper, al tener únicamente a Telefónica como cliente, se vio seriamente afectada en sus ventas y beneficios cuando ésta redujo sus compras de material electrónico.

2.8.1 Condicionantes en la elección de la estrategia

Existen multitud de factores que afectan a la elección de una estrategia para cubrir el mercado. La mejor estrategia dependerá de los *recursos de la empresa*. Si éstos no son muchos, lo más lógico, como ya hemos visto, será utilizar una estrategia concentrada.

La mejor estrategia depende también del *tipo de producto*. Para productos uniformes y de compra habitual, la estrategia más indicada es el marketing indiferenciado. Esto se cumple con productos como las naranjas, la sal o el acero. Para productos cuyo diseño es muy variable, como los automóviles, es más conveniente el marketing diferenciado o concentrado.

Otro factor importante *es la etapa del ciclo de vida* en que se encuentre el producto. Cuando una empresa introduce un producto nuevo, es conveniente lanzar sólo una versión, y el marketing indiferenciado o concentrado es lo más viable. Para la etapa de madurez, sin embargo, resultaría más indicada una estrategia diferenciada.

También debe tenerse en cuenta la *homogeneidad del mercado*. Si la mayor parte de los compradores tienen los mismos gustos, compran las mismas cantidades y reaccionan de igual manera a las actividades de marketing, conviene usar un marketing indiferenciado.

Las *estrategias de la competencia* son un factor decisivo en la elección de un procedi-

ESTRATEGIAS ALTERNATIVAS PARA LOS SEGMENTOS DE MERCADO

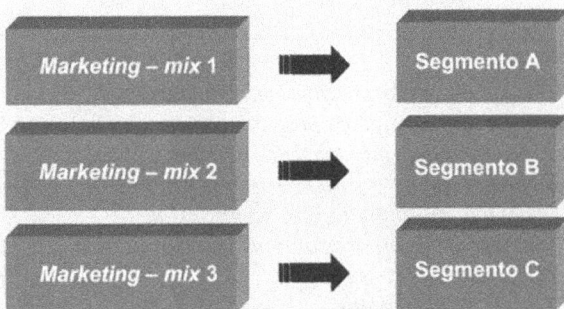

miento de marketing. Cuando la competencia está segmentada, es un grave error utilizar una estrategia indiferenciada. Sin embargo, será aconsejable utilizarla cuando la competencia se aproxime de manera masiva al mercado.

La elección de una estrategia de marketing para cubrir el mercado también va a depender de los *propios objetivos y procedimientos de la empresa.*

2.8.2 Utilización de los instrumentos comerciales

Pueden contemplarse distintos tipos de estrategias diferenciadas. Éstas pueden limitarse a la oferta de productos distintos o variantes del producto básico, adaptadas a las demandas de segmentos específicos. Si se contemplan, además, procedimientos distintos de promoción y distribución para cada segmento atendido, el coste de operación será aún mayor. Es decir, la aplicación del concepto de segmentación puede incluir una o varias de las cuatro P del marketing:

- *Segmentación por producto.* Es la situación más corriente. Lo más usual es segmentar el mercado a través de la oferta de modelos, tamaños, presentaciones, envases. Puede consistir también en ofrecer productos similares o completamente distintos, incluso mediante la utilización de segundas marcas. Un caso claro es el sector del automóvil.
- *Segmentación por precio.* Aunque la segmentación por producto suele ir acompañada por un precio también distinto, hay situaciones en que, existiendo similitud en el producto ofertado, la diferencia se percibe únicamente en el precio. Por ejemplo, las tarifas de los transportes.
- *Segmentación por distribución.* Se da cuando la venta de un producto se realiza a través de distintos canales: supongamos distribuidores exclusivos (por ejemplo, determinadas marcas de perfumería o relojes), para tratar de dar prestigio al producto y a la marca, o hipermercados, con la intención de alcanzar segmentos de mercado más sensibles al precio.
- *Segmentación por promoción.* Mediante la publicidad puede llegarse a segmentos distintos de mercado. Por ejemplo, las revistas especializadas, los periódicos, o la televisión en función de la hora de emisión. Aún es más alta la segmentación si nos referimos a la publicidad directa o la venta personal

ESTRATEGIAS ALTERNATIVAS PARA LOS SEGMENTOS DE MERCADO

ESTRATEGIA DE MERCADOTECNIA CONCENTRADA: consiste en la elección de uno o pocos segmentos de mercado como público objetivo, desarrollando un *marketing mix* "ideal" para ese público objetivo.

Conceptos fundamentales

Mercado de consumo. Es el segmento de mercado constituido por los consumidores últimos que usan un producto o servicio para satisfacer sus necesidades propias.

Mercado global. Aquel mercado amplio en el que los comportamientos tienden a igualarse, como consecuencia de la mayor intercomunicación entre países

Mercado industrial. Es aquel segmento de mercado constituido por empresas y organizaciones que compran los productos o servicios a fin de incorporarlos a sus procesos productivos. Su demanda es derivada de las de los mercados de consumo.

Mercado meta. Es el segmento al que se dirige la oferta de la empresa.

Marketing concentrado. Estrategia que consiste en dirigir todos los esfuerzos hacia un solo segmento elegido.

Marketing diferenciado. Estrategia que diseña distintos programas para los distintos segmentos del mercado a los que se dirige.

Marketing indiferenciado. Estrategia que consiste en atacar al mercado entero con una oferta.

Segmentación. División homogénea del mercado.

Segmentación por distribución. El prestigio de una marca o de un producto reforzado mediante el canal de distribución consigue alcanzar segmentos de mercado más sensibles al precio.

Segmentación por precio. El precio es la única diferencia que se percibe.

Segmentación por producto. Consiste en segmentar el mercado a través de la oferta de productos similares o completamente distintos.

Segmentación por promoción. La publicidad es el instrumento que crea los segmentos.

Segmento accesible. Grupo al que se puede llegar y servir sin dificultad.

Segmento defendible. Rentable para una organización.

Segmento identificable. Grupo internamente homogéneo y diferente de los demás.

Segmento operativo. Es aquel para el que se diseña un programa efectivo.

Segmento substancial. Compuesto por un número de consumidores que justifique la puesta en marcha de una estrategia de marketing.

Variables de comportamiento. Son criterios subjetivos que determinan los segmentos.

Variables demográficas. Son los atributos objetivos del usuario (sexo, edad, estado civil, tamaño de la familia, posición ocupada en ella, etc.), que sirven como criterios para clasificarlo o dividirlo.

Variables geográficas. Son aquellas que indican el lugar donde reside el usuario (nación, región, provincia, hábitat, etc...). Son criterios objetivos para clasificar o dividir mercados.

Variables según características del comprador. Son criterios objetivos y fácilmente medibles que determinan los segmentos.

Variables socioeconómicas. Aquellas que indican el estado o situación del usuario o consumidor (nivel de ingresos, ocupación, nivel de estudios, etc...). Son criterios objetivos para clasificar o dividir mercados.

Test sobre el capítulo (Sólo una respuesta correcta)

1. Respecto al marketing diferenciado:
   a) La oferta se centra en los aspectos comunes de las necesidades de los consumidores, más que en las diferencias
   b) Es una estrategia apropiada cuando los recursos de la empresa son escasos
   c) Opta por dirigirse a varios segmentos de mercado, diseñando diferentes ofertas para cada uno de ellos

2. ¿Cuál de las siguientes afirmaciones es correcta?
   a) La presencia de la competencia no influye cuando segmentamos

   b) Una de las segmentaciones más sencillas es la que se basa en criterios geográficos
   c) La segmentación de un mercado es independiente de la oferta y de los recursos de la empresa

3. Un buen marketing diferenciado consiste en:
   a) Ofertas distintas a segmentos distintos
   b) Ofertas distintas al mismo segmento
   c) Oferta idéntica a distintos segmentos

4. De las siguientes estrategias, la de menor coste para la empresa sería:

a) Marketing diferenciado
b) Marketing concentrado
c) Ninguna de las anteriores

5. Las ventajas de una buena segmentación son:
   a) Optimizar los presupuestos de Marketing
   b) Diseñar una buena distribución
   c) Las dos anteriores

6. Un segmento de mercado debe ser:
   a) Accesible a las posibilidades de la empresa
   b) Medible
   c) Que abarque más del 50% del mercado

7. Al realizar una segmentación por importancia de los clientes, la política de precios más razonable sería:
   a) Precios mínimos iguales para todos
   b) Marketing diferenciado y precios distintos, según consumos
   c) Marketing concentrado en cualquier segmento

8. Para la selección del mercado meta existen varias estrategias alternativas, como son el marketing indiferenciado, diferenciado y concentrado. ¿De cuál o cuáles de los siguientes elementos podría depender su elección?
   1. Fase del producto en su ciclo de vida
   2. Tipo de producto
   3. Recursos de la empresa
   4. Homogeneidad del mercado
   5. Estrategias de la competencia
   a) 1 y 3
   b) 1, 2, 3, 4 y 5
   c) 1, 3, 4 y 5

9. La segmentación se justifica:
   a) Por el hecho de que cada empresa concurrente en el sector se dirija a un mercado distinto
   b) Por la gran amplitud del mercado y los recursos limitados
   c) Por el precio de los bienes

10. La segmentación de mercados implica que...

a) Las empresas dividen el mercado y acuerdan atender cada una de ellas un segmento
b) Los mercados han de dividirse en zonas para determinar las rutas de los vendedores
c) Los mercados han de dividirse en grupos homogéneos y llevar a cabo en cada uno de ellos una estrategia de marketing diferenciado

11. La segmentación de mercados es útil porque...
    a) Pone de manifiesto la capacidad de producción de bienes y servicios en la empresa
    b) Pone de relieve las oportunidades de negocio existentes
    c) Reduce los costes de comercialización de productos

12. La segmentación de mercados requiere...
    a) Que se determinen muchos segmentos distintos
    b) Que el tamaño de los segmentos sea similar
    c) Que los segmentos sean realmente diferentes

13. Los criterios de segmentación generales...
    a) Sirven para dividir cualquier población, sea o no un mercado
    b) Son siempre objetivos
    c) Dan lugar a segmentos muy grandes

14. En la segmentación "óptima"...
    a) Los segmentos obtenidos son más pequeños
    b) Se utilizan, por lo general, técnicas de análisis multivariantes para determinar las características y composición de los segmentos
    c) Se determina el número de segmentos más rápidamente

15. Una estrategia "concentrada"...
    a) Supone concentrarse en los segmentos en los que puede tenerse alguna ventaja competitiva
    b) No implica ningún riesgo

c) Exige concentrar los esfuerzo de marketing en la promoción

16. En la utilización de los instrumentos de marketing para diseñar estrategias adaptadas a los distintos segmentos...
    a) La segmentación del mercado por medio de la publicidad es la más corriente
    b) La segmentación por precio implica siempre un producto distinto
    c) Cada instrumento puede utilizarse de forma aislada o en combinación con otros

17. Puede considerarse una aplicación de una estrategia de segmentación:
    a) La construcción de un bloque de pisos en la periferia de una ciudad, con zona comunitaria, parque infantil y piscina, dirigido a parejas jóvenes, con y sin hijos
    b) La venta de parcelas de un terreno a distintas personas
    c) La rehabilitación de un edificio con valor histórico ocupado por personas mayores

18. Puede considerarse una aplicación de una estrategia de segmentación:
    a) El lanzamiento de una campaña publicitaria de alquiler de viviendas en una zona universitaria

b) La comercialización de productos a través de Internet
c) La construcción de viviendas con las últimas novedades en materiales de construcción

19. Entre los beneficios de la segmentación, destaca:
    a) Descartar el acceso a mercados geográficamente lejanos a la zona de operación de la empresa
    b) Identificación de mercados a los que aplicar eficientemente los instrumentos del marketing
    c) El hecho de poder aplicar siempre distintos precios según el mercado meta

20. Para conseguir una correcta segmentación en mercados industriales, es preciso:
    a) La obtención de divisiones más pequeñas tomando como criterio aspectos importantes de la unidad de decisión de compra
    b) Pueden utilizarse variables del tipo: demográficas, operativas, de enfoque de compra, de usuario final y de presupuesto publicitario
    c) Ninguna de las respuestas anteriores es correcta

JALLUT PINTURAS (Segmentación de mercados)

(Este documento no pretende ilustrar una determinada forma de gestión, sino que debe servir como base para el diálogo. Para que la discusión sea provechosa, es necesario preparar el caso con antelación, definiendo los problemas y proponiendo alternativas de solución y acción.)

¿Qué es el sistema de fabricación "In Can" o "directo al envase"?

In Can es un nuevo sistema que se basa en la posibilidad de fabricar "productos a medida para un mercado definido: desde pequeñas a grandes cantidades, en una amplia variedad de colores y calidades, en un tiempo reducido y con un ahorro de costes". Es una forma de personalizar los productos o servicios con la creación-adaptación de éstos a las peculiaridades concretas del cliente, utilizando procesos automatizados para ello.

Técnicamente consiste en fabricar mediante un sistema tintométrico gigante donde todos los componentes de la pintura (resinas, disolventes, pigmentos, espesantes, etc.) se mezclan en el mismo envase que llegará al cliente. Los controles de peso y color garantizan la calidad establecida del producto final.

Pone a disposición del cliente más de 7.500 colores, es decir, toda la colorimetría disponible en los sistemas tintométricos Jallut, sin límite de cantidad (desde 1 envase hasta los que necesite) y con un servicio de 48 horas.

Para Jallut este proyecto ha supuesto un gran esfuerzo en I+D, la construcción de una nueva planta de 900 m^2 y una inversión de más de 250.000 euros.

El sistema *In Can*, que ya se encuentra en funcionamiento desde el pasado mes de marzo, parte con un doble objetivo: además de *mejorar los índices de producción y agilizar el servicio al cliente*, su concepción se basa en la necesidad de conseguir *la minimización e incluso la anulación de residuos contaminantes* que se generan en otros procesos de fabricación. Por este factor fue premiado el nuevo sistema de producción, a principios de año, por la Cámara de Comercio de Sabadell con el "Premio Cámara de Gestión Medio Ambiental".

Las ventajas de sistema In Can son las siguientes:
1. Fabricar la cantidad exacta de producto, lo que supone:
   - Una menor necesidad de financiación de activos
   - Una menor generación de productos obsoletos

2. Fabricar directamente en el propio envase:
   - Con la eliminación de procesos intermedios y mejora de tiempos
   - Con la eliminación de residuos de limpieza

3. Adaptación a las necesidades del target:
   - Ofreciendo el producto, color, cantidad, calidad y tiempo a un precio competitivo

Los resultados conseguidos son los siguientes:
Para Jallut existía un segmento de mercado inalcanzable con los sistemas de fabricación tradicionales, los pedidos de productos industriales de lotes de 500 Kg a 1000 Kg. Son lotes demasiado pequeños para fabricar en una cuba tradicional y demasiado grandes para elaborar el distribuidor en su establecimiento mediante la máquina tintométrica. *In Can* ha permitido a Jallut a incrementar las ventas en un 20% cubriendo este nuevo segmento.

Cuestiones

1. ¿Cuál cree que es el valor aumentado del producto con este nuevo sistema de producción?

2. ¿Qué ventajas observa en le distribución del producto?

3. ¿Cree conveniente una modificación del precio del producto, como consecuencia de las ventajas que supuestamente tiene la empresa frente a la competencia? Justifíquelo.

NÉCTAR, S.A. (Segmentación de mercados)

(Este documento no pretende ilustrar una determinada forma de gestión, sino que debe servir como base para el diálogo. Para que la discusión sea provechosa, es necesario preparar el caso con antelación, definiendo los problemas y proponiendo alternativas de solución y acción.)

Néctar S.A. es una empresa dedicada a comercializar preparados de zumos de distintas frutas. Ya tiene en el mercado los zumos de naranja, piña y manzana, pero para cerrar la gama quiere introducir el de melocotón.

Historia de la empresa

Hace once años que Néctar inició su actividad con la comercialización de los zumos, pero con el tiempo ha ido ampliando y diversificando sus líneas de productos de alimentación; ahora abarca desde leche, yogures, cereales hasta aceites y vinagres.

Desde su inicio, Néctar ha estado siempre orientada al mercado, gracias a un equipo serio de profesionales del marketing. No se ha realizado ningún lanzamiento de un nuevo producto hasta que no se han evaluado los resultados de los estudios sobre su viabilidad y sobre la actitud del consumidor ante el lineal del supermercado.

Análisis del mercado. Segmentación

Hace seis meses, cuando se planteó el lanzamiento del nuevo zumo de melocotón, se realizó un análisis del mercado que permitió pronosticar las posibilidades de éxito del producto y establecer un plan de marketing. No obstante, era necesario llevar a cabo una prueba de actitud en un supermercado de la ciudad: se colocarían unos cuantos envases del nuevo zumo junto a sus competidores y se observaría la actitud de los consumidores. Así se podría comprobar que realmente el producto se vendía al público objetivo que se había determinado mediante la segmentación (lo que confirmaría que la segmentación había sido correcta).

Por otro lado se realizarían unas encuestas en el supermercado para preguntar sobre la satisfacción esperada y la que realmente había producido la prueba del producto que un par de azafatas ofrecían como degustación.

Con los resultados obtenidos en estos sondeos, el departamento de marketing elaboró un resumen de las observaciones realizadas, que se distribuyó internamente. A pesar de las buenas expectativas que se podían deducir del informe de marketing, el director general, siguiendo en su línea de cautela que tan buenos resultados le había dado hasta entonces, deseaba realizar otra prueba en la comarca del Tarragonès (concretamente en su capital Tarragona). Seguidamente, le pidió al director de producto de la línea de zumos que, con el informe cualitativo (Anexo 1) y los datos del territorio donde se había hecho la prueba (Anexo 2), le aclarase razonadamente algunas cuestiones.

Cuestiones

1. ¿A qué segmento podría dirigirse el nuevo zumo?

2. ¿Cómo debe cuantificarse el mercado prueba?

3. ¿Cómo debe realizarse la valoración del potencial de consumo durante un año en el segmento seleccionado?

ANEXO 1. Informe sobre la encuesta en el supermercado

La señora Ana Martí Serichol acaba de terminar sus compras en el supermercado Bonpreu del barrio. Es una mujer de mediana edad, de clase media acomodada, está casada y tiene tres hijos. Entre sus compras se encuentra varias latas de 750 cm^3 de zumo de melocotón Néctar (que tenían un precio mayor que el de la competencia).

Ya conocía la marca a través de los zumos de naranja y piña.

El señor Bassa, propietario del supermercado, manifiesta que la señora Ana Martí Serichol es una clienta excepcional en la compra de zumo de melocotón, ya que su consumo está por encima de la media semanal (alrededor de las 3,1 latas, según el señor Bassa).

No obstante, el propietario del supermercado es consciente de que los zumos son un producto con bastante estacionalidad: el 40% de las ventas se realizan durante julio y agosto; entre mayo y junio se vende un 25% del total anual; la parte más pequeña de las ventas, el 15%, se efectúa entre enero y abril. Además, al señor Bassa le constaba que en el resto del país la estacionalidad era similar a la de su supermercado.

La señora Ana Martí Serichol busca mejorar la calidad de su vida y la de los suyos, y está dispuesta a pagar un poco más por el zumo de melocotón, ya que quiere que la calidad de sus alimentos satisfaga a su familia.

Recuerda que en las estanterías había otras marcas de zumo de melocotón, pero no sabe exactamente por qué escogió Néctar.

Se acuerda de que estuvo durante bastante tiempo observando a la azafata que servía los vasitos de degustación y los ofrecía a los clientes.

Paradójicamente, ninguno de los hombres que la señora Ana Martí Serichol vio en el super compró zumo de melocotón Néctar, mientras que en las mujeres la actitud fue más desigual.

En principio todas aceptaban la muestra de degustación, pero luego unas cogían unas latas de zumo y otras no.

Se fijó en que eran las mujeres mayores las que incluían en su cesta algunos botes de prueba, lo que confirmó el señor Bassa recordando que, según los resultados de la encuesta que se estaba llevando a cabo, son las mujeres que cuidan con esmero a su familia y tienen más de 45 años las que prefieren los zumos de melocotón Néctar.

Con la prueba del nuevo zumo de melocotón Néctar, tanto la señora Ana Martí Serichol como su familia se han mostrado muy satisfechos.

La señora se congratuló de su acierto y decidió a partir de entonces comprar asiduamente el nuevo zumo.

ANEXO 2. Datos y características del territorio donde se realiza la prueba

1. Datos del territorio*

Comarca	Superficie (ha.)
Alt Camp	54.825
Baix Camp	67.466
Baix Ebre	105.731
Baix Penedès	26.407
Conca de Barberà	63.796
Montsià	66.262
Priorat	51.731
Ribera d'Ebre	82.480
Tarragonès	34.502
Terra Alta	74.004
Total	627.204

2. Demografía y población*

Población por comarcas (Datos 2005)

Comarca	Población	Densidad (hab/km²)	Hombres	Mujeres
Alt Camp	40.017	74,4	17.818	17543
Baix Camp	167.889	240,8	71.293	73004
Baix Ebre	74.962	74,8	32.852	33103
Baix Penedès	79.967	269,9	30.915	30106
Conca de Barberà	20.057	30,8	9.366	9136
Montsià	64.181	87,7	28.872	28567
Priorat	9.665	19,4	4.675	4479
Ribera d'Ebre	22.925	27,7	10.794	10796
Tarragonès	212.520	666,5	89.660	91308
Terra Alta	12.724	17,1	6.192	6001
Total	704.907		302.437	402.470

Estado civil (Hombres) (Datos 2005)

Comarca	Solteros	Casados	Viudos	Separados	Divorciados	Total
Alt Camp	7.882	8.966	484	331	155	17.818
Baix Camp	32.443	34.928	1.673	1.449	800	71.293
Baix Ebre	13.830	17.105	1.035	572	310	32.852
Baix Penedès	13.455	15.534	660	827	439	30.915
Conca de Barberà	4.141	4.684	307	143	91	9.366
Montsià	12.214	14.977	874	530	277	28.872
Priorat	2018	2348	191	79	39	4.675
Ribera D'Ebre	4.619	5.574	396	148	57	10.794
Tarragonès	41.277	43.453	1.874	1.811	1.245	89.660
Terra Alta	2.551	3.280	277	51	33	6.192

Estado civil (Mujeres) (Datos 2005

Comarca	Solteras	Casadas	Viudas	Separadas	Divorciadas	Total
Alt Camp	6.254	8.750	1.973	353	213	17.543
Baix Camp	28.237	34.551	7.285	1.809	1.122	73.004
Baix Ebre	11.146	16.850	4.010	710	387	33.103
Baix Penedès	11.153	14.798	2.809	788	558	30.106
Conca de Barberà	3.113	4.560	1.257	142	64	9.136
Montsià	9.769	14.655	3.193	608	342	28.567
Priorat	1.465	2.243	674	56	36	4.479
Ribera D'Ebre	3.626	5.454	1.493	151	72	10.796
Tarragonès	35.635	42.799	8.842	2.406	1.626	91.308
Terra Alta	1.784	3.228	895	53	41	6.001

Pirámide de edad de la población

Edad	Total	Hombres	Mujeres	Edad	Total	Hombres	Mujeres
0-4	25.753	13.327	12.426	50-54	29.998	14.977	15.021
5-9	27.540	14.232	13.308	55-59	30.769	15.013	15.756
10-14	35.457	18.338	17.119	60-64	31.827	15.058	16.769
15-19	46.201	23.871	22.330	65-69	28.323	12.987	15.336
20-24	46.041	23.617	22.424	70-74	22.874	9.864	13.010
25-29	45.364	23.213	22.151	75-79	15.964	6.208	9.756
30-34	42.148	21.099	21.049	80-84	11.269	3.983	7.286
30-34	39.693	19.723	19.970	85-89	5.657	1.803	3.854
40-44	37.217	18.425	18.792	90-94	1.840	504	1.336
45-49	37.356	18.501	18.855	> de 95	326	81	245

Previsiones de población de las comarcas de Tarragona hasta el 2.010

Camp de Tarragona

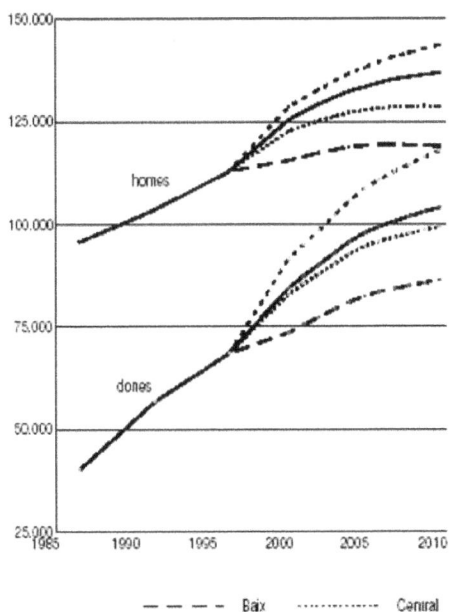

3. Educación y cultura*
Nivel de instrucción de la población Datos 2005)

Comarca	Titulación Básica[1]	Titulación Media	Titulación Superior
Alt Camp	29094	1694	1294
Baix Camp	11895	7352	6291
Baix Ebre	55178	2896	2221
Baix Penedès	50374	2548	2104
Conca de Barberà	15406	815	712
Montsià	48943	1902	1541
Priorat	7784	395	361
Ribera D'Ebre	18228	961	681
Tarragonès	142794	10692	10091
Terra Alta	10719	353	296

4. Industria y comercio*
Establecimientos de empresas industriales [2] (Datos 2005)

Comarca	a	b	c	d	e	f	g
Alt Camp	17	42	143	69	26	103	24
Baix Camp	26	60	333	140	107	246	39
Baix Ebre	24	39	131	91	34	95	9
Baix Penedès	19	40	165	76	34	92	21
Conca de Barberà	3	41	73	44	28	50	21
Montsià	18	47	142	44	41	179	17
Priorat	3	-	12	82	10	29	2
Ribera D'Ebre	14	19	34	64	15	34	5
Tarragonès	33	99	282	90	53	210	50
Terra Alta	7	9	28	84	48	33	4

[1] Incluye primaria, FP, BUP y COU

[2] Sectores de actividad:

a) Energía y agua

b) Química y metal

c) Transformación metales

d) Productos alimentarios

e) Textil y confección

f) Edición y libros

g) Resto del detalle

* Fuente: www.idescat.net

3

Comportamiento del consumidor

OBJETIVOS

1. Definir los elementos básicos relacionados con el comportamiento de compra
2. Analizar las características personales de los consumidores que influyen directa o indirectamente en la decisión de comprar
3. Describir las fases del proceso de compra desde el punto de vista del consumidor

3.1 INTRODUCCIÓN

Las empresas necesitan conocer cuáles son las necesidades del mercado y cuál va a ser el comportamiento de los compradores si quieren establecer estrategias eficaces.

La constante innovación tecnológica que tenemos en la actualidad marca el proceso de adaptación de las empresas a las diferentes exigencias del consumidor. Éste toma sus decisiones de compra siguiendo unos comportamientos que corresponden a cuestiones básicas y que los directores de las acciones de marketing estudian periódicamente. Antes de iniciar cualquier programa comercial, el análisis debe dar respuesta a cuestiones del tipo: ¿quién compra?, ¿qué compra?, ¿porqué compra?, ¿cómo lo compra?, ¿cuándo lo compra?, ¿dónde lo compra?, ¿cuándo, dónde, cuánto y cómo utiliza lo que compra?

COMPORTAMIENTO DEL CONSUMIDOR

Analicemos cada una de estas cuestiones:
- ¿Qué compra? Supone analizar el tipo de producto que selecciona de entre los diferentes productos que considera.
- ¿Quién compra? Determinar quién es el sujeto que verdaderamente toma la decisión de adquirir el producto, si es el consumidor o quien influye en él.
- ¿Por qué compra? Analizar cuáles son los motivos por los que adquiere un producto basándose en los beneficios o satisfacción de necesidades que producen al consumidor su adquisición.
- ¿Cómo lo compra? Tiene relación con el proceso de compra. La decisión de la compra ¿la hace de forma razonada o emocional? La paga con dinero en efectivo, con tarjeta de crédito, financiando la operación, etc.
- ¿Cuándo compra? Hay que conocer cuál es el momento en que compra para detectar aquellos aspectos temporales que hemos de tener en cuenta en nuestro *marketing mix*. Por ejemplo, estacionalidades o rebajas.
- ¿Dónde compra? Esta cuestión se asocia con el lugar de adquisición del bien. Los lugares donde compra se ven influidos por los canales de distribución y además

por otros aspectos relacionados con el servicio, trato, imagen del punto de venta, etc.

- ¿Cuánto compra? La cantidad que adquiere del producto, para satisfacer sus deseos o necesidades. Ello implica averiguar si la compra es repetitiva o no.
- ¿Cómo lo utiliza? Su comportamiento en el uso y en algún momento tiene relación con la cantidad que adquiere, el envase y la presentación del producto.

El consumidor tomará más o menos conciencia en un proceso de decisión en función de la duración del bien y acentuará su análisis con aquellos bienes que, por sus características, van a necesitar un servicio de mantenimiento para poder ser utilizados durante el periodo de su vida nor mal.

3.2 OBJETO Y CLASIFICACIÓN DEL ESTUDIO DEL COMPORTAMIENTO DEL CONSUMIDOR

Desde que un consumidor descubre la existencia de una necesidad hasta que la cubre a su entera satisfacción se da un proceso en el que están involucradas varias personas con influencias distintas en la decisión final de compra. Todas las actividades desarrolladas varían según el producto y el comprador, y su conocimiento es objeto de estudio de los departamentos de marketing. En líneas generales, se da en primer lugar la sugerencia de compra ante la evidencia de una necesidad manifiesta, luego aparece la influencia de las personas que opinan sobre las excelencias y conveniencia de uno u otro producto. Llega la decisión de comprar y la ejecución de la acción, que unas veces realiza la misma persona que decide y otras no; por último, el producto llega al consumidor o usuario.

En el comportamiento de compra individual o particular en la que el comprador es el usuario final influyen factores internos que no van más allá del círculo familiar o de amistades.

En el comportamiento de compra de organizaciones o empresas, el conocimiento de las necesidades del consumidor ha de ir unido al conocimiento del segmento del mercado que se va a atender, de la medida en que se dan las necesidades en ese segmento, de cómo va a posicionarse el producto en el mercado y de qué estrategias van a seguirse para llegar a él. De ahí la importancia de estudiar el comportamiento de compra de los consumidores, que trata de aquel conjunto de actividades que realiza un individuo desde que identifica una necesidad hasta que selecciona, escoge, compra y utiliza el producto o servicio que le satisfará la necesidad detectada.

El conocimiento del cliente, como figura central del marketing, permitirá identificar de modo más efectivo sus necesidades actuales y futuras, mejorar la capacidad de comunicación con él, obtener su confianza y asegurar su fidelidad, y planificar de modo más efectivo la acción comercial. De todo ello se beneficiará tanto el cliente como la empresa, ya que, si los productos se adaptan a las necesidades del cliente y los precios son los que está dispuesto a pagar, el consumidor se sentirá más satisfecho. Por su parte, la empresa verá incrementada la demanda de los productos ofrecidos.

El conocimiento de las necesidades del consumidor o usuario es el punto de partida para el diseño de la estrategia comercial. Una vez determinadas las necesidades, debe identificarse en qué medida se dan las mismas en los distintos segmentos del mercado a los que se va a atender. A continuación, deben posicionarse los productos para satisfacer tales necesidades y, finalmente, desarrollar estrategias comerciales que comuniquen y suministren los beneficios del producto.

3.3 CARACTERÍSTICAS DEL COMPORTAMIENTO DEL CONSUMIDOR

El comportamiento del consumidor es complejo, por la cantidad de variables que influyen en él, y además es claramente irregular en función de los estímulos que recibe. Se da un comportamiento regular cuando un producto llega, en su ciclo de vida, al período de madurez y el consumidor ya conoce, por experiencia, sus beneficios. No todos los productos despiertan el mismo interés ni requieren la misma implicación del consumidor. A veces, la decisión de compra es compleja por el grado de implicación del comprador y por la mayor o menor diferencia entre las marcas.

Gran implicación
1. Gran diferencia entre marcas
2. Poca diferencia entre marcas

Poca implicación
3. Gran diferencia entre marcas
4. Poca diferencia entre marcas

1. Causas de la complejidad, necesidad de mucha información sobre el producto. Gran riesgo en la decisión de compra.
2. La complejidad está en la implicación del comprador, el cual debe seguir con la seguridad de la elección correcta una vez realizada la compra.
3. La existencia de mucha variedad de marcas acentúa el deseo de cambio simplemente por probar y dificulta la fidelización del cliente.
4. El aprendizaje pasivo es determinante.

Las estrategias de marketing consiguen combinar aspectos de determinados productos de baja implicación con situaciones personales del consumidor y convertirlos en productos de alta implicación con el correspondiente cambio en el comportamiento de compra.

El estudio del comportamiento del consumidor presenta ciertas dificultades por sus características:

a. *Complejidad.* Hay muchas variables internas y externas que influyen en el comportamiento. Además, la respuesta del mercado a los estímulos tiende a ser claramente no lineal, a tener efectos diferidos, efectos umbral (niveles mínimos de estímulo que produzcan una respuesta) y a disminuir con el tiempo si no intervienen nuevos estímulos.

b. *Cambios con el ciclo de vida del producto.* El ciclo de vida constituye una sucesión de etapas por las que pasa el producto desde su lanzamiento al mercado hasta su desaparición. La teoría del ciclo de vida del producto sugiere la utilización de estrategias de marketing diferentes a lo largo de las distintas etapas por las que transcurre. A medida que el producto se consolida en el mercado, a lo largo de su ciclo de vida, y llega a la madurez, los consumidores llevan a cabo un proceso de aprendizaje y adquieren una mayor experiencia sobre las características y beneficios del producto.

c. *Cambios según el tipo de productos.* No todos los productos tienen el mismo interés para el consumidor ni su compra presenta el mismo riesgo. Existe un estado de motivación o interés, creado por un producto en una situación específica. A esto se le llama implicación, y lo trataremos en el siguiente apartado. Según el nivel de implicación, varía la intensidad en la búsqueda de información, la evaluación de alternativas y la toma de decisión de compra.

Para llevar a cabo el estudio del comportamiento del consumidor deben delimitarse cuáles son los aspectos y dimensiones relevantes. Fundamentalmente, debe determinarse cuál es el proceso de compra de un producto o servicio; es decir, las fases que se siguen desde que surge la necesidad hasta el momento posterior al acto de compra o no compra en el que surgen las sensaciones de satisfacción o insatisfacción con la decisión tomada y se refuerza con la experiencia. Además, deben conocerse qué factores o variables influyen a lo largo del proceso de decisión. Este punto lo trataremos en el apartado 3.4.

3.3.1 Tipos de comportamiento en la decisión de compra

Dependiendo del tipo de decisión que requiera para comprar, el consumidor actuará de diferentes maneras. El comportamiento que observa varía mucho dependiendo del producto sobre el cual realiza la compra. Las decisiones complejas suelen involucrar a más participantes en la compra, así como más deliberación por parte del comprador. Tomando como base el grado de involucramiento o implicación del comprador y el grado de diferencias entre marcas, existen cuatro tipos de comportamiento en la decisión de compra:

a. Comportamiento con alta implicación y diferencias significativas entre marcas.

En este caso, los consumidores adoptan un comportamiento complicado para comprar. Estos pueden confundirse tratándose de productos caros, arriesgados, adquiridos con poca frecuencia o que expresen el yo. Normalmente, el consumidor debe aprender mucho sobre la categoría del producto, pasando por un proceso de aprendizaje, primero desarrollando conceptos sobre el producto, después actitudes y, por último, eligiendo lo que comprará tras una larga consideración.

Los expertos en marketing que manejan productos que entrañan un elevado nivel de involucración deben entender el comportamiento de los clientes que reúnen información y la evalúan. Tienen que ayudar a los compradores a aprender cuáles son los atributos de categoría del producto y su importancia relativa, así como qué atributos importantes ofrece la marca de la empresa. Los responsables de marketing deben diferenciar las características de su marca, motivar a los vendedores de las tiendas y a los conocidos del comprador para que éstos influyan en la elección de una marca.

b. Comportamiento con alta implicación y pocas diferencias entre marcas.

En este caso se produce una reducción de la disonancia para comprar, esto es, se trabajará en la reducción de los eventuales sentimientos negativos que puedan aparecer después de la compra. Dado que las diferencias que se perciben entre una marca y otra no son muchas, los compradores quizá se den una vuelta por ahí, para saber qué ofrece el mercado, pero comprarán con relativa rapidez. Tal vez respondan primordialmente a un buen precio o a las facilidades para realizar la compra. Hecha la adquisición, los compradores podrían experimentar disonancia o insatisfacción después de la compra, cuando descubren ciertas desventajas de la marca del producto que han comprado o escuchan elogios sobre otras que no han adquirido.

Con la finalidad de reducir esta insatisfacción, la comunicación efectuada después de la venta debe ofrecer evidencia y respaldo a los consumidores para que se sientan bien por haber elegido esa marca.

c. Comportamiento con baja implicación y diferencias significativas entre marcas.

Los consumidores adoptan un comportamiento que busca la variedad para comprar. Es un caso en que los consumidores suelen cambiar mucho de marcas. Por ejemplo, un consumidor que compra galletas puede tener ciertas ideas, elegir una marca de galletas sin evaluarlas demasiado y, después, evaluar la marca durante el consumo. Aun así, la próxima vez, el consumidor quizás elija otra marca debido al aburrimiento, o simplemente para probar algo diferente. El cambio de marcas se da a causa de esta variedad y no de la insatisfacción.

En esta categoría de productos, la estrategia de marketing del líder del mercado será diferente a la de las marcas menores. Aquél tratará de fomentar el comportamiento habitual para comprar, dominando el espacio en los anaqueles, evitando las condiciones de las compras por impacto y con publicidad recordatoria frecuente. Las empresas retadoras fomentarán el comportamiento que busca la variedad, ofreciendo precios más bajos, ofertas, muestras gratis y publicidad que explique por qué probar algo nuevo.

d. Comportamiento con baja implicación y pocas diferencias entre marcas.

En este caso se da el comportamiento para las compras habituales. Un ejemplo es la sal. Los consumidores casi no se involucran en esta categoría de productos, se limitan a ir a la tienda y comprar una marca sin perder demasiado tiempo en elegir la marca. Si siempre toman la misma marca, se debe más a la costumbre que a la lealtad a la marca. Al parecer, los consumidores casi no se involucran en el caso de la mayor parte de los productos de bajo costo y adquiridos con frecuencia. En estos casos, el comportamiento del consumidor no recorre la secuencia usual del proceso de compra. Los consumidores no buscan mucha información sobre las marcas, no evalúan sus características ni toman decisiones ponderadas sobre qué marca comprar. En cambio, reciben información de manera pasiva cuando reciben mensajes publicitarios indirectamente, por ejemplo, mientras miran la televisión o leen alguna revista. La repetición de los anuncios crea una familiaridad respecto a la marca, pero no la convicción respecto a ella.

Los consumidores no adoptan actitudes firmes en cuanto a una marca y si la eligen es porque les resulta conocida. Al no estar muy involucrados con el producto, quizás no evalúen la elección, ni siquiera después de la compra. Por tanto, el proceso para comprar entraña las ideas, en cuanto a la marca, que se han ido formando en razón de un aprendizaje pasivo, seguido por el comportamiento para comprar, el cual puede continuar con una evaluación o no.

El comerciante suele recurrir a los precios y a las promociones de ventas para estimular que se prueben sus productos. El anuncio debe incidir en puntos clave. Los símbolos visuales y las imágenes son importantes porque se pueden recordar con facilidad y asociar con la marca. Las campañas publicitarias pueden incluir muchas repeticiones de mensajes de corta duración. Por regla general, la televisión es más efectiva que los medios impresos porque es ideal para el aprendizaje pasivo.

Existen estrategias para convertir un producto de baja implicación en uno de alta, ligándolo a algún aspecto implícito, a una situación personal, o añadiendo una característica importante del producto. Por ejemplo, se puede ligar un dentífrico y el evitar caries (Procter & Gamble), anunciarlo a modo de telenovela con una relación romántica entre dos vecinos (Nestlé), o añadiendo calcio a un jugo de naranja (Procter & Gamble).

3.4 FACTORES QUE AFECTAN AL COMPORTAMIENTO DEL CONSUMIDOR

Son subjetivos porque dependen del ánimo del comprador y objetivos, en función del entorno del comprador.

Los subjetivos o internos son: la motivación hacia la satisfacción de una necesidad que a su vez puede haber sido estimulada por el entorno. Los motivos pueden ser:
- Motivos físicos o psíquicos: van desde la satisfacción de necesidades biológicas o corporales hasta la satisfacción de necesidades anímicas.
- Motivos genéricos o selectivos. Los genéricos se refieren al comportamiento de productos primarios, como por ejemplo un automóvil. Los selectivos complementan a los anteriores y guían la elección entre marcas y modelos o entre establecimientos.
- Motivos racionales o emocionales. Los racionales se asocian a características tales como el tamaño, la duración, el consumo, el precio. Los emocionales se relacionan con sensaciones subjetivas, tales como el placer, la comodidad, el prestigio, etc.
- Motivos conscientes e inconscientes. Los conscientes son los que el consumidor percibe que influyen en su decisión de compra, mientras que los inconscientes son los que influyen en la decisión sin que el comprador se dé cuenta de ello. Por ejemplo, en la compra de un coche de lujo puede que el comprador no admita que lo adquiere por prestigio y alegue rapidez y potencia del motor.
- Motivos positivos o negativos. Los positivos llevan al consumidor a conseguir los objetivos deseados, mientras que los negativos lo apartan de las situaciones deseadas. Un ejemplo de motivo negativo aparece en la adquisición de un seguro de vida.

El segundo factor es la percepción, si un comprador ya está motivado, está dispuesto a comprar: la forma dependerá de cómo percibe la situación. La percepción es un proceso de selección de la información que llega a la persona para poder formar una imagen significativa. Dado que la información llega a través de los cinco sentidos y cada uno la percibe, organiza e interpreta de una manera particular, según ha retenido lo que más le interesa, la percepción es selectiva.

Los técnicos del aprendizaje insisten en que casi todo el comportamiento humano es aprendido.

La experiencia explica el comportamiento del consumidor; si ha sido positiva, el consumidor reducirá el tiempo de búsqueda y evaluación de la información y puede llevar al hábito y a la lealtad a la marca.

Cada comprador intenta satisfacer una combinación de motivos, aunque normalmente hay una motivación predominante y que a veces no aparece en primer lugar, sino encubierta, encubierta por una motivación superficial. El estudio de mercado de este campo ha de ser constante entre los investigadores de las estrategias de marketing, porque los motivos y los segmentos a los que alcanzan cambian de proporción c omplicando el problema: ¿qué busca el cliente realmente?

Existen varias teorías que tratan de explicar el proceso de aprendizaje, algunas basadas en la relación estímulo-respuesta y otras que consideran el aprendizaje como un proceso de solución de problemas. Respectivamente se clasifican en teorías behavioristas y teorías cognoscitivas.

FACTORES QUE AFECTAN AL COMPORTAMIENTO DEL CONSUMIDOR I

Características personales
Nos referimos a las variables demográficas y socioeconómicas. Influyen en las distintas fases del proceso de decisión de compra, así como sobre las restantes variables internas de este grupo. Las variables demográficas hacen referencia a los atributos biológicos del individuo, a su situación familiar y a su localización geográfica. Las más importantes son:
- Edad
- Sexo
- Estado civil
- Posición familiar
- Tamaño de la familia
- Lugar de residencia

Las variables socioeconómicas evidencian situaciones o estados alcanzados y conocimientos adquiridos:
- Ocupación
- Ingresos
- Patrimonio
- Nivel de estudios

A estas características personales podemos añadir otras más difícilmente medibles, como es la personalidad y el estilo de vida (actividades, intereses y opiniones).

Actitudes
Son las predisposiciones aprendidas para responder consistentemente de modo favorable o desfavorable a un objeto o clases de objetos. Las actitudes se desarrollan a lo largo del tiempo a través de un proceso de aprendizaje. Están afectadas por las influencias familiares, los grupos sociales a los que se pertenece o se aspira a pertenecer, la información recibida, la experiencia y la personalidad.

Factores externos:

Entorno económico
Contempla el análisis de las magnitudes macroeconómicas: renta nacional, tipo de interés, inflación, desempleo, balanza de pagos, tipo de cambio e impuestos. A modo de ejemplos, cuanto más igualitaria sea la distribución de la renta, mayor será la capacidad global de compra de productos de consumo; o cuando la inflación sube, el consumidor puede adquirir menor cantidad de bienes y servicios por unidad monetaria. El tipo de cambio hará más baratos o más caros los productos de aquellos países con distinta moneda.

Entorno político y legal
Actualmente se observa un menor empeño de los poderes públicos por establecer controles y normas de actuación en múltiples sectores económicos. Se produce lo que se ha denominado una desregulación, que da mayor protagonismo a las leyes del mercado y fomenta la competitividad. También, tiene lugar un proceso de privatización de sectores o actividades que habían estado tradicionalmente en el sector público.

La incorporación de los países en la Unión Europea ha dado lugar a una liberalización general de la economía de esos países. Este proceso, en particular, y la desregulación, en general, abrirán nuevos mercados a las empresas y fomentarán la competencia.

Entorno cultural

Los cambios culturales y sociales experimentados en la sociedad occidental han sido substanciales en las últimas décadas. En el caso de España, con la implantación del Estado de las Autonomías, se ha alcanzado una nación más heterogénea, tanto desde el punto de vista cultural como lingüístico.

Otros cambios decisivos se han producido con la incorporación de la mujer al trabajo, que supone menor tiempo para comprar y un aumento de los ingresos familiares. Esto implica la posibilidad de comprar más y mejores productos, a la vez que se requieren sistemas de distribución más sofisticados y eficientes para adaptarse a los nuevos tiempos de trabajo. Asimismo, el retraso de la incorporación de los jóvenes al mundo laboral posibilitará una mejor educación y preparación, lo que supondrá una mayor demanda de los productos relacionados con la cultura y la formación.

Todos estos factores han llevado a un cambio del estilo de vida: se viaja más, se practican más deportes, se leen más libros, crece el interés por la moda y la calidad. En definitiva, el consumo aumenta al tiempo que se hace más selectivo.

Tecnología

Los avances e innovaciones en los campos de la electrónica y la informática han revolucionado los procesos de producción y las comunicaciones. Los cajeros automáticos, los avances en telefonía, tanto fija como móvil, entre otros, han dado lugar a una ampliación y una renovación espectacular de los productos ofrecidos y de los sistemas de comercialización utilizados.

Medio ambiente

Cada vez son más las noticias que sensibilizan de la importancia del medio ambiente. Los problemas conocidos son el agotamiento de los recursos naturales, la contaminación de los ríos y los mares, los residuos tóxicos, los gases contaminantes, la disminución de la capa de ozono, la desaparición de especies animales y vegetales, etc. Esta degradación progresiva ha creado una conciencia colectiva que ha llevado a la regulación del uso de los recursos naturales.

Esta sensibilidad se traduce en la continua aparición de productos ecológicos: alimentos biológicos, gasolina sin plomo, automóviles con catalizadores, desodorantes sin clorofluorocarbono, pilas no contaminantes, detergentes sin fosfatos, etc.

Clase social

Hace referencia a la posición de un individuo o familia en una escala socioeconómica. Los miembros de una misma clase social comparten ciertos valores, comportamientos y actitudes. Las características socioeconómicas más importantes son:

- Ingresos
- Ocupación
- Educación
- Residencia: tipo, lugar
- Patrimonio

Existen métodos analíticos para determinar la clase social, pero ninguno es de aceptación universal. Genéricamente, las escalas utilizadas son tres: alta, media y baja, y dentro de ellas se subdividen a su vez en alta, media y baja, obteniendo nueve escalas sociales.

Desde el punto de vista del marketing, interesa conocer si las diferencias en clase social dan lugar a distintos comportamientos de compra. Estas diferencias se traducen en el tipo de producto, precios, y la forma y lugar de adquisición.

Grupos de referencia

Son los grupos sociales con los que el individuo se identifica y que influyen en la formación de sus creencias, actitudes y comportamientos. Se distingue entre los grupos a los que se pertenece y a los que se desearía pertenecer. Las características de estos grupos son: las normas del grupo que deben aceptar sus miembros, los roles que desempeñan cada uno de los integrantes, el status del individuo en el grupo, la socialización como proceso de aprendizaje de las normas del grupo y el poder como la influencia que tiene el grupo sobre el individuo.

Familia

Es el grupo social más influyente e importante. Interviene en las decisiones de compra conjuntas e influye en las tomadas individualmente. Suelen distinguirse distintas fases dentro del ciclo de vida familiar, que son situaciones relevantes para definir los segmentos del mercado. Estos van desde la soltería y la pareja recién casada, hasta el matrimonio con hijos y el individuo solo retirado.

Es posible distinguir en la familia seis roles diferentes: el que plantea la necesidad o iniciador, el que obtiene la información, el que influye, el que decide, el agente de compras y el consumidor. Vemos que cada uno de estos roles afecta directamente a cada una de las fases del proceso de compra: reconocimiento del problema, búsqueda de información, evaluación de la marca, intención de compra, compra y evaluación posterior a la compra.

Existen situaciones en que la familia tiende a comprar de amanera conjunta o separada. Las compras conjuntas de la familia son más probables cuando la compra supone un riesgo, se dispone de tiempo suficiente, la familia de clase media y joven, no tiene hijos y la mujer no trabaja. Esto no quiere decir que en otras situaciones no se realicen compras conjuntas o se haga un esfuerzo para ello.

FACTORES QUE AFECTAN AL COMPORTAMIENTO DEL CONSUMIDOR II

Influencias personales

La influencia de un amigo o persona en la que se confía prevalecerá sobre la información obtenida de los medios de comunicación de masas. Las personas que más influyen se denominan líderes de opinión, que actúan de intermediarios entre los medios de comunicación de masas y los consumidores.

Por tanto, llegar a los *líderes de opinión* va a ser determinante para la persona del *marketing*. Entre las acciones posibles para ello destacamos:

- Creación de líderes de opinión, por ejemplo a través de rankings.
- Simulación de comunicación verbal. Utilizado en publicidad, donde se destacan mediante un diálogo las características del producto
- Estimulación de la comunicación verbal. Se aconseja estar pendiente de algo que ha de llegar y así se anima al consumidor a hablar del producto.
- Adopción de una estrategia defensiva. Si entre los consumidores se extiende un rumor que puede afectar negativamente a un producto o marca, deberán llevarse a cabo acciones para contrarrestar las consecuencias.

Situaciones de consumo

El tipo de producto comprado o la marca, tamaño, el lugar de adquisición, etc. pueden variar según el producto se compre para uno mismo o para un tercero.

El comportamiento de compra también puede variar en función del momento en que va a consumirse el producto: día o noche, situaciones normales o especiales, etc. En definitiva, los beneficios del producto pueden percibirse de forma distinta según las situaciones en que va a usarse.

3.5 EL PROCESO DE COMPRA

Después de haber tenido en cuenta los distintos factores internos y externos que afectan al comportamiento del consumidor, a continuación abordaremos el estudio de cómo éste toma sus decisiones de compra.

La compra de un producto o servicio por el consumidor no es un acto aislado, sino que su actuación será resultado de un proceso que irá más allá de la propia compra. Este proceso estará formado por una serie de etapas:

1. Reconocimiento de la necesidad
2. Búsqueda de información
3. Evaluación de alternativas
4. Decisión de compra

5. Comportamiento y sensaciones posteriores a la compra

PROCESO DE COMPRA

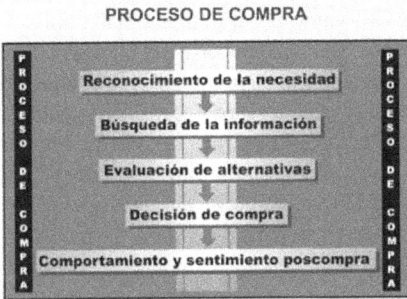

3.5.1 Reconocimiento de la necesidad

El proceso de compra se inicia cuando el comprador reconoce un problema o una necesidad. El comprador presiente una diferencia entre su situación real y un estado ideal. La necesidad puede ser activada por dos tipos de estímulos: internos y externos. Los estímulos internos se refieren a las necesidades normales de la persona (hambre, sed, etc.). Estos estímulos pueden subir a un nivel lo suficientemente alto como para convertirse en un impulso. La persona, que ya sabe cómo manejar ese impulso a partir de experiencias previas, se dirigirá a objetos que sabe que la satisfarán. Los estímulos también pueden ser externos, como es el caso del Sr. X, que ve que su vecino puede comunicarse perfectamente con su esposa a cualquier hora del día a través del teléfono móvil, o ve el ordenador portátil de su hermano, que le permite trabajar mientras viaja. Estos estímulos pueden llevarlo a reconocer un problema o una necesidad. En esta etapa, el mercadólogo tendrá que determinar los factores o las situaciones que generalmente llevan al consumidor a reconocer una necesidad. Deberá estudiar al consumidor con el objeto de identificar los estímulos que suelen activar el interés por un producto y podrá desarrollar programas de mercadotecnia que incluyan estos estímulos.

3.5.2 La búsqueda de información

Una vez el individuo ha reconocido una necesidad, puede buscar mayor cantidad de información sobre el producto o servicio o no hacerlo. Si el impulso de consumidor es fuerte y cerlo. Si el impulso de consumidor es fuerte y tiene el producto a mano es bastante probable que lo compre sin más. En caso contrario, el consumidor quizá almacene la necesidad en la memoria o emprenda una búsqueda de información relativa a la necesidad.

La información puede venir de una forma pasiva, es decir, el Sr. X, que está muy interesado en los teléfonos móviles, prestará más atención a los anuncios y a las conversaciones que mantengan sus amigos sobre el tema. Por otro lado, el Sr. X puede pasar a una búsqueda activa de información, en cuyo caso llamará a sus amigos, buscará material de consulta etc. La cantidad de información que busque dependerá del impulso que tenga y de la satisfacción que se derive de la búsqueda.

Las fuentes donde el consumidor puede obtener información son las siguientes:

- *Fuentes personales:* familia, amigos, conocidos
- *Fuentes comerciales:* publicidad, vendedores, distribuidores, exhibidores
- *Fuentes públicas:* medios masivos de comunicación, organizaciones que califican el consumo
- *Fuentes de experiencias:* manejo, análisis y uso del producto

La influencia de estas fuentes de información varía de acuerdo con el producto y el comprador. Por regla general, la mayor parte de la información en cuanto al producto se recibe de las fuentes comerciales (las controladas por el mercadólogo). Sin embargo, las más efectivas suelen ser las personales. Las fuentes comerciales suelen dar a conocer el producto y las personales lo evalúan y legitiman.

Es importante que los expertos en marketing conozcan las fuentes por las que los consumidores conocen los distintos productos y servicios, así como la importancia que se le da a cada fuente. Se le debe preguntar a los consumidores cómo conocieron el producto por primera vez, qué información recibieron y qué importancia conceden a las diferentes fuentes de información.

3.5.3 Evaluación de alternativas

Una vez el consumidor ha conocido, a través de la búsqueda de información, los diferentes productos o marcas, seleccionará uno de ellos. El mercadólogo deberá conocer la evaluación de alternativas, es decir, la forma como el consumidor procesa la información para llegar a la elección de una marca. Los consumidores no aplican un único proceso de evaluación sencillo para todas las situaciones de compra, sino que operan con varios procesos de evaluación

Cabe suponer que cada consumidor está tratando de satisfacer una necesidad y está buscando ciertos beneficios que pueda adquirir mediante la compra del producto. El consumidor considera que un producto es un conjunto de atributos con diferente capacidad para proporcionarle dichos beneficios y satisfacer la necesidad. No todas las personas involucradas en este proceso de evaluación concederán la misma importancia a estos atributos. Algunos prevalecerán y otros puede que hayan sido olvidados por el consumidor, pero su importancia será reconocida en el momento en que se los mencionen.

También es probable que el consumidor desarrolle una serie de creencias en cuanto a marcas y al lugar que ocupa cada marca respecto a cada atributo. Esta serie de creencias se llama *imagen de marca*.

Se supone que el consumidor adjudica una función de utilidad a cada atributo, con lo que se adoptan actitudes ante las diferentes marcas a través de un procedimiento de evaluación. La forma de evaluación que use el consumidor para las alternativas de compra dependerá del consumidor particular y de la situación específica de compra. En algunos casos, los consumidores recurren a cálculos detallados y a razonamientos lógicos. En otros, los mismos consumidores compran por impulso o por intuición, sin evaluar apenas nada.

Los expertos en marketing deben estudiar a los compradores para averiguar cómo evalúan las alternativas entre marcas y así tomar medidas para influir en la decisión del comprador.

3.5.4 La decisión de compra

La decisión de compra del consumidor consistirá en adquirir el producto o marca preferidos, pero existen tres factores (que aparecen en la siguiente figura) que pueden influir entre la intención y en la decisión de compra.

El primer factor es la actitud de los demás. El entorno del comprador (amigos, familiares y demás) puede afectar en la decisión final de compra en la medida que el consumidor deba satisfacer los deseos de las personas de su entorno. Si el Sr. X decide comprarse un ordenador portátil, quizás no pueda comprarse el más caro, ya que la decisión final depende de su jefe.

En segundo lugar, se encuentra la influencia de los factores inesperados que pueden surgir en la situación. Por ejemplo, el Sr. X se puede encontrar con un incremento inesperado de renta porque le ha tocado la lotería o incluso algún compañero, en última instancia, le puede decir que el ordenador que deseaba comprarse no cumplirá con sus expectativas.

Por tanto, ni las preferencias ni la intención de compra derivan siempre en una elección real de compra. Guían el comportamiento para comprar, pero no siempre determinan el resultado final.

Por último, el consumidor puede optar también por evitar su decisión de compra o posponerla si percibe algún riesgo. La cantidad de riesgo estará supeditada al coste que tenga el producto. El comprador puede reducir el riesgo buscando más información, comprando primeras marcas o productos que sean conocidos por él. El mercadólogo deberá conocer todos esos factores que producen una sensación de riesgo y tratar de ofrecer la información y el apoyo necesarios a fin de reducirlo.

3.5.5. La decisión de compra en Internet

Internet no fue diseñado como un proyecto empresarial, pero ha resultado ser facilitador de transacciones comerciales. Entonces, ¿por qué es tan bajo el volumen de compra en Internet? y, para aquellos que compran, ¿por qué lo hacen con una asiduidad tan baja o un gasto tan tímido? Según todos los estudios, el porcentaje de usuarios que compró en los 30 días anteriores a la recogida de información sigue siendo muy bajo. Se obtienen elevadas tasas de abandono y de planificación de compra que finalmente o no se lleva a cabo o se cierra de forma presencial.

La decisión de comprar *on line* está sujeta a un proceso lento de adopción del medio, cuyos principales obstáculos son la seguridad, la privacidad y la preferencia por lo tradicional, pero sobre todo es eso, un proceso. Las características socioeconómicas y el comportamiento comunicativo de cada uno de los perfiles que operan en la Red son distintos. Por el momento, los más propensos a realizar compras son los que menos dinero tienen: jóvenes *heavy users*, innovadores y comunicativos. Los que podrían gastar, adultos entre 30-49 años, no tienen tiempo para experimentar, y los que tienen tiempo y dinero (>50 años) no se atreven a dar su número de tarjeta de crédito a un monitor. Sin embargo, esto tenderá a cambiar: el conjunto de características demográficas de los usuarios de Internet se parece cada vez más al de la población en general.

En este sentido, una de las causas más importantes y sobre la que menos control tienen los detallistas en Internet *(o e-tailers)* es la evolución natural que ocurre en el propio consumidor. Internet es un mercado aún muy lejos de su madurez, y su consumidor también. Cualquier usuario evoluciona a lo largo del tiempo a medida que aumenta su experiencia. En una primera fase, cuando decide comprar en una categoría determinada debe optar por un *e-tailers*. Se ha observado que muchos clientes visitan más de un *site*, con la esperanza de elegir el que más se adapte a sus expectativas. En una segunda fase, se produce el efecto *lock-in*, en el que el consumidor queda cautivo en un solo detallista debido a que, aunque Internet no tiene reglas y la competencia podría ser perfecta, las estrategias de algunas empresas lo han convertido en un oligopolio. La entrada de nuevas enseñas origina una saturación en la mente del comprador potencial. Es en este punto donde se produce la "miopía" del consumidor. No es consciente de otras ofertas en el mercado, y no obtiene determinados ahorros que podría alcanzar si buscase un poco más. Esto se debe a que el consumidor aún se siente inseguro en el entorno on line y prefiere marcas que le inspiren confianza.

En sus relaciones con los *e-tailers*, el consumidor incurre en dos tipos de costes. Primero, los costes de entrada (inserción de datos personales, elección de nombre de usuario y password) y los costes de evaluación (tiempo invertido en la búsqueda en otros *e-tailers* compensados por los ahorros esperados). La decisión de cambiar de site vendrá marcada por la renuncia de unos en favor de los otros. A medida que este consumidor se sienta más cómodo y aumente su experiencia, van a ocurrir dos cambios fundamentales en su mente: conocerá la existencia de más *e-tailers*, fruto del boca-a-oreja y de los banners a los que ha estado expuesto, reduciéndose sus costes psicológicos de cambio significativamente. Se producirá lo que denominamos el efecto *lock-out* (apertura), en el que el consumidor aumenta el conjunto de marcas que somete a decisión.

A medida que el mundo de Internet se llene más de este perfil, el mercado tenderá a ser más transparente, y por tanto más eficiente. Esto puede contribuir a eliminar la apatía hoy existente en la compra *on line*, proporcionando atractividad a un medio que, hoy en día, no es canal habitual de compra para los ciudadanos.

3.5.6 Comportamiento y sentimientos post-compra

Una de las visiones que caracterizan al marketing es la tarea de seguimiento del cliente en relación a su comportamiento, una vez realizada la compra. ¿Qué determina la satisfacción del consumidor? La respuesta está en la relación entre las expectativas del consumidor y el rendimiento que perciba del producto. Si la distancia entre estos dos conceptos es grande, tanto mayor es la insatisfacción del consumidor.

Hay vendedores que subestiman el rendimiento del producto a efectos de fomentar la satisfacción del cliente. Por ejemplo, Boeing promete un ahorro en el combustible de sus aviones de un 8%, cuando en realidad el cliente se da cuenta de que este ahorro llega a ser de un 5%.

Casi todas las compras grandes producen una incomodidad, una vez realizadas. Los clientes están satisfechos con la marca y los beneficios que les reporta el producto, pero pueden sentir inquietud por haber desestimado los beneficios de la marca no adquirida. Este fenómeno se conoce con el nombre de *disonancia cognoscitiva*.

Es importante satisfacer al cliente, dado que cuesta más trabajo atraer nuevos clientes que conservar los actuales. Un cliente satisfecho le habla bien del producto a un promedio de tres personas. Uno insatisfecho le explicará su experiencia negativa a once personas. Sobra decir que las malas noticias viajan más rápidamente que las buenas.

Entender las necesidades de los consumidores y el proceso de compra es fundamental para la buena comercialización. El mercadólogo, siguiendo el proceso de compra, puede encontrar nuevos caminos para la satisfacción de las necesidades de los compradores. Al entender a los individuos involucrados en el proceso de compra y las influencias básicas en el comportamiento al comprar, podrá preparar un programa efectivo que respalde una oferta atractiva para su mercado.

3.6 CONOCER AL CONSUMIDOR PARA FIDELIZAR Y CREAR VALOR

Una empresa con enfoque de marketing es aquella cuya cultura empresarial se basa en crear valor para el cliente. De todos es conocido que cuanto mayor es el valor para el cliente, mayor es la percepción del cliente de los beneficios totales obtenidos por el producto o servicio. Es por eso que resulta básico conocer de manera profunda al cliente.

La habilidad de una empresa para crear valor al cliente depende básicamente de la capacidad de escuchar y conocer al mercado. Es decir, entender a sus clientes actuales y las necesidades que pueden surgir y son emergentes, las capacidades de los competidores, etc. Esto se puede conseguir a través de los siguientes modos, entre otros, que ayudan a comprender cómo perciben el valor los clientes:

1. Análisis e investigación de mercados. En los últimos años han aumentado de forma notable los gatos de las empresas en estudios de mercado.
2. Contacto personal. Salir del despacho y tener encuentros personales y directos con los clientes es uno de los métodos más efectivos para poder conocer y así

poder satisfacer mejor las necesidades e incrementar su satisfacción.
3. Controlar a la competencia. Obtener datos periódicos de la competencia, estar vigilantes ante las reacciones de cambio del mercado, hace que podamos tener un conocimiento mayor de los consumidores.

Los clientes son el activo más valioso de la organización. Esto ocurre en mercados más maduros, donde otras ventajas competitivas empiezan a disminuir. Por ello, en la actualidad cada vez más, las empresas están adoptando estrategias de conocimiento profundo del comportamiento del consumidor para así ofrecer productos y servicios de gran interés. La intención última es que los clientes más valiosos reciban el mejor tratamiento.

Estas estrategias son difíciles de aplicar, pero la empresa ganará posiciones si se ofrece un valor superior al cliente y se demuestra fiabilidad, coordinando todas las actuaciones. Además, dichas decisiones deben estar basadas en una información detallada y veraz sobre los clientes.

3.7 MODELOS SOBRE EL COMPORTAMIENTO DEL CONSUMIDOR

Los modelos existentes para describir, predecir o resolver el comportamiento del consumidor permiten obtener una visión global e integrada del comportamiento del consumidor, ayudan a identificar áreas de información necesarias para las decisiones comerciales, permiten la cuantificación de las variables,

proporcionan una base para segmentar los mercados y facilitan el desarrollo de estrategias comerciales. Aun así, los modelos existentes presentan ciertas limitaciones; por ejemplo, identifican sólo los elementos más comunes del proceso de decisión, es posible que los elementos del modelo tengan relevancia distinta según el uso del producto y el tipo de comprador y, finalmente, no todas las decisiones de compra tienen igual complejidad, algo que el modelo no distinguirá.

Tal y como hemos observado en este capítulo, las situaciones de compra van desde el comportamiento de compra rutinario (productos con baja implicación) hasta situaciones complejas de compra (alta implicación). Al no contemplar los modelos existentes este proceso mental, el desafío irá dirigido a minimizar las limitaciones en la obtención de datos de los procesos mentales de elección de los consumidores. Aun así, en la actualidad existen modelos fuertes y flexibles, como son los modelos heurísticos, de procesos mentales, etc.

Los modelos se clasifican según el nivel de explicación del proceso de compra, el detalle de los fenómenos estudiados y según traten de predecir el comportamiento del consumidor:

a. Según el nivel de explicación del proceso de compra los modelos, pueden ser globales o parciales. Si son globales, tratan de explicar todas las fases del proceso de compra, mientras que si son parciales sólo contendrán alguna de aquéllas.

b. Según el detalle de los fenómenos estudiados, los modelos son analíticos, describiendo el comportamiento del individuo o del grupo como unidad de análisis.

c. Según traten de predecir el comportamiento del consumidor, pueden ser descriptivos o predictivos. A los modelos predictivos también se les llama estocásticos, y sus características son la elección de la marca, la frecuencia de la compra, el impacto de variables de decisión como son el precio y la publicidad, la heterogeneidad de la población, la estacionalidad, el lugar de adquisición del producto, etc. En definitiva, trata de responder a las preguntas que aparecen en la introducción de este capítulo: qué, cómo, cuándo, dónde, etc.

Existen otros modelos analíticamente complejos que integran varios de ellos para tratar de resolver problemas con los que se encuentra la dirección de marketing.

Pueden consultarse los modelos siguientes, que no vamos a analizar, pues su estudio corresponde a un curso avanzado sobre mercadotecnia:

- *Modelo de Howard-Sheth*: asume un modelo de decisión de compra racional.
- *Modelo de Engel, Kollat y Blackwell*: modelo completo y detalles de la decisión de compra.
- *Modelo de cambio de marca basado en procesos de Markov:* supone que la compra actual es función de la anterior.

Conceptos fundamentales

Actitud. Aspecto, gesto, posición. También se conoce como la predisposición hacia respuestas consistentes en forma favorable o desfavorable a algún objeto o clase de objetos.

Aprendizaje. Adquirir el conocimiento de algo por medio del estudio, ejercicio o experiencia, que genera un proceso de cambio en el comportamiento. El aprendizaje favorece el hábito, así como a la lealtad de la marca.

Compra. Adquirir alguna cosa a cambio de algo o de dinero.

Comprador. Aquel adquiriente de alguna cosa a cambio de algo o de dinero.

Consumidor. Persona que satisface una de sus necesidades utilizando algo hasta su término y destruyendo un producto o un bien. El consumidor de bienes de consumo prepara e ingiere los productos alimentarios, utiliza progresivamente una pastilla de jabón, papel higiénico, una barra de desodorante, combustible y aceite para su automóvil, una caja de medicamentos, un frasco de perfume, etc. El consumidor utiliza hasta el final el producto comprado.

Decisión de compra. La voluntad de adquirir algo a cambio de dinero. Esta adquisición puede ser de forma emocional; primero se toma la decisión de la adquisición y luego se justifica.

Disonancia. *Que discrepa de aquello con lo que debería guardar conformidad. Para el caso del consumidor, se puede manifestar como la sensación experimentada después de efectuar la compra, con la aparición de dudas sobre la decisión tomada.*

Experiencia. *Conocimiento que se adquiere con la práctica. A medida que se repiten estas prácticas y, por ejemplo, las compras y las experiencias son satisfactorias, reduce el tiempo utilizado en la evaluación y en la búsqueda de información.*

Hábito. *Facilidad adquirida por la constante práctica. En las compras por hábito no hay o se carece de información y de evaluación de alternativas.*

Motivación. *Causa impulsiva que determina la voluntad. También es la predisposición que dirige el comportamiento hacia la obtención de lo que se desea.*

Percepción. *Fenómeno psicológico de carácter mental provocado por la excitación de los sentidos. En otro sentido, es un proceso de selección, organización e integración de los sentidos en una imagen importante y coherente.*

Personalidad. *Diferencia individual que constituye a cada persona y la distingue de otra. Estas diferencias son complejas y afectan en tiempo y forma el comportamiento.*

Poder. *Tener expeditas la facultad y la potencia de hacer alguna cosa.*

Riesgo. *Contingencia o proximidad de un daño. También se manifiesta como las consecuencias imprevisibles por el comprador al adquirir un bien y que pueden ser perjudiciales o no agradables.*

Rol. *Funciones asumidas por un individuo o asignadas por un grupo hacia este individuo.*

Status. *Lugar o posición de un individuo en una organización o en la misma sociedad. Aquí se manifiesta el poder y las influencias.*

Usuario. *Que usa normal y ordinariamente alguna cosa.*

Test sobre el capítulo (Sólo una respuesta correcta)

1. ¿Cuál de los siguientes aspectos no abarca el estudio del comportamiento del consumidor?
   a) La compra para el consumo propio o el de terceros
   b) El uso o consumo de lo que otros han comprado
   c) El diseño de nuevos productos

2. Una vez ha reconocido una necesidad, el consumidor, en general, dará el siguiente paso en su proceso de compra:
   a) Evaluar las alternativas de compra
   b) Decidir si comprar o no
   c) Buscar información

3. ¿Cuál de las siguientes etapas no forma parte del proceso de compra?
   a) Búsqueda de información
   b) Optimización del canal de distribución
   c) Reconocimiento de una necesidad

4. ¿Qué determina la satisfacción del comprador, una vez realizada la compra?
   a) La diferencia entre las expectativas del consumidor y el rendimiento obtenido, respecto a un producto
   b) Las fuentes de información externas con que cuenta el comprador
   c) El envase y presentación del producto

5. El comportamiento del consumidor...
   a) Es relativamente simple, por estar afectado por pocas variables
   b) Varía según el tipo de producto
   c) Es constante a lo largo del ciclo de vida del producto

6. La complejidad del proceso de decisión de compra es mayor cuando...
   a) La compra es de impulso
   b) El producto es de alta implicación
   c) El riesgo asociado con la compra se puede determinar

7. ¿Cuál de las siguientes características acerca del estudio del comportamiento del consumidor es cierta?
   a) Cambios a lo largo del ciclo de vida de los productos
   b) La complejidad debida al número de variables tanto internas como externas que afectan al comportamiento
   c) Las dos respuestas anteriores son correctas

8. La prescripción o la recomendación constituye un factor en el comportamiento de compra del tipo:
   a) Interno
   b) Externo
   c) No se considera un factor que influya en la decisión de compra ni el comportamiento del comprador

9. Entre los factores internos del comportamiento del comprador, se encuentran:
   a) Actitudes, características personales, entorno cultural y percepción
   b) Grupos de referencia, motivación, tecnología y entorno político
   c) Actitudes, percepción, motivación y experiencia

10. ¿Cuál de las siguientes etapas del proceso de compra es menos relevante para un producto de precio bajo, indiferenciado y de consumo?
    a) Evaluación de alternativas
    b) Decisión de compra
    c) Comportamiento y sentimientos postcompra

11. ¿Cuál de las siguientes etapas del proceso de compra es menos relevante para un producto industrial y de coste elevado?
    a) Búsqueda de información
    b) Comportamiento y sentimientos postcompra
    c) Todas las etapas citadas son relevantes para una compra de este tipo

12. ¿Cuál de las siguientes afirmaciones en relación con el comportamiento de compra es cierta?

a) La experiencia y la obtención de información pueden hacer disminuir el riesgo sobre la satisfacción y las expectativas esperadas
   b) En la compra de una nave industrial, no suelen tenerse en cuenta los factores externos que afectan al comportamiento de compra
   c) El envase y el precio son las variables que más afectan a la decisión de compra de productos industriales

13. En la compra de un local comercial...
    a) Se sucede un proceso de compra complejo y con un alto grado de implicación del comprador
    b) El factor de decisión más importante es el precio
    c) No se suele tener en cuenta la última etapa del proceso de compra: comportamiento y sentimientos postcompra

14. ¿Cuál de las siguientes afirmaciones en relación con el comportamiento de compra es cierta?
    a) Para un mismo producto, el comportamiento del comprador en Internet es idéntico al que se sucede en una compra presencial
    b) El comportamiento de compra de un terreno urbanizable en el centro de Barcelona será idéntico al que pueda sucederse en un pueblo de Huesca
    c) La imagen de marca es un elemento que afecta a la fase de evaluación de alternativas del proceso de compra

15. La compra de un piso corresponde a un comportamiento en la compra de tipo:
    a) Baja implicación y con una diferencia significativa entre marcas
    b) Alta implicación y con poca diferencia significativa entre marcas
    c) Baja implicación y con poca diferencia significativa entre marcas

16. La compra de un automóvil corresponde a un comportamiento en la compra de tipo:
    a) Alta implicación y con una diferencia significativa entre marcas

b) Baja implicación y con una diferencia significativa entre marcas

c) Alta implicación y con poca diferencia significativa entre marcas

17. El modelo de Howard-Sheth sobre comportamiento de compra:
   a) Supone que la compra actual es función de la anterior
   b) Asume un modelo de compra racional
   c) Asume un modelo de compra emocional e impulsivo

18. De los tres factores siguientes, uno de ellos es el más difícil de medir, en cuanto al comportamiento del consumidor:
   a) El entorno legal en el que habita
   b) Los usos y costumbres de la sociedad a la que pertenece
   c) Su propia personalidad

19. ¿Cuál de las siguientes afirmaciones es cierta?
   a) El marketing da la máxima importancia al consumidor
   b) Una empresa no tiene por qué preocuparse por cómo utilizan sus productos los compradores, pues ese no es su problema
   c) En bienes de equipo y de alto precio, las referencias de otros compradores no influyen en las decisiones de compra

20. Los modelos existentes para describir, predecir o resolver el comportamiento del consumidor permiten:
   a) Obtener una visión global e integrada del comportamiento del consumidor
   b) La medición de los resultados de ventas
   c) Eliminar la necesidad de segmentar los mercados

Champús NICHAIR Ltd (Estrategia de producto)

(Este documento no pretende ilustrar una determinada forma de gestión, sino que debe servir como base para el diálogo. Para que la discusión sea provechosa, es necesario preparar el caso con antelación, definiendo los problemas y proponiendo alternativas de solución y acción.)

A finales de la década de los 80, los directivos de Nichair estudiaban cuál debía ser la estrategia a seguir después del fracaso de las últimas acciones llevadas a cabo. Todos los problemas aparecieron hacia 1985, cuando los productos de la empresa comenzaron a perder cuota de mercado hasta el 15%. Esta cifra era realmente desastrosa si tenemos en cuenta el liderazgo alcanzado hacía 10 años, con una cuota del 36%. Las obligaciones del día a día no habían permitido a los responsables de Nichair preveer los cambios que se avecinaban en el sector de los champús, con la entrada de fuertes competidores con productos de calidad elevada y precio bajo.

El problema de la caspa

Alrededor de la mitad de los hombres del Reino Unido llegan a casa por la noche cansados de trabajar, hambrientos, de un humor más o menos malo... y con una fina capa de polvillo blanco sobre sus hombros. La temida caspa, tan antiestética como irritante, acompaña a estos hombres durante la mayor parte del día, como un fiel compañero que no ceja en su intento de aguar la imagen de sus víctimas.

Y es que en una sociedad donde la imagen está adquiriendo cada vez una mayor importancia, la caspa, o el exceso de sequedad del cuero cabelludo, es un problema que cada día contribuye a minar la moral de los que la sufren. La existencia de la caspa suele relacionarse con la falta de higiene o con el descuido en el cuidado diario de la persona, pero lo cierto es que la caspa es un signo visible de un desequilibrio localizado. Algunos motivos pueden ser la fatiga creciente, el estrés, los problemas digestivos, psicológicos u hormonales, que pueden agravar y proliferar su existencia.

La caspa aparece cuando en la epidermis de la cabeza tiene lugar una descompensación del proceso de renovación de las células. Según un estudio realizado por la empresa Head&Shoulders, una de las marcas más importantes de Procter&Gamble y líder en el mercado de champú anticaspa, el 70% de las personas mayores de 18 años reconocen haber tenido caspa en algún momento de sus vidas. La caspa surge por una alteración del cuero cabelludo debido a una proliferación excesiva de unos microorganismos que tenemos de forma natural en la superficie de la piel. El proceso de renovación de la piel suele durar entre 20 y 30 días, pero cuando este proceso se acelera y se produce entre los 7 y los 10 días, provoca un desequilibrio de la flora microbiana dando lugar a una descamación excesiva del cuero cabelludo. Sin embargo, la caspa no es una enfermedad, sino un problema cosmético que se puede controlar con el lavado diario del cabello con un champú anticaspa.

Ingredientes naturales

La compañía inglesa Nichair Ltd., especializada en el sector de los productos naturales, introdujo en 1964 su gama de productos de tratamiento anticaspa. A partir de las fórmulas de los expertos en herboristería y productos naturales, la empresa se hizo un hueco importante en el mercado británico de champús anticaspa gracias a sus tres productos estrella: los champús de romero (para cabello moreno), camomila (para cabello rubio) y henna (para todo tipo de cabello). Estos productos eran elaborados siguiendo las fórmulas magistrales de los expertos, lo que comportaba un alto coste debido a la pureza de los ingredientes utilizados, que debían pasar estrictos controles de calidad. Los champús Nichair Ltd. aseguraban unos óptimos resultados, y los canales de distribución se rendían ante la gran aceptación de estos productos, que se producía a pesar del alto precio que tenían en comparación con el resto de sus competidores.

Uno de los principales objetivos de la compañía era cuidar tanto de la calidad de sus fabricados como la selección de las materias primas utilizadas en la fabricación de sus productos. Se habían realizado encuestas entre sus clientes y como resultado de las mismas se llegaba a la conclusión que los productos de Nichair Ltd. habían logrado captar una cuota elevada del mercado como consecuencia de la exquisita calidad de sus fabricados.

El mensaje publicitario de Nichair Ltd., destacaba continuamente la calidad de sus productos, así como su elevado precio.

En la siguiente tabla exponemos el mercado de productos anticaspa en Gran Bretaña en 1975:

Empresas con productos anticaspa	Cuota de mercado
Nichair Ltd.	36%
Parson&Thomas	16%
Silk	11%
CG	7,5%
Mols	7,5%
Otras marcas	22%

Tabla 1. Cuotas de mercado de las diferentes empresas con productos anticaspa

La posición de Nichair Ltd. era cómoda respecto a la de sus competidores, y los ejecutivos de la compañía achacaban su dominio del mercado a la satisfacción del consumidor por un resultado perfecto.

Tiempos nuevos

En la década de los ochenta, las multinacionales revolucionaron el segmento de los champús anticaspa mediante la incorporación de nuevos nichos de mercado. La creciente preocupación por la imagen y la proliferación de productos de belleza de todo tipo para ambos sexos provocó que tanto mujeres como hombres empezaran a utilizar productos que, tradicionalmente, estaban destinados al otro sexo. De esta forma, muchas mujeres empezaron a utilizar los champús anticaspa que compraban para sus maridos, alternando ese uso con el de otro champú. Este hecho ayudó a incrementar la cuota de mercado de estos productos, dado que muchas de ellas no lo hubieran utilizado nunca en el caso de no haberlo comprado para sus maridos. Asimismo, introdujo la costumbre de alternar diversas marcas y no limitarse a utilizar un único bote de champú, lo que sin duda ayudó a la expansión del mercado de productos capilares.

Los champús ya no debían simplemente solucionar el problema de la caspa, sino que, además, debían hacerlo respetando las características específicas de cada consumidor. Nacieron los champús anticaspa para cabellos secos, normales, grasos, permanentados, teñidos, para uso frecuente, etc. Todos ellos proporcionaban unos resultados más o menos óptimos, y los consumidores no apreciaban diferencias excesivas entre ellos, según revelaban las encuestas realizadas por los expertos en marketing.

Gracias a esta nueva situación, el uso de estos productos se popularizó hasta tal punto que todas las marcas de champús ofrecían algún valor añadido a sus consumidores, incluyendo, por descontado, el de eliminar la caspa y mantener un cabello sano y brillante durante todo el día. Las diferencias de cuota entre las diferentes marcas empezaron a reducirse y los directivos de Nichair Ltd. observaron cómo sus resultados y su imagen de calidad dejaban de ser los valores que tanto habían ayudado a forjar el prestigio de sus productos. Ahora cualquier pequeña marca era capaz de captar la atención de los consumidores, quienes aprendieron a navegar entre esa marea de marcas bajo el timón de parámetros como el precio o la comodidad de uso del envase.

A continuación podemos observar un ejemplo de algunos de los productos que ofrecen las diferentes empresas del sector:

Productos anticaspa	Empresas del sector
Antidandruff Shampoo Antidandruff Intensive Treatment	Wella
Líneas de tratamientos y cuidado del cabello	Clinique
Gama de champús y acondicionadores	H&S
Champú Norma Control	L'Oréal
Baño Gommage anticaspa y loción purificante	Kérastase Specifique

Tabla 2. Diferentes productos anticaspa

Los productos anteriores corresponden únicamente a una parte de los champús anticaspa del sector en el Reino Unido. En diez años, la oferta se había multiplicado por cuatro, mientras que la demanda no había hecho más que doblarse. En los últimos dos años, incluso se había estancado.

Cambio de rumbo

Ello hizo necesario que Nichair Ltd. se replanteara su estrategia. La caída de las ventas y el aumento de la cuota de mercado de otras marcas obligó a la compañía a lanzar una nueva línea de productos que, fieles a la filosofía de la marca, debían estar realizados a partir de ingredientes naturales pero que, para poder seguir compitiendo en el mercado, debían asumir los mismos compromisos con el consumidor que sus competidores, incluyendo en este último factor el de tener un precio inferior al de los productos "tradicionales" de la compañía.

Nichair Ltd. perdió una cuota de mercado importante y en 1989 sus champús tan sólo supusieron el 12% de los vendidos en todo el Reino Unido en ese año. Sus esfuerzos por potenciar la imagen de tradición y calidad, tan arraigados en el país, tan sólo consiguieron convencer a una tercera de parte de sus compradores habituales. Ahora su reto es descubrir un camino que les aúpe de nuevo a la primera posición en el *ranking* de preferencias de los consumidores británicos.

Cuestiones

1. ¿Quién influye en la decisión de compra de los champús anticaspa y qué papel desempeña en esa decisión?

2. ¿Qué espera un comprador de su champú? ¿Qué importancia tiene el valor añadido de éste? (si es para cabellos teñidos, si es para uso diario...)

3. ¿Por qué cree que los champús Nichair Ltd. perdieron cuota de mercado si su calidad y su imagen de tradición eran las mismas que tenían en los años de su dominio del mercado?

4. ¿Qué debería hacer Nichair Ltd. para recuperar su hegemonía del mercado? ¿Cuál debería ser su estrategia de actuación frente a sus competidores?

5. ¿Disminuiría la calidad de las materias primas a utilizar? ¿Y el precio?

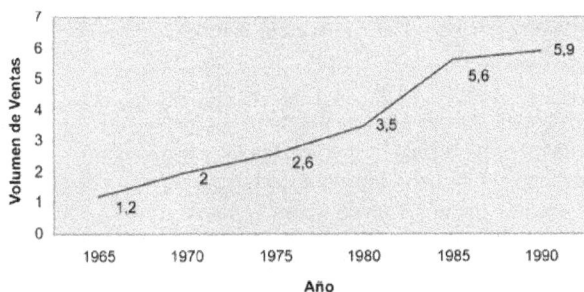

Gráfico 1. Evolución de las ventas de Nichair, Ltd.

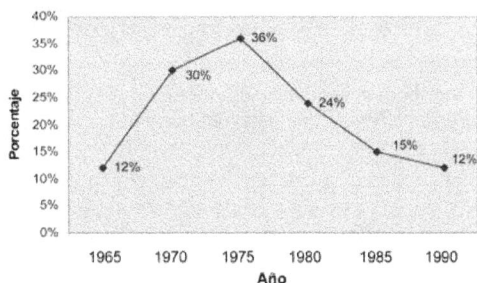

Gráfico 2. Evolución de la Cuota de Mercado de Nichair, Ltd.

Perfumes y cosméticos LISMINA (Estrategia de producto)

(Este documento no pretende ilustrar una determinada forma de gestión, sino que debe servir como base para el diálogo. Para que la discusión sea provechosa, es necesario preparar el caso con antelación, definiendo los problemas y proponiendo alternativas de solución y acción.)

La empresa Perfumes y Cosméticos Lismina, S.A. facturaba en 1999 más de 1.000 millones euros en cosméticos, artículos de tocador y perfumes para consumidores de todo el mundo. Sus incontables productos de perfumería, que han obtenido un gran éxito, han convertido a la empresa en el número uno en el segmento de precios populares del mercado de perfumes de 4.000 millones euros.

En EEUU, la UE, Japón y los países árabes se encuentran productos Lismina al alcance del gran público, que los conoce básicamente por la excelente campaña de publicidad que lleva a cabo la empresa en las fiestas de Navidad y en fiestas puntuales como el día de la madre, Hallowen o el día del Sol. Las estrellas populares de radio y TV anuncian las cualidades de los productos Lismina con una imagen agradable y un tono suave que atrae a los consumidores.

En cierto sentido, los perfumes de Lismina, no son más que cuidadosas mezclas de aceites y productos químicos que tienen aromas agradables. Pero Lismina sabe que cuando vende perfumes, vende mucho más que líquidos fragantes; vende lo que las fragancias pueden hacer por las mujeres que las utilizan: hacer realidad sus ilusiones, proyectos y anhelos, o proporcionarles bienestar, elegancia...

Por supuesto, el aroma de un perfume contribuye a su éxito o a su fracaso. Sabemos que el aroma de un perfume será más o menos agradable según la reacción que produzca en el contacto con cada piel, pero los especialistas en marketing de perfumes convienen: "Si no hay aroma, no hay venta". La mayor parte de los nuevos aromas los desarrollan los "perfumistas" de élite en una de las muchas "casas de fragancia" selectas. El perfume se envía desde las casas de fragancia en grandes tambores de aspecto desagradable, muy distinto del material de que están hechos los sueños. Aun cuando la producción de un perfume que se vende a 180 la onza tal vez

no cuesta más de 10 , para las clientas el producto es mucho más que unos cuantos dólares con ingredientes y olor agradable.

Además de los ingredientes y el aroma, hay muchas cosas que contribuyen a la fascinación de un perfume. De hecho, cuando Lismina diseña un nuevo perfume, el aroma puede ser el último elemento. Primero, Lismina investiga los sentimientos de las mujeres acerca de ellas mismas y sus relaciones con los demás. Después desarrolla y somete a pruebas nuevos conceptos de perfumes que se ajusten a los valores, deseos y estilos de vida cambiantes de las mujeres. Cuando Lismina encuentra un nuevo concepto prometedor, crea un aroma y le da un nombre que se ajusta a la idea. Las investigaciones de Lismina a principios de los setenta mostraron que las mujeres se sentían más competitivas con los hombres y que estaban luchando por encontrar identidades individuales. Para esta nueva mujer de los setenta, Lismina creó Charlie, el primero de los perfumes de "estilo de vida". Miles de mujeres adoptaron Charlie como una osada declaración de independencia, y muy pronto se convirtió en el perfume de más venta en el mundo. Lismina adoptó entonces una línea de envases ligeros, prácticos, de bolsillo, pensando en la mujer que se desplaza constantemente y quiero mantener su "yo" a cualquier hora del día y en cualquier lugar del mundo. Empezó la promoción regalando un envase pequeño al comprar el tamaño normal y luego ya implantó el envase de bolsillo en la mayor parte de sus productos.

A finales de los setenta, las investigaciones de Lismina mostraron un cambio en las actitudes de las mujeres, que "ya habían triunfado en el aspecto de la igualdad que Charlie abordaba. Los jóvenes Charlie habían crecido; ahora querían perfumes que fueran sutiles, más que llamativos. Por consiguiente, Lismina cambió de manera sutil la posición de Charlie: el perfume todavía afirmaba su "estilo de vida independiente", pero con un matiz adicional de "femineidad y romance". Lismina también lanzó al mercado un perfume para las mujeres de los ochenta, Jontue, que se posicionó en el tema del romance.

Lismina ha seguido refinando la posición de Charlie, orientándose ahora a la mujer de los noventa, que "es capaz de hacerlo todo, pero que es lo bastante inteligente como para saber lo que quiere hacer". Después de casi 20 años, ayudada por un reposicionamiento continuo, pero sutil, Charlie sigue siendo el perfume que más vende en el mercado masivo.

El nombre de un perfume es un atributo importante del producto. Lismina emplea nombres como Charlie, Fleurs de Jontue, Ciara, Scoundrel, Guess y Unforgettable para crear imágenes que respalden el posicionamiento de cada perfume. La asociación de algunos nombres de perfumes es tan subjetiva que Lismina recurrió a grandes anhelos comunes cuando introdujo el año pasado Ajee, que significa "el poder de la mujer", orientado a las mujeres afroestadounidenses. Los competidores también ofrecen perfumes con nombres como Obsession, Passion, Uninhibited, Wildheart, Opium, Joy, Beatiful, White Linen, Youth Dew y Eternity. Estos nombres sugieren que los perfumes no sólo logran que una mujer huela mejor. El perfume Ruffles, de Oscar de la Renta, empezó como un nombre, que una mujer elegía porque creaba imágenes de extravagancia, juventud, fascinación y femineidad, todo muy apropiado para el mercado objetivo de las mujeres jóvenes y elegantes. Sólo después fue seleccionado un aroma que armonizara con el nombre y el posicionamiento del producto.

Observando cómo se efectúa la compra de un perfume nuevo, vemos que el comprador elige un envase, lee el nombre, busca de qué casa es y luego aspira el aroma, por eso Lismina también debe envasar con mucho cuidado sus perfumes. Para los consumidores, el frasco y la caja son los símbolos más reales del perfume y de su imagen. Los frascos deben dar sensación de comodidad, deben ser fáciles de manejar y deben tener un aspecto impresionante cuando se exhiben en las tiendas. Lo que es más importante es que deben apoyar el concepto y la imagen del perfume.

De manera que cuando una mujer compra un perfume, compra mucho más que simplemente un líquido fragante. La imagen del perfume, sus promesas, su aroma, su nombre y su envase, la compañía que lo elabora, las tiendas que lo venden, todo se convierte en parte del producto total que es el perfume. Cuando Lismina vende un perfume, vende algo más que el producto tangible. Vende un estilo de vida, una expresión del yo y exclusividad; logro, éxito y posición; femineidad, romance, pasión y fantasía; recuerdos, esperanzas y sueños.

Cuestiones

1. ¿Cuál es el producto básico de Lismina?

2. ¿Cuál es el producto tangible?

3. ¿Cuál es el producto aumentado?

4. El nombre de un perfume es el atributo central de producto. ¿Qué debería hacer Lismina para escoger el nombre de marca más apropiado para sus perfumes?

5. ¿Cuáles son las principales decisiones de gestión de marca que deben tomar los directivos de Lismina?

6. La compañía Lismina comercializa sus productos en todo el mundo. ¿Qué debe tener en cuenta la empresa para tomar decisiones globales?

4
La gestión del marketing

OBJETIVOS

1. Familiarizarse con la terminología básica utilizada en la dirección comercial
2. Analizar las cuatro variables que componen el mix comercial, es decir, el precio, el producto, la posición, y la promoción
3. Analizar el sistema comercial, en toda su amplitud

4.1 INTRODUCCIÓN

La empresa está dividida en áreas de gobierno y de operaciones. La dirección de la organización debe formularse ciertas preguntas clave con el propósito de analizar, elegir y realizar, por este orden, su estructura organizativa y su negocio (áreas de gobierno), y así elaborar planes de acción de futuro que repercutan en las diversas áreas de operaciones de la empresa (de entre ellas destacamos la producción, la financiación, la comercialización). En este libro, nuestro análisis pretende dirigirse directamente a lo que hemos llamado *área de operaciones de comercialización*. Evidentemente, la definición de la función comercial de la empresa está respaldada por una configuración de conceptos empresariales relacionados entre sí, quedando fuera de nuestro ámbito de estudio. Es decir, nos centraremos en una parte de la actividad empresarial, la comercial, cada vez más relevante y más integrada en la organización.

4.2 LA ACTIVIDAD COMERCIAL DE LA EMPRESA

Cuando escuchamos el término *comercial* es fácil que nos imaginemos una etapa del circuito que siguen los productos desde la fábrica hasta el consumidor. Este es el punto de vista del *proceso productivo*, en el cual la función comercial constituye la última etapa del flujo real de bienes de la empresa (aprovisionamiento-producción-venta). Si bien la función comercial (que definimos como el conjunto de actividades que facilita el intercambio de la organización con el mercado) suministra al mercado los productos de la empresa y aporta recursos económicos a la misma, no es, sin embargo, sólo la última etapa del proceso empresarial, puesto que esta manera de concebir la función comercial la limitaría a una función exclusiva de venta tal y como se describe en el capítulo anterior.

La función comercial es también la primera actividad en el proceso empresarial; es la que debe identificar las necesidades del mercado e informar a la empresa de las mismas para que el proceso productivo se adapte a ellas. Este es el punto de vista del marketing, en el que la función comercial conecta a la empresa con el mercado, tanto para conocer cuáles son sus necesidades y desarrollar la demanda para los productos deseados como para servir a la demanda y suministrarle lo que le solicita. Y esto debe hacerlo la empresa mediante el diseño de los productos que mejor se adapten a tales necesidades, compitiendo a la vez con otras empresas o entidades que tratan también con su oferta de atraer para sí el mercado. Todo esto, además, la empresa debe hacerlo obteniendo beneficios para poder seguir subsistiendo y de acuerdo con unos objetivos, más o menos formalizados, cuyo cumplimiento debe controlarse. Levitt resume los cinco requisitos para el éxito competitivo de una empresa tal como se detalla a continuación:

- El propósito de la empresa es crear y mantener un cliente
- La empresa debe suministrar los bienes y servicios que el mercado desea
- Los ingresos deben ser mayores que los costes
- La empresa debe definir sus objetivos y estrategias
- Debe existir un sistema de control para supervisar el cumplimiento de los objetivos y, en su caso, rectificar las decisiones

En última instancia, la respuesta en la gestión comercial radica en el significado del concepto de mercadotecnia; es decir, en resolver y satisfacer las necesidades de los clientes mejor que antes.

El contenido actual del marketing se ha ampliado a otras instituciones ajenas a la empresa. No obstante, habría que preguntarse qué se entiende por empresa. Si se considera que una empresa es únicamente aquella entidad que produce y vende bienes y servicios con ánimo de lucro, la función comercial tendrá una concepción más estrecha que la que actualmente tiene el marketing. Sin embargo, si se amplía el concepto de empresa a instituciones sin ánimo de lucro y se considera como "producto" cualquier bien, servicio o idea, los términos función comercial y marketing tendrán el mismo significado. Porque, como dice Howard, "toda organización humana (iglesias, universidades, oficinas públicas, empresas, etc.) tiene problemas de marketing".

Cada organización debe producir un servicio o producto necesitado por un número adecuado de personas para justificar la utilización o gastos de los recursos; de lo contrario, no podrá sobrevivir por mucho tiempo. Debe permitir a sus "clientes" potenciales que conozcan que tiene tales productos o servicios a su disposición, y decirles cómo podrá satisfacer sus necesidades. Esta actividad es marketing".

La ejecución de la función comercial, con un enfoque de marketing, supone el desarrollo de un proceso secuencial cuyas principales fases son las siguientes:

1. Análisis del sistema comercial (mercado, competidores, suministradores, públicos interesados y entorno)
2. Diseño de estrategias mediante la adecuada combinación de los distintos instrumentos del marketing (producto, precio, distribución y promoción), y una previsión de cuenta de resultados
3. Dirección, organización y control de la actividad comercial

El proceso del marketing, podemos resumirlo en las siguientes fases, por este orden:

Análisis del sistema comercial
- El mercado
- La demanda
- La segmentación del mercado
- Comportamiento del comprador
- Sistemas de información e investigación comercial

Diseño de programas de marketing
- Decisiones sobre el producto
- Decisiones sobre el precio
- Decisiones sobre la posición
- Decisiones sobre la promoción

Dirección del proceso de marketing
- El proceso: planificación, organización y control
- Marketing industrial
- Marketing de servicios
- Marketing internacional: estandarización y adaptación
- Marketing social
- Marketing relacional

4.3 EL SISTEMA COMERCIAL

El sistema de comercialización contempla, por una parte, la demanda de los consumidores y, por otra, los productos o servicios que las empresas ponen a disposición del comprador o, como diríamos más ampliamente, del merca-do. Esta entrega de productos o servicios se puede hacer bien a través de la propia empre-sa, o bien a través de los distribuidores, que no son más que los intermediarios que hay entre la empresa productora y el consumidor final.

Entendemos que el marketing es la rela-ción entre ambas partes del intercambio, es decir, todas aquellas operaciones que partien-do de la empresa productora o de la línea de distribución son utilizadas para persuadir al comprador.

El marketing es la mejor herramienta que tiene el productor para colocar sus productos en el mercado.

Como veremos en el próximo capítulo, las empresas disponen de técnicas de investi-gación que les permiten recabar toda aquella información que es necesaria para conseguir estos objetivos. Estas técnicas son el marke-ting analítico que nos permite conocer mejor el mercado, la competencia y el entorno y de esta forma poder segmentar con rigor el mer-cado en el cual quiere actuar la empresa.

Los instrumentos básicos del marketing, que no son otros que las denominadas "cuatro p" son: el producto, el precio, el posiciona-miento y la promoción. Constituyen el mar-keting mix y tienen su origen en una regla nemotécnica anglosajona, *product, price, place* y *promotion*. El marketing estratégico define un producto que se ofrece al mercado y consiste en fijar un precio a este producto, en la utilización de una línea de distribución para llevar este producto al consumidor y en la promoción para comunicar al mercado sus beneficios y ventajas, influyendo así positiva-mente en el proceso de compra del producto y estimulando con ello la demanda.

Existen unas variables fundamentales en el marketing que hemos de considerar; por ejemplo, los competidores del producto, los propios suministradores de materias primas, un mercado fluctuante y un entorno que ten-dremos que tener en cuenta para definir unos objetivos de marketing; estos objetivos po-drían ser la cuota de mercado, los beneficios que perseguimos, la propia imagen de nuestra empresa. También hemos de considerar en el proceso de comercialización nuestro entor-no (el marco legal, el cultural, económico y coyuntural), que nunca puede estar bajo el control de la empresa, pero que pueden influir enormemente en la estrategia de marketing que tengamos que realizar.

Por todo lo expuesto podemos deducir que en el proceso de comercialización intervienen unas variables y unos elementos que confor-man el sistema comercial. Estas variables son:

Controlables:
- *Producto*
- *Precio*
- *Posicionamiento*
- *Promoción*

No controlables:
- *Mercado*
- *Competencia*
- *Entorno*

Analizando estas variables no controlables, vemos que existe un mercado formado por un conjunto de personas físicas o jurídicas que tienen una necesidad y que poseyendo una capacidad de compra están dispuestas a com-prar. Lo primero que tiene que hacer, pues, la empresa es conocer bien el mercado, cuál es el mercado potencial, su capacidad para com-prar, la distribución que existe de este pro-ducto y, con ello, elegir un segmento de este mercado al que quiere llegar (objetivo de la empresa). Analizaremos de la misma manera cómo actúa la competencia en este mercado, su forma de actuar en el mismo mediante la distribución, la promoción, los precios o la calidad de sus productos, para tener elemen-tos de juicio y así poder buscar más fácilmen-te un mercado meta.

Por otra parte tendremos que estudiar la demanda, que no es otra cosa que las necesi-dades de un mercado que transforma sus de-seos en demanda.

Hay que tener en cuenta, por lo tanto, que todas estas variables influyen de forma muy relevante en el proceso de compra. Recor-demos que al surgir una necesidad nos viene el deseo de satisfacerla; esta actuación no es otra cosa que la demanda. Luego todos los factores internos y externos de las personas influyen en ella, en la elección de una u otra alternativa: compro un producto o el de la competencia.

Las variables controlables nos pueden ayudar a decantar la demanda hacia nuestros productos.

Por último, en el sistema comercial sabemos que una variable muy importante no controlable es el mercado y que en éste la demanda no se comporta de forma uniforme; por otra parte, los comportamientos de los compradores, así como sus características, no son homogéneos, ello nos induce a segmentar este mercado, a clasificarlo en grupos que presenten unas pautas de consumo muy similares. Estos segmentos reaccionarán de forma homogénea a los estímulos de marketing que le apliquemos. Será, por lo tanto, mucho más fácil incidir sobre un mercado del que conozcamos las características de los individuos que lo conforman. También debemos estudiar dónde, cómo, cuándo, cuánto, por qué, qué compra y cómo lo consume. Tendremos, pues, que analizar variables internas como la percepción, la experiencia o la motivación, y las externas, como el nivel social, el cultural, el familiar y el económico que influyen en el sistema de compra, lo que nos permitirá hacer una mejor aplicación de nuestro *marketing mix*.

4.4 LOS INSTRUMENTOS DEL MARKETING

Como hemos dicho anteriormente son cuatro: los denominados cuatro P.
- producto / producto intangible (servicio)
- precio
- posición o plaza: distribución / logística
- promoción: publicidad / venta personal / promoción de ventas / relaciones públicas / marketing directo

Estas cuatro variables son fácilmente controlables porque las podemos modificar a nuestro criterio, aunque alguna de ellas dentro de unos límites; por ejemplo, el precio es muy fácil de modificar siempre y cuando no esté sujeto a una regulación por parte del gobierno. El caso contrario se da en la variable producto, cuya modificación es difícilmente aplicable. En el caso de la distribución, si hemos dado la exclusiva de ventas por un tiempo determinado, será imposible su modificación, a no ser que se llegara a un acuerdo con el distribuidor; no será así si queremos poner en marcha una nueva distribución que no esté sujeta a condiciones anteriores.

En resumen, tanto el producto como el posicionamiento del mismo, o sea la distribución, son instrumentos estratégicos que se tienen que contemplar a largo plazo y que no podemos modificar de modo inmediato. El precio y la promoción son variables tácticas (no estratégicas) que permiten su modificación a corto plazo, en especial en lo que hace referencia al precio.

Cuando se prepara un plan de marketing, debemos tener en cuenta que estas variables tienen que ir muy coordinadas y ser además apropiadas para el segmento de mercado que hayamos elegido.

4.4.1 Política de productos

El producto es cualquier bien, servicio o idea que se ofrece al mercado. Es el medio para alcanzar el fin de satisfacer las necesidades del consumidor.

El concepto del producto debe centrarse, por tanto, en los beneficios que reporta y no en la características físicas del mismo. Así, por ejemplo, no se compra un automóvil por sus atributos (acero utilizado, aleaciones, materiales empleados, etc.), sino por la comodidad, libertad de movimiento, prestigio, etc. que su posesión y uso pueden reportar al comprador. Recordemos el error que cometen muchos empresarios al caer en el enamoramiento de su producto, algo que nos recuerda Levitt en su *Míopía del marketing*. Aunque muchos productos sean de calidad y de diseño agradable, no olvidemos que existen para satisfacer una necesidad. A modo de ejemplo, racionalmente el cliente necesitará hacer un agujero, no querrá una broca.

La oferta del producto, desde la perspectiva del marketing, no consiste únicamente en el producto básico, sino también en todos los aspectos formales (calidad, marca, diseño) y añadidos (servicio, instalación, mantenimiento, garantía, financiación) que acompañan a la oferta.

POLÍTICA DE PRODUCTOS

a)	Cartera de productos
b)	Diferenciación de productos
c)	Marcas, modelos, envases, etc.
d)	Desarrollo de servicios relacionados
e)	Ciclo de vida del producto
f)	Supresión de productos
g)	Planificación de nuevos productos

Las decisiones sobre el producto son de gran importancia porque son las que crean los medios para satisfacer las necesidades del mercado. Son también las primeras que deben tomarse al diseñar la estrategia comercial, puesto que no se puede valorar, distribuir o promocionar algo que no existe. Son, además, decisiones a largo plazo que no pueden modificarse, por lo general, de forma inmediata. Estas decisiones incluyen el diseño y puesta en práctica de políticas relativas a:

a. Cartera de productos.
Es decir, el conjunto de productos que se ofrece. Su composición supone determinar el número y forma de agrupar los productos, la homogeneidad o heterogeneidad de los mismos y el grado en que son complementarios o substitutivos.

b. Diferenciación del producto.
Consiste en determinar las características que distinguen al producto y que lo hacen, en cierto modo, único y diferente de los demás. La diferenciación constituirá una ventaja competitiva para la empresa. El producto puede diferenciarse por precio, calidad, diseño, imagen, servicios complementarios, etc. La empresa debe conocer cómo percibe los productos el mercado y cuáles son los atributos o factores determinantes de las preferencias manifestadas. Esto permitirá establecer la "posición" actual de su producto con respecto a los de la competencia y la "posición" ideal que se aspira alcanzar.

c. Marcas, modelos, envases.
Permiten identificar los productos y, a la vez, diferenciarlos de sus competidores. Pueden ser importantes instrumentos para crear una imagen positiva del producto y de la empresa.

d. Desarrollo de servicios relacionados.
Se incluyen aquí la instalación de producto, el asesoramiento sobre su utilización, el mantenimiento, garantía, asistencia técnica y financiación de su compra.

e. Ciclo de vida del producto.
Supone el análisis de las fases por las que transcurre la vida del producto, desde su lanzamiento hasta su retirada o desaparición. La respuesta del mercado a los estímulos del marketing varía en cada fase del ciclo y conviene, por tanto, conocer la fase en la que se encuentra el producto para diseñar la estrategia adecuada.

f. Modificación y eliminación de los productos actuales.
En función del ciclo de vida del producto y de los cambios del entorno tecnológico, cultural y social deberán establecerse las posibles modificaciones del producto o su retirada del mercado.

g. Planificación de nuevos productos.
La empresa debe actualizar de forma sistemática sus productos para adaptarse a los cambios del entorno y obtener o mantener su ventaja competitiva, lo que permitirá, en definitiva, su subsistencia. Sin embargo, no todos los productos nuevos tienen éxito en el mercado. Una sobreestimación de la demanda o una estrategia de marketing mal diseñada puede hacer fracasar el lanzamiento de un nuevo producto. Pero antes de llegar al lanzamiento del producto hay que seguir un proceso de planificación largo y complejo.

El concepto de producto es complejo y se debe definir con sumo cuidado. La estrategia de producto requiere que se tomen decisiones coordinadas en cuanto a los artículos del producto, las líneas del producto y la mezcla del producto. Cada artículo del producto puede contemplarse desde tres niveles:

- **Producto básico.** Responde a la pregunta: ¿qué está obteniendo el comprador en realidad? Representa el beneficio esencial que el cliente está comprando en realidad.
- **Producto real.** Puede llegar a tener hasta seis características: grado de calidad, ca-

racterísticas, estilo, diseño, nombre de la marca y envase.

- **Producto aumentado.** Servicios y beneficios adicionales ofrecidos al consumidor, por ejemplo la garantía, la instalación, el mantenimiento, etc. Este es un recurso para la diferenciación.

La línea de productos consiste en un grupo de productos que se relacionan en cuanto a su función, la necesidad de los clientes de comprarlos o sus canales de distribución. Cada línea de productos requiere una estrategia. La extensión de la línea plantea el interrogante de ampliar la línea hacia abajo, hacia arriba o en ambas direcciones. Completar la línea plantea el interrogante de añadir nuevos artículos dentro del rango de la presente línea.

La mezcla del producto describe la serie de líneas de productos y artículos que un vendedor cualquiera le ofrece a los clientes. La mezcla de productos se puede describir según cuatro dimensiones: amplitud, extensión, profundidad y congruencia. Estas dimensiones son el instrumento para desarrollar la estrategia del producto de la empresa.

4.4.2 Política de precios

El precio no es sólo la cantidad de dinero que se paga por obtener un producto, sino también el tiempo utilizado para conseguirlo, así como el esfuerzo y las molestias necesarios para obtenerlo.

El precio tiene un fuerte impacto sobre la imagen del producto. Un precio alto es sinónimo muchas veces de calidad. También tiene el precio una gran influencia sobre los ingresos y beneficios de la empresa.

El precio es un instrumento a corto plazo, puesto que se puede modificar con rapidez, aunque hay restricciones a su libre modificación por el vendedor. Hay muchos factores condicionantes en la fijación del precio, que van desde el tipo de mercado y objetivos de la empresa hasta el propio ciclo de vida del producto.

Las decisiones sobre el precio incluyen el diseño y puesta en práctica de políticas relativas a:
a. Costes, márgenes y descuentos.
Incluye el análisis de los costes de comercialización, los márgenes de beneficio a conside-

rar y los descuentos por cantidad, temporada, forma de pago, etc.

b. Fijación de precios a un sólo producto.
El precio de un producto puede fijarse, fundamentalmente, de acuerdo con tres criterios: sobre la base de su coste, de acuerdo con los precios establecidos por la competencia o según la sensibilidad de la demanda de los distintos segmentos del mercado.

c. Fijación de precios a una línea de productos.
Si lo que se persigue es maximizar el beneficio conjunto de una línea, deben considerarse las elasticidades cruzadas de los distintos productos que la integran, es decir, la repercusión que tendrá la modificación del precio de cualquiera de ellos en la demanda de los restantes.

Los factores externos que influyen en las decisiones acerca de la fijación de precios incluyen el carácter del mercado y la demanda, los precios y las ofertas de la competencia, y factores como la economía, las necesidades de los intermediarios y el marco administrativo y legal. La fijación de precios resulta un desafío especial en mercados que se caracterizan por la competencia monopolística u oligopolística.

En última instancia, el consumidor decide si la empresa ha establecido el precio adecuado. El consumidor pondera el precio comparándolo con los valores que percibe por el uso del producto; si el precio es superior a la suma de los valores, los consumidores no comprarán el producto. Los costes, y la demanda y la percepción del valor por parte del consumidor establecen los topes mínimo y máximo de los precios.

Los consumidores comparan el precio de un producto con los precios de los productos de la competencia. Una empresa debe conocer el precio y la calidad de las ofertas de la competencia y usarlos como punto de partida para sus propios precios.

La fijación de precios es un proceso dinámico. Las empresas diseñan una estructura de precios que abarca todos sus productos. Cambian esta estructura con el tiempo y la ajustan para ceñirse a diferentes clientes y situaciones.

4.4.3 Política de posición o distribución

La distribución es la herramienta que se utiliza para llevar el producto desde el fabricante hasta el consumidor; su actividad es por lo tanto facilitar y estimular el consumo de acuerdo entre todas las partes que componen esta línea de intermediarios.

Cuando se diseña un canal de distribución debemos tener en cuenta todos y cada uno de aquellos factores que afectan al canal, no solamente los aspectos económicos, sino también aquellos que faciliten un mejor recorrido desde su posicionamiento hasta su transporte, su promoción, su facilidad en la adquisición del producto, etc…

Al diseñar un canal de distribución, debe tenerse en cuenta que el "canal" es una herramienta del marketing de muy difícil, costosa y laboriosa modificación, es por lo tanto indispensable un detenido estudio al diseñar el canal; su modificación conlleva elevados costes para la empresa.

Con la globalización la evolución de los canales de distribución han variado y siguen variando continuamente como consecuencia de las nuevas tecnologías.

Podríamos poner gran cantidad de ejemplos. La adquisición de un billete de avión se consigue tanto en una agencia de viajes como a través de internet.

Un periódico se adquiere en un kiosco, en una librería, en un supermercado y hasta en una gasolinera.

Como vemos, generalmente, no existe un solo modelo de canal de distribución para cada producto, sino varios modelos; sin embargo, la elección de uno u otro modelo de canal dependerá muchas veces de las características del producto en cuanto a la ubicación en la fase del ciclo de vida en que se encuentre el producto.

Las decisiones sobre el sistema de distribución incluyen el diseño y puesta en práctica de políticas relativas a:

a. Canales de distribución.
Es decir, la definición de las funciones de los intermediarios, la selección del tipo de canal e intermediarios a utilizar, la determinación del número, localización, dimensión y características de los puntos de venta, etc.

b. Merchandising.
Es el conjunto de actividades llevadas a cabo para estimular la compra del producto en el punto de venta. Incluye la presentación del producto, la disposición de las estanterías y el diseño y determinación del contenido del material publicitario en el punto de venta.

c. Distribución directa/marketing directo.
Supone la relación directa entre productor y consumidor, sin pasar por los intermediarios (mayoristas y detallistas). Contempla diversas alternativas, como la venta a domicilio, la venta por correo y catálogo, el telemarketing, la venta por televisión, la venta electrónica mediante terminales de ordenador y la venta mediante máquinas expendedoras. Aunque inicialmente el marketing directo se identificaba con distribución directa, en la práctica actual se considera al primero más un sistema de promoción que de distribución que trata de buscar una respuesta medible a las acciones de comunicación.

d. Logística o distribución física.
Incluye el conjunto de actividades desarrolladas para que el producto recorra el camino desde el punto de producción al de consumo y se facilite su adquisición. Implica, por tanto, transportar, almacenar, entregar y cobrar el producto, así como determinar los puntos de venta y servicio.

Las decisiones en cuanto al canal de distribución se encuentran entre las más difíciles que enfrenta la empresa. El sistema de cada canal produce un grado diferente de ventas y costos. Cuando se ha elegido un canal de distribución, la empresa normalmente tiene que quedarse en con él durante mucho tiempo.

Cada empresa tendrá que identificar vías alternativas para llegar a su mercado. Los medios existentes van desde las ventas directas hasta el uso de canales con uno, dos, tres o más niveles de intermediarios. Cada canal alternativo se debe evaluar en base a criterios económicos, de control y de adaptación. La tarea consiste en diseñar sistemas de distribución física que reduzcan al mínimo el total de costos requeridos para ofrecer un grado deseado de servicios a los clientes.

4.4.4 Política de promoción

La promoción consiste en una serie de actividades encaminadas a dar a conocer un producto o servicio, resaltar sus beneficios y de provocar la compra por parte del usuario, ya sea de manera directa o indirecta (por ejemplo, un anuncio publicitario puede estar enfocado a sostener o aumentar la notoriedad de una marca).

Entre las herramientas más utilizadas en este grupo encontramos la publicidad, propaganda, venta personal, relaciones públicas, marketing directo y promoción de ventas. Todas ellas destinadas a cualquier canal de distribución: presencial u *on line*.

Cada una de las herramientas citadas puede utilizarse independientemente o en combinación con otras, dependiendo del mercado concreto en que nos encontremos, así como del producto o la propia estrategia de empresa. Un producto intensivo en tecnología y en información necesaria para su uso requerirá de la venta personal. Sin embargo, en los productos de alimentación, siempre teniendo en cuenta el ciclo de vida en que nos encontremos, es más frecuente encontrar elementos como la publicidad o la promoción de ventas.

A continuación, definimos las herramientas comerciales contenidas en la política de promoción:

Publicidad. Consiste en la elaboración de mensajes apropiados para la marca, el producto o servicio y su difusión a través de medios, ya sean éstos la televisión, prensa, revistas de todo tipo, paneles exteriores, Internet, radio, etc. Se trata de obtener una imagen favorable de la enseña de la empresa en cuestión, quizás para incrementar las ventas a corto plazo o para incrementar la notoriedad de una marca. La propaganda es un caso especial de publicidad y es el mecanismo que usan asociaciones, partidos políticos y otras organizaciones para, por ejemplo, dar a conocer una idea o para conseguir votos en unas elecciones.

Relaciones públicas. Incluye la elaboración de acciones encaminadas a potenciar la marca o producto a través de prescriptores y representantes de la empresa en cuestión. Los medios utilizados son las ferias, reuniones empresariales, conferencias, conciertos de música, y en definitiva, toda la actividad presencial, e incluso virtual, en la que puede estar la organización.

Dirección de ventas. Abarca todo lo relacionado con la fuerza de ventas. El dimensionamiento de la red de comerciales, el diseño de rutas geográficas y su asignación a los vendedores. En este sentido, es importante destacar la política de gestión de la red comercial o de ventas en cuanto a evaluación, motivación, fijación de objetivos, remuneración, captación de recursos, etc.

Marketing directo. Consiste en la utilización de elementos de comunicación directa a través de canales como son el correo (una de cuyas modalidades es el buzoneo), teléfono o Internet, para emitir mensajes de promoción dirigidos o masivos. Para ello, la empresa utiliza sus bases de datos o las adquiere en empresas que se dedican a ello.

Promoción de ventas. Es quizás, junto con la publicidad, la herramienta más utilizada en la promoción. En este apartado se incluyen las ofertas, descuentos, el 3x2, los cupones o los conocidos incrementos de porcentaje de volumen en los envases de productos. Este sistema de promoción se utiliza en todos los sectores y canales de distribución, ya sean los beneficiados los propios consumidores, los fabricantes o los intermediarios.

4.5 DIRECCIÓN COMERCIAL Y DE MARKETING

Cualquier función de dirección debe tener en cuenta todos los aspectos de la empresa. Si bien los directivos tienen la responsabilidad de un área, todos forman parte de un equipo multidisciplinar destinado a coordinar y liderar todos los ámbitos de la empresa. Es necesario, en el marco de una dirección ejecutiva, el estudio y análisis de las oportunidades, amenazas, debilidades y fortalezas (lo que conocemos como análisis DAFO), así como la planificación de las acciones a desarrollar para alcanzar los objetivos de la empresa.

Para Levitt, la función directiva pasa por las siguientes etapas:
- La evaluación racional de la situación
- La selección sistemática de metas y objetivos (¿Qué es lo que se debe hacer?)
- El desarrollo sistemático de estrategias para lograr dichas metas y objetivos
- El reunir los recursos necesarios
- El diseño racional, organización, dirección y control de las actividades necesarias para alcanzar los objetivos seleccionados
- La motivación y remuneración de las personas que hacen el trabajo

Otros autores centran la tarea fundamental de la dirección en los recursos humanos: "conseguir de las personas una actuación conjunta, procurándoles objetivos comunes, valores comunes, la estructura adecuada y la continua formación y desarrollo que necesitan para cumplir y responder al cambio".

La *dirección comercial* suele ser una de las direcciones funcionales de la empresa. Su principal cometido es liderar y gestionar la actividad comercial de la organización. Podemos clasificar su cometido en cinco actividades fundamentales:

1. *Analizar* las necesidades de los consumidores, establecer los segmentos y estudiar a la competencia.
2. *Planificar* los objetivos y las acciones necesarias para alcanzarlos. En este punto es cuando la empresa debe decidir dónde enfocarse y hacia dónde dirigir la oferta. La definición de objetivos comerciales debe ser coherente con el resto de acciones comerciales que se realicen. La combinación de todos los aspectos comerciales y de marketing a implementar en el terreno han de estar recogidos en un documento comercial o en el plan de marketing.
3. *Organizar* los medios humanos y materiales necesarios para ejecutar las acciones definidas en el plan. En este punto, debe trasladarse la planificación realizada y los documentos pertinentes a los efectivos que han de ejecutarla en el terreno.
4. *Ejecutar* las acciones previstas en la etapa de planificación.
5. *Controlar* el desarrollo de dichas acciones y establecer las acciones correctoras que sean precisas.

La *dirección de marketing*, por su parte, es responsable de todo lo que relaciona la empresa con el mercado. Debe conocer la percepción que tiene el consumidor o comprador; cómo se comportan los distintos grupos objetivo, identificar y satisfacer sus necesidades, y conocer cómo está configurada la masa de clientes tanto reales como potenciales. Este departamento, además, elabora e implanta la estrategia de comunicación de la empresa. Finalmente, debe conocer la competencia a la cual debe hacer frente la empresa.

Muchas empresas cuentan con departamentos de marketing y comercial separados. Sin embargo, dependiendo del sector, el tipo de producto, la estructura de la distribución y el tamaño de la empresa, es posible encontrarlos juntos, en cuyo caso todas las tareas definidas para ellos las realizarán las mismas personas.

4.6 NATURALEZA DE LA DEMANDA Y LOS CAMBIOS DEL ENTORNO

La acción del marketing es distinta según sea la naturaleza de la demanda. Kotler distingue ocho estados distintos de la demanda e identifica, para cada uno de ellos, la tarea del marketing y su denominación:

Existen otros conceptos vinculados al marketing que pueden aplicarse cuando se desea que la demanda se comporte de un modo especial. En este sentido, el *megamarketing* propone el desarrollo de acciones en mercados protegidos. Kotler lo define como "la aplicación estratégicamente coordinada de los conocimientos económicos, psicológicos, políticos y de relaciones públicas para obtener la cooperación de distintas partes con objeto de entrar y/o operar en un mercado dado".

De todas las situaciones estudiadas, la que mayor aceptación tiene es la que aparece cuando existe una crisis económica, cuya tarea en el marketing no es otra que intentar reducir la demanda excesiva que pueden llegar a agotarse productos vitales para la subsistencia de los individuos. A esta estrategia la denominamos *desmarketing*. Un ejemplo lo tenemos en el agua, cuando hay sequías.

En un estado de demanda nula, lo que tiene que procurarse es crear demanda, es decir, estimular el marketing, y cuando no existe demanda, la tarea del marketing no es otra que estimular y convencer al mercado para provocar el consumo, estrategia conocida como marketing conversivo.

Finalmente, Rapp y Collins definen el *maximarketing*. Este concepto alude a las acciones de marketing en un mercado cada vez más segmentado y en cuyos segmentos cada vez existe más complejidad debido a los cambios sociales y a la incorporación de la tecnología en la vida cotidiana de las personas. En definitiva, con ello se pretende que las acciones de marketing sean cada vez más efectivas y dirigidas.

Estado de la demanda	Tarea del marketing	Denominación
1. Demanda negativa	Convencer/desengañar demanda	Marketing conversivo
2. Demanda nula	Crear demanda	Marketing estimulante
3. Demanda latente	Desarrollar demanda	Marketing desarrollador
4. Demanda débil	Revitalizar demanda	Remarketing
5. Demanda irregular	Sincronizar demanda	Sincromarketing
6. Demanda fuerte	Mantener demanda	Marketing demantenimiento
7. Demanda excesiva	Reducir demanda	Desmarketing
8. Demanda perjudicial	Destruir demanda	Contramarketing

4.7 EL PROCESO DE TOMA DE DECISIONES COMERCIALES

Cualquier decisión empresarial lleva asociada un determinado grado de incertidumbre. Es por ello que, con el propósito de disminuir el riesgo en las decisiones adoptadas, es necesario un análisis previo de la situación.

El problema crucial se presenta en el momento de fijar los objetivos, y seleccionar la estrategia y táctica para alcanzarlos.

La obtención de información y la experiencia pueden reducir también el riesgo en la toma de decisiones comerciales. En cualquier proceso de este tipo, si bien estaremos sujetos al sector concreto y a las propias características de la empresa, el ejecutivo y/o su equipo deberán hacer frente a los siguientes obstáculos, que en algún caso pueden aparecer como oportunidades:
- Número de variables elevado
- Determinación de la función de demanda
- Interacción entre variables y su estabilidad a lo largo del tiempo
- Competencia
- Respuestas retardadas y anticipadas
- Geografía
- Número de productos
- Interrelación con otras áreas de la empresa

4.8 DIRECCIÓN Y CONTROL DE LA IMAGEN PÚBLICA DE LA EMPRESA

La imagen pública de una empresa se da por supuesta hasta que sucede algún contratiempo. Esa imagen se puede controlar en gran parte; se puede y se debe proteger; además, la imagen es uno de los elementos básicos para un gran empuje estratégico.

4.8.1 La quinta P o imagen pública

Existe una *quinta P* en el combinado del marketing. Se la denomina *imagen pública*; es la reputación que tiene la empresa, la impresión que da al público por sus productos y servicios. Esta guarda una interrelación perfecta con las cuatro P restantes (producto, precio, distribución y promoción).

La imagen pública es un compuesto de cómo se percibe a una organización por sus diversos públicos: clientes, proveedores, empleados, accionistas, instituciones financieras, diferentes gobiernos (locales, autonómicos o federales), poblaciones... A estos grupos se debe añadir la prensa, que normalmente está influida por la reputación de la empresa, y en ocasiones puede no ser objetiva.

Otros aspectos relacionados con el desarrollo de la imagen pública son la notoriedad y las relaciones públicas. La notoriedad es la comunicación acerca de la empresa que se distribuye por los medios de comunicación de forma gratuita y sin mediar la propia empresa. Las relaciones públicas son las comunicaciones destinadas a mejorar el buen nombre y la imagen favorable de la empresa. Cuando la misma empresa inicia un proceso de notoriedad, éste lo podemos incluir en las relaciones públicas, pero si en ocasiones se produce independientemente de la labor planificada por la empresa, puede llevar a una situación desfavorable y polémica.

4.8.2 Control de la imagen pública

La imagen pública la controlaremos dentro de ciertos límites, al igual que las cuatro P. Es difícil mejorar la imagen pública de forma rápida, y en cambio desvirtuarla puede ser cuestión de pocas horas. Pero, aunque algunas de las cuatro P se pueden modificar sobre la marcha, hay otras que no se pueden variar más rápidamente que la imagen pública, como por ejemplo el producto y la posición.

Hay productos que tardan años en desarrollarse lo suficiente como para sacarlos al mercado (por ejemplo, la fotocopiadora Xerox: 15 años).

Tampoco es fácil variar de forma rápida las decisiones de posición, es decir, de canales de distribución. Por ejemplo, si la empresa General Motors decidiera cambiar el sistema de distribución eliminando los 18.000 distribuidores independientes, podría encontrarse con tensiones financieras o incluso dificultades legales.

En consecuencia, las decisiones relacionadas con el producto y la posición, se deben considerar como decisiones a largo plazo, que solo podrán sufrir alteraciones de forma gradual. Esto mismo sucede con la imagen pública.

La imagen pública se puede utilizar de forma defensiva, reactiva y no agresiva, o bien de forma positiva e incluso agresivamente. Se tratará de buscar una imagen integra y de hacerla llegar a la atención favorable del público de forma rápida.

Los elementos que afectan a la imagen pública son: los medios, los empleados de la compañía, la calidad y grado de fiabilidad del producto, el precio, los servicios a clientes y la publicidad.

Conceptos fundamentales

Canal de distribución. Vía de encaminamiento de bienes o productos entre dos tipos de intermediarios de la distribución. Por ejemplo, el canal productor (mayoristas), el canal productos (detallistas independientes), el canal concesionario (agente de venta), el canal almacén (tiendas sucursalistas), el canal productor (consumidor), etc. La relación entre las dos terminales de un canal es regulada por el derecho comercial y los acuerdos particulares celebrados en ocasión de la negociación comercial; tienen en cuenta sobre todo los volúmenes de venta previstos, las tasas de rotación, los márgenes autorizados y la repartición necesaria de publicidad y de mercadeo. Un canal de distribución representa la combinación estratégica de todos los canales útiles en circuitos eficaces.

Cartera de productos. *Conjunto de productos que ofrece determinada empresa.*

Ciclo de vida del producto. *Se describe por una curva que expresa la evolución de las ventas en función del tiempo. En otros términos, es el análisis de las distintas características, como son precio, producto, posición y promoción del producto desde su nacimiento hasta su desaparición. Cuando un producto nuevo tiene éxito comercial, sus ventas se incrementan rápidamente; al alcanzar la situación de madurez, las ventas de ese producto siguen creciendo, pero a una tasa decreciente; después de un cierto periodo de estancamiento y todavía dentro de él, las ventas inician la carrera del descenso; por último, se entra en una cuarta etapa en la que el envejecimiento y la declinación de las ventas del producto se hacen inexorables.*

Competencia. *En el ámbito empresarial o comercial, son las que se disputan el mercado, a través de diferenciales de precios, tecnología, calidad, diseño, etc. para un mismo producto.*

Control de gestión. *Es el conjunto de normas y procesos mediante los cuales se compara, interpreta y corrige el curso de las acciones desarrolladas, para asegurar el cabal cumplimiento de los planes y programas a corto, mediano y largo plazo, estableciéndose para tal fin mecanismos de coordinación e información entre los distintos niveles de control.*

Controlar. *Implica tanto un proceso como una etapa. Como proceso, el control esta implícito en todas las labores de planeación. Su importancia radica en no permitir desvíos y retrasos en el cumplimiento de cada etapa. El uso como etapa tiene semejante importancia a la de la programación o ejecución. Significa unir los propósitos del plan o programa con posibilidades concretas de ejecución.*

Entorno. *Es el área de influencia de algo.*

Marketing mix. *Mezcla comercial. Acción combinada de varios instrumentos o variables de acción comercial. El* quid *de la cuestión se halla en encontrar una mezcla o combinación tal que con un coste dado se alcance la mayor eficacia comercial.*

Megamarketing. *Consiste en el conjunto de acciones a desarrollar en mercados bloqueados o protegidos. Se le define como la aplicación estratégicamente coordinada de los conocimientos económicos, psicológicos, políticos y de relaciones públicas para obtener la cooperación de distintas partes con objeto de entrar y/o operar en un mercado dado.*

Mercado. *Conjunto de operaciones comerciales que afectan a un determinado sector de bienes. También se le entiende como el estado y la evolución de la oferta y la demanda en un sector económico determinado.*

Merchandising. *Término que se emplea para designar al conjunto de métodos y técnicas utilizadas y de acciones emprendidas por los vendedores en general, y los establecimientos de venta al por menor, en particular, con la finalidad de aumentar su rentabilidad comercial, marketing de minoristas y de productos de consumo corriente en general. En otras palabras, es el conjunto de actividades llevadas a cabo para estimular la compra del producto en el punto de venta. Incluye la presentación del producto, la disposición de las estanterías y el diseño y determinación del contenido del material publicitario en el punto de venta.*

Organizar. *Es una etapa en que se desarrollan y aplican los procedimientos formales necesarios para coordinar las actividades de un grupo o equipo de trabajo con miras a la consecución de determinados objetivos.*

Planificar. *La planificación se puede ver como una tecnología de anticipación simulada de la práctica para que ésta, en su momento de concreción, sea superior a la de la competencia. También se le puede concebir como el instrumento racional necesario para realizar, al menor costo y con la debida oportunidad, cambios en una empresa o estructura económica.*

Posición. *Lugar determinado que ocupa algún objeto o cosa.*

Precio. *Es el valor pecuniario que se da a una cosa.*

Producto. *Todo lo que el comprador recibe cuando efectúa un acto de compra: el producto propiamente dicho (bien o servicio), el envase, la garantía y los servicios complementarios. El producto debe responder a las necesidades de los consumidores y no a las preferencias de los ejecutivos y técnicos de la empresa. Un producto comercial es en realidad una combinación de atributos: diseño, color, calidad, coste, envasado, tamaño, duración, peso, etc. Estos atributos, que pueden parecer secundarios desde una óptica meramente utilitarista, son determinantes con frecuencia del éxito o fracaso comercial de muchos productos.*

Producto aumentado. *Servicios y beneficios adicionales ofrecidos al consumidor, por ejemplo la garantía, la instalación, el mantenimiento, etc. Este es un recurso para la diferenciación.*

Producto básico. *Representa el beneficio esencial que el cliente está comprando en realidad.*

Producto real. *Es el producto en sí. Puede llegar a tener hasta seis características: grado de calidad, características, estilo, diseño, nombre de la marca y envas.*

Promoción. *Es iniciar una cosa procurando su logro. En términos de los productos, es hacerlos conocidos para la mayor cantidad de gente.*

Promoción de ventas. *También se le suele encontrar como* sales promotion *o des ventes. Es el conjunto de acciones que impulsan el producto hacia el comprador. En términos normales, es objeto de un programa anual, por línea de productos y por canal de venta, incluidos en el plan de mercadotecnia. La promoción de ventas reúne, en uno de sus renglones, todos los tipos de operaciones seleccionadas para alcanzar y dinamizar el acto de compra sobre el punto de venta al que acude el comprador (ofertas especiales, juegos, rebajas, etc.)*

Relaciones públicas. *Actividad de una organización (pública o privada) que, mediante diferentes técnicas de comunicación, intenta establecer con todos los públicos de su entorno el mejor clima de relaciones. Una empresa necesita que sus clientes, usuarios y demás categorías de público tengan de ella una imagen favorable. Por lo tanto, los responsables de las relaciones públicas tienen la misión de organizar, con objetivos de imagen y de comunicación de la política general, un plan de relaciones y de información con todos los públicos útiles y la organización de las acciones necesarias para lograr un* good will, *buena voluntad o actitud favorable.*

Test sobre el capítulo (Sólo una respuesta correcta)

1. ¿Cuáles de los siguientes elementos pueden tener efecto sobre la imagen pública de una empresa?
   a) Medios de difusión y empleados
   b) Servicio al cliente y publicidad
   c) Todos los elementos citados anteriormente pueden tener efectos sobre la imagen pública de una empresa

2. ¿Qué conocemos como las 4 P del marketing?
   a) Producto, precio, posición o plaza y promoción
   b) Producto, poder, persuasión y promoción

   c) Producto, posición, publicidad y percepción

3. La ejecución de la función comercial, con un enfoque de marketing, supone el desarrollo de un proceso secuencial cuyas principales fases son:
   a) Análisis del sistema comercial, diseño de estrategias comerciales, dirección, organización y control de la actividad comercial
   b) Análisis del sistema comercial, estudio de mercado, dirección, organización y control de la actividad comercial

c) Análisis del sistema comercial, estudio de la competencia, dirección, organización y control del mercado

4. En el proceso de comercialización intervienen una serie de variables no controlables directamente, entre las que encontramos:
   a) Mercado, producto y entorno
   b) Mercado, competencia y entorno
   c) Precios, posicionamiento y promoción

5. ¿Pueden aplicarse los conceptos de la gestión de la mercadotecnia a una iglesia o a un partido político?
   a) No, en ningún caso
   b) No, salvo en periodo electoral en el caso de los partidos políticos
   c) Si, siempre es posible su aplicación

6. ¿Cuál de los siguientes aspectos no estudia la política de productos?
   a) Cartera de productos y desarrollo de servicios relacionados
   b) Planificación de los descuentos sobre el producto y su coste
   c) Diferenciación de productos y el envase de los productos

7. La mezcla de productos se puede describir según cuatro dimensiones:
   a) Amplitud, extensión, profundidad y congruencia
   b) Percepción, extensión, relevancia e importancia
   c) Amplitud, extensión, envase y empaquetado

8. Un producto aumentado:
   a) Representa el beneficio esencial que el cliente está comprando en realidad.
   b) Consiste en los servicios y beneficios adicionales ofrecidos al consumidor.
   c) Ninguna de las respuestas anteriores es correcta.

9. Lo que conocemos como un producto real puede llegar a tener las siguientes características:
   a) Su publicidad, una distribución, el nombre de la marca y el envase

b) Un grado de calidad, un estilo, el nombre de la marca o el envase
   c) Responde a la pregunta: ¿qué está obteniendo el comprador en realidad?

10. Las decisiones sobre el precio incluyen el diseño y puesta en práctica de políticas relativas a:
    a) Costes, márgenes y descuentos
    b) Fijación de precios en una línea de productos
    c) Todas las respuestas anteriores son correctas

11. La elasticidad cruzada de los precios de varios productos es:
    a) La repercusión que tendrá la modificación del precio de cualquiera de ellos en la demanda de los sustitutivos
    b) El efecto de la promoción de cada uno de ellos en el volumen de ventas del resto
    c) La repercusión que tendrá la modificación del volumen de ventas de cualquiera de ellos en la promoción de los restantes

12. Los topes mínimo y máximo en la fijación de precios son:
    a) Los costes y los descuentos
    b) Los costes variables y el canal de distribución
    c) Los costes y la percepción de valor

13. Las decisiones sobre el sistema de distribución incluyen, entre otros, el diseño y puesta en práctica de políticas relativas a:
    a) Distribución directa, merchandising y descuentos
    b) Canales de distribución, merchandising y logística
    c) Merchandising, precios y diseño de productos

14. Algunas de las herramientas comerciales contenidas en la política de promoción son:
    a) Publicidad, relaciones públicas, promoción de ventas o marketing directo
    b) Publicidad, dirección de ventas, marketing directo y gestión de los canales de distribución

c) Promoción de ventas, propaganda, relaciones con los medios y gestión de precios

15. En un análisis DAFO, aplicable en cualquier dirección funcional de una empresa, está formado por los siguientes conceptos:
    a) Debilidades, amenazas, organización y estrategias
    b) Fortalezas, amenazas, debilidades y objetivos
    c) Debilidades, amenazas, fortalezas y oportunidades

16. Según Kotler, el desmarketing consiste en:
    a) Crear demanda en un estado de demanda nula
    b) Crear demanda en un estado de demanda irregular
    c) Destruir la demanda en un estado de demanda excesiva

17. Las estrategias son responsabilidad de:
    a) Exclusivamente de los directivos de la empresa
    b) Cualquiera que tenga una buena idea
    c) De todos los componentes de la empresa

18. El control de los resultados de un plan de marketing tiene por objeto:
    a) Premiar a la red de vendedores
    b) Corregir acciones posteriores, en función de los resultados
    c) Únicamente, evaluar las modificaciones de los atributos del producto

19. ¿Cuál de las siguientes afirmaciones es correcta?
    a) La función principal de la dirección comercial de una empresa es vender los productos que fabricamos o distribuimos
    b) Los objetivos comerciales de una empresa deben ser medibles
    c) Lo primero es definir objetivos comerciales para posteriormente explorar las oportunidades del mercado

20. ¿Cuál de las siguientes afirmaciones es correcta?
    a) Las 4 P del marketing mix son variables controlables por la empresa
    b) El diseño de un nuevo producto, mejor que uno actual, siempre ha de llevar implícita la desaparición del anterior
    c) El merchandising es una política típica de la gestión de precios

GALLETAS CAROL (Estrategia de empresa familiar)

(Este documento no pretende ilustrar una determinada forma de gestión, sino que debe servir como base para el diálogo. Para que la discusión sea provechosa, es necesario preparar el caso con antelación, definiendo los problemas y proponiendo alternativas de solución y acción.)

Óscar y Víctor Carol son los propietarios y principales responsables de un negocio familiar con más de cincuenta años de historia. Víctor, inteligente y ambicioso, sostiene que es necesario aprovechar el éxito que la marca Carol ha conseguido a lo largo de los años. Tenía indicios de que convenía dar un cambio de rumbo a la empresa antes de que las multinacionales colapsasen el mercado con productos de alta calidad, con multitud de sabores y bajo precio. Para ello, sería necesario abaratar los costes de producción y masificar la producción. Por su parte, Óscar, el hermano mayor, más conservador, aunque no menos inteligente que su hermano, está convencido de que no existe motivo para cambiar de estrategia. Las Galletas Carol son una referencia en el mercado y ninguna gran empresa podrá ofrecer la misma calidad con productos naturales. El secreto de la compañía tiene que ser el de siempre: una estrategia diluida en la compañía, basada en un proceso de producción casi artesanal, una buena compra de materias primas y una excelente gestión de los canales de distribución. En definitiva, Óscar creía en la innovación de todos los elementos de Galletas Carol a excepción de uno, el producto.

La empresa tenía que continuar con la política de utilizar productos naturales, sin aditivos ni conservantes. Esta era la filosofía de Oscar.

En medio de las discrepancias estratégicas de los propietarios de Galletas Carol, aparece un comprador francés, dispuesto a negociar con tal de acceder a una parte o a la totalidad del accionariado de la empresa.

Historia de la empresa

En 1941, José Carol inició un pequeño negocio familiar de fabricación y venta de galletas en el municipio de Solsona, de donde era natural su esposa. Al principio, el negocio consistía en la elaboración artesanal de galletas según una antigua receta familiar y su distribución a algunos pequeños establecimientos de comestibles de la zona del Solsonès y el Berguedà.

El negocio, regentado por José Carol, tenía tres empleados. José Carol se encargaba de las tareas de organización de la pequeña producción (unos 40 kilos de galletas a la semana) y de los acuerdos para su venta con los comerciantes de la zona. Su esposa, Carmen Moltó, era la encargada de elaborar las galletas en la cocina de su masía con la ayuda de su sobrino Oriol, de 17 años de edad, quien además de ayudar a su tía en las tareas de la cocina, embolsaba y repartía los encargos en bicicleta.

Al principio, las galletas de la familia Carol eran conocidas y consumidas en los pueblos cercanos, pero pronto las excelentes materias primas utilizadas y un perfecto horneado hicieron que su fama se extendiera a toda la comarca.

En 1945, el negocio prosperaba y algunos balnearios y hoteles de la zona empezaron a realizar encargos mayores a la familia Carol. La producción pasó de medio centenar de kilos a más de 500 kilos de galletas por semana. Las nuevas necesidades de espacio y mano de obra terminaron por convencer a José Carol de que la actividad debía trasladarse a una pequeña fábrica. En 1946, nace la compañía Galletas Carol, S.A., con sede en Solsona y a la que se habían incorporado tres personas más: sus hijos Óscar y Víctor y su nuera, Montse. El primero, Óscar, compartía con su padre las tareas organizativas y comerciales, mientras que Víctor se encargaba de la compra de las materias primas y el reparto de encargos, ayudado por Oriol, que fue sustituido por la mujer de Óscar, Montse, en las tareas de elaboración de las galletas.

Montse era una experta repostera, formada en una prestigiosa escuela de restauración de Barcelona y era partidaria de la misma política de su marido. Hay que destacar que la incorporación de Montse en el área de producción mejoró, más si cabe, la calidad del producto fabricado por Galletas Carol

Un producto natural

La producción de las galletas se había trasladado a una fábrica, ubicada en el Polígono Industrial de Solsona, con la finalidad de poder incrementar su producción y de esta manera satisfacer la demanda. La capacidad de producción, con las inversiones en instalaciones y maquinaria realizada, permitían poder alcanzar sobradamente la demanda que tenían. Aun así, debemos destacar que los ingredientes utilizados seguían siendo totalmente naturales.

La calidad era uno de los puntos fuertes de la marca y los responsables de la empresa no querían destruir este importante activo. No se utilizaba ningún tipo de aditivo artificial. En las cajas que se utilizaban para la venta podía observarse la composición del producto: harina de trigo, azúcar, leche, huevos, aceites vegetales, avena, agua, levadura, colorantes naturales, margarina y, en algunos casos, chocolate, canela y avellana.

Las galletas se comercializaban en cuatro formatos:

- Paquetes de 12 unidades con sabor estándar
- Paquetes de 24 unidades con envoltorio de plástico. Podían ser de sabor estándar, de chocolate, de canela o de avellana
- Cajas que contenían 6 paquetes de 12 unidades. También para todos los sabores
- Latas rectangulares con un surtido de todos los sabores de 60 unidades

La expansión

Cinco años más tarde, Galletas Carol se había convertido en el mayor productor de la comarca. Los clientes de los balnearios y hoteles de la zona habían extendido su fama por toda Cataluña y, gracias a ello, las galletas de la familia Carol se vendían en muchos establecimientos de Barcelona, Gerona y hasta en Andorra.

Tras los años difíciles de la posguerra, la actividad de la familia Carol continuó prosperando. En el año 1973, Carmen muere y su "equipo" de cocina, que era ya de seis personas, continúa la producción bajo el control de Montse (esposa de Óscar), quien, decidida a mejorar el sistema de producción, expone la necesidad de comprar nuevos hornos y máquinas amasadoras, y empaquetadoras, lo que supone el primer paso hacia la producción en cadena.

Se lanzaron al mercado nuevos formatos de presentación y una amplia variedad de sabores. El éxito fue espectacular.

A finales de ese año, la empresa contaba con 33 personas: 9 de ellas se encargaban de elaborar las galletas; 3, de la gestión de compras; 11, de los repartos; 8, de recoger encargos; y otras dos, entre las que se encontraba Óscar Carol Moltó, eran las responsables de la administración y la contabilidad. Óscar Carol, fiel a su espíritu comerciante, continuó siendo el responsable de los nuevos clientes y de la relación con los más antiguos. Sus hijos, cada uno en su campo, se rodearon de personas de su total confianza que, en la mayoría de los casos, eran miembros de la familia.

El crecimiento incesante del negocio fue posible gracias al tesón del fundador José Carol, quien se mantuvo siempre inamovible en su decisión de no sacrificar nunca calidad por precio. A principios de los años sesenta, se iniciaron las primeras desavenencias familiares, originadas por la posición de su hijo Víctor, favorable a reducir el listón de la calidad en aras a obtener un mayor beneficio, y la de su hijo Óscar. Este último, al igual que su padre, era partidario de mantener la calidad que siempre había sido su sello de identidad.

Nuevos tiempos

En los años siguientes, Galletas Carol inició una nueva etapa. A propuesta de Victor, se introdujeron aún más sabores y recetas, gracias a los cuales la demanda se disparó y se inició la distribución a grandes cadenas de supermercados.

La producción creció sin parar y la familia Carol recibió las primeras proposiciones de algunas importantes empresas: las compañías españolas Bella Easo y Chiquilín, líderes nacionales del sector, ofrecieron a José Carol la posibilidad de adquirir una parte de las acciones de la compañía. La empresa francesa Artiaux, con presencia en doce países, fue más lejos y ofreció a José Carol la posibilidad de adquirir el 100% de la empresa, manteniendo el 100% de sus empleados y sus sistemas de organización. Todas estas compañías pretendían participar del éxito de Galletas Carol, que continuaba siendo el resultado de la excelente calidad y el aumento de su oferta de productos, a pesar de que, por entonces, las desavenencias entre sus hijos eran mayores y ya habían salpicado a los demás miembros de la familia implicados en la empresa, que habían formado dos bandos claramente diferenciados.

El dilema

En 1991, muere su fundador José Carol. Según su voluntad, expresada ya desde mucho tiempo atrás, la gestión del negocio queda en manos de sus hijos a partes iguales. Sin embargo, y a causa de ello, sus diferencias de opiniones se acentúan y los resultados empiezan a verse ligeramente alterados. A mediados de 1992, Artiaux repite su oferta, pero en este caso incluye la posibilidad de un intercambio de acciones y de personal. Por entonces, la situación de los dos hermanos es claramente opuesta y la empresa atraviesa una crisis estratégica.

Cuestiones

1. ¿Es partidario de mantener la calidad del producto?

2. ¿Es partidario de incorporar otros productos de inferior calidad que los actuales?

3. Explique su punto de vista de este modelo de empresa familiar.

4. ¿Se asociaría con alguna empresa nacional o extranjera?

CELLER DE SANT FELIU (Marketing en el pequeño comercio)

(Este documento no pretende ilustrar una determinada forma de gestión, sino que debe servir como base para el diálogo. Para que la discusión sea provechosa, es necesario preparar el caso con antelación, definiendo los problemas y proponiendo alternativas de solución y acción.)

Muchas veces, identificamos al profesional del marketing con un personaje que piensa y realiza grandes estrategias de producto, precio, distribución y promoción, con las ventas y la investigación de mercados, y con otras tantas herramientas enfocadas a aumentar el valor de lo que la empresa ofrece. Es verdad que muchos de estos elementos, bien gestionados, pueden diferenciar una empresa de otra. En cualquier foro relacionado con el marketing, escuchamos los ejemplos de compañías líderes como Henkel o Procter and Gamble como modelos de lo que hay que hacer. Algunas veces son las empresas medianas los modelos, y muy pocas veces lo son los pequeños detallistas que, quizás, son líderes con unas fortalezas muy consolidadas: la especialización, el servicio, la relación con los proveedores o, incluso, la experiencia y los conocimientos de los propietarios.

En el siguiente caso, observaremos que existen pequeños comercios con gran éxito en la plaza donde operan, a pesar de convivir con un entorno cada vez más competitivos y de la aparición de nuevos formatos de venta como las grandes superficies y las tiendas de descuento. Sin contar con los recursos de las grandes multinacionales y sin grandes inversiones en publicidad, trataremos de detectar aquellos puntos que convierten a un detallista en líder destino de compra.

Historia de la empresa

El Celler de Sant Feliu es un establecimiento dedicado a la comercialización de vinos y licores. Se trata de una empresa fundada en 1895 cuyo control ha estado siempre en manos de la familia Cardó. Con dos locales, uno dedicado a la exposición y venta, y otro a realizar cursos de cata, cuenta con una plantilla de 8 empleados y una facturación de 2,4 millones de euros. La rentabilidad sobre recursos propios alcanzada en el año 2000 fue del 34%.

El comercio está considerado como una gran autoridad en materia de bebidas alcohólicas en toda España. No se conoce ningún detallista dentro de su sector al que se le pueda comparar en términos de especialización, conocimientos y asesoría personalizada. En el año 2001, Antonio Cardó es la cuarta generación al frente del negocio y un reconocido profesional del vino que ha sido galardonado en numerables ocasiones.

Alcanzando el liderazgo

A grandes rasgos, podemos clasificar el liderazgo en tres tipos:

- *Liderazgo comercial.* Está basado en las ventas y cuotas de mercado. Los comercios detallistas dominan el mercado en que compiten gracias a una variedad de factores, como son el soporte de un gran grupo de gestión, la extensión de la red comercial, la inversión realizada en publicidad, la disponibilidad de recursos financieros y la amplitud de productos comercializados. El consumidor compra en estos establecimientos por razones de comodidad, conveniencia, precios bajos, extenso surtido y una calidad de productos razonable. Como ejemplos, podemos encontrar a Carrefour, El Corte Inglés* o Alcampo.
- *Liderazgo destino.* Ciertos comercios han elegido centrarse en una o pocas líneas de artículos, cubriendo toda la gama de modelos dentro de éstas. Son los comúnmente denominados *líderes de categorías*, dado que ofrecen al consumidor toda la extensión y profundidad del surtido de una determinada clase de artículos, sin dejar ningún hueco. Este tipo de establecimientos se convierten a menudo en destino de compra, ya que son el lugar a donde se dirige el consumidor cuando desea realizar una adquisición algo más planificada que la que sustentan los líderes comerciales. Ejemplos de este tipo de detallistas son

Sephora o Fnac. Los factores clave de su éxito son la especialización, los precios ajustados, la innovación y exclusividad, la capacidad prescriptiva del personal y la gestión de las compras.

- *Liderazgo psicológico*. Consiste en un liderazgo destino de compra elevado a la máxima potencia. Lo sustentan las empresas que tienen el dominio de la categoría en la mente del consumidor: son las primeras en las que éste está pensando cuando tiene que comprar un determinado producto. Generalmente, esta característica se debe a que fueron los primeros en introducir un producto o concepto en su región geográfica y, por tanto, se encuentran estrechamente ligados a la historia comercial de la misma.

El Celler de Sant Feliu se encuentra en este grupo. Cuenta con un vínculo histórico que es reforzado mediante un compromiso hacia el desarrollo de la comunidad en la que opera, como el patrocinio de eventos especiales o los donativos a las instituciones benéficas. Es un comercio que goza de autoridad y legitimidad en la mente del consumidor, y es donde éste se dirige personalmente a recibir recomendaciones y consejos del personal. No compite en precio bajo ninguna circunstancia. Se dirige a un cliente de poder adquisitivo medio, medioalto y alto, cuya mayor preocupación es la de recibir un producto de calidad exclusivo.

Sin realizar publicidad, su reputación es muy conocida gracias al boca en boca. Frecuentemente, como en muchos de los comercios que mantienen un liderazgo psicológico, cuando un cliente no encuentra el producto deseado en este establecimiento, desiste de su búsqueda diciendo: "si no lo he encontrado aquí, no lo encontraré en ninguna otra parte".

La especialización del celler

La familia Cardó optó hace muchos años por concentrar sus esfuerzos en una línea de productos y profundizar sobre ella. Es lo que se denomina *surtido relevante* en una definición de mercado estrecha sin dejar ni un hueco a los competidores.

En cierto modo, nos estamos refiriendo a una definición de un concepto de venta altamente especializada. Cuando el cliente entra en el atractivo y sugerente local, tiene la posibilidad de elegir el vino idóneo para una ocasión especial o para acompañar un determinado plato, ya sea consultando todas sus características en las tarjetas que cuelgan de cada una de las botellas en exposición, en las que se describen la totalidad de las propiedades del producto, o preguntando a los empleados. Por otro lado, si el cliente en cuestión necesita cualquier otra recomendación indirectamente relacionada con el arte del vino y los licores, la obtendrá.

Uno de los puntos fuertes del Celler es el servicio de asesoría personalizado que ofrecen los empleados. El producto básico que vende va acompañado de un servicio integral que permite alcanzar un alto grado de fidelización. A su vez, ello permite mejorar los sistemas de venta con el fin de a conseguir un mayor contacto con el cliente y mejorar así la venta cruzada.

El hecho de que los empleados dominen el producto les autoriza a vender lo que en cada momento es más apropiado para el cliente. Esta capacidad prescriptiva del personal significa que, a la larga, la línea de productos del Celler de Sant Feliu es ajustada y relevante dentro de la especialización, porque saben qué es lo mejor y qué no. Observamos como la gestión de stocks y la política de compras quedan altamente optimizadas. Por otro lado, eso permite al comercio obtener un tratamiento editorial frecuente y favorable, con la consecuente pérdida de importancia de factores como el precio en beneficio de la calidad y el servicio.

Relaciones con los proveedores

En el Celler de Sant Feliu se dan varios elementos claves para el éxito del negocio:
- La capacidad de Antonio Cardó para decidir qué comprar y dónde hacerlo. El propietario de la empresa presume de no exhibir ni vender nada que no haya probado.

Sus conocimientos son elevadísimos y le han llevado a conseguir varios premios.
- La elección de proveedores se basa en criterios de calidad de producto, profundidad de línea y, sobre todo, la confianza.

Muchas veces, es el propio Antonio Cardó el que cierra las compras directamente. La relación con algunos de sus proveedores es tan intensa y profesional que le lleva incluso en algunas ocasiones a aconsejarles acerca de sus propios procesos de fabricación. Esto sólo es posible cuando se han establecido relaciones a largo plazo y basadas en los puntos anteriores de calidad de producto y confianza.

Finalmente, los responsables del Celler asisten con regularidad a ferias, convenciones y exposiciones para conocer más acerca de los productos e intercambiar impresiones con otros profesionales. Antonio Cardó considera que estos viajes son muy importantes para mantenerse a la vanguardia y poder así ofrecer a su clientela lo mejor y más exclusivo.

Cuestiones

1. ¿Por qué el Celler puede hacer frente a los grandes grupos que venden los mismos productos?

2. ¿Cuáles son los elementos del marketing mejor gestionados por los responsables de la empresa?

3. ¿Son todos ellos trasladables a otros comercios de otros sectores?

4. ¿Cuáles son las amenazas, si es que existen, a las que puede enfrentarse el Celler de Sant Feliu en el futuro?

---

* La enorme capacidad de El Corte Inglés para especializar algunos de sus departamentos y dar facilidades para la compra lo convierte también en líder destino de compra y psicológico para muchas personas, del modo en que describimos en los dos siguientes puntos.

5

Sistemas de información. Investigación comercial

OBJETIVOS

1. Determinar la importancia de la información
2. Modos de obtención de la información
3. Aplicación de la información y administración

5.1 INTRODUCCIÓN

Una de las bases más importantes para analizar, planificar, realizar y controlar los programas de marketing consiste en obtener información. Las personas que se encargan del marketing en las empresas requieren información acerca de los clientes, la competencia, los distribuidores, etc. Por este motivo, el saber administrar la información va a ayudar a la organización a tomar decisiones comerciales acertadas. Hoy en día, infinidad de factores han acentuado la necesidad de contar con más información y de mejor calidad.

Cuando una empresa tiene alcance nacional o internacional, necesita más información sobre mercados más grandes y distantes. Cuando los ingresos aumentan y los compradores se vuelven más selectivos, los vendedores requieren mejor información acerca de cómo responden los compradores ante diferentes productos. Cuando los vendedores adoptan posiciones de marketing más complejas y se enfrentan a más competencia, requieren información sobre la eficacia de sus programas comerciales.

Por último, dada la velocidad de los cambios en los ámbitos contemporáneos, los administradores necesitan más información actualizada para tomar decisiones oportunas.

Es tan grande el volumen de información manejado hoy en día que el peligro no está en carecer de ella, sino perderse en ella. Hemos pasado de una conciencia basada en la industria a una basada en la información. Los resultados de varios estudios arrojan que más del 65% de los trabajadores estadounidenses se dedican a producir o procesar información, en comparación con el 17% correspondiente a 1950.

Las personas que necesitan manejar información para la toma de decisiones pueden enfrentarse a los siguientes problemas:

- No disponen de la información requerida, o tienen demasiada del tipo que no requieren.
- Al estar la información tan diseminada por toda la organización, puede resultar difícil disponer de datos sencillos.
- Ciertos subordinados no estarían dispuestos a facilitar cierto tipo de información al temer por el juicio de su actuación.
- El retraso en la obtención de la información hace que pierda su utilidad, o que se maneje de manera equivocada.

Cada vez más, las empresas tienen mayor capacidad para proporcionar información a sus administradores, pero esto no siempre se aprovecha. En la actualidad, estas organizaciones analizan qué información necesitan sus administradores y diseñan sistemas de información para proporcionársela. Es habitual encontrarse en todas las empresas a empleados capacitados dedicando gran parte de su tiempo a explotar, preparar y enviar información para los directivos. Para ello, utilizan bases de datos y programas comerciales especializados en la gestión de los datos estadísticos que no son en absoluto sencillos. El tema radica en conocer si los programas y la información proporcionada son los adecuados y si la gestión es necesaria. Al igual que ocurre con otras tecnologías, adaptar las funcionalidades de los programas del tipo Business Intelligence, CRM, DataWareHouse, etc. a las necesidades de los negocios es extremadamente caro y retador.

5.2 DATOS, INFORMACIÓN Y CONOCIMIENTO

Un dato es un conjunto discreto, de factores objetivos sobre un hecho real. Dentro de un contexto empresarial, el concepto de dato es definido como un registro de transacciones. Un dato no dice nada sobre el porqué de las cosas, y por sí mismo tiene poca o ninguna relevancia o propósito.

Las organizaciones actuales normalmente almacenan datos mediante el uso de tecnologías. Desde un punto de vista cuantitativo, las empresas evalúan la gestión de los datos en términos de coste, velocidad y capacidad.

Todas las organizaciones necesitan datos y algunos sectores son totalmente dependientes de ellos. Bancos, compañías de seguros, agencias gubernamentales y son claros ejemplos. No obstante, en general, para la mayoría de las empresas tener muchos datos no siempre es bueno. Las organizaciones almacenan datos sin sentido. La primera razón es que demasiados datos hacen más complicado identificar aquellos que son relevantes. Segundo, y todavía más importante, es que los datos no tienen significado en sí mismos.

Los datos describen únicamente una parte de lo que pasa en la realidad y no proporcionan juicios de valor o interpretaciones, y por lo tanto no son orientativos para la acción. La toma de decisiones se basará en datos, pero estos nunca dirán lo que hacer. Los datos no dicen nada acerca de lo que es importante o no. A pesar de todo, los datos son importantes para las organizaciones, ya que son la base para la creación de información.

El concepto de información está relacionado con un mensaje, o algún tipo de comunicación audible o visible. Como cualquier mensaje, tiene un emisor y un receptor. La información es capaz de cambiar la forma en que el receptor percibe algo, es capaz de impactar sobre sus juicios de valor y comportamientos. Tiene que informar; son datos que marcan la diferencia. La palabra "informar" significa originalmente "dar forma a" y la información es capaz de formar a la persona que la consigue, proporcionando ciertas diferencias en su interior o exterior. Por lo tanto, estrictamente hablando, es el receptor, y no el emisor, el que decide si el mensaje que ha recibido es realmente información, es decir, si realmente le informa. Un informe lleno de tablas inconexas puede ser considerado información por el que lo escribe, pero a su vez puede ser juzgado como "ruido" por el que lo recibe.

La información se mueve entorno a las organizaciones a través de redes formales e informales. Las redes formales tienen una infraestructura visible y definida: buzones de correo electrónico, direcciones..., mientras que las redes informales son invisibles.

A diferencia de los datos, la información tiene significado (relevancia y propósito). No sólo puede formar potencialmente al que la recibe, sino que está organizada para algún propósito. Los datos se convierten en información cuando su creador les añade significado. Transformamos datos en información añadiéndoles valor en varios sentidos. Hay varios métodos:

- Contextualizando: sabemos para qué propósito se generaron los datos.
- Categorizando: conocemos las unidades de análisis de los componentes principales de los datos.
- Calculando: los datos pueden haber sido analizados matemática o estadísticamente.
- Corrigiendo: los errores se han eliminado de los datos.
- Condensando: los datos se han podido resumir de forma más concisa.

Los nuevos dispositivos que nos ofrecen la tecnología pueden ayudar a añadir valor y transformar datos en información, pero es muy difícil que puedan ayudar a analizar el contexto de dicha información. Un problema muy común es confundir la información con la tecnología que la soporta. Desde la televisión a Internet, es importante tener en cuenta que el medio no es el mensaje. Lo que se intercambia es más importante que el medio que se usa para hacerlo. Muchas veces se comenta que tener un teléfono no garantiza mantener conversaciones brillantes. En definitiva, que actualmente tengamos acceso a más tecnologías de la información no implica que hayamos mejorado nuestro nivel de información.

La mayoría de la gente tiene la sensación intuitiva de que el conocimiento es algo más amplio, más profundo y más rico que los datos y la información. Para Davenport y Prusak (1999) el conocimiento es una mezcla de experiencia, valores, información y "saber hacer" que sirve como marco para la incorporación de nuevas experiencias e información, y es útil para la acción. Se origina y aplica en la mente de los conocedores. En las organizaciones, con frecuencia no sólo se encuentra dentro de documentos o almacenes de datos, sino que también está en rutinas organizativas, procesos, prácticas, y normas.

Lo que inmediatamente deja claro la definición es que ese conocimiento no es simple. El conocimiento se deriva de la información, así como la información se deriva de los datos, tal y como se muestra en el gráfico siguiente. Para que la información se convierta en conocimiento, las personas deben hacer prácticamente todo el trabajo.

¿Se puede decir que la posesión de mucha información es conocimiento? Hoy más que nunca, estamos rodeados de datos e información: en la prensa, Internet, televisión... Están a nuestro alcance millones y millones de cifras...

Desde hace más de una década, diversos autores hablan de una nueva economía o sociedad marcada por el desarrollo tecnológico, la globalización de los mercados y las nuevas formas de gestión. Peter Drucker[1] la define como sociedad del conocimiento, y se diferencia de las anteriores por el papel que tiene el conocimiento dentro de los tradicionales factores de producción de la economía (tierra, trabajo y capital), que han ido perdiendo importancia y dando paso a un nuevo recurso emergente: el conocimiento. Es más, el conocimiento no es considerado como un recurso más, sino *el recurso*.

Este fenómeno de cambio socioeconómico se está viviendo en las principales economías mundiales debido a la globalización, que a su vez es una de las causas, junto con la revolución tecnológica, de que se estén produciendo estos cambios. Sin embargo, al igual que en la revolución industrial, no todos los países están adoptándola de forma idéntica ni al mismo ritmo. Los expertos aseguran que España va dos años por detrás de los EEUU en términos de sociedad del conocimiento. Este hecho, sin embargo, no tiene porque ser necesariamente negativo, ya que podemos utilizar la experiencia ajena en provecho propio.

Hoy en día se debe hablar de ventajas competitivas sostenibles en el tiempo y difíciles de imitar. El conocimiento generado y acumulado por las empresas es el activo principal de las organizaciones y donde radican sus competencias esenciales para poder triunfar en el mercado. Laurence Prusak (1996) está convencido de que la fuente principal de creación de ventajas competitivas de una empresa reside fundamentalmente en sus conocimientos, o más concretamente en lo que sabe, en cómo usa lo que sabe y en su capacidad de aprender nuevas cosas. Con todas estas afirmaciones se va perfilando dentro del nuevo contexto económico nuevas formas de competir en la sociedad del conocimiento.

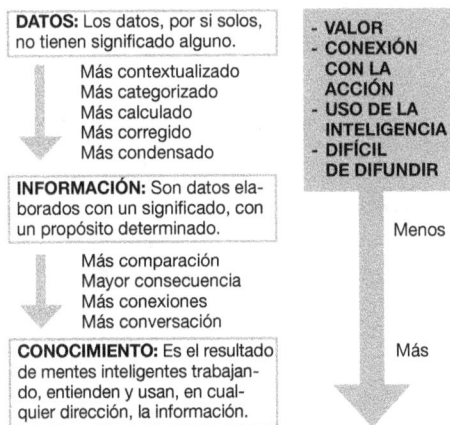

DATOS: Los datos, por si solos, no tienen significado alguno.

⬇ Más contextualizado
Más categorizado
Más calculado
Más corregido
Más condensado

INFORMACIÓN: Son datos elaborados con un significado, con un propósito determinado.

⬇ Más comparación
Mayor consecuencia
Más conexiones
Más conversación

CONOCIMIENTO: Es el resultado de mentes inteligentes trabajando, entienden y usan, en cualquier dirección, la información.

- VALOR
- CONEXIÓN CON LA ACCIÓN
- USO DE LA INTELIGENCIA
- DIFÍCIL DE DIFUNDIR

Menos

Más

5.3 EL SISTEMA DE INFORMACIÓN DEL MARKETING

Los datos que necesita una empresa pueden estar ya disponibles o puede ser necesario obtenerlos por primera vez. Estos datos ya existentes permitirán generar un *sistema de información* para la empresa. Concretamente, para la gestión del marketing, este sistema está compuesto por personas, equipo y procedimientos para reunir, clasificar, analizar, evaluar y distribuir información necesaria, oportuna y exacta para tomar decisiones de marketing.

La investigación comercial proporciona al sistema de información la metodología adecuada para obtener los datos que precisa. Para este fin se diseña un sistema para el acceso a las fuentes de información (ver figura siguiente). Estos datos pueden ser internos o externos, y los describiremos en el siguiente apartado. Una vez se han obtenido, deben incorporarse a la base de datos de la organización. Este sistema no sólo debe facilitar el almacenaje de datos, sino también su fácil y rápido acceso. Finalmente, el sistema debe contar con técnicas adecuadas para tratar y analizar los datos obtenidos. El análisis de la información procesa los datos para que resulten útiles. Por último, el sistema de información distribuye la información entre los administradores, en la forma adecuada, en el momento oportuno, para que éstos la utilicen para planificar, aplicar y controlar el marketing, es decir, para que puedan desprenderse interpretaciones que permitan obtener conclusiones válidas para la toma de decisiones de marketing.

Un buen sistema de información de marketing equilibra la información que querrían tener los administradores, la que necesitan en realidad y la que se les puede ofrecer. Aunque también ocurre que los administradores no siempre necesitan toda la información que solicitan o quizá no solicitan toda la que requieren. Seguramente, el sistema de información no siempre puede ofrecer toda la información que solicitan los administradores. Otras veces, puede ser excesiva, algo que puede ser tan perjudicial como su carencia.

Otros administradores podrían pasar por alto cosas que deben saber, o podrían no saber pedir cierto tipo de información que necesi-

tan. En ocasiones, la empresa no puede ofrecer la información que se necesita, sea porque ésta no está disponible o porque el sistema de información tiene ciertos límites.

Por último, los costes de obtener, procesar, almacenar y repartir información se suman a gran velocidad. La empresa debe decidir si los beneficios que producirá cierta información valen la pena en comparación con los costes que supondrá obtenerla; con frecuencia es difícil determinar el valor y el coste. Es bien sabido que la información en sí no vale para nada, su valor está en cómo se use. Por tanto, no siempre se debe dar por sentado que siempre es beneficioso obtener información.

5.3.1 Fuentes de información

La información que necesitan las personas del marketing en las empresas puede obtenerse de:

- *Fuentes internas de la empresa:* información estrictamente interna.
- *Entorno del marketing:* puede ser interna o externa.
- *Investigación de mercados:* información estrictamente externa.

Fuentes internas de la empresa

La mayoría de los gerentes de marketing usan los informes y los registros internos de forma regular, sobre todo para sus decisiones diarias en cuanto a planificación y aplicación. La infor-

mación estrictamente interna de la empresa está compuesta por información que se obtiene de fuentes de la empresa para evaluar el desarrollo de los programas de marketing y para detectar problemas y oportunidades en el negocio.

El departamento financiero prepara registros detallados de ventas, pedidos, costos y flujos monetarios. El departamento de producción informa sobre los calendarios de producción, embarque e inventarios. Los vendedores informan sobre las reacciones de los intermediarios y las actividades de la competencia. El departamento de servicios a clientes ofrece información sobre la satisfacción de los clientes o los problemas de servicios. Las investigaciones realizadas para un departamento pueden proporcionar información útil para otros.

Ejemplos de preguntas para determinar qué información se necesita:

- ¿Qué tipo de decisiones suele tomar?
- ¿Qué tipo de información necesita pare tomar esas decisiones?
- ¿Qué tipo de información útil recibe regularmente?
- ¿Qué tipo de información le gustaría recibir y no recibe actualmente?
- ¿Qué tipo de información recibe que, en realidad, no necesita?
- ¿Qué información querría recibir a diario, al mes, al año?
- ¿Sobre qué temas le gustaría recibir información?
- ¿Qué bases de datos le servirían?
- ¿Qué tipo de programas de análisis de información le gustaría tener?
- ¿Cuáles serían los cuatro cambios que mejorarían la utilidad de su actual sistema de información?

Por regla general, es más fácil y rápido obtener información de las fuentes internas que de otros lugares, aunque hacerlo también presenta algunos problemas. Como la información interna se reúne para otros efectos, puede estar incompleta o tener una forma inadecuada para tomar decisiones de marketing. Por ejemplo, los datos de costos y ventas que use el departamento de contabilidad para preparar estados financieros se tienen que adaptar para evaluar la actuación de los productos, los vendedores o los canales.

Entorno del marketing

Proporcionan información cotidiana sobre circunstancias del entorno de la empresa que sirve para realizar y ajustar los planes de marketing. Este sistema de información determina los conocimientos que se necesitan y los busca en el entorno. Esta información la puede obtener el mismo personal de la empresa. Igualmente, puede obtenerse conocimiento del ámbito del marketing a partir de los proveedores, intermediarios y clientes. La información sobre la competencia se puede obtener a partir de lo que ésta dice de sí misma en informes anuales, publicidad, etc. La empresa también puede saber cosas de la competencia a partir de lo que otras personas dicen de ella en publicaciones especializadas, etc.

También puede contratarse este servicio a otra empresa. Los datos que se requieren pueden ir desde la pura observación de lo que hace la competencia hasta la compra y análisis de sus productos. Existen empresas en las que este servicio está muy desarrollado, algo que ayuda a obtener información importante para las decisiones de marketing.

Lógicamente, si es posible utilizar este tipo de información, también puede la empresa que la busca ser objeto de estas investigaciones. Por ejemplo, en la oficina matriz de DuPont hay un póster con la foto de dos personas comiendo y un letrero que dice: "Cuidado con las charlas informales, nunca olvide la seguridad".

Investigación de mercados

No siempre puede esperarse que la información que proporcionan las demás fuentes cubra las necesidades de datos que se precisa para tomar decisiones. Muchas veces se necesitan estudios formales de situaciones concretas. Por ejemplo, Apple Computer quiere saber cuántas personas o empresas, y de qué tipo, comprarán un nuevo ordenador personal ultraligero, o el *product manager* de Font-Vella quiere saber la aceptación que tendrá el agua con sabor a frutas. Como los administradores normalmente carecen de los conocimientos o el tiempo necesario para obtener la información por cuenta propia, necesitan recurrir a las investigaciones de mercado formales.

A partir de ahora vamos a estudiar este término, haciendo especial mención del proceso que se sigue para la obtención de información para la toma de decisiones.

5.4 CONTENIDO DE LA INVESTIGACIÓN COMERCIAL

Aunque el término investigación comercial es más amplio que el de investigación de mercados, nosotros vamos a utilizarlos como sinónimos. De hecho, la investigación comercial se refiere al estudio de cualquier problema de marketing con independencia de que se estudie un mercado o no.

Una investigación comercial o del mercado se define como la función que vincula al consumidor, al cliente y al público con la empresa, por medio de información que se usa para identificar y definir oportunidades y problemas de mercado, para generar, afinar y evaluar actos de marketing, para vigilar la actuación de esta función y para perfeccionar la comprensión del proceso mercadotécnico.

Los investigadores de mercados especifican la información que se necesita para abordar cuestiones de marketing, diseñan el método pare reunir la información, administran y aplican el proceso para reunir datos, analizan los resultados y los comunican.

Green y Tull definen la investigación comercial *como la búsqueda y análisis sistemático y objetivo de la información relevante para la identificación y solución de cualquier problema en el campo del marketing.*

La American Marketing Association (AMA) la define como la *función que vincula al consumidor, cliente y público en general con las personas del marketing a través de* la información que se usa para identificar y definir oportunidades y problemas de marketing. Genera, refina y evalúa acciones de marketing. Pone de manifiesto el rendimiento del marketing. Y finalmente, mejora la comprensión del marketing como un proceso. Como proceso, la AMA establece que la investigación comercial:

- Especifica la información requerida para abordar estas cuestiones.
- Diseña el método para recoger información.
- Dirige y lleva a cabo el proceso de recogida.
- Analiza los resultados.
- Comunica los hallazgos y sus implicaciones.

La información que proporcione la investigación comercial ha de ser relevante, tal y como ya se ha dicho, es decir, ha de ser útil para identificar y solucionar problemas de marketing. Para ello, la información ha de aportar alguna información de interés, que amplíe o mejore el conocimiento sobre un fenómeno; no sólo ha de ser capaz de confirmar una situación, sino de modificar una decisión ya tomada con independencia de los resultados de la investigación; finalmente, el coste de la investigación debe ser inferior a la rentabilidad que proporciona la información.

La investigación comercial se refiere al estudio de cualquier problema de marketing con independencia de que se estudie un mercado o no.

5.5 EL PROCESO DE INVESTIGACIÓN COMERCIAL

La realización de una investigación comercial consta de cuatro pasos:
- Definición del problema y objetivos y diseño de la investigación
- Desarrollo del plan de investigación y obtención de información
- Aplicación del plan de investigación y análisis de datos

- Interpretación y presentación de resultados

5.5.1 Definición del problema y objetivos y diseño de la investigación

La persona o grupo que necesita la información debe trabajar con los encargados de proporcionarla para definir el problema de manera clara y precisa: un problema bien definido es un problema medio resuelto. Los que utilizarán los datos en el futuro saben más acerca de las necesidades de información, mientras que los investigadores saben más sobre cómo realizar la búsqueda y cómo obtener los datos.

Es por esto que la persona o el grupo que solicita la investigación de mercado debe saber de investigaciones lo bastante como para planificarlas y para interpretar resultados. En caso contrario, obtendrá resultados costosos o erróneos. Asimismo, el investigador debe tener capacidad para ayudar a definir el problema, saber hasta dónde se puede llegar, y para sugerir la manera óptima que ayudará a tomar las mejores decisiones.

Visto esto, no parece sencillo definir el problema y los objetivos de la investigación. Por ejemplo, una cadena de tiendas de descuento mandó realizar un estudio sobre publicidad al detectar un descenso en las ventas. Los resultados concluyeron que el mensaje estaba llegando a los grupos pretendidos, y que éste era el adecuado. El problema no era que la compañía no estaba dando lo que prometía la publicidad. Este es un claro error en la definición del problema, pues se habrían podido evitar gastos innecesarios en la investigación sobre publicidad, dirigiendo los esfuerzos a estudiar las reacciones de los consumidores.

En la definición del problema y los objetivos, la organización debe preguntarse qué es lo que se quiere investigar: pueden estudiarse comportamientos, opiniones, actitudes, percepciones, etc.; en qué aspectos de un problema parcialmente conocido se quiere profundizar; qué hipótesis se quieren contrastar; qué variables influyen en lo que se desea estudiar, etc.

Según los objetivos que cumple el estudio, una investigación del mercado puede ser: exploratoria, descriptiva o causal.

Investigación exploratoria

La investigación exploratoria se utiliza cuando se buscan indicios sobre la naturaleza de un problema.

Consiste en reunir información preliminar que servirá para definir el problema de modo más preciso, sugerir hipótesis, clarificar conceptos y familiarizarse con el asunto, incluyendo la identificación de las variables relevantes.

La investigación exploratoria se usa cuando se están buscando indicios acerca de la naturaleza general de un problema. Los métodos existentes son altamente flexibles, no estructurados y cualitativos, para que el investigador empiece sin firmes preconcepciones respecto de lo que se descubrirá. La ausencia de la estructura permite una profunda búsqueda de ideas interesantes acerca de la situación del problema. Las hipótesis de la investigación exploratoria son vagas o mal definidas o no existen del todo.

También es útil para establecer prioridades entre objetivos de la investigación y para aprender acerca de los problemas prácticos de llevar a cabo la investigación.

Investigación descriptiva

Consiste en describir elementos. Abarca una gran proporción de la investigación de mercados. Su propósito consiste en proporcionar una fotografía exacta de algún aspecto del medio ambiente de mercado, como por ejemplo las características socioeconómicas y demográficas de los lectores de una revista.

En la investigación descriptiva, frecuentemente existirán hipótesis pero pueden ser tentativas y especulativas. Aunque las relaciones estudiadas no sean de naturaleza causal, pueden tener utilidad en la predicción.

Son estudios más formales y establecen métodos basados en las hipótesis. Algunos autores dividen este tipo de estudios en dos: longitudinales y transversales. Los primeros tratan de medir repetidas veces un fenómeno, procurando mostrar la evolución del comportamiento de las variables investigadas. Esto puede realizarse con la misma muestra o variándola para cada medición, obteniendo, en cualquiera de los casos, varias imágenes del fenómeno. Los estudios transversales, que son más usuales, proporcionan una fotografía de las variables de interés en un momento dado.

Investigación causal

Se le da este nombre a aquel experimento que se realiza para establecer una causalidad. Es idóneo para contrastar hipótesis y obtener relaciones causa-efecto. Es decir, se utiliza

La Investigación descriptiva Consiste en describir elementos. Abarca una gran proporción de la investigación de mercados.

La investigación, causal se utiliza cuando es necesario demostrar que una variable causa o determina los valores de otras variables.

cuando es necesario demostrar que una variable causa o determina los valores de otras variables. La investigación descriptiva no es suficiente, puesto que todo lo que puede demostrar es que dos variables están relacionadas. Desde luego, la evidencia de una relación es útil, porque de otro modo no tendríamos una base para inferir que la causalidad podría estar presente. Para ir más allá de esta inferencia debemos tener una prueba razonable de que una variable precedió a la otra, y que no hubo factores causales que pudieran haber explicado la relación.

Supongamos que tenemos evidencia de que una serie de territorios con una extensa cobertura de ventas, tal como se mide por el número de clientes por agente de ventas, tuviera ventas per cápita más altas. ¿Es ésta una base suficiente para una decisión de aumentar la cobertura de ventas en áreas en las que las ventas son actualmente débiles? La respuesta dependería primero de si los incrementos anteriores en la cobertura de ventas hubieran conducido a incrementos en ventas. Tal vez, la aplicación del presupuesto anual de la fuerza de ventas estuvo basada en las ventas del año anterior. Entonces podríamos concluir que los incrementos anteriores de ventas condujeron a un incremento en la cobertura de ventas, una conclusión con implicaciones diferentes. En segundo lugar, tendríamos que estar seguros de que no hubo otras razones para las diferencias en ventas entre los territorios. Quizás los territorios de ventas débiles tuvieron requerimientos especiales debido a las diferencias de clima y a que nuestro producto estaba en desventaja, o tal vez los territorios débiles fueron atendidos por competidores con ventajas locales. En cualquier caso, la adición de agentes de ventas en los territorios débiles no las mejoraría, porque los problemas básicos aún estarían presentes.

Debido a que los requerimientos de pruebas de causalidad son muy exigentes, los objetivos de la investigación y las hipótesis relevantes son muy específicas.

Los estudios, a su vez, pueden ser *cualitativos* o *cuantitativos*. Usualmente se asocian los estudios cualitativos a las investigaciones exploratorias. Las investigaciones descriptivas pueden ser cualitativas o cuantitativas.

A su vez, un estudio causal seguramente será cuantitativo.

Los estudios *cualitativos* utilizan mecanismos de contacto, como por ejemplo formularios, poco estructurados y flexibles, con preguntas abiertas y entrevistas de larga duración. No persiguen la cuantificación de las respuestas, sino obtener ideas y una mejor comprensión del fenómeno a investigar. Utilizan fundamentalmente técnicas psicológicas: entrevistas en profundidad, reuniones de grupo, técnicas proyectivas, de asociación, frases incompletas, etc.

Los estudios *cuantitativos* emplean mecanismos de contacto estructurados que contienen preguntas cerradas, es decir, con todas las alternativas de respuesta contempladas. Para analizar los datos se utilizan técnicas cuantitativas, como las estadísticas.

A lo largo de este apartado hemos hecho referencia a las hipótesis, que ponen de manifiesto lo que se está buscando y anticipan las respuestas posibles a las cuestiones planteadas en la investigación.

Una hipótesis es una afirmación o negación sobre el comportamiento de una variables o sobre la relación existente entre dos más variables. Por ejemplo: el afirmar que una rebaja en el precio provoca un aumento en la demanda de un determinado producto. Los resultados del estudio podrán afirmar o rechazar tal hipótesis. Una hipótesis nula sería, por ejemplo, sostener que el aumento o disminución del precio no afectaría a tal demanda. Estas hipótesis pueden estar originadas en la teoría de investigaciones exploratorias previas o de la experiencia del investigador.

También es necesaria la definición de variables, que permite hacer operativos los problemas que se quieren investigar. En el tema 2, la segmentación del mercado, aparece descrita una lista de variables que es igualmente válida para el propósito que estamos analizando ahora.

5.5.2 Desarrollo del plan de investigación y obtención de información

El siguiente paso del proceso de una investigación de mercado consiste en obtener la información que se necesita, preparar el plan para reunirla con eficiencia y presentar el plan para su aprobación. El plan consiste en describir las fuentes de datos existentes y detalla el perfil de la investigación, los métodos para establecer contactos, la obtención de muestras y los instrumentos que se utilizarán para obtener datos nuevos.

5.5.2.1 Determinación de la información requerida

Los objetivos de la investigación se deben traducir a la información específica que se necesita. Veamos el siguiente ejemplo:

Campbell decide realizar una investigación para saber cómo reaccionarían los consumidores si la empresa cambiara su conocida lata roja y blanca por un recipiente de plástico en forma de tazón que ha usado con éxito para otros productos. Los recipientes costarían más, pero permitirían al cliente calentar la sopa en un horno microondas y comerla sin tener que usar un plato. Esta investigación requiere información específica:

Datos primarios: Son aquellos que no existen y que se tienen que investigar. Son difíciles de obtener.

Datos secundarios: Son aquellos que ya existen en alguna parte y han sido reunidos para algún propósito. Son relativamente fáciles de conseguir.

- Las características demográficas, económicas y del estilo de vida de los actuales consumidores de sopa. (Las parejas que trabajan podrían encontrar cómodo el nuevo envase a pesar del precio más alto; las familias con varios hijos seguramente querrán pagar menos y lavar la olla y los platos.)
- Los patrones de uso de los consumidores de sopa: qué cantidad de sopa comen, dónde y cuándo. (El nuevo envase podría ser ideal para adultos que comen cuando pueden, pero menos cómodo para padres que dan de comer a varios hijos.)
- La cantidad de hornos de microondas en el mercado de los comercios y en el de los consumidores. (La cantidad de microondas existentes en casas y cafeterías de negocios limitará la demanda de los nuevos recipientes.)
- La reacción de los detallistas ante el nuevo envase. (Si los minoristas no brindan su apoyo, las ventas con el envase nuevo podrían sufrir las consecuencias.)
- La actitud de los consumidores ante el nuevo envase. (La lata roja y blanca de Campbell se puede haber convertido en una institución estadounidense, ¿aceptarán los consumidores el envase nuevo?)
- Los pronósticos de ventas para el envase nuevo y el viejo. (¿Aumentará las utilidades del Campbell el envase nuevo?)

Los gerentes de Campbell necesitarán esta información y mucha más de otro tipo para decidir si introducen el envase nuevo o no.

Reunir información secundaria. Para obtener la información que se necesita, el investigador puede reunir datos secundarios, datos primarios o ambos. Los *datos secundarios* son información que ya existe en alguna parte y que ha sido reunida para otro propósito. Los *datos primarios* son información reunida para el propósito concreto que se tiene en mente.

Los investigadores suelen empezar reuniendo datos secundarios. Las fuentes de datos secundarios más importantes son:

- Fuentes internas de la empresa
- Publicaciones del gobierno: registros, estadísticas, etc.
- Periódicos y libros
- Datos comerciales
- Datos internacionales

Por regla general, es más rápido y barato obtener datos secundarios que datos primarios. Por ejemplo, una visita a la biblioteca puede proporcionar toda la información que Campbell necesita sobre el uso de los hornos de microondas, prácticamente gratis. Un estudio para reunir información primaria podría tomar muchas semanas o meses y costar mucho dinero.

Por otra parte, las fuentes secundarias en ocasiones pueden proporcionar datos que una empresa particular no puede reunir por cuenta propia; información que no se puede obtener directamente o que costaría mucho conseguir. Por ejemplo, a Campbell le resultaría demasiado caro llevar un control constante de tiendas detallistas para saber qué parte del mercado tienen las marcas de la competencia, cuáles son sus precios y cuántos exhibidores tienen.

Los datos secundarios también tienen sus problemas. La información que se necesita podría no existir; los investigadores rara vez pueden obtener todos los datos que necesitan de fuentes secundarias. Por ejemplo, Cam-

pbell encontrará que no existe información sobre las reacciones de los consumidores ante un empaque nuevo que todavía no sale al mercado. Incluso cuando se pueden conseguir datos, éstos pueden no ser aprovechables. El investigador debe evaluar la información secundaria con atención para asegurarse de que es:
- *pertinente:* se ciñe a las necesidades del proyecto de investigación
- *exacta:* reunida y presentada de manera fidedigna
- *actual:* lo bastante actualizada para las decisiones que se van a tomar
- *imparcial:* reunida y presentada de manera objetiva

Los datos secundarios ofrecen un buen punto de partida para la investigación y, con frecuencia, sirven para definir los problemas y objetivos. No obstante, en la mayoría de los casos, las fuentes secundarias no ofrecen toda la información que se necesita y la empresa debe reunir datos primarios.

Las buenas decisiones exigen buenos datos. Los investigadores deben evaluar cuidadosamente la calidad de la información secundaria que obtienen, pero también deben poner sumo cuidado al reunir datos primarios para asegurarse de que le presentarán información pertinente, exacta, actual e imparcial a los encargados de tomar las decisiones de marketing.

Para reunir datos primarios se requiere una serie de decisiones en cuanto al procedimiento de la investigación, los métodos para establecer contactos, los planes para aplicar muestras y los instrumentos para investigar.

5.5.2.2 El procedimiento de investigación

Los datos primarios, al no estar disponibles, deben ser obtenidos. Para ello existen tres formas básicas: la observación, la encuesta y el experimento.

La observación

Supone una comprobación de la situación de interés, registrándose hechos, acciones o comportamientos por medio de una persona o una máquina, de forma estructurada o no, con conocimiento del observado o de modo simulado, y en un ambiente natural o de laboratorio. Por ejemplo: un museo puede llevar control de la popularidad de diversas obras fijándose en el desgaste del suelo cerca de ellas.

Es el procedimiento más apropiado para realizar investigaciones de tipo exploratorio. Pueden utilizarse los llamados sistemas de una sola fuente, los cuales observan tanto las compras de los consumidores como la exposición de éstos a diversas actividades del marketing, con el propósito de evaluar la vinculación entre ambos.

Las investigaciones por medio de la observación se pueden usar para obtener información que la gente no quiere o no puede proporcionar. En algunos casos, la observación podría ser la única manera de obtener los datos que se necesitan. Por otro lado, hay aspectos difícilmente observables, como por ejemplo los sentimientos, las actitudes, los motivos, el comportamiento a largo plazo, etc. Es por esto que puede darse la observación ligada a otros procedimientos.

La encuesta

Es el procedimiento más adecuado para obtener información descriptiva. Las investigaciones se pueden realizar por medio de encuestas estructuradas o no estructuradas. Las encuestas *estructuradas* se basan en listas formales de preguntas que se le formulan a todos los entrevistados por igual. Las encuestas *no estructuradas* permiten al entrevistador dirigir al entrevistado con base en las contestaciones que va dando.

Las encuestas también pueden ser *directas* o *indirectas*. Por ejemplo, comparemos una pregunta directa y una indirecta:
- Directa: ¿Por qué compra ropa en El Corte Inglés?
- Indirecta: ¿Cuánta gente compra ropa en El Corte Inglés?

Los datos primarios se obtienen por: observación, encuestas, experimentación.

Las investigaciones por medio de encuestas son el método que más se usa para reunir datos primarios y, con frecuencia, son el único método que se usa para una investigación. La ventaja principal de la investigación por medio de una encuesta es su flexibilidad. Se puede usar para obtener diferentes tipos de información en diferentes situaciones de mercado. Asimismo, dependiendo del diseño de la encuesta, puede proporcionar información a mayor velocidad y menor costo que las investigaciones por medio de la observación o el experimento.

No obstante, las investigaciones por medio de encuestas también tienen problemas. En ocasiones, las personas son incapaces de contestar a las preguntas de la encuesta porque no recuerdan cosas o porque jamás pensaron en lo que hacían o el porqué.

Además, las personas pueden negarse a recibir a entrevistadores desconocidos o a hablar de cuestiones que consideran privadas. Por otra parte, los entrevistados pueden contestar a las preguntas de la encuesta a pesar de desconocer la respuesta, tan sólo para parecer más listos o informados de lo que son, o pueden tratar de ayudar al entrevistador ofreciéndole respuestas gratas. Por último, las personas que están muy ocupadas podrían no dedicar su tiempo a contestar la encuesta o molestarse por la intromisión en su intimidad. Si la encuesta está diseñada con cuidado, muchos de estos problemas se pueden reducir al mínimo.

La experimentación

Es el procedimiento más conveniente pare reunir información *causal*. Las actividades de un experimento incluyen, por ejemplo, seleccionar grupos de pares de sujetos y darles diferentes tratos, controlar factores inconexos y encontrar las diferencias en las respuestas del grupo. Así pues, al investigar por medio de experimentación se intenta explicar las relaciones entre causa y efecto. Muchas veces, la observación y la encuesta sirven para reunir información para la investigación experimental.

Por ejemplo, una empresa podría hacer un experimento sencillo para medir las consecuencias de dos precios. Podría introducir un producto nuevo a un precio en las tiendas de una ciudad y a otro precio en las de otra ciudad. Si las ciudades se parecen y si todas las demás actividades de comercialización del producto son iguales, en tal caso las diferencias entre las ventas de las dos ciudades

podrían estar en relación con el precio cobrado. Además, se podrían realizar experimentos más complejos incluyendo otras variables y otras ubicaciones.

5.5.2.3 Métodos para establecer contacto

Para reunir información se puede recurrir al correo, el teléfono o las entrevistas personales. La tabla 5.2 explica las ventajas y las desventajas de cada uno de estos métodos de contacto.

Cuestionario por correo (incluyendo e-mail)

Tienen muchas ventajas. Se pueden usar para reunir mucha información a poco coste por encuestado. En los cuestionarios por correo o e-mail, los entrevistados suelen proporcionar respuestas más honradas a preguntas más personales que cuando se las formula un entrevistador desconocido, sea en persona o por teléfono. Además, en estos cuestionarios no participa un entrevistador que podría sesgar las respuestas del encuestado.

Sin embargo, los cuestionarios por correo tienen ciertas desventajas. De entrada, no son muy flexibles y requieren que las preguntas estén formuladas de manera muy sencilla y clara. Todos los encuestados contestan las preguntas siguiendo un orden establecido y el investigador no puede adaptar el cuestionario de acuerdo con las respuestas anteriores. Las respuestas de las encuestas por correo tardan más tiempo en recibirse y la cantidad de personas que devuelven los cuestionarios contestados suele ser muy bajo. Por último, el investigador normalmente tiene muy poco control sobre las personas que componen la muestra para el cuestionario por correo. Aun cuando la lista de encuestados sea buena, es muy difícil controlar quién contestará el cuestionario en el domicilio al cual se ha enviado.

Entrevista por teléfono

Es el método ideal para reunir información con rapidez y son más flexibles que los cuestionarios por correo. Los entrevistadores pueden explicar a los encuestados las preguntas que no entienden y, dependiendo de las respuestas, se pueden saltar algunas preguntas o profundizar en otras. Las entrevistas por teléfono también permiten mayor control de la muestra. Los entrevistadores pueden pedir hablar con encuestados que tengan las características deseadas, incluso pueden referirse a ellos llamándolos por su nombre. El porcentaje de respuestas suele ser más alto que el de los cuestionarios por correo.

No obstante, las entrevistas por teléfono también tienen sus inconvenientes. El coste por encuestado es superior al de los cuestionarios por correo; además, este se podría negar a hablar de cuestiones personales con el entrevistador. La intervención de un entrevistador aumenta la flexibilidad, pero también introduce su sesgo. La manera de hablar del entrevistador, las pequeñas diferencias en su forma de preguntar y otras diferencias más podrían afectar las respuestas del encuestado. Por último, diferentes entrevistadores pueden interpretar y registrar las respuestas de manera diferente y algunos de ellos, presionados por el tiempo, incluso podrían falsear y registrar respuestas sin haber hecho las preguntas.

Entrevista personal

Adoptan dos formas: las entrevistas individuales y las de grupo. Las *entrevistas individuales* consisten en hablar con las personas en su casa o en su oficina, en la calle o en centros comerciales. E1 entrevistador debe pedir la colaboración del encuestado y la entrevista puede tomar desde unos cuantos minutos hasta varias horas. En ocasiones, a la gente se le ofrece una pequeña retribución a cambio de su tiempo.

En las *entrevistas de grupo* se reúne a varias personas con un moderador especializado, para hablar de un producto u organización, durante algunas horas. El moderador tiene que ser objetivo, conocer el tema y la industria y po-

seer ciertos conocimientos del comportamiento de grupos y de consumidores. Normalmente, los participantes reciben un pequeño pago por su asistencia. La reunión se hace en un lugar agradable y se sirven refrescos con objeto de propiciar un ambiente informal. El moderador, antes de pasar a las preguntas concretas, trata cuestiones generales y fomenta la libre expresión de ideas a efecto de que los miembros del grupo lleguen a decir lo que realmente piensan y sienten. Los comentarios quedan registrados por escrito o en vídeos que se estudian más adelante. Las sesiones de grupo se han convertido en un instrumento muy utilizado en las investigaciones de mercado para obtener información de las opiniones de los consumidores.

Las entrevistas personales son bastante flexibles y sirven pare reunir mucha información. Los entrevistadores especializados pueden retener la atención de los encuestados durante lapsos largos y les pueden explicar las preguntas difíciles. Además, pueden dirigir las entrevistas, profundizar en ciertos temas e ir cambiando conforme requiera la situación. En las entrevistas personales se puede usar cualquier tipo de cuestionario. Asimismo, los entrevistadores pueden mostrar a los sujetos productos, anuncios o envases reales y observar sus reacciones y su comportamiento. En la mayoría de los casos, las entrevistas personales son bastante rápidas.

Los costes y los problemas del muestreo son el principal inconveniente de las entrevistas personales. Una entrevista personal puede costar entre tres y cuatro veces más que una entrevista por teléfono. Por regla general, con objeto de disminuir los costes, las entrevistas de grupo se hacen con muestras de pocas personas y, por tanto, los resultados no permiten hacer demasiadas generalizaciones. Además, como los entrevistadores que hacen este tipo de entrevistas gozan de más

	Correo	Teléfono	Personal	
Flexibilidad	Mala	Buena	Excelente	Ventajas e inconvenientes de los métodos para establecer contacto
Cantidad de información	Buena	Regular	Excelente	
Control de la insuficiencia del entrevistador	Excelente	Regular	Malo	
Control de la muestra	Regular	Excelente	Regular	
Velocidad para reunir datos	Mala	Excelente	Buena	
Porcentaje de respuestas	Malo	Bueno	Bueno	
Coste	Bueno	Regular	Malo	

libertad, es más probable que los resultados estén sesgados.

El método de contacto se debe elegir de acuerdo con la información que requiera el investigador y con la cantidad y el tipo de entrevistados de la muestra. Los avances de los medios de comunicación y de la tecnología en general han repercutido en los métodos para obtener información. Por ejemplo, ahora la mayor parte de las empresas investigadoras usan las entrevistas telefónicas con ayuda de computadoras. Entrevistadores profesionales llaman por teléfono a encuestados al azar. Cuando el encuestado contesta, el entrevistador le lee una serie de preguntas contenidas en una pantalla de vídeo y va alimentando, directamente a la computadora, las respuestas que le ofrece el entrevistado. Si bien este procedimiento requiere una inversión cuantiosa en equipo y en capacitación de los entrevistadores, elimina la selección y clasificación de datos, reduce los errores y ahorra tiempo. Hay otras empresas investigadoras que colocan terminales en centros comerciales, donde los entrevistados se sientan ante la terminal, leen las preguntas que aparecen en la pantalla y alimentan sus respuestas en el ordenador.

5.5.2.4 Instrumentos de la investigación

El instrumento básico y más popular para reunir datos primarios es el cuestionario que en su sentido más amplio; reúne la serie de preguntas que se le presenta a un entrevistado para que conteste.

El cuestionario es muy flexible, pues hay muchas maneras de hacer preguntas. Los cuestionarios se deben preparar con suma atención y, antes de aplicarlos a gran escala, se deben

probar debidamente. Cuando un cuestionario no está bien preparado, suele tener varios errores.

Al preparar un cuestionario, el investigador debe decidir qué preguntas hará, cómo las hará, qué palabras usará y en qué orden las presentará. Con frecuencia los cuestionarios no incluyen preguntas cuyas respuestas podrían ser importantes y comprenden preguntas que no se pueden contestar, que no recibirán respuesta o que no requieren contestación. Es necesario repasar cada pregunta para confirmar si sirve para alcanzar los objetivos de la investigación.

La *forma* de la pregunta puede influir en la respuesta. Los investigadores deben saber la diferencia entre las preguntas abiertas y las cerradas.

Las *preguntas cerradas* incluyen todas las repuestas posibles y los sujetos eligen alguna de entre ellas. Las *preguntas abiertas* permiten al entrevistado contestar como quiera. Las preguntas abiertas son muy útiles cuando el investigador quiere averiguar *qué* piensan las personas, pero no le interesa medir cuántas personas piensan de cierta manera. Por otra parte, las preguntas cerradas producen respuestas que se pueden interpretar y tabular con más facilidad.

Los investigadores también se deben fijar en las *palabras* que usan. Deben usar un lenguaje sencillo, directo e imparcial. Antes de aplicar las preguntas en general, deben hacer varias pruebas. El *orden* de las preguntas también es importante. De ser posible, la primera pregunta debe despertar el interés del entrevistado. Las preguntas difíciles o personales deben ir al final, para que el entrevistado no se ponga a la defensiva. Las preguntas deben seguir un orden lógico.

PREGUNTAS ABIERTAS
BÁSICAS
DE SEGUIMIENTO — CLARIFICACIÓN — PROFUNDIZACIÓN

PREGUNTAS CERRADAS		
MÚLTIPLES	DICÓTOMAS	
	MÚLTIPLES	
ESCALAS	UNIPOLAR	BIPOLAR
	HEDONISTA ACUERDO/DESACUERDO	
	DE INTENCIÓN DE COMPRA	
ORDENAMIENTO	PREFERENCIAS	
	RANGOS	
MISCELÁNEAS	DIFERENCIAS SEMÁNTICAS	
	SUMA CONSTANTE	

5.5.2.5 La muestra

Una muestra es un segmento de una población, seleccionado como representativo de esa población entera. Lo ideal es que la muestra sea lo bastante representativa como para permitir al investigador estimar con exactitud las opiniones y los comportamientos de la población correspondiente.

Trabajar con una muestra en lugar de hacerlo con toda la población permite obtener la información a un coste mucho menor y en un tiempo inferior.

El proceso de muestreo pasa por las siguientes etapas:
- Definir la población objeto de estudio
- Seleccionar la estructura de la muestra
- Seleccionar la unidad muestral, es decir, el elemento de la población del cual se obtienen los datos. Por ejemplo, individuos, tiendas, etc.
- Determinar el tamaño de la muestra
- Seleccionar el método de muestreo
- Diseñar el plan de muestreo
- Seleccionar la muestra

En primer término, debe conocerse quién será encuestado: la unidad muestral. La pregunta no siempre tiene una respuesta evidente. Por ejemplo, para estudiar el proceso de la decisión de comprar un automóvil para la familia, el entrevistador puede dirigirse al marido, a la esposa, a otros miembros de la familia, al distribuidor, o a todos ellos. El investigador debe determinar qué información necesita y quién es la persona que la puede proporcionar.

En segundo lugar, el tamaño de la muestra. Está en función del tiempo y presupuesto disponible, así como del error que se admita en los datos obtenidos. Para poblaciones muy grandes, el error de muestreo y, por tanto, el tamaño de la muestra asociado a un determinado nivel de error es independiente del número de elementos de la población.

Otro factor importante es el método de muestreo, es decir, cómo se pretende que sea la muestra. En el caso de las muestras de probabilidades a cada miembro de la población corresponde una probabilidad conocida de formar parte de la muestra y los investigadores pueden calcular los limites aceptables del

margen de error de la muestra. Por otra parte, cuando los costes de las muestras de probabilidades suben mucho o cuando éstas llevan mucho tiempo, los investigadores pueden recurrir a muestras de no probabilidad, aun cuando no puedan medir su margen de error.

Las formas para obtener las muestras entrañan diferentes costes y limites de tiempo y producen diferentes grados de exactitud y tipos de estadísticas. La conveniencia del método depende del propósito de la investigación.

A continuación describimos los tipos de muestra más conocidos:

Muestra de probabilidades

- *Muestra aleatoria simple:* cada uno de los miembros de la población tiene la misma probabilidad conocida de ser escogido.
- *Muestra estratificada:* la población se divide en grupos excluyentes entre sí (como grupos por edad) y se extraen muestras aleatorias de cada uno de ellos.
- *Muestra por área:* la población se divide en grupos excluyentes entre sí (como bloques) y se extraen muestras de los grupos.

Muestra de no probabilidades

- *Muestra de conveniencia:* se eligen aquellos elementos que mejor se adaptan a lo que quiere el investigador. Normalmente, se selecciona a los miembros de la población que proporcionan información con más facilidad.
- *Muestra discrecional o según el juicio:* el investigador aplica su juicio para seleccionar los miembros de la población que cree que le brindarán la información más exacta.
- *Muestra por cuotas:* caso particular del anterior. Se seleccionan varios miembros para cada una de varias categorías; por ejemplo, la edad, sexo, etc.

5.5.3 Aplicación del plan de investigación y análisis de datos

En este punto del proceso de investigación, deben reunirse los datos, procesarlos y

Muestra: es un segmento de una población, seleccionado como representativo de esa población entera.

analizarlos. La empresa que realiza su propia investigación podrá obtener datos de mayor calidad. Por otro lado, si la investigación es gestionada por una empresa externa especializada, la tarea podrá realizase a mayor velocidad y menor coste.

A la tarea de recogida de datos se la llama *trabajo de campo*. En todo el proceso de investigación, la fase de recopilación de datos suele ser la más cara y la que da más errores. Los errores deben controlarse mediante la supervisión del proceso de obtención de información. Además de los errores que puedan existir en la redacción de la encuesta, o los demás procedimientos de investigación, pueden existir otros:

- Forzar consciente o inconscientemente una respuesta al encuestado
- No preguntar todas las cuestiones existentes
- Cambiar la literatura de las cuestiones al preguntar
- Alterar la respuesta que da el encuestado

Todo ello resta fiabilidad y validez a la investigación.

A continuación deben procesarse los datos reunidos para obtener la información pertinente y los resultados. El tratamiento de los datos pasa por:

- *Edición:* selección e inspección de los datos obtenidos para que puedan ser tratados.
- *Codificación:* transformación de los datos para poder aplicar sobre ellos técnicas estadísticas.

- *Grabación:* almacenarlos en soporte magnético para que puedan ser leídos, tratados y consultados.
- *Tabulación:* consiste en contar el número de casos que se incluyen en cada una de las categorías contempladas en la respuesta a una pregunta.

Finalmente, el análisis de los datos sufrirá un conjunto de técnicas estadísticas, de psicología, sociología, etc. Estas técnicas, cada vez más sofisticadas, se dividen en univariables, bivariables y multivariables. Las primeras incluyen medidas de una sola variable, como por ejemplo los promedios, las medidas de dispersión, etc. Las técnicas bivariables incluyen la relación o asociación de dos variables, por ejemplo la correlación lineal. Finalmente, las técnicas multivariables estudian la relación entre más de dos variables, por ejemplo la regresión múltiple.

5.5.4 Interpretación y presentación de los resultados

La última fase del proceso de investigación será la interpretación de los resultados, la obtención de conclusiones y la presentación a las personas que utilicen la información para la toma de decisiones. Deben evitarse los tecnicismos, la literatura complicada y las cifras elegantes. Igualmente, no deben aceptarse ciegamente las conclusiones de los investigadores, las cuales pueden estar equivocadas, y los prejuicios de aceptar lo que se esperaba y rechazar lo que no se deseaba.

5.6 APLICACIONES DE LA INVESTIGACIÓN COMERCIAL

Cada vez son más las empresas que dedican presupuesto a la investigación del mercado. Sin embargo, en España todavía se está muy por debajo de otros países en el grado de utilización de la investigación comercial. El porcentaje de empresas que tienen departamento de investigación comercial es del 48% en las 1.500 empresas mayores.

Además, la dimensión de estos departamentos es muy reducida, dado que el 80% de ellos tiene tres personas o menos. En definiti-

va, la inversión en este departamento es menor a la media europea.

Las aplicaciones de la investigación comercial en función de las áreas del marketing que cubre se clasifican en:

Mercado
- Estructura del mercado
- Potencial del mercado
- Segmentación del mercado
- Comportamiento de compra del consumidor
- Planificación estratégica

- Estudio de la competencia
- Test de mercado

Marketing mix
Producto
- Compra del producto
- Uso del producto
- Posicionamiento del producto
- Test de concepto de producto
- Test de producto
- Lanzamiento de nuevos productos
Precio
- Estructura de precios
- Elasticidad de la demanda/precio
- Percepción del precio por parte del comprador
Distribución
- Selección de canales
- Diseño de puntos de venta
- Localización de puntos de venta
Promoción de ventas y publicidad
- Alcance geográfico de las ventas
- Incentivos a los vendedores
- Selección de medios
- Imagen de la empresa
- Cuotas de ventas
- Test de mensaje
- Grado de llegada del mensaje

[1] DRUCKER, P. F.: La sociedad poscapitalista. Ediciones Apóstrofe, S.L., Barcelona, 1993, pág. 16

Conceptos fundamentales

Base de datos: *Son datos almacenados a los que se puede acceder, para consulta, análisis o modificación.*

Datos primarios: *Son aquellos que no existen y que se tienen que investigar. Se obtienen por: observación, encuestas, experimentación*

Datos secundarios: *Son datos que se encuentran disponibles, o que se han obtenido por anteriores estudios y que, a propósito de la investigación, sirven.*

Encuesta: *Es un estudio descriptivo que se basa en una muestra representativa de la población. En el análisis de estos datos normalmente se utilizan técnicas estadísticas.*

Investigación causal. *Se utiliza cuando es necesario demostrar que una variable causa o determina los valores de otras variables.*

Investigación comercial: *La investigación comercial se refiere al estudio de cualquier problema de marketing con independencia de que se estudie un mercado o no.*

Investigación descriptiva. *Consiste en describir elementos. Abarca una gran proporción de la investigación de mercados.*

Investigación exploratoria. *Se utiliza cuando se buscan indicios sobre la naturaleza de un problema.*

Muestra de no probabilidades. *Se divide en muestra de conveniencia, muestra discrecional y muestra por cuotas. En la muestra de conveniencia se eligen aquellos elementos que mejor se adaptan a lo que quiere el investigador. Normalmente, se selecciona a los miembros de la población que proporcionan información con más facilidad. En la muestra discrecional o según el juicio, el investigador aplica su juicio para seleccionar los miembros de la población que cree que le brindarán la información más exacta. Y en la muestra por cuotas, caso particular del anterior, se seleccionan varios miembros para cada una de varias categorías, por ejemplo la edad, sexo, etc.*

Muestra de probabilidades. *Puede ser muestra aleatoria simple, estratificada y por área. En la muestra aleatoria simple cada uno de los miembros de la población tiene la misma probabilidad conocida de ser escogido. En la muestra estratificada la población se divide en grupos excluyentes entre sí (como grupos por edad) y se extraen muestras aleatorias de* *cada uno de ellos. Y en la muestra por área la población se divide en grupos excluyentes entre sí (como bloques) y se extraen muestras de los grupos.*

P.I.C. *La realización de una investigación comercial consta de cuatro pasos: definición del problema y objetivos y diseño de la investigación. Desarrollo del plan de investigación y obtención de información. Aplicación del plan de investigación y análisis de datos. Interpretación y presentación de resultados.*

Trabajo de campo. *Es la recolección de datos por el procedimiento correspondiente al tipo de encuesta realizada, ya sea por entrevista, por correo, por e-mail, o por teléfono. Esta fase implica la supervisión del proceso de obtención de los datos.*

Test sobre el capítulo (Sólo una respuesta correcta)

1. En el método del experimento para obtener datos primarios en la investigación de mercados:
   a) Podemos utilizar la información de la prensa sobre nuestros productos o empresa
   b) Se utilizan bases de datos gubernamentales
   c) Se intentan explicar relaciones causa-efecto

2. La información que se obtiene para evaluar la gestión del marketing y para detectar problemas y oportunidades en este área se ha extraído de:
   a) La investigación de mercados
   b) Los registros internos de la empresa
   c) Todas las respuestas anteriores son ciertas

3. Para la obtención de datos primarios se utiliza el método de la encuesta, la observación y la experimentación. ¿Cuál de las siguientes sentencias es correcta?
   a) La encuesta es más apropiada para realizar estudios exploratorios
   b) La experimentación es conveniente para reunir información descriptiva
   c) La observación es lo más adecuado para reunir información exploratoria

4. Una pregunta cerrada de tipo "ordenamiento" en un cuestionario puede ser:
   a) De opción múltiple
   b) De preferencias o rango
   c) De diferencial semántico

5. Los estudios transversales y longitudinales en una investigación comercial pueden darse en:
   a) Una investigación exploratoria
   b) Una investigación descriptiva
   c) Una investigación causal

6. Las personas que necesitan manejar información para la toma de decisiones, ¿a cuál de las siguientes situaciones suelen enfrentarse?
   a) Disponer de la información requerida, o no tienen demasiada del tipo que no requieren
   b) Al estar la información tan diseminada por toda la organización, puede resultar difícil disponer de datos sencillos
   c) Siempre cuentan con recursos materiales y humanos para acceder a todo tipo de información

7. Por regla general, es más fácil y rápido obtener información de:
   a) Fuentes internas
   b) Investigación de mercados
   c) Competencia

8. Como proceso, la AMA (American Marketing Association) establece que la investigación comercial:
   a) Diseña el método para recoger información
   b) Dirige y lleva a cabo el proceso de recogida
   c) Las dos respuestas anteriores son correctas

9. Según los objetivos que cumple un estudio concreto, una investigación de mercado puede ser:
   a) Exploratoria, descriptiva o causal
   b) Descriptiva, experimental o causal
   c) Informativa, descriptiva o exploratoria

10. La investigación comercial exploratoria:
    a) Consiste en reunir información preliminar que servirá para definir el problema de modo más preciso, sugerir hipótesis, clarificar conceptos y familiarizarse con el asunto, incluyendo la identificación de las variables relevantes
    b) Consiste en proporcionar una fotografía exacta de algún aspecto del mercado
    c) Se utiliza cuando es necesario demostrar que una variable causa o determina los valores de otras variables

11. En una investigación comercial, ¿cuál de los siguientes métodos para establecer contacto es más costoso?
    a) Entrevista telefónica
    b) Entrevista personal
    c) Cuestionario por email

12. Las preguntas cerradas de un cuestionario:
    a) No suelen utilizarse en las encuestas
    b) Incluyen todas las repuestas posibles y los sujetos eligen alguna de ellas
    c) Permiten al entrevistado contestar lo que quiera aunque la respuesta no esté tabulada

13. En una muestra estratificada:
    a) Cada uno de los miembros de la población tiene la misma probabilidad conocida de ser escogido
    b) Se selecciona a los miembros de la población que proporcionan información con más facilidad
    c) La población se divide en grupos excluyentes entre sí (como grupos por edad) y se extraen muestras aleatorias de cada uno de ellos

14. Cuando el investigador aplica su juicio para seleccionar los miembros de la población que cree que le brindarán la información más exacta, nos encontramos ante una muestra del tipo:
    a) Estratificada
    b) De conveniencia
    c) Discrecional

15. La edición, codificación, grabación y tabulación de datos en la investigación comercial son fases típicas de:
    a) Análisis de datos
    b) Obtención de información
    c) Definición del problema de la investigación

16. Los datos secundarios:
    a) Son más caros de obtener que los primarios
    b) Suelen obtenerse a través de la encuesta directamente por la empresa
    c) Ninguna de las respuestas anteriores es correcta

17. La última fase del proceso de investigación es:
    a) La interpretación de los resultados y la definición del problema
    b) La presentación a las personas que utilicen la información para la toma de decisiones.
    c) La aplicación del plan de investigación

18. En relación con el método de la contextualización, para transformar la información según el propósito que se persigue:
    a) Sabemos para qué propósito se generaron los datos
    b) Conocemos las unidades de análisis de los componentes principales de los datos
    c) Los datos pueden haber sido analizados matemática o estadísticamente

19. La convocatoria de un grupo de individuos para realizar un test de mercado, un focus group, etc. se aproxima más a:

a) La obtención de datos secundarios

b) La observación

c) Entrevista personal para un estudio causal

20. Realizar una investigación de mercado en la que el propósito es obtener información sobre la imagen de la empresa entra dentro del área del marketing correspondiente al:

a) Producto y la marca

b) Promoción y publicidad

c) Mercado

HERRAMIENTAS BODEN (Planificación del marketing)

(Este documento no pretende ilustrar una determinada forma de gestión, sino que debe servir como base para el diálogo. Para que la discusión sea provechosa, es necesario preparar el caso con antelación, definiendo los problemas y proponiendo alternativas de solución y acción.)

El propósito de este caso es analizar aquellos factores que llevan a una multinacional a adaptar o estandarizar sus programas de marketing cuando operan fuera de su mercado matriz. Para ello, compararemos las acciones de marketing que realiza la empresa Boden en Suecia, lugar donde está ubicada su sede, y en su subsidiaria de Brasil. Desde el momento en que tanto la casa matriz como la central brasileña toman partido de estas decisiones comerciales en materia de producto, precio, distribución y promoción, pretendemos también averiguar el grado de "reparto" de las decisiones de marketing, es decir, si éstas están muy descentralizadas o no. Para llevar a cabo el estudio, entrevistamos a los responsables de marketing a nivel mundial (ubicado en Suecia) y al delegado de marketing en Brasil. A lo largo del caso exponemos, tanto el método de recogida de información, como sus resultados.

Historia de la empresa

Boden se dedica a la fabricación y comercialización de herramientas y máquinas para excavaciones, realizadas con materiales de alta tecnología. Con sede en Estocolmo, Suecia, es una de las principales empresas exportadoras del país. Cuenta con 200 empresas repartidas por todo el mundo. El grupo factura unos 30.000 millones de coronas suecas (3.600 millones), de los cuales el 90% proviene de fuera de Suecia. La empresa cuenta con una plantilla de 30.000 empleados.

El concepto de negocio de Boden está basado en el abastecimiento de avanzados productos divididos en cuatro grupos: máquinas herramientas, componentes y materiales, herramientas de mano y aplicaciones para procesos automáticos de trabajo.

La empresa está organizada por áreas de negocio que son responsables del desarrollo, producción y marketing. Fuera de Suecia, las compañías regionales o subsidiarias venden los productos y servicios en sus respectivos mercados. Cada una de ellas es responsable de los beneficios locales, si bien la central cuenta con una división especial dedicada a la gestión logística internacional, personal, contabilidad, gestión de activos y publicidad.

Una de las principales pretensiones de la empresa es liderar la investigación y el desarrollo de productos para alcanzar los beneficios provenientes de la calidad, ahorro de tiempo de trabajo y costes bajos por parte de sus clientes en las siguientes áreas:
1. Materiales
2. Productos
3. Procesos
4. Información y logística

Estandarización o Adaptación de Programas de Marketing

En el momento en que una empresa ha decidido vender sus productos más allá de las fronteras donde opera, debe ser consciente de las diferencias existentes en el nuevo mercado. Una estandarización total de los productos y el resto de herramientas del marketing mix no parece razonable. Por otra parte, rehacer los procesos y programas en su totalidad para el nuevo mercado carece de sentido y puede suponer un desperdicio de recursos.

Los elementos del marketing mix que, en general, muestran mayores posibilidades de ser estandarizados son los métodos de venta, el posicionamiento de los productos y la línea de productos como extensión de la existente en el mercado doméstico. El precio, debido a que está sujeto a requerimientos legales, suele ser responsabilidad de la subsidiaria. Sin embargo, la casa matriz a menudo trata de controlar las estrategias de precio de sus empresas locales. Un alto grado de autonomía en la elección de los canales de distribución es lo más usual. En relación con la publicidad, el mensaje general suele ser estandarizado, si bien la expresión creativa se deja en manos de la subsidiaria.

En la siguiente tabla exponemos el nivel de estandarización de aquellas variables más importantes del marketing:

Fácilmente estandarizable	Difícilmente estandarizable
Nombre	Distribución
Posicionamiento del producto	Venta personal
Servicios	Formación de la fuerza de ventas
Garantías	Precio
Eslogan publicitario	Selección de medios publicitarioS
Empaquetado	

Tabla 1*. Estandarización o adaptación de variables de marketing

Una de las mayores ventajas de la utilización de programas similares en todas las subsidiarias de una multinacional es la creación de una imagen homogénea, un mismo mensaje. Ello comporta que los costes sean menores, al aprovecharse muchos de los esfuerzos ya implementados en la casa matriz.

Tal y como destacábamos anteriormente, cada multinacional puede decidir en un sentido determinado cuando trata de elaborar sus programas de marketing. En ello tiene mucho que ver el carácter cultural del país de procedencia. Las compañías suecas, como la del caso que nos ocupa, suelen optar por la descentralización en su organización. Los activos, los recursos y la responsabilidad son delegados a la subsidiaria, aunque la empresa matriz sigue coordinando muchas actividades. Entender el mercado local es esencial en el contexto del marketing.

Con el propósito de conocer el grado de adaptación de todos los elementos relacionados con el marketing y de centralización/ descentralización en la toma de decisiones, entrevistamos a los directores de marketing a nivel mundial y de la subsidiaria de Brasil. En el anexo presentamos el material necesario para realizar las entrevistas. Los resultados obtenidos los clasificamos en dos grandes bloques: aspectos generales de la organización y marketing.

El director de Marketing de Boden AB y el director de Marketing de Boden Brasil nos proporcionaron valiosa información acerca de la gestión operativa y las estrategias de marketing del grupo entero.

Para garantizar los mejores productos y servicios a los clientes de Boden, el marketing de la empresa surge de los propios empleados: una empresa industrial, tecnológica e investigadora con el enfoque puesto en el cliente. Existe un alto grado de cooperación con los distribuidores. Ellos son los que tienen que ayudar a transmitir los productos y los programas de investigación de la empresa y los que están en contacto directo con el mercado. Los productos de la empresa suelen ser fabricados en las plantas que el grupo posee por todo el mundo. En este sentido, podemos decir que la producción, y por tanto el producto, está estandarizado.

Uno de los objetivos más importantes del grupo es el crecimiento del mercado. La postura financiera más fuerte del grupo está dirigida al I+D, así como a las inversiones en la producción y el marketing. Estos esfuerzos de inversión serán realizados en aquellos mercados donde las oportunidades de crecimiento parezcan más atractivas, como es el caso de Brasil.

Los resultados en relación con los datos generales sobre organización y el marketing son los siguientes:

Organización

Boden tiene una importante subsidiaria en Brasil, Sudamérica. La empresa entró en este mercado en 1949: tantos años de operación garantizan un desarrollo y una estrategia experimentada. La compañía eligió este mercado extranjero porque era un lugar interesante potencialmente con una importante industria del automóvil. Boden está operando en 60 países con 7900 empleados fuera de Suecia. Existe un director de marketing para cada país extranjero. El nivel de ventas en Brasil es alrededor de un 2-3% del volumen total de ventas del grupo. El 25% del valor de ventas en Brasil proviene de exportaciones de Suecia a esta subsidiaria.

La compañía desarrolla estrategias integradas en los aspectos de fabricación. El 15% son productos especiales fabricados en la subsidiaria brasileña, mientras que el resto son productos estandarizados. Esta es la razón por la que hay que considerar decisiones integradas y transferencia de productos y tecnología. La naturaleza de la demanda y el entorno competitivo son los principales motivos que justifican esta estrategia.

Estructura organizativa. Un director de ventas geográfico es responsable de las operaciones de todas las líneas de producto en sus respectivas áreas. Esta estructura es muy apropiada si se pretende acceder a un mercado internacional con marcadas diferencias en cada país. Este hecho invita a adaptar los programas de marketing en el extranjero. Con una estructura geográfica, los productos, los servicios y las operaciones pueden ser fácilmente adaptadas a las condiciones locales. La compañía puede responder a las demandas de los consumidores.

Toma de decisiones. La compañía tiene una dependencia razonable en sus operaciones extranjeras. Las decisiones son tomadas por ambos, la subsidiaria y la central, buscando una sinergia en los objetivos de la compañía. La adaptación de mercado llevada a cabo en Brasil tiene su influencia en las decisiones tomadas en la sede de la compañía, a modo de *feedback.*

Los directores de marketing mantienen el contacto a menudo, dependiendo de los proyectos, los resultados o el *feedback* necesario. Para estos contactos utilizan el correo electrónico casi cada día, el teléfono cada dos semanas, y la visita una vez al año. Pero estas relaciones dependen de la importancia de los problemas que haya que tratar. Estos contactos son importantes fuentes de información para saber lo que está sucediendo en los mercados extranjeros. Los directores creen que el nivel de autonomía de esta subsidiaria es alto, y en parte se debe a los altos logros conseguidos. Los directores de ambos mercados, el sueco y el brasileño, tienen una relación buena y abierta.

Entorno. Suecia tiene un nivel de vida superior al de Brasil. El mercado brasileño tiende a esforzarse para que acepte más productos estandarizados. Sin embargo, hay un significativo porcentaje de adaptación, desde el momento en que la compañía decide centrarse en el consumidor.

La cultura, el clima y las infraestructuras no afectan negativamente, hoy en día, al desarrollo de la compañía en Brasil. Sin embargo, existen otros factores como la situación política y la legislación que sí afectan. Brasil, como el resto de los mercados en Latinoamérica, sufre muchas fluctuaciones económicas. De hecho, esta inestabilidad supone graves problemas a la hora de, por ejemplo, marcar precios, lo que provoca dificultades en los estados financieros de la empresa.

Marketing Mix

Producto. La compañía ofrece los mismos productos en ambos mercados. La sede en Suecia es responsable de diseñar todos los productos, pero, teniendo en cuenta la demanda, la subsidiaria brasileña los adapta dependiendo de las necesidades de la industria. Una vez más, el *feedback* desarrollado ayuda a confeccionar a medida los productos y los servicios.

La compañía gestiona sus productos y la calidad de los servicios según los de sus competidores de la siguiente manera:

- Cubriendo toda la línea de productos. Los competidores en Brasil trabajan con parte de los productos que produce Boden.
La estrategia general de la compañía está basada en una extensión de la línea doméstica
- Distribución
- Formación del personal
- Servicio al cliente. Estos servicios están totalmente adaptados
- Información ofrecida a los consumidores
- Marca. Boden utiliza el mismo nombre en todo el mundo
- Empaquetado estándar. Colores rojo y amarillo

Precio. La subsidiaria tiene autonomía para marcar precios. Buscan un precio de mercado con el objetivo de alcanzar una cuota de mercado competitiva, tratando de mantener precios altos de acuerdo con la calidad de los productos. El coste, la situación política y la competencia son las variables en las que Boden se basa para marcar precios. Por lo tanto, no es posible considerar una estandarización en los precios de mercado en Brasil.

Distribución. El principal objetivo de Boden en relación con la distribución es llegar tan cerca como sea posible al consumidor. Sin embargo, las decisiones sobre la longitud del canal y la logística son responsabilidad de la subsidiaria. Con el fin de lograr un buen entendimiento en la penetración de Boden, es necesario considerar el liderazgo de la compañía en el mercado, siendo éste el doble que la del siguiente competidor. La exportación directa es el tipo de intermediarios elegidos por la compañía en Suecia, y los intermediarios de importación son los canales que utiliza la subsidiaria.

Promoción. La responsabilidad de marcar y asignar el presupuesto de promoción es de la subsidiaria, con la misma estrategia *Push* en Brasil y Suecia. Estos aspectos de la promoción están basados en el correo directo y los catálogos. Boden desarrolla el mismo mensaje en todo el mundo, con pequeñas adaptaciones del mensaje según las características del mercado local al que se dirigen.

De acuerdo con los directores entrevistados, los elementos del programa de marketing que tienen mayor posibilidad de ser estandarizados son las ventas. El precio requiere una adaptación, pero buscando una homogeneización. Las economías de escala y la obtención de una imagen uniforme son las mayores ventajas de un marketing estandarizado.

Cuestiones

1. ¿Es correcto el método de recogida de información? ¿Cómo deberían haberse llevado a cabo las entrevistas?

2. ¿Qué puede sugerir los resultados obtenidos?

3. ¿Podemos extrapolarlos a otros sectores de actividad?

4. ¿Qué diferencias existen a la hora de establecer programas de marketing a nivel internacional en productos industriales, de consumo o servicios? ¿Es más sencillo estandarizar unos que otros?

ANEXO. Guía de las Entrevistas

1. Información general sobre la Organización
- Estrategia general: internacional (tendencia a la descentralización) o global (tendencia a la centralización)
- Organización de los arquetipos estructurales:
- Estructura de la división internacional
- Estructura del área
- Estructura del producto
- Estructura de la empresa matriz
- Características del mercado subsidiario y local (Latinoamérica):
- Edad
- Por qué este subsidiario
- Nivel del tamaño subsidiario
- Composición de la línea de producto
- Poder adquisitivo del mercado
- Clima

- Desarrollo económico
- Restricciones políticas
- Número de trabajadores en Suecia y en el mercado subsidiario
- Factores que afectan a la división de toma de decisiones entre la sede y las subsidiarias
- Nivel de ventas de este mercado extranjero en el volumen global de ventas de la compañía
- Qué parte del valor de las ventas totales provienen de la subsidiaria
- Con qué frecuencia y cómo contacta el director de marketing a nivel mundial con los directores de las subsidiarias
- Fuentes de información sobre lo que está pasando en el mercado subsidiario
- Nivel de autonomía de las subsidiarias
- Problemas principales o diferencias cuando se trata con el mercado extranjero escogido

2. *Marketing Mix*
- Diferencias en la oferta de producto/servicio entre la sede y las subsidiarias
- Quién diseña estos productos o servicios
- Influencias del consumidor en el diseño y las motivaciones a las características añadidas
- Diferenciación de productos o servicios con los competidores
- Estrategia general en la entrada de nuevos mercados en relación con la fabricación
- Nombre usado en el mercado extranjero
- Empaquetado estándar o adaptado. Motivaciones para la decisión
- Diferencias en servicios ofrecidos entre la sede y las subsidiarias
- Poder de las subsidiarias en las decisiones de precios
- Variables consideradas en las decisiones de precios
- Objetivos de distribución de la compañía cuando se introduce en nuevos mercados
- Estructura de distribución y longitud del canal en los mercados sueco y extranjero
- Responsabilidad en la selección de los canales de distribución y intermediarios
- Reparto en la toma de decisiones en relación con la longitud del canal y la distribución logística
- Grado de penetración en el mercado extranjero
- Tipo de intermediarios escogidos por sede y las subsidiarias

- Responsabilidad en la elección y asignación del presupuesto de asignación en el mercado extranjero
- Estrategias del mix de comunicación en la sede y los mercados subsidiarios
- Medios seleccionados para promocionar los productos/servicios y la imagen de marca en los mercados sueco y extranjero
- Responsabilidad en la selección de promociones de ventas en el mercado extranjero
- Factores que influyen en el grado de estandarización de los programas de marketing
- Elementos del programa de marketing más fácilmente estandarizables

3. Cuestionario
3.1 Información general sobre la Organización
1. En términos de estrategia general, cuando están entrando en nuevos mercados, quieren ser:
   - Internacional
   - Global

¿Por qué?
   - La naturaleza de la demanda
   - Costes
   - La estructura del mercado
   - El entorno competitivo
   - Las categorías de producto/servicios
   - Estructura organizativa de las compañías
   - Legislación
   - Otros

2. ¿Cuáles de los siguientes arquetipos de estructura organizativa utiliza la compañía?
   - Estructura de división internacional
   - Estructura geográfica
   - Estructura de producto
   - Estructura matricial
   - Otros

3. ¿Qué antigüedad tiene la subsidiaria?

4. ¿Cuál es la razón por la que la compañía eligió este mercado extranjero?

5. ¿Cuántos trabajadores tiene la compañía en?
   - Sede
   - Mercado local

6. ¿En el caso de su empresa, cómo calificaría las siguientes afirmaciones?
   - Cuanto mayor es la dependencia de una compañía en sus operaciones extranjeras, mayor riesgo tiene y mayor es la tendencia a centralizar todas las decisiones en la sede.
   - Cuanto mayores son las diferencias culturales en la subsidiaria, mayor riesgo de malinterpretar los mensajes de los clientes, proveedores, con lo cual más importante se hace tomar la decisión a nivel de subsidiaria
   - Cuanta mayor variabilidad e imprecisión hay en las subsidiarias, más importante es que las decisiones se tomen rápidamente y en la misma subsidiaria.

7. Aproximadamente, ¿cuál es el nivel de ventas de este mercado extranjero en el volumen global de ventas de la compañía?

8. ¿Qué parte del valor de ventas totales se centra en exportaciones a estas subsidiarias?

9. En el momento en que los mercados más pobres tienden a aceptar los productos y servicios más estandarizados, ¿cómo está afectando el nivel de riqueza del mercado local a las características de los productos y servicios?

10. ¿Con qué frecuencia contactan los directores de marketing con los directores locales?

11. ¿Cómo recibe información la compañía sueca sobre lo que está ocurriendo en la subsidiaria? (Fuentes de información: directores locales, intermediarios, clientes ...)

	Cada día	Semanal	Mensual	Anual	Otros
Teléfono					
Telefax					
Informe					
Visita					
E-mail					
Carta					
Otros					

12. En su opinión, ¿cómo afectan los siguientes items al desarrollo de la compañía en los mercados subsidiarios?
    - Cultura
    - Política
    - Clima
    - Infraestructura

13. ¿Cree que el nivel de autonomía de esta subsidiaria es?
    - Bajo
    - Normal
    - Alto

14. ¿Cuáles son los principales problemas o diferencias que encuentra en el trato con los mercados extranjeros?

3.2 Marketing Mix

15. ¿Ofrece la compañía los mismos productos en las subsidiarias que en Suecia?

16. ¿Quién diseña estos productos o servicios (casa matriz o subsidiaria)?

17. ¿Cómo influye el cliente en las decisiones de diseño (incorporación de características a productos)?

18. ¿Por qué razón selecciona la compañía estos productos o servicios?

19. ¿Cómo diferencia la compañía sus productos o servicios de los de los competidores?

20. Vuestra estrategia general cuando se entra en nuevos mercados está dirigida a:
    - Extensión de la línea doméstica
    - Extensión de la línea existente en otros mercados subsidiarios
    - Añadiendo características adicionales a la línea
    - Añadiendo nuevos productos

21. ¿Utiliza la compañía un único nombre para todo el mundo o diferentes nombres dependiendo del mercado?

22. ¿Utiliza la compañía un empaquetado estandarizado para sus productos en todos sus mercados? ¿Qué pretende la compa-

ñía utilizando un determinado tipo de empaquetado?

23.Si la compañía añade características a sus productos o servicios cuando trata con las subsidiarias, ¿qué variables influyen en la decisión?
- Naturaleza de los productos
- Desarrollo del mercado extranjero
- Coste
- Requerimiento legal
- Competidores
- Otros

24.¿Existe alguna diferencia en el producto o sus servicios entre la sede y las subsidiarias? ¿Están estos servicios estandarizados o adaptados?

25.¿La subsidiaria tiene poder en la fijación de precios? ¿Cuál es la relación sede-subsidiaria en este aspecto?

26.¿En qué variables se basan las decisiones de precio?

27.¿Es posible considerar la estandarización cuando la compañía establece precios en el extranjero?

28.¿Cuáles son los objetivos de distribución de la compañía cuando se introduce en nuevos mercados?

29.¿Tiene la compañía la misma estructura de distribución y la misma longitud de canal en Suecia y los mercados extranjeros?

30.¿Quién tiene la responsabilidad de seleccionar los canales de distribución y los intermediarios (sede-subsidiaria)?

31.¿Cuáles son los principales factores que influyen en el grado de penetración en los mercados extranjeros?

32.¿Quién tiene la responsabilidad de decisión entre la sede y las subsidiarias en los siguientes items de distribución referidos a los mercados locales?

	Sede	Subsidiarias
Longitud del canal		
Distribución logística		

33.¿Qué tipo de intermediarios utilizan la compañía sede y las subsidiarias?
- Compañía sede:
  • Empresas de exportación
  • Agentes de exportación
  • Exportación directa
- Subsidiarias:
  • Intermediarios importación
  • Agentes locales
  • Detallistas

34.¿Quién es el responsable de elegir y asignar el presupuesto de promoción en el mercado extranjero?

35.¿Tiene la compañía el mismo mix de comunicación en ambos mercados?

	Suecia	Subsidiarias
Estrategia push		
Estrategia pul		

36.¿Qué estrategia utiliza la empresa en las comunicaciones?
- Un mensaje universal
- El mismo mensaje global, pero adaptado a cada mercado local
- Desarrollando una serie de anuncios de los cuales cada subsidiaria selecciona uno
- Los directores locales deciden uno

37.¿Qué medios selecciona la compañía para promocionar sus productos y su imagen de marca en ambos mercados? ¿Quién lo decide en los mercados extranjeros?

38.¿Quién tiene la responsabilidad de seleccionar las promociones de ventas en los mercados extranjeros?

39. ¿Qué tipo de estrategia de comunicación utiliza la compañía?
- Estandarización marca/producto (servicio) y comunicación estándar
- Estandarización marca/producto (servicio) y adaptación de la comunicación
- Adaptación local marca/producto y comunicación estándar
- Adaptación local marca/producto y adaptación de la comunicación

40. Con el fin de conseguir un grado de estandarización en las subsidiarias, ¿qué factores influyen?

- Categoría del producto
- Ciclo de vida del producto
- Decisiones estratégicas como objetivos
- Mercado objetivo y posicionamiento
- Mensaje publicitario y su ejecución
- Producción

41. En su opinión, ¿qué elementos del programa de marketing son más fáciles de estandarizar?

42. En su opinión, ¿cuáles son las mayores ventajas de un programa de marketing estandarizado?

[1] Cada multinacional y cada subsidiaria son distintas y las decisiones sobre los programas de marketing cambian de una a otra. Quizás, un análisis más profundo invitaría a comparar las actuaciones de empresas multinacionales de los mismos sectores en subsidiarias culturalmente similares y con entornos sociales, gubernamentales y legales parecidos.

* Fuente: www.idescat.net

NINGOS (Estrategia de producto y posicionamiento)

(Este documento no pretende ilustrar una determinada forma de gestión, sino que debe servir como base para el diálogo. Para que la discusión sea provechosa, es necesario preparar el caso con antelación, definiendo los problemas y proponiendo alternativas de solución y acción.)

Algunas empresas diversifican ampliamente la cartera de sus productos con el fin de no arriesgar su futuro tratando de concentrar esfuerzos en unos pocos productos. Con una oferta amplia y profunda a la vez, los objetivos de Ningos para el trienio 2001-2003 pasan por el lanzamiento de nuevos productos según las necesidades detectadas en el mercado.

Historia de la empresa

En 1957, el japonés Oki Kyushu, descendiente de una familia de comerciantes, crea en la ciudad de Kanazawa la compañía Ningos, dedicada a la venta de productos para la limpieza del hogar. Actualmente, esta multinacional japonesa, codirigida por los hijos de su fundador, cuenta con representación en sesenta y dos países de todo el mundo y su variedad de productos sobrepasa el millar.

El crecimiento de la compañía ha tenido como uno de sus pilares fundamentales la diversificación. En sus inicios, la compañía ofrecía únicamente productos para la limpieza del hogar (detergentes para ropa y jabones para suelos y cocinas). En 1972, Ningos crea una división de productos para la higiene personal y seis años más tarde se introduce en el mercado de los ambientadores de hogar. En 1979, revoluciona el mercado japonés al presentar uno de sus productos estrella: los neceseres y productos de higiene personal especialmente concebidos para viajar, que tuvieron una enorme aceptación entre los consumidores japoneses y gracias a los cuales sus ventas llegaron a alcanzar un crecimiento del 68% en tan sólo un año.

Ya en manos de sus herederos, en 1987 la compañía crea su filial norteamericana e irrumpe en el mercado de los productos de limpieza de terraza y jardín. Con el liderazgo del mercado en este país, se lanza a la conquista de los mercados de productos de limpieza y desinfección de todo tipo (piscinas,

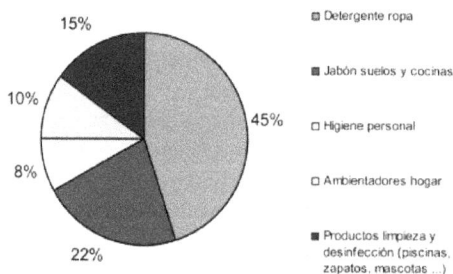

Gráfico 1. Porcentaje sobre ventas de las distintas áreas de negocio (1995)

mascotas, plantas y jardines, zapatos, automóviles...).

En la actualidad, la compañía pertenecía a la familia en un 100%. Cuenta con un equipo de 900 profesionales. Las ventas en 2000 crecieron un 7% respecto a 1999, hasta los 300 millones eruos. El 47% proviene de la línea de detergentes para ropa. El beneficio neto de la compañía ha sido de 10 millones euros.

La línea de detergentes para ropa

El constante y sólido crecimiento de Ningos es el resultado de una política expansionista que le ha llevado a contar con una amplia gama de marcas para diversos productos dirigidos al mismo sector. Así, por ejemplo, Ningos cuenta con ocho marcas de detergente para ropa (Dasho, Kendo, Rao, Morei, Sio, Nano, Piayo y Yene) que responden a las necesidades de los ocho segmentos identificados dentro del universo de consumidores de este producto. Estos productos y sus respectivos posicionamientos son los siguientes:

- **Dasho** es el líder de ventas de su segmento en Japón. "La ropa queda como nueva", está dirigido a un uso tradicional. Es un detergente "familiar", recomendado para todo tipo de ropa, eficaz y que asegura una limpieza total.
- **Kendo** es el detergente más potente del mercado, al que ninguna mancha se resis-

te: "Cuando nadie puede con ellas, Kendo las elimina". Promete eficacia y las comparativas realizadas en los *spots* publicitarios son reconocidas como válidas por los institutos de estudios japoneses.

- **Rao** está posicionado como un detergente para ropa delicada, especialmente para la del bebé. Existen tres variedades de Rao (con diversos aromas) y su precio es relativamente alto comparado con el de sus competidores, a pesar de lo que su cuota de mercado, en su segmento, sobrepasa el 30%.

- **Morei** es un detergente "tradicional" destinado a la limpieza de tejidos como la seda o el hilo. Su posicionamiento tiene un componente tradicional, y está pensado para la limpieza de kimonos, ropa tradicional, manteles..., "limpieza como la de antes".

- **Sio** es el detergente con suavizante que proporciona un "olor fresco y duradero, como de recién lavado". Este producto fue lanzado en 1986 y cuenta con cinco variedades de olor.

- **Nano** es el producto de valor de la compañía. Compite en precio con el resto de detergentes: "Su ropa lo notará. Su bolsillo, también". Su fórmula no ha sido modificada desde su nacimiento, lo mismo que su posicionamiento, por lo que es uno de los productos más conocidos por los consumidores.

- **Piayo**, una de las primeras marcas de la compañía y con una cuota de mercado que se ha mantenido constante, con leves variaciones, a lo largo de sus más de 58 años de existencia, es el producto "para las manchas de todos los días". Su fórmula rica en componentes naturales permite eliminar las manchas de tierra, sudor, san-

gre, hierba... sin alterar los colores. Es el detergente "que no le defrauda".

- **Yene** es un detergente destinado a las manchas más difíciles, como las de aceite y frutas. Promete resultados y proporciona una excelente calidad de lavado, que no estropea las prendas.

El mercado y la competencia

En conjunto, las ocho marcas de Ningos acaparan el 28% del mercado japonés de detergentes para ropa y el 6% del mercado mundial. Una estudiada segmentación del mercado le permite introducir pequeños cambios en sus productos (aromas, presentación, textura...), comprobar sus consecuencias y mantener un amplio margen de maniobra ante cualquier iniciativa de sus competidores.

En Japón, existen otros tres competidores fuertes que acaparan el 57% del sector. El resto está en manos de pequeños fabricantes locales, algunos de los cuales ya están siendo adquiridos por los grandes.

Quizás, la ventaja competitiva más fuerte de Ningos, en lo que a detergentes para ropa se refiere, consiste en haber conseguido una alta especialización y calidad en una línea de productos muy amplia. La compañía es líder de mercado en Japón y va camino de serlo a nivel mundial.

Cuestiones

1. ¿Por qué Ningos mantiene ocho marcas diferentes de detergente en lugar de concentrar sus esfuerzos de I+D y publicidad en una sola?

2. En el caso en que alguna de estas marcas no obtuviera la penetración de mercado que se espera de ella, ¿sería conveniente retirarla y abandonar ese segmento? ¿Por qué?

3. ¿Cuál debería ser la estrategia de los competidores de Ningos? ¿Qué punto, si es que lo hay, del *marketing mix* es el más débil de Ningos?

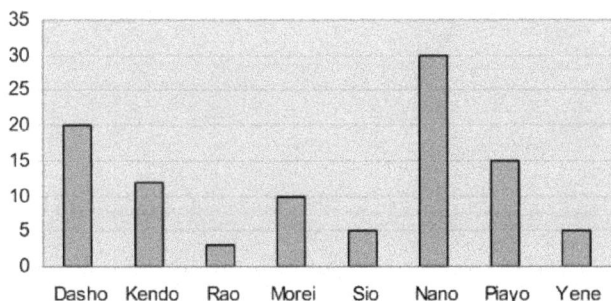

Gráfico 2. Porcentaje sobre ventas de cada uno de los productos de la línea de detergentes para ropa

4. ¿Sería conveniente introducir en el mercado algún segmento en el que Ningos no compita?

5. ¿Sería conveniente tratar de unir dos de los segmentos en los que actúa Ningos? ¿Por qué?

6. Si fuera directivo de Ningos, ¿apoyaría algún segmento con alguna nueva marca. En ese caso, ¿qué pasos habría que dar para introducirla en Japón? ¿Y en el resto de los países?

6

Producto y marca

OBJETIVOS

1. Dar a conocer el término producto en toda su amplitud
2. Analizar el concepto de marca y su importancia en el conocimiento del producto
3. Analizar el desarrollo, evolución y difusión del producto, así como los síntomas de maduración

6.1 CONCEPTO DE PRODUCTO

El producto es la razón de ser de la empresa

El producto es todo aquello que se ofrece a un mercado para su adquisición, uso o consumo y que es capaz de satisfacer una necesidad o deseo. El concepto de producto parte del planteamiento que tiene la empresa en su misión y visión, es decir, cuál es la razón de ser de la empresa, su negocio, a dónde quiere llegar y qué es lo que puede ofrecer. Según Kotler, el producto tiene tres niveles: el producto básico, el producto real o tangible y el producto aumentado.

El *producto básico* es el producto en sí mismo. Se compone de los beneficios y servicios que reporta al comprador. Por ejemplo, Revlon dice: en la fábrica, producimos cosméticos; en la tienda, vendemos esperanzas. Esto está relacionado con la capacidad de la empresa para reconocer que el producto existe para satisfacer una necesidad, no para que el propio fabricante se enamore de su producto. Theodore Levitt, en su libro sobre la miopía mercadotécnica, cita varios ejemplos que ilustran este hecho: el cliente no quiere una broca, quiere hacer un agujero; el cliente no quiere vagones de tren, quiere un medio de transporte ferroviario.

El *producto real o tangible* es realizable a partir del producto básico y se compone de varios aspectos formales: la calidad, la marca, el diseño, el envase y el estilo. Esto es lo que el comprador está adquiriendo en realidad. Sobre estos aspectos haremos mención a lo largo de este capítulo.

El *producto aumentado* es la oferta comercial global que ofrece otros servicios y beneficios al consumidor. Se compone de la instalación, el servicio posventa, el mantenimiento, la garantía, la entrega y la financiación.

Según Levitt, el producto es un conglomerado de tangibles e intangibles que se agrupan en un producto total. Los elementos de esta combinación son los siguientes:

- *Producto genérico*: producto en sí mismo.
- *Producto esperado*: lo que desearía el cliente. Incluye la entrega, la financiación, etc.
- *Producto aumentado*: mejora de las condiciones de adquisición en relación con lo que el cliente esperaba obtener.
- *Producto potencial*: que se preocupa de atraer clientes y obtener fidelidad de los existentes.

La tarea del profesional del marketing será la identificación de necesidades básicas de los consumidores que podría satisfacer un producto básico. De ahí saldrá el producto tangible y el aumentado. Alrededor de este último concepto tiene lugar la mayor parte de las actividades contra la competencia.

En el capítulo primero se describe con suficiente profundidad lo que se entiende por concepto de producto, comparándolo con los conceptos de producción, ventas y marketing, y aludiendo tanto a su condición de satisfacer necesidades como al producto en sí.

6.2 CLASIFICACIÓN DE LOS PRODUCTOS

Según el grado de durabilidad o tangibilidad, los productos pueden clasificarse en tres grupos:

Bienes duraderos. Pueden ser usados durante largo tiempo y de forma continuada, llegando a ser de uso o propiedad de varias personas. Por ejemplo, un automóvil o un televisor.

Bienes no duraderos. Son productos que se consumen en uno o varios usos. Por ejemplo, una bebida o un alimento.

Servicios. Son productos intangibles. Los definimos como las actividades que se ponen a la disposición del usuario. Por ejemplo, un viaje, o un corte de cabello.

6.2.1 Bienes de consumo

Bienes de compra habitual
Son aquellos productos de uso común que el cliente compra con cierta frecuencia y con pocas comparaciones y mínimo esfuerzo de decisión. Se adquieren con facilidad a precio bajo.

Bienes básicos
Son los que el comprador adquiere de forma regular, como el pan, el periódico, etc.

Bienes por impulso
Son aquellos que sufren una compra poco planificada y ausente de esfuerzo. Son bienes que rara vez el consumidor va a buscar de forma específica, al estar disponibles en muchos lugares. Es el caso de los caramelos, los chocolates, las pilas, las maquinillas de afeitar, etc. Bienes que acostumbran a colocarse en las tiendas con el propósito de llamar la atención del cliente que pasa cerca de ellos.

Bienes de urgencia
Se compran cuando existe una necesidad urgente. Por ejemplo, un paraguas en una lluvia o una comida preparada cuando surge un imprevisto. Estos bienes se colocan en muchos puntos de ventas para que el cliente pueda disponer de ellos en estos casos.

Bienes de comparación o de compra esporádica
Durante el proceso de compra, el cliente suele comparar los productos según a criterios de calidad, precio y estilo. Este tipo de bienes requiere más esfuerzo y más dedicación, pues es necesaria más información para la comparación y la decisión final. Ejemplos de estos bienes son la ropa, los electrodomésticos y los muebles. Los vendedores que manejan productos de comparación deben estar muy capacitados para proporcionar buena información y consejos a los clientes.

Bienes uniformes
Son bienes de comparación con calidad similar, pero con precios muy distintos. Es cuando el cliente discrimina los productos según el precio. Por ejemplo, los automóviles.

Bienes no uniformes
Las características del producto suelen ser más importantes que el precio. Por ejemplo, cuando el comprador adquiere un traje, dará más importancia, dentro de unos límites, al

CLASIFICACIÓN DE LOS PRODUCTOS

hecho de que le quede bien, en lugar de dársela a las diferencias en el precio.

Bienes especializados
Son los productos con características diferenciales importantes, prestigio o con una marca que los identifica. Existe un grupo de compradores que está dispuesto a hacer un esfuerzo especial de decisión para comprarlos. Los puntos de venta en donde pueden encontrarse estos bienes no son muy numerosos. Dado que el esfuerzo del comprador va a ser únicamente en desplazamiento y no en comparación, el vendedor debe hacer saber dónde se puede encontrar la marca. Ejemplos de este tipo de productos son los artículos de marca.

Bienes no buscados
Se refiere a aquellos bienes que el consumidor no piensa comprar en principio o, incluso, ni conoce. Los productos nuevos se encuentran dentro de este grupo, pues el consumidor no los conoce hasta que la publicidad y la promoción se encargan de ello. Las ventas puerta a puerta tratan de colocar bienes no buscados. Por ejemplo, las enciclopedias, pólizas de seguros, etc.

6.2.2 Bienes industriales

Materias primas
Son productos básicos utilizados para convertirlos en parte del producto. Se dividen en productos naturales, de escaso valor unitario y suministrados a los usuarios industriales por pocos productores de gran tamaño, y en productos agropecuarios, suministrados por muchos pequeños productores.

Materiales
Son productos procesados que pasan a formar parte del producto. Por ejemplo, la conver-

sión del alcohol en un producto limpiador. Se venden directamente a las industrias. Para su comercialización, es importante el precio y el servicio ofrecido.

Componentes
Son partes que se incorporan al producto terminado sin sufrir ninguna transformación. Igual que los materiales, estos productos se venden de forma directa a los usuarios industriales.

Instalaciones
Constan de edificios (oficinas, almacenes, etc.) y de equipo fijo (generadores, calderas, aire acondicionado, compresores, etc.). La compra de estos productos se realiza directamente al productor después de un largo proceso de decisión, dado que la inversión o gasto que suponen es muy alto.

Equipo accesorio
Incluye el equipo y las herramientas que se utilizan para las actividades de producción y administrativas, sin llegar a formar parte del producto terminado. En este mercado sí que existen intermediarios al ser muchos los compradores, de distintas zonas geográficas, y trabajándose pedidos pequeños. Ejemplos: un ordenador de oficina o una caja de herramientas.

Suministros
Sin formar parte del producto terminado, incluyen los artículos necesarios para las actividades de producción, reparación y mantenimiento. Los suministros suelen comprarse sin mucho esfuerzo. Ejemplos: los aceites, combustibles, etc.

Servicios
Productos intangibles que incluyen mantenimiento, reparación, investigación, o cualquier tipo de asesoría.

6.3 GESTIÓN DEL PRODUCTO

La investigación del mercado es clave

Los beneficios del producto son comunicados y ofrecidos por la calidad, el diseño, los servicios que ofrece, etc. A continuación trataremos cada uno de los factores que rodean la gestión del producto.

6.3.1 Características y diferenciación

A partir de un modelo básico de un producto, la empresa puede crear modelos más complejos sumando características. Estas características son un instrumento competitivo para diferenciar el producto en el mercado. Las empresas que añaden características a sus productos antes que la competencia, se consolidan coyunturalmente como empresas innovadoras, liderando el mercado.

La empresa debe conocer cuáles son las características que debe incorporar en sus productos. Esto lo consigue mediante la investigación del mercado, estudiando al cliente para descubrir qué es lo que quiere y cuánto estaría dispuesto a pagar por ello. Estas preguntas son básicas, es decir, a partir de ellas aparecen innumerables factores a tener en cuenta en la toma de decisiones de este tipo. Las respuestas obtenidas ayudarán a la empresa a conocer el valor que concede el cliente a estas características para compararlo con el coste que supone su adición al producto.

La estrategia de marketing que trata de destacar las características del producto de alguna manera, con la finalidad de ser percibirlo como único, es la diferenciación. Esto facilita que se produzca un liderazgo de mercado. Las empresas punteras se esfuerzan por ofrecer productos diferentes y únicos de los demás, y así hacen que se perciba desde el punto de vista del consumidor mediante la imagen que tiene este de la organización. Por ejemplo, la marca de automóviles Volvo se diferencia por la seguridad y los relojes suizos, en general, por su precisión y prestigio. Aun así, no siempre puede considerarse que la diferenciación es fiable, pues pueden existir relojes más precisos que los suizos en el mercado y coches más seguros que los suecos citados. Esto significa que, siendo dos productos idénticos técnicamente, pueden ser valorados de manera distinta al sufrir acciones de marketing distintas.

La diferenciación también presenta riesgos, pues con la misma facilidad con que la empresa amplia su mercado, también puede perderlo si las acciones son imitadas por la competencia.

No debe confundirse diferenciación con segmentación. La primera se refiere a variar la oferta de la empresa. La segunda consiste en subdividir el mercado en grupos homogéneos y sobre ellos aplicar distintos programas de marketing.

6.3.2 Diseño

Un instrumento poderoso para competir es el diseño. Es un concepto que llega a lo más hondo del producto, a diferencia del estilo que se centra solo en el aspecto de aquél. El diseño se exterioriza en un producto en su buena utilidad, su aspecto, en un servicio barato y fácil.

Conforme aumente la competencia, la inversión en diseño ofrecerá un punto fuerte para diferenciar y posicionar los productos y sus servicios. Las empresas que trabajan este aspecto del producto generalmente consiguen beneficios en las demás áreas de la organización, pues un buen diseño puede atraer la atención, mejorar la actuación del producto, reducir los costes de producción y gozar de una ventaja competitiva.

Muchas otras empresas carecen de ese diseño óptimo, con lo que sus productos no funcionan bien. Quizás se centren en el estilo, consiguiendo llamar la atención, algo que no garantiza que el producto actúe mejor que los de la competencia.

6.3.3 Calidad

Alrededor de la calidad se ha constituido toda una ciencia en las últimas décadas. Podemos definirla como la capacidad que tiene un producto para cumplir con sus funciones. Es, quizás, el instrumento más poderoso para el éxito de la empresa. Aspectos perceptibles como la

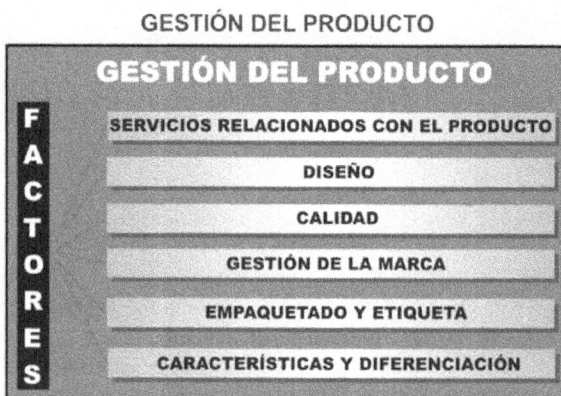

GESTIÓN DEL PRODUCTO

GESTIÓN DEL PRODUCTO

FACTORES

SERVICIOS RELACIONADOS CON EL PRODUCTO

DISEÑO

CALIDAD

GESTIÓN DE LA MARCA

EMPAQUETADO Y ETIQUETA

CARACTERÍSTICAS Y DIFERENCIACIÓN

duración, flexibilidad, precisión, facilidad en el manejo, reparación, etc. son atributos que, aunque puedan ser objetivos, en la realidad se miden según la opinión del consumidor. Por ello las empresas optan por un grado de calidad dependiendo de las necesidades, sin tener que dar la calidad máxima que podrían y que no aportaría mayor satisfacción. A esto se le denomina elección del grado de calidad. Vemos, pues, que existen dos concepciones de la calidad: la calidad objetiva y la calidad percibida.

Por otro lado, a calidad también se relaciona con la ausencia de defectos y de variabilidad. Por ejemplo, un Opel puede tener la misma calidad que un Mercedes y el servicio del concesionario puede ser tan bueno. En estos términos de calidad, la reducción de las variaciones que producen defectos garantiza que el cliente obtenga aquello por lo que ha pagado.

Existe una paradoja entre calidad y precio. El aumento de la calidad puede influir en el precio. Quizás estaremos hablando de una calidad objetiva. Por otro lado, un aumento en el precio del producto puede ser percibido como un indicador de calidad para el consumidor. El precio como indicador de calidad depende de:
- La diversidad de precios y calidades dentro de una clase de productos
- Del grado de conocimiento de los precios de la competencia por parte del consumidor
- De la capacidad del consumidor para distinguir la calidad de las distintas marcas
- De la imagen de marca, distribuidor

La importancia que se le ha concedido a la calidad se plasma en frases, hasta cierto punto arriesgadas, del tipo: calidad total, cero defectos, etc. Las empresas japonesas llevan muchos años esforzándose por mejorar constantemente los procesos de producción y la calidad del producto, en todas las fases de sus actividades, en un intento de administrar lo que se ha llamado calidad total. Esta nueva ciencia no solo pretende reducir los defectos que molestan a los clientes o basar el marketing de la empresa en la calidad, sino que se dedica constantemente a mejorar la calidad en todos los estratos de la empresa. Esto supone prevenir los defectos antes de que aparezcan, en lugar de corregirlos cuando se encuentran, a través de un mejor diseño de productos y de procesos. La meta última de esta concepción sobre la calidad es aumentar el valor para los clientes. Muchas empresas han tratado de traducir los defectos en necesidades; así, si al cliente no le satisface aquello que la empresa ofrece, existe un defecto. Esta definición de la calidad definida por el cliente se ha convertido en un arma estratégica potente que en la actualidad es una oportunidad competitiva.

La regulación de estándares de calidad entre países se realiza según unas normas creadas por la Oficina Internacional de Estandarización (ISO), y cada vez son más adoptadas por las empresas.

6.3.4 Servicios relacionados con el producto

Un servicio visto como apoyo al producto es otro de los instrumentos eficaces para la obtención de una ventaja competitiva. De hecho, existen estudios que revelan que aquellas empresas que utilizan servicios adicionales superan a sus competidores, pudiendo consecuentemente crecer con mayor rapidez y obteniendo mayor utilidad por su oferta. Los servicios son precisos en la medida que cuesta más atraer clientes nuevos que conservar los existentes, es decir, un buen servicio facilita la fidelidad. Este es el motivo por el cual cada vez son más las empresas que cuentan con una línea de atención al cliente.

La finalidad de ofrecer ciertos servicios es la satisfacción de las necesidades del cliente. Las personas del marketing deberán estudiar, encuestar y hacer un seguimiento al consumidor durante todas las fases del proceso de compra para determinar cuáles son los aumentos al producto que más valorarán los clientes, que podrán variar según el tipo de producto o el segmento al que se dirige la oferta. Estos servicios pueden ir desde las facilidades de financiación hasta la entrega inmediata, pasando por las facilidades concedidas para el mantenimiento del producto.

Algunas empresas diseñan sus productos de manera que no necesiten incorporar servicios adicionales. Por ejemplo, una fotocopiadora puede no requerir del servicio técnico si el cartucho de tinta es intercambiable y se comercializa como accesorio. Vemos aquí otra de las estrategias con que cuentan las empresas para competir, consistente en diseñar los productos de manera que se requiera poco gasto en servicios adicionales.

Existen distintas formas de ofrecer los servicios de apoyo al producto. La empresa bien puede distribuir personal propio por el área de venta, llegar a un acuerdo con distribuidores y detallistas, o contratar los servicios a otras empresas. Lo más corriente es utilizar el propio personal de la empresa. Es posible que el negocio de la empresa se realice con los servicios que rodean al producto más que con el producto en sí. Muchos fabricantes dejan el servicio de mantenimiento y reparaciones en manos de distribuidores y comerciantes autorizados, consiguiendo estar más cerca del cliente y conociendo mejor sus reacciones y necesidades. Esto no garantiza un servicio de mejor calidad, aunque el coste para el fabricante es menor.

6.4 GESTIÓN DE LA MARCA. PROPIEDAD INDUSTRIAL

6.4.1 Concepto de marca

Se puede considerar la marca como la manera de diferenciar un producto de los demás. La Asociación Americana de Marketing (AMA) define la marca como "un nombre, término, símbolo o diseño, o una combinación de ellos, que trata de identificar los bienes y servicios de un vendedor o grupo de vendedores y diferenciarlos de la competencia". De la misma manera, la Ley de Marcas española (1988) la definió como "todo signo o medio que distinga o sirva para distinguir el mercado de productos o servicios de una persona, de productos o servicios idénticos o similares de otras personas".

Las marcas se han utilizado desde hace siglos con el fin de lograr diferenciar los múltiples productos del mercado. Las primeras marcas se remontan a la Edad Media, cuando los gremios exigían a los artesanos que hicieran notar de alguna manera sus productos para protegerse de los demás y así diferenciar los productos de diferentes calidades. En la actualidad, se afirma que el éxito de una empresa viene en gran medida por el éxito de la marca.

Podemos decir que la marca está compuesta por dos elementos: el nombre y el logotipo. El primero de ellos, es la parte de la marca que se pronuncia y es como se llama un producto específico de la empresa. Chupa-Chups es el nombre de una empresa y la marca del producto principal que comercializa. Sin embargo, Fairy es la marca comercial de uno de los productos que vende la empresa Procter & Gamble. El segundo de ellos, el logotipo es la representación visual de la misma, es decir, los símbolos, letras o colores que representa la marca.

Las marcas pueden clasificarse en función de diversas características. Vamos a elegir tres de ellas:

Según las características del nombre. El nombre elegido para ser la marca debe ser fácilmente identificable y recordable. Dicho nombre puede tener orígenes diferentes e incluso significados diferentes según el contexto en el que estén. Algunos ejemplos de dicha variedad son los siguientes:
- Un nombre sin un significado específico: los helados Häagen-Dazs o los colchones Pikolín
- Una palabra de uso común y que no tiene relación con el producto en sí: los quesitos la Vaca que ríe o yogures La Fageda
- El nombre de los fundadores de la empresa: H&M (Hennes & Mauritz), HP (Hewlett-Packard), etc.
- Un número: Channel n°5 o Antena 3
- Las iniciales de la empresa (SEAT, Sociedad Española de Automóviles de Turismo, el AVE, Alta Velocidad Española)

Según las partes que componen la marca:
- La marca es solo el nombre. IKEA, SAMSUNG.
- La marca es una combinación de nombre y logotipo (Hospital San Juan de Dios, Halcón Viajes)
- La marca añade además un eslogan. (La vida es móvil. Móvil es Vodafone.)

Según la cobertura o alcance. Según el número y las características de los productos o actividades a los que hace referencia, la marca puede ser:
- De uno, varios o todos los productos de la misma empresa, bien sean similares o distintos (Henkel, Phillips, Yamaha, ÁREAS, LIEBHER, OTIS, etc.)
- De varios productos homogéneos, pero de distintas empresas, como es el caso de las marcas colectivas y las marcas de garantía. Las marcas colectivas son aquellas que cubren a las asociaciones de fabricantes, comerciantes o prestadores de servicio, según queda definido en el artículo 58 de la Ley de Marcas. Se puede citar, a modo de ejemplo, las cadenas voluntarias de detallistas como son SPAR o los balnearios-hoteles SPA. Las marcas de garantía son el signo o medio que certifican las características comunes (en

especial la calidad del producto o servicio). Quedan reflejas en el artículo 59 de la Ley de Marcas e incluyen las denominaciones de origen: espárragos de Navarra, Jamones de Guijuelo o el vino de la Ribera del Duero.

6.4.2 Características y ventajas que ofrecen las marcas

Una marca tiene identidad en el momento en que es diferente de las demás, por ser reconocida por el consumidor y por atribuirle cierto valor. El público se crea una imagen de la marca, una interpretación del conjunto de mensajes procedentes del producto. Existen una serie de características que se exigen para que haya identidad en una marca. Así, una marca debe ser específica para que ningún competidor pueda objetar su existencia. Su mensaje debe responder a la identidad deseada.

Una marca debe tener las siguientes características:
- *Única.* Ninguna otra marca pueda objetar su existencia.
- *Motivadora.* Que positivamente llame la atención del consumidor.
- *Fundamentada.* Que no exista diferencia excesiva entre lo que plasma en el producto y la identidad deseada de la empresa.

Existe un estudio[1] que analizó los diez atributos que comparten las marcas más fuertes del mundo que son las siguientes:
1. La marca se distingue por ofrecer los beneficios que de verdad desean los consumidores.
2. La marca siempre es relevante para la empresa y el mercado al que se dirige.
3. La estrategia de precio se basa en la percepción de valor de los consumidores.
4. La marca tiene un posicionamiento adecuado.
5. La marca es consistente.
6. La cartera y la jerarquía de marcas son lógicas.
7. La marca utiliza y coordina todo un repertorio de actividades de marketing destinadas a generar el capital marca.

8. El responsable de la marca en la empresa tiene presente en todo momento el significado que ésta tiene sobre los consumidores.
9. La marca recibe siempre todo el soporte que requiere.
10. La organización controla las fuentes que nutren al capital marca.

Existen aspectos importantes de la identidad de una marca, como por ejemplo que la marca es algo material, y como tal, algo físico, y cuando se oye nombrar evoca una idea en nuestras mentes. Por ejemplo, relacionamos la marca Puleva con productos relativamente sanos derivados de la leche. Otro aspecto relevante es el de la personalidad de la marca, un carácter que se relaciona con unos cánones de personalidades de la sociedad. Incluso, una marca puede transportarnos al reconocimiento de una cultura. Por ejemplo, la seriedad y el orden de Mercedes o, en general, del coche alemán, la calidad y eficiencia de las marcas japonesas, etc.

Todo ello le confiere a la marca un sentido particular y profundo que se transfiere al consumidor a través de los productos. El nombre, el logotipo, los personajes, las raíces geográficas, la publicidad, y cómo no, los mismos productos son las características que contribuyen a la identidad de la marca.

Los beneficios que aporta una buena imagen de marca son muchos y variados. Para el consumidor resulta imprescindible para identificar los diferentes productos del mercado y sus características diferenciales: será diferente el comprador de un bolígrafo BIC a un comprador de un bolígrafo Montblanc. Con respecto al productor del bien o servicio, la marca ayudará a posicionar su producto en el mercado objetivo consiguiendo una posición de liderazgo frente a la competencia. Tendrá que utilizar las herramientas de publicidad y promoción que tenga a su alcance y así lograr diferenciarse de la competencia.

Las marcas también desempeñan funciones de valor para la empresa. En primer lugar, hacen más sencilla la organización del inventario y de la contabilidad. Una marca ofrece protección legal para las características exclusivas del producto. Estos derechos de propie-

dad garantizan que la empresa pueda invertir con seguridad en la marca y aprovechar todas las ventajas de este activo tan importante.

6.4.3 Capital marca

El capital marca[2] es el valor añadido de que se dota a productos y servicios. Este valor se puede reflejar en cómo piensan, sienten y actúan los consumidores respecto a la marca, o en los precios, la cuota de mercado y la rentabilidad que genera la marca para la empresa. Se trata en definitiva de un activo intangible muy importante para las empresas por su valor psicológico y financiero.

Los ejecutivos de marketing y los investigadores utilizan diferentes aproximaciones para estudiar este concepto. Los enfoques centrados en el consumidor consideran el capital marca desde una perspectiva del consumidor, ya sea un individuo o una organización. Estos modelos parten de la premisa que el poder de la marca reside en que los consumidores han visto, oído, pensado y sentido sobre la marca en algún momento del tiempo. Es decir, el poder de la marca está en la mente de los consumidores reales o potenciales y en sus experiencias directas o indirectas con la marca.

El capital de marca basado en los consumidores es el efecto diferencial que el conocimiento de marca tiene en los consumidores ante el marketing de marca asociado. Se dice que una empresa tiene una imagen de marca positiva cuando los consumidores reaccionan de forma positiva a un producto. Por otro lado, el capital de marca basado en los consumidores es negativo cuando los consumidores no reaccionan tan favorablemente ante las campañas de marketing en las mismas circunstancias.

El desafío que encuentran hoy en día los directivos de marketing es crear marcas fuertes. De esta manera se aseguran que los consumidores tienen las experiencias adecuadas con sus productos y servicios y de que sus planes de marketing crean un conocimiento de marca adecuada.

Las ventajas que poseen las marcas fuertes se puede decir que, entre otras, son las siguientes:
1. Mejores percepciones de los resultados del producto

2. Mayor fidelidad
3. Menor vulnerabilidad a las actividades de marketing de la competencia
4. Menor vulnerabilidad a la crisis del mercado
5. Márgenes más altos
6. Mayor inelasticidad en la respuesta de los consumidores ante subidas de precios
7. Mayor elasticidad en la respuesta de los consumidores ante bajas de precio
8. Mayor cooperación y apoyo comercial
9. Mayor eficacia en las comunicaciones de marketing
10. Posibles oportunidades de concesión de licencias
11. Oportunidades adicionales de extensiones de marca

6.4.4 Estrategias sobre marcas

Podemos decir que la empresa puede elegir diversas estrategias de marcas:

Marca nueva

Una de las posibilidades consiste en crear un nombre nuevo de marca para una categoría nueva de productos para la cual no es apropiado ninguno de los nombres que eventualmente pueda ya utilizar la empresa.

También puede entrarse en una categoría de productos ya existente, diferenciando el producto por algún motivo especial. Por ejemplo, un producto con una calidad distinta, dando lugar a una marca lateral, dirigida a otro segmento de mercado: la empresa Seiko utiliza, además, la marca Pulsar, cuyos productos son de precio más bajo y de menor calidad. Las segundas marcas las utilizan empresas con otras marcas más importantes con la intención de buscar nuevos segmentos y así ampliar su cuota de mercado. Open Bank pertenece al Banco de Santander Central Hispano. Las empresas pueden utilizar estas segundas marcas con el propósito de probar nuevos productos.

Otra razón para introducir un nuevo nombre de marca se debe a que la empresa quiera gestionar una gama de nombres de marca dentro de la categoría ofreciendo distintos beneficios al consumidor. El ejemplo más claro

lo tenemos con Procter & Gamble y su línea de champús. Esta última opción, denominada *estrategia de muchas marcas*, puede tener inconvenientes, ya que, si bien cada una de las marcas cubriendo una parte pequeña del mercado consigue que la empresa abarque un mercado total más grande, ninguna de ellas puede resultar muy rentable. Se habrán destinado muchos recursos entre varias marcas, en lugar de crear una o varias que le resulten muy rentables.

Las empresas deben eliminar las marcas más débiles y controlar la entrada de nuevas marcas. Es decir, se trata de que la empresa consiga cuota de mercado quitándosela a la competencia, no a sí misma.

Casos particulares de esta estrategia son las **marcas múltiples o individuales**. Consisten en poner distinto nombre a cada producto. Normalmente se utilizan para abordar otros mercados o por existir en la organización objetivos de posicionamientos distintos para cada producto. Esta estrategia permite correr riesgos en otros mercados.

Marca única

Consiste en poner una sola marca a todos los productos o servicios que comercializa la empresa, por muchos y variados que sean. Si la empresa posee una sólida imagen de marca, esta opción puede ser positiva porque todos los productos se beneficiarían de esta buena reputación. Además, otra ventaja es que se produciría una reducción de costes por las economías de escala que resultan en la promoción de los productos. No obstante, cualquier fallo o pérdida de credibilidad afectaría a toda la gama de productos.

Extensión de una marca

Las empresas usan cada vez más nombres de marcas establecidas para lanzar productos de categorías nuevas. Por ejemplo, Gillette es el nombre utilizado, no sólo para las maquinillas de afeitar, sino para todo producto que puede utilizar un hombre para su aseo. La extensión de la marca puede darse en la empresa con productos relacionados con el ya existente, como por ejemplo una marca de ropa deportiva que se dedica a fabricar también raquetas de tenis con el mismo nombre. Por otro lado, pueden no existir puntos en común entre los productos. Por ejemplo, Yamaha vende un piano y una motocicleta con el mismo nombre.

Esta estrategia ofrece muchas ventajas. Un estudio reciente arrojó que las extensiones de la marca captan una parte mayor del mercado y su publicidad es más eficiente que la de las marcas múltiples.

El nombre de una marca respetada le sirve a la empresa para trabajar otras categorías de productos con más facilidad y permite un reconocimiento instantáneo de un producto nuevo, así como una aceptación más rápida. Este hecho también hace disminuir los costes publicitarios que suelen requerir los nuevos nombres de marca.

Esta estrategia también comporta algunos riesgos. Si una marca extendida fracasa, pueden verse afectados los demás productos que lleven el mismo nombre de la marca. Incluso, puede ocurrir que el nombre no sea adecuado para un determinado producto nuevo, aunque el producto sea bueno: sería difícil vender unos caramelos marca Repsol... También, el nombre puede dejar de ocupar una posición especial en la mente del comprador debido al uso excesivo, debido a que el consumidor ya no asocie la marca con un producto específico.

En resumen, podemos decir que existen tres factores para los que la extensión de la marca resulta efectiva:
- El consumidor debe percibir que las asociaciones de marcas encajan con el nuevo producto.
- El nuevo producto debe ser al menos comparable, y preferiblemente superior, a los demás elementos de la categoría.
- Los beneficios que se están transfiriendo del nombre de marca al nuevo producto deben ser deseables en la categoría.

Extensión de una línea

Sucede cuando una empresa introduce más artículos dentro de una categoría dada de productos y con el mismo nombre de marca. Por ejemplo, batidos de sabores, desnatados, de tamaños distintos, etc. La gran mayoría de las actividades de los productos nuevos, son extensiones de la línea.

Entre las razones que motivan el uso de esta estrategia pueden encontrarse las siguientes:
- Pretender satisfacer el deseo de los consumidores con una mayor variedad
- Aprovechar la detección de unas preferencias por parte de los consumidores
- Exceso de capacidad de producción
- Intento de igualar a la competencia en extensión de línea
- Propósito de aumentar el espacio en los anaqueles de los detallistas

Existen riesgos en el uso de esta estrategia. El nombre de la marca podría perder su significado específico, al igual que ocurría en la estrategia anterior. Puede ocurrir que el exceso de extensión de la línea no consiga suficientes ventas como para justificar sus costes. Como conclusión, diremos que la extensión de línea debe quitar cuota de ventas a la competencia, no a la propia empresa.

Marcas múltiples

Consiste en poner diferentes marcas a productos diferentes de la empresa. A veces éstas son debidas al diferente origen de la empresa. Aunque esta estrategia supone mayores costes de promoción, la gran ventaja es que permite llegar mejor a cada uno de los consumidores, ya que se ofrece diferentes marcas a segmentos de mercado concretos.

Segundas marcas

Esta tipología de marcas se utilizan en empresas grandes con marcas consolidadas con un posicionamiento concreto. Cuando la empresa decide ampliar el mercado a un segmento diferente al que tiene, la empresa crea una marca diferente para ese nuevo nicho de mercado que debe atender. Por ejemplo, la marca de relojes Omega ofrece otros relojes de mejor precio, con la marca Tissot.

Marcas blancas o del distribuidor

Es aquel conjunto de marcas comerciales del distribuidor y que utiliza en algunos productos de gran consumo. La empresa puede comercializar productos con la marca del fabricante o bien ponerle la propia del distribuidor. Acostumbra a seguir esta estrategia en productos genéricos con poca diferenciación y se ofrece a un precio inferior por no tener los costes de promoción. Por ejemplo, la cadena de supermercado Mercadona distribuye los productos de limpieza con la marca Bosque verde, los de perfumería con la marca Deliplus y la de comida con la marca Hacendado. El objeto de dicha estrategia es que el distribuidor tiene un mayor control del mercado y general fidelidad de marca. Cada vez han adquirido una mayor importancia.

Para que las estrategias de marca tengan éxito y se genere valor para la empresa, los consumidores tiene que estar convencidos de que existen diferencias significativas entre las diversas marcas de una misma categoría de productos y servicios. La clave está en que los consumidores no crean que todas las marcas de una misma categoría de productos son iguales.

6.4.5 El valor de las marcas

El *branding* consiste en dotar a los productos y servicios del poder de una marca, y se trata esencialmente de crear diferencias. Es importante mostrar a los consumidores quién es el producto y por qué debe comprarlo. El *branding* supone crear una estructura mental y ayudar así a los clientes a organizar sus conocimientos sobre el producto y facilitar su proceso de compra.

La marca proporciona un valor añadido al producto. Una marca fuerte tiene un capital contable intangible elevado en la marca; si su nombre es más conocido, la calidad percibida es mayor. Es un activo valioso que incluso puede comprarse por un precio. Muchas empresas basan sus estrategias de crecimiento en la compra de marcas establecidas. Aun así su valoración es difícil. Por eso las empresas generalmente no registran el capital contable de la marca en sus estados contables

El Instituto del Marketing define el valor de la marca como el valor añadido del nombre que es recompensado por el mercado con márgenes de beneficio o cuotas de mercado mayores. Los consumidores y/o distribuidores pueden ver el valor de la marca como un activo financiero y como un conjunto de asociaciones favorables y de comportamiento.

Para determinar el valor de la marca se han propuesto varios métodos. Entre ellos destacar *el valor de las acciones*, en el cual se elige el precio de las acciones como indicador del valor de la marca, basándose en el supuesto de que la cotización de la acción en el mercado continuo refleja valores futuros de la marca. Otros métodos se basan en la investigación del impacto del nombre de la marca sobre las preferencias, actitudes o intenciones de compra de los consumidores.

Las empresas punteras como Coca-Cola, IBM, Disney, Kodak, Mercedes-Benz, Nescafé, Microsoft o McDonalds tienen un capital contable que les ofrece muchas ventajas competitivas. Como una marca poderosa es muy conocida por los consumidores e impone gran lealtad, los costes comerciales de la empresa serán menores que los ingresos. Ya que los consumidores esperan que las tiendas traten con la marca, la empresa tendrá mucho más peso al negociar con los intermediarios. Y como el nombre de la marca transmite gran credibilidad, la empresa podrá extender la marca fácilmente. Una marca fuerte ofrece a la empresa la posibilidad de defenderse contra la competencia de precios.

Las personas del marketing tienen que gestionar sus marcas con mucho cuidado para conservar el valor contable de la marca. Deben desarrollar estrategias que mantengan o mejoren el grado de conocimiento, la calidad o la utilidad percibidas de la marca. Esto requiere constantes inversiones en investigación y desarrollo, una buena publicidad y un servicio a los consumidores competitivos. Para muchos, la marca es el activo más duradero de la empresa.

Los directivos de marketing que construyen el capital marca deben de tener en cuenta los elementos que constituyen la marca. Existen seis criterios que se deben tener en cuenta a la hora de elegir los elementos de marca para que la marca tenga una buena acogida en el mercado:

1. Memorable. Facilidad con que se recuerda la marca.
2. Significativo. Si la marca es creíble y representativo de la categoría del producto.

3. Agradable. Atractivo físico o psicológico que tiene la marca para los consumidores.
4. Transferible. Facilidad que tendrá la marca a utilizarse en futuros productos.
5. Adaptable. Cómo se adapta a las diferentes características de los consumidores.
6. Protegible. Facilidad que tiene de proteger legalmente la marca.

6.4.6 La importancia de las marcas en el proceso de compra

Si la imagen de marca es buena y existe una buena percepción de la misma por los consumidores, todo nuevo producto que se lance al mercado tendrá una ventaja comparativa en relación a otros productos de similares características.

Una vez el consumidor decide comprar un producto o servicio de unas características determinadas, tiene que haber tomado la decisión sobre qué marca elige. En alguna ocasión, la decisión del producto y la marca van unidas, pero por lo general se toma la decisión por etapas. Es decir, en primer lugar el consumidor determina el producto que quiere comprar y después analiza unas cuantas marcas que son aceptadas según sus preferencias. Las observaciones de los patrones de compra[3] revelan que los consumidores gastan una media de 12 segundos desde que se acercan a un estante de un supermercado y cogen el producto elegido. Se ha investigado que solo se estudian 1,2 marcas. De todo ello se desprende que los consumidores confían de la percepción anterior de las marcas, debido a la rapidez con que deciden los consumidores.

La manera en que los consumidores caracterizan su necesidad particular de compra puede modificar el modo de recibir la información del producto. Si uno tiene que comprar según unas necesidades concretas (preparar una barbacoa o una fiesta infantil), los consumidores están más influenciados por las promociones de la tienda. Sin embargo, si un consumidor tiene alguna necesidad genérica, seguirá los patrones establecidos anteriormente.

Además de la marca, hay otra información que necesitan los consumidores para decidir qué comprar. La información sobre las características de la marca se ha podido con-

seguir por la publicidad, por el boca-oreja o a través de la experiencia directa. No obstante, también se ha podido descubrir directamente en el punto de venta.

Conseguir información cuesta tiempo y esfuerzo. Por ello, el consumidor solo se lo tomará si tiene un beneficio a cambio. Por ejemplo, los consumidores utilizarían mucho más el criterio de precios si el procedimiento de recogida de dicha información fuera más fácil y directo. Si toda la información de precios sobre las marcas en una categoría determinada estuviera listada en un solo sitio, ordenados de menor a mayor, los consumidores elegirían mejor y más rápido según sus necesidades. Sin embargo, los minoristas no siempre quieren facilitar dicha tarea.

En definitiva, cuando un consumidor decide comprar un tipo de producto en concreto, se debe elegir la marca. Los consumidores de manera habitual consideran solo una clase de marcas entre todas las disponibles. Por lo tanto, el reto es llegar a ser la marca que sea considerada por los consumidores. Cualesquiera que sean los objetivos de calidad del producto o servicio, los consumidores pueden llegar a ser influidos por una serie de condicionantes, como promociones en el punto de venta, la imagen y prestigio del supermercado, etc.

Además, que la información de los productos sea accesible y necesaria (precio, características nutricionales, etc.) facilita el proceso de compra de los consumidores, al tener más conocimiento de la realidad. No obstante, la cantidad de información que afrontan los consumidores en las tiendas es excesiva. En Estados Unidos, por ejemplo[4], hay cerca de 150 marcas nacionales de cereales de consumo instantáneo en el mercado y cada supermercado tiene entre 60 y 90 marcas. A pesar de que la información es útil, el que toma la decisión puede verse saturado con excesivos datos, reduciendo así la bondad de la decisión. Hoy en día, entre la televisión radio, Internet, etc. podemos recoger ingente información sobre productos, precios, comentarios, que pueden hacer más complicada la decisión de compra.

Un problema con la información prevista para los consumidores, tanto en publicidad como en la recibida de manera particular, es que no siempre es interpretada y recordada correctamente. Algunas veces porque es intencionadamente engañosa (por ejemplo, señala que el producto dice que engorda menos, pero la razón principal es porque las raciones son más pequeñas y no por una composición más saludable). Pero incluso cuando es dada de manera clara, los consumidores pueden no creerla o interpretarla de manera incorrecta.

Otro problema que existe dentro del proceso de compra del consumidor es que se da la tendencia de coger la información que confirme lo que piensa la persona y descartar la información que difiere de las nociones preconcebidas.

En resumen, podemos decir que los consumidores tomarán decisiones óptimas si consideran minuciosamente todas las opciones disponibles. Los consumidores siempre elegirán la marca óptima en relación con las otras marcas que consideran en el proceso de compra.

6.4.7 Propiedad industrial y la marca

En el mundo cambiante y globalizado en que vivimos, las empresas, sean industriales, comerciales o de servicios, están obligadas a regirse, si desean sobrevivir, por una idea básica e indefugible: la competitividad. Sólo aquellas compañías, sea cual fuere su tamaño, que se esfuercen en estar al día en cuanto al aprovechamiento de los recursos que les brindan las nuevas tecnologías, los medios de información correspondientes a sus sectores de actividad y la formación humana y tecnológica de su personal podrán con seguridad resistir los envites de otras empresas mejor dotadas en estos aspectos de la vida empresarial.

En los países industrializados y de economía de mercado existe una oferta extensísima de productos al consumidor y de servicios al usuario, lo cual origina una enorme competencia entre las empresas de producción y de distribución.

Una empresa, por definición, tiene un objetivo básico: obtener beneficios o, dicho más claramente, ganar dinero. El camino lógico para ese objetivo en una compañía comercial está claro: aumentar la diferencia entre los ingresos y los gastos. Esto quiere decir aumentar racionalmente la distancia en el mercado entre los precios de venta y los precios de compra (mientras ello sea posible). Para una empresa industrial se trataría obviamente de maximizar la diferencia entre los precios de venta y los costes de producción.

Los factores que influyen en los ingresos de una empresa son principalmente la calidad (que debe ser óptima y uniforme), el diseño (que debe ser atractivo y avanzado en sus aspectos de técnica, prestaciones y estética), la utilidad (cumplir eficazmente su cometido), la facilidad de uso, la conformidad a las normas internacionales y su homologación, la presentación (que debe ser agradable para el consumidor) y un precio asequible.

Los factores que influyen en los gastos de una empresa son básicamente: las materias primas, los procesos de fabricación, el almacenamiento, la distribución y la comercialización.

Todo ello debe estar presidido, en la actualidad, por un factor determinante: la investigación relativa a los productos, a los mercados, a los gustos de los consumidores y los usuarios, es decir, todo cuanto incide a la competencia de las empresas. La investigación debe ir de la mano de la adquisición de la información acerca de nuevos procedimientos, nuevos métodos, nuevos materiales, en orden a una innovación continuada para la creación y la mejora de productos y servicios. A ello se une la necesidad, en su caso, de internacionalización, concretada en la exportación. Es lo que en nuestros días se entiende por competitividad.

En una empresa industrial, es decir, de transformación de materiales y fabricación de productos, deben dominar los campos de investigación, desarrollo e información, o sea, lo que denominamos I+D+I, y su actividad se protegerá principalmente mediante las patentes.

En una empresa comercial dominará lógicamente la investigación de los mercados interiores y exteriores, de las actividades de las compañías de la competencia y de los nuevos materiales y productos presentes en el mercado. Su actividad se protegerá principalmente mediante las marcas de productos.

En una empresa de servicios dominará asimismo la investigación de las actividades de la competencia, y la adquisición de la información necesaria para su progreso continuado. Su actividad se protegerá principalmente mediante las marcas de servicios. Todos estos factores de protección: patentes y marcas, constituyen básicamente lo que denominamos *propiedad industrial*.

Podemos definir esta última como "la propiedad que adquiere una empresa industrial con su actividad productora de bienes y transformadora de materiales" o también "la propiedad que adquiere una empresa comercial con su actividad de poner en el mercado dichos bienes y materiales" y asimismo "la propiedad que adquiere un profesional con el ejercicio de su actividad".

La ley no crea los derechos de los industriales, los comerciantes y los profesionales, sino que se limita a reconocer que tales derechos nacen de la propia actividad de dichas personas y les ofrece su amparo para protegerlos.

Las patentes y las marcas son, en general, los medios que ofrece el Estado para la protección de los derechos derivados de aquellas actividades, y en conjunto constituyen lo que hemos definido como propiedad industrial.

Los cuerpos legales básicos previstos para esa protección de la propiedad industrial son la Ley de Patentes del año 1986 y su Reglamento, y la Ley de Marcas del año 2001 y su Reglamento, las cuales se complementan con la Ley de Propiedad Intelectual y la Ley de Competencia Desleal.

También son objeto de las patentes las invenciones y mejoras tecnológicas de carácter práctico efectuadas por inventores e investigadores individuales en sus respectivos campos de actuación, a los que se reconoce una protección en recompensa de sus esfuerzos por presentar a la sociedad nuevos productos y soluciones para resolver problemas planteados.

En el presente capítulo vamos a detenernos en particular en el campo de las marcas y otros signos distintivos.
- En los países industrializados con economía de mercado, en los que domina el consumo de artículos con gran oferta al público, se origina comprensiblemente una fuerte competencia entre empresas fabricantes y distribuidoras.
- La marca es un instrumento de criterio y discernimiento que facilita al consumidor la localización de los productos que necesita, simplifica la comparación y selección entre otros productos, e identifica al fabricante en el caso de posibles reclamaciones.
- Una marca es un signo distintivo que sirve para diferenciar en el mercado los productos comercializados por una persona o empresa respecto a los productos de la competencia. Es, de alguna manera, el "nombre de cuna" de aquella persona o empresa.

Análogamente, una marca sirve para distinguir en la sociedad los servicios prestados por una persona o empresa de los servicios prestados por otras personas o empresas.

Una marca es un factor de gran importancia en la caracterización de una actividad comercial o profesional y un elemento esencial en la política de una empresa para asegurar su éxito e incluso su supervivencia.

Algunos de los aspectos que definen la marca en general en la ordenación del comercio, la industria y los servicios del mundo de hoy se puede decir que son los siguientes:
- El origen se remonta por lo menos a la Edad Media; por ejemplo, las señales en las piedras de las catedrales europeas del siglo XIII, etc.
- Base legal de la protección de las marcas: la Ley de Marcas 17/2001 de 7 de diciembre y su Reglamento.
- ¿Qué puede ser una marca? Cualquier signo material, palabras, imágenes, símbolos, formas tridimensionales como envases y formas de presentación de los productos, así como las combinaciones de ellos. Todo cuanto pueda individualizar productos y servicios.
- ¿Qué no puede ser una marca? Aquel signo que no se diferencie de un signo registrado ya como marca, el signo de carácter genérico, o que pueda producir confusión en el mercado, o sea engañoso o impropio por su significado o referencia.

- Requisitos de validez de una marca: Ser distintiva; no ser engañosa; estar disponible para su objeto; no afectar a la imagen, el honor o el nombre de personas vivientes.
- ¿Quién puede registrar una marca? Cualquier persona física o jurídica que esté legitimada para una actividad industrial, comercial o profesional.
- ¿Es obligatorio el registro de una marca? Es facultativo pero absolutamente recomendable, pues su carencia imposibilita a su titular la defensa, en su caso, de los derechos derivados de la marca.
- ¿Es obligatorio su uso? Una marca registrada debe utilizarse públicamente en las condiciones que llevaron a su registro.
- ¿Qué efectos produce el registro de una marca? Individualiza y distingue productos y servicios; indica a consumidores y usuarios el origen empresarial de los productos y servicios designados e informa sobre la calidad constante de los mismos; sustenta y refuerza la función de la publicidad, que es un aspecto esencial en el comercio y la vida pública de una empresa.
- ¿Cómo se registra una marca? Se solicita a la Oficina Española de Patentes y Marcas, organismo del ministerio de Industria y Energía, refiriendo el objeto de la marca al Nomenclator Internacional de productos y servicios.
- ¿Dónde se presenta la solicitud? En la sede de la Oficina Española de Patentes y Marcas, en las comunidades autónomas facultadas para ello, en los gobiernos civiles y mediante los Agentes de la Propiedad Industrial.
- ¿Qué se aconseja antes de solicitar una marca? Obtener un informe previo sobre las posibilidades aparentes de éxito en la tramitación de una solicitud.
- ¿Cuál es el curso de tramitación de una marca? Los siguientes pasos: presentación de la solicitud, examen de forma, publicación de la solicitud en el Boletín Oficial de la Propiedad Industrial (BOPI), exposición a información pública y a posibles oposiciones, concesión o denegación, según los casos.
- Clases de marcas: Denominativas, gráficas y mixtas; individuales y colectivas; originales y derivadas; de garantía; propias y blancas; notorias y degeneradas; nacionales, internacionales y comunitarias; envases y elementos sensoriales.
- ¿Cuánto dura el registro de una marca? Diez años a contar de la fecha de solicitud, prorrogables por nuevos periodos de diez años.
- ¿Qué derechos confiere el registro de una marca? La facultad de utilizar la marca en exclusiva en el tráfico económico: marcado de productos, envases y embalajes, publicidad escrita y audiovisual. La cesión o licencia de la marca a un tercero a cambio de una compensación económica. La facultad de impedir que terceros no autorizados puedan utilizar una marca idéntica o similar (española o extranjera) para productos o servicios análogos. Facultad de oponerse a la inscripción en el registro de marcas o signos que puedan confundirse con la marca registrada, y también de querellarse en los tribunales contra otras marcas similares.
- Acciones contra una marca: Copia total o falsificación del signo. Falsificación del envase o del producto. Imitación.
- Protección de una marca: Por vigilancia atenta del mercado y de las actividades de la competencia, así como de las nuevas solicitudes de marca, publicadas en el BOPI.
- Defensa de la marca: Buscando la protección de los tribunales y de medidas cautelares contra los infractores de la marca.
- Territorialidad de la marca: Se registra con efectos exclusivamente en el territorio del país interesado, con posibilidad de extensión a otros países. La marca internacional puede extenderse por convenio hasta 22 países. La marca comunitaria es efectiva en 18 países europeos.
- Uso extensivo de una marca: La marca degenerada o vulgarizada y la marca evocada. La marca diversificada (tabaco y licores).
- La denominación de origen: Designación de zonas geográficas de producción (indicaciones de procedencia): vinos, cavas, licores cigarros, otros productos de consumo alimentario.

- Creación de una marca: Por inspiración de su titular o por un especialista profesional del diseño gráfico.
- ¿Qué representa una marca para una empresa? La marca es un activo intangible, pero efectivo, en el desarrollo y la presencia de una empresa en el mercado. Es comparable a otros activos económicos y técnicos y se integra en el fondo de comercio. En el mercado, la empresa debe dar a conocer y acreditar sus productos, defender sus fabricados enfrente de los de sus competidores, y mantener y potenciar su buena imagen comercial.

Para ello, la empresa debe usar, acreditar, vigilar, defender, actualizar, anunciar y promocionar adecuadamente sus marcas. Para algunas empresas, la marca es tan importante que representa la base de su existencia comercial, a veces con un solo producto. Ejemplo, la firma Nutrexpa y su producto Cola-Cao. En estos casos, el valor de la marca es incalculable y su titular no la vendería bajo ningún concepto. Existe un listado más o menos fiable de marcas famosas y de los precios que podrían atribuirse a las mismas, los cuales llegan a alturas astronómicas.

El titular de un derecho de marca tiene la facultad de prohibir el uso de la misma en medios telemáticos y podrá exigir que, cuando su marca y signo aparezca en los medios de comunicación, se indique que se trata de una marca registrada.

6.5 EMPAQUETADO Y ETIQUETA

Muchos de los productos que se ofrecen en el mercado tienen que estar envasados o empaquetados. Envase y empaque son conceptos distintos. En este apartado los utilizaremos indistintamente, pues su distinción no afecta a nuestras intenciones académicas. Algunos autores consideran que el empaquetado representa la quinta P, que se suma a las de precio, producto, distribución y promoción. Aunque la mayor parte de los mercadólogos piensan que el empaquetado es un elemento más de la estrategia del producto, las etiquetas también forman parte del empaquetado y contienen la información impresa que aparece en o con el paquete.

Antiguamente, las decisiones sobre el empaquetado se basaban, sobre todo, en los costes y en factores de producción; la función primaria del empaquetado era contener y proteger el producto. Sin embargo, en años recientes, diversos factores han convertido a los empaques en un instrumento importante del marketing. El aumento de los autoservicios significa que, ahora, los productos en el comercio deben realizar muchas de las tareas de ventas: desde llamar la atención hasta describir el producto y realizar la venta. La mayor opulencia de los consumidores significa que éstos están dispuestos a pagar un poco más por la comodidad, el aspecto, la confianza y el prestigio de empaquetados de mayor calidad. Las empresas también se están dando cuenta de que un empaque bueno es muy importante para propiciar que los consumidores reconozcan una empresa o marca. Los envases innovadores pueden ofrecer a la empresa cierta ventaja sobre la competencia. En años recientes, la seguridad del producto se ha convertido también en un punto central de los empaques.

Todos hemos aprendido a resolver la dificultad de abrir empaques a prueba de niños. Además, después de la serie de sustos de la década de 1980, a causa de los envases inadecuados, la mayoría de los productores de medicinas y alimentos estén presentando sus productos de manera que se impiden las intromisiones en su interior.

A efecto de crear un buen empaque para un producto nuevo se deben tomar muchas decisiones:
- ¿Cuáles deben ser las funciones principales del empaque: proteger el producto, ofrecer otro sistema para servirlo, sugerir algunas de sus cualidades del producto o de la empresa o cualquier otra cosa?
- A continuación se deben tomar decisiones en cuanto a elementos específicos del empaquetado, por ejemplo el tamaño, la forma, los materiales, el color, el texto y la marca.

Estos elementos se deben conjuntar a fin de respaldar la posición del producto y la estrategia de marketing. El envase debe ser congruente con la publicidad, el precio y la distribución del producto. Por regla general, cuando se trata de un producto nuevo, las empresas analizan varios diseños para su presentación. Antes de elegir la mejor, suelen probar los distintos diseños con el propósito de encontrar uno que aguante mejor el uso normal, que los distribuidores puedan manejar con toda facilidad y que despierte la respuesta más favorable de los consumidores. Después de haberlo elegido e introducido, la empresa tendrá que rectificarlo, con regularidad, debido a los cambios de las preferencias de los consumidores y a los avances tecnológicos.

Los cambios realizados en los envases pueden pasar desapercibidos para la mayor parte de los consumidores, acarreando por otro lado decisiones complejas y aumento de costes y riesgos para la organización. Por ello, las empresas deben comparar los costes de un nuevo envase con la forma en que los consu-

midores percibirán el valor que añade la nueva presentación. Asimismo, es necesario tener en cuenta los efectos ambientales y sociales que suponga la toma de decisiones en este tema.

Por su parte, respecto a la toma de decisiones en materia de etiquetado, las soluciones pueden ir desde sencillos papeles adhesivos hasta complejos gráficos que forman parte del envase. Las funciones de la etiqueta son las siguientes:

- Identificación del producto o marca
- Calificación del producto
- Descripción de quién lo hizo, cómo y cuándo lo hizo, cómo utilizarlo, qué contenido tiene, etc.
- Promoción del producto con gráficos atractivos

Las etiquetas pueden o deben cambiarse con el tiempo, y de hecho, así ocurre. Todos hemos apreciado algún caso de cambio de etiqueta en algún producto en algún momento, ya sea porque se ha quedado anticuada, por motivos legales: falta de avisos necesarios para la seguridad, información engañosa, etc.

6.6 GESTIÓN DE LA LÍNEA DE PRODUCTOS

Muchas empresas son organizaciones que comercializan una variedad de líneas de producto. Esto significa que las decisiones de política de productos pueden darse a tres niveles.

1. *Referencias individuales,* que en la lista del comercializador tienen vida propia. Estas incluyen distintos sabores, formas y tamaños.
2. *Líneas de producto,* que engloban referencias individuales relacionadas en términos de satisfacción de unas necesidades particulares que se utilizan conjuntamente, que poseen características técnicas y físicas comunes, que se venden a los mismos grupos de clientes y/o a través de los mismos canales de distribución, o bien, dentro de los mismos rangos de precios.
3. *Mezcla de productos,* que es la composición de los productos ofrecidos por la empresa. Aunque una línea de productos particular puede no sostenerse rentable-

mente por sí misma, puede contribuir a la competitividad global de la compañía, reforzando el mix de productos global, especialmente entre los clientes que desean trabajar con proveedores de líneas completas. El conjunto de referencias individuales agrupadas en distintas líneas de productos conforma el mix de productos de la empresa.

Íntimamente relacionados con estos niveles de decisiones de producto están los conceptos de amplitud, profundidad y consistencia de la mezcla de productos.

Esta *consistencia* se refiere al grado de similitud entre las líneas de producto en términos de uso final, tecnología y técnicas de producción, canales de distribución, etc. La *amplitud* se refiere al número de distintas líneas de productos comercializados por la empresa. Finalmente, por *profundidad* se entiende el número de referencias individuales (tamaños, pesos, colores) ofrecidos en cada línea de productos.

Las decisiones de la mezcla de productos tienden a reflejar no solo la naturaleza del mercado y los recursos de la empresa, sino también la filosofía de la dirección de la empresa. Muchas empresas se enfrentan a lo largo del tiempo con algunas opciones estratégicas.

Algunas persiguen una política de diversificación, mientras que otras prefieren concentrar sus esfuerzos en un mix de productos reducidos, ofreciendo posibilidades limitadas en variedades y tamaños. La elección de la estrategia de producto debe ser determinada por los objetivos a largo plazo de la empresa (centrados en los niveles de beneficios, estabilidad de las ventas y crecimiento), convenientemente modificados por las preferencias personales de la alta dirección y sus actitudes hacia la toma de riesgos.

Aunque el mix ideal de productos varía según la empresa y puede ser de difícil definición, es posible identificar algunas situaciones que requieren un análisis especial:

1. Excesos de capacidad estacionales en las instalaciones de producción
2. Una alta proporción de los beneficios proveniente de un pequeño porcentaje de las referencias individuales
3. Uso ineficiente de las habilidades y contactos de la fuerza de ventas
4. Tendencia continua a la baja de las ventas y beneficios

Los cambios en la política de productos introducidos para corregir cualquiera de las situaciones antes mencionadas o para mejorar la posición de la empresa con el fin de cumplir los objetivos fijados pueden adoptar las siguientes formas:

1. *Eliminación de productos.* Puede darse con una referencia concreta dentro de una línea de productos, o bien, puede afectar a una línea de productos en su conjunto. Los candidatos a la eliminación incluyen: a) aquellos productos para los cuales la demanda es tan débil que se requieren pequeñas series de producción y frecuentes ajustes de precio a la baja; b) productos que absorben excesivo tiempo directivo en relación a su contribución a los resultados, y c) productos que han sido claramente superados y pueden, por tanto, perjudicar la imagen global de la compañía.
2. *Modificación de productos.* Este tipo de decisiones incluye los cambios en las características tangibles e intangibles del producto y puede lograrse a través de reformulación, rediseño, cambio en los tamaños y variación de características.
3. *Introducción de nuevos productos.* Incluye el desarrollo, prueba de mercado y comercialización posterior de nuevas referencias individuales o de nuevas líneas de productos. Puede consistir en la extensión de una de las líneas de productos actuales, la copia de un producto de la competencia o el diseño de una línea de productos totalmente nueva. En todos estos casos la dirección debe decidir la marca bajo la cual se comercializará la nueva referencia o línea de productos. A menudo hay que analizar las ventajas o inconvenientes de los gastos en publicidad, asociados con la extensión de la marca y los mayores costes de "canibalización".

6.7 POSICIONAMIENTO

Uno de los conceptos más relevantes y extensamente utilizados en las decisiones comerciales es el del posicionamiento. Es el proceso mediante el cual la dirección comercial define la personalidad de un producto o servicio en el mercado, en relación con los productos o servicios competitivos. La habilidad de una organización para competir efectivamente en un mercado dado viene determinada en gran medida por su habilidad en posicionar sus productos de modo apropiado en relación a:
- Las necesidades de los segmentos de mercado elegidos
- La naturaleza de las ofertas competitivas

El posicionamiento de un producto requiere, por tanto, una síntesis del análisis del consumidor y del de la competencia. Así, al desarrollar un posicionamiento para un nuevo producto, la dirección debe identificar en primer lugar el rango de beneficios o atributos que manejan los consumidores al elegir entre una gama de productos competitivos en una categoría específica.

En segundo lugar, debe identificar los segmentos de consumidores clave dentro del mercado total para aquella categoría de producto. En tercer lugar, debe emitir un juicio de síntesis, con ayuda de la investigación comercial, evaluando la importancia relativa de cada beneficio o atributo para cada segmento de mercado.

Una vez realizado este análisis del consumidor, la dirección comercial debe evaluar el grado en el cual los productos presentes en el mercado son percibidos por los consumidores como portadores de aquellos atributos de su interés. Al escoger un posicionamiento para un nuevo producto, la dirección comercial debe buscar un "paquete" global de beneficios apropiado, *claramente diferenciado* de los productos competitivos en las "dimensiones" de interés, para un segmento objetivo concreto cuyas necesidades no están totalmente satisfechas por los productos presentes.

Los posicionamientos de los productos reflejan con frecuencia no solo las características intrínsecas del producto, sino también la imagen creada por la política de comunicaciones, por las decisiones de precio y por la elección del canal de distribución.

El posicionamiento efectivo es esencial en el éxito del producto. Si la dirección comercial yerra el posicionamiento de un producto, los consumidores pueden confundirse y los productos competitivos que están adecuadamente posicionados disfrutarán de ventajas. Al mismo tiempo, el posicionamiento no puede ser rígido. Los posicionamientos son siempre relativos a los productos competitivos y a las necesidades de los consumidores. Ambas variables pueden cambiar con el tiempo y obligan, por consiguiente, a cambios en los posicionamientos primitivos.

Conocer la posición que un producto o marca ocupa en el mercado es especialmente útil para orientar la estrategia de marketing y determinar las acciones necesarias a fin de mantener o corregir la actual posición. Wind distingue seis tipos posibles de acciones para posicionar un producto o marca:

1. *Por las características del producto.* El precio, la duración, etc. pueden resaltarse para posicionar un producto.
2. *Por los beneficios que reportan al consumidor.* Por ejemplo, algunos caramelos dejan buen aliento y son refrescantes.
3. *Por el uso.* Los productos alimenticios de los desayunos se presentan, muy a menudo, en familia.
4. *Por la clase de usuarios.* Cuando un artículo de lujo es anunciado por un personaje famoso.
5. *Por su relación con otros productos.* Publicidad comparativa dentro de los límites legales. Por ejemplo, los jabones de lavadora.
6. *Por disociación de la clase de producto.* Por ejemplo, cuando todas las cervezas son con alcohol, aparece una sin, consiguiendo una separación de la clase de producto.

6.7.1 Reposicionamiento

Independientemente de que una marca se encuentre bien posicionada en un mercado, la empresa tendrá que reposicionarla más adelante. Un competidor podría lanzar una marca, posicionándola junto a la marca de la empresa y quitándole parte del mercado. Los deseos de los consumidores pueden cambiar y restarle demanda a la marca de la empresa.

Como alternativa a la modificación física de los productos existentes, las empresas eligen a veces reposicionar el producto, revisando otros elementos del programa comercial, como la publicidad, las promociones, los precios, los canales de distribución o el envase.

A veces, el reposicionamiento es un intento deliberado de atacar directamente a un producto competitivo y restarle participación de mercado. En otros casos, el objetivo es evitar la competencia directa, moviéndose hacia otros segmentos de mercado con buen potencial, cuyas necesidades no estén bien cubiertas por los productos existentes.

El análisis de las ofertas competitivas incluye, además de la revisión de las características del producto, precios y canales, una evaluación del contenido de la publicidad de la competencia. La imagen generada por los anuncios y la naturaleza de los mensajes empleados puede constituir una importantísima herramienta de posicionamiento, especialmente para productos con gran componente personal, como los licores y los cosméticos.

6.8 VARIABLES DE AJUSTE DE LA POLÍTICA DE PRODUCTOS

El hecho de que existan buenas oportunidades en el mercado para un producto nuevo o reposicionado, no significa necesariamente que la empresa deba lanzarse a su fabricación y/o comercialización. A menos que existan *a priori* (o se logre *a posteriori*) un buen encaje entre el producto propuesto y los recursos y objetivos de la compañía, el resultado neto de la decisión puede ser negativo.

Entre las variables que deben considerarse cuando se evalúa el ajuste del producto a la empresa están:

1. La tecnología disponible
2. Los recursos financieros
3. La capacidad de producción y los recursos productivos y logísticos
4. El tamaño de la fuerza laboral
5. Las posibilidades de utilización de la fuerza de ventas y de los actuales canales de distribución
6. Las necesidades y el comportamiento de nuestros clientes
7. El impacto en la posición de mercado de otros productos de la empresa
8. El impacto del nuevo producto en la cuenta de resultados
9. La consistencia con la imagen actual de la organización
10. La estacionalidad de la demanda en los productos actuales (los nuevos productos a introducir, ¿exagerarán las fluctuaciones actuales o las compensarán?)

El hecho de que un producto concreto no sea consistente con una o más de las variables mencionadas no significa necesariamente que la empresa deba abandonar la idea.

Las empresas en mercados maduros y sometidas a presión para diversificar, encuentran a menudo que aquellas opciones de productos para los cuales existe un buen ajuste entre producto y empresa no tienen suficiente potencial de crecimiento de mercado, y viceversa. En tales casos, el ajuste se sacrifica en aras de la diversificación.

Sin embargo, cuanto peor sea el ajuste, mayores recursos financieros, tecnológicos y humanos se requerirán para adquirir o desarrollar internamente las nuevas habilidades necesarias, instalaciones de producción o relaciones comerciales.

6.9 DESARROLLO DE NUEVOS PRODUCTOS

La decisión de incorporar nuevos productos a la cartera de la empresa puede realizarse mediante la adquisición a terceros o desarrollando productos existentes.

En este capítulo estudiaremos el desarrollo de nuevos productos, su evolución y difusión. Por productos nuevos se entiende productos originales, mejorados, modificados y marcas nuevas que la empresa desarrolla por medio de sus actividades en el campo de la investigación y el desarrollo. Es siempre un proceso complejo basado en los beneficios esperados. La determinación de estos beneficios supuestos es a menudo difícil de valorar. A grandes rasgos, en su proceso de decisión, la empresa debe identificar una oportunidad, diseñar el producto, probarlo en el mercado, introducirlo y gestionar su comercialización.

Grandes empresas han visto como algunos de sus productos fracasaban en el mercado: Palmolive, IBM, Campbell, Polaroid, etc. Un estudio reciente reveló que el 80% de los productos de consumo que salen al mercado, sobre todo extensiones de línea, fracasan. Estos fallos se deben a:

Proceso basado en el logro de unos beneficios difíciles de determinar

1. Sobreestimación del tamaño del mercado
2. Diseño indebido del producto
3. Posicionamiento equivocado en el mercado
4. Precio demasiado alto
5. Errores en publicidad
6. Costes mayores que los ingresos
7. Mayor competencia de la esperada

Existen métodos para aumentar las probabilidades de éxito:

1. Conseguir un producto superior singular: producto de mayor calidad, con características nuevas, cuyo uso proporcione mayor valor
2. Definir bien el concepto de producto antes de desarrollarlo: estudiar el mercado, los requisitos del producto y los beneficios que producirá
3. Sinergia entre tecnología y marketing
4. Calidad en la ejecución de todas las fases del ciclo de vida
5. Atractividad del mercado

El desarrollo de nuevos productos requiere un esfuerzo total por parte de la empresa: dedicar recursos, diseñar estrategias ligadas a su proceso de planificación y constituir organizaciones formales para gestionar el desarrollo de estos productos.

6.9.1 Proceso de desarrollo de nuevos productos

La planificación de nuevos productos es un proceso largo que no garantiza su éxito. Sin

embargo, una cuidadosa gestión del proceso sin duda contribuirá a disminuir las probabilidades de fracaso del nuevo producto.

Dividimos el proceso de desarrollo de nuevos productos en siete fases.

a) *Fase creativa*

Consiste en una búsqueda sistemática de nuevos productos, utilizando diversas fuentes y procedimientos. Las fuentes de ideas pueden ser los mismos empleados y los vendedores, ya que muchos de ellos, al estar en contacto directo con los clientes, conocen el mercado. Un estudio arrojó que más del 52% de las ideas para productos nuevos surgen de la misma empresas. La empresa puede encontrar ideas nuevas por medio de la investigación y el desarrollo.

Igualmente, los propios clientes de la empresa pueden proporcionar sugerencias sobre nuevos productos o mejoras en los que maneja la empresa. Casi el 18% de todas las ideas para productos nuevos surgen de observar y escuchar a los consumidores. La empresa puede realizar encuestas pare saber cuáles son las necesidades y los deseos de los consumidores. Puede analizar las preguntas y las quejas de los clientes para encontrar productos nuevos que las resuelvan. Por último, los consumidores muchas veces crean productos nuevos por cuenta propia y las empresas se pueden beneficiar si encuentran estos productos y los colocan en el mercado. Por ejemplo, pueden salir nuevas recetas de cocina utilizando cierto ingrediente de alguna empresa en concursos televisivos de gastronomía.

Los mismos distribuidores, que también se encuentran más cerca del mercado, obtendrán buena información sobre las necesidades de los consumidores. Por su parte, los proveedores tienen información sobre materiales y tecnología que puede utilizarse para desarrollar nuevos productos o mejorar los actuales. Finalmente, los científicos, consultores e incluso la competencia, pueden proporcionar información valiosa que puede servir para el fin que nos ocupa.

Estudios recientes revelan que alrededor del 30% de las ideas para productos nuevos se obtienen analizando los productos de la competencia. La empresa puede estudiar la publicidad de la competencia y otras comunicaciones para conocer sus productos nuevos. Las empresas compran los productos nuevos de la competencia y los analizan.

Finalmente, pueden obtenerse ideas de revistas especializadas, exposiciones y seminarios, conferencias, administración estatal, asesores, agencias de publicidad, empresas de investigaciones de mercado, laboratorios comerciales, universidades, etc.

b) *Filtrado de ideas*

Consiste en un proceso de reducción de ideas con la finalidad de eliminar las menos viables. Así se disminuye la gran cantidad de alternativas obtenidas durante la fase creativa. E1 propósito de esta selección es detectar las mejores ideas y descartar las peores lo antes posible. A partir de ahora, los costes por concepto del desarrollo de productos aumentan mucho en las etapas posteriores, con lo cual, es preciso aprovechar sólo las ideas que puedan resultar más rentables.

La empresa evalúa la idea a partir de una serie de criterios generales, preguntándose:

- ¿Tiene el producto una utilidad real para los consumidores y la sociedad?
- ¿Es el producto bueno para nuestra empresa en particular?
- ¿Encaja bien con los objetivos y las estrategias de la empresa?
- ¿Contamos con el personal, la capacidad y los recursos para lograr su éxito?
- ¿Es el costo de su actuación superior al de los productos de la competencia?
- ¿Es fácil establecer sobre él estrategias publicitarias y distribución?

c) *Desarrollo y prueba de conceptos*

Las ideas atractivas se deben convertir en conceptos del producto. El concepto consiste en una descripción detallada de la idea del producto en términos que tengan significado para el consumidor. Es importante señalar la diferencia entre el concepto, la idea de un producto y su imagen. La idea de un producto es una idea para un posible producto que la empresa piensa puede ofrecer en el mercado. La imagen del producto es la forma en que los consumidores perciben el producto real o en potencia.

Los clientes no adquieren una idea para un producto, compran un concepto de producto. La tarea de la empresa consiste en desarrollar la idea para convertirla en algunos conceptos alternativos del producto, en averiguar qué atractivo resulta cada concepto para los clientes y en elegir el mejor de entre ellos. Por ejemplo, para un coche eléctrico, podrían contemplarse las siguientes posibilidades en relación a su concepto:

- Un deportivo, de precio intermedio, atractivo para los jóvenes.
- Un turismo barato, diseñado para ser segundo coche familiar y usarse dentro de poblaciones. El auto será ideal para ir de compras y transportar niños, así como fácil de estacionar.
- Un coche de mediano tamaño y precio intermedio, diseñado como auto familiar para todo uso.
- Un turismo barato, atractivo pare la gente consciente de que quiere obtener un transporte básico, que gaste poco combustible y no contamine.

A continuación, debe realizarse una comprobación de cómo se evaluará el concepto de producto, intercambiando información con los consumidores sobre el mismo. Los tests del concepto requieren que los conceptos del producto nuevo se prueben con un grupo reducido de los consumidores hacia los cuales se dirige. Los conceptos se le pueden presentar a los consumidores de manera simbólica o material.

Un turismo eléctrico, eficiente y divertido de manejar, con espacio para cuatro personas. Ideal para ir de compras o visitar a los amigos. Su consumo es la mitad que el de los automóviles similares de gasolina. Alcanza los 100 Km por hora con una autonomía de 200 Km y un precio de 9.000 euros.

Es posible que la descripción con palabras o imágenes pueda ser suficiente. Sin embargo, una presentación más concreta y material del concepto aumentará la fidelidad de la prueba del concepto.

Después de que los consumidores hayan sido expuestos al concepto, se les puede preguntar sobre sus reacciones ante el mismo, pidiendo que contesten a las siguientes preguntas:

- ¿Entiende usted el concepto de un coche eléctrico?
- ¿Cree usted lo que se afirma sobre el rendimiento del coche eléctrico?
- ¿Cuáles son las ventajas principales del coche eléctrico en comparación con un coche de gasolina o diésel?
- ¿Qué sugeriría usted pare mejorar las características del coche?
- ¿Para qué usos preferiría usted un coche eléctrico en lugar de uno convencional?
- ¿Cuál sería un precio razonable para el coche eléctrico?
- ¿Quién decidiría la compra de un coche de estas características? ¿Lo conduciría usted?
- ¿Compraría usted un coche así?

Las respuestas ayudarán a la empresa a decidir qué concepto tiene mayor atractivo.

d) *Estrategia de marketing*
El siguiente paso consiste en desarrollar una estrategia comercial tentativa para el concepto del producto escogido, en diseñar una estrategia inicial para introducir el producto en el mercado. El diseño de la estrategia consiste en una descripción del mercado meta, una previsión de ventas, participación de mercado y beneficios esperados para el tiempo de vida del producto. También debe estudiarse cómo podría evolucionar el precio y cómo debe distribuirse y promocionarse el producto.

Podemos dividir lo anteriormente expuesto en tres partes:
1. Mercado meta. La forma en que se proyecta posicionar el producto y las metas de ventas, la participación en el mercado y los beneficios para los primeros años.
2. Precio, la distribución y el presupuesto de marketing para el primer año
3. Proyección para los beneficios y las ventas a largo plazo y la estrategia para la mezcla de marketing

Una vez que la empresa ha tomado una decisión sobre la estrategia de marketing, podrá evaluar el atractivo comercial de la propuesta. El análisis financiero implica una revisión de las proyecciones de ventas, los costes y los beneficios del producto nuevo, con el fin de averiguar si satisfacen los objetivos de la empresa.

Para estimar las ventas, la empresa debe analizar el historial de ventas de productos similares y debe encuestar la opinión del mercado. Debe estimar las ventas mínimas y máximas para conocer el alcance de los riesgos. Entre los costes contemplados en el análisis financiero, se encuentran aquellos referentes a marketing, investigación y desarrollo, producción, contabilidad y finanzas. A continuación, la empresa se basará en las cifras de ventas y costes para analizar la rentabilidad del producto nuevo.

e) *Desarrollo del producto*
Si el concepto del producto pasa la prueba del análisis financiero, se llega a la fase del desarrollo del producto. El departamento de investigación y desarrollo o el de ingeniería desarrollan el concepto del producto para convertirlo en un producto material. Hasta ahora, el producto sólo ha existido como una descripción oral, un diseño o quizás una maqueta. Sin embargo, al pasar al desarrollo del producto se requiere un salto importante en cuanto a la inversión. Aquí se demostrará si la idea del producto se puede convertir en un producto viable.

El departamento de investigación y desarrollo creará una o varias versiones materiales del concepto del producto. El departamento se propone diseñar un prototipo que satisfaga a los consumidores, que se pueda producir con rapidez y de acuerdo con los costos presupuestados. El prototipo debe tener las características funcionales y psicológicas requeridas. Cuando los prototipos están listos, se deben probar. Se realizan pruebas de funcionamiento en condiciones de laboratorio y de campo, para cerciorarse de que el producto actúa de forma segura y eficaz.

Cuando se diseñan productos, la empresa no se debe limitar a crear productos que satisfagan las necesidades y los deseos de los consumidores. Con mucha frecuencia, las empresas diseñan sus productos nuevos sin preocuparse demasiado por la forma en que se producirán los diseños. Su meta principal es crear productos que satisfagan a los clientes. A continuación, los diseños se le pasan al departamento de producción, donde los ingenieros deben tratar de encontrar la forma más indicada de fabricar el producto.

La optimización de los procesos de diseño ha desembocado en una nueva filosofía llamada *diseño para la fabricación y el montaje (DPFM)*. Con este enfoque, las empresas proceden a modelar productos que sean tanto satisfactorios para los consumidores, como fáciles de fabricar, así como repercutiendo en costes más bajos, y mayor calidad y fiabilidad. Por ejemplo, un producto de Texas Instruments rediseñado bajo este enfoque requirió 75 piezas menos, además su montaje requería 78% pasos menos y 85% menos de tiempo. El nuevo diseño hizo mucho más que reducir el tiempo y los costes de producción, también funcionó mejor que la versión anterior, más compleja.

f) *Pruebas de mercado*

Si el producto pasa las pruebas de funcionamiento y de los consumidores, el siguiente paso son las pruebas de mercado, Una prueba de mercado es una comercialización real del producto nuevo a escala reducida. Se efectúa en un mercado pequeño escogido representativo de aquel al que va a dirigirse la oferta. Es una etapa en la que el producto y el programa de marketing se introducen en ambientes de mercado más realistas.

Las pruebas de mercado permiten a la empresa obtener experiencia con la comercialización del producto, detectar problemas potenciales y averiguar dónde se necesita más información, antes de la introducción completa, que supone un gasto mucho más elevado. con estas pruebas se consigue probar el programa de marketing para el producto, su estrategia de posicionamiento, la publicidad, la distribución, los precios, las marcas y los envases y el presupuesto. Los resultados se pueden aprovechar para hacer mejores pronósticos de ventas y beneficios. Por tanto, un buen mercado de prueba puede proporcionar inapreciable información sobre el posible éxito del producto y del programa de marketing.

El número necesario de pruebas de mercado varía de acuerdo con el producto nuevo. Los costes de las pruebas de mercado pueden ser enormes. Requieren un tiempo, tal que

podría permitir a la competencia obtener ventajas. Cuando los costes del desarrollo y la introducción del producto son bajos y cuando la empresa ya tiene confianza en que el producto nuevo triunfará, la empresa quizás no haga muchas pruebas de mercado o ninguna. Las modificaciones menores de productos existentes o las copias de productos triunfadores de la competencia podrían no requerir pruebas. Seguramente se requerirán muchas pruebas cuando la introducción del producto nuevo requiere una inversión grande, o cuando la empresa no está segura del producto o del programa de marketing. De hecho, algunos productos y programas de marketing son sujetos a pruebas, después son retirados, modificados y vueltos a probar muchas veces, a lo largo de varios años, antes de su introducción final. Los costes de estas pruebas de mercado son muy altos pero, con frecuencia, son bajos en comparación con los costes de equivocarse.

Por tanto, la realización de pruebas de mercado y su número dependerá de los recursos destinados al proyecto, del riesgo de la introducción del producto, de los costes de las pruebas y de las presiones de tiempo. Los métodos para los mercados de prueba varían con el tipo de producto y la situación del mercado.

Las pruebas de mercado presentan algunos inconvenientes. No siempre es posible ensayar todos los instrumentos de la estrategia comercial. Sólo permiten observar las primeras compras, no las de repetición. Finalmente, su realización supone retrasar la introducción del producto en el mercado, destapándose ante la competencia, que podría reaccionar a tiempo.

Para este propósito, suele utilizarse uno de los tres enfoques siguientes:

- *Mercados de prueba estándar*. Sirven para probar producto de consumo nuevos, en situaciones similares a las que se enfrentarían con un lanzamiento total. Por ejemplo, la empresa busca una ciudad pequeña representativa, trata con intermediarios, presionando en la distribución y el apoyo promocional, y emprendiendo una campaña publicitaria completa. Tienen el problema de durar mucho tiempo y ser muy costosos.

- *Mercados de prueba controlados*. Se utilizan detallistas escogidos para la prueba de productos. La empresa controla la ubicación en los anaqueles, el espacio, promociones, y precios, correspondiendo al detallista por sus servicios. Son pruebas más baratas y requieren menos tiempo, aunque pueden resultar menos efectivos que los mercados de prueba estándar, al ser más difícil encontrar mercados de prueba representativos del conjunto del mercado al cual va a dirigirse el producto cuando se lleve a cabo su lanzamiento y comercialización definitiva.
- *Mercados de prueba simulados*. Las empresas también pueden probar sus productos en un entorno simulado de compras. Se exhiben anuncios, promociones y productos nuevos, a una muestra de consumidores. Las ventajas de este enfoque son los costes bajos, el tiempo reducido de pruebas y, lo más importante, que la competencia no vea el producto.

Para los bienes industriales, se utilizan otros métodos para las pruebas de mercado de productos nuevos. Por ejemplo, pueden realizar pruebas de uso del producto.

En este caso, la empresa industrial elige a un grupo pequeño de posibles clientes que aceptan usar el producto nuevo durante cierto tiempo.

El personal técnico del fabricante observa la forma en que estos clientes usan el producto. A partir de esta prueba, el fabricante averigua cuáles son los requisitos de capacitación y servicios del cliente. Después de la prueba,

se pregunta al cliente cuál es su intención de compra y otras reacciones. Los productos industriales nuevos también se pueden probar en exposiciones especializadas.

g) *Lanzamiento y comercialización*

Se produce si en los pasos anteriores los resultados han sido satisfactorios. La empresa incurrirá en costes muy elevados. Debe tomar decisiones del tipo:

¿Cuándo?
¿Es el momento oportuno para introducir el producto nuevo?

¿Dónde?
La empresa debe decidir si lanza el producto nuevo en una región, varias regiones, el mercado nacional o el mercado internacional. Pocas empresas tienen la confianza, el capital y la capacidad para lanzar los productos a ultramar. Las empresas pequeñas pueden seleccionar una ciudad atractiva y posteriormente ir extendiéndose.

¿A quién?
La distribución y la promoción debe dirigirse a los mejores segmentos, aquellos grupos que aceptarán el producto rápidamente, lo utilizarán mucho y son líderes de opinión.

¿Cómo?
La empresa debe materializar su estrategia en un plan de acción para introducir el producto nuevo en los mercados elegidos, así como dedicar un presupuesto de marketing para las actividades comerciales.

6.10 CICLO DE VIDA DEL PRODUCTO

El ritmo de la evolución de un producto es diverso.

Las situaciones comerciales evolucionan a lo largo del tiempo, es decir, siguen una determinada trayectoria. De modo que se puede afirmar que la situación comercial en la que se mueve una empresa es cambiante. Cada producto, en cada momento, debe tener unas técnicas especiales de publicidad, precio, distribución y tecnología según su situación en el ciclo de vida. Recordar la importancia de la política de las "cuatro P" en el marketing.

Hablando en términos de marketing, la mejora de un producto dará lugar a la creación de uno nuevo considerado un producto sustitutivo.

Otro caso sería la obsolescencia, es decir, cuando las posibilidades de uso de un producto han quedado superadas por la de nuevos productos, como por ejemplo el paso de la TV en blanco y negro a la de color y el del tren de vapor al tren eléctrico de alta velocidad.

Como se verá más adelante, el ritmo de esta evolución es diverso, pero en todos los casos se llega a una situación típica que es conocida como situación de madurez comercial. En general, actualmente, cuando un producto nace pasa muy rápidamente a la fase de maduración.

Este proceso evolutivo se desarrolla ligado a una serie de variables asociadas, por un lado, a la actuación de las distintas empresas concurrentes en el mercado y, por otro, al ritmo con que el producto o servicio se introduce en los hábitos sociales de los usuarios.

6.10.1 Variables que detectan la evolución de los productos en el ciclo de vida

Las variables más significativas, antes de llegar analizar el ciclo de vida del producto, son:

a. *El beneficio*
Como puede verse en la curva representada a continuación, la cifra del beneficio medio empieza en negativo, a continuación va creciendo hasta llegar a tener beneficio nulo y alcanzar después, un máximo de beneficios para, finalmente, volver a descender hasta anularse o quedar en un determinado nivel crítico.

El motivo de que la curva empiece en negativo está en que debe realizarse una fuerte inversión inicial, tanto en I+D como en la adecuación de los equipos de fabricación y de formación del personal.

También podemos observar que llega un punto en que las ventas siguen creciendo, pero los beneficios empiezan a descender pasando, por lo tanto, por un beneficio máximo debido a que le propio nivel de beneficios atrae a más y más empresas al sector hasta que la capacidad global de producción es excedentaria y esto conduce a una disminución de la rentabilidad. Esta disminución, como se ha mencionado, se detiene a veces al llegar a un cierto nivel crítico de simple supervivencia empresarial, que corresponde, como se verá más adelante, a la situación de hipermadurez comercial.

Muchos sectores presentan fluctuaciones, en cuanto a beneficios se refiere, con el tiempo. Por ejemplo, la construcción tenía pérdidas hace dos años y ahora está resurgiendo.

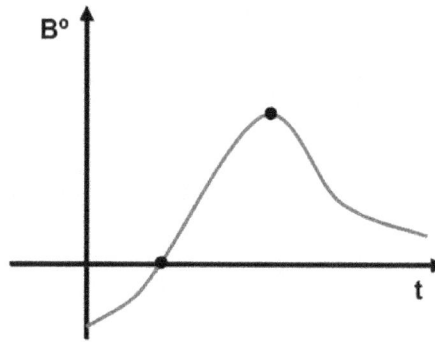

b. *Número de empresas concurrentes en el sector*
La evolución sigue la gráfica siguiente:

La curva pasa por un máximo que se sitúa cerca del momento en que tiene lugar el máximo en la curva de beneficios.

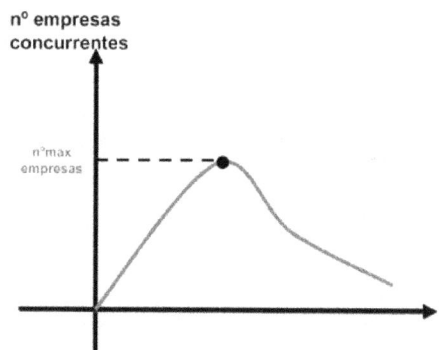

Por ejemplo, en el sector de los electrodomésticos en España (fabricación de frigoríficos domésticos) podríamos citar los siguientes datos:

Año	Nº empresas sector
1963	74
1968	80
1975	20
1989	7
2007	5

El motivo ha sido la creación de grandes grupos que han absorbido a las pequeñas empresas.

c. Porcentaje de usuarios que hay del producto o servicio

Al introducir un nuevo producto o servicio empieza un proceso mediante el cual dicho producto se va introduciendo, de manera estable, en los hábitos sociales. Esta introducción puede medirse en función del número de usuarios en la población total.

Este fenómeno no es de evolución uniforme, ya que existe un cambio brusco, en alza, a la utilización, que coincide con un aumento de la oferta (mayor presencia de empresas) y un inicio de la publicidad y/o distribución.

La evolución de esta variable en el tiempo es como indica esta gráfica:

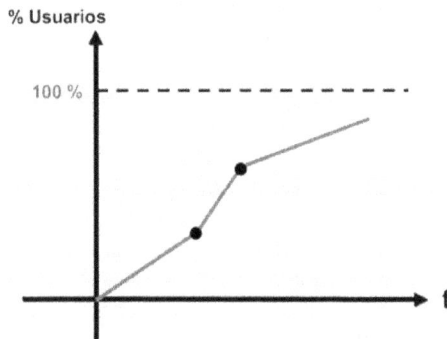

d. Consumo percápita de los usuarios

La evolución, en cuanto a esta variable, nos la indica esta grafica:

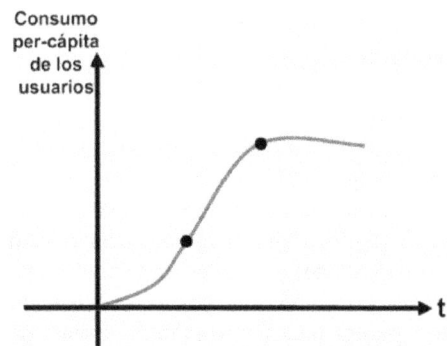

En este caso, como en el anterior, la evolución es inicialmente lenta para despegar más tarde con cierto dinamismo y entrar de forma bastante rápida en una saturación a un determinado nivel, esto es lo que ha pasado en el sector del automóvil.

Esta variable tiene en cuenta que un mismo usuario puede adquirir más de una unidad de producto (el mercado real de teléfonos móviles es mayor que el número de habitantes).

Las fases por las que evoluciona el producto se explican mediante un símil con la evolución biológica de los seres vivos. El comportamiento del producto en cuanto a las ventas y las utilidades que genera son los criterios fundamentales para determinar las etapas que recorre un producto a lo largo de su ciclo de vida.

6.10.2 Descripción del ciclo de vida del producto

Después del lanzamiento de un producto nuevo, la empresa quiere que el producto disfrute de una vida larga en el mercado. Aunque no espera que se venda eternamente, la empresa quiere obtener una cantidad de utilidades razonables para cubrir el esfuerzo y los riesgos que invirtió en su lanzamiento. La empresa es consciente de que cada producto tendrá un ciclo de vida, aunque no conozca por adelantado su forma y duración. El ciclo de vida del producto junto con el curso que siguen las ventas y las utilidades que de él se obtienen, consta de cinco fases distintas:

El *desarrollo* del producto, tal y como hemos visto en el primer punto de este capítulo, se inicia cuando la empresa desarrolla la idea para un producto nuevo. Durante el desarrollo del producto, no hay ventas y los costes que invierte la empresa son altos y crecientes. La *introducción* es un periodo durante el cual las ventas registran un crecimiento lento, mientras el producto se introduce en el mercado. En esta etapa no hay utilidades, debido a los elevados gastos de la introducción del producto. El *crecimiento* es un periodo en el que existe una aceptación rápida en el mercado y un aumento de utilidades. La siguiente fase es la *madurez*, donde el crecimiento de las ventas llegan a un punto máximo, porque el producto ha sido aceptado por una gran parte de compradores potenciales. Las utilidades se equilibran o disminuyen, debido a que existen gastos altos comerciales, con objeto de defender el producto contra la competencia. Finalmente, el *declive* es un periodo durante el cual disminuyen las ventas y las utilidades.

No todos los productos siguen la forma de este ciclo de vida. Algunos productos son introducidos y mueren rápidamente, otros se quedan en la fase de madurez durante mucho tiempo. Algunos entran a la fase de declive y después son llevados a la etapa del crecimiento mediante fuertes promociones.

El concepto del ciclo de vida puede describir una clase de producto (los coches eléctricos), una forma de producto *(compact disc)* o una marca. Este concepto se aplica de manera diferente en cada caso. Las clases de productos permanecen en la etapa de madurez durante mucho tiempo. Las formas de producto suelen tener el comportamiento estándar del ciclo de vida. El ciclo de vida de una marca específica puede cambiar rápidamente por los ataques y las respuestas cambiantes de la competencia y resultan ser mucho más cortos.

El concepto del ciclo de vida también se puede aplicar a lo que se conoce como estilos, modas y modas pasajeras. Un estilo es un modo de expresión distintivo. Un nuevo estilo puede durar muchos años, estando de moda y dejando de estarlo; este es el motivo por el cual dibujamos un ciclo de vida con dos puntas máximas de ventas, fruto de una renovación. Un ejemplo de estilo podría ser el arte abstracto.

Una moda es un estilo aceptado o popular, de actualidad, en un campo dado. Todos conocemos o hemos oído hablar de las modas de los setenta, ochenta y noventa. Las modas pasan por muchas etapas. Primero, por regla general, una cantidad pequeña de consumidores se interesan por algo nuevo que los distingue de los demás. Después, otros consumidores se interesan gracias al deseo de copiar a los líderes de la moda. A continuación, la moda adquiere popularidad y es adoptada por todo el mercado de masas. Por último, la moda se desvanece, conforme los consumidores empiezan a dirigirse hacia otras modas. Así, las modas tienden a crecer con lentitud, a gozar de popularidad durante cierto tiempo y a descender poco a poco.

Las modas pasajeras son modas que entran con rapidez, son adoptadas con gran celo, llegan a la cúspide muy pronto y decaen muy velozmente. Sólo duran un periodo breve y tienden a atraer a una cantidad limitada de seguidores. Las modas pasajeras muchas veces tienen una índole novedosa o caprichosa, por ejemplo, el hula-hop. Las modas pasajeras llaman la atención de las personas que buscan emoción, una manera de distinguirse del resto o algo que les ofrezca temas de conversación. Los productos que sufren este ciclo de vida no satisfacen del todo una necesidad, por eso pierden el interés de los compradores y duran muy poco tiempo.

Las empresas pueden usar el concepto del ciclo de la vida como marco de referencia para describir la forma en que evolucionan los productos y los mercados. Es difícil entender este concepto como instrumento de pronóstico y estrategia, ya que las empresas pueden tener problemas para identificar en qué fase se encuentra el producto, para detectar cuándo el producto pasa a la siguiente fase y para identificar los factores que afectan el paso del producto por las diferentes fases. En la práctica, es difícil pronosticar el nivel de ventas en cada una de las fases, la duración de cada fase e incluso la forma de la curva. Es decir, la dificultad aparece en el momento en que la estrategia se convierte en causa y resultado a la vez. La fase presente en que se encuentra el producto sugiere unas estrategias y procedimientos que afectan la actuación del producto en las siguientes fases.

6.10.3 Fases del ciclo de vida del producto

Introducción

La fase de introducción se inicia cuando el producto nuevo es lanzado por primera vez. Las ventas suelen registrar un crecimiento lento. Productos conocidos como el café instantáneo o el *compact disc* se mantuvieron mucho tiempo en esta fase antes de antes de sufrir el crecimiento rápido.

En esta fase, las utilidades son negativas o escasas, debido a las pocas ventas y a los elevados gastos por distribución y promoción. Se requieren fuertes inversiones para atraer a los distribuidores y para crear inventarios. Existe un gasto relativamente alto para promociones, a fin de informar a los consumidores de la existencia del producto nuevo y conseguir que lo prueben. Por regla general, en esta fase, como el mercado no está listo para versiones aumentadas del producto, la empresa y sus pocos competidores producen versiones básicas del producto. El mercado meta suele ser el de compradores más dispuestos, que suelen ser aquellos con mayor poder adquisitivo.

Una empresa puede adoptar una estrategia de marketing de entre varias para introducir un producto nuevo. Puede establecer un nivel alto o bajo para cada variable de marketing, como el precio, la promoción, la distribución y la calidad del producto. Por ejemplo, con base sólo en el precio y la promoción, la empresa puede lanzar el producto nuevo con un precio elevado y poco gasto para promoción. El precio alto sirve para recuperar tantas utilidades brutas por unidad como sea posible, al tiempo que el poco gasto para promociones contribuye a mantener bajo el gasto en actividades de marketing. Esta estrategia tiene sentido cuando el tamaño del mercado es limitado, cuando la mayor parte de los consumidores del mercado conocen el producto y están dispuestos a pagar un precio elevado y cuando hay poca competencia.

Por otra parte, la empresa podría introducir su producto nuevo con un precio bajo y un gasto elevado para promociones. Esta estrategia promete una penetración más rápida en el mercado y una participación mayor. Tie-

ne sentido cuando el mercado es grande, los compradores potenciales son sensibles a los precios y no conocen el producto, hay mucha competencia potencial y los costes de producción por unidad de la empresa van bajando al producirse economías de escala.

En esta fase debe elegirse una posición en el mercado y actuar en consecuencia, con la convicción de que la estrategia inicial sólo es el primer paso del plan de mercado para el ciclo de vida entero del producto. Una entrada violenta en el mercado supone sacrificar los ingresos a largo plazo en favor de las ganancias a corto. A medida que la empresa pasa por las etapas siguientes del ciclo de la vida, tendrá que ir formulando otras estrategias en materia de marketing.

Crecimiento y desarrollo (o distribución)

Si el producto nuevo satisface al mercado, entra en la fase de crecimiento, en la cual las ventas empiezan a aumentar velozmente. Las primeras personas en aceptar el producto lo seguirán comprando y las siguientes empezarán a seguir los pasos de ésta, sobre todo si oyen hablar a favor de él. Habrá competidores nuevos que, atraídos por la oportunidad de obtener utilidades, entrarán al mercado. Estos suelen introducir características nuevas en el producto, ocurriendo una expansión del mercado. El incremento de competidores conduce a un aumento en la cantidad de salidas para la distribución y las ventas saltan sólo para construir los inventarios de los intermediarios. Los precios permanecen donde están o caen ligeramente. Las empresas conservan su gasto para promociones en el mismo nivel o en uno un poco más alto. Ahora, a "aprendizaje" del mercado se suma la lucha contra la competencia.

Tal y como apreciamos en la descripción del ciclo de vida, las utilidades aumentan en esta fase, a medida que los costes de promoción se distribuyen entre un volumen grande y conforme bajan los costes de producción por unidad. La empresa que trabaja bien, utiliza varias estrategias para sostener el crecimiento rápido del mercado. Mejora la calidad del producto y suma características y modelos al nuevo producto. Entra en nuevos segmentos y otros canales de distribución. Cambia parte de la publicidad destinada a dar a conocer el producto, por otra

CICLO DE VIDA DEL PRODUCTO I

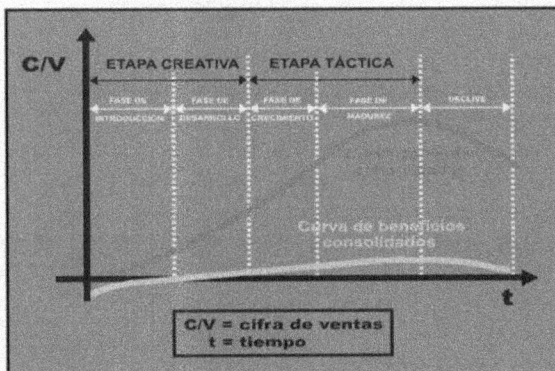

para crear convicción del producto y propiciar las compras, y baja los precios en el momento oportuno para captar más compradores.

En esta fase, se produce una confrontación entre el aumento de participación en el mercado y la utilidad obtenida. Al invertir en la mejora, promoción y distribución del producto, la empresa puede obtener una posición líder.

Madurez

Cuando el crecimiento de las ventas del producto disminuye el producto entra en la fase de la madurez. Suele ser la etapa más duradera y presenta fuertes desafíos para la empresa. La mayor parte de los productos se encuentran en la etapa de madurez del ciclo de vida y, por consiguiente, la mayor parte de los esfuerzos comerciales se refiere al producto maduro.

En esta fase, se nivela la demanda. Esta sólo se produce por reposiciones del producto y por el aumento natural de los segmentos de consumidores. Las existencias aumentan y la capacidad de producción excede la demanda. Este exceso conduce a más competencia. Los competidores empiezan a bajar los precios, a aumentar su publicidad y promociones de ventas y a elevar sus presupuestos para investigación y desarrollo, con objeto de encontrar mejores versiones del producto. Estos pasos conducen a una reducción de beneficios. Algunos de los competidores más débiles empiezan a salirse y, con el tiempo, la industria sólo influye a los competidores bien establecidos.

Aunque, al parecer, muchos productos en la etapa madura no cambian durante períodos largos, la mayor parte de los que tienen éxito están evolucionando de hecho pare satisfacer las necesidades cambiantes de los consumidores. Los *product manager* deben considerar nuevas acciones para sus productos. Deben considerar la posibilidad de modificar el mercado, producto y mezcla de marketing.

Con la modificación del mercado, la empresa intenta aumentar el consumo del producto. Busca usuarios y segmentos nuevos del mercado, por ejemplo cuando Johnson & Johnson se dirigió al mercado adulto con su champú para bebés. También se buscan nuevos métodos para aumentar el uso entre los clientes presentes. La empresa quizás opte por volver a posicionar la marca, para atraer a un segmento mas grande o de crecimiento mas rápido.

La empresa también puede cambiar las características del producto, como la calidad, las peculiaridades o el estilo, para atraer a usuarios nuevos e incitar a un mayor uso.

La estrategia de mejora de la *calidad* pretende aumentar la duración, la fiabilidad y, en general, la satisfacción de las necesidades. La estrategia de mejora de los *atributos* agrega características nuevas que expanden la utilidad, la seguridad o la comodidad del producto. Por ejemplo, Seiko está sumando constantemente estilos y características nuevas a su línea de relojes. La estrategia de mejora del *estilo* pretende aumentar el atractivo del producto. Los fabricantes de alimentos de consumo introducen sabores, colores, ingredientes o envases nuevos para estimular las compras de los consumidores.

La organización también puede tratar de mejorar las ventas cambiando uno o varios de los elementos del *marketing mix*. Pueden reducir los precios para atraer a usuarios nuevos y a clientes de la competencia. Pueden lanzar una campaña publicitaria mejor o usar promociones de ventas agresivas; por ejemplo, cambio de productos, descuentos de dinero, premios y concursos. La empresa también puede entrar a canales más grandes del mercado, usando comercializadores masivos, si estos canales están creciendo. Por último, la empresa puede ofrecer servicios nuevos o mejorados a los compradores.

Declive

Las ventas de la mayor parte de los productos disminuyen sensiblemente con el tiempo y los beneficios tienden a desaparecer. En esta fase, la producción queda en manos de muy pocos, ofreciéndose menor cantidad de productos. Las ventas pueden bajar hasta cero o pueden permanecer mucho tiempo a un nivel bajo.

Las ventas disminuyen por muchas razones: avances tecnológicos, cambios en los gustos de los consumidores, aumento de la competencia, aparición de productos alternativos más económicos, duraderos o con prestaciones más elevadas, etc. Conforme disminuyen las ventas y los beneficios, algunas empresas se retiran del mercado. Las que permanecen pueden reconducir su estrategia, abandonando segmentos pequeños del mercado y canales comerciales marginales, o pueden reducir el presupuesto para promociones y reducir incluso más los precios.

Mantener un producto débil puede resultarle muy costoso a la empresa y no sólo en términos de beneficios directos. Un producto débil puede ocupar demasiado tiempo, que podría utilizarse mejor para hacer más rentables otros productos. Con frecuencia, el producto poco rentable requiere ajustes frecuentes de precios e inventarios, publicidad, etc. La fama de declive de un producto puede despertar recelo en los clientes en cuanto a los demás productos de la empresa.

Las empresas tienen que prestar más atención a los productos que envejecen. La primera tarea de la empresa consiste en identificar los productos que están en la etapa de declive, revisando con regularidad las ventas, las partes del mercado, los costes y las tendencias de los beneficios. Puede optarse por mantener la marca sin cambios con la esperanza de que la competencia abandone la industria. Por ejemplo, Procter & Gamble obtuvo buenas ganancias permaneciendo en el negocio decadente del jabón líquido mientras otras se retiraban. La empresa puede optar por reposicionar la marca con la esperanza de volver a ponerla en la etapa de crecimiento del ciclo de vida del producto. Otra alternativa consiste en reducir costes, esperando que las ventas se conserven. Si todo va bien, se incrementarán los beneficios de la empresa a corto plazo. Finalmente, se puede retirar el producto del mercado o venderlo a otra empresa.

La siguiente tabla resume las características, las estrategias y los objetivos principales en cada fase del ciclo de vida del producto.

CICLO DE VIDA

Características	Introducción	Crecimiento	Madurez	Declive
Ventas	Pocas	Aumentan	Máximo de ventas	Disminuyen
Costes	Coste alto por cliente	Coste promedio por cliente	Coste bajo por cliente	Coste bajo por cliente
Beneficios	Negativos	Primeros en adoptarlo	Mayoría intermedia	Atrasados
Clientes	Poca	Creciente	Estable	Decreciente
ESTRATEGIAS				
Producto	Ofrecer un producto básico	Ofrecer extensiones	Diversificar la marca	Eliminar producto débiles. Relanzamiento
Precio	Coste extra por uso	Precio para penetrar en el mercado	Precio competitivo	Reducir precio
Distribución	Concienciar a los primeros en adoptar el producto y distribuidores	Concienciar al mercado de masas	Reforzar las diferencias y beneficios de la marca	Conservar mercado fiel
Promoción de ventas	Muchas para fomentar pruebas	Reducir para aprovechar demanda	Incrementar para fomentar el cambio de marcas	Reducir al mínimo

6.11 SÍNTOMAS DE MADURACIÓN

La fase de madurez de un producto puede ser detectada por multitud de detalles, comportamientos del sistema o características del sistema productivo. Entre ellos podemos citar los siguientes síntomas de maduración:

1. *Al iniciar la fase de madurez, el producto ya está técnicamente resuelto.* Se ha concluido la fase de experimentación y se conocen totalmente las técnicas y medios precisos para su elaboración. La investigación posterior puede estar encaminada a fines de renovación o mantenimiento, así como a los procesos de control de calidad.

2. *Larga vida de los elementos productivos.* Característica claramente identificable por el departamento de producción, y por lo tanto de forma indirecta por el departamento financiero, pero más difícil de detectar por parte del departamento comercial de la empresa.

3. *Existe una información técnica y comercial total.* Todas las empresas que producen tienen total información de su competencia. Se conocen todas las técnicas de producción y esta información está al alcance de todos los fabricantes, tanto de los ya establecidos como de los potenciales. La existencia y características del producto son también conocidas por los usuarios.

4. *El producto se introduce en el mercado de forma estable.* Es un síntoma detectable por el departamento comercial. Se observa que desciende el volumen de ventas dirigido hacia nuevos usuarios a la vez que aumentan las ventas de reposición a los usuarios ya introducidos. Se observa que la relación entre la compra por reposición y la compra por nuevo uso es mucho mayor que uno.

5. *Amplio conocimiento del know-how del proceso.* Relacionado con los puntos primero y tercero citados anteriormente, puede manifestarse por el grado de facilidad o dificultad que encuentre la empresa para la contratación de personal técnico cualificado para dicho proceso productivo. Una misma empresa puede llegar a fabricar el mismo producto con diferentes marcas.

6. *Aparición de marcas competidoras atraídas por el aumento del volumen de ventas generado por las empresas iniciadoras.* El mercado pasa, por tanto, de unas características de mercado monopolístico y oligopolístico hacia otro en el cual destaca una o varias empresa líderes en un mercado muy fragmentado.

7. *Oferta superior a la demanda.* De una situación inicial en que el usuario generaba una demanda superior a la capacidad de producción del fabricante, se pasa a una situación claramente excedentaria.

8. *Aparición en el mercado de productos competitivos.* Son productos equivalentes técnicamente, similares y sustitutivos, atraídos por el volumen de ventas generado por el producto inicial.

9. *Crecimiento del mercado de reposición.* Al saturarse la entrada de nuevos consumidores, la producción está encaminada principalmente hacia la reposición de los productos adquiridos por usuarios ya introducidos. Por ejemplo, el caso de la segunda vivienda.

10. *Aceptación del sistema trade-in,* por el cual el vendedor o el fabricante acepta la entrega del artículo usado como parte del pago del precio de compra del nuevo artículo. Con esta política de ventas se intenta reforzar el mercado de reposición. Como ejemplo, tenemos el mercado de barcos de recreo.

11. *Retracción de las marcas líderes.* Aparecen marcas no fabricantes que pueden llegar a ser líderes sin necesidad de ser ellas mismas productoras. Al introducirse nuevos competidores descienden los márgenes de venta de las empresas líderes, con lo que se ven obligadas a seguir políticas de ventas como la de potenciación de nuevas marcas con el fin de seguir disfrutando de su cuota de mercado.

12. *Diversificación del mercado.* Una fuerte entrada de nuevas empresas hace que el mercado pasa de ser monopolista y oligopolista a un estado de fuerte competitividad. La composición de este mercado podría ser de una o dos grandes empresas que cubren el 30/35 % de la cuota de mercado, un grupo numeroso de medianas empresa que cubren el 50% y un gran número de pequeñas empresas que cubren el 15/20 % restante.

13. *Liberalización de los puntos de venta.* Los productos aumentan sus redes de

distribución a multitud de posibles localizaciones no características de la distribución del producto. Desaparece la figura del distribuidor oficial en exclusiva. Por ejemplo, en una farmacia done se vendan cosméticos.

14. *Descenso de los márgenes de la red comercial,* como consecuencia de la fuerte competencia. Puede presentarse bajo las formas de participación de los costes promocionales, descuentos en precios, ventas en lotes...

15. *Aparición de marcas privadas.* Aunque no sea exclusivo de esta etapa, es usual en el estado de madurez el hecho de que los fabricantes vendan el producto a la red de distribución con el nombre comercial de los propios distribuidores.

16. *Políticas de venta características,* como puede ser la venta en forma de tamaños familiares o lotes. La disminución de margen comercial en este caso queda compensada por la aplicación de técnicas de economía de escala. En las redes comerciales aparecen productos cuyo tamaño o forma, contenido y calidad, difieren mucho unos de otros, como botellas de diferente volumen, latas...

17. *Depreciación rápida del producto.* Uno de los síntomas más fácilmente identificables en términos cuantitativos es la depreciación del producto, que puede alcanzar valores del 20/30 %.

6.11.1 Observaciones en torno a los síntomas

Todos los síntomas anteriormente citados pueden ser aceptados como característicos de un estado de maduración del mercado. No obstante, ello no quiere decir que en esta circunstancia deban producirse todos, sino que aparecerán unos y otros en función de las características del mercado. Cualquier producto que tenga tres o cuatro síntomas está seguro en la fase de maduración, y cuanto más síntomas tenga, mayor es la maduración de este producto.

Cabe destacar también que la aparición de estos síntomas no es generalmente aislada, sino que su presencia lleva implícita la aparición de otros o más de los restantes.

También es curioso observar que, a pesar de los múltiples estudios que sobre esta etapa se han realizado, es difícil de predeterminar las pautas de presentación de estos síntomas. Se considera que no siguen unas pautas prefijadas, sino que obedecen al azar. Otra observación importante es la de que el hecho de que se detecten algunos de los síntomas citados en un cierto instante de la vida del producto no significa necesariamente que se encuentre en fase de madurez, pues es necesaria la coincidencia simultánea de varios de ellos.

6.11.2 Ritmo de maduración

Todos los productos siguen en líneas generales una serie de etapas predefinidas y estructuralmente equivalentes a lo largo de su vida comercial. No obstante, también es cierto que se producen diferencias formales entre los diversos procesos, fundamentalmente desde el punto de vista temporal.

Existen productos para los que la fase de maduración supone un lapso de tiempo muy breve (puede ser del orden de pocos meses para productos surgidos de la moda o similares), mientras que para otros puede alargarse durante decenios (por ejemplo, aviones). Por ello, la evolución desde la fase de introducción hasta la fase de madurez y la posterior caída o hipermadurez es muy variable en duración de un caso a otro, así como deben serlo las políticas comerciales entre las diferentes fases. Pueden señalarse algunos factores que aceleran o retardan el ritmo de maduración.

6.11.3 Factores que frenan al ritmo de maduración

a. *Producto realmente innovador.*
El producto tiene una tecnología lo suficientemente importante, nueva, de forma que no hay otro producto que lo pueda suplir. El producto realmente innovador dispondrá de una vida comercial mucho mas larga que en el caso de que suponga tan sólo una ligera renovación con respecto a otros ya existentes en el mercado.

b. *Creación de patentes que supongan la defensa legal de la propiedad industrial.*

De este modo se favorece la posición en el mercado del producto innovador obteniendo ventajas en cuanto a sus planificaciones de producción y lanzamiento. La protección que se ejerce a la investigación a través de las patentes produce por tanto un efecto de frenado de la ampliación del mercado con nuevos competidores y por consiguiente un retraso en el ritmo de maduración.

6.11.4 Factores que aceleran el ritmo de maduración

a. *Legislaciones antimonopolistas.*
Las disposiciones legales destinadas a garantizar la libertad del mercado causan una aceleración en el ritmo de maduración. En efecto, con ellas aumenta el número de posibles oferentes del producto y el consumidor se ve favorecido al tener muchas más posibilidades de elección, pero el producto alcanza más rápidamente la etapa de madurez.

b. *Existencia de asociaciones de consumidores.*
De la misma manera, la implantación en la sociedad de consumidores que se ocupen de la elevación de los niveles de calidad de los productos, así como una aceleración en su ritmo de maduración.

c. *Amplitud y diversidad de proveedores.*
Con una mayor facilidad para las empresas productoras para conseguir sus materias primas de sus proveedores y una más amplia opción, estas empresas podrían obtener mejores condiciones en sus compras y por tanto reducir costes y aumentar sus niveles de producción. La rapidez en la maduración se verá así incrementada.

d. *Programas comerciales adecuados.*
Los programas comerciales de las empresas que pretender conseguir una mayor y más rápida implantación del producto en el mercado tienden a acelerar, también, el ritmo de maduración. El mercado llega al mercado potencial muy rápidamente.

e. *Alcance de los mercados potenciales.*
La maduración se producirá más rápidamente cuanto más fácilmente accesibles sean los mercados potenciales, ya que las reservas de nuevos consumidores se agotarán con mayor rapidez.

6.11.5 Mantenimiento del producto en la fase de madurez

Los mayores ingresos por ventas que se producen a lo largo de la vida del producto tienen lugar, como ya se ha dicho, en la fase de madurez. Por ello, es conveniente utilizar todas las tácticas comerciales posibles para mantenerla, una vez se ha alcanzado (publicidad, diversificación de puntos de ventas...). Las tácticas comerciales seguidas por la división comercial de la empresa pueden ser de diversa índole, pero todas ellas intentarán conseguir que el producto siga siendo accesible económicamente para el consumidor.

En productos de consumo, se intentarán por tanto encontrar para éste localizaciones claramente visibles para el consumidor: las empresas pierden la exclusividad y se incorporan nuevos puntos de venta. Tenemos, por ejemplo, la venta de productos cosméticos en farmacias...

Desde el punto de vista de la empresa productora, existen dos formas principales para mantener el producto en su fase de madurez:

1. *Forma directa.* A través de todos los medios de comunicación se intenta mantener la imagen del marca del producto, por medio de los canales usuales de publicidad.
2. *Forma indirecta.* Se trata de la utilización de técnicas de diversificación, tanto de los canales de distribución como de las mismas marcas. Así el consumidor podrá elegir libremente el lugar de compra o la marca que más sea de su agrado. En general el producto adquirido es el mismo aunque difiera la marca acreditativa.

Con estas técnicas se consigue aumentar la cuota global de mercado de la firma fabricante, aunque también trae como consecuencia la pérdida del liderazgo de la primera marca.

Aparte de estas dos formas básicas de actuación, se deben tener en cuenta otras circunstancias colaterales, como puede ser un análisis en profundidad de las técnicas de promoción tales como rebajas, sorteos o regalos, con el fin de disminuir sus costes. Al ser dichas promociones realizadas a gran escala, es frecuente el error de caer en un nivel de gastos que no quede justificado por las ventas posteriores. Por otra parte, no se puede olvidar que la empresa no solo fabrica, en general, ese producto que ha alcanzado ya la madurez, sino que su gama de productos se encuentra en desfase con respecto a su ciclo de vida.

Debe de hacerse un seguimiento comercial de todo el resto de productos y no centrarse únicamente en la promoción del producto estrella.

6.11.6 Programa comercial en la fase de madurez. Estrategias

Las características del mercado maduro analizadas hasta ahora deben tener una aplicación práctica por parte de la división comercial o de ventas, en forma de elaboración de un programa comercial *(mix)* para cada producto.

Para ello, lo primero que debemos tener en cuenta es un análisis de lo que tratamos de vender y de cómo lo estamos haciendo hasta ahora:
- Tipo de producto
- Publicidad y promociones efectuadas
- Canales de distribución
- Costes de producción y política de precios
- Fuerza de ventas y cuota de mercado.

Para cada uno de estos puntos debemos tener una respuesta concreta, y lo que pretendemos es esbozar una línea de trabajo que los enlace de forma que las modificaciones efectuadas y las innovaciones sino que verdaderamente constituyan el segmento estratégico del que dependerá la supervivencia.

Las estrategias tipo que caracterizan a las empresas competitivas en un mercado maduro tienen una serie de rasgos comunes:

a. Suelen disponer de un programa comercial específico para cada mercado, y dentro de éste, un plan específico para cada producto.

b. El empresario sabe que su mejor amigo en este momento es un producto nuevo, que habrá desarrollado durante la fase de crecimiento del producto ya maduro. Pero no es el objetivo ser conocidos como innovadores, sino vender. El empresario de la gran firma suele dejar a las peque-

Las empresas competitivas utilizan estrategias con rasgos comunes.

ñas pugnar durante la fase de crecimiento con productos del tipo "yo también" para hacer valer sus recursos superiores en la fase de madurez y dejarlas colgadas cuando el mercado se satura. Es entonces cuando únicamente sobreviven los más preparados.

c. Una solución también clásica es buscar mercados nuevos en ultramar. Quizás sólo haya que realizar ligeras modificaciones a nuestro producto para satisfacer las necesidades de un mercado exterior. Recordemos que las importaciones aceleran la maduración de un mercado, y las exportaciones tienden a retrasar.

d. Otra medida reside en reducir esfuerzos en el mercado general y centrarlos sobre un sector específico. Aun a costa de un precio mayor, determinada parte de la demanda está dispuesta a hacerse con un producto exclusivamente pensado para sus necesidades concretas.

e. Ciertas empresas optan por conceder descuentos en los precios de compra. Estos descuentos pueden ser:
  ▪ Estacionales, "por compra en temporada baja"
  ▪ Por volumen de compra (oferta del tipo 3x2)
  ▪ Por condiciones de pago especiales

f. También se suelen conceder incentivos en dinero al detallista, concesionarios, viajante..., por obtener un mayor volumen de ventas.

g. Una característica muy común (ya estudiada) es ofrecer el mismo producto, desguarnecido, con envase distinto, en lotes, a precio inferior, bajo una marca distinta, por ejemplo la firma del concesionario. Esta medida puede restar ventas a la firma madre, pero indudablemente también lo hace con la competencia. El precio inferior es un factor al que es sensible el consumidor en un mercado maduro.

h. En cuanto a la publicidad, el mercado maduro registra anuncios más agresivos, menos sofisticados, de menor buen gusto y más repetitivos. La publicidad ya no tratará de estimular la demanda, que está estabilizada, sino de promocionar la marca machaconamente.

i. Puede que hayamos asumido que nuestros días en el mercado están contados y optemos por salir de él del modo más provechoso posible. Esto se suele hacer por tres caminos distintos:

- Vendiendo el artículo a una compañía mejor preparada para competir que nosotros.
- Retirando el apoyo promocional (salvo un mínimo) y permitiendo que se extinga paulatinamente
- Liquidando las existencias a un precio ínfimo y cerrando.

No tendremos que salir del mercado de este modo poco airoso si hemos sido previsores. Existen modos de evitar este trance, que ahora pasaremos a describir con detalle.

6.11.7 Salidas del mercado maduro

Un mercado maduro implica una estabilización de las ventas. La empresa que ha alcanzado una producción difícilmente superable se verá colmada en sus aspiraciones; no así aquella cuyo potencial aconseje expansiones. Esta última intentará que su producto entre en una nueva fase de desarrollo, para lo que se deberá salir del mercado maduro. Hay varias vías para ello:

1. *Innovación del producto.* Una innovación suficiente es capaza de forzar un salto atrás en el ciclo de vida de un producto. Mención especial requieren los casos en que, sin modificación sustancial, se lleva el producto hacia mercados o aplicaciones sin explorar hasta entonces, obteniendo nuevas utilidades sin coste adicional.
2. *Renovación de la distribución.* Búsqueda y explotación de nuevos canales antes desconocidos o simplemente ignorados. Se dan casos en que esta medida es tan eficaz que hay que revisar e incrementar la producción.
3. *Política de precios.* Cuando una empresa aplica la política a la baja, las demás se ven en la necesidad de seguirla; en ocasiones, esto conlleva el producir incluso por debajo del punto muerto. Si la empresa es suficientemente capaz, puede salir del mercado a parte de sus competidores. Este evento implica unas consecuencias:
   - Aumento de la cuota de mercado
   - Mayor importancia de la economías de escala
   - Aumento de la relación coste-impacto dentro del área comercial en función del descenso de la competencia.

Puede darse el caso que esta política a la baja origine un hundimiento de todo el mercado. En efecto, si todas las competidoras siguen a la baja, esperando que sean los demás los primeros en ceder, puede quebrar todo el sector.

Otras formas de salida del mercado maduro son adecuar el producto a las tendencias actuales (un claro ejemplo son los productos *light*; cualquier marca debe tener su producto *light*) o adecuar el producto a las políticas y normas actuales, es decir, elaborar productos biodegradables, reciclables...

6.12 DIFUSIÓN DEL PRODUCTO

Difundir el producto consiste en gestionar un proceso de comunicación en el que se da a conocer su existencia, características y sus ventajas. El proceso puede llevarlo a cabo el intermediario, los medios de comunicación, o incluso, el propio usuario. El consumidor puede ser innovador o imitador, según tenga o no iniciativa para adquirir el producto después de haber tenido conocimiento de él. Rogers clasificó a los adoptadores en cinco categorías, ocupando una posición en una campana de Gauss: innovadores, primeros adoptadores, primera mayoría, última mayoría y rezagados:

- *Innovadores:* suele ser un grupo reducido de personas con rentas altas, con estudios por encima de la media y abiertos a conocer nuevas experiencias.
- *Primeros adoptadores:* grupo más numeroso. Son líderes de opinión, con gran influencia en los compradores posteriores.
- *Primera mayoría:* grupo numeroso que no adquiere el producto hasta que no tiene convencimiento de su aceptación,

Las características del producto influyen en la duración del proceso de difusión.

aunque no se obsesionan con el riesgo.
- *Última mayoría:* también corresponde a un grupo numeroso, inseguro y que no quiere arriesgarse. Sólo adquieren el producto cuando está plenamente aceptado por el mercado.
- *Rezagados:* un grupo menor que los dos anteriores, con bajo nivel económico y cultural. Son los últimos en adquirir el producto.

La velocidad con la que el consumidor compra el producto después del proceso de difusión puede variar, en general, según queden afectados los hábitos de los consumidores. Si el conjunto de propiedades del producto nuevo le da una ventaja relativa respecto al resto de los productos existentes, será más rentable su difusión. Estas propiedades pueden ser precio, rendimiento, coste, facilidad en el manejo, etc.

Cuando el producto no varía en exceso los hábitos del mercado y no afecta negativamente a la cultura del comprador, puede hacerse compatible un producto utilizando correctamente las técnicas de marketing apropiadas. Un caso

exitoso lo tenemos con McDonald´s en Europa, que ha conseguido hacer compatible la comida rápida con los valores de la sociedad.

El proceso de difusión requerirá más tiempo si el producto es complejo y se precisa que el consumidor aprenda a utilizarlo; por ejemplo, las innovaciones tecnológicas que se introducen en una sociedad, como han sido los hornos microondas o, en su día, las tarjetas de crédito.

En el momento en que el consumidor reconoce que un producto le facilitará la vida, lo adoptará en algún momento. Es el caso del teléfono móvil o el fax. También será más sencilla la difusión de aquellos productos que, por sus características, se pueda utilizar la promoción. Por ejemplo los productos de cosmética, sobre los que se pueden ofrecer muestras para su prueba.

Este apartado está estrechamente ligado con el proceso de compra (capítulo 3), ya que el proceso de difusión y adopción del producto puede considerarse un caso particular del proceso de compra. Las etapas del proceso que nos ocupa ahora son: percepción, interés, evaluación de alternativas, prueba y finalmente la adopción.

6.13 MODELOS DE VENTAS PARA NUEVOS PRODUCTOS

Son procedimientos estadísticos para explicar y predecir las primeras compras de un producto y las posteriores. Los dividimos en dos grupos, según se refiera a primeras compras o de repetición.

Los *modelos de primera compra* se dirigen a productos duraderos, al ser de aplicación específica y no contemplar las primeras compras. Permiten realizar predicciones sobre las primeras fases del ciclo de vida del producto, pues son las que no tienen compras de reposición

significativas. Estos modelos utilizan variables como las ventas en un periodo, el mercado potencial y ciertos coeficientes de innovación e imitación, incluyéndose variables de decisión como la publicidad y el precio. Los perfiles de venta obtenidos a lo largo del tiempo, se ajustan a los del ciclo de vida del producto.

Los modelos de compra de reposición tratan de analizar los resultados de los estudios de mercado con el fin de evaluar e interpretar el grado de aceptación de nuevos productos.

[1] Adaptado de Kevin Lane Keller, "The brand Report Card", Harvard Business Review, 1 de enero de 2000. pp. 147-157.

[2] Ph. Kotler. Dirección de marketing.

Ed. Prentice Hall. 1995

[3] Barbara E. Kahn. "Estrategia de marca y conducta del consumidor". Colección Management de Deusto. 2007.

[4] Barbara E. Kahn. "Cómo se las arreglan los consumidores con la carga de información". Colección Management Deusto. 2007.

Conceptos fundamentales

Amenaza. *Fuerza del entorno que reduce la efectividad de una determinada estrategia comercial o impide su implantación*

Bien. *Objeto físico, tangible, que se puede percibir por los sentidos.*

Bien de consumo (duradero). *Aquel que puede ser usado cantidad de veces y de forma mas o menos continua.*

Bien de consumo (destructivo). *Aquel que se consume en uno o muy pocos usos.*

Bien de preferencia. *Aquel en el que la marca o el estilo imprimen una elevada influencia en su compra.*

Brainstorming. *En castellano, significa "tormenta de ideas". Consiste en una técnica de grupo encaminada a solucionar problemas previamente definidos, aportando cada uno de ellos sus ideas y opiniones. En dichas reuniones y en grupos reducidos de unas cinco a diez personas, cada una de ellas aportará su punto de vista, opinión o ideas, independientemente de la factibilidad de las mismas.*

Calidad. *Ausencia de defectos.*

Cambio de marca. *El cambio de marca supone un proceso de decisión del comprador que le lleva a adquirir una marca distinta a la habitual. Puede ser debido a las siguientes causas: Insatisfacción con la marca actual. Mejores prestaciones del producto de otra marca. Oferta (precio, condiciones, etc.) más favorable de una marca competidora.*

Canibalización. *Efecto que se produce cuando el producto nuevo lanzado al mercado no es percibido como un producto distinto de los actuales. Se produce un mero traslado de los compradores de los productos actuales al nuevo producto, sin aumentar las ventas totales.*

Cartera de producto. *Toda la gama de productos que ofrece la empresa.*

Ciclo de la venta. *Cada producto o servicio tiene ciclo diferente de venta, entendiendo por tal el lapso que va desde la primera visita completada al cliente a la firma del contrato o pedido.*

Ciclo de vida del producto. *El periodo de tiempo en el cual un producto produce ventas y utilidades. Se entiende que incluye cinco diferentes fases: desarrollo, introducción, crecimiento, madures y declinación.*

Difusión. *Publicaciones, suscripciones y ejemplares vendidos en el punto de venta*

Distintivo de la marca. *Es la parte de la marca que puede reconocerse, pero no pronunciarse.*

Familia de marcas. *Conjunto de productos similares que cubren necesidades parecidas o tiene procesos de fabricación o canales de distribución comunes, a los que se le impone una sola marca (Stanton y Futrell, 1989).*

Fracaso de un producto. *Supone el rechazo del mercado de un producto nuevo.*

Generación de ideas. *Búsqueda sistemática de ideas de nuevos productos, acudiendo a una diversidad de fuentes y por medio de distintos métodos o procedimientos.*

Guerra de precios. *Situación competitiva de un mercado en la que las empresas vendedoras rebajan sucesivamente los precios, bien por iniciativa propia, o bien, en respuesta a reducciones previas de los precios de los competidores.*

Idea creativa. *A diferencia de las ideas comunes, la idea creativa hace nacer conceptos, visiones de la realidad, inventos, teorías antes no existentes. Pero el origen de las ideas está basado en otras anteriores; son por lo general asociaciones sorprendentes, nuevas, de ideas previamente no asociadas pero existentes.*

Innovación. *Producto que constituye una novedad tanto para el mercado como para la empresa que lo elabora. La innovación no sólo preserva la supervivencia de la empresa, sino que también suele proporcionar mayores beneficios (Soni, Lilien y Wilson, 1993).*

Innovación radical. *Nuevo producto desconocido por el mercado y que utiliza una tecnología en la que no tiene una experiencia previa. Su lanzamiento supone una situación de alto riesgo para la empresa (Bello, Vázquez y Trespalacios, 1993).*

Línea de productos. *El conjunto de productos homogéneos de una empresa.*

Marca. *Un nombre, término, signo, símbolo o diseño, o la combinación de todos ellos, que tiende a identificar bienes o servicios de un vendedor o grupo de vendedores y diferenciarlo de los la competencia.*

Marca blanca. *Producto genérico que se vende con la marca del distribuidor.*

Marca única. *Política que se lleva a cabo cuando se pone la misma marca a todos los producto de la empresa, sean cuales sean.*

Marcas múltiples. *Política que se lleva a cabo cuando se ponen marcas distintas a cada uno de los productos de la empresa.*

Marca registrada. *La marca o parte de la marca protegida legalmente para poder usarse con carácter exclusivo.*

Mercado de consumo. *Es el segmento de mercado constituido por los consumidores últimos que usan un producto o servicio para satisfacer sus necesidades propias.*

Nombre de la marca. *Es la parte de la marca que puede reconocerse o localizarse.*

Novedad. *Producto nuevo. Si el producto constituye una novedad tanto para el mercado como para la empresa que lo elabora, se trata de una innovación. Si el producto ya existe en el mercado y es nuevo sólo para la empresa, es simplemente una nueva marca. Y si el producto es sólo algo nuevo para la empresa, por tener ya otros similares, se tratará de un nuevo modelo o un rediseño de modelos ya existentes.*

Nuevo modelo. *Producto que es sólo algo nuevo para la empresa, por tener ya otros similares.*

Nuevo producto. *El concepto de producto nuevo debe estar basado en el punto de vista del comprador, es decir, en cómo lo percibe. Para que el producto nuevo sea aceptado por el mercado debe presentar alguna diferencia significativa con respecto a los demás existentes, debe aportar alguna nueva idea no experimentada o debe tener alguna ventaja de precio o rendimiento (Davidson, 1976).*

Proceso creativo: *Es la serie de actividades que se realizan en busca de solucionar un problema creativo. El proceso creativo es exitoso cuando hace nacer una o más soluciones propias del caso creativo que le ha tocado resolver. No existen dos casos creativos iguales.*

Producto. *Cualquier bien material, servicio o idea que posea un valor para el usuario o consumidor y sea susceptible de satisfacer una necesidad.*

Producto de consumo. *Es aquel que compra toda persona para su consumo final.*

Producto total. *Es la suma de tangibles e intangibles correspondiente al producto: genérico, aumentado y potencial.*

Relanzamiento de un producto. *Nuevo impulso promocional a un producto ya lanzado anteriormente al mercado, bien porque su éxito ha sido inferior al previsto, o bien porque se desea alargar la vida del producto.*

Remarketing. *Actividad del marketing consistente en revitalizar la demanda débil de un producto, bien modificando las características del mismo, bien dirigiéndolo a otros segmentos, o bien practicando una comunicación más efectiva (Kotler, 1973).*

Segunda marca. *Marca lanzada por un gran marca, para cubrir segmentos diferentes de la primera,sin afectar a la imagen de ésta.*

Test de marca. *Prueba del grado de aceptación, eufonía, facilidad de pronunciación, evocación, diferenciación, connotaciones positivas y recuerdo del nombre de una marca (Bello, Vázquez y Trespalacios, 1993).*

Test de mercado. *Es una comercialización real de una producto nuevo, pero a escala reducida. Se efectúa en un mercado de tamaño pequeño, pero representativo del conjunto del mercado al cual va a dirigirse el producto cuando se lleve a cabo su lanzamiento y comercialización definitiva.*

Test de producto*. Prueba que se hace entre consumidores potenciales de un prototipo de producto nuevo, con el fin de comprobar en qué medida el producto físico se adecua al concepto del producto.*

Test sobre el capítulo (Sólo una respuesta correcta)

1. De entre los siguientes factores, ¿cuáles afectan a la gestión del producto?
   a) Empaquetado, publicidad, promoción y precio
   b) Empaquetado, diseño, calidad y gestión de la marca
   c) Diseño, calidad, servicios relacionados con el producto, promoción

2. La gestión del producto, en cuanto a sus características y diferenciación busca:
   a) Destacar las propiedades del producto de alguna manera, con la finalidad de ser percibido como único
   b) Definir la capacidad que tiene un producto para cumplir con sus funciones
   c) Reducir los defectos que molestan a los clientes o basar el marketing de la empresa en la calidad

3. La American Marketing Association (AMA) ha establecido que la marca de un producto está constituida por:
   a) La diversidad de precios y calidades dentro de una clase de productos
   b) Nombre, término, símbolo o diseño, o una combinación de ellos, que permite identificar los productos y diferenciarlos de los de la competencia
   c) El diseño que se exterioriza en un producto: su buena utilidad, su aspecto, en un servicio barato y fácil

4. La marca debe ser:
   a) Larga, con colores y que se diferencie de la competencia
   b) Fácil de reconocer, duradera y siempre debe contar con apoyo publicitario
   c) Distintiva, fácil de reconocer y que pueda asociarse con el producto

5. El co-branding:
   a) Consiste en poner la misma marca a todos los productos de la empresa, aunque puedan resultar muy distintos entre sí
   b) Consiste en una asociación entre marcas complementarias que ayuda a reforzar su imagen
   c) Ninguna de las respuestas anteriores es correcta

6. Un ejemplo de extensión de marca podría ser:
   a) Una nueva bebida refrescante fruto de la alianza de Coca-Cola con Nestlé
   b) Gilette y todos los productos de aseo para el hombre
   c) Un nuevo modelo de reproductor de DVD de la marca Sony

7. ¿Qué es el posicionamiento?
   a) El desarrollo, prueba de mercado y comercialización de nuevas líneas de productos
   b) La capacidad del equipo directivo de la empresa para mantener una determinada imagen de marca
   c) Definición de la personalidad de un producto o servicio en el mercado en relación con los productos o servicios competitivos

8. De entre las motivaciones para la utilización de la estrategia de extensión de línea de productos, encontramos:
   a) Intento de igualar a la competencia en extensión de línea
   b) Propósito de aumentar el espacio en los lineales de los detallistas
   c) Todas las respuestas anteriores pueden ser motivaciones para extender la línea de productos.

9. En la etapa de crecimiento del ciclo de vida ideal del producto:
   a) Se da el máximo de ventas
   b) Es la fase del ciclo en el cual las ventas aumentan más que en el resto de fases
   c) No se puede concluir nada acerca de las ventas

10. Las mejoras de calidad, de las características y del estilo de un producto, son estrategias típicas de:
    a) La etapa de declive
    b) La etapa de madurez
    c) La etapa de crecimiento

11. ¿En qué fase del ciclo de vida del producto se encuentran la mayoría de los productos que existen en el mercado?
    a) Desarrollo
    b) Madurez
    c) Introducción

12. Una estrategia en la etapa de declive del ciclo de vida del producto es:
    a) Reducir la línea de productos
    b) Precio estratégico para penetrar en el mercado
    c) Distribución intensiva

13. El ciclo de vida del producto...
    a) Predetermina las ventas y beneficios que se obtendrán con independencia de la estrategia comercial desarrollada
    b) Describe la evolución esperada de las ventas a lo largo de la vida del producto
    c) No está afectado por el proceso de difusión y adopción del producto

14. En la fase de madurez del ciclo de vida del producto...
    a) Se intenta buscar nuevos usos del producto y atraer nuevos usuarios para revitalizar la demanda
    b) Los precios tienden a subir
    c) La competencia se reduce

15. De entre las siguientes variables, ¿cuál se utiliza para detectar la evolución de los productos a lo largo de su ciclo de vida?
    a) Número de empresas concurrentes en el sector
    b) Promociones de venta
    c) Posicionamiento de productos

16. ¿Cuál de las siguientes afirmaciones es cierta?
    a) El beneficio a lo largo del ciclo de vida del producto es siempre positivo
    b) En la etapa de desarrollo las ventas alcanzan su máximo
    c) La introducción es un periodo durante el cual las ventas registran un crecimiento lento

17. La etapa táctica del ciclo de vida del producto corresponde a las fases de:
    a) Introducción y desarrollo
    b) Madurez y declive
    c) Crecimiento y madurez

18. La etapa creativa del ciclo de vida del producto corresponde a las fases de:
    a) Introducción y desarrollo
    b) Desarrollo y crecimiento
    c) Crecimiento y madurez

19. Según las características de cada una de las fases del ciclo de vida del producto, en general, el uso de la promoción de ventas tiene sentido en las etapas de:
    a) Introducción y desarrollo
    b) Madurez y declive
    c) Introducción y madurez

20. El mercado de reposición suele darse como síntoma de:
    a) Madurez de productos
    b) Pruebas de mercado
    c) La existencia de productos industriales

DOVER MANUFACTURING COMPANY (Estrategia de producto y marca)

(Este documento no pretende ilustrar una determinada forma de gestión, sino que debe servir como base para el diálogo. Para que la discusión sea provechosa, es necesario preparar el caso con antelación, definiendo los problemas y proponiendo alternativas de solución y acción.)

Los responsables de Dover analizan la posibilidad modificar la instalación que se utiliza en el procesamiento de pinturas y tinte. Después de recibir algunas señales por parte de los clientes, la compañía se plantea la posibilidad de mejorarla y así hacer frente a la competencia más directa.

Historia de la empresa

La empresa Dover Manufacturing Co. fue fundada en 1926 como proveedora de maquinaria de procesamiento usada por las compañías de productos químicos. A través de los años ha crecido hasta alcanzar ventas por valor de 200 millones de dólares y se ha ampliado hasta contar con varias líneas de productos nuevos, aunque relacionados entre sí. A causa del desarrollo y de la diversificación de la empresa, su gerencia decidió en 1990 crear tres divisiones descentralizadas que son la división de equipos de procesamiento, la división de servo control y la división de fabricaciones metálicas. Cada división tiene su propia investigación científica y creación de productos, fabricación y organización de ventas, así como el personal respectivo y es responsable de las utilidades divisionales. Los tres jefes de división que ostentan el título de "presidente" dependen del vicepresidente ejecutivo de la compañía, Manuel Piñera Gil-Delgado.

Estrategia de la empresa

La división de equipos de procesamiento (EP) es la más grande de las tres y fabrica instalaciones relativamente grandes usadas en gran variedad de procesamientos de pinturas y de productos petroquímicos. Aunque la división EP formula el sistema de producción, fabrica casi toda la maquinaria electromecánica usada en él y hace todo el trabajo de montaje, compra casi todos los instrumentos de control necesarios a la división de servo control (SC). Igualmente, compra a la división de fabricaciones metálicas (FM) las calderas, los permutadores térmicos y las piezas de metal que necesitan sus instalaciones. Aproximadamente el 85% de los instrumentos de control usados por EP se compran a la división de control y aproximadamente el 70% de los accesorios metálicos a la división de fabricación.

Puesto que se considera que las divisiones son centros de lucro, se han determinado los precios para evitar que se incremente la posición de pérdidas y ganancias de una división a expensas de otra. Donde es posible, se establecen los precios de transferencia a los niveles vigentes del mercado, o bien superior al costo, cuando no existe precio de mercado. Si la división que abastece no puede o no quiere dar ese precio, tiene libertad para negarse a surtir el producto. Igualmente, si un contratista ajeno a la empresa puede mejorar la calidad o el plazo de entrega, la división EP puede comprárselo a él.

Sin embargo, si llegase a ser evidente que a la larga los intereses de la compañía no se vieran favorecidos con esta norma política, el vicepresidente ejecutivo podría intervenir y exigir la compra interna, aunque el precio quizá fuera más alto o más bajo que el de mercado, o la calidad no estuviera a la altura de la del mercado. A pesar de esta prerrogativa, el señor Piñera se muestra sumamente renuente a ejecutarla, porque al hacerlo forzosamente afecta en forma arbitraria al panorama de pérdidas y ganancias de una o más divisiones, con lo cual disminuye su significación al valorarse el éxito administrativo global.

En general, las tres divisiones han trabajado bien a través de convenios bajo este sistema. Aun así, se han suscitado problemas de vez en cuando, porque tanto la de control como las divisiones de fabricación venden la mayor parte de su producción a clientes ajenos a la compañía. De hecho el 75% de las ventas de la división de servo-control y el 60% de las de fabricación se destinan a clientes externos. Ha habido ocasiones en que el Sr. Piñera ha tenido que intervenir, cuando la prioridad otorgada a elementos que ha necesitado la división EP de las otras divisiones no bastaba. Otras veces, sin embargo, ha procurado mantener al mínimo este "inconveniente" para evitar que se incluyan diversas operaciones de las divisiones en los resultados globales. Ha dicho:

"Esta compañía debe estar dispuesta a perder un poco de dinero de vez en cuando por no tener una coordinación ideal de sus divisiones. Este es el precio que nos cuesta preparar a ejecutivos en el sentido de la responsabilidad y de la empresa, así como de la dedicación coordinada en el seno de cada división. Mi labor, sin embargo, consiste en asegurar que ese "precio" no se vuelva demasiado elevado."

El medidor de temperaturas hace replantear la estrategia

Recientemente el Sr. Piñera se enteró indirectamente de un problema que afectaba a las divisiones EP y SC. Uno de los productos de mayor éxito de la compañía durante muchos años ha sido una gran instalación que se usa en el procesamiento de pinturas y tintes. Varios de los mejores clientes de la compañía de estas instalaciones han estado procurando que la división EP modifique uno de los elementos principales del control de temperaturas del sistema. Un competidor de Dover, la empresa Rosembuj Copper Company, ha creado una instalación que contiene un instrumento para controlar temperaturas que parece ser superior al del sistema Dover en muchos aspectos, en opinión de ingenieros de EP. Los clientes aún no han presionado mucho a Dover, porque, según opina Willy Gallego Soto, presidente de la división EP, el sistema total de Dover es todavía superior al de Rosembuj.

Sin embargo, a Willy le preocupa el hecho de que, si no consigue un instrumento de control más parecido al de Rosembuj, podrían resentirse, no sólo las ventas de estas instalaciones, sino la imagen de la compañía

como líder en el aspecto tecnológico. Además de esto, puesto que los ingenieros de ventas perciben gran parte de sus ingresos en forma de comisiones sobre este producto, la pérdida de ventas exigirá tal vez la revisión total del sistema de remuneraciones. Willy Gallego Soto ha comentado esta cuestión varias veces con Roger Remolina, presidente de la división de servo control. Remolina hizo que sus ingenieros de proyectos estudiaran el asunto, pero decidió no proseguir con el producto diciendo:

"Hemos estudiado cuidadosamente la posibilidad de crear el tipo de instrumento que desea Willy para su regulador térmico. Mis ingenieros me dicen que creen poder llegar a encontrar algo que sea por lo menos tan bueno como el producto Rosembuj, sin que tengamos que violar ninguna patente. Ellos quieren trabajar en algo importante y nuevo que a la larga realce sus méritos y aporte más ganancias a la compañía."

"Aunque lograse yo dedicar a alguien a este trabajo, nuestros presupuestos indican que los costes de la creación del producto serían elevados y que los costos iniciales de fabricación serían mucho más altos que los de nuestro instrumento actual. Desgraciadamente Gallego Soto necesita solo 35 a 40 cada año y nuestro presupuesto de ventas externas sólo añadiría un par de cientos de unidades al volumen. Sencillamente, no podemos dedicar nuestros recursos técnicos y fabriles a trabajar en un producto con volumen potencial tan bajo y de provecho tan escaso para nuestros ingenieros. Además de eso, como es indispensable hacerlo, le pondremos un precio con la idea de ganar dinero y cada instrumento le costaría al usuario cuatro o cinco veces lo que cuestan los actuales. Algunos de nuestros clientes externos quizá paguen este precio, pero a Gallego Soto casi le dio un ataque cuando le informé de nuestros presupuestos."

"Gallego Soto casi me acusó de aplicar todos mis costos indirectos de mi división al producto. Yo le manifesté claramente que, aunque aprobara el precio, a mí no me interesaba el producto, a pesar de lo cual, con mucho gusto procuraría modificar nuestro aparato actual."

Gallego Soto se muestra realmente muy contrariado por el asunto e indica que sus planes eran someterlo a la consideración de Manuel Piñera, vicepresidente ejecutivo:

"Si hemos de conservar nuestra posición frente a los competidores es preciso que tengamos este aparato. Le dije a Roger Remolina que no veo porque no nos puede dar más prioridad y mejor precio. Si una empresa más pequeña, como es Rosembuj, puede fabricar a un costo que le permite competir en concursos con su regulador térmico, no veo porque no podemos hacerlo nosotros. Aunque logre convencer a Remolina de que lo haga, no tengo recursos para el precio cotizado. Vamos, lo ha "atiborrado" de tantos gastos indirectos y ensayos que me parece ridícula el tema.

"Normalmente, cuando se pone muy "altivo", logro ofrecerle argumentos, amenazándolo con comprar afuera. Pero sabe que me tiene atado de manos en este asunto, porque Rosembuj es la única empresa que posee este aparato y seguramente no va a vender ninguno a nosotros."

"Me parece que Roger debe estar dispuesto a tener consideración por algo más que los intereses de su división. Si no conseguimos ese aparato quizá perdamos miles de dólares en reguladores térmicos solamente, sin contar la pérdida de prestigio porque seamos incapaces de ponernos a la altura de una empresa más pequeña. Si se muestra intransigente, quizá decida yo acudir a uno de sus competidores y pagar lo que cueste la investigación científica del aparato. Tal vez nos cueste más, aunque lo dudo, pero acaso me sirva mejor de palanca la próxima vez que él decida dejarnos con las manos vacías. Quizá hasta me sea posible conseguir fondos de la sociedad para investigación científica fuera de la compañía."

Como ya se mencionó, Piñera ha tenido noticias de este problema extraoficialmente y está seguro de que será puesto a su consideración dentro de poco tiempo por Gallego Soto. Aunque puede apreciar la situación en que éste se encuentra, duda en presionar a Remolina:

"Roger Remolina tiene que emplear con cuidado a sus ingenieros para mantenerse al tanto de las novedades que surgen en el campo más amplio de los servo-controles. Con sus recursos limitados de dinero y de personal de trabajo a su disposición, me disgustaría tener que apremiarlo en este asunto. Sin embargo, este equipo de procesamiento técnico es un producto muy importante para nuestra división EP, y Willy Gallego Soto puede perjudicarse si no consigue el aparato que desea.

Los precedentes que se creen con este motivo podrían ser aún más graves si decidimos implantar el plan optativo de adquisición de acciones para los presidentes de las divisiones y para sus funcionarios principales. Casi hemos terminado un programa para premiar a los funcionarios divisionales, basado en las utilidades, en la posición en el mercado, en la excelencia técnica y en la utilización de los recursos humanos. Es difícil valorar muchos de estos factores; sin embargo, creemos que tenemos la manera de lograrlo. Si podemos afinar unos cuantos detalles más con el comité de finanzas, podremos iniciar el programa el año próximo. Una vez que lo hagamos, cualquier intromisión de mi parte en las divisiones en casos como éste complicaría aún más las cosas.

Evidentemente, estando en vigor el programa de gratificaciones, tendría que intervenir de vez en cuando. Sin embargo, cuándo y cómo hacerlo se vuelve más complicado, si repercute en los ingresos del personal clave de las divisiones."

Cuestiones

1. ¿Qué política seguiría si fuera el vicepresidente Sr. Piñera?

2. ¿Cuáles son los argumentos que justifican la necesidad de disponer en la compañía de un instrumento de medición de temperatura igual o mejor que el que dispone la firma Rosembuj?

ALIMENTOS TEVERE (Estrategia de producto y posicionamiento)

(Este documento no pretende ilustrar una determinada forma de gestión, sino que debe servir como base para el diálogo. Para que la discusión sea provechosa, es necesario preparar el caso con antelación, definiendo los problemas y proponiendo alternativas de solución y acción.)

En 2006, Tevere seguía siendo la compañía líder de los desayunos con diferentes sabores de copos de maíz, arroz e integrales. No así en otras categorías como los tentempiés. La empresa había basado su desarrollo en diferentes sabores y productos de cereales, dejando de lado otras categorías de alimentación. Los productos de cereales "listos para comer" generan el 65% de las ventas de Tevere. A finales de 2006, la compañía empezó a centrar sus esfuerzos en recuperar el éxito que tuvieron en tiempos pasados a través de productos más sanos, y que ahora se estaban llevando las marcas privadas y otras compañías. Cada vez más la población busca en los supermercados productos que, además de ser agradables al paladar, sean saludables.

Pero el mercado de los cereales no solo pertenece a Tevere. Otras empresas le están ganando terreno a través de nuevos productos cuya base sigue siendo el cereal. Así, podemos hablar de dos empresas como Desayunos Listos o Buenos Días, que están haciendo que el nivel de ventas de Tevere sea cada vez más difícil de mantener. Su estrategia se ha basado en lanzar otros nuevos productos de cereales "listos para comer", así como aperitivos de cereales, mientras que Tevere parece haberse estancado en este terreno.

A principios de los noventa, la política de precios de estas empresas se basaba en aumentar el valor de sus productos año tras año, con el propósito de asegurar un crecimiento y un aumento de los beneficios. Pero la estrategia tuvo que ser modificada cuando, a finales de los noventa a estas compañías de cereales les llegaron demandas de sus consumidores. En aquellos momentos las marcas privadas se empezaron a conocer con mayor fuerza entre los consumidores. Un hecho que también influyó de manera definitiva en este cambio fue el giro en las costumbres cotidianas de cada hogar. A partir de ciertas encuestas, se llegó a la conclusión de que cada vez eran más las familias que estaban dejando el tradicional

desayuno en la cocina de su casa, sentados ante un tazón de cereales, para decantarse por la comida de fácil transporte y que se disfruta de camino al trabajo, como pueda ser una magdalena o un pastelito. En consecuencia, se podía constatar que el consumo de cereales estaba disminuyendo y Tevere estaba perdiendo mercado. En los últimos diez años, las ventas de Tevere en productos de cereales había disminuido un 10%, mientras que las empresas competidoras en el mercado habían aumentado sus ventas en un 3%.

En España, Tevere no tuvo un decrecimiento tan brusco. A partir de unas encuestas realizadas en diversos centros comerciales, se supo que la empresa controlaba el 45% del mercado de ventas de cereales. Por otra parte, uno de sus máximos competidores, Desayunos Listos, se encontraba en un segundo puesto con unas ventas del 20%. Estos análisis llevan a Tevere a tener cierta tranquilidad en el mercado español, aunque visto el rumbo que ha tomado el mercado americano, no es para que Tevere descuide su plan de acción. A continuación observamos cómo se reparte el mercado de los cereales en nuestro país:

Tevere no es tan conocida por su comida tentempié, aunque podemos hablar de una línea de productos que incluye galletas y barritas con base de cereales. En este sentido, nos referimos a la categoría de comida tentempié catalogada como nutritiva y que, además, es fácil de llevar. Es un tipo de alimento que gusta tanto a niños como a adultos. A las madres les da cierta tranquilidad el hecho de que sus hijos estén saboreando un producto nutritivo,

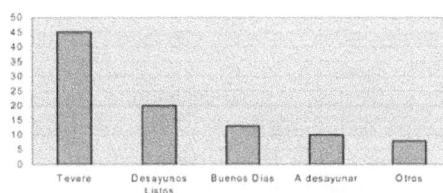

Figura 1. Mercado de ventas de cereales en España en 2006 (porcentajes)

lo que favorece el consumo en los más pequeños. El volumen de ventas realizado en el año 2006 en España en la categoría de tentempiés ascendió a unos 2 millones euros. A continuación se puede apreciar el volumen de ventas de cada uno de estos productos:

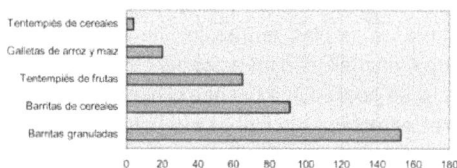

Figura 2. Volumen de ventas por productos
(millones euros)

En el siguiente gráfico podemos observar los resultados de un estudio que demuestra que las marcas privadas son líderes en el mercado.

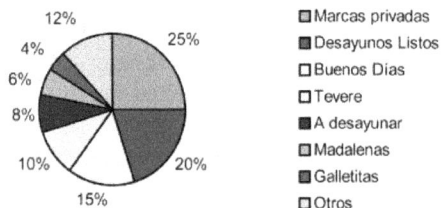

Figura 3. Mercado español de tentempiés en 2006

En la categoría de comida tentempié, cada una de las grandes compañías ha tropezado en diferentes aspectos, lo que lleva a que ninguna de ellas logre desbancar a las otras. Unas dominan la categoría de tentempiés de frutas, como Desayunos Listos. Sus productos están dirigidos a ganarse a las madres, de manera que den a sus hijos estos productos para merendar en lugar de galletas u otros dulces. Otras, como Buenos Días, son líder en la categoría de barritas granuladas, y la línea de sus barritas de cereales son muy conocidas. El dominio de Tevere, por otra parte, se basa en las galletas de arroz y de maíz .

Los ejecutivos de Tevere han estudiado diferentes opciones para estimular el crecimiento de la empresa. Algunas de las opciones que han barajado han sido una posible adquisición o una posible estrategia de fusión con otras empresas. La compañía estuvo en trámites de fusión con una gran empresa del sector. Todo el mundo pensaba que se convertirían en una gran empresa con la que sería difícil competir. Pero todo se quedó en un intento, ya que la empresa que debía fusionarse a Tevere decidió en el último momento crear su propia línea de productos de comida tentempié y rompió todas las relaciones con Tevere.

Después de este desencanto empresarial, los directivos decidieron cambiar el rumbo de sus esfuerzos. Ya no buscaban a un compañero con el que fusionarse y crecer, sino que decidieron desarrollar todavía más sus propios productos. Se olvidaron de crear nuevas líneas de productos y se centraron en los productos ya existentes; introdujeron nuevos sabores, nuevos envases, nuevas texturas... Pero antes de tomar esta decisión, Tevere realizó su último lanzamiento de cereales a principios de 2007 en España. Santy apareció en el mercado como un producto capaz de desbancar a los cereales de los desayunos de cada mañana. En los supermercados se podía encontrar en el mismo sector que la comida de cereales, pero estaba dirigido a una población más concienciada con la salud. Desde su lanzamiento todavía no se han realizado estudios fiables que demuestren el éxito o fracaso de Santy.

Tal y como apuntábamos anteriormente, la nueva estrategia de Tevere consistía en centrarse en sus antiguas líneas de productos para no perder mercado. Sus esfuerzos se centraban en buscar nuevas versiones de los productos que en su día le dieron el liderazgo en el mercado a Tevere. Algunos de los nuevos intentos consistían en añadir nuevos sabores, ofrecer mayores texturas, facilitar su consumo con diversos empaquetamientos, atraer a los niños ofreciendo juguetes en los paquetes, utilizar la opinión de la gente a través de anuncios realizados por mujeres con una figura envidiable, etc.

El éxito que los productos azucarados ha tenido en el mercado americano ha llevado a muchas empresas a desarrollar nuevas líneas de productos de comida tentempié. Ante tal desarrollo, Tevere tuvo que pensar en nuevas formas de productos. En ese momento se decidió dar un giro trascendental a la producción de la empresa. Se tomó la decisión de transformar el cereal en una comida tentempié. El objetivo de dicha promoción fueron los jóvenes, a quienes se les brindó la oportunidad de consumir cereales empaquetados en cómodas barritas individuales. Después de este lanzamiento, Tevere ha podido constatar a través de sus ventas que un 15% de sus consumidores ha cambiado la forma de consumir cereales, pasando de los cereales calientes a los cereales fríos a través de tentempiés.

Como todas las empresas, Tevere ha centrado sus esfuerzos en no perder consumidores a la vez que han intentado abaratar costes. De esta manera, los publicistas de la empresa llegaron a la conclusión de que si la publicidad la realizaban anunciando los beneficios y cualidades de todos sus productos en conjunto, a la vez que disminuían los costes, favorecerían el conocimiento de toda su línea de productos de cereales.

En la actualidad, Tevere intenta mirar con realismo su futuro próximo. Saben que sus ingresos en las diversas operaciones han sido de un 15% más bajos que los obtenidos hace 5 años. Quizás su estrategia de mantenerse fiel a sus productos de cereales no haya sido la mejor opción. Mientras la empresa se ha estado centrando en los cereales, sus competidores han optado por no estancarse y han renovado las categorías de sus productos. A pesar de su actual situación, Tevere es optimista y ha asegurado que en el año 2009 sus ventas crecerán un 10%.

A finales de 2006, Tevere decidió hacerse con una productora de soja. Se esperaban con impaciencia los nuevos productos de la línea de productos con base de soja. Cabían esperar grandes éxitos, ya que en la sociedad actual el consumo de soja está teniendo grandes adeptos por su beneficio en el mantenimiento de los niveles bajos de colesterol. Pero lo que debía convertirse en el relanzamiento de la empresa, se quedó en un éxito de poca altura. Los estudios que se habían realizado sobre las costumbres de los consumidores denotaban que, en cuanto a comida, ponían por delante aquellos productos cuya composición favoreciera un buen estado de salud. Esto animó a Tevere a sacar sus productos elaborados con soja. Una vez en el mercado, se han dado cuenta de que lo que realmente cuenta para los consumidores es el sabor que cada uno de los productos produce.

Tevere no ha tenido mucho éxito en sus estrategias de marketing. Deben aclarar sus objetivos y delimitar una clara línea de trabajo. De no ser así, corren el peligro de convertirse en una empresa cuyo futuro se disipe a medio plazo. En su sector, otras empresas les podrían absorber las cuotas de mercado y podrían acabar con la gran tradición de una empresa que empezó su andadura hace poco más de un siglo.

Cuestiones

1. ¿Cuáles son las tendencias del mercado español en las categorías de cereales y tentempiés?

2. ¿Qué estrategia debería perseguir la compañía para crecer?

7 Política de precios

OBJETIVOS

1. Estudiar las políticas de fijación de precios
2. Analizar las estrategias para ajuste de precios según la demanda, la competencia, los costes, etc.
3. Estudiar los conceptos de precio y valor

7.1 EL PRECIO COMO INSTRUMENTO DEL MARKETING

El precio es la expresión del valor de un producto.

Llámese alquiler, matrícula, honorarios, tarifa, cuota, interés, prima, peaje, fianza, salario, sueldo, impuesto, comisión, incluso soborno. Todas las organizaciones establecen precios para sus productos. En su definición más básica, el precio es la cantidad de dinero que se cobra por un producto o servicio. Antiguamente, los precios eran establecidos mediante el regateo, dependiendo de las necesidades y la capacidad de negociación. Los diversos compradores pagaban precios distintos por los mismos productos. Actualmente, la mayor parte de los vendedores fijan el mismo precio a sus productos para todos los compradores del mismo segmento.

El precio es el único instrumento del marketing mix que produce ingresos y el más flexible, ya que puede modificarse a muy corto plazo, a diferencia de los demás elementos del marketing mix. Sin embargo, esta flexibilidad contrasta con la complejidad en acertar con el precio adecuado.

Como decimos, el precio es la única herramienta del marketing mix que impacta directamente en la cuenta de resultados. En este sentido, los elementos del beneficio son tres: el volumen de ventas, el coste y el precio. Cualquier cambio de alguna de estas variables tendrá efecto directo en la cuenta de resultados de la empresa, siendo este efecto más importante si la variable que se modifica es el precio.

Los errores más frecuentes en la fijación de precios son:

- Establecer precios demasiado orientados a los costes.
- No revisar los precios con la frecuencia suficiente que requiere el cambio del mercado.
- Poner precios disonantes con el resto de instrumentos del marketing.
- No discriminar los precios según los diferentes productos, segmentos, etc.

EL PRECIO COMO INSTRUMENTO DEL MARKETING

DEFINICIÓN BÁSICA — Es la cantidad de dinero que se paga por un producto o servicio. **Expresión de un valor**

PRECIO
- Alquiler — Tarifa — Prima — Salario
- Matrícula — Cuota — Peaje — Sueldo
- Honorarios — Interés — Fianza — Impuesto
- Comisión — Soborno

CARACTERÍSTICAS
- Produce ingresos
- Es flexible

La determinación de precios es la más oscura de todas las áreas sobre las que tienen que tomar decisiones las empresas. Siempre que se discute un problema de precios, es probable que se recomienden cifras distintas. La experiencia no ha producido recetas que garanticen decisiones correctas. La mejor de todas sólo se puede aplicar cuando se dan unas condiciones normales y, en la práctica, es muy raro que se mantengan condiciones que se asemejen a lo normal.

El precio es la expresión de un valor. El valor de un producto depende de su grado de utilidad para el comprador, de su calidad percibida, de la imagen que lleva consigo creada mediante publicidad y promoción, de su disponibilidad en los canales de distribución y del nivel de servicio que acompaña a dicho producto. Un precio es la estimación por parte del vendedor del valor que todo este conjunto tiene para los compradores potenciales, considerando las otras opciones de los compradores para satisfacer la misma necesidad del producto en cuestión.

En un entorno competitivo, la fijación de precios tiene algo de juego. El precio que fijará uno de los competidores no solo estará en función de lo que el mercado esté dispuesto a pagar, sino también de los que fijen otras empresas. Los precios fijados por cada empresa suelen responder a los que fijan sus competidores. De alguna manera, las decisiones sobre fijación de precios son un conglomerado de todo el marketing y se reflejan directamente en la cuenta de resultados.

En resumen, decimos que el precio es un elemento importante del marketing por ser un instrumento a corto plazo, como ya hemos dicho. Es también una poderosa arma competitiva, proporciona ingresos, tiene repercusiones psicológicas en el consumidor, ya que afecta a su percepción del valor del producto. Finalmente, el precio es, con mucha frecuencia, la única información que posee el consumidor sobre el producto.

7.2 FACTORES QUE AFECTAN A LA FIJACIÓN DE PRECIOS

Las variables básicas de referencia para analizar decisiones de fijación de precios son las siguientes:

Factores internos
1. Objetivos de la empresa
2. Costes en que incurre la empresa en la fabricación y/o en la comercialización

Factores externos
1. Actuaciones de la competencia en materia de precios
2. Restricciones de tipo legal para la fijación de precios
3. El mercado y la demanda

A continuación describimos los conceptos y las estrategias básicas para cada uno de los factores citados.

Objetivos de la empresa

La empresa, antes de fijar un precio, debe decidir cuál será la estrategia del producto. Después de fijar los objetivos de la empresa, y en concreto, los de marketing, debe formularse la estrategia necesaria para alcanzar dichos objetivos.

Las decisiones estratégicas en cuanto a los precios se deben coordinar con las decisiones de diseño, distribución y promoción del producto, con la finalidad de conseguir un programa de marketing eficaz. Las empresas pueden tomar sus decisiones en cuanto a precios y después basan las demás decisiones de marketing en los precios que fijan. Esta técnica es utilizada por los japoneses con lo que se ha llamado costes con un objetivo, es decir, diseñan un producto nuevo con un precio y después se preguntan si se podrá vender a ese precio. Otras empresas restan importancia al precio y utilizan otros instrumentos del marketing mix para alcanzar cierta posición. Por ejemplo, diseñar un producto y venderlo a precio competitivo, aun sacrificando utilidades a corto plazo, para posicionarse en el mercado.

Para tomar decisiones estratégicas sobre fijación de precios es importante saber cuáles son los objetivos que se pretende alcanzar. Existe un amplio abanico de posibles objetivos. Por ejemplo:

Coordinación entre estos factores y los objetivos empresariales

- Mejorar la participación en el mercado
- Maximizar los beneficios
- Crear barreras de entrada para los competidores
- Mantener estables los precios
- Ser líder en la calidad del producto
- Recuperar la inversión
- Supervivencia

Se puede aspirar a aumentar la participación de mercado o, por el contrario, pensar en ir cediendo participación de mercado preocupándose poco por las consecuencias futuras de tales acciones. Un vendedor puede fijar sus precios de tal manera que disuada a algunos competidores de entrar en el mercado. Puede aspirar a maximizar sus beneficios a corto plazo o a conseguir participación de mercado, confiando en realizar beneficios a largo plazo.

Se pueden fijar precios bajos para igualarlos a los de la competencia o para conseguir un pedido que brinde la oportunidad de conseguir un cliente nuevo o ganar experiencia de diseño y fabricación de ciertos productos. Un vendedor puede estar dispuesto a fijar el precio de ciertos productos de su gama a nivel de punto muerto,[1] o incluso por debajo del precio de coste, a fin de ofrecer una línea completa de productos a sus clientes. Alternativamente, se pueden fijar precios altos en algún producto nuevo para minimizar el impacto negativo sobre las ventas de los productos viejos de la gama, es decir, para evitar la canibalización.[2] Estos son algunos de los motivos por los que es imprescindible marcar claramente los objetivos. De lo contrario, las decisiones de fijación de precios corren el riesgo de convertirse en respuestas al alza a los cambios de precio de los competidores.

Costes

El coste de un producto es el dinero que le cuesta a la empresa el conjunto de actividades relacionadas con ese producto. Por ello, la empresa cobrará un precio al cliente que contemple todos los costes de producción, distribución, etc. Los costes son un importante elemento estratégico para las organizaciones,

ya que pueden establecer políticas de producción de bajo coste, con la consiguiente disminución de precios y aumento de beneficios.

Los tipos de coste son dos: fijos y variables. Los *costes fijos* son los que no varían con la cantidad vendida ni producida. Por ejemplo, el alquiler del local, si existe, o los salarios de sus operarios contratados. Los *costes variables* cambian según la cantidad producida. *El coste total* es la suma de los costes fijos y los variables. El precio que marque la empresa para su producto debería estar por encima del coste total, y en cualquier caso, por encima del coste variable. Si la producción y venta le cuestan más a la organización que a la competencia, la empresa tendrá que cargar un precio mayor, lo que le resta ventaja para competir.

Existen dos elementos que puede aprovechar la empresa para mejorar sus costes: las economías de escala y el aprendizaje. Se entra en un proceso de economías de escala cuando, para aumentar la producción, el coste por unidad disminuye. Igualmente, a medida que la empresa adquiere experiencia elaborando un producto, los costes unitarios de producción tienden a disminuir. Esta disminución se expresa en términos de costes marginales unitarios a medida que aumenta el volumen de producción.

Mercado y demanda

Estos factores externos, establecen el límite superior de la fijación de precios. Dentro de ellos incluimos conceptos como el valor que da el cliente al producto, actuando también como límite superior, y que contemplaremos en el siguiente apartado desde el punto de vista estratégico.

Según sea el tipo de mercado en que se encuentre el producto, existirán relaciones distintas entre el precio y la demanda, algo que debe conocer la empresa antes de fijar los precios. Los tipos de mercado son:

Competencia pura
Mercado compuesto por muchos compradores y vendedores que negocian un bien uniforme, como es el caso de las acciones de bolsa, a las que difícilmente una persona involucrada en este mercado afecta al valor de aquéllas. Los vende-

dores no recibirán menos dinero por sus valores especulativos porque a un precio de mercado conseguirán liquidez fácilmente. En este mercado, el marketing tiene poco que hacer.

Competencia monopolística

Mercado con muchos compradores y vendedores que negocian muchos precios. El precio es un elemento de diferenciación. El producto puede variar en cuanto a calidad, estilo o servicios. Las empresas utilizan marcas, publicidad, etc. para diferenciar sus productos. Al haber muchos competidores, las estrategias de la competencia afectan, aunque no son tan decisivas como en el siguiente caso.

Competencia oligopólica

El mercado está compuesto por unos cuantos vendedores, ya que se dan barreras de entrada para otros potenciales vendedores. En este caso, la empresa estará muy pendiente de las estrategias de la competencia.

Monopolio puro

Existe un solo vendedor en el mercado. La empresa que gestiona el producto puede ser estatal o privada. Por ejemplo Renfe. En el caso del monopolio del gobierno, puede fijarse cualquier precio, según lo que se persiga. Es posible que se venda por debajo del precio de coste por ser un bien necesario. Aún siendo un monopolio regulado por el sector privado, el gobierno establece unas leyes para que se obtenga un rendimiento justo.

Los cambios en los precios que cobra la empresa estarán expuestos a la curva de demanda.

De acuerdo con la teoría económica, cuanto más bajo se fije el precio, mayor será la demanda para el producto. Sin embargo, al determinar una estrategia de fijación de precios debemos tener en cuenta ciertas

modificaciones a esta teoría. La demanda de diversos productos, especialmente los industriales, es una demanda derivada. Por ejemplo, la demanda de motores de camión depende muy directamente de la de camiones. Una reducción en los precios de este único componente probablemente no consiga aumentar el volumen total de ventas de motores de camión.

La elasticidad en el precio de un producto es un reflejo del hecho de que ciertos consumidores cambian de un producto a otro, a medida que se van produciendo diferencias significativas en precio entre productos substitutivos. Se puede definir como aquella situación de sensibilidad de la demanda ante variaciones en las condiciones de venta. A medida que los precios de la gasolina van subiendo en comparación con el coste del transporte público, viajará más gente en avión, tren o autobús, en lugar de hacerlo en su propio coche. Por ello, al fijar los objetivos de una determinada política de precios es importante preguntarse:

- ¿Tenemos claros nuestros objetivos?
- ¿Cuál es nuestro mercado?
- ¿Cómo reaccionará la competencia?
- ¿Cuál será el impacto que tendrá una determinada estrategia de fijación de precios en un producto de la gama sobre los otros productos de la misma gama?
- ¿Cómo es probable que reaccionen los consumidores potenciales?

Marco legal

La fijación de precios no sólo se ve afectada por las acciones de los competidores, sino también por las decisiones de los gobiernos. En determinados sectores de la actividad económica, a veces, el gobierno tiene poder para aprobar o rechazar los cambios de precios.

7.3 ENFOQUES GENERALES EN LA FIJACIÓN DE PRECIOS

Podemos afirmar que existen tres enfoques generales en la fijación de precios, según sean:
- Los costes asociados al producto
- El valor percibido del cliente
- Los precios de la competencia

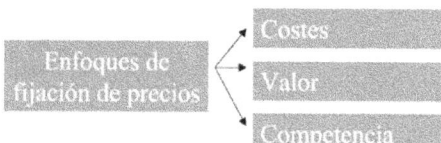

Enfoques de fijación de precios → Costes / Valor / Competencia

7.3.1 Costes

El primer paso en el análisis de la fijación de precios para un producto determinado es la cuantificación de los costes en los que se incurre por el hecho de fabricarlo y/o comercializarlo. Esta cuantificación da el límite mínimo, como ya hemos comentado en la descripción de los costes del apartado anterior, por encima del cual tiene que estar el precio final.

En una fábrica que produce vidrio para servicio de mesa, la amortización del edificio y de la maquinaria, tal como hornos y carretillas transportadoras, constituyen gastos fijos. Asimismo, los alquileres de la fábrica, los sueldos del personal, etc., constituyen gastos fijos. Se va a incurrir en todos ellos independientemente del volumen de producción. Serían costes variables los que la fábrica paga por la energía para alimentar los hornos, la mezcla y otras materias primas para fabricar el vidrio, así como las comisiones pagadas a los vendedores o representantes en función de la venta y los gastos de descuento del papel comercial. Estos últimos son directamente proporcionales al nivel de producción y/o venta.

Si como sucede en el caso de Renfe, los costes fijos y semifijos constituyen una proporción muy importante del total de costes, resulta fundamental fijar los precios de manera que se aspire a utilizar al máximo la capacidad disponible. El vendedor pierde dinero hasta el momento en que cubre los gastos fijos. Tras cubrir sus costes fijos, cada venta adicional contribuye en gran manera a mejorar los resultados.

Asimismo si, como ocurre en el caso del fabricante de vidrio, los costes variables constituyen un porcentaje relativamente alto de los costes totales, resulta decisivo fijar los precios de manera que se maximice la contribución marginal unitaria entre el precio de venta y los costes variables unitarios de cada botella fabricada. Si tiene este tipo de estructura de costes, lógicamente el fabricante intentará por todos los medios maximizar el precio de venta unitario y reducir los costes variables.

El objetivo de la estrategia de fijación de precios de una compañía de aviación será generar suficientes ingresos totales para cubrir sus costes fijos y, por encima de esto, para producir beneficios intentará conseguir la máxima utilización de su capacidad. La compañía vidriera fijará sus precios para cubrir sus elevados costes unitarios variables, alcanzar una contribución suficiente para cubrir sus gastos fijos y obtener beneficios.

El coste de un producto incluye, pues, sus costes variables unitarios y una parte de los fijos totales que se asignan al producto con algún criterio de reparto.

Costes relevantes para las decisiones de precios

En ciertas circunstancias, una empresa puede decidir fijar un precio inferior al coste total. En momentos de infrautilización de su capacidad productiva, por ejemplo, empresas con costes fijos elevados pueden llegar a vender a precios que cubran los costes variables y que permitan una cierta contribución adicional para cubrir parte de los costes fijos o de estructura. Esta decisión, obviamente, no lleva a la empresa a generar beneficios, pero sí a perder menos dinero.

La fijación de precios por debajo de los costes variables tiene como consecuencia que, cuanto más vendemos, más perdemos. No solo no se cubren las cargas fijas, sino que tampoco se cubren los gastos variables asociados. Esta suele ser, en la inmensa mayoría de los casos, una forma infalible para acabar cerrando la empresa. Pero, una vez más, se producen excepciones a la regla. Circunstancias especiales pueden llevar a un directivo a adoptar esta decisión:

- Respuestas puntuales a agresiones de la competencia
- Objetivos estratégicos de penetración en el mercado

Generalmente, cuando se fijan precios bajos (incluso por debajo de los costes variables) aspirando alcanzar una participación de mercado importante, se hace bajo la hipótesis de que se conseguirá reducir de manera sustancial los costes unitarios gracias al aumento del volumen de producción. Esto puede suceder al ir adquiriendo mayor experiencia de producción. De hecho, en muchos tipos de negocios se utiliza la curva de experiencia para estimar el efecto que tendrá el crecimiento del volumen de producción sobre los costes unitarios.

El caso extremo en la fijación un precio muy bajo, es el *dumping*, que se puede definir como la práctica de comercio en la cual una empresa vende a un precio inferior al coste real. Esta práctica es aparentemente perjudicial para una empresa, pues podría obtenerse mayor beneficio vendiendo el producto en el mercado nacional. Sin embargo, el *dumping* provoca que las empresas que venden el producto no puedan competir con el precio y calidad de los otros bienes, y a largo plazo quiebren.

El *dumping* está considerado como una práctica desleal del comercio a nivel nacional e internacional que puede ser denunciada ante las autoridades investigadoras del país importador y también puede ser resuelto el conflicto a través de la Organización Mundial de Comercio.

En gran parte, gracias a la experiencia, que se refleja en la curva de aprendizaje, se reducen los costes variables dentro del conjunto de los costes unitarios totales. Los ahorros de coste se producen gracias a las mejoras de productividad en la mano de obra, a la mayor habilidad de compra de las materias primas y/o componentes, al adquirirlas en gran volumen, y a las mejoras en el proceso productivo.

Las economías de escala se producen en ciertos factores o componentes de los costes, en función del tipo de producto, de los procesos utilizados para fabricarlo y del nivel de gastos comerciales necesarios para poder competir. Si parece posible lograr economías de escala importantes, algunos competidores pueden estar dispuestos a fijar un precio lo suficientemente bajo que les permita aumentar de manera importante sus volúmenes de trabajo y, en consecuencia, impedir que otros competidores puedan evolucionar siguiendo la curva de la experiencia. Gracias a esto, pueden aspirar a convertirse en fabricantes de bajo coste con participaciones de mercado dominantes. Las estrategias de Texas Instruments con las calculadoras, de Bic con los bolígrafos y maquinillas de afeitar, y de Seiko con los relojes digitales, constituyen los ejemplos más ilustrativos.

El techo mínimo para la fijación de precios no es, por lo visto hasta ahora, un simple número fijo y constante con validez universal. A los efectos de fijación de precios, la forma en que se calculan los costes relevantes es una cuestión de criterio directivo. Puede hablarse de coste completo, o bien de coste parcial. Puede tratarse de los niveles de coste registrados realmente en estos momentos o basarse en estimaciones de costes futuros realizadas gracias a la curva de experiencia. La manera de hacer jugar los distintos factores de coste y la decisión de la fijación de precios dependerán en gran parte de los objetivos producto/mercado.

De cualquier forma, cada empresa debe ser capaz de identificar aquel precio por debajo del cual no está dispuesta a vender. Esta será la primera de las variables cuantificables necesaria para construir el análisis global.

7.3.2 Elemento sustancial del mercado y la demanda: el valor

En muchas empresas, los precios se fijan a base de añadir un cierto porcentaje a sus costes. Esta manera de proceder tiene dos ventajas. Resulta fácil calcular y fijar un precio y, si la empresa goza de costes bajos en comparación con sus competidores, el denominado *sistema de fijación de precios según el coste* parece aportar un cierto grado de protección ante los posibles ataques de la competencia.

La contrapartida a la relativa sencillez y seguridad puede ser el conseguir menores beneficios. En teoría, la cantidad de beneficios perdidos o no realizados equivale a la diferencia entre lo que los clientes realmente pagan y lo que habrán estado dispuestos a pagar. El fijar los precios de acuerdo con el valor que tiene el producto para el consumidor, en contraposición con el sistema de fijación de precios según el coste, entraña mayor complejidad y está sujeto a más conjeturas.

Para la fijación de precios según el valor, resulta útil distinguir entre *valor percibido* y *valor potencial*. Valor percibido es aquel que el comprador reconoce en ese momento. Valor potencial es el que podría tener un producto para un comprador tras haber sido educado sobre la manera de ver y utilizar el producto. Este objetivo puede alcanzarse mediante publicidad, mediante acciones de venta personal o consiguiendo que el comprador pruebe el producto.

En segundo lugar, un producto puede tener diversos valores para distintos grupos de consumidores o segmentos de mercado. Distintos segmentos de consumidores pueden asignar valores diferentes a los varios elementos que constituyen el conjunto de atributos de un producto. Aquí, entendemos producto en su más amplio sentido, incluyendo el producto o servicio en sí mismo, su imagen de marca, su disponibilidad y el servicio que presta el vendedor. Una empresa grande puede dar poco valor al servicio técnico que le ofrezca un proveedor, porque probablemente la gran empresa dispone de unos recursos técnicos iguales o incluso mejores que los ofrecidos. Pero una pequeña empresa puede depender en gran manera de los servicios técnicos del proveedor. Por tanto, en el momento de tomar sus decisiones de compra puede dar mucha importancia al hecho de que le ofrezcan este tipo de servicios. Un usuario de canalizaciones de plástico para conducciones subterráneas de fluido dará un alto valor a la calidad percibida *a priori*, ya que el coste del cambio de un sistema defectuoso puede ser mucho mayor que el coste del mismo. En este caso, el precio pasa a un segundo lugar. Por otra parte, un usuario del mismo tipo de canalizaciones para conducciones por superficie (sistemas de riego, por ejemplo) puede ser menos sensible a la calidad y mucho más al precio, aceptando el riesgo de que haya defectos.

En tercer lugar, para determinar cuál es el valor de un producto para un consumidor, hay que tener en cuenta las opciones alternativas al alcance del comprador potencial. Si un comprador puede adquirir el mismo producto a un precio inferior a otro proveedor, evidentemente dicho precio inferior constituye, de entrada, el valor máximo del producto para aquel consumidor; valor máximo que puede variar en el momento de la elección, ponderando, además del precio, la imagen y el servicio, en su acepción más amplia, que le ofrecen las distintas alternativas. Como conclusión, diremos que para que un comprador tenga opciones efectivas, debe conocerlas y han de estar a su alcance.

El cliente puede también tener la opción de no comprar el producto y arreglarse con el que ya posee. Si esta alternativa existe, la decisión entre comprar o no comprar puede ser tomada por comparación del resultado de actuar de una manera o de otra. Una empresa industrial puede escoger entre seguir trabajando con una máquina vieja o comprar una máquina nueva mucho más eficiente.

Estas disyuntivas pueden cuantificarse. Por ejemplo, en el caso de la nueva máquina-herramienta se podrían calcular los gastos de funcionamiento y compararlos con el coste de comprar (o de invertir). De esta manera, el ahorro que pueda alcanzarse determina el valor de un producto para el cliente.

Por supuesto que no siempre resulta fácil cuantificar los ahorros esperados de las alternativas del tipo comprar o no comprar. Por ejemplo, a la persona que compra un televisor nuevo puede serle difícil definir como ahorro la mayor claridad de imagen o el mejor color del aparato, en comparación con el antiguo. Sin embargo, estas consideraciones son reales e importantes.

Finalmente, el comprador potencial puede interpretar el precio fijado por el vendedor como un indicio del valor del producto. El comprador interpreta a menudo que el precio fijado representa el valor que el vendedor cree que tiene el producto. Si el propio vendedor no asigna un valor alto a su producto, tampoco es probable que lo estime el comprador. En consecuencia, la fijación del precio de un producto muy por debajo de lo que el comprador pagaría por otro producto equivalente puede resultar destructivo. El comprador puede deducir que, de hecho, el precio denota el valor y, en consecuencia, puede escoger la alternativa de precio más elevado. Este último caso se da básicamente cuando la componente de intangibilidad del producto es una variable determinante en el momento de la compra. Así, para elegir un consultor o al comprar un perfume, los precios bajos no ayudan en nada. Es más, perjudican claramente. Por consiguiente, el valor de un determinado producto depende de:

1. La utilidad de sus diversos atributos para el comprador potencial.
2. Las opciones que se le presentan al comprador y de las cuales tiene conocimiento, incluyendo, por ejemplo, los productos ofrecidos por la competencia, así como la opción de no comprar nada.

3. Hasta qué punto el comprador percibe el precio en sí mismo como una medida o un indicio del valor del producto.

Como hemos visto en los párrafos precedentes, el valor que el cliente dé a nuestro producto establece el precio máximo al cual lo podemos vender. La cuantificación concreta de este precio máximo es obvia en el caso de productos que se venden por los ahorros económicos que produzcan al cliente. El problema surge en la mayoría de los casos en los que, o bien no existen ahorros cuantificables (productos de consumo), o bien estos no constituyen la variable determinante. Fijar los precios máximos en función del valor es tarea que exige un análisis profundo del comportamiento de compra de nuestros clientes y, en definitiva, un juicio de síntesis con componentes subjetivos.

Una vez cuantificados el techo mínimo (los costes relevantes) y el techo máximo (valor para el cliente), la tarea consiste en fijar el precio definitivo entre los dos puntos, para lo cual será preciso tener en cuenta, además, la competencia, nuestros objetivos y las restricciones de tipo legal.

Sensibilidad al precio

La sensibilidad o elasticidad al precio mide el cambio relativo en la cantidad demandada causado por el cambio relativo en el precio del producto.

La elasticidad cruzada hace referencia a la dependencia de las ventas de un producto en relación al precio de otro producto: si dos productos A y B son sustituibles (mantequilla y margarina, p.e.), es decir, que son competencia directa, entonces la elasticidad cruzada es positiva. Si la relación entre los productos es complementaria (por ejemplo, cámaras, de vídeo y película), entonces la elasticidad cruzada es negativa. En la práctica:
- La elasticidad de la demanda respecto al precio normalmente no es la misma en todos los niveles de precio. Una empresa puede tener productos en uno o varios niveles de precio/valor del mercado.
Dolan y Simon (1996) proponen que la competencia dentro de un mismo nivel es generalmente más intensa que entre niveles. Blattberg y Wisniewski (1989) analizaron un conjunto de 28 marcas en cuatro categorías de bienes de consumo envasados, y encontraron que la elasticidad cruzada entre marcas de un mismo nivel de precio era más alta que entre marcas de niveles distintos. Sivakumar y Raj (1995) demuestran también cómo las marcas de alta calidad tienen una ventaja adicional para aumentar el tamaño del mercado mediante una reducción de precios, atrayendo a consumidores no habituales de la categoría.
- Cuanto más alto sea el precio, más inelástico será el comportamiento de la demanda. La demanda es más elástica para precios bajos.
- La elasticidad también puede variar significativamente según el tipo de producto.
- Para productos industriales y determinados sectores (por ejemplo, el de la medicina) el precio y la demanda no necesariamente se mueven en dirección opuesta.
- Un producto con una alta cuota de mercado tiende a ganar poca cuota con recortes de precio. Si la cuota es baja, el recorte puede tener efectos significativos.

Circunstancias que generalmente influyen en una elasticidad de precio alta:
- Baja diferenciación del producto
- Transparencia de precios elevada y reconocimiento alto del precio
- Precios fácilmente comparables
- Frecuencia alta de compra
- Percepción de bajo riesgo
- Buen conocimiento del producto del consumidor
- Lealtad y reconocimiento de marca bajos
- Calidad y distribución masiva
- Alto nivel de promociones en la categoría de producto
- Cuota de mercado pequeña

Conocer la curva de sensibilidad o elasticidad es uno de los retos de cualquier directivo de marketing que quiera obtener el precio adecuado que no menosprecie las propiedades del producto (precio demasiado bajo) o que no asuste al potencial comprador (precio demasiado elevado). Este precio sería aquel que deja a la empresa el máximo beneficio. Hemos de insistir en la idea de que no se trata de un precio mínimo o máximo, sino óptimo.

Los métodos para conocer la función de precio/demanda (curva de sensibilidad o elasticidad) son:
- Encuestas a expertos
- Encuestas a consumidores
- Experimentos de precios
- Observación del comportamiento real del mercado

Una de las consideraciones más importantes al pensar en el precio como expresión del valor del producto es el grado de sensibilidad que tenga el comprador ante dicho precio. La sensibilidad al precio variará considerablemente entre compradores e, incluso, tratándose de un mismo comprador, en el tiempo o según las circunstancias. Los compradores que pueden traspasar el coste de una compra son menos sensibles al precio que los que deben absorberlo ellos mismos. Por ejemplo, un ejecutivo cuyos gastos van a cargo de su empresa suele tener menos sensibilidad al precio de los costes de viaje que un profesional libre que los paga de su propio bolsillo.

La sensibilidad al precio también depende de los criterios con que se evalúe el grado de eficacia y acierto del comprador. El ingeniero encargado de comprar equipos de proceso para una nueva planta de productos químicos será menos sensible al factor precio que al plazo de entrega, a asegurarse de que no tendrá problemas de puesta en marcha y al grado de servicio disponible. Para medir la eficacia y el acierto o no de las decisiones tomadas por el ingeniero, el coste del equipo es menos importante que asegurar el buen funcionamiento del mismo. En consecuencia, probablemente esté dispuesto a pagar un precio extra a un suministrador que tenga buena fama de alta calidad y de prestar un servicio excepcionalmente bueno.

La sensibilidad ante el precio también depende del grado de incertidumbre que entrañe el cambiar de un proveedor a otro que ofrezca un precio inferior. Normalmente, una diferencia de precio relativamente pequeña no es suficiente para hacer cambiar de suministrador, es decir, para conseguir que el comprador supere las incertidumbres sobre un suministrador del cual desconoce la calidad del producto, el servicio y el grado de fiabilidad en plazos de entrega. Además, a menudo hay una cierta preocupación por quedar atrapado con algún proveedor nuevo, en situación vulnerable ante sus siguientes aumentos de precios. Por todo ello, las diferencias de precios entre el proveedor habitual y los demás proveedores potenciales tienen que ser bastante importantes para conseguir que el comprador cambie de un suministrador conocido, y con el cual se entiende, a un suministrador nuevo y relativamente desconocido.

7.3.3 Competencia

Los precios de mercado fijados por los competidores normalmente determinan o imponen limitaciones al sistema de fijar precios según el valor. Los precios de los competidores no solamente reflejan el valor del producto para el cliente en términos absolutos, sino también la relación entre el nivel de oferta y el nivel de demanda de dicho producto en el mercado. Cuanto mayor sea el volumen de la oferta respecto a la demanda, más bajo será el precio.

Cuando se trata de bienes indiferenciados, todos los competidores suelen fijar los mismos precios. Si uno de ellos fija su precio por encima del que hay en el mercado, su cifra de ventas decrece rápidamente. Si, por el contrario, lo fija por debajo del precio del mercado, todos los demás competidores probablemente harán lo mismo, es decir, bajarán también los precios para no arriesgarse a perder participación de mercado.

Por tanto, el grado de diferenciación de un producto respecto a los de la competencia determina en gran manera las limitaciones a que está sujeta una empresa para establecer sus precios a causa de los que fije la competencia. Será posible fijar un precio superior al del mercado cuando el producto pueda diferenciarse de los que le hacen la competencia. Esta diferenciación puede lograrse de distintas maneras: por el diseño del producto, por su apariencia, por su imagen de marca, por la reputación del suministrador, por la disponibilidad siempre que la misma sea apreciada por los consumidores, etc. Por ejemplo, modelo por modelo, IBM ha facturado tradicionalmente sus ordenadores a precios superiores a los de sus competidores. Los clientes de IBM están convencidos de que dicha empresa ofrece un mejor diseño de sistemas, da mejor servicio posventa y está en la vanguardia tecnológica.

De todas maneras, en ciertas circunstancias las empresas pueden llegar a fijar precios superiores a los de sus competidores, a pesar de que la diferencia de precios no esté realmente justificada por una mejor calidad o un mejor servicio. Por ejemplo, una empresa puede decidir conscientemente mantener precios superiores a los de sus competidores, a cambio de ir cediendo poco a poco participación de mercado e irse retirando paulatinamente del mismo. Durante cierto tiempo puede seguir vendiendo con buen margen a ciertos consumidores leales e ir reduciendo sus gastos de venta y de publicidad, hasta que finalmente desaparezca del mercado.

Algunas empresas pueden no ser capaces de fijar sus precios al mismo nivel que la comperencia, porque ello implicaría vender por debajo del coste. Nos referimos a las empresas marginales, que eventualmente desaparecerán del mercado.

Generalmente resulta necesario estructurar las estrategias de fijación de precios teniendo en cuenta las circunstancias de competencia actual y futura. Por este motivo, existe un grado muy elevado de interdependencia en la fijación de precios entre empresas de un determinado sector, y cada una de ellas se siente muy influida por las estrategias y tácticas de precios de las demás. Algunas empresas siguen las tendencias en precios; otras, normalmente las mayores del sector, intentan dirigir los movimientos de precios. Por tanto, cuando el director comercial estudia un posible cambio de tarifas, generalmente intenta anticiparse a las variaciones de precios de sus competidores. O, por lo menos, intenta adivinar lo que la competencia hará. ¿Si nosotros hacemos esto, qué harán ellos?, ¿cuál será su respuesta?

Los líderes en precio, normalmente, prepararan un plan de cambio de precios de tal manera que sus modificaciones provoquen respuestas de sus competidores.

7.4 PERCEPCIÓN DE PRECIO

El valor percibido que un comprador asigna a un bien representa un intercambio entre los beneficios que percibe que obtendrá del producto y el sacrificio que tiene que soportar pagando su precio.

Variables de motivación	Variables de conocimiento	Variables de situación
Interés personal	Habilidad para comparar calidad	Presentación del precio (forma, cantidad, etc.)
En búsqueda de:	Habilidad para recordar y comparar precios	Forma de pago
reconocimiento social	Confianza en el proveedor	Presión de tiempo
calidad	Seguridad en sí mismo	Productos y precios competitivos
conveniencia de compra	Aplicación de reglas sencillas de decisión (lealtad a la marca, etc.)	Complejidad de la tarea de compra
ahorrar		Variabilidad de los precios
		Modo de etiquetar el precio
		Uso del producto
		Situación financiera del comprador
		Imagen de precio de la tienda

A fin de influir de forma favorable en estas variables, la empresa puede utilizar:
- Estructuras alternativas de precios, modos de pago y tácticas de cambios de precios
- Instrumentos de marketing no asociados al precio tales como publicidad, ventas personales y selección de canales apropiados de distribución

De los análisis realizados sobre percepción de precios, se extraen algunas conclusiones interesantes (Nueno, Simon, 1999):
- *Percepción de diferencias de precio.* Los consumidores solemos dar menos importancia a diferencias de precio entre ofertas cuando los importes son elevados que cuando se trata de decisiones de compra de bajo importe.
- *Precio de referencia.* La investigación sugiere que el precio más bajo y el más alto dentro de una línea de productos influyen fuertemente en la formulación del precio de referencia que el comprador percibe como "correcto" para el bien en cuestión. En las ventas personales se presentan frecuentemente los precios en orden descendente. Una vez que se ha establecido el precio de referencia alto, los precios que son más bajos que el original serán percibidos realmente como "menos caros".
- *Visión de los precios.* El modo de pago puede permitir a la empresa controlar la percepción y evaluación del precio. Para mucha gente, los costes que representan desembolsos en metálico se perciben como pérdidas. Muchos compradores tienden a pagar más fácilmente por medio de tarjeta de crédito que en efectivo. Las diferencias de precio para el mismo producto deben presentarse siempre como un descuento de un precio mayor más que como una prima sobre el precio más bajo.
- *Umbrales de precios.* Hay una creencia muy extendida de que existen algunos umbrales psicológicos de precios (números redondos). Si el precio de un producto excede estos valores límites, sus ventas disminuirán de forma considerable. Muchos precios empiezan con un nueve o no llegan a precios redondos (0,95; 0,99; 3,99; 7,95). No obstante, la investigación sobre umbrales no ha podido hasta ahora confirmar la utilidad de estas políticas.
- *Conciencia del precio.* De acuerdo con la teoría económica, se supone que el comprador tiene información perfecta sobre los precios, lo cual implica que sabe los precios que paga. La realidad es muy distinta.
- *Precio como indicador de calidad.* Los estudios de investigación han demostrado que el comprador utiliza el precio, además del nombre del establecimiento y de la marca, como un indicador de calidad, especialmente cuando le falta otro tipo de información diferencial entre productos. Cuando el precio es un indicador de calidad, el comprador tiende a preferir el producto con el precio más alto. Los clientes asocian el precio con los costes y creen que un producto que cuesta una cantidad importante también vale una cantidad importante.

7.5 ESTRATEGIAS DE PRECIOS

7.5.1 Estrategias para productos nuevos

Cuando se trata de lanzar nuevos productos o del desarrollo de nuevos mercados, nos podemos encontrar con ciertas situaciones particulares en lo referente a los objetivos y estrategias de fijación.

La estrategia a la hora de fijar el precio dependerá de la etapa del ciclo de vida en que se encuentre el producto. No será lo mismo ponerle precio a un producto innovador, protegido por una patente, que a un producto ya existente.

A menudo, el directivo comercial, en los primeros momentos o fases de la vida de un producto, puede escoger entre fijar un precio alto (descremar), para maximizar la contribución unitaria a corto plazo, o fijar a un nivel relativamente bajo (penetrar), para maximizar el volumen de unidades vendidas y evitar en lo posible que los competidores penetren en dicho mercado.

Descremación de precios

Consiste en fijar un precio por encima del precio óptimo. Una estrategia del tipo descremar tiene la ventaja de permitir que, durante las primeras fases del lanzamiento del producto, los esfuerzos se centren en aquellos clientes para los cuales el producto tiene mayor valor y que, por tanto, estén dispuestos a pagar los precios más altos. Más adelante, a medida que los precios van bajando, se abren nuevos segmentos de mercado. Teóricamente, esto se produce por orden de mayor a menor valor del producto para distintos grupos de consumidores. En principio, una estrategia de ir reduciendo el precio de manera paulatina para ampliar el mercado potencial debe maximizar los beneficios totales.

```
      ESTRATEGIA DE PRECIOS

  Para productos nuevos (innovador)
            ↓
        DESCREMACIÓN

  Para productos conocidos (existente)
            ↓
         PENETRACIÓN

  Para imitar un producto que ya está en el mercado
            ↓
   COMBINACIÓN DE ESTRATEGIAS
```

Desde el punto de vista del desarrollo del mercado a largo plazo, tal manera de actuar también puede ser útil, porque ayuda a fijar una imagen de prestigio para el producto en sus fases de introducción. Esta estrategia fue seguida por Polaroid. Su primera cámara instantánea salió al mercado al precio más alto posible en comparación con los de la competencia. Una vez las ventas iniciales empezaron a reducirse, Polaroid bajó el precio para así poder captar a otra capa de clientes sensibles al precio. Más adelante, también creó modelos más sencillos a precios más bajos de tal forma que captó la cantidad máxima de ingresos posible de diversos segmentos del mercado.

Sin embargo, una estrategia de descremar realizada por una empresa innovadora puede ser una invitación abierta a que las empresas competidoras entren en el mercado e intenten ven-der el nuevo producto a niveles de precio inferiores. Esto es típico, por ejemplo, en categorías como la moda. Los nuevos estilos presentados a una clientela muy selecta en París, a precios de infarto, encuentran la manera de llegar rápidamente a las tiendas de Nueva York a un precio muy inferior al original y, finalmente, pasan a los departamentos de rebajas de los grandes almacenes. El creador de moda puede darse por satisfecho con descremar el mercado y dejar el mercado masivo a los imitadores, o quizá no le queda más remedio que aceptar estos hechos.

La estrategia de descremación es aconsejable cuando se trata de un producto realmente nuevo, la demanda es inelástica al precio, el mercado está segmentado y la demanda es sensible a la promoción.

Ventajas de la estrategia de descremado y argumentos a favor de su utilización:

Escoger la estrategia adecuada

- Obtención de beneficios a corto plazo.
- Reducción del riesgo de competencia a largo plazo; rápida amortización de los gastos de I+D.
- La obtención de beneficios en las primeras etapas del ciclo de vida reduce el riesgo de obsolescencia del producto.
- Posible explotación de los efectos positivos de la reducción del precio.
- No es necesario aumentar los precios.
- Precio alto hace referencia al prestigio y la calidad.
- La venta del producto es menos sensible al precio en las primeras etapas que cuando el mercado está plenamente desarrollado.
- La introducción de un nuevo producto con un precio alto es una buena manera de dividir el mercado en segmentos con distintas sensibilidades al precio.
- Un precio alto puede producir unos ingresos mayores durante la etapa de desarrollo del mercado, brindando los fondos necesarios para expandirse a sectores del mercado con más volumen.
- Existe un valor percibido alto del producto.
- Se evitan las inversiones elevadas en comprar grandes capacidades de producción.

Precios de penetración en el mercado

Consiste en fijar un precio por debajo de precio óptimo. Una estrategia de fijar los precios para lograr penetración implica riesgos muy elevados, pero también puede brindar recompensas muy elevadas. Para ganar la apuesta deben darse varias condiciones. En primer lugar, el producto debe estar completamente libre de cualquier defecto. De no ser así, el vendedor corre el riesgo de generar una demanda muy alta con los precios bajos anunciados, y encontrarse entonces con importantes problemas de mantenimiento y de servicio que pueden llevarle incluso a tener que retirar el producto del mercado.

En segundo lugar, los consumidores potenciales deben poder adoptar el producto rápidamente, sin tener que probarlo durante largos períodos de tiempo. De no ser así, las empresas competidoras tendrán tiempo suficiente para poner a punto sus propios programas de marketing. En tercer lugar, la empresa debe disponer de suficiente capacidad productiva y tener a punto los canales de distribución, a fin de poder satisfacer rápidamente la demanda generada. El éxito de una estrategia de penetración depende de manera muy crítica de la rapidez y de no dar a los competidores ninguna oportunidad para reaccionar.

Estos ejemplos sugieren que debe cumplirse una condición para que tenga sentido una estrategia de precios de penetración; debe existir una amplia demanda potencial, que pueda convertirse rápidamente en demanda efectiva al lanzar al mercado productos a niveles de precios más bajos. No es probable que una estrategia de precios de penetración tenga mucho éxito en sectores maduros y en mercados de bajo crecimiento, dominados por empresas competidoras muy atrincheradas. Su capacidad de luchar contra la invasión mediante una reducción de sus precios hasta niveles de costes variables haría que el juego no tuviera sentido para la empresa que pretende entrar en el mercado.

Tampoco es probable que una estrategia de fijación de precios de penetración sea efectiva en productos nuevos si éstos no quedan al alcance económico de la mayoría de los compradores potenciales, ni siquiera al fijar un precio muy cercano al coste.

La estrategia de penetración es especialmente aconsejable cuando el producto no constituye una auténtica novedad, la demanda es altamente sensible al precio, existe la posi-

bilidad de entrada de nuevos competidores, la empresa goza de economías de escala y puede recuperarse rápidamente la inversión.

Ventajas de la estrategia de penetración y argumentos a favor de su utilización:
- A pesar de una contribución unitaria baja, un aumento rápido de la venta permite una contribución total elevada.
- Un rápido efecto de difusión del producto permite obtener una posición de liderazgo en el mercado, que hará posible fijar precios más altos o poder obtener mayor volumen de ventas.
- Las economías de escala permiten reducir los costes en el corto plazo
- Un rápido aumento de la venta acumulada permite avanzar rápidamente en la curva de aprendizaje y alcanzar una ventaja en coste difícilmente alcanzable por la competencia.
- Menor riesgo de fracaso, debido a que un precio bajo de introducción se relaciona con una baja posibilidad de fracaso.
- La venta es sensible al precio, aun en las primeras etapas de introducción del producto.
- Es posible obtener economías de escala significativas en los costes de producción y distribución.
- Se espera una fuerte competencia muy pronto después de la introducción del producto. Si el precio inicial del producto nuevo es lo suficientemente bajo, los grandes competidores pueden determinar que ni la inversión ni los beneficios esperados justifican la entrada.
- No existe un grupo de compradores dispuestos a pagar un precio más alto para obtener el producto.

Una empresa que necesite liquidez en el corto plazo deberá utilizar la estrategia de descremado, que se centra en los efectos a corto plazo. Es recomendable utilizar esta estrategia cuando el valor actual de los beneficios es demasiado bajo, tal vez porque el largo plazo parece demasiado arriesgado o la tasa de descuento es demasiado alta.

La estrategia de penetración, sin embargo, se basa en el largo plazo y requiere una cuidadosa planificación tener la capacidad para afrontar posibles pérdidas a corto plazo, una mayor inversión en activos y una predisposición por el riesgo

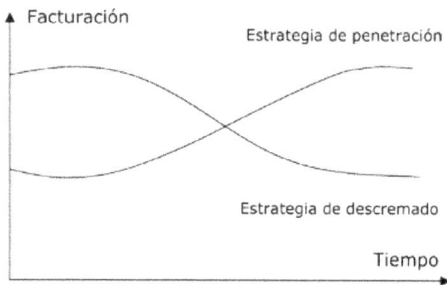

La mejor estrategia será la que muestre una mayor superficie debajo de la curva.

Precio y línea de productos
La mayor parte de las empresas maneja varios productos dentro de la misma categoría. Incluso es posible que coexistan en el merca-do un nuevo modelo o versión junto que el producto antiguo que se pretende eliminar. En este último caso, no debe desperdiciarse la posibilidad de obtener aún beneficios considerables del producto más antiguo.

La empresa debe tener en cuenta cómo influye el precio de un determinado producto en el posicionamiento de la marca. Al considerar el precio óptimo en la línea de productos se debe considerar el beneficio total de la línea de productos y no los beneficios singulares que quizás provengan de la fijación de un precio óptimo para un producto determinado. La fijación de precios en la línea de productos frecuentemente implica sacrificar el beneficio de un producto por el bien del beneficio total de la línea de productos.

Sin embargo, su aplicación no es sencilla, puesto que puede ser causa de conflicto cuando la empresa está organizada en distintos centros de beneficio.

7.6 DISCRIMINACIÓN DE PRECIOS[3]

Formas de discriminación de precios:
1. Regional
2. Temporal
3. Personal
4. Por canal
5. Por producto
6. Según la cantidad vendida (precios no lineales)
7. Paquetes de precios
8. Caso particular. Discriminación de precios internacional

7.6.1 Discriminación regional

El proveedor determina precios distintos para el mismo producto en zonas distintas, y estas diferencias no se deben a costes de transporte o de producto. Si un proveedor determina un precio único en distintas zonas, a pesar de que existen diferencias en costes, hay una discriminación regional de precios.

A primera vista, la aplicación de la discriminación regional parece relativamente sencilla, debido a que las distancias físicas y las fronteras funcionan como barreras naturales para el arbitraje. Si los costes de arbitraje son lo suficientemen-te importantes para una gran proporción de consumidores en relación a las diferencias de precio, la discriminación de precios funcionará. En caso contrario, no tendrá sentido su aplicación.

Los nuevos sistemas de comunicación, como Internet, hacen que el mercado sea más transparente. De este modo, para muchos productos o servicios es difícil poner en práctica incluso una discriminación de precios internacional.

Tipos de fijación regional de precios de precio según los costes de transporte:
- Un precio único de fábrica. En cada caso individual se añaden los costes reales de transporte.
- Un precio fijo distinto para cada zona que se determine. El precio es la suma del precio de fábrica y de los costes medios de transporte para la zona específica.
- Un único precio para todos, a pesar de distintos costes de transporte.

Existen varias razones para no realizar una discriminación regional de precios, a pesar de existir costes de transportes diferentes:
- Las diferencias en los costes de transportes o los costes en sí son poco significativos.

- Los controles externos de precio (por ejemplo, productos farmacéuticos, libros, etc.) no permiten realizar una discriminación de precios.
- Debido a fuerzas competitivas, el producto debe ofrecerse al mismo precio en todas partes.
- Debido a razones de imagen de marca puede ser recomendable establecer una política unificada de precios.
- Los costes de llevar a cabo una discriminación de precios son mayores que los beneficios.

7.6.2 Discriminación temporal

Sucede cuando se determinan distintos precios para el mismo producto o servicio según el momento en que se realiza la compra. Es un instrumento importante para los servicios, debido a la variabilidad en el uso de las capacidades y la relativa facilidad de división del mercado en segmentos. Dado que el producto no puede almacenarse, el arbitraje de tiempo no es posible. De este modo, la segmentación del mercado es altamente efectiva.

Algunos ejemplos de esta forma de discriminación son las ofertas según la temporada alta o baja de los viajes turísticos o la aplicación de precios distintos de determinados alimentos según la época del año.

7.6.3 Discriminación personal o de comportamiento

Las características de consumo que se pueden utilizar para diferenciar el precio pueden ser de carácter personal o de comportamiento de compra:
- *Edad.* Las tarifas de los billetes de avión, las entradas a espectáculos, museos, etc.
- *Nivel de ingresos y formación.* Tarifas especiales para estudiantes: cines, suscripciones a revistas, cuotas de tarjetas de crédito, etc.
- *Características profesionales.* Precios al por mayor para distribuidores, ofertas especiales en libros y ordenadores para profesores y estudiantes, precios especiales para empleados, etc.

- *Pertenencia a clubes y organizaciones.* Ofertas especiales para miembros (conferencias, libros, seguros médicos, hoteles, etc.).

7.6.4 Discriminación por canal

El canal de distribución es una de las herramientas que ayuda a llegar a distintos segmentos del mercado con precios distintos. Es habitual encontrar precios distintos de alimentación en distintos canales de distribución: supermercados, aeropuertos, estaciones, colmados, bares, etc.

7.6.5 Discriminación por producto o descuentos de segundo mercado

Consiste en ofrecer a precios distintos versiones de producto que difieren de modo insignificante en sustancia y en costes de producción. Los fabricantes que son propietarios de una marca nacional, pero que también producen marcas privadas para algunos detallistas, están también practicando una forma de descuento de segundo mercado si ambas son esencialmente iguales.

Esta estrategia es frecuentemente la única forma que tienen los fabricantes para utilizar eficientemente su capacidad de producción.

Las empresas farmacéuticas realizan todo tipo de discriminación por producto, también llamado descuento de segundo mercado. Introducen en primer lugar en el mercado un producto de imagen y precio altos, y una vez el mercado ha reducido la rentabilidad de este producto, entran con poca o ninguna variación del producto en sí en un segmento de precio medio y, más tarde, en uno de precio bajo. La empresa usa diferentes marcas e imagen de producto con tal de proteger las restantes ventas del segmento más alto.

7.6.6 Discriminación según la cantidad vendida (precios no lineales)

El objetivo de las estructuras de precios no lineales consiste en alcanzar el máximo nivel de beneficios aprovechando el precio máximo que cada uno de los consumidores está dispuestos a pagar. Técnicamente, existirían tantas funciones precio-demanda como grupos de consumidores similares. Con lo que el precio para cada uno de ellos se aproxima al óptimo. Estas formas discriminatorias se basan en que el valor marginal de un producto para el consumidor disminuye a medida que se consume más cantidad. Formas de precios no lineales:

- *Descuentos por forma de pago.* La financiación o el pago con tarjeta conlleva un coste para alguno de los agentes involucrados en el intercambio. Si los consumidores pagan sus cuentas en un plazo corto de tiempo acordado con el vendedor puede existir un descuento por pronto pago. El caso extremo consistiría en el abono inmediato de la factura.
- *Descuentos por cantidad.* Es el sistema de precios no lineales más común en la práctica. A medida que la compra es más elevada, el nivel de descuento es mayor, de tal modo que el precio medio por unidad disminuye a medida que la cantidad es mayor.

Se utilizan frecuentemente en la comercialización de productos industriales.

En los descuentos por cantidad se puede diferenciar entre descuento por pedido y descuento por volumen total (descuentos a final de año). El descuento por pedido consiste en mantener los gastos de proceso y de envío lo más bajos posibles, así como los costes relacionados con el mantenimiento de inventario. Cuando se utilizan descuentos por pedido, la empresa debe prepararse para la "compra anticipada"

En esta clasificación encontramos también el descuento funcional, que se realiza cuando en el canal de distribución se desempeñan diversas funciones como pueden ser el registro y el almacenaje.

- *Descuentos por pasos.* Se aplican al producto que sobrepasa una cantidad específica. A diferencia la modalidad descrita anteriormente, este tipo de descuentos no se aplica a la cantidad total de compra, sino a un rango determinado.
- *Programas de bonificación.* Son una variante de los descuentos por cantidad. La diferencia estriba en que el descuento o bonificación se calcula sobre la cantidad consumida durante un período de tiempo prolongado. Aunque esta práctica es más

común en el sector industrial, también se encuentran ejemplos de consumo. Desde un punto de vista estratégico, este tipo de programas tienen más bien un efecto a largo plazo, en el que se intenta aumentar la lealtad del cliente. Por ejemplo, las tarjetas de fidelización en las líneas aéreas o de los supermercados. El problema surge cuando el mercado se acostumbra a este tipo de programas y todo el sector lo ofrece, y el no contar con ellos supone una disminución de la ventaja competitiva.

Una modalidad de este tipo de discriminación son los descuentos a cambio de la entrega de un artículo viejo en la compra de uno nuevo, o los descuentos promocionales cuando se participa en programas de publicidad y apoyo a las ventas.

- *Precios en dos partes.* El precio de un producto está dividido en dos conceptos, generalmente una parte fija y otra variable. Por ejemplo, los parques de atracciones o el alquiler de coches.

Los precios en dos partes se deben utilizar cuando existen diferencias significativas en los costes de servir dos segmentos distintos de clientes.

Existe también una forma de precios a dos niveles en la que el cliente tiene el derecho de escoger entre una tarifa base, y obtener el uso futuro a un precio rebajado, o comprar el bien o servicio al precio normal. Por ejemplo, los clubes de fútbol.

- *Precios en bloques para distintos segmentos.* Cuando los clientes son muy distintos, el sistema de tarifa en bloque es ideal, ya que el cliente se "autosegmenta" pudiendo elegir entre distintas tarifas en dos partes.

Un proveedor puede ofrecer estructuras de precios en dos partes diferenciadas, según el tipo de cliente al que van dirigidas. Por ejemplo, los proveedores de telefonía móvil ofrecen una tarifa de precios en dos partes para usuarios intensivos y otra para el resto de usuarios. Para los primeros, la cuota fija es más elevada y el coste unitario es menor.

- *Puntos de precios o cantidades predeter-*

minadas. Con este método se establecen determinados precios para determinadas cantidades. A medida que se consume o se contraten más unidades, el precio unitario se reduce. Por ejemplo, los bonos de telefonía móvil o Internet.

Peculiaridades de la implantación de los precios no lineales:
- *No transferencia de privilegios.* Para su correcto funcionamiento es necesario que el consumidor no pueda sumar su demanda a la de terceras personas, para así transferir las ventajas en precio a otros consumidores. En la práctica, se observan casos en los que los consumidores realizan compras en grupo para obtener mayores descuentos.
- *Transparencia.* Es importante que estos sistemas sean claros para el consumidor, es decir, sólo serán efectivos si el consumidor entiende las ventajas y desventajas. Un precio básico puede suponer una barrera de compra si su efecto en el precio medio final no está claro. En ocasiones, puede ser recomendable apoyar un nuevo sistema de precios no lineales con acciones de comunicación.
- *Aspectos legales.* Debido a que la misma estructura de precios se ofrece a todos los clientes, se evitan conflictos con las leyes de libre competencia.

7.6.7 Discriminación según la preferencia relativa del consumidor por unos u otros productos (paquetes de precios)

Son una variante de los sistemas de precios no lineales, permitiendo segmentar y descremar el mercado eficazmente. Los productos que se venden en un paquete tienen una relación particular entre sí y en su valor individual para distintos segmentos del mercado.

Algunos ejemplos son el menú de los restaurantes, los paquetes de vacaciones de las agencias o los fabricantes de productos industriales:
- *Paquetes de precios puros.* Cuando la empresa vende los bienes solamente en forma de paquete.
- *Paquetes de precios mixtos.* La empresa que vende los mismos bienes separadamente y también en paquete. Tiene la ventaja de que los clientes tienen el punto de referencia para evaluar el atractivo de la oferta, al comparar la suma de los precios individuales de los componentes con el precio del paquete.

Motivaciones para realizar o retomar una política de precios unitaria:
- *Márgenes para los componentes por separado.* Los componentes por separado pueden llegar a tener una elasticidad de precio inferior a la del paquete. Esta situación se puede dar cuando el precio del paquete es demasiado alto debido a los costes de desarrollo del sistema.
- *Expansión del mercado mediante la venta separada de los componentes.* Es posible abrir nuevos mercados mediante la venta de los componentes como productos independientes.
- *Una creciente estandarización y compatibilidad entre productos.* A medida que los componentes de un sistema son más compatibles con productos de otros sistemas y marcas, los compradores pueden diseñarse un sistema individualmente. Es por ello que un sistema de paquete puro puede ser peligroso.
- *Desarrollo de productos independientes o cambio del valor de un componente con respecto a los otros.* En muchos sectores, el valor de los servicios y las aplicaciones acaba sobrepasando el del producto físico, en un sentido amplio.

7.6.8 La discriminación de precios internacional

La cada vez mayor interdependencia económica en el mundo cambia el papel de la gestión de los precios en los mercados internacionales. Por una parte, crece la importancia de la gestión de precios internacionales a medida que la facturación de la empresa en el extranjero aumenta. Por otra parte, los mercados nacionales que antes estaban claramente separados, cada vez son más similares y las barreras entre ellos disminuyen debido a las tecnologías modernas de información y transporte y, además, las nuevas políticas económicas cada vez hacen más difícil llevar a cabo una política de precios diferenciada por país.

Además del coste del transporte y los costes de arbitraje entre países, existen otros factores que afectan la gestión internacional de precios (Simon y Wiese, 1994):

1. La situación competitiva
2. El comportamiento del comprador
3. El cambio de la moneda
4. Las tasas de inflación
5. Las importaciones paralelas
6. La legislación local
7. Las condiciones de pago
8. La coordinación de marcas globales
9. La estrategia de precios

Factores que influyen en la gestión internacional de precios:

- *Inflación.* Las tasas de inflación son especialmente problemáticas cuando no se pueden realizar cambios de precios debido a que existen controles sobre los mismos. Este tipo de controles son comunes en los países con tasas elevadas de inflación. Ante una situación de estas características, existen dos posibilidades:

  • Anticiparse a la inflación con precios superiores al nivel óptimo. En este caso se sacrifica parte del beneficio en la etapa de introducción.
  • Continua introducción de nuevos productos. La introducción de productos nuevos puede permitir determinar un precio de introducción, evitando de este modo las trabas para aumentar el precio de un producto establecido.

- *Tipo de cambio de moneda.* Una empresa que vende sus productos en un mercado extranjero en moneda local, puede encontrarse con que, de un día para otro, ha desaparecido la rentabilidad de un producto debido a una depreciación de aquella moneda. A corto plazo, la empresa puede utilizar mecanismos de *hedging* (cobertura) para asegurar sus ingresos en moneda extranjera contra el riesgo de una devaluación. En cualquier caso, ante variaciones en el valor de las monedas, la empresa deberá evaluar si a largo plazo sus objetivos de precios son todavía realistas y alcanzables o si debe rediseñar su estrategia de precios.

- *Importaciones paralelas o "mercados grises".* Surgen cuando el distribuidor y el consumidor se aprovechan de las diferencias de precio entre países, mediante oportunidades rentables de arbitraje a pesar de los costes adicionales de la importación; lo que puede:

  • Perjudicar a toda la estructura de precios en el mercado doméstico
  • Molestar a los distribuidores del país extranjero
  • Ocasionar un alto grado de confusión en el consumidor

Factores que promueven las importaciones paralelas:

a. Diferencias elevadas de precio entre países
b. Costes de transporte cada vez más bajos
c. Continua mejora de los sistemas internacionales de información y comunicación
d. Creciente liberalización de los mercados internacionales. Con ello existen menores oportunidades para separar los mercados nacionales. Esto es importante en el caso de la Comunidad Europea
e. Mayor número de marcas internacionales. Estas marcas tienen la misma apariencia en todo el mundo, y el uso del producto es estándar
f. Creciente internacionalización del consumidor. Mayor aceptación de productos "extranjeros"

- *Regulaciones gubernamentales.* Las relaciones gubernamentales son mayores para el comercio en el extranjero que para el mercado doméstico. Muchas de estas leyes tienen un efecto directo en la política de precios internacionales. El gobierno influye directamente en el precio final al consumidor a través de distintos impuestos, como el IVA.

Para una empresa, existen dos tipos de problemas:

- El precio para cada país debe determinarse óptimamente para la demanda de ese país
- Deben coordinarse las diferencias en los precios netos que resultan de restarle los impuestos añadidos al precio bruto óptimo determinado

Leyes antidumping

Algunos países prohíben que los bienes importados puedan ofrecerse por debajo de su coste estimado de producción o por debajo de los precios cargados en el mercado por los productos locales. El propósito de estas leyes es, fundamentalmente, proteger a los fabricantes locales. Estas leyes pueden reducir significativamente la flexibilidad de una empresa para:

- Segmentar los mercados
- Practicar políticas de precios no lineales
- Reaccionar ante variaciones importantes en los tipos de cambio de la moneda

Las empresas pueden ser acusadas de llevar a cabo prácticas de dumping en un país según la legislación local y, en consecuencia, pueden aplicarse multas o tasas. Estos cargos han sido aplicados en Europa y Estados Unidos a empresas japonesas y coreanas.

Cuotas

Otra forma de limitar las importaciones a un país, con el fin de proteger la industria local, es mediante la aplicación de cuotas. Frecuentemente, la cuota es una cantidad máxima establecida de importaciones de un determinado tipo de productos. En ocasiones, la cuota puede referirse a la participación de mercado. Por ejemplo, en Francia, los automóviles japoneses no podían tener extraoficialmente más de un 3% de la cuota del mercado.

7.7 PROCESO DE FIJACIÓN DE PRECIOS

De acuerdo con la teoría económica, los precios quedan fijados en la intersección de las curvas de la oferta y la demanda. Sin embargo, a una empresa concreta esta idea le sirve de poco. El análisis de las curvas de oferta y demanda puede tener significado, en sentido amplio, al analizar toda una categoría de productos, tales como el trigo, las fibras de nylon, la carne de vacuno o los aparatos de televisión. Pero, a no ser que el producto ofrecido por una empresa sea único y no tenga una competencia directa (es decir, que se encuentre en situación prácticamente de monopolio), el precio fijado por una empresa individual depende necesariamente de los precios vigentes en el mercado para esta categoría de productos, ajustados de acuerdo con las diferencias existentes, y percibidas por los clientes, entre los productos de dicha empresa y los productos de otros fabricantes.

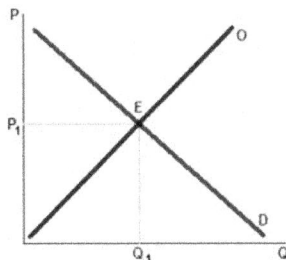

En consecuencia, los objetivos del proceso de fijación y cambios de precios son los siguientes: primero, determinar el valor del mercado de un producto, en comparación con los precios de los productos competitivos; segundo, sondear si ha habido cambios en la oferta y en la demanda y, si los ha habido, ajustarse a la nueva situación, comprobando la disposición de los competidores a seguir dichos cambios de precios, y tercero, ir ajustando el precio según nos vayan variando los costes e impedir que la escalada de los costes nos erosione los márgenes.

El proceso de fijación de precios es iterativo y exige la reapreciación constante de la evolución del mercado a través del procedimiento de prueba y error con riesgo acotado.

Las estrategias de fijación de precios pueden desarrollarse con éxito y eficacia si cumplen las siguientes condiciones:

1. Tenemos en marcha un sistema de información y control que genera, con rapidez, números a nivel de costes variables y fijos para las distintas líneas de productos.
2. Las decisiones de fijación de precios están basadas en información amplia y veraz sobre la situación del mercado.
3. Cuando se producen variaciones de precios, seguimos y registramos cuidadosamente los cambios de comportamiento, tanto de la competencia como de los clientes.

4. Las decisiones sobre precios las tomamos a nivel central, y no delegamos a las sucursales distribuirlas por todo el país. (El control centralizado de los precios es un elemento crucial para poder formular y poner en práctica estrategias de precios.)
5. Los cambios de precios los hacemos como respuesta, prevista y planificada, a las condiciones del mercado y al comportamiento de los competidores.

La manera de poner en práctica las decisiones sobre precios constituye una parte esencial del proceso. No basta con decidir cuál debe ser el precio, también es importante preparar a los clientes y a los competidores para que lo acepten. Los consumidores y los jefes de compras de productos industriales deben comprender por sí mismos, y a menudo deben poder explicar en sus organizaciones (la unidad familiar o la empresa, según el caso) los motivos por los cuales aceptan aumentos de precios importantes. Es evidente que la gran mayoría de aumentos de precios se justifican como reajustes o adaptaciones ante los aumentos de costes. Algunos aumentos se explican en función de mejoras en el producto. A ser posible, el consumidor, para aceptar un aumento de precios, debe ser convencido de que dicho aumento es equitativo y de que se justifica por los aumentos de costes o por el incremento en el valor del producto. En consecuencia, la manera como el vendedor anuncia un aumento de precios es parte crítica del proceso de fijación de precios.

7.8 ANÁLISIS DE DECISIONES EN LA FIJACIÓN DE PRECIOS

1. En cuanto al *valor* para el cliente:
   - ¿A qué clientes está dirigido el producto?
   - ¿Qué significa el producto para este grupo?
   - ¿Qué otras alternativas puede elegir el cliente?
   - ¿Hasta qué punto estará dispuesto a evaluarlas?
   - ¿Cómo podemos educar al cliente en cuanto al valor que ofrece nuestro producto?
   - ¿Cómo va a cambiar con el tiempo el valor percibido del producto?
   - Si hay distintos segmentos para los cuales el producto tiene distinto valor, ¿podemos vender a distintos precios en distintos mercados?
   - ¿Una reducción sustancial de los precios llevará a incrementos proporcionales de la demanda?
   - ¿Un aumento de los precios llevará a reducciones en la demanda?
   - ¿Hasta qué punto es sensible mi consumidor al precio?
   - ¿Qué cosas puedo hacer para añadir valor a mi producto? ¿Envase? ¿Servicio?
   - ¿Hasta qué punto pagarán más por estas cosas?
   - ¿Puedo hacer pruebas de distintos precios en mercados reducidos, con poco riesgo, para probar la sensibilidad?

2. En cuanto a nuestros *costes*:
   - ¿Conozco con razonable certeza los costes directos de mis productos?
   - ¿Podemos desglosar estos costes en sus partidas variables y fijas?
   - ¿Cuáles son, en mi situación actual, los costes relevantes para la decisión de precios?
   - ¿Cuánto tenemos que vender para alcanzar el punto muerto?
   - ¿Cómo se comportarán los costes a lo largo de la vida del producto?
   - ¿Cuál puede ser la tendencia de mi curva de experiencia?
   - ¿Bajo qué circunstancias es factible fijar precios por debajo de los costes variables por razones estratégicas?

3. En cuanto a nuestros *competidores*:
   - ¿Quiénes son nuestros competidores actuales y potenciales en los mercados que servimos?
   - ¿Cómo y en qué grado nuestras líneas de producto están diferenciadas de las suyas?
   - ¿Cuál es su estructura de costes?
   - ¿Cuáles son sus participaciones de mercado?
   - ¿Cuáles son sus fortalezas y debilidades?
   - ¿Cómo podemos anticiparnos a sus movimientos en precios?

- ¿Quién es el líder en precios?
- ¿Cómo funciona?

4. En cuanto a nuestros *objetivos:*
  - ¿Qué queremos ser? ¿Qué podemos ser?

- ¿Deseamos lograr beneficios a corto plazo o preferimos aumentar en primer lugar nuestra participación?
- ¿Qué objetivos son prioritarios? ¿De cuáles puedo prescindir?

7.9 MODELOS PARA LA FIJACIÓN DE PRECIOS

Los modelos de fijación de precios pueden clasificarse en los siguientes, según Monroe y Della Bitta (1978):
  - *Modelos de precios para productos nuevos.* Determinación del potencial del mercado, discriminación de precios, etc.
  - *Modelos de precios para una línea de productos.* Se contemplan modelos de fijación de precios para productos relacionados.
  - *Modelos de cambio de precios.* Se utilizan para situaciones competitivas.
  - *Modelos de estructura de precios.* Incluyen condiciones de pago, plazo, y las características de los descuentos, evaluando el impacto sobre las ventas.

---

[1] Se aplica para designar el punto en que se recupera el valor de una inversión y partir del cual el inversor comienza a obtener beneficios.

[2] Canibalización: efecto que se produce cuando un producto nuevo lanzado al mercado no es percibido como un producto distinto de los actuales. Tiene lugar un traslado de los compradores de los productos actuales de la empresa a uno nuevo de la misma, sin que aumenten las compras totales.

[3] Basado en la publicación "Gestión de precios", Nueno, J. L. y Simon, H. Ed. IESE. 1999. Los autores consideramos que esta publicación recoge de forma completa y estructurada, todos los modelos de discriminación de precios existentes.

Conceptos fundamentales

Beneficio. *Ventaja o utilidad que el individuo u organización espera obtener con la compra del producto. Se utiliza como variable para explicar el comportamiento del consumidor y como criterio de segmentación de mercados.*

Competencia. *Para una empresa, es cualquier otra que ofrece productos similares o sustitutivos en los mismos mercados.*

Coste. *Es la medida, en término monetarios, de los recursos sacrificados para conseguir un objetivo determinado. Referido a un producto, es la suma de dinero necesaria para fabricarlo o la suma de dinero con que se fabricó.*

Coste de oportunidad. *Es lo que se deja de ganar al haber elegido otra alternativa.*

Costes variables. *Son los gastos incurridos por concepto de materia prima, mano de obra, consumo energético, etc. que sean inequívocamente identificables con el producto que se está evaluando. Los costes variables se incrementan o disminuyen según el volumen fabricado. El coste total de un producto es la suma de los costes directos y los costes indirectos atribuidos a ese producto.*

Demanda. *Cantidad de bienes/servicios que los consumidores desean adquirir en un periodo de tiempo determinado.*

Demanda elástica. *En relación al precio, la demanda es elástica cuando la proporción en que varía la cantidad demandada es superior, y de sentido contrario, a la que se ha producido en el precio.*

Descremación del mercado. *Estrategia de estimulación de la demanda de los segmentos del mercado de mayor capacidad económica y más innovadores, cuya demanda es más inelástica, mediante la fijación de precios altos. Se aplica esta estrategia en el lanzamiento de nuevos productos.*

Descuento. *Reducción del precio de un artículo. Existen comercios especializados en la venta de productos a precios más bajos que sus competidores.*

Dumping. *Venta de un producto por debajo de su precio real.*

Elasticidad. *Situación de sensibilidad de la demanda ante variaciones en las condiciones de venta.*

Estrategia de precios. *Es el proceso de concepción y planificación de la política de precios, de modo que contribuya a alcanzar los objetivos de la organización.*

Fidelización del cliente. *Acción comercial que trata de asegurar la relación continuada de un cliente con una empresa, evitando que sea alcanzado por la competencia. Es un objetivo fundamental del marketing relacional.*

Fijación de precios. *Las decisiones sobre fijación de precios incluyen el diseño y puesta en práctica de políticas alternativas: 1) Costes, márgenes, descuentos y condiciones de pago. 2) Fijación de precios a un solo producto. 3) Fijación de precios a una línea de productos.*

Guerra de precios. *Situación competitiva de un mercado en la que las empresas vendedoras rebajan sucesivamente los precios, bien por iniciativa propia o en respuesta a reducciones previas de los precios de los competidores.*

Líder de pérdidas. *Producto con poco margen, o incluso con pérdidas, que sirve de gancho para la venta de otros productos.*

Margen bruto. *Diferencia entre el precio de venta o de cesión de un bien o servicio y el coste de producción variable o el precio de adquisición del mismo, sin tener en cuenta ningún otro coste o gasto.*

Margen comercial. *Diferencia entre el precio de venta o de cesión de un bien o servicio y el precio de adquisición del mismo, sin tener en cuenta ningún otro gasto.*

Margen de beneficio. *Diferencia entre ingresos y gastos. Puede ser bruto o neto.*

Margen neto. *Resultado de deducir al margen bruto los gastos directos y los generales, en las proporciones que se establezcan.*

Penetración en el mercado. *Participación de una empresa o marca en un mercado determinado.*

Promoción. *Acciones de marketing limitadas en el tiempo y en el espacio con las que se pretende alcanzar los objetivos del plan de marketing.*

Prospección. *Búsqueda de nuevos clientes y mercados.*

Segundo mercado. *Segmento de mercado delimitado por sus características demográficas o socioeconómicas, o por su localización geográfica, y que presenta una elasticidad demanda/precio mayor que la del conjunto del mercado.*

Venta a distancia. *Incluye un conjunto de modalidades de venta realizadas a través de diversos medios de comunicación (correo, teléfono, fax o red informática) y que no requieren el encuentro personal entre el comprador y el vendedor.*

Venta a domicilio. *Sistema de venta puerta a puerta. Es uno de los métodos más tradicionales de venta directa.*

Test sobre el capítulo (Sólo una respuesta correcta)

1. Los precios discriminatorios, en general, se utilizan para:
   a) Ajustar precios
   b) Productos nuevos
   c) Productos derivados

2. Por FOB (free on board) entendemos:
   a) La fijación de precios uniformes de entrega
   b) La fijación de precios de origen
   c) La fijación de precios internacional

3. El límite mínimo para el análisis de las decisiones de fijación de precios es:
   a) El valor que el cliente da al producto en cuestión
   b) La estructura de costes del producto
   c) Las restricciones de tipo legal

4. La estrategia de "descremación" es más usual cuando...
   a) La demanda es elástica al precio
   b) El producto es una innovación
   c) Existen economías de escala en la producción

5. La estrategia de "penetración":
   a) Consiste en fijar un precio de salida por encima del precio óptimo
   b) Es especialmente recomendable para la comercialización de productos tecnológicos
   c) Persigue ganar cuota de mercado rápidamente

6. De entre los mercados presencial y virtual, ¿dónde es mayor la sensibilidad al precio?
   a) En el entorno on line
   b) Contrariamente a lo esperado, para muchas categorías, la sensibilidad al precio en el mundo on line es menor que en el mundo off line debido a que los consumidores prefieren seguridad y marcas conocidas
   c) No existen diferencias en los dos entornos (virtual y presencial) en cuanto a elasticidad a los precios

7. El precio es la variable del marketing mix más compleja de gestionar debido a que:
   a) Las decisiones sobre pueden hacer variar la demanda en minutos y sus efectos van directamente a la cuenta de resultados.
   b) No es cierto. La sensibilidad de la promoción, por ejemplo, es normalmente mayor que la del precio.
   c) Debido a la inflación

8. ¿Cuál es el umbral máximo de un precio?
   a) El coste variable del producto
   b) No existe un umbral máximo en los precios
   c) El valor que da o percibe el comprador al producto

9. La sensibilidad al precio es menor para:
   a) Una barra de pan de 250 gr
   b) Un viaje a las Islas Canarias todo incluido
   c) Un reloj marca Rolex

10. La elasticidad cruzada puede ser:
    a) La variación de la demanda de un producto debida a la variación del precio de otro sustitutivo
    b) La variación de la demanda de un producto debida a una variación del precio
    c) La variación de la demanda de un producto debida a una variación del presupuesto de promoción

11. ¿Cuál de los siguientes ejemplos constituye un caso de discriminación de precios?
    a) El precio del transporte fijo de un producto a todas las regiones con las que opera una empresa concreta
    b) El menú de un restaurante
    c) El precio de las acciones en la bolsa

12. La fijación de precios en la línea de productos tiene sentido porque:
    a) Deben conseguirse siempre los precios máximos para todos los productos
    b) Cada producto tiene una curva de elasticidad distinta

c) Debe conseguirse igualar las elasticidades de cada uno de los productos y fijar los precios por separado para poder obtener el máximo beneficio

13. El "punto muerto" o "umbral de rentabilidad" es:
a) Aquel punto en el que el volumen de ventas iguala la curva de ingresos y costes
b) Es el estancamiento total de las ventas
c) Es el punto a partir del cual la empresa ha cubierto todos lo costes variables

14. Un descuento que se realiza cuando en el canal comercial se desempeñan diversas funciones como pueden ser el registro y el almacenaje es:
a) Un descuento por pago en efectivo
b) Un descuento funcional
c) Un descuento por volumen

15. El dumping es:
a) La venta de un producto por debajo de su precio de coste
b) Un tipo de descuento promocional
c) Algo que nada tiene que ver con el marketing, puesto que se trata de un deporte de aventura

16. Ofrecer a precios distintos versiones de producto que difieren de modo insignificante en sustancia y en costes de producción es una estrategia de:

a) Discriminación por producto o de segundo mercado
b) Discriminación regional
c) Precios en línea de productos

17. Un factor que promueve las importaciones paralelas es:
a) La inflación de los países
b) Los atributos del producto
c) Los costes de transporte cada vez más bajos

18. Técnicamente, un precio debe ser:
a) Máximo, que sobre el papel ofrezca los mayores beneficios a la empresa
b) Óptimo
c) Menor que el de la competencia

19. Desde el punto de vista de la gestión internacional de precios, una cuota que aplica un país es:
a) Una cantidad máxima establecida de importaciones de un determinado tipo de productos
b) Que los bienes importados no puedan ofrecerse por debajo de su coste estimado de producción
c) Una estrategia de precio de la empresa que exporta

20. Un descuento por cantidad es una modalidad de:
a) Precio no lineal
b) Paquete de precio
c) Discriminación de segundo mercado

EL GLOBO (Estrategia de precios)

(Este documento no pretende ilustrar una determinada forma de gestión, sino que debe servir como base para el diálogo. Para que la discusión sea provechosa, es necesario preparar el caso con antelación, definiendo los problemas y proponiendo alternativas de solución y acción.)

En España hay más de un centenar de diarios de información general. Desde 1987 hasta 1995 el índice de difusión de diarios en España ha aumentado de año en año, de 79,2 ejemplares por mil habitantes en 1987 a 109 en 1995. En 1996 se produjo un descenso en la difusión de 55.000 ejemplares diarios. En el siguiente apartado describimos una serie de acciones llevadas a cabo por los responsables de El Globo que en 1999 tuvo un fuerte impacto sobre la difusión diaria. En el Anexo podemos observar el número de ejemplares editados y difundidos en España. Cabe destacar que, en la actualidad, existe otro importante canal de distribución para la difusión de la prensa: Internet. La calidad de los contenidos y el elevadísimo número de visitas a las páginas web de los periódicos, si bien no afecta excesivamente a la difusión en papel, es un medio a tener en cuenta.

El inicio de una guerra de precios

El periódico español El Globo llevó a cabo un inesperado recorte de precios, de 0,75 eruos a 0,60 euros, en julio de 1998, que sacudió la industria de la prensa escrita de calidad. La compañía Prensa Española, propiedad de Raúl Linares, cuyo periódico El Globo tenía una tirada de 350.000 ejemplares, había declarado la guerra al resto de diarios. El País (con una tirada de 500.000 ej.), ABC (380.000 ej.), La Razón (200.000 ej.) y el diario Expansión (100.000 ej). No era la primera vez que Prensa Española (PE), propietaria de varios de los periódicos y revistas nacionales, había bajado el precio de su periódico El Globo Deportivo de 0,60 euros a 0,45 euros. Este movimiento consolidó la posición de líder del Globo Deportivo elevando su tirada de 30.000 a 50.000 ejemplares en tan sólo un año.

Las ventas del principal competidor de El Globo Deportivo, el diario Marca, cayeron desde 32.000 a 20.000 ejemplares durante el mismo periodo. La gente tiene en general una fuerte vinculación con el periódico que compra todos los días, y debido a las diferentes ideologías de los distintos diarios, muchos pensaron que la prensa seria no dependía del precio. PE opinaba claramente lo contrario. "Es obvio que nosotros desearíamos lanzar El Globo al mismo nivel de tirada que El País, e incluso más allá", señalaba Raúl Linares.

En poco tiempo, PE pudo demostrar que tenía razón. Para el mes de Abril de 1999, la tirada de El Globo había ascendido a 478.000 ejemplares, mientras que la mayoría de los diarios competidores veían disminuir la suya. El especializado y caro Expansión no se vio afectado; el periódico de centro derecha ABC y el de centro izquierda El País, experimentaron sin embargo un pequeño descenso de sus ventas, mientras que La Razón, que había aumentado su precio a 0,75 en respuesta al recorte de El Globo, sufrió una bajada del 20%. Tras una reducción a corto plazo de las ventas, los diarios del mercado intermedio, El Correo, El Avui, La Voz de Galicia, La Verdad, etc. resultaron ilesos con la bajada de los precios de El Globo.

Anteriormente al recorte de precios comentado, los periódicos de calidad ya habían competido de otras formas. Así, durante toda la década de los ochenta su estrategia consistió en mejorar el producto añadiendo nuevas secciones. Según un alto ejecutivo, "el mercado de la prensa diaria está contrayéndose año tras año. Nos hemos centrado quizás excesivamente en la promoción de ventas para ganar ventaja a los competidores. Esperábamos que los productos con valor añadido serían capaces de mantener la fidelidad de nuestros lectores".

La mayoría de las extensiones de marca (suplementos) se crearon con objeto de atraer ingresos publicitarios y para mantener la lealtad de los lectores. Ofreciendo a los anunciantes un público objetivo de "alta definición y calidad", las editoriales ya no tenían que preocuparse tanto de las cifras de tirada.

El esfuerzo por atraer nuevos anunciantes, sin embargo, no era bien visto por los clientes. Un mayor número de páginas suponía mayores facturas de papel y una frustración para los consumidores, al no ser ya posible leer el periódico "de una vez". La lealtad está disminuyendo antes del recorte del precio de El Globo, pero la auténtica magnitud de esta medida llegaría a conocerse más tarde. Los análisis del panel de Consulting AGD Mediospan mostraban que los periódicos ganaban y perdían cada año al menos un 20% de sus "lectores fieles". Esta variabilidad excluye a los lectores ocasionales, puesto que los lectores fieles se definen como aquellos que casi siempre leen un periódico.

Tras el recorte de precios, los clientes de El Globo mostraron una lealtad mucho menor que la habitual. Este periódico elevó sus lectores regulares en dos tercios, pero un tercio de los mismos en 1998 se perdió en 1999. Posteriores análisis de diciembre de 1999, haciendo uso del RSGB Conversion Model, mostraron que cerca de la mitad de los lectores de la prensa seria eran "seguros", mientras que el resto podían ser considerados como vulnerables. Este estudio también concluía que El Globo contaba con menos lectores leales que los otros periódicos de calidad.

Después del recorte de precios llevado a cabo por El Globo, la prensa escrita de calidad tuvo que luchar duro para mantener sus clientes. El País ofrecía libros gratis a aquellos que reunían puntos impresos en el periódico, y La Razón hizo una promoción que consistía en una competición cuyo premio era equivalente al importe que el ganador tenía que pagar en su declaración de la renta de ese año. La Razón vio disminuir su tirada al mismo tiempo que su caja.

Cuando los periódicos pierden tirada, hay dos maneras de captar fondos: los ingresos procedentes del precio de cobertura y los de la publicidad. Cuanto menor sea el número de

lectores, más pequeñas serán las tarifas publicitarias. La Razón era el diario más joven en la categoría de la prensa seria, y también el más débil financieramente hablando. Fundado por el brillante escritor Ansón, los mayores accionistas de La Razón eran el periódico Ultima Hora de Baleares y el Faro de Vigo, ninguno de los cuales era demasiado poderoso.

Después que la tormenta de precios azotó el mercado, La Razón realizó el carísimo lanzamiento de El Observador y fracasó en su intento de adquisición del diaria La Verdad, otro dominical más.

Si deseaba sobrevivir a la guerra de tiradas, La Razón necesitaba más dinero. Sorprendentemente para un periódico que trata de afrontar una guerra de precios, disponían de tres posibles nuevos socios. Uno era Rafael Domínguez, constructor; otro era Alejandro Latife, propietario de un gran grupo Editorial; y el tercero era José Valentí, empresario textil. Tras asegurar a La Razón su independencia editorial, Rafael Domínguez adquirió La Razón, y la batalla continuó.

Tras mantener su precio alto durante los ocho meses posteriores al primer recorte de precios de El Globo, el 22 de junio de 1999, José María Zaragoza rebajó el precio del El País de 0,75 a 0,60 , para acomodarse al de El Globo. Este último contraatacó rápidamente con un recorte del precio, situándose en 0,48 dos días después, con la determinación de retener a los 122.000 lectores extra obtenidos en su primer recorte de precios. Ese mismo día, Ansón, de La Razón, trasladó su editorial a la primera página acusando a El Globo de emplear una política de precios demasiando agresiva. "Dos ideólogos de izquierdas, Raúl Linares y J.María Zaragoza, están decididos a acabar con el mercado de la prensa seria", declaraba violentamente en su día el editorial.

Se pensaba que PE estaba perdiendo mucho dinero a consecuencia de la reducción de precios de El Globo y de El Globo Deportivo. Asimismo se creía que las pérdidas de El Globo rondaban los 10,22 millones euros. El recorte extra a 0,48 euros costaría 7,21 millones euros adicionales al año si los distribuidores mantenían su comisión de 0,36 euros por ejemplar, y con unos costes de imprenta que ascendían a 0,09 euros por ejemplar. Los accionistas, a su vez, no estaban impresionados por la acción llevada a cabo por El País: su cotización bursátil disminuyó en 480,81 millones euros. La ciudadanía española se sintió especialmente molesta desde que el grupo Prisa vendió 12,5 millones de acciones, que ascendían a 438,74 millones euros, prácticamente un mes después del recorte de precios.

En agosto de 1999, La Razón siguió en la brecha y redujo de nuevo su precio. Las ventas (en número de ejemplares) eran por entonces las siguientes:
- El País   550.000
- El Globo   460.000
- ABC   350.000
- La Razón   320.000

Después de probar en el mercado los precios de 0,48 euros y 0,75 euros, La Razón sobrepasó las expectativas y redujo su precio a 0,60 euros. La PE subrayó que el periódico no permanecería indefinidamente a 0,75 euros, movimiento éste que supondría al diario 3,01 millones euros al año de pérdidas de beneficios. "Creemos que a la excelente calidad

ofrecida por La Razón posibilitará un precio más alto a largo plazo", dijo en su editorial.

Cuestiones

1. ¿Cuál fue el efecto de la guerra de los precios en el volumen de ventas (número de periódicos vendidos) y en el valor de ventas (valor monetario de los periódicos vendidos) en el mercado de la prensa escrita?

2. ¿Qué esperaba conseguir El Globo iniciando una guerra de precios tan costosa?

3. ¿Por qué el resto de competidores siguieron la batalla de precios iniciada por El Globo?

4. ¿Qué consecuencias tiene para una empresa situar sus precios por debajo de la media del sector?

5. ¿Qué tipo de empresas son más propensas a participar en guerras de precios?

6. ¿Deberían los gobiernos intervenir para prevenir estas situaciones?

ANEXO*. Difusión de diarios en españa

INFORMACIÓN GENERAL	DIARIOS		
	PROMEDIO TIRADA	PROMEDIO DIFUSION	PERIODO CONTROLADO
ABC	378.965	291.950	Ene-00/Dic-00
ATLÁNTICO DIARIO	5.825	4.332	Ene-00/Dic-00
AVUI	45.550	30.774	Ene-00/Dic-00
CANARIAS-7	46.430	39.346	Ene-00/Dic-00
CÓRDOBA	22.598	19.280	Ene-00/Dic-00
DIARI DE GIRONA	9.306	6.934	Ene-00/Dic-00
DIARI DE SABADELL	7.861	6.189	Ene-00/Dic-00
DIARI DE TARRAGONA	16.727	14.170	Ene-00/Dic-00
DIARI DE TERRASSA	7.086	5.472	Ene-00/Dic-00
DIARIO 16	48.512	24.124	Ene-00/Dic-00
DIARIO 16 - ED. MADRID	26.077	14.329	Ene-00/Dic-00
DIARIO DE ALCALA			Octubre-01(*)
DIARIO DE AVISOS	14.594	11.190	Ene-00/Dic-00
DIARIO DE BURGOS	17.236	15.229	Ene-00/Dic-00

DIARIO DE CÁDIZ	39.904	35.242	Ene-00/Dic-00
DIARIO DE IBIZA	8.154	6.951	Ene-00/Dic-00
DIARIO DE JEREZ	13.908	12.127	Ene-00/Dic-00
DIARIO DE LEÓN	19.587	16.664	Ene-00/Dic-00
DIARIO DE MALLORCA	28.730	23.492	Ene-00/Dic-00
DIARIO DE NAVARRA	73.296	63.762	Ene-00/Dic-00
DIARIO DE NOTICIAS	17.428	13.358	Ene-00/Dic-00
DIARIO DE PONTEVEDRA	7.208	5.582	Jun-00/Dic-00
DIARIO DE SEVILLA	48.495	40.071	Ene-00/Dic-00
DIARIO DE SORIA	2.267	1.929	Ene-00/Dic-00
DIARIO DE VALENCIA			Enero-01(*)
DIARIO DEL ALTOARAGÓN	7.610	6.852	Ene-00/Dic-00
DIARIO PALENTINO	5.226	4.360	Ene-00/Dic-00
DIARIO SUR	47.420	40.216	Ene-00/Dic-00
EL 9 NOU-VALLÈS OCCIDENTAL	3.387	2.288	Ene-00/Dic-00
EL ADELANTADO DE SEGOVIA	3.490	3.042	Ene-00/Dic-00
EL ADELANTO EL PERIÓDICO DE SALAMANCA	7.267	5.915	Ene-00/Dic-00
EL COMERCIO	31.408	25.702	Ene-00/Dic-00
EL CORREO DE ANDALUCIA	21.681	14.524	Ene-00/Dic-00
EL CORREO DE BURGOS			Enero-01(*)
EL CORREO ESPAÑOL EL PUEBLO VASCO	152.616	132.113	Ene-00/Dic-00
EL CORREO GALLEGO	21.596	18.238	Ene-00/Dic-00
EL DÍA	26.988	21.427	Ene-00/Dic-00
EL DÍA DE CORDOBA			Abril-01(*)
EL DÍA DE VALLADOLID			Junio-01(*)
EL DIARIO DE ÁVILA	4.792	3.868	Ene-00/Dic-00
EL DIARIO MONTAÑÉS	47.458	41.013	Ene-00/Dic-00
EL DIARIO VASCO	107.518	94.499	Ene-00/Dic-00
EL GLOBO DEL SIGLO VEINTIUNO (PUB.UNICA PERIODICA)	379.657	291.063	Ene-00/Dic-00
EL GLOBO DEL SIGLO VEINTIUNO DE ALICANTE	14.352	10.380	Ene-00/Dic-00
EL GLOBO DEL SIGLO VEINTIUNO DE CASTILLA LEÓN	26.348	19.164	Ene-00/Dic-00
EL GLOBO DEL SIGLO VEINTIUNO DE CATALUNYA	25.876	18.034	Ene-00/Dic-00
EL GLOBO DEL SIGLO VEINTIUNO DE GALICIA	12.608	8.691	Ene-00/Dic-00
EL GLOBO DEL SIGLO VEINTIUNO DE VALENCIA	13.962	10.432	Ene-00/Dic-00
EL GLOBO DEL SIGLO VEINTIUNO DE VALLADOLID	10.073	7.836	Ene-00/Dic-00
EL GLOBO DEL SIGLO VEINTIUNO EL DIA DE BALEARES	20.324	16.403	Ene-00/Dic-00
EL GLOBO DEL SIGLO VEINTIUNO P. VASCO	24.175	18.746	Ene-00/Dic-00
EL NORTE DE CASTILLA	45.614	38.714	Ene-00/Dic-00
EL PAÍS	562.821	436.302	Ene-00/Dic-00
EL PERIÓDICO DE ARAGÓN	20.249	15.978	Ene-00/Dic-00

EL PERIÓDICO DE CATALUNYA	236.267	184.251	Ene-00/Dic-00
EL PERIÓDICO DE EXTREMADURA	10.241	8.033	Ene-00/Dic-00
EL PERIÓDICO DE ALICANTE EL PERIÓDICO			Abril-01(*)
LA VOZ DE ASTURIAS	23.208	18.103	Ene-00/Dic-00
EL PERIÓDICO MEDITERRÁNEO	13.433	11.046	Ene-00/Dic-00
EL PROGRESO	18.381	15.526	Ene-00/Dic-00
EL PUNT	27.919	23.131	Ene-00/Dic-00
EUROPA SUR	7.334	6.230	Ene-00/Dic-00
EUSKALDUNON EGUNKARIA	15.635	14.205	Ene-00/Dic-00
FARO DE VIGO	51.053	42.639	Ene-00/Dic-00
HERALDO DE ARAGÓN	71.575	62.024	Ene-00/Dic-00
HERALDO SORIA 7 DIAS	4.199	3.732	Ene-00/Dic-00
HOY - DIARIO DE EXTREMADURA	31.873	26.625	Ene-00/Dic-00
HUELVA INFORMACIÓN	9.122	6.823	Ene-00/Dic-00
IDEAL	43.744	36.974	Ene-00/Dic-00
INFORMACIÓN	48.004	38.182	Ene-00/Dic-00
JAÉN	9.835	7.886	Ene-00/Dic-00
LA GACETA DE CANARIAS	10.970	7.028	Ene-00/Dic-00
LA GACETA REGIONAL DE SALAMANCA	17.497	14.455	Ene-00/Dic-00
LA MAÑANA	8.005	6.221	Ene-00/Dic-00
LA NUEVA ESPAÑA	66.626	57.560	Ene-00/Dic-00
LA OPINIÓN A CORUÑA	8.924	5.761	Ene-01/Jun-01
LA OPINIÓN DE MÁLAGA	20.948	14.523	Ene-00/Dic-00
LA OPINIÓN DE MURCIA	14.329	11.072	Ene-00/Dic-00
LA OPINIÓN DE TENERIFE	11.965	7.319	Ene-00/Dic-00
LA OPINIÓN DE TENERIFE (Intermedio)	12.966	8.454	May-00/Abr-01
LA OPINIÓN-EL CORREO DE ZAMORA	8.336	7.017	Ene-00/Dic-00
LA PROVINCIA	46.066	37.500	Ene-00/Dic-00
LA RAZÓN	121.078	68.122	Ene-00/Dic-00
LA RAZÓN (Intermedio)	149.938	94.503	Jul-00/Jun-01
LA REGIÓN	15.305	12.598	Ene-00/Dic-00
LA RIOJA	18.935	16.534	Ene-00/Dic-00
LA TRIBUNA DE CIUDAD REAL	4.408	4.033	Ene-00/Dic-00
LA VANGUARDIA	244.644	191.673	Ene-00/Dic-00
LA VERDAD	51.054	42.724	Ene-00/Dic-00
LA VOZ DE ALMERÍA	11.284	9.198	Ene-00/Dic-00
LA VOZ DE GALICIA	127.027	107.850	Ene-00/Dic-00
LAS PROVINCIAS	70.500	51.416	Ene-00/Dic-00
LEVANTE - EL MERCANTIL VALENCIANO	72.088	55.946	Ene-00/Dic-00
MAJORCA DAILY BULLETIN	4.872	3.498	Ene-00/Dic-00
MELILLA HOY	1.920	1.272	Ene-00/Dic-00
MENORCA	7.169	6.190	Ene-00/Dic-00
ODIEL INFORMACIÓN	5.859	3.966	Ene-00/Dic-00
REGIÓ 7	10.819	9.261	Ene-00/Dic-00
SEGRE	16.966	13.522	Ene-00/Dic-00

ÚLTIMA HORA	38.374	32.895	Ene-00/Dic-00
INFORMACIÓN DEPORTIVA			
AS	249.689	158.780	Ene-00/Dic-00
ESTADIO DEPORTIVO	9.589	6.193	Ene-00/Dic-00
MARCA	564.248	403.049	Ene-00/Dic-00
GLOBO DEPORTIVO	157.423	100.407	Ene-00/Dic-00
SPORT	160.370	106.504	Ene-00/Dic-00
SUPER DEPORTE	18.694	12.374	Ene-00/Dic-00
INFORMACIÓN ECONÓMICA			
CINCO DÍAS	56.866	28.287	Ene-00/Dic-00
EXPANSIÓN	101.283	62.925	Ene-00/Dic-00
LA GACETA DE LOS NEGOCIOS	30.822	13.753	Ene-00/Dic-00

*Fuente: OJD, 2001

DEPORTES CARIBEAN (Estrategia de precios)

(Este documento no pretende ilustrar una determinada forma de gestión, sino que debe servir como base para el diálogo. Para que la discusión sea provechosa, es necesario preparar el caso con antelación, definiendo los problemas y proponiendo alternativas de solución y acción.)

El 5 de marzo de 2006, José de Pineda Churruca, el director de marketing de la empresa Caribean, S.A. se encontraba en su despacho preparando una reunión con el consejo de administración que se iba a celebrar esa misma tarde. Junto con el director financiero, el de producción y el gerente, debían discutir el programa de precios más apropiado para el lanzamiento del nuevo producto que estaban desarrollando. Se trataba de un casco abierto para ciclistas de montaña entre cuyos componentes se había incorporado un material nuevo desarrollado por los ingenieros de la empresa y que sobrepasaba ampliamente los beneficios para el usuario: una altísima resistencia a impactos combinada con un ligero peso y una excelente línea aerodinámica. En las reuniones anteriores, se había discutido acerca del proceso y la planificación de la producción, y se le había asignado nombre al producto: Platinum Force, pues así habían patentado al nuevo material desarrollado en el laboratorio de la compañía que fue el detonante que motivó la fabricación del nuevo casco.

Historia de la empresa

Caribean, S.A. se dedica desde 1989 al diseño, fabricación y comercialización de material deportivo para ciclismo. Entre sus productos más destacados figuran zapatillas, guantes, gafas, pantalones, camisetas de todo tipo, riñoneras y cascos. Con sede en Zaragoza, la empresa era líder de mercado en la mayor parte de sus productos. La línea de cascos es la más nueva, pues empezó su comercialización en 2001 con éxito, aunque sin alcanzar la cuota de mercado que tenían otras líneas de productos, como pantalones y camisetas, cada una de ellas con un 10%.

La empresa facturó 9 millones de euros en el año 2005, con un crecimiento del 14% desde 1999, año en el que las ventas salieron del estancamiento en que se encontraban desde la introducción de la línea de cascos, debi-do en parte a que los esfuerzos de promoción dedicados a los demás productos habían sido inferiores y a la entrada de nuevos competidores con artículos de alta calidad y precio bajo. Gracias a la esponsorización de la empresa en diversos torneos no profesionales y ferias en 2004 y 2005, la marca había entrado en una fase de afianzamiento en el sector desde 2004, con lo que la inversión en promoción y publicidad a partir de entonces estaba en línea con la media del sector.

La relación con los principales canales de distribución era muy buena. Los centros comerciales y las tiendas de deporte especializadas apreciaban la calidad del producto, el servicio que recibían de la empresa, y el margen obtenido era superior al que les dejaban otras empresas.

Producto y Mercado

El nuevo casco para ciclismo Platinum estaba fabricado con carcasa de policarbonato unida al poliestileno mediante el sistema In-Molding, formando una sola pieza de alta resistencia. A ello se añadían, entre las aperturas de ventilación, una serie de refuerzos del material recientemente desarrollado que permitía aumentar aún más la resistencia y así disminuir de manera altamente significativa el riesgo de daños en caso de impacto. La ganancia de resistencia del casco permitía incrementar la superficie de ventilación, facilitando el flujo de aire continuo, aumentando la comodidad para el ciclista. Su excelente diseño aerodinámico le permitía conseguir un mínimo rozamiento. Además, todos los materiales utilizados en el proceso de fabricación, incluido Platinum, protegían del calor. El peso del casco era de 250 gr.

Los demás artículos que fabricaba la compañía en esta categoría eran muy competitivos y contaban con las últimas innovaciones: alto número de orificios de ventilación, protectores en las zonas posteriores y laterales, sistemas de retención reticular, etc. Todas las especificaciones iban a ser incluidas en el nuevo producto.

Esto, junto con su diseño atractivo en varios colores y con una amplia gama de viseras, convertía al Platinum en el casco para ciclistas más innovador, cómodo y resistente.

Pero no todo eran ventajas. Existía un problema que no podían solucionar y provenía directamente de la propia esencia del producto. El material Platinum era excesivamente caro y elevaba el coste del producto hasta los 65 Á cuando el mejor casco que fabricaba la empresa no sobrepasaba en coste los 20 Á Estaba claro que el éxito del producto podría suponer un aumento del volumen de producción y ello conllevaría posibles economías de escala. Los cálculos de la oficina técnica de la empresa aseguraban que podría disminuir el coste hasta los 55 Á en el caso de que se dieran las circunstancias anteriores y que se pudieran revisar los contratos con algún que otro proveedor. Se estimaba que el casco de mayor calidad que en esos momentos existía en el mercado estaría sobre los 50 Á en coste. Estos cálculos provenían del departamento comercial, después de haber realizado un estudio en la distribución del sector de cascos. No se había encontrado ningún producto de esta categoría, fuera del circuito de la alta competición, que alcanzara en coste los niveles de Platinum. Por otro lado, el segmento al que Caribean había estado dirigiéndose hasta ahora era el familiar y de ocio.

Existía la posibilidad de disminuir el coste prescindiendo de otras especificaciones, pero todas ellas, sumadas, apenas hacían disminuir el coste unitario en 6 euros. Por otro lado, no tenía sentido eliminar unas propiedades, todas relacionadas con la seguridad, cuando el principal argumento de venta del producto era precisamente eso: el aumento de resistencia sin aumento de peso. Se llegó a la conclusión de que el producto se comercializaría con todas sus propiedades si así se hacía, tratando de posicionarse en un segmento alto. En la actualidad, la empresa no poseía ningún artículo de gama alta.
La masa de clientes potenciales fuera del circuito profesional era mucho más elevada y aumentaba de año en año. Por el momento, imperaba la necesidad de afianzar el segmento medio y entrar en el de gama alta.

En definitiva, la empresa se encontraba en una situación en la que un producto con un coste más elevado de lo normal dentro de una categoría (cascos de gama alta) proporcionaba unas propiedades extremadamente superiores a las que ofrecían los productos de los competidores más importantes.

El mercado de cascos para ciclistas de montaña podía dividirse, a grandes rasgos, en tres gamas: baja, media y alta. Algunas de las marcas que dominaban eran Gell, Biro, Set y Especial-Ice. El peso del modelo más ligero del mercado era de 330 gr. Casi todas contaban con productos de todas las gamas además de amplia experiencia y nombre en el mundo del ciclismo de montaña. Caribean trabajaba las gamas baja y media.

Fijando el Precio

Una vez fue tomada la decisión de fabricar Platinum, analizada la estrategia con los canales de distribución y el método de promoción, quedaba concretar una de las decisiones de marketing más comprometidas y cuyos resultados afectaban directamente a la cuenta de resultados: el precio.

Estaba claro que la utilidad para el comprador y la calidad del producto eran superiores. El precio debía ser elevado porque el producto lo era en coste y porque el valor percibido por el cliente debía ser alto. En una primera aproximación, se llegó al siguiente resultado:

El objetivo de margen para la empresa en estos productos era del 85%. El casco tenía un coste de 65 euros. Ello suponía vender al minorista a 120,25 euros. El margen que debía ganar el minorista era del 45%, con lo cual, el precio de mercado quedaba fijado en 174,36 euros. Con esta cifra, la empresa se situaba en el rango más elevado de precios en los productos de su gama (ver gráfico 1).

Los responsables de Caribean eran conscientes de que el precio era demasiado alto y que podrían beneficiar a la competencia. Por otro lado, estaba claro que si decidían salir con ese precio, dedicaban esfuerzos al canal de distribución para que empujaran el producto y el casco tenía éxito, obtendrían recursos para invertir en las operaciones de la empresa. Esto les permitiría disminuir el coste de su producto. Otra ventaja que apreciaban era que se dirigirían a aquellos clientes para los cuales el artículo en cuestión tendría más valor porque estarían dispuestos a pagar un precio alto por él. A largo plazo, el producto ayudaría a establecer una marca de prestigio y el volumen de clientes potenciales aumentaría.

Decidieron que empezarían el 1 de abril a distribuir el producto con la finalidad de estar presentes en los eventos deportivos que se iban a celebrar durante ese verano. Paralelamente, irían preparando la campaña para las carreras que se iban a celebrar en julio.

Revisión de objetivos

En junio de ese mismo año, cuando ya se habían cumplido casi tres meses desde el lanzamiento, los resultados estaban muy por debajo de lo esperado. Según algunos comerciales, los clientes a quien iba dirigido Platinum lo encontraban demasiado caro y no requerían un producto tan elaborado. La empresa se planteó si debía lanzar la campaña, revisar el producto o incluso desestimar la idea de venderlo. Una dedicación de recursos al patrocinio de equipos, promociones y publicidad podría suponer un gasto extremadamente elevado si el producto y todo el programa de marketing habían sido mal dimensionados. Por prudencia, se decantaron por solucionar cuanto antes la problemática de Platinum antes de lanzar la campaña promocional en las competiciones deportivas.

AÑADE. Gran gala ciclista en el Palma Arena, como homenaje a los grandes ciclistas nacionales como Guillermo Timoner, Federico Martin Bahamontes, Miguel Indurain y Miguel Poblet

Replanteando la estrategia de precios

Decidieron estudiar más a fondo tanto el producto como el mercado. Los comerciales de la empresa, en el mismo punto de venta, preguntaban a los vendedores y a los propios clientes qué significaba para ellos el producto. Investigaron todas las alternativas entre las que podía elegir el cliente. Educaron a los vendedores acerca del producto.

Observaron que el cliente era muy sensible al precio y que no percibía un valor suficiente que le hiciera pagar más por las ventajas de Platinum.

Recabaron información detallada acerca de los competidores: quiénes eran en los mercados actuales y potenciales, qué aspectos diferenciaban sus productos de los de Caribean, cuál era su estructura de costes, fortalezas, cuotas de mercado, etc. Se determinó el valor del mercado de Platinum y se comparó con el de los competidores.

A principios de julio de 2006, los responsables llegaron a las siguientes conclusiones:

1. Los costes, tanto variables como fijos, asignados al producto estaban controlados. Los técnicos eran personas experimentadas y conocían bien el producto. Por el lado de los costes, estaba todo suficientemente claro. Quedaba la posibilidad, antes comentada, de renegociar contratos con algunos proveedores y tratar de conseguir disminución de costes unitarios.
2. Los resultados que se desprendieron de un estudio de mercado realizado durante el mes de junio revelaron que no habían recabado suficiente información sobre la situación de la competencia. La empresa no había tenido en cuenta las variaciones de precios de la competencia y los cambios en el comportamiento del comprador.
3. El cliente, en última instancia, se decantaba por otro casco porque no sabía apreciar el valor del nuevo producto, en parte debido a que el vendedor no conocía suficientemente el producto. Si un cliente trata de comprar un buen casco y se encuentra

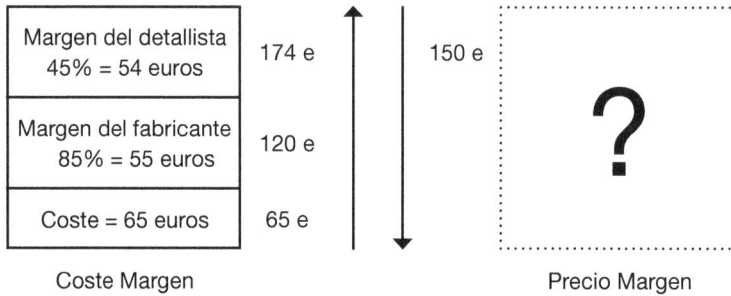

Margen del detallista 45% = 54 euros	174 e	150 e	
Margen del fabricante 85% = 55 euros	120 e		**?**
Coste = 65 euros	65 e		

Coste Margen   Precio Margen

Gráfico 1. Cálculo del precio del casco para ciclistas Platinum

entre dos, decidirá en favor del de menor precio, si cree que cumple con sus expectativas.

4. El casco tenía más éxito en las tiendas especializadas que en los centros comerciales y tiendas de deportes de grandes almacenes. Los motivos eran los mismos que en el punto anterior. Aun así, la diferencia de precio con el competidor más cercano era demasiado alta para justificarla ante un cliente.

5. El producto era muy bueno y así lo apreciaban los distribuidores y los que conocían el sector. Caribean no había impreso un folleto suficientemente sugerente para conseguir una venta.

Después de la experiencia vivida y de los resultados de la investigación de mercado se estableció que el precio no podía sobrepasar los 150,25 eruos. Este valor se encontraba próximo al del competidor más cercano. Seguía siendo un precio elevado, pero la empresa trataría de disminuirlo a medida que se pudieran alcanzar mayores eficiencias en producción y facturación. Era crucial para ello acompañar a la distribución en su venta (mayores promociones al canal, folletos explicativos, etc.).

La oficina técnica planteó un proyecto en el que, variando ligeramente el diseño, podría disminuirse algo más el coste, hasta incluso los 55 euros. Esta vez no se trataba de aprovechar las posibles economías de escala por el aumento de las ventas, sino de actuar directamente en el proceso de producción.

El objetivo prioritario de la empresa era lograr participación de mercado. Un precio de 150 euros podría permitir alcanzar este objetivo. Pese a todo, se les escapó la posibilidad de promocionar el platinum en los torneos oficiales y otros eventos que se celebraron a finales del mes de julio.

El gráfico 1 muestra el cálculo del precio a partir del coste y del mercado.

Cuestiones

1. ¿Cuál sería el coste del casco calculado a partir del precio menos el margen, tal y como se indica en el gráfico anterior? ¿Qué acciones había que tomar para poder llegar al mercado con el precio de 150 euros conservando los márgenes al canal?

2. ¿Cómo es más apropiado fijar el precio en este caso? ¿A partir del coste o del mercado?

3. ¿Es coherente vender todas las líneas de producto (cascos, zapatillas, gafas, camisetas, etc.) en un segmento y un solo producto (Platinum) en otro distinto?

4. ¿Cuáles deben ser, a la vista de la información proporcionada, los objetivos de precios de la empresa? ¿Precios de descremación o de penetración?

5. ¿En qué variables debe fijarse la empresa a la hora de fijar el precio?

8

Distribución.
Conceptos, formas y estructuras

OBJETIVOS

1. Dar a conocer las distintas funciones del canal de distribución
2. Analizar las distintas formas de organizar un canal de distribución
3. Estudiar los derechos y deberes de los distintos miembros del canal de distribución
4. Clasificar las distintas formas de comercio

8.1 LA DISTRIBUCIÓN COMO VARIABLE DEL MARKETING

La distribución es un servicio que representa un alto porcentaje dentro del PBI.

La misión de la distribución es llevar los productos al mercado en la cantidad deseada, el lugar donde se deseen adquirir y en el momento que se necesiten. Esto produce unos beneficios de tiempo, lugar y posesión en el consumidor. Para que exista la adquisición del producto en el punto de venta, deben desarrollarse otras actividades complementarias como son la información y la promoción, conceptos que veremos en el capítulo 9.

Las estrategias de la empresa en términos de distribución, a diferencia de las relacionadas con el precio, son a largo plazo, y su modificación es difícil y costosa en la mayoría de los casos. La gestión de la distribución se centra en las siguientes actividades, que desarrollaremos a lo largo del capítulo:

1. Diseño y selección del canal de distribución. Consiste en una definición de los objetivos de los canales, seleccionar el número de ellos, etc.
2. Naturaleza de la distribución física. Su logística
3. Emplazamiento, tamaño y características de los puntos de venta.
4. Relaciones entre los miembros del canal

La diferencia entre el precio de venta del fabricante y el del establecimiento distribuidor sirve para retribuir las actividades que se desarrollan en las distintas etapas de la distribución del producto.

Todas estas fases configuran lo que se llama *canal de distribución*. La distribución es un servicio que en economía está dentro del sector terciario, representando un amplio porcentaje del producto interior bruto en todos los países.

8.2 CONCEPTO DE CANAL DE DISTRIBUCIÓN

Los intermediarios gestionan los canales de distribución

La vía que utiliza el fabricante para llevar sus productos al consumidor es el *canal de distribución*. Podríamos definirlo como el camino que recorren los productos hasta llegar al usuario final. Esto facilita el proceso de intercambio, esencia del marketing. Las decisiones referentes al canal afectan directamente a los demás elementos del marketing. Es decir, los precios que fije la empresa dependerán de si usa medios de intercambio masivos o tiendas especializadas. Y la calidad de la fuerza de ventas y la publicidad dependerá de la capacidad de sus distribuidores.

Las personas que gestionan los canales, y que se consideran elementos básicos de ellos, se llaman *intermediarios*. Los intermediarios, si existen, están vinculados a los productos mediante contratos de compra-venta.

Algo debe motivar al fabricante a dejar la venta de sus productos en manos de los intermediarios: son más eficientes a la hora de atacar los mercados, pues su visión del negocio se centra más en el mercado que en el producto. Su experiencia, especialización y sus actividades en general ofrecen a la empresa más de lo que conseguiría por sí sola. Los intermediarios tratan de transformar lo que ofrece el productor en lo que desea el consumidor. Compran grandes cantidades de muchos productos, descomponiéndolas en gamas más amplias y cantidades menores, tal y como desean los consumidores. Es por esto que decimos que una de las funciones más importantes de los intermediarios consiste en un ajuste de la oferta y la demanda.

En adelante utilizaremos el término canal de distribución, aunque, como tal, ya hemos escrito que sólo es un medio por el que fluye la corriente de bienes del fabricante al consumidor. Por ello, al hablar de él, muchas veces nos estaremos refiriendo a la actuación, las funciones, las propiedades, etc. de sus componentes, es decir, a los intermediarios.

8.2.1 Evolución de los canales de distribución

En las últimas décadas, los canales de distribución han experimentado unos cambios sin precedentes. Los fenómenos que los han promovido han sido:

- Cambios en la intensidad de la competencia: la competencia intensa y global reduce los márgenes. El reparto de éstas entre los diferentes participantes en el canal cuestiona las tareas, y en ocasiones, la propia existencia de los participantes.
- Cambios en la importancia de las diversas tareas de distribución: más tecnología en los productos y especialmente en la posibilidad de fabricar en series cada vez menores de forma eficiente, cuestionando la necesidad de ejecutar la tarea de romper la serie en lotes menores a lo largo del canal.

- Cambios en las relaciones de poder entre los integrantes del canal: la concentración, internacionalización, horizontalización y operación a mayor escala de los canales incide en un cambio en la figura del participante que decide sobre la asignación de tareas, márgenes, roles y responsabilidades.
- Cambio en el equilibrio de la balanza del poder a favor del consumidor y no del canal.
- Cambios en la situación del fabricante: se encuentra en la necesidad de reducir costes y de mantener un nivel óptimo de eficiencia operativa, a través de una racionalización de las plantas de producción, unida a la reestructuración de sus redes logísticas y de distribución, y el desarrollo de sistemas integrados de tecnologías de la información.
- Mayor sofisticación en el aprovisionamiento. Quizá uno de los elementos más importantes en los últimos 10 años es la creciente transparentización de la actividad económica, en la que cada vez existe más información sobre las condiciones en que compran los distintos miembros del canal.

Muchos interrogantes sobre los canales de distribución que antes eran considerados como esenciales han pasado a un segundo término. Por ejemplo la decisión entre una distribución directa o indirecta ha dado paso a preguntas relacionadas con la capacidad de los canales para:

- Generar barreras de entrada
- Magnificar la diferenciación del producto y/o servicio
- Facilitar el conocimiento íntimo del cliente
- Amortiguar la exposición del proveedor a las incertidumbres del mercado

Tradicionalmente, los canales de distribución han sido vistos como sistemas verticales de marketing en el que la responsabilidad se iba transfiriendo de nivel en nivel. El fabricante enviaba un lote de productos al mayorista. El mayorista lo dividía en lotes más pequeños y lo vendía al detallista, quien almacenaba el producto y convencía al cliente para que lo comprara. Si el producto requería servicio posventa, el usuario final recurría al detallista, quien daba mantenimiento y reparaba el producto en su zona geográfica de influencia. Se daba también un elevado nivel de duplicidad de tareas, algo que puede asumirse en un entorno ineficiente. Con el aumento de la competencia, la oferta y la demanda, los márgenes se vuelven más tímidos, lo que pone en evidencia la redundancia de las tareas que desempeña cada miembro del canal.

Quizá el cambio esencial en los canales es que hoy es el cliente final y no el canal o el proveedor el que, a través del acceso a ofertas variadas de múltiples proveedores y apoderado por la información sobre ofertas y niveles de servicio cada vez más disponible, demanda tareas y no instituciones.

8.2.2 Funciones del canal de distribución

El diseño del canal adecuado se basa en las funciones que debe desempeñar. Los productores, mayoristas, distribuidores, minoristas y otros miembros del canal de distribución existen con el objetivo de desempeñar algunas de las siguientes funciones:
- Almacenar
- Generar demanda
- Distribuir físicamente los bienes
- Suministrar servicio posventa
- Extender crédito a los clientes

Con el fin de poder hacer llegar los bienes a los usuarios finales, los fabricantes deben de asumir estas funciones o traspasarlas a los intermediarios en el canal. Se pueden eliminar o sustituir miembros en el canal de distribución, pero nunca se podrán eliminar las funciones que estos desempeñan, a no ser que éstas ya no sean necesarias. Esto podría ocurrir si la cuota de distribución de los billetes de avión electrónicos, los e-book o la música (mp3) desplazará a los lotes físicos. Hasta entonces, si se eliminan miembros en el canal de distribución, sus funciones se transfieren pasando a ser responsabilidad de otros miembros.

En la medida en que una misma función sea desempeñada en más de un nivel en el canal de distribución, la carga de trabajo de la función será compartida por diferentes miembros en todos los niveles. Por ejemplo, los fabricantes, mayoristas y detallistas quizás se vean en la necesidad de almacenar. Esta duplicación y redundancia incrementa los costes. Sin embargo, el incremento en costes se justifica en la medida en que esto se requiera para poder proveer bienes a los clientes en la cantidad adecuada y en el momento y lugar precisos. Si el incremento en costes no se justifica, entonces la redundancia genera imperfecciones.

Todos los flujos y funciones son indispensables en el canal de distribución, pero esto no quiere decir que todos los actores del canal participen en todos los flujos.

Por ejemplo, cuando una empresa compra a Dell ordenadores, lo hace directamente a un agente de Dell, por teléfono a su *call center*, o a través de www.dell.es. Lo recibe un operador de logística. El servicio técnico lo implementa otra empresa especialista en este área. Cada uno hace lo que sabe hacer y se producen ahorros.

A continuación describimos las funciones básicas asignadas a los componentes de un canal de distribución:

1. *Simplificación de las transacciones*. Al contrario de lo que parece, el número de gestiones para llevar el producto al consumidor disminuye al pasar por el intermediario, ya que de lo contrario, el fabricante deberá tratar directamente con cada distribuidor. De hecho, si suponemos que existen A fabricantes y B consumidores, en ausencia de intermediarios, el número de transacciones sería de AxB, mientras que la presencia de aquellos, reduce el número a A+B.

2. *Información*. Cada miembro del canal distribuye información e investigaciones comerciales al anterior sobre el mercado y las actividades de marketing necesarias para realizar una correcta planificación.

3. *Ajuste entre la oferta y la demanda*. Las empresas intermediarias compran grandes volúmenes de producto que luego venden en cantidades menores al consumidor o a otros componentes del canal. Cuando el número de fabricantes es alto, el intermediario lleva a cabo una acumu-

lación de la oferta, clasificando a su vez, este último, las calidades de los productos comprados.

4. *Diversificación de productos.* Existe la tendencia, por parte de los intermediarios, a especializarse en una línea de productos. Aun así, dado que el consumidor quiere variedad a la hora de decidir en la compra, obliga al vendedor a crear surtido, que lo realiza comprando a distintos productores y vendiendo al detallista una variedad de marcas dentro del mismo producto, más amplia de los que podría ofrecer un solo fabricante. En el extremo de esto, encontramos a los que desarrollan sus propias marcas, se fusionan entre ellos dando lugar a detallistas de categorías especializadas tipo "supermercado", por ejemplo, Sephora o Fnac.

5. *Logística de la distribución.* Comprende las actividades de almacenamiento, transporte y entrega del producto.

6. *Marketing.* Los intermediarios llevan a cabo las actividades de venta personal, publicidad. Los detallistas realizan funciones de promoción en el punto de venta, como es la publicidad, ambientación de locales, pruebas, muestras, etc. A esta actividad del marketing se la denomina *merchandising*.

7. *Acciones de transmisión de derechos de uso y propiedad.* Cuando se realiza la compra de un producto, puede traspasarse la propiedad o el derecho de uso. Por ejemplo, al comprar un televisor se adquiere la propiedad, pero al alquilar un inmueble, la adquisición es de un derecho de uso. Entre los componentes del canal de distribución, se distingue entre comerciantes y agentes. Los comerciantes compran mercancías en depósito para venderlas, habiendo tenido la propiedad en su poder. Por ejemplo, los supermercados. Los agentes nunca llegan a tener la propiedad del producto. Por ejemplo, los agentes inmobiliarios.

8. *Financiación.* Los intermediarios pueden financiar sus mercancías. Es decir, las adquieren y las pagan según las condiciones de los contratos de compra-venta. Suelen ser pagos a 30, 60, 90 y en algunos casos a 120 días. También se utiliza la modalidad de pago al contado *cash and carry*, esto es, pagar y llevar. Existen otras modalidades de pago, dependiendo del acuerdo alcanzado por las partes.

9. *Servicios relacionados con el producto.* Contempla actividades del tipo: entrega, instalación, mantenimiento, asesoría, formación, etc. Los aparatos electrónicos, por ejemplo, requieren asistencia técnica, que la mayoría de las veces corre a cargo del intermediario. Estos también proporcionan los suministros y recambios necesarios para reparar averías. Es tan alta la especialización, que algunos distribuidores, como es el caso de los de la empresa Microsoft, crean centros de formación y enseñanza.

10. *Riesgos.* Los intermediarios corren el riesgo de que el producto no se pueda vender, o se tenga que hacer a un precio inferior al previsto. Asumen pues los riesgos de una previsión de la demanda incorrecta. Para paliar muchos de estos riesgos, las empresas que actúan de intermediario incurren en un aumento de gastos en seguros, para estar protegidos frente a robos, incendios, etc. También deben correr los riesgos que supone la financiación de las mercancías, si actúan de vendedores de otro miembro del canal.

Para desarrollar estas funciones se utilizan recursos escasos, obteniendo una mejor gestión en función de la especialización de los miembros del canal. Cuando se dividen las responsabilidades entre los miembros del canal, las funciones pueden desarrollarse con mayor eficacia, aumentando la calidad del servicio y los beneficios.

FUNCIONES DEL CANAL DE DISTRIBUCIÓN

- Logística : almacén, transporte y entrega de productos
- Simplificación de las transacciones
- Información: mayorista a minorista / consumidor a minorista
- Diversificación de productos (surtidos)
- Marketing
- Ajuste entre oferta y demanda
- Asunción de riesgos
- Financiación : cada miembro del canal puede dar crédito al siguiente
- Servicios relacionados con el producto : garantía, puesta a punto, devolución

Acciones de transmición de derechos de uso y propiedad

8.3 ORGANIZACIÓN DEL CANAL DE DISTRIBUCIÓN

Los canales de distribución no son simples relaciones de empresas que gestionan los productos de los fabricantes. Son complejas redes que pueden tomar distintas configuraciones.

ORGANIZACIÓN DEL CANAL DE DISTRIBUCIÓN

CANAL CLÁSICO — Uno o varios fabricantes - interm. - detallistas

CANAL VERTICAL — → Corporativos → Propiedad común / → Contractuales → Coordinación / → Administrados → Liderazgo

CANAL HORIZONTAL — Unión de recursos — permanente / temporal

CANAL MÚLTIPLE — Uso de más de un canal de distribución

Los canales de distribución son redes complejas.

El *canal clásico de distribución* consta de uno o varios fabricantes, intermediarios mayoristas y detallistas. Cada uno de ellos administra un negocio independiente que pretende aumentar sus beneficios al máximo, incluso sacrificando los beneficios del resto de los miembros del canal. Ningún miembro del canal tiene control sobre el resto de los componentes y no existen métodos formales para resolver los conflictos entre ellos.

El *canal de distribución vertical* ha surgido para eliminar esta ineficacia. En él, todos los miembros forman parte de un sistema unido. Un miembro del canal tiene poder sobre los demás por algún motivo, acordado, de tamaño, fuerza. Así se consigue dominar la conducta del canal y de resolver los problemas tanto verticales (por ejemplo, cuando Heinz no quiso cumplir las estrictas condiciones de McDonald's) como horizontales (quejas de franquicias de un mismo producto). Estos sistemas han dominado la comercialización en los últimos años. El canal de distribución vertical pueden ser:

- *Corporativo:* la coordinación se realiza por medio de una propiedad común en todos los niveles del canal.
- *Contractual:* existen contratos de coordinación y resolución de conflictos entre los miembros del canal.
- Administrado: un miembro del canal tiene el liderazgo por su tamaño o fuerza en el mercado.

El canal también puede desarrollarse de *forma horizontal*, cuando dos o más empresas de un nivel juntan sus recursos para aprovechar una oportunidad, uniendo recursos permanente o temporalmente. Un ejemplo lo tenemos en las alianzas de marcas: cuando Coca-Cola y Nestlé se unieron para desarrollar el té frío Nestea. Coca-Cola contribuye con su experiencia internacional en la distribución, y Nestlé con su nombre establecido y respetado en la alimentación.

Desde hace unos años, con la aparición de los segmentos de mercado y de nuevos canales, muchas empresas han optado por la distribución mediante varios canales a la vez. Los canales de distribución múltiples existen cuando una empresa utiliza más de un canal para llegar a varios segmentos del mercado. Esto provoca un aumento del total de ventas para la empresa, aunque fuerza a que sus propios productos compitan. Por ejemplo, General Electric vende electrodomésticos a detallistas y a intermediarios constructores que incorporan los electrodomésticos en sus obras.

8.3.1 Conductas entre los miembros del canal

Entre las organizaciones o personas que componen el canal de distribución debe haber cooperación, ya que el distribuidor y el fabricante no son competidores, sino socios. Un primer paso en el entendimiento consiste en la armonía entre los objetivos ente los miembros del canal. Para este fin, existe lo que se llama *trade-marketing*, que consiste en alianzas estratégicas para desarrollar acciones conjuntas de promoción y publicidad en el punto de venta, con la consecuente estimulación de la demanda y los beneficios para todos los miembros del canal.

Pueden existir conflictos entre los miembros del canal. Estos se clasifican en horizontales y verticales. El conflicto horizontal se da entre organizaciones que están al mismo nivel del canal, con lo cual es propio de una situación de competencia. Nosotros nos referiremos en este apartado a los conflictos verticales, más frecuentes y que se dan entre diferentes niveles del mismo canal. Estos conflictos pueden surgir por un desacuerdo entre los objetivos, actividades a desarrollar o por quien tiene la responsabilidad sobre éstas.

Hasta cierto punto, parece conveniente que existan estos conflictos, ya que pueden estimular la mejora en el reparto de responsabilidades y asignación de recursos. Sin ellos, el canal podría volverse pasivo y poco innovador. Muchos autores creen que la cooperación, la asignación de responsabilidades y el manejo de los conflictos se logran por medio de un claro liderazgo dentro del canal. El ejercicio del poder, tanto por exceso como por defecto, es la principal causa de los conflictos. Se define como la capacidad para controlar las variables de decisión en la estrategia de marketing de otro miembro en otro nivel del canal. Muchos revendedores se han quejado de la conducta que ha tenido Procter & Gamble a lo largo de su historia. Coca-Cola tuvo serios conflictos con algunas embotelladoras que aceptaron embotellar refrescos de la competencia.

La tarea de mantener las buenas relaciones con los canales, y controlarlos, una vez el sistema ha sido puesto a punto, es igualmente importante y exige una mayor dedicación de tiempo. Normalmente habrá buena voluntad y cooperación del canal cuando el fabricante asuma su papel de líder y cultive y motive a los miembros del mismo, se esfuerce en comunicarse con ellos o procure crear un sentimiento de pertenencia entre los miembros del canal, incluso en el caso de que sean organizaciones o personas independientes. Para tener control del canal, el fabricante debe responsabilizarse de mantener abiertas las vías de comunicación entre los componentes del mismo, establecer criterios de medición del comportamiento que sean justos y bien definidos, o poner en acción diversos programas de evaluación. La cantidad y variedad de tales tareas de gestión va mucho más allá de la lista parcial que acabamos de dar, pero algo parece muy claro desde el principio: mantener unas buenas relaciones con los canales requiere una tarea de planificación detallada y extensa.

Una de las primeras cuestiones que debe plantearse un fabricante que trabaje mediante un sistema convencional de distribución es preguntarse a sí mismo si desea o no intentar alcanzar la posición de líder del canal. Normalmente se considera una buena idea que el fabricante alcance la posición de liderazgo si cumple las siguientes tres condiciones:

1. Dispone de un producto muy diferenciado, con una fuerte demanda por los consumidores y mucha lealtad de los mismos.
2. Tiene capacidad para ejercer una notable influencia sobre el último consumidor, ya sea a través de un intenso programa de atención al punto de venta, ya sea a través de su publicidad de marca. Entre otras cosas, BIC intentó ejercer su influencia sobre la marca escogida de máquinas de afeitar a base de influir a los compradores mediante fuertes promociones en el punto de venta (por ejemplo, descuentos especiales) y mediante grandes campañas de publicidad en televisión.
3. Posee mucho poder económico, derivado de su tamaño relativo, sus recursos financieros y su capacidad de desarrollar, probar y lanzar muchos productos nuevos.

8.4 DISEÑO DE CANALES DE DISTRIBUCIÓN

Existen muchas maneras de comercializar un producto. Las principales alternativas que tiene la empresa para distribuir pasan por decidir por el número de intermediarios del canal. Los tipos de canales básicos son:

- *Canal directo.* No hay intermediarios. Las relaciones del canal van directamente del fabricante al consumidor. Se da cuando la producción y el consumo están próxi-
mos y se maneja un volumen reducido de mercancía. Por ejemplo, una panadería.
- *Canal corto.* Formado por el fabricante, detallista y consumidor. Se da cuando el número de detallistas es reducido o existe un alto potencial de compra. Por ejemplo, los automóviles.
- *Canal largo.* Como mínimo existe un fabricante, un mayorista, un detallista y un

consumidor. Es usual en los productos de consumo.

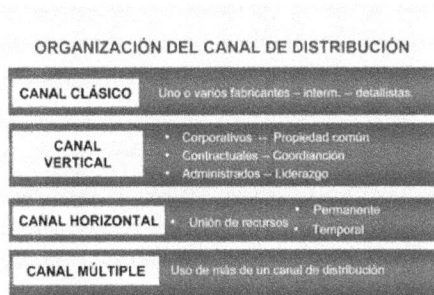

ORGANIZACIÓN DEL CANAL DE DISTRIBUCIÓN

CANAL CLÁSICO	Uno o varios fabricantes – interm. – detallistas
CANAL VERTICAL	• Corporativos – Propiedad común • Contractuales – Coordinación • Administrados – Liderazgo
CANAL HORIZONTAL	• Unión de recursos • Permanente / Temporal
CANAL MÚLTIPLE	Uso de más de un canal de distribución

Para el diseño de canales de distribución es básico conocer cuáles son los servicios que los consumidores necesitan del canal. Así se creará un canal efectivo siempre que la empresa disponga de recursos y capacidad para ofrecer los servicios deseados.

La selección de los canales de distribución afecta a todos los demás elementos de la estrategia comercial del fabricante. Los precios de la empresa estarán en función de si pretende tener unos pocos distribuidores con grandes márgenes o una distribución masiva. Su estrategia de promoción dependerá de si quiere vender directamente a los consumidores mediante representantes o a través de detallistas.

8.4.1 Factores que afectan al diseño de canales

La empresa puede identificar varios tipos de necesidades según los distintos segmentos a los que aspira entrar. Deberá decidir cuáles son los segmentos a que se dirigirá la oferta y los mejores canales para cada caso. En un mercado concentrado, o con pocos compradores, lo más apropiado es utilizar un canal directo o corto. Si el número de compradores es elevado, y las compras son frecuentes y en pequeña cantidad, lo mejor es utilizar una distribución intensiva. Los hábitos de compra y las preferencias de los consumidores aconsejan determinado diseño de canal, ya que el mercado puede estar segmentado por estas variables.

Deben tenerse en cuenta las acciones de los competidores. La empresa quizás quiera trabajar en los mismos puntos de venta en los que ya están los productos de la competencia, o simplemente, evitarlos. El problema más grande de las empresas a la hora de decidir sus formas de distribución aparece cuando se han creado formas de distribución a las que el consumidor se ha habituado. Es por esto que se tiende a imitar la forma de distribución de la competencia. Las propias características de los intermediarios también influirán en el diseño del canal. Estos deben tener capacidad para realizar las actividades que desea la empresa, es decir, manejar promociones, contactar con los clientes, almacenar, etc. La empresa debe dirigirse a distribuidores cuyos objetivos empresariales sean compatibles con los suyos.

Desde el punto de vista interno, los objetivos del canal de la empresa dependerán también de las características del producto y de la propia empresa. Por ejemplo, los productos perecederos requieren una comercialización más directa, con disminución del tiempo de entrega y de manipulación. Otros productos pueden requerir una distancia de transporte mínima. Precio, moda, servicio, prestigio, estacionalidad, etc., son características suficientes para motivar la elección de un determinado canal. Por ejemplo, si el precio es elevado, se justifica una venta exclusiva. Un producto de moda, requerirá una rápida distribución.

El tamaño de la empresa y su capacidad económica determinan cuáles son las actividades de marketing que puede manejar y cuáles son las que deben dejarse en manos de los intermediarios. Si entre las ambiciones de la empresa está el estricto plazo de entrega, de la misma manera repercutirá en los intermediarios y el tipo de canal, así como la cantidad de detallistas necesaria y el tipo de transporte empleado.

Hace unos años, Rangan (1990) postuló que los canales del futuro serían híbridos, múltiples y cortos.

Canales híbridos
Un canal híbrido es aquel que especializa las tareas de la distribución (posesión de inventarios, propiedad, promoción, negociación, financiación, gestión del pedido, pago y servicio) entre aquellos que sean más eficientes en ejecutarlos.

Este es un tipo de estructura en el cual el proveedor y los miembros que integran el canal de distribución comparten la ejecución de las funciones. El proveedor puede desempeñar algunas de las funciones del canal (por ejemplo, la negociación de ventas o la generación de pedidos), mientras que el resto de componentes del canal realizan el resto de funciones (por ejemplo, distribución física y entrega al cliente). Otros miembros del canal se pueden especializar en funciones tales como el servicio posventa. En esencia, en los canales híbridos los diferentes elementos trabajan juntos, especializando a sus elementos en diferentes funciones sin que se solapen los esfuerzos.

Canales múltiples
Los canales múltiples reflejan el número de canales disponibles para los clientes.

Prevalecen más en los sectores que cambian rápidamente y son menos comunes en los sectores estables. El canal se adapta al comportamiento de compra del cliente. Aunque los canales múltiples son necesarios para reflejar la pluralidad del mercado, cada canal está claramente especializado para servir un comportamiento de compra específico.

Canales cortos
Existe una tendencia a acortar los canales. Con la aparición de sistemas y empresas de logística que operan con tiempos de entrega muy cortos, los minoristas ya no quieren o no ven la necesidad de tener que ordenar al mayorista y lo hacen directamente a través del proveedor.

Las tecnologías de la información y la capacidad de dar una respuesta rápida en cuestiones logísticas han disminuido sustancialmente la necesidad de duplicar o triplicar inventarios a través del canal.

En un entorno de fuerte competencia, el margen extra ahorrado en alguna fase del canal se refleja en una reducción de precio para el cliente final. La aparición de macrotiendas especializadas (Leroy Merlin en materiales de construcción) que compran directamente al fabricante y venden directamente al usuario es un ejemplo de este achatamiento del canal.

8.4.2 Tipos de intermediarios

Para desarrollar el trabajo en su canal, la empresa deberá identificar los tipos de intermediarios. Por ejemplo, un fabricante que ha desarrollado un sistema electrónico para detectar errores en los contactos mecánicos de los automóviles. Podría distribuirse el producto en las industrias que utilizan todo tipo de motores, ya sea la industria aeronáutica, de automoción, ferrocarriles, etc. Quizás la empresa no cuente con muchos vendedores y el problema sea cómo llegar a las distintas industrias.

Posiblemente se tendría que analizar la fuerza de ventas de la empresa, es decir, ampliarla, asignando representantes en zonas geográficas, pidiéndoles que se pongan en contacto con todas las fábricas de la zona. Podrían desarrollarse grupos de vendedores autónomos para las diferentes industrias. También se podrían contratar agencias de fabricantes en distintas regiones para vender el equipo, aun cuando estas agencias gestionen otros productos de otras empresas. Finalmente, existe la alternativa de buscar distribuidores industriales en zonas geográficas interesados en probar el equipo, ofreciéndoles buen precio, apoyo promocional y distribución exclusiva.

No siempre podrá desarrollarse el canal preferido debido a restricciones de coste u otras limitaciones.

8.4.3 Número de intermediarios

Pueden distinguirse tres modalidades básicas entre las que la empresa determinará el número de intermediarios:

Distribución intensiva

Con esta estrategia se abastecen de los productos de la empresa al mayor número posible de comercios. Los productos cumplen con los beneficios de lugar, posesión y tiempo, ya que estarán a disposición de los consumidores en el lugar y momento en que los precisan. Suelen adoptar esta modalidad las empresas que manejan productos de uso corriente y compra frecuente, como son los jabones, caramelos, etc.

La empresa no siempre lo tendrá fácil para conseguir los canales deseados, aumentando el riesgo de incompatibilidad de objetivos entre el fabricante y el distribuidor. Es una modalidad costosa, ya que el apoyo de los distribuidores se recompensa con esfuerzos de promociones y otros gastos por parte del fabricante.

Al existir una cesión relativamente indiscriminada al canal, los productores pierden control del mercado. La empresa debe evaluar si las ventas compensarán esta pérdida de control o si sus aspiraciones están en línea con sus objetivos a corto y largo plazo.

Distribución exclusiva

Sucede cuando se limita el número de intermediarios que gestiona los productos de la empresa. El fabricante otorga a una cantidad limitada de distribuidores el derecho exclusivo de distribuir en un territorio acordado. Esta modalidad se da en algunas marcas de automóviles y en marcas lujosas de ropa. El productor espera que el distribuidor se preocupe más de las ventas y controle los precios, las promociones y los servicios relacionados con el producto.

Este tipo de distribución, que permite la utilización de canales cortos, va en contra del principio de libre competencia, aunque se considera legal si todos los miembros del canal tienen acceso a productos similares en un mercado determinado. Con esta estrategia, la empresa refuerza la imagen de marca, a la vez que aumentan sus costes de distribución.

Distribución selectiva

Con esta estrategia se recurre a más de un intermediario, pero no a todos los que están dispuestos a manejar los productos de una empresa. Por parte del distribuidor existe el compromiso, normalmente, de efectuar un volumen mínimo de compras. El distribuidor no está obligado a vender solamente el producto de la empresa con la que trata (no existe exclusividad), pudiendo comprar y vender productos de la competencia.

La empresa no tiene que repartir sus esfuerzos entre muchos comercios. Conseguirá buenas relaciones con los intermediarios que elige. La distribución selectiva permite que el fabricante cubra bien el mercado, aumentando el control sobre él y con costes bajos. Con esta modalidad se distribuyen los electrodomésticos y los muebles.

Generalmente se escoge una política de distribución selectiva si:

- El riesgo percibido asociado con la decisión de compra es elevado. Por ejemplo, al comprar aparatos de alta fidelidad, los consumidores confían en los consejos técnicos de los vendedores de la tienda especializada, así como en la seguridad que les da el que la misma tienda les pueda prestar servicio posventa.
- La frecuencia de compra es baja (por ejemplo, al comprar maletas).
- La lealtad de marca entre los consumidores es elevada (por ejemplo, en el caso de las prendas Levi's).
- El esfuerzo personal de ventas en el punto de venta al público juega un papel importante en orientar las compras de los consumidores. Cuando los gastos del punto de venta detallista son elevados, como sucede en el caso de la venta de componentes de alta fidelidad, suele ser conveniente utilizar distribución selectiva.

El consumidor debe encontrar el producto en el momento y lugar oportuno.

8.5 LOGÍSTICA DE DISTRIBUCIÓN

Hasta ahora hemos descrito los criterios básicos, la organización y selección de los canales de distribución. Una vez la empresa ha estudiado sus alternativas y optado por el mejor diseño, deberá implementar y administrar el canal elegido. Para ello requerirá seleccionar específicamente a los miembros de canal en concreto, motivarlos y evaluarlos.

El siguiente paso será decidir cuál será la mejor manera de gestionar la logística o distribución física (para algunos autores, estos dos términos no son sinónimos, aunque para nuestro propósito consideraremos que lo son), de manera que los consumidores encuentren el producto en el lugar y momento oportuno.

La distribución física incluye desde la selección de localización, número y tamaño de los almacenes hasta el transporte de productos, pasando por la gestión de stocks y el procesamiento de pedidos.

Las empresas administran sus actividades dentro del canal por medio de información. Gracias a los ordenadores, las terminales en los puntos de venta, los códigos de productos, el intercambio electrónico de datos (EDI), entre otros, los fabricantes han podido hacer promesas de entrega, consiguiendo una distribución eficiente.

Los costes más altos en logística son, por este orden: el transporte, la gestión de *stocks*, el almacenamiento y el procesamiento de pedidos. El buen servicio a clientes entraña altos costes de distribución. La disminución de costes en este sentido entraña un transporte barato, inventarios escasos y pocos almacenes... Las empresas no pueden arriesgar que un producto competitivo en precio y calidad caiga por su distribución.

El punto de partida para una buena distribución consiste en estudiar lo que quieren los clientes y lo que ofrece la competencia. Los clientes desean una entrega a tiempo, grandes inventarios, capacidad de la empresa para satisfacer necesidades urgentes, tratamiento cuidadoso de los productos, buen servicio posventa y cambios de bienes defectuosos. Cuando menos, la empresa querrá ofrecer o debería ofrecer el mismo nivel de servicio que la competencia. Pueden escucharse frases del tipo: nuestro objetivo consiste en entregar, al menos, el 95% de los pedidos en un plazo de siete días a partir de la formalización del pedido, y garantizar los desperfectos en transporte en menos del 1%. En pocas palabras, la organización debe dictar los objetivos de distribución física.

En cuanto a la logística en Internet, existen varias alternativas para que los modelos de negocio sean rentables. El caso más claro lo encontramos en el sector de la gran distribución. Los negocios tradicionales poseen una ventaja competitiva latente que deben explotar. Los supermercados pueden contar con los establecimientos presenciales para satisfacer sus necesidades logísticas. Una empresa start-up ha de invertir en un centro de distribución dedicado, lo que supone un elevado coste que pone a la empresa en clara desventaja frente a sus rivales híbridos. Este es el motivo por el que ningún supermercado start-up ha tenido éxito en Internet.

Transporte

La elección del medio de transporte afecta al precio de los productos y al servicio de entregas. A la hora de elegir el medio de transporte, deben tenerse en cuenta los siguientes criterios:

- *Velocidad* en el tiempo de entrega puerta a puerta
- *Fiabilidad* para cumplir con lo previsto
- *Capacidad* de manejar diversos productos y acondicionarlos
- *Disponibilidad* o zonas geográficas que se abarcan
- *Coste.* Por tipo de producto, distancia, peso, etc.
- *Frecuencia* del transporte

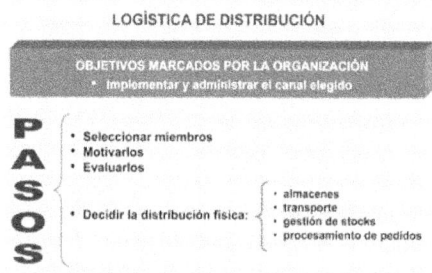

LOGÍSTICA DE DISTRIBUCIÓN

OBJETIVOS MARCADOS POR LA ORGANIZACIÓN
* Implementar y administrar el canal elegido

**P
A
S
O
S**

* Seleccionar miembros
* Motivarlos
* Evaluarlos

* Decidir la distribución física:
    * almacenes
    * transporte
    * gestión de stocks
    * procesamiento de pedidos

- *Flexibilidad* para adaptarse a las características del producto

Cada medio de transporte de mercancías existente presenta unas ventajas y características distintas. Las modalidades de transporte están sujetas a diversas leyes reguladoras sobre mercancías y pasajeros, y pueden clasificarse en las siguientes:

1. *Carretera.* Camión, furgoneta o similar. Tienen rutas y horarios muy flexibles. Puede transportar productos puerta a puerta y pueden utilizarse como único medio de transporte, algo que disminuye el riesgo de daños en las mercancías. Es un transporte eficiente para trayectos relativamente cortos y mercancías valiosas. Además, las tarifas de transporte por carretera son muy competitivas. Es un medio flexible, rápido y con salidas frecuentes.

2. *Ferrocarril.* Es uno de los medios de transporte más utilizado para enviar grandes cantidades de productos a granel a grandes distancias y a precio muy competitivo. Sus principales características son: gran capacidad, coste unitario bajo, equipos especializados para manejar todo tipo de mercancías y amplia cobertura geográfica.

3. *Marítimo.* Medio de transporte lento, aunque permite movimiento masivo de mercancías. Tiene un coste unitario bajísimo. Es el preferido para el transporte de mercancías de poco valor.

4. *Aéreo.* Las tarifas son muy elevadas, aunque es ideal cuando se necesita transportar grandes distancias y en tiempo reducido. Es el medio utilizado para los productos perecederos (alimentos frescos) y los de gran valor (joyas, material electrónico caro). La ventaja de este medio es que reduce los costes de inventarios en las empresas.

5. *Otros: tuberías, cintas transportadoras, etc.* Se transportan líquidos y gases a un coste operativo unitario muy bajo. Son medios de gran capacidad aunque limitados en cuanto al trayecto.

Puede apreciarse que el transporte de mercancías rara vez no será combinando varios medios, ya sea por limitaciones de un propio medio para llegar a su destino o por optimización de los costes.

Almacenamiento

Actividad necesaria en todos los niveles del canal, ya que el volumen de producto demandado y el momento de entrega por parte de un miembro del canal no son los mismos que ofrece el proveedor del mismo intermediario. Toda empresa debe almacenar sus productos mientras espera que se vendan. La empresa debe decidir cuál es la cantidad ideal de mercancía que puede almacenar y sus emplazamientos. Cuantos más puntos de almacenamiento, antes podrá cumplirse con un servicio al cliente eficiente, aunque los costes aumentarán inevitablemente. Un número reducido de emplazamientos de gran tamaño proporcionará disminuciones del coste de almacenaje, pero ofrecerá una menor operatividad y flexibilidad para servir rápidamente a los consumidores.

Una parte de las existencias de las empresas se guardan en la fábrica o cerca de ella y el resto se reparte por almacenes estratégicamente ubicados. La empresa puede ser dueña de los almacenes privados, pueden alquilar espacio o hacer las dos cosas. Si los almacenes pertenecen a la empresa, los controlarán mejor, aunque su capital estará más atado y será más difícil cambiar de ubicación cuando se desee. Los almacenes alquilados cobran un precio por cada servicio adicional (inspección, envío, empaquetado y facturación), pero escogerlos da más libertad a la empresa para cambiar de lugar o de tipo de almacén.

Gestión de inventarios

La administración de inventarios esta íntimamente relacionada con el procesamiento de pedidos. Las técnicas MRP *(Material Requirements Planning)*, técnica para planificar las necesidades de material para la producción, y JIT *(Just in Time)*, procedimiento que trata de reducir al mínimo el inventario en todas las fases de la producción, que son métodos de organización de la producción, contribuyen a una adecuada gestión de las existencias. El propósito principal consiste en determinar el nivel de existencias adecuado para minimizar lo que se llama roturas de stock y así poder atender en todo momento la demanda y disminuir los costes de gestión.

Las decisiones en cuanto a inventarios entrañan saber cuándo debe colocarse un pedido y cuánto pedir. Deben ponderarse los costes de quedarse sin existencias y de tener demasiadas. Cuanto mayor sea el tamaño del pedido, menor será la cantidad de pedidos y los costes por procesarlos, aumentando los costes de stock.

Procesamiento de pedidos

Incluye las actividades de transmisión de órdenes de compra. El principal problema para la gestión de pedidos, al igual que ocurría en la gestión de inventarios, es el tamaño del pedido.

Tanto la empresa como el consumidor se benefician cuando el procesamiento de pedidos se realiza de manera rápida y precisa. Lo ideal sería que los vendedores enviaran sus pedidos todos los días, procesando los pedidos con brevedad y entregándolos puntualmente, emitiendo las facturas con tanta rapidez como sea posible. Para este propósito juegan un papel importantísimo los ordenadores, que si se utilizan bien, agilizan el proceso pedido-envío-facturación.

8.6 CANTIDAD, EMPLAZAMIENTO Y CARACTERÍSTICAS DE LOS PUNTOS DE VENTA

El primer paso en la determinación del número, emplazamiento y las características de los puntos de venta es la selección del mercado. Deben evaluarse factores como el potencial del mercado, es decir, las zonas comerciales y los segmentos a los que va dirigida la oferta de la empresa. También se decidirá sobre la participación que tendrá la organización o a la que se aspira en cada uno de los segmentos escogidos. El producto del potencial y la participación en el mercado ofrecerá a la empresa una estimación de las ventas. Finalmente, debe evaluarse cuál será el crecimiento esperado de dichas ventas.

A primera vista, cuanto mayor sea el número de puntos de venta, más alta será la cifra de ingresos para la empresa. En realidad, cuando se sobrepasa un número determinado de emplazamientos, los rendimientos marginales disminuyen, pudiendo descender hasta cotas no rentables.

El emplazamiento de los puntos de venta contribuye favorablemente a una ventaja competitiva de la empresa. Es una decisión arriesgada, pues cualquier error es costoso de rectificar. Existen factores que determinan la localización de los puntos de venta como son el terreno, los salarios, el transporte, la proximidad del mercado, los servicios y los competidores. Para seleccionar el lugar de emplazamiento existen varios métodos, basados en criterios que evalúan cada una de las alternativas posibles, en datos históricos, en la experiencia, en los comportamientos de compra de la región, variables sobre las que se aplican métodos estadísticos.

Las características del punto de venta estarán condicionadas por la estrategia de distribución de la empresa y por el espacio disponible en el lugar de emplazamiento. En una distribución exclusiva, en la que se persigue la especialización, el surtido será limitado, por lo que no se precisará de un área de venta muy extensa. Es importante que la presentación del producto en el punto de venta sea atractiva. En este punto toma valor relevante el *merchandising*, programa de promoción en los puntos de venta.

8.7 EL COMERCIO DETALLISTA

La venta al detalle se refiere a todas las actividades que entraña la venta directa de bienes servicios a los consumidores finales par uso personal, no comercial. Las tiendas detallistas tienen infinidad de tamaños y formas, que se pueden clasificar de acuerdo con una o varias características.

La primera de ellas es el *número de servicios que ofrecen*. Cada producto requiere una cantidad diferente de servicios y cada cliente prefiere diferentes servicios. Se contemplan tres niveles de servicios: *autoservicio, servicio limitado* y *servicio completo*. El *autoservicio* lo utilizan los vendedores de bienes básicos y bienes de consumo que se mueven con rapidez. En las tiendas con *servicio limitado* se ofrece más ayuda a los compradores para realizar las ventas, porque los bienes que manejan ya necesitan de más información. También ofrecen servicios de financiación y devoluciones, y eso repercute en el precio de los artículos. Finalmente, en las tiendas con *servicios completos*, los vendedores ayudan a los compradores en todas las fases del proceso de compra. Estos detallistas suelen manejar bienes especializados.

Otra de las características sobre las que se pueden clasificar las tiendas detallistas es la *línea de productos*, es decir, según la amplitud y la longitud de su variedad de productos. Entre los tipos más importantes de detallistas se cuentan las *tiendas de especializadas*, que manejan una cantidad reducida de productos; las *tiendas de departamentos*, que trabajan una amplia variedad de productos separados en departamentos según el tipo de artículo; los *supermercados*, con costes bajos, altos márgenes y con gran movimiento de mercancías; las *tiendas de barrio*, tiendas pequeñas con una línea limitada de productos básicos; los *hipermercados*, en los que se venden todo tipo de productos, y los *negocios de servicios*, que incluyen cines, teatros, clubes, etc.

Los detallistas también se pueden clasificar de acuerdo con los *precios que cobran*. La mayoría de los detallistas cobran precios medios y ofrecen bienes normales de calidad y servicio a clientes. Algunos ofrecen bienes y servicios de más calidad a precios más altos. Los detallistas que tienen precios bajos son las *tiendas de descuento*, que venden mercancías normales a precios más bajos, porque aceptan márgenes menores, y los *detallistas con rebajas*, que compran a precio de mayoreo más bajo de lo que lo hacen las tiendas de descuento y así repercute en el consumidor.

Otras formas de propiedad son la *cadena corporativa*, la *cooperativa detallista* y *franquicias*:

- *Cadena corporativa:* son cadenas de tiendas propiedad una sociedad. Emplean métodos similares de comercialización y venden casi las mismas líneas de productos.
- *Cooperativa detallista:* son grupos de tiendas que se han reunido para montar una operación central de mayoreo, que realizan actividades de marketing conjuntas.
- *Franquicias:* sociedad contractual entre un fabricante, un mayorista o una organización de servicios (que otorga la franquicia) y empresarios independientes (franquiciados) que adquieren el derecho de gestionar uno o varios productos.

La mayor parte de las tiendas se agrupan con el propósito de tener más fuerza de atracción de clientes y ofrecer a los consumidores la comodidad de comprar todo de una vez. Los tipos principales de conjuntos de tiendas son la *zona comercial* en las ciudades y el *centro comercial*.

Aunque la mayor parte de los bienes y servicios se venden por medio de tiendas, las *ventas al detalle sin tiendas* han crecido a mucha más velocidad que las ventas al detalle en tiendas. El comercio detallista sin tiendas incluye la *comercialización directa, mediante correo, teléfono, internet, catálogo o televisión, y* las *ventas directas*, es decir, ventas puerta a puerta, y las *ventas por medio de máquinas automáticas*.

Los detallistas siempre están buscando nuevas estrategias para atraer a clientes y retenerlos. En el pasado, los detallistas atraían a los clientes con productos singulares, con mayor cantidad o calidad de servicios que los ofrecidos por la competencia. Hoy, los fabricantes, en su búsqueda de mayor volumen de ventas, han colocado sus bienes de marca en todas partes. Por consiguiente,

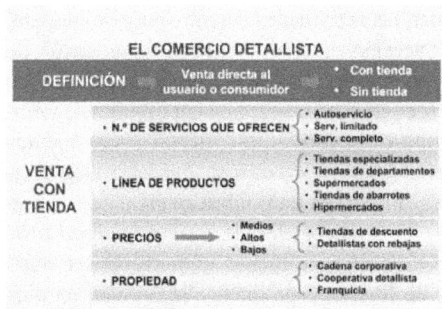

EL COMERCIO DETALLISTA			
DEFINICIÓN	Venta directa al usuario o consumidor	• Con tienda • Sin tienda	
VENTA CON TIENDA	• N.º DE SERVICIOS QUE OFRECEN	• Autoservicio • Serv. limitado • Serv. completo	
	• LÍNEA DE PRODUCTOS	• Tiendas especializadas • Tiendas de departamentos • Supermercados • Tiendas de abarrotes • Hipermercados	
	• PRECIOS	• Medios • Altos • Bajos	• Tiendas de descuento • Detallistas con rebajas
	• PROPIEDAD	• Cadena corporativa • Cooperativa detallista • Franquicia	

las tiendas ofrecen variedades más similares; las marcas nacionales no sólo están en las tiendas de departamentos, sino también en muchas tiendas de comercialización masiva o de descuento. En consecuencia, las tiendas se parecen cada vez más. En cualquier ciudad, el comprador podrá encontrar muchas tiendas, pero poca variedad.

Las diferencias de los servicios que ofrecen los detallistas también se han erosionado. Muchas tiendas de departamentos han recortado sus servicios, mientras que las de descuento han aumentado los suyos. Los clientes tienen más información y son más sensibles a los precios. No encuentran razón alguna para pagar más por marcas idénticas, más aún si los servicios relacionados con el producto no varían mucho.

Todo esto ha hecho que los detallistas se enfrenten a nuevos retos mercadotécnicos. En concreto, deben tener en el punto de mira los mercados meta, la variedad de productos y servicios relacionados, los precios, las promociones y la ubicación.

EL COMERCIO DETALLISTA II

VENTA SIN TIENDA
- Por correspondencia
- Por catálogo
- Por teléfono
- Por televisión
- Por ordenador
- Automática
- Puerta a puerta
- Ambulante
- Multinivel
- Internet

8.8 EL COMERCIO MAYORISTA

El mayoreo incluye todas las actividades relacionadas con la venta de productos y sus servicios a personas u organizaciones que los utilizan o los revenden. Los mayoristas existen porque realizan mejor las funciones de venta, promoción, compra, creación de variedad, almacenamiento, transporte, financiación, información y otros servicios de asesoría. Dichas funciones están explicadas en el apartado 8.2.1.

Los mayoristas pueden clasificarse en cuatro grupos: *mayoristas de servicio completo*; *mayoristas de servicio parcial o limitado*; *agentes, representantes y corredores*; y las *sucursales y oficinas del fabricante*. Tanto los mayoristas de servicio completo como los de servicio parcial, asumen la propiedad del producto que distribuyen.

Los *mayoristas de servicio completo* asumen las actividades de entregas al minorista, concesión de crédito para la financiación de la mercancía, asesoramiento y almacenaje de productos. A su vez, pueden dividirse en *mayoristas generales*, que tienen como clientes a los detallistas, y en *distribuidores industriales*, que sirven a los fabricantes.

Los *mayoristas de servicio parcial o limitado* ofrecen menor número de servicios y de líneas de producto. Se dividen en *mayoristas cash and carry* (pagar y llevar), que se ubican en grandes superficies y venden a los pequeños detallistas en efectivo, ofreciendo un surtido amplio (por ejemplo, Makro); *mayoristas de camión*, que trabajan líneas de productos perecederos, generalmente alimentos frescos, y con alta frecuencia de entrega, y *cooperativas*, formadas por propietarios agrícolas que distribuyen sus productos. Estos últimos se esfuerzan por mejorar la calidad de sus productos y por promover el nombre de la marca de la cooperativa.

La función de los *agentes, representantes y corredores* es ayudar a comprar y vender, por lo que obtienen una comisión a cambio. Los *agentes* actúan de intermediarios en la trasmisión de la propiedad. Pueden ser *agentes de ventas, de compras, de fabricante*, o incluso, *comerciantes a comisión*. El término *representante* se refiere a un agente que opera en un área geográfica. Por su parte, los *corredores* o *brokers* reúnen a compradores y vendedores y les suministran información relativa a precios de la competencia, situación del mercado, productos, etc. No llevan inventarios, no participan en al financiación ni asumen riesgos. Es la parte contratante la que se encarga de pagar a los corredores.

Las *sucursales y oficinas de fabricantes* son dependientes del productor, que obtiene mayor control sobre la distribución, inventarios, las ventas y las promociones, y vendiendo exclusivamente sus productos. Las sucursales de ventas llevan inventarios, al contrario de las oficinas, que no llevan.

Conceptos fundamentales

Agente comercial. Intermediario entre el fabricante y el detallista.

Broker. Término inglés que se utiliza para designar al intermediario que actúa como mediador, que pone en cantacto al comprador y vendedor.

Cadena de distribución. Cadena de mayoristas y detallistas, resultado de una integración corporativa, administrada o contractual.

Cadena franquiciada. Asociación de detallistas independientes ligados por un contrato de franquicia con una entidad (franquiciador) que permite la explotación y venta de productos o servicios a cambio de ciertos derechos o de un porcentaje sobre la cifra de ventas.

Canal de distribución. Camino que debe recorrer un producto para llegar al usuario final.

Cash & Carry (pagar y llevar). Modalidad de venta al por mayor en la que se vende exclusivamente a puntos de venta.

Category killer (asesino de categorías). Establecimiento líderes de su mercado que ofrecen grandes descuentos.

Centro comercial. Conjunto de establecimientos de venta al público.

Centro comercial virtual. Centro en Internet de venta al público.

Circuito de distribución. Conjunto de canales de distribución por los que pasa un producto desde el fabricante al consumidor.

Distribución. Actividad de selección de los canales de distribución y realización de la distribución física de los productos.

Franquicia. Es una relación contractual que cubre un amplia gama de prestaciones de servicios, suministros de bienes y cesión de nombre comercial o marca, por parte de un fabricante o mayorista (franquiciador). En contraprestación, el detallista (franquiciado) paga una cuota de entrada, abona un porcentaje de los ingresos y acepta las condiciones de venta que se le imponen.

Televenta. Sistema de venta por televisión, en el que se presenta el producto en la pantalla y se facilita un número de teléfono para cursar el pedido. El producto es entregado en el domicilio del comprador. Esta modalidad de compra puede ser interactiva en la televisión por cable.

Trade marketing. Operaciones de marketing que se realizan de un modo conjunto por el proveedor y distribuidor de un producto.

Venta a distancia. Incluye un conjunto de modalidades de venta realizadas a través de diversos medios de comunicación (correo, teléfono, fax o red informática) y que no requieren el encuentro personal entre el comprador y el vendedor.

Venta a domicilio: Sistema de venta puerta a puerta. Es uno de los métodos más tradicionales de venta directa. Tiene una importante función recompensadora de la oferta, especialmente en aquellos lugares donde los canales tradicionales tienen menor alcance (Mir Piqueras, 1994).

Venta a granel. Venta de productos sin envasar o sin empaquetar, generalmente menudos, como, por ejemplo, cereales, azúcar, legumbre, frutas, etc.

Venta a pérdida. Venta por debajo del coste, con fines promocionales o de renovación de existencias. También puede practicarse para eliminar competidores, y luego, cuando se consigue el control del mercado, volver a subir el precio.

Venta agresiva. Es una venta forzada o a presión, sin considerar las necesidades del cliente. El vendedor intenta, por cualquier modo, que el cliente potencial efectúe la compra.

Venta al detalle. *Venta al por menor, efectuada en un establecimiento detallista.*

Venta automática. *Consiste en despachar y cobrar el producto mediante máquinas expendedoras.*

Venta directa. *Venta de un bien por el productor al consumidor final, directamente, sin intervención de ningún intermediario.*

Venta personal. *Forma de comunicación oral e interactiva, mediante la cual se transmite información de forma directa y personal a un comprador potencial específico y se recibe de forma simultánea respuesta del destinatario de la información.*

Venta piramidal. *Modalidad de venta que consiste en hacer comprar a una persona, mediante promesas de sustanciosos negocios, mercancías para revenderlas a otras, que, incitadas por promesas semejantes, tendrán que buscar nuevas adhesiones al sistema.*

Venta por catálogo. *Modalidad de venta que suele utilizar el correo, mensajeros u otro medio de comunicación y transporte similar para distribuir los catálogos y los productos ofrecidos. La característica de este sistema es que el cliente potencial recibe un catálogo en su domicilio en el que se describen todos los productos que pueden ser adquiridos y que contiene los formularios para efectuar el pedido.*

Venta por correspondencia. *Supone utilizar el servicio de correos como medio de distribución del producto, bien en la fase del envío del mensaje, recepción del pedido, entrega del producto o cobro de su importe (IRESCO, 1984).*

Venta por suscripción. *Forma de venta que suelen utilizar las editoriales de publicaciones periódicas (diarios o revistas) o de libros por entregas o fascículos, en la que el pago se efectúa de modo periódico (mensualmente, trimestralmente, anualmente, etc.).*

Test sobre el capítulo (Sólo una respuesta correcta)

1. ¿Puede considerarse Internet un canal de distribución comercial?
   a) No, Internet es un canal de comunicación
   b) Sí, siempre y cuando la empresa que lo utilice cuente con almacenes
   c) Sí, Internet es un canal como otro cualquiera a través del cual la empresa puede intermediar o desintermediar

2. ¿Qué modalidad de distribución se utilizará para productos de uso frecuente?
   a) Exclusiva
   b) Selectiva
   c) Intensiva

3. ¿Cuál de las siguientes funciones es menos usual que realice un canal de distribución?
   a) Fijación de precios del fabricante
   b) Logística: almacenaje, transporte y entrega
   c) Empaquetado en distintos tamaños de lote

4. La distribución de productos bancarios se realiza a través de un:
   a) Canal largo
   b) Canal corto
   c) Canal único

5. ¿Qué factor forma parte de aquellos a tener en cuenta a la hora de diseñar un canal de distribución?
   a) El tipo de producto
   b) El número de trabajadores de la empresa
   c) Los objetivos de la competencia

6. En la venta de un producto con un componente elevado de especialización, la distribución comúnmente utilizada es:
   a) Intensiva
   b) Exclusiva
   c) Selectiva

7. ¿Cómo deberían ser los canales de distribución para que el comercio electrónico tenga éxito?

a) Cortos, especializados en sus eslabones y múltiples
b) Cortos, polivalentes en sus tareas y simples
c) Largos, polivalentes y simples

8. ¿Cuál es el principal factor de éxito en Internet de muchas empresas del sector alimentario?
a) Son start-up que han sabido gestionar bien sus almacenes
b) Han aprovechado la estructura logística y el poder de compra
c) Han podido vender a bajo precio dado que han podido eliminar tiendas presenciales

9. Una empresa líder del mercado en la distribución de productos de ferretería, para el transporte de tornillos desde Grecia, es más apropiado que utilice:
a) Containers en barco
b) Container en ferrocarril
c) Red de furgonetas

10. La técnica más popular para mantener un nivel mínimo de inventario en las distintas fases de los procesos de producción se conoce como:
a) JIT (Just in Time)
b) MRP (Material Requirement Planning)
c) FOB (Free on Board)

11. ¿Cuál de las siguientes configuraciones no se considera comercio detallista?
a) Franquicia
b) Supermercado
c) Corredor o broker

12. ¿En qué consiste la modalidad de comercialización Cash and Carry?
a) Venta ambulante
b) Venta al por mayor en la que se vende exclusivamente a puntos de venta
c) Venta puerta a puerta

13. La modalidad de venta que consiste en hacer comprar a una persona mercancías para revenderlas a otras que tendrán que buscar nuevas adhesiones al sistema es:

a) Venta piramidal
b) Venta personal
c) Venta cruzada

14. El comercio mayorista según las relaciones de la propiedad se clasifica en:
a) Mayoristas de servicios completos y parciales
b) Brokers, agentes y comisionistas
c) Mayoristas independientes y centrales de compra

15. ¿Qué estructura de canales es más apropiada en la distribución de productos de consumo?
a) Canales cortos y múltiples
b) Cualquier configuración puede ser buena, sobre todo para productos commodities
c) Canales cortos y simples

16. De entre las siguientes tareas, ¿cuáles suelen realizar los integrantes de los canales de distribución?
a) Sostener inventarios
b) Diseñar productos
c) Contratación de empresas de consultoría

17. ¿Qué canales de distribución utiliza el sector inmobiliario para vender promociones?
a) Ninguno. Es venta directa desde el promotor
b) Los que se considere según el público objetivo, como por ejemplo, Internet, agentes de venta, constructor, etc.
c) Anuncios en prensa, anuncios en televisión y revistas especializadas

18. Un canal que especializa las tareas de la distribución entre aquellos que sean más eficientes en ejecutarlos es:
a) Múltiple
b) Largo
c) Híbrido

19. Un canal horizontal puede ser
a) Permanente o temporal
b) Corporativo o administrado
c) Contractual o múltiple

20. Un canal corto es fácil que contenga:
    a) Una central de compras
    b) Dos o menos eslabones
    c) Agentes o brokers

PRENDAS Alimar (Merchandising)

(Este documento no pretende ilustrar una determinada forma de gestión, sino que debe servir como base para el diálogo. Para que la discusión sea provechosa, es necesario preparar el caso con antelación, definiendo los problemas y proponiendo alternativas de solución y acción.)

A principios del año 2002, Alicia Marrero, diplomada en patronaje industrial, corte y confección y diseño de modas, adquirió un comercio tradicional en la población de Molins de Rei, dedicada a la venta de ropa interior y complementos textil-hogar, denominado Ca la Mercè. Contaba con conocimiento en lo que se refiere al sector, pero con escasa experiencia en la gestión comercial, aunque como casi siempre, tenía mucha intuición como consumidora. Durante un primer periodo de adaptación a la filosofía y concepto del negocio existente, detectó importantes puntos débiles que el tiempo terminó por corroborar.

Alicia Marrero se planteó las siguientes preguntas:

1. ¿Debo transformar la filosofía del comercio inmediatamente o, por el contrario, debo adaptar mi idea progresivamente?
2. ¿Es el comprador habitual de este establecimiento, verdaderamente, mi público objetivo?
3. ¿Qué consecuencias tendría la renovación inmediata del surtido?
4. ¿Cuánto tiempo debo esperar para obtener los resultados previstos?
5. ¿Cómo puedo complementar el producto básico y qué efecto tendría aumentar mi línea de negocio?
6. ¿Cómo puedo recuperar la inversión realizada en mercancías ya existentes en el establecimiento y que impiden, por el montante en términos económicos, una renovación inmediata de mi oferta y surtido?
7. ¿Cómo puedo distinguirme?
8. ¿Cómo son, realmente, las personas que viven en mi entorno de influencia?, etc...

Tres semanas antes de adquirir el establecimiento estaba colaborando a tiempo parcial con la actual propietaria. Una vez al frente del negocio, empezó a adivinar que el periodo de adaptación podría llegar a ser extremadamente largo:

- Existen un fuerte desorden y variaciones notables en los márgenes de productos miembros de la misma familia
- Si quiere incrementar sus ventas deberá, irremediablemente, replantearse una nueva estrategia de segmentación.
- El traspaso produce en el anterior propietario y durante demasiado tiempo cierta dejadez en el surtido. Se preocupa más por autoliquidar que por completar su oferta, produciendo una importante fuga de clientes habituales.

Dado que toda etapa inicial suele ser crítica, especialmente influenciada por el conjunto de inversiones iniciales y el alto grado de incertidumbre, Alicia llega a plantearse cuatro posibles opciones:

1. Incrementar su oferta de servicio. Dispersar riesgos abriendo una nueva división de servicios que posibilite abrir el abanico de sus actuales clientes tipo, con el coste menos elevado posible:
- Arreglos de prendas de ropa
- Generar un alto grado de confianza como estrategia de fidelización otorgando más importancia a la satisfacción del cliente que a la venta en sí
2. Emplear una estrategia agresiva en precios para liquidar el surtido adquirido por traspaso para recuperar cuanto antes su capacidad de inversión en nuevos productos. La incorporación de nuevo surtido puede canibalizar la venta de surtido en stock: no es un producto de mala calidad; todo lo contrario, la dificultad es que, en general, ha sido mal comprado y los márgenes muy mal ajustados, es decir, sin otro criterio que el añadir un amplio margen que permita un pequeño descuento en el cierre de la venta.
3. Transformar por completo la disposición interior y exterior del establecimiento: diseño interior, escaparate, rótulo exterior. Localizar nueva fuente de financiación e incrementar substancialmente la inversión inicial.
4. Esperar que haya suerte.

Finalmente, Alicia decidió prescindir de la propuesta número dos y tres. Sin embargo, utilizó toda su creatividad para transformar la disposición del establecimiento con un coste sorprendentemente bajo.

Análisis de puntos Fuertes y Débiles

El comercio estaba ubicado en un lugar de paso frecuente, en una carretera de acceso a nuevas construcciones de viviendas. El tráfico era lento, pues a 20 metros había un semáforo que regulaba el paso a la zona centro (el establecimiento se encuentra a 100 m del Ayuntamiento) y permite el acceso, por la misma vía, a la A-2 y N-340.

La calle era comercial. En un tramo de 200 metros, contaba con establecimientos de posicionamiento medio-alto (peluquería-estilismo, dos granjas, relojería, agente de la propiedad inmobiliaria, papelería, lotería, dos puntos de venta de periódicos, tiendas de moda femenina, pastelería tradicional...). En cuanto a la densidad de población de su zona de influencia, era escasa o insuficiente. Esta situación le permitía prever que la mayor parte de su público objetivo debe desplazarse a la zona, atraídos por algún incentivo. Si dividiéramos a sus clientes habituales en dos grupos, la relación entre clientes residentes en la zona de influencia y los clientes habitantes en áreas alejadas de esta zona de influencia sería, aproximadamente, de 60/40 respectivamente.

El tráfico de personas, por las inmediaciones, se reforzaba gracias a la existencia de un centro cívico municipal cuya entrada principal se encontraba justo en frente del establecimiento de Alicia Marrero.

El mobiliario urbano es suficiente: la calle estaba arbolada (copas bajas) y disponía de bancos de descanso cada 40 m.
La proximidad de zona azul o aparcamientos gratuitos en espacios abiertos en un radio de 200 metros era suficiente.

Desde hace setenta años siempre existió un establecimiento comercial en este local, Ca la Mercè, fundada hacía más de veinticinco años. Es este periodo había sido traspasada dos veces, hasta el momento.

Campo de trabajo

Sus primeras aportaciones:
1. Distribuir su espacio interior en áreas claramente diferenciadas que perfectamente pudiera distinguir su cliente.
2. Mejorar substancialmente el mobiliario interior, la decoración interior y exterior con una pequeña inversión. La transformación sería minimalista, progresiva, no radical y recibiría significativos elogios por parte de viandantes y clientes no habituales. Reavivaría el espíritu consolidado del establecimiento, realzando sus valores.
3. Clasificar (generando una parrilla) los productos de su establecimiento por el grado de atracción, volumen de ventas y contribución al beneficio global. Los niveles de surtido los clasificaría por: categorías de producto, familias, subfamilias y referencias.
4. Determinar una estrategia de animación de punto de venta, en función de tres categorías:
- Producto estrella de la temporada
- Producto en oferta (autoliquidación): para ello, se emplearía el sistema self liquidating premium, es decir, para conseguir el producto ofertado debe adquirir previamente un producto no ofertado. El precio del producto ofertado prácticamente no le deja margen, pero corresponde al grupo de productos adquiridos por motivos de traspaso. Crea un espacio-góndola al que denomina Premium y entrega por cada compra superior a 10 euros un vale de descuento del 30 % sobre el precio de esta categoría.
- Productos complementarios

Cuatro meses más tarde, Alicia Marrero incorporó a su establecimiento criterios de gestión que claramente le permitieron, en un considerable corto espacio de tiempo, incrementar sus expectativas de beneficio.

El concepto merchandising

¿Cuánto de todo esto es gestión y cuánto es merchandising? La mayor parte de los autores e investigadores en este campo empiezan describiendo el merchandising como conjunto de métodos y técnicas conducentes a dar al producto un papel activo de venta por su presentación y entorno con la intención de optimizar su rentabilidad para terminar mencionando un aspecto intrigante y desconocido del mismo: la seducción, el conjunto de fuerzas psíquicas capaces de impulsar la acción de compra. Lo cierto es que sí esta claro que es gestión, pero no hay acuerdo acerca de qué es merchandising o si merchandising es solo gestión. Para otros autores, merchandising es simplemente una parte del marketing que engloba las técnicas comerciales que permiten presentar al posible comprador el producto o servicio en las mejores condiciones materiales y psicológicas, pero, por alguna razón, nadie se atreve a profundizar o, al menos a divulgar, estas condiciones psicológicas.

Una nueva corriente basada en el principio de aproximación al concepto de merchandising establecido por los autores Alain Wellhof y Jean-Émile Masson pretende distinguir los criterios básicos de gestión comercial de un establecimiento distribuidor y el efecto merchandising, que se basa en el análisis etimológico del término (movimiento de la mercancía hacia el cliente): la aparición del autoservicio, como técnica comercial, induce a considerar que el producto debe venderse por sí mismo, pues adquiere un papel más activo en la venta, más protagonista que el prescriptor o vendedor de mostrador. El hecho de que el producto deba enfrentarse solo a su candidato a consumidor obliga a racionalizar el comportamiento de uno cuando se encuentra frente al otro, y de aquí el término AIDA, proceso que determina el movimiento de la mercancía al cliente: Primero el producto debe provocar la atención, luego el interés, después el deseo (fruto de la seducción) y, finalmente, la acción de elegir, momento en el que las posibilidades de ser adquirido son muy elevadas, pero no definitivas.

De este concepto anterior se deduce que un producto puede poseer una importante cantidad de merchandising; sin embargo, un fracaso en la gestión comercial (por ejemplo, en la gestión del precio, en la información de uso, aproximación a la fecha de caducidad, debilidad del envasado, condiciones de exposición, etc...) puede impedir que se cierre el ciclo, lo que no significa que el producto no haya provocado el movimiento hacia el cliente.

Análisis de las acciones realizadas por Alicia Marrero

La joven empresaria, sin saber que existe este término (merchandising) y probablemente guiada por su intuición y formación en diseño, empieza a desarrollar una determinada estrategia basada en la seducción.

Primero, entiende que su tienda es una división, una sección en el autoservicio denominado "Molins de Rei", que debe cuanto menos seducir para atraer hacia ella el máximo número de personas posibles hacia su "concepto de tienda", o por qué no, "tienda-producto" (de hecho es lo primero que uno compra: el punto de distribución), de todas cuantas forman parte del tráfico habitual de su "pasillo" (calle). ¿Por qué no utilizar los mismos criterios de gestión comercial que las GMS?

Alicia Marrero analiza cada uno de los puntos de circulación hacia su establecimiento y determina los espacios donde se produce más tráfico. Decide observar la fachada de su tienda desde estos "puntos calientes" y determina su grado de notoriedad con respecto a otras "secciones": sus tiendas colindantes. Pretende, por tanto, aumentar su índice de atención, como paso previo a alcanzar el interés y posterior deseo de acercarse para provocar la acción de entrar.

Observa que el árbol que habita frente a su establecimiento impide substancialmente su notoriedad. Con el tiempo decide, no solo aumentar y mejorar su iluminación exterior, sino ampliar el campo de visión de su fachada, en lo que la ley de urbanización le permite, simplemente incorporando dos plafones (uno a cada lado de la fachada) en perfecta combinación armónica, en los que ofrece información al cliente, de manera clara y ordenada, relativa al tipo de productos, características y precio. Esto le permite mejorar sus escaparates en la medida en que no tiene la necesidad de incluir el precio de los productos expuestos y fortalecer, y mejora así la ornamentación, el posicionamiento y la distinción de su establecimiento. Analiza cada uno de sus productos expuestos y fortalece, potencia, aquellas características que pueden mejorar su capacidad de seducción.

Su prioridad es la de reducir en el mínimo tiempo posible el stock de productos que adquirió en el traspaso por varias e interesantes razones:

1. Recuperar la inversión realizada para producir una remodelación de su oferta y adquirir un surtido más acorde a las necesidades de su público objetivo: actualizado, diferencial, precio más ajustado manteniendo el margen, nuevos proveedores, productos con fuerte contenido de licencing (Warner, Walt Disney, los Simpsons, Les Tres Bessones...). Este tipo último de productos tienen una gran cantidad de merchandising. El margen de contribución al beneficio es menor, pero actúan como un excelente catalizador de productos complementarios o venta por impulso.
2. Iniciar una campaña promocional selectiva que le permita disminuir el valor del ratio entre clientes residentes en la zona de influencia y clientes no residentes en esta zona, invirtiendo la relación anterior de 60/40 a 40/60.
3. Búsqueda de productos exclusivos en su zona de influencia.

El surtido, al fin y al cabo, determinará su "personalidad", confeccionando su "producto-tienda".

¿Decimos personalidad? Alicia Marrero empieza a considerar la existencia de una serie de condiciones relacionadas con la dinámica psicológica alejadas de los aspectos racionales de la gestión, que logra intuir mientras ella atiende a una de las dos personas que aguardan su turno para ser atendidas. Sabe que, para las personas que esperan, en ese espacio de tiempo, se produce el fenómeno AIDA sobre uno o varios de los productos expuestos en su establecimiento comercial. Logra comprender que su intervención en el establecimiento no ha transformado el concepto –la tienda sigue siendo básicamente la que era-; sin embargo, parte de su personalidad se ha proyectado sobre su producto-tienda, parte de su alma, de su esencia, se integra en el concepto dotándolo de una nueva viveza. ¿No sucede lo mismo cuando el fabricante crea un producto o servicio?, ¿no puede estudiarse un producto estructurando su personalidad, con el objetivo de destacar aquellos aspectos de interés, o deseo, potenciadores de la acción de compra? ¿Es esto verdaderamente merchandising o una simple herramienta de gestión comercial?

La estrategia de Alicia Marrero empieza a convencer.

Ahora estudia desarrollar un método de análisis que le ayude a determinar qué aspectos o características de cada producto deben ser potenciados y cómo. Todo producto tiene, cuanto menos, un valor de fortaleza que justifica su precio en relación a la calidad que debe ser detectado y potenciado con elementos externos: luz, información, imágenes, sensaciones, productos complementarios, sencillez, etc...

Es probable que la pequeña tienda sea, sin saberlo, el embrión que permita distinguir entre lo que algunos autores llaman merchandising de contenido amplio, donde cabe casi todo, y de aquellos que pretenden localizar qué es exactamente el efecto merchandising. De todo esto, a Alicia Marrero solo le sirve conocer aquellas herramientas, sistemas o ideas que se adapten a su establecimiento con un único fin: vender mejor como único camino para vender más. Después se puede pensar en autorrealización.

Cuestiones

1. ¿Cuál podría ser la mejor definición de merchandising?

2. ¿Qué herramientas utilizadas por la protagonistas son de gestión y cuáles potenciadoras del efecto merchandising?

3. ¿Qué hubiera supuesto poner en marcha las propuestas dos y tres?

4. ¿Caben otras opciones estratégicas?

5. ¿Qué supone modificar el valor del ratio entre clientes residentes en la zona de influencia y clientes no residentes en esta zona invirtiendo la relación de 60/40 a 40/60? ¿Qué estrategias pueden emplearse para alcanzar este objetivo?

---

[1] J.E. Masson. : El merchandising. Rentabilidad y gestión del punto de venta, Deusto, Bilbao, 1984.

[2] El producto ha pasado por las manos del una persona en actitud consumidora.

[3] Grandes y medianas superficies.

MUEBLES KUFUTMARK,S.A. (Política de distribución)

(Este documento no pretende ilustrar una determinada forma de gestión, sino que debe servir como base para el diálogo. Para que la discusión sea provechosa, es necesario preparar el caso con antelación, definiendo los problemas y proponiendo alternativas de solución y acción.)

Un sábado de noviembre de 2006, la directora de marketing de Kufutmark.S.A., Laura Toledo, observaba preocupada un titular de prensa sobre la venta de mobiliario para el hogar en España. Mientras el sector estaba experimentando un crecimiento anual medio del 8%, desde el año 2000, Kufutmark. S.A. asistía a un tímido crecimiento del 1%. Marcas como IKEA, El Corte Inglés, Mercamueble, Carrefour, Conforama, Leroy Merlin, Muebles la Fábrica, Alcampo, La Oca, Expo-Mobi, Vinçon, Habitat u otros especialistas pequeños y medianos se estaban llevando buena parte del mercado. Por otro lado, había claros signos de movimiento en el mercado, y Kufutmark. S.A. no estaba haciendo nada.

Sin embargo, la empresa no está disfrutando del crecimiento del sector. Laura se preguntaba, ¿Es correcto el posicionamiento, el precio, la forma de distribución, el servicio? ¿Qué percepción tiene el cliente de nuestra marca?

La empresa

Kufutmark.S.A. nace en Motilla del Palancar en 1993, fruto de la unión de veinticuatro empresarios manchegos, como central de compras y actuando en el ámbito local de Castilla La Mancha. En 1997 se produce un punto de inflexión que hace que la marca se plantee su futuro y crecimiento. Por un lado Kufutmark. S.A. se transforma en una central de ventas y, por otro, se trabaja la dimensión marca y la coherencia entre las distintas tiendas y marcas que integran Kufutmark.S.A. con el fin de diferenciarse y ofrecer una imagen integra y global (tanto a nivel de proveedores como de producto). Tienen su sede principal el la ciudad de Cuenca.

Para ello, se trabajan tres grandes puntos:
- Unificación de las tiendas
- Establecer un plan de marketing a través del análisis del consumidor

- Definición y transformación del punto de venta

En el año 2000 se crea la primera tienda bajo el concepto Kufutmark,S.A.

En 2006, la empresa sigue creciendo, consolidándose como una central de ventas que funciona con un sistema que tiende a la estructura de franquicia con 47 socios y 90 puntos de venta en todo el territorio español. El 90% de las tiendas están adaptadas al concepto, siendo las de Barcelona ciudad las que menos reflejan tal unidad. La facturación actual es de 35 millones de euros.

Concepto kufutmark,s.A.

Se basa en tres premisas:
- Complementos dentro de la tienda
- Estilismo en el punto de venta
- Exposición de producto

Para los responsables de la empresa, el hogar es un espacio vivo, lleno de emociones compartidas. Es ahí donde Kufutmark,S.A. quiere transmitir su manera de entender la vida a través de los muebles y complementos que incorpora. La base de su diseño es la espontaneidad, la creatividad y la innovación.

Su propósito es mantener una amplia oferta de muebles y complementos, moderna y de calidad, siguiendo las últimas tendencias y ofrecer el mejor servicio en el punto de venta para que las personas consigan hacer de su casa el hogar que imaginan.

La oferta también va dirigida a los decoradores. Con el fin de hacer frente al elevado nivel de exigencia de este tipo de cliente, la empresa pretende ser la marca de referencia para este colectivo, con permanente lanzamiento de nuevos diseños y los mejores materiales.

La empresa ofrece un producto creado en exclusiva por la propia marca que sólo es posible encontrar en sus tiendas.

Un estilo propio inspirado en las últimas tendencias del diseño mediterráneo que surge de ciudades como Milán, Valencia o Barcelona.

Kufutmark.S.A. siempre se ha posicionado como una empresa innovadora en diseño, tratando de crear un espacio al gusto del cliente con la versatilidad de sus programas modulares.

El cliente que confía la decoración de su hogar en Kufutmark.S.A. consigue ambientes modernos, naturales y con un toque de frescura.

La empresa cuenta con multitud de combinaciones, pudiendo ofrecer desde un entorno juvenil y sofisticado a uno sobrio y elegante a precios competitivos.

Servicio

Siendo conscientes de la dificultad del cliente para trasladar su idea desde la tienda a su hogar, Kufutmark.S.A. ofrece un proyecto 3D del ambiente adaptado a las medidas reales del espacio. Con ello se consigue observar el resultado desde todos los puntos de vista y ultimar todos los detalles de forma virtual.

El equipo experto en muebles y decoración atiende y asesora al cliente en todo momento, ofreciendo todas las opciones.

En el momento en que cliente y vendedor han conseguido configurar un proyecto idóneo, se prepara el presupuesto y se planifica la fecha del montaje en casa del cliente.

El servicio post-venta está entonces en marcha para tratar de responder a todas las dudas que puedan originarse después de la compra y, si es necesario, realizar las modificaciones oportunas en el proyecto.

Cambios en el mercado

Actualmente, Kufutmark,S.A. observa gran cantidad de factores que influyen en su negocio:
- Tendencias demográficas
- Cambios sociales que afectan al consumidor
- Cambios de hábitos
- Cambios de valores
- Fenómenos como IKEA que ofrecen una vertiente lúdica, una compra fácil y un producto flexible ("mueble maleta")
- El mueble se conforma como un producto de consumo: enfoque situacional

A partir de estas observaciones, Laura realiza las siguientes reflexiones:
1. En relación a las tendencias demográficas se observa que la clase media se estrecha en pro del aumento de las clases baja y alta, y por tanto, el *target* en el que se posiciona Kufutmark.S.A. cada vez es menor.
2. Los cambios demográficos señalan que, si bien el *corte target* de la empresa antes era de 25 a 40 años, ahora es de 35 a 45 años. Gente con necesidades, valores y hábitos que actualmente la marca desconoce.
3. Según información de la que dispone Kufutmark,S.A. (tipologías de consumidor en función del núcleo familiar y clase social), actualmente la empresa está aplicando políticas de MKT y comunicación que sólo se dirigen a un 8% de la población.

Cuestiones

1. ¿Qué peculiaridades tiene el sector del mueble para el hogar en España?

2. ¿Es apropiada la estructura actual de distribución?

3. ¿Es posible llegar a una posición de mayor valor que ofrezca menos rotación y más margen sobre el coste?

4. ¿Qué hay que hacer para alcanzar tal posición: desarrollo de tiendas, potenciar la marca, creación de producto propio, énfasis de la figura del diseñador…?

9 Promoción y publicidad

OBJETIVOS

1. Estudiar la promoción como elemento fundamental del marketing
2. Analizar los instrumentos para promocionar las ventas
3. Determinar los métodos más adecuados para un mix de promoción
4. Estudiar la selección de medios publicitarios así como el presupuesto en publicidad

9.1 LA PROMOCIÓN COMO INSTRUMENTO DEL MARKETING

Fin de la promoción: estimular la demanda y/o fijar una situación deseada por la empresa en la mente de los receptores.

La principal actividad de la promoción es la comunicación. Su fin es estimular la demanda, ya que, si bien la calidad es necesaria para garantizar la fidelidad del cliente, no es suficiente. Como instrumento de marketing, la promoción trata de informar, persuadir y recordar sus las características del producto, ventajas y las necesidades que satisface.

Existen diversos puntos de vista sobre las actitudes que toman los consumidores ante la promoción. Un primer grupo sostiene que la publicidad y venta personal, proporcionan al consumidor una imagen distorsionada de la realidad. Otros consideran que la publicidad es innecesaria y que acaba implicando un incremento de costes y por tanto un incremento de precios de los productos. Un tercer grupo toma una actitud positiva hacia la publicidad, ya que considera que proyecta valores positivos a la sociedad. En cualquier caso, ninguna de estas visiones es del todo correcta.

La función de la promoción es la de comunicarse con los clientes, ya sea de forma directa o indirecta, facilitando el intercambio al informar y persuadir para que se acepte el producto de una empresa. La promoción también actúa sobre los clientes habituales, recordando la existencia del producto y sus ventajas e innovaciones a fin de que los consumidores no se vean tentados por otras marcas. A veces, la función de la promoción va más allá de la puramente comercial, ligándola a fines sociales. Por ejemplo, existen algunos productos de los que parte de su importe va a parar a asociaciones que colaboran con el tercer mundo.

Las empresas suelen también emitir distintos mensajes, según la audiencia a la que van dirigidos. Por ejemplo, telefónica por un lado anuncia a sus clientes los distintos planes de ahorro de tarifas, y por otro muestra una imagen de empresa sólida a sus accionistas e inversores potenciales.

Para maximizar el beneficio de los esfuerzos promocionales, los ejecutivos de marketing deben planificar, implementar, coordinar y controlar todo el esfuerzo de comunicación. Las actividades de promoción son más efectivas cuando se ha hecho un estudio del entorno, a menudo a través de las investigaciones de mercado dirigidas por la empresa.

El objetivo último de toda promoción es estimular el consumo del producto o servicio, aunque para ello pueden también llevarse a cabo acciones o campañas de promoción con objetivos parciales, tales como creación de imagen, diferenciación del producto y posicionamiento del producto o de la empresa que lo vende. Estos objetivos intermedios a medio plazo también estimulan la demanda.

Creación de marca
Muchas veces, los productos no se compran por sus cualidades o las ventajas que aportan, sino que se hace por la imagen de la marca que representan. Las acciones promocionales no se centran en las características del producto, sino que ponen énfasis en su prestigio, posición social, credibilidad, etc.

Diferenciación del producto
En otras ocasiones, las promociones inciden en una característica concreta del producto que lo diferencia de sus competidores, a fin de que al consumidor le parezca único.

Posicionamiento del producto o de la empresa
Las acciones de promoción pueden dirigirse también a posicionar o reposicionar una marca en el mercado.

9.1.1 El proceso de comunicación

El proceso de comunicación se basa fundamentalmente en la transmisión de información del vendedor al comprador. El vendedor transmite al comprador el mensaje, a través de medios personales o impersonales. Este último lo recibe e interpreta, y devuelve una respuesta al vendedor que, en último término, consiste en la compra o no del producto.

Los elementos que componen un proceso de comunicación son los siguientes:

Emisor
Persona, grupo u organización que tiene una información que quiere transmitir; por esa razón inicia la comunicación. La eficacia de la información dependerá, en gran medida, de la credibilidad que tenga el emisor. Por ejemplo, será más eficaz que anuncie unas zapatillas de deporte un futbolista de prestigio que el director de publicidad de Reebok.

Codificación
Es el proceso de expresar los conceptos en forma de símbolos.

Mensaje
Se compone de las diferentes ideas que quiere comunicar el emisor. Los objetivos esenciales suelen ser: creación de una inquietud en el consumidor, exposición explícita o implícita de algún peligro o amenaza y exposición de las sensaciones agradables que un producto o servicio puede tener en el público.

Medio o canal
Canal utilizado para hacer llegar el mensaje al destinatario. Los canales pueden ser personales e impersonales. Los canales personales son aquellos en que existe un contacto directo y personal entre emisor y receptor: dos o más personas se comunican entre sí, de manera directa. Se pueden comunicar frente a frente, de una persona a su público, por teléfono o incluso por correo o e-mail. Los canales de comunicación personal son efectivos porque dan cabida al trato personal y a la retroalimentación. Algunos canales de comunicación personal son controlados por el comunicador en forma directa. La influencia personal tiene mucho peso en el caso de productos caros o que entrañan riesgos evidentes. Por ejemplo, los compradores de automóviles o aparatos eléctricos grandes, con frecuencia, van más allá de las fuentes de los medios de masas y piden la opinión de profesionales. Dentro de estos existen los controlables (vendedores, distribuidores de la empresa) y los incontrolables (líderes de opinión, familia...). Los canales de comunicación impersonal son medios que llevan el mensaje, sin que haya contacto ni retroalimentación. En este grupo se encuentran las comunicaciones masivas (televisión, internet, prensa, folletos...), que afectan a las actitudes y al comportamiento indirectamente, ya que son los líderes de opinión los que reciben primero el mensaje.

La base del proceso de comunicación es la transmisión de información del vendedor al comprador.

Elementos del proceso de comunicación

EL PROCESO DE COMUNICACIÓN

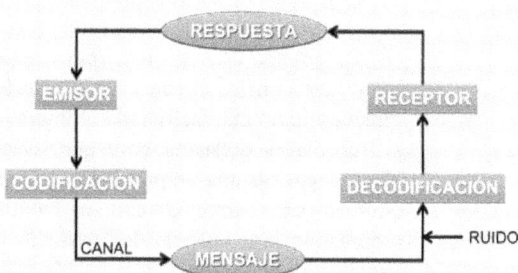

Decodificación

Es el proceso mediante el cual el receptor asigna significado a los símbolos transmitidos por el emisor.

Receptor

Es el destinatario del mensaje. El mensaje codificado en símbolos debe pasar por un proceso de decodificación para interpretar su significado. El problema que puede ocasionarse es que el receptor no interprete el mensaje de la forma pretendida por el emisor. Entonces diremos que existe un ruido en la comunicación. Una vez el receptor ha interpretado el mensaje, puede dar o no respuesta a éste. En caso de darla, será de forma directa en el caso de venta personal pidiendo más información al respecto o comprando el producto. En los otros tipos de promociones, la respuesta no es, en general, inmediata.

Respuesta

Es la reacción del consumidor después de haber estado expuesto al mensaje. El receptor que ve un anuncio de Kentucky Fried Chicken puede optar por una comida en uno de estos restaurantes.

El primer paso para desarrollar una comunicación eficaz consiste en la identificación de la audiencia meta, que puede encontrarse en alguno de los estados por los que pasa el consumidor durante el proceso de compra: información previa, conocimiento, atractivo, preferencia, convicción y compra.

9.1.2 Instrumentos de la promoción

Medios utilizados para llegar al mercado.

Según los medios utilizados para llegar al mercado objetivo, existen cinco grandes instrumentos con los que cuenta la empresa: la publicidad, la promoción de ventas, la venta personal, las relaciones públicas, y el marketing directo.

La publicidad

Es aquella forma remunerada, indirecta e impersonal de presentación y promoción de ideas, bienes y servicios por cuenta de la empresa anunciante. Suele tener un coste elevado para la empresa. Lo que distingue a la publicidad es:

- Su carácter impersonal, puesto que se dirige de forma indiscriminada a todo el mercado.
- La transmisión de la información se canaliza siempre a través de los medios de comunicación de masas.
- Se identifica el transmisor de la información.
- La publicidad es pagada por el anunciante.
- El anunciante controla el contenido y la forma de emitir el mensaje.

La publicidad es un instrumento muy expresivo, lo que permite a las empresas realizar una promoción atractiva, con elementos del color, de arte, de tecnología, etc. Puede utilizarse para crear una imagen a largo plazo (Coca-Cola) o a corto plazo (rebajas de El Corte Inglés).

Promoción de ventas

Son las actividades indirectas que utilizan incentivos para captar la atención del consumidor y proporcionar información que puede inducir a la compra a corto plazo. Estos incentivos pueden ser regalos, descuentos, muestras, etc. Utiliza medios de comunicación impersonales y no se trata de una actividad regular. Su coste, aunque variable, suele ser más bajo que en las formas de comunicación publicitaria y de venta personal.

La publicidad dice: "compre nuestro producto", la promoción de ventas dice: "compre nuestro producto ya". Es decir, las empresas utilizan la promoción de ventas para crear una respuesta más fuerte y rápida. Se utiliza cuando quieren destacarse las ofertas de los productos o para recuperar las ventas que han disminuido con el tiempo.

INSTRUMENTOS DE LA PROMOCIÓN

- La publicidad
- La promoción de ventas
- La venta personal
- Las relaciones públicas
- El marketing directo

Venta personal

Forma de comunicación directa y personal desarrollada de forma inmediata para obtener una respuesta en el comprador. Este instrumento de comunicación se lleva a cabo cara a cara o con algún otro medio interactivo, por ejemplo el teléfono. La venta personal es costosa para la empresa, y requiere vendedores especializados. Por otro lado, la venta personal permite la flexibilidad del vendedor y la respuesta rápida del comprador.

La venta personal es el instrumento más eficaz en ciertas etapas del proceso de compras, pues trata de despertar preferencias y convicción en el comprador. Puede desencadenarse una relación vendedor-comprador a corto o a largo plazo, según sean las ambiciones de la fuerza de ventas o la capacidad del vendedor.

Relaciones públicas

Son las actividades relacionadas con la prensa y la imagen de la empresa. Es una forma de comunicación indirecta e impersonal. Las desarrollan a nivel masivo para favorecer la imagen de la empresa en general y de sus productos en particular, a través de los medios de comunicación. A menudo se denomina a las relaciones públicas propaganda, que es la información que se difunde por los medios de comunicación masivos y se diferencia de la publicidad en que no es el vendedor quien controla el mensaje, sino los propios medios o terceros.

Las empresas tienden a utilizar las relaciones públicas muy poco siendo su correcta utilización muy eficaz y poco costosa.

Marketing directo

Engloba el conjunto de actividades de promoción directa. Se trata de una comunicación directa, que pude ser personal o impersonal. Su coste es elevado. Citamos la publicidad por correo postal o electrónico, por teléfono (telemarketing) como las actividades más importantes. Así la empresa puede dirigirse directamente a un segmento de mercado.

9.2 FACTORES QUE AFECTAN A LA ELECCIÓN DEL MIX DE PROMOCIÓN

Las empresas utilizan varios instrumentos para construir su mix de promoción. Los factores más destacados de los cuales depende esta mezcla son los recursos con que cuenta la empresa, el tipo de producto y mercado, la estrategia utilizada para tratar el mercado, la disposición del comprador y la etapa del ciclo de vida del producto.

Recursos de la empresa

Tanto la publicidad como la promoción son caras, algo que limita las campañas y deja estas actividades en manos del canal de distribución, una estrategia denominada push (empuje).

Tipo de producto y mercado

Las empresas que manejan productos de consumo suelen dedicar mayor esfuerzo a la publicidad, mientras que las dedicadas a productos industriales destinan mayores recursos a las ventas personales. Las ventas personales se utilizan más para promocionar productos caros y complejos, ya que hay que convencer al cliente para realizar un gasto alto, y para mercados con pocos vendedores y de mayor tamaño. También se utilizan las ventas personales si el producto precisa de un vendedor especializado por razones técnicas, si el producto requiere demostraciones para su utilización o consumo, si es necesario adaptarlo a las necesidades del consumidor, si la compra no es frecuente, o finalmente, si la venta requiere mayor negociación.

En general, si el mercado es grande y la distribución es extensa, será adecuada la publicidad masiva. Un mercado concentrado, como es el caso de un mercado industrial, será susceptible de venta personal.

Mix de promoción: uso de varios instrumentos.

Estrategia de la empresa

Existen dos estrategias de promoción básicas: push y pull. La primera trata de "empujar" al canal de distribución para que el producto llegue al consumidor final. Las actividades del marketing son reconducidas por el fabricante hacia los miembros del canal de distribución, que gestionan la venta del producto y su promoción. La estrategia tipo pull utiliza la publicidad y la promoción de ventas, dirigiendo las actividades del marketing hacia los consumidores finales para inducir así a la compra de los productos. Con una estrategia pull eficaz, los consumidores pedirán comprar el producto a los miembros del canal, es decir, la demanda de consumo atrae al producto mientras pasa por los canales.

Estas dos estrategias pueden utilizarse de forma combinada, como es el caso de la empresa Nabisco, que realiza campañas publicitarias masivas a la vez que cuenta con una considerable fuerza de ventas. Sin embargo, puede ocurrir que empresas similares utilicen acercamientos distintos.

Disposición del individuo para comprar
La publicidad y las relaciones públicas son instrumentos básicos en las primeras etapas de decisión de compra, es decir, cuando existe conciencia y conocimiento. Por su parte, las ventas personales están más en consonancia o son más efectivas en aquellas etapas en las que prevalecen características como el agrado, la preferencia y la convicción por parte del consumidor, sin que la publicidad deje de ser efectiva entonces, pues se cumplen funciones de recuerdo y reafirmación para el cliente. Dado que el coste que representa la venta personal para la empresa es muy elevado, su utilización se aconseja en las últimas etapas del proceso de compra del cliente.

Etapa del ciclo de vida del producto
Los costes de promoción varían según las etapas del ciclo de vida del producto. A continuación describimos las actividades usuales para la promoción de los productos de consumo, dado que en los mercados industriales lo más eficaz y utilizado es la venta personal. En la etapa de introducción, la publicidad y la propaganda son los instrumentos más eficaces, pues despiertan la conciencia del cliente respecto al producto, mientras que las promociones de ventas efectúan pruebas del producto. En la etapa de crecimiento, disminuye la utilización de venta personal y la publicidad toma posiciones más fuertes. Durante la etapa de madurez, se requiere la intensificación de la venta personal, las promociones de venta y las actuaciones de los detallistas. La publicidad se utiliza como recordatorio. En la etapa de declive, todos los instrumentos se utilizan poco excepto, en algunos casos, la promoción de ventas.

9.3 PUBLICIDAD

Es un instrumento de promoción remunerado e impersonal de presentación y de promoción de productos o ideas por parte de una organización identificada que controla el mensaje a través de un medio de comunicación y dirigida a un público relativamente determinado del cual se espera una determinada respuesta. Es una forma de comunicación unilateral con la que se pretende modificar el comportamiento de compra. El gasto en publicidad en porcentaje de ventas lo encabeza la industria alimentaria, de aseo y cosméticos, así como la industria automovilística, que, ha visto aumentar su gasto publicitario en los últimos años.

La publicidad se utiliza desde hace miles de años. Hasta los arqueólogos han encontrado pintadas en los muros anunciando combates de gladiadores. Los pregoneros de Grecia anunciaban al venta de esclavos, ganado y otros productos. La publicidad se maneja de distintas maneras: las empresas pequeñas la manejan en los propios departamentos de ventas, las grandes en departamentos de publicidad en contacto con agencias externas.

Siendo la publicidad el ingrediente de la promoción más conocido, existen varios enfoques dentro de la empresa en lo que a utilización de publicidad se refiere. La publicidad de productos trata de resaltar sus atributos, así como las necesidades que cubre y su posición competitiva. Puede llevarse a cabo de forma suave o agresiva, esto es, creando una imagen de marca o buscando una compra rápida. En cualquier caso, el mensaje tiene un mismo fin, la compra del producto. También puede utilizarse la publicidad de manera institucional, es decir, buscando obtener buena imagen para la propia organización, lucrativa o no, en general. Su finalidad siempre es proporcionar información positiva de la empresa.

Las limitaciones más visibles de la publicidad son:
- Incapacidad para cerrar la venta
- Incapacidad para seleccionar adecuadamente al público objetivo

Los efectos de la publicidad son de tipo económico o social. En relación a los efectos económicos podemos decir que existe una relación entre publicidad y demanda en ambos sentidos. Es decir, a más publicidad más demanda, y viceversa, a medida que aumentan las ventas, también lo hacen los gastos en publicidad. Respecto a las consecuencias sociales, los gastos que realizan las empresas en publicidad sirven para financiar programas en los medios, actividades sociales de todo tipo, etc.

9.3.1 Estrategia de publicidad. Objetivos

Para llevar a cabo una campaña publicitaria adecuada, se debe diseñar una estrategia publicitaria con los siguientes centros de decisión:
- Los objetivos
- El mercado meta
- El presupuesto
- El mensaje
- Los medios de comunicación
- Frecuencia y momento de comunicación

Existen un conjunto de factores que afectarán a su diseño y sobre los cuales se apoyan los centros de decisión arriba citados. Son las características del producto y su ciclo de vida, el público objetivo al cual irá dirigida la campaña, la competencia, las agencias de publicidad y los medios de comunicación, y las leyes reguladoras de la publicidad.

Los objetivos básicos de cualquier instrumento de promoción, a nivel conceptual y descriptivo, estarán relacionados con las decisiones que se hayan tomado respecto al mercado meta, la posición de mercado y el resto de los elementos del marketing mix. Esto determinará que la empresa desarrolle una tarea específica de comunicación dirigido a este mercado meta. Según sea el propósito,

los objetivos básicos para la publicidad pueden clasificarse en tres apartados:

1. *Informar*. Se utiliza para introducir nuevos productos, sobre los que se quiere crear la primera demanda. Su procedimiento combina la descripción de las características del producto, la educación del consumidor en el uso, la información sobre su precio y los cambios que sufre, la corrección de falsas impresiones, la disminución del riesgo de los consumidores, la descripción de los servicios disponibles, el conocimiento de las promociones de ventas, y la creación de una buena imagen para la empresa.

2. *Persuadir.* La empresa crea demanda selectiva. Es una vía decisiva cuando existe competencia. Con este estilo se crea preferencia por la marca en el consumidor a la vez que se atraen nuevos clientes que compran marcas de la competencia o que no compran este tipo de producto. Se pretende aumentar la frecuencia de uso y el volumen de compra. También se pretende que el cliente cambie su percepción de los atributos del producto.

La publicidad puede clasificarse según sus objetivos.

Finalmente, con la publicidad persuasiva, pueden sugerirse acciones más directas por parte de los miembros del mercado, como por ejemplo que visiten un punto de venta, que acepten la visita de vendedor, etc.

Muchas veces, la publicidad persuasiva se convierte en publicidad comparativa, con la que la empresa compara su marca con otras del ramo. Ejemplos claros son: Coca-Cola y Pepsi, Zumos Don Simón y Minute Maid. A este respecto existen leyes en los países que prohíben la disminución de las propiedades de los productos de la competencia con la finalidad de resaltar los propios.

3. *Recordar*. Se utiliza en el caso de productos maduros, para conseguir que los consumidores sigan pensando en ellos. Entre los recuerdos que se consiguen están la propia existencia del producto, sus ventajas, el lugar dónde puede adquirirse, o eliminar la estacionalidad (por ejemplo, para conseguir vender cava todo el año).

Los objetivos de la publicidad también pueden clasificarse según el tipo de publicidad y la etapa en que se encuentre el producto en su ciclo de vida. Estos objetivos adquieren un carácter más encaminado al diseño de la estrategia de la empresa que los expuestos anteriormente:

1. *Objetivos según el tipo de publicidad perseguida.* Si la publicidad está centrada en el producto, las acciones pueden ir dirigidas estimular la demanda, posicionar el producto, solucionar problemas del consumidor. En caso de perseguir una publicidad institucional, las acciones se realizarán para crear o reconducir una imagen de empresa, promover los productos genéricos (sal, leche, etc.) o para proporcionar asuntos sociales.

2. *Objetivos según la etapa del ciclo de vida del producto.* Dado que la demanda y los elementos del marketing mix varían en cada etapa, las acciones publicitarias deberán adaptarse en cada momento. En la etapa de introducción, lo que se pretenderá es dar a conocer el producto informando sobre sus características y atributos, estimular la demanda primaria y atraer a los distribuidores.

En la etapa de crecimiento, se trabajará sobre una demanda más selectiva, destacando más la marca que el producto. En la etapa de madurez la publicidad es un elemento básico para la subsistencia. Se buscará la fidelidad de la marca, nuevos segmentos, aumento de la frecuencia de compra, nuevos usos del producto, etc.

En la etapa de declive, se destacarán aún más los nuevos usos del producto y la fidelidad, siendo relevante resaltar las ventajas en los precios.

9.3.2 Magnitud del presupuesto publicitario

La empresa debe buscar el máximo beneficio al gasto en publicidad.

El siguiente paso en el proceso de planificación de la publicidad es el establecimiento del presupuesto publicitario, el cual dependerá de los siguientes factores:

1. *Etapa del ciclo de vida del producto.* Los recursos destinados en la etapa de intro-

ducción son mucho más elevados que en la etapa de madurez, en proporción con las ventas.

2. *Participación en el mercado.* Cuanto más mercado abarque la empresa, más presupuesto destinará a publicidad, como porcentaje de las ventas. Para ganar mercado se requiere un gasto elevado en publicidad.

3. *Competencia.* Cuando ésta es elevada, el gasto en publicidad será altísimo, para así evitar los efectos del ruido.

4. *Frecuencia.* Lógicamente, cuanto más sean las repeticiones del mensaje, tanto mayor será el gasto, sin que la tendencia haya de ser lineal.

5. *Diferenciación del producto.* Las marcas similares en cuanto al producto deben destinar fuertes presupuestos a la publicidad para resaltar algunos atributos que hagan que se distingan de los demás.

Pero ¿cómo puede saber la empresa si está destinando el presupuesto adecuado para publicidad? Si se conociera la ecuación que relaciona la demanda con la inversión publicitaria, se podría determinar el gasto en publicidad que maximiza los beneficios de la empresa. En esta ecuación ideal deberían incluirse factores tan impredecibles como el tipo de mensaje y los medios empleados... Se dice que las empresas que trabajan bienes de consumo envasados suelen gastar demasiado en publicidad, mientras que el sector industrial en general dedica poco presupuesto para este fin, confiando demasiado en la fuerza de ventas y olvidando las ventajas de la publicidad. El gasto excesivo, sobre todo de las grandes empresas que sólo buscan la imagen, lo justifican como un temor a no gastar lo suficiente.

Existen cuatro formas para determinar el presupuesto en publicidad, formas afectadas por los factores anteriormente citados:

1. *Recursos disponibles.* Se dedica un presupuesto arbitrario a publicidad, sin conocer bien la relación entre publicidad y venta.

2. *Porcentaje de ventas.* A partir de las ventas realizadas o las previstas, se fija un porcentaje de capital que se dedicará a

publicidad. Las ventas serán la causa de la publicidad y no el resultado, lo cual es negativo, porque se fijará un presupuesto de manera arbitraria y oscilante, según varíen las ventas. Este es el procedimiento utilizado por McDonald´s, que obliga a sus franquiciados a destinar un tanto por ciento de los ingresos a publicidad local y del grupo.

3. *Según las acciones de la competencia.* Método arbitrario, que no tiene en cuenta la relación entre publicidad y demanda, sino sólo las prácticas publicitarias de la competencia.

4. *Según los objetivos de la empresa.* Se valoran los costes de las operaciones nacidas de los objetivos. Es un procedimiento racional y complicado a la vez, dado que pretende conocer al máximo todas las variables que relacionan la publicidad y la ventas.

9.3.3 Selección y plan de medios publicitarios

Los medios de comunicación son canales de comunicación masiva por los que circula el mensaje. Al elegir los medios de comunicación que resultarán más eficaces, la empresa se plantea las siguientes decisiones:

1. *Tipos principales de medios:* Prensa, revistas, televisión, radio, publicidad exterior y correo postal o correo electrónico; ¿cuáles utilizar?, ¿de qué forma repartir el gasto?, ¿tiene sentido dedicar todo el presupuesto a un solo medio?

2. *Soporte:* Dentro de un medio concreto, ¿qué programa de televisión o qué tipo de revista son más apropiados para llegar al segmento objetivo?

3. *Alternativas:* ¿Qué tamaño de anuncio será más eficaz?, ¿es rentable el gasto extra de un anuncio en color en una revista?

4. *Distribución del gasto:* ¿Es mejor mantener una presencia regular en los medios utilizados?, ¿puedo interrumpir la publicidad durante un tiempo sin que se note en las ventas?, ¿debo tener en cuenta la estacionalidad de las ventas o intentar cambiarla con más gasto en períodos de bajo consumo?

Un plan de medios eficaz pretende distribuir un presupuesto publicitario determinado, maximizando la consecución de los objetivos de comunicación propuestos. Nos ayudará a evaluar las decisiones tomadas en materia de definición del segmento meta, la eficacia del mensaje, la imagen de marca existente y la calidad de la ejecución publicitaria.

Los criterios que pueden ayudarnos a elaborar un plan de medios eficaz son los siguientes:

- *Alcance.* Mide el porcentaje de personas que quedan expuestas a la campaña publicitaria en un período de tiempo, es decir, es el volumen de audiencia que puede llegar a ver u oír el mensaje. A este ratio suele denominarse penetración. Está en función de la difusión del medio concreto que estamos.

- *Audiencia.* Es el número de personas expuestas al medio de comunicación dado. Se describe en términos de variables de segmentación utilizadas al posicionar el producto; demografía, hábitos de uso del producto, beneficios esperados.

- *Frecuencia media.* Número de veces en que la persona media del mercado meta se verá expuesta al mensaje.

- *Impacto.* Valor cualitativo de una exposición al mensaje a través del medio dado. Es un criterio subjetivo que refleja el distinto poder persuasivo y de comunicación de tipos de medio y soportes diferentes. Una buena aproximación del número total de impactos se calcula multiplicando el alcance por la frecuencia media.

- *Coste.* Nos sirven de base para comparar la relación coste/efectividad de distintos soportes.

Ilustramos los conceptos anteriores con un ejemplo. Un publicista decide que su mercado está compuesto por 2 millones de personas. Su mercado meta es de 1 millón (alcance del 50%). La empresa quiere que el consumidor promedio esté expuesto tres veces (frecuencia: 3). El número total de impactos será de 3 millones. Con estos valores, si se quiere aumentar el impacto a 1,5 (suponiendo que el promedio es 1), deberán comprarse el equivalente a 4,5 millones de exposiciones.

El plan de medios pretende canalizar la inversión en el programa de comunicaciones de forma que el segmento meta de la empresa reciba los estímulos necesarios y suficientes para lograr el efecto-respuesta especificado en sus objetivos ¿Cuántas veces hay que transmitir el mensaje para que se alcancen los objetivos? ¿Es aconsejable interrumpir la publicidad tras un período de inserciones múltiples para evitar una reacción negativa?

No existe un procedimiento estándar para averiguar los efectos acumulativos de la publicidad y ayudarnos a decidir, por tanto, el nivel de frecuencia ideal. Sin embargo, existe una relación directa entre la frecuencia de impactos en un período de tiempo y la eficacia de la publicidad. Hay un nivel mínimo de exposición (frecuencia) por debajo del cual el valor de motivación de compra es nulo o marginal. Hay un techo de frecuencia por encima del cual los nuevos impactos carecen de valor o producen un efecto decreciente. Hay un descenso en los niveles de recuerdo y en las actitudes establecidas durante períodos de inactividad publicitaria. La eficacia de la publicidad no cesa inmediatamente después de suspender la actividad publicitaria.

Para seleccionar los medios adecuados, es necesario tener una idea del alcance, la frecuencia y el impacto de cada uno de ellos. Los factores que deben tenerse en cuenta para saber cuáles deben utilizarse, a parte del coste, son:
- *Costumbre de los consumidores* a los que se desea dirigir la campaña. Por ejemplo, la radio y la televisión son los más adecuados para llegar a los jóvenes.
- *Tipo de producto*. La moda es preferible anunciarla en revistas de color.
- *Tipo de mensaje*. Si se quiere anunciar una rebaja a muy corto plazo, se requerirá la radio o los periódicos.

A continuación se resumen de forma esquemática las principales características de los distintos medios.

Prensa
- Flexibilidad de tiempo y lugar que permite comunicar mensajes específicos
- Baja calidad de impresión
- Buena cobertura de mercado a nivel local
- Lectura selectiva de distintas secciones
- Puede colocarse el anuncio en secciones específicas del periódico
- Poca selectividad demográfica
- Poca atención

Revistas
- Segmentación de la audiencia por tipos de intereses
- Largo plazo transcurrido desde la contratación hasta que se puede medir el efecto
- Buena calidad
- Coste por impacto elevado
- Larga vida y lectores múltiples

Radio
- Posibilidad de segmentación demográfica y geográfica
- Poca permanencia del mensaje
- Poca atención
- Apropiado para mensajes cortos y de recuerdo
- Dificultad de comunicar información específica
- Bajo coste
- Concentración de anuncios
- Falta de factor visual

Televisión
- Combina visión, sonido y acción
- Coste de producción
- Alcance masivo
- Alto poder de atracción
- Poca permanencia de mensaje en ausencia de repetición
- Peligro de pasar inadvertido dada la concentración de mensajes

Exterior
- Adecuado para reforzar identidad de marca
- Mensaje debe ser sencillo
- Limitaciones creativas
- Flexibilidad de ubicación
- Poca selección de audiencia
- Repetición de impactos

Correo directo / e-mail
- Selectividad del mercado
- Facilidad para medir resultados
- Flexibilidad

- Coste elevado (excepto e-mail)
- Sensación de poco prestigio

El impacto del medio publicitario y su coste debe revisarse con cierta regularidad. Los costes elevados de la televisión y las revistas han conseguido que las empresas hayan acudido cada vez más a otros medios, desde la publicidad estática hasta los carritos de supermercados.

El tipo de soporte utilizado dentro de los medios consiste en decidir si el anuncio lo insertaremos en el descanso de un partido importante de fútbol televisado (TelePizza) o en los intermedios de una telenovela. En las revistas, se deberá consultar las cifras de circulación y los costes del tamaño del anuncio, las opciones de colores, frecuencia de tirada, etc. Cada revista, al igual que cada programa de televisión, tendrá una credibilidad y un prestigio, así como una calidad del público.

9.3.4 El mensaje publicitario

Como requisito para establecer una comunicación eficaz, es preciso elegir un buen mensaje, que llame la atención, mantenga el interés, despierte el deseo y provoque una actuación (AIDA). Otros requisitos básicos para que se cumpla la efectividad del mensaje son: que sea comprendido, que informe y que sea creíble. Los comunicadores tratan de señalar los beneficios que hacen que el producto sea más interesante para el consumidor, destacan los aspectos de su producto respecto a los de la competencia, y cuidan la veracidad, pues un anuncio engañoso puede tener consecuencias fatales para el producto y, lo que es peor, para la marca o para la organización.

Actualmente, la propiedad más exitosa de los mensajes publicitarios es la creatividad. Dos empresas que dedican el mismo presupuesto para publicidad pueden obtener resultados muy distintos. Por ello, los creativos tratan de ponerse en la piel de los consumidores y de averiguar los beneficios que buscan.

La formulación del mensaje puede realizarse mediante palabras, imágenes, sonidos, etc., como elementos del proceso de codificación. Para llamar la atención y conseguir el recuerdo del producto o la marca, las em-

presas utilizan el eslogan, una sentencia corta que recoge el mensaje.

Las decisiones en cuanto al mensaje en comunicación son: contenido, estructura y presentación.

Contenido

El comunicador tiene que encontrar un reclamo que produzca la respuesta deseada. Existen tres tipos de reclamos: a la razón, a las emociones y a la moral. Los reclamos a la razón se dirigen al propio interés del público. Muestran cómo el producto producirá los beneficios deseados. Algunos ejemplos serían los mensajes que exhiben la calidad, la economía, el valor o la actuación del producto. Los reclamos a las emociones tratan de despertar las emociones positivas o negativas que pueden conducir a una compra. Estas incluyen reclamos al temor, la culpa y la vergüenza, que hacen que la gente haga lo que debería hacer (cambiar el colchón) . Los reclamos a la moral están dirigidos al sentir del público en cuanto a lo "bueno" y "aceptable". Con frecuencia se usan para que la gente apoye causas sociales, como un entorno más limpio, seguridad en la carretera o en la construcción, etc.

La creatividad: principal propiedad del mensaje.

Estructura

En cuanto a la estructura del mensaje, la empresa se enfrenta a tres problemas. El primero es decidir si se debe llegar a una conclusión o dejar que el público mismo lo descubra. El segundo problema es si debe presentar un argumento bilateral (resaltar las virtudes del producto, pero también admitir sus fallas). Por lo general, el argumento unilateral es más efectivo en el caso de las presentaciones de ventas, salvo cuando los públicos tienen muchos estudios y una actitud negativa. El tercer problema de la estructura del mensaje es decidir si los argumentos más fuertes se deben presentar al principio o al final.

Presentación

En el caso de un anuncio impreso, el comunicador tiene que decidir cuál será el titular, el texto, la ilustración y el color. El anunciante, para atraer la atención, puede usar novedades y contrastes: fotos llamativas y titulares, formatos distintivos, tamaño y posición del mensaje, así como color, forma y movimiento. Si el medio elegido es la radio, el comunicador tendrá que elegir las palabras, los tonos y las voces. El tono de un locutor que promueve un asunto social debe ser diferente del que anuncia muebles de calidad.

Por ejemplo, el color desempeña un papel central para la comunicación cuando se trata de preferencias por comida. De un grupo de consumidores que probaron cuatro tazas de café, colocadas junto a envases de color marrón, azul, rojo y amarillo (las tazas de café eran idénticas, pero los consumidores no lo sabían), el 75% pensó que el café junto al envase marrón era demasiado fuerte, el 85% creyó que el café junto al envase rojo era más sabroso.

La gran mayoría pensó que el café junto al envase azul era suave y que el café junto al envase amarillo era aguado. Por tanto, si una empresa quiere comunicar que su café es sabroso, es probable que deba usar un envase rojo con una etiqueta que diga en su texto que el café tiene muy buen sabor.

Existen muchos estilos de presentación del mensaje en publicidad. Según sus características, el tono y, en general, la forma de exponerlo, determinarán una respuesta en el receptor distinta. Las formas de presentación de anuncios más utilizadas combinan una serie de características: el texto único, el texto con ilustraciones, el humor, el erotismo, la violencia, la música, el relato, exponiendo directamente los beneficios del consumidor con determinado producto, la demostración, un famoso, un experto, un directivo, un estilo de vida, la comparación, la fantasía, la educación, el miedo, el co-branding, etc. Con cada uno de estos factores, se busca algo en concreto. Por ejemplo, con la fantasía se pretende despertar el deseo, con un personaje famoso o popular se garantiza la veracidad.

9.3.5 Marco legal de la publicidad

Las disposiciones legales de la publicidad regulan los métodos de promoción del tabaco y el alcohol entre otros, y controlan la utilización de las promociones, la publicidad exterior y la publicidad comparativa (como parte de la publicidad desleal), subliminal, engañosa y encubierta. Estos tres últimos conceptos se enmarcan dentro de la publicidad ilícita, es decir, aquella que atenta contra la dignidad de las personas o no se acoja a la Constitución, y en concreto, a las leyes sobre comercio.

La *publicidad comparativa* puede o no ser delito. Lo será en caso de que perjudique a otras personas físicas o jurídicas. La situación más conocida surge cuando una empresa destaca los atributos de su producto desvirtuando los de la competencia.

La *publicidad subliminal* existe cuando el mensaje llega al receptor de manera no consciente, provocando una alteración de sus actuaciones.

La *publicidad engañosa* es la que provoca que las actuaciones del consumidor (o los mismos competidores) sean erróneas en perjuicio suyo. Los factores más visibles en los que se manifiesta esta forma de publicidad son el precio, el servicio de apoyo, el uso y la presentación del producto.

Finalmente, la *publicidad encubierta* sucede cuando a través de los medios de comunicación "se informa" (se muestra, se opina, se desvirtúa, etc.) sobre productos o marcas sin existir contrato publicitario. La regulación de la publicidad, tanto en los temas citados como en los tipos de contrato existentes, es distinta según los países.

En Europa, por ejemplo, se siguen las pautas de la leyes de publicidad de la Comunidad Europea, variando las disposiciones particulares en cada país.

9.4 PROMOCIÓN DE VENTAS

La promoción de ventas tiene objetivos diferentes.

La promoción de ventas es otro de los instrumentos de la mezcla de promoción. Consta de incentivos a corto plazo para estimular o fomentar las ventas de un producto. Como ya dijimos, la promoción de ventas, a diferencia de la publicidad, pretende la compra "ya" tiene la ventaja de poderse utilizar tanto en estrategias tipo push, cuando la promoción se dirige a los intermediarios, como en las de tipo pull, cuando se trata de estimular la demanda del consumidor final.

Se considera que la promoción de ventas es un instrumento eficaz. Cada vez más, las marcas que compiten están menos diferenciadas y los consumidores están más informados. Todo ello, sumado al alto coste de los instrumentos más importantes de la promoción, la publicidad y las ventas personales, ha motivado un crecimiento importante de la promoción de ventas en los últimos años. El uso de la promoción de ventas desemboca muchas veces en lo que se denomina saturación de promociones, es decir, los consumidores se acostumbran a ellas, perdiendo la empresa su propósito.

Según los objetivos perseguidos por la empresa, los instrumentos de la promoción de ventas varían.

Conseguir una relación a largo plazo con un detallista precisará de algo más que una muestra gratis. Las promociones de ventas atraen al grupo de personas que cambian de marca con frecuencia, que buscan buena relación entre valor y precio. La imagen de este instrumento de promoción es moderadamente mala: muchos vendedores piensan que la promoción de ventas sirve para perder lealtad a la marca, al contrario que la publicidad. Cuando la empresa promueve los precios de la marca con demasiada frecuencia, se adquiere una sensación de marca barata y de baja calidad. Es por esto que las empresas pocas veces recurren a la promoción de ventas cuando tratan con productos líderes y dominantes, ya que arriesgarían la fidelidad de los consumidores de siempre.

Además, ya que la misión de las promociones de ventas es fomentar las ventas a corto plazo, pueden reducirse las compras a largo plazo si no hay otros elementos que ayuden a que no caiga la demanda.

Las organizaciones que cuentan con una pequeña parte del mercado encuentran ciertas ventajas en la promoción de ventas porque no son capaces de igualar los presupuestos de publicidad de los líderes, ni pueden conseguir tratos especiales del minorista si no ofrecen mayores márgenes comerciales o los consumidores no reciben incentivos para probar el producto. Con lo cual, son las empresas pequeñas las que buscan aumentar su participación en el mercado a partir de la competencia de precios.

Por otro lado, el éxito de las marcas líderes no radica en la disminución de precios, sino en la expansión de la categoría de productos.

Muchas empresas consideran que el uso excesivo de la promoción de ventas es la causa de la disminución de la lealtad, de la sensibilidad al precio por parte del consumidor y de la imagen, algo que no se percibe a corto plazo, pero sí a la larga.

Otros expertos piensan que esta no es la causa y que la promoción de ventas ofrece muchos beneficios tanto a los productores como a los consumidores: permite a muchos fabricantes ajustarse a cambios en la oferta y en la demanda a corto plazo y a diferencias en los segmentos de los clientes. Igualmente, permite que los consumidores prueben productos nuevos en lugar de quedarse siempre con los mismos.

Finalmente, las promociones de ventas sensibilizan sobre los precios a los clientes, dato que hemos señalado como negativo anteriormente y que sin embargo hace que el cliente se quede satisfecho por haber comprado algo a buen precio cuando ha aprovechado una promoción.

A la hora de establecer los objetivos de la promoción de ventas, las empresas pueden recurrir a las promociones dirigidas a los consumidores con el propósito de aumentar las ventas a corto plazo o conseguir participación mayor en el mercado, a largo plazo. Ejemplos de objetivos pueden ser: incrementar cuota de mercado, mantener a los fieles o convencer para que se pruebe un producto.

Los objetivos de las promociones dirigidas a distribuidores serían conseguir que los puntos de venta traten con productos nuevos, que hagan publicidad de un producto determinado o conseguir un determinado espacio en un supermercado.

Por último, para las promociones dirigidas a la fuerza de ventas, los objetivos se encaminan a conseguir el apoyo de los vendedores para los nuevos productos o conseguir que aumenten su rendimiento.

9.5 INSTRUMENTOS PARA LA PROMOCIÓN DE VENTAS

Se clasifican según los tipos de promociones siguientes:

- *Promociones para consumidores.* Son las más numerosas y el propósito básico es el aumento de las ventas. Sus instrumentos son las rebajas, descuentos, muestras, concursos, degustaciones, premios, regalos, reembolsos en metálico, cupones, extras, paquetes a precio especial, artículos publicitarios, juegos, etc.
- *Promociones para distribuidores.* Este tipo de promoción puede convencer al distribuidor para que maneje la marca o que hagan una parte de las actividades publicitarias. Entre sus instrumentos se encuentran los productos gratis, descuentos, márgenes, financiación, concursos, etc.
- *Promociones de la fuerza de ventas.* Sus acciones son parecidas a las del caso anterior. Sus principales instrumentos son los concursos, convenciones, viajes, premios, primas por objetivos alcanzados, etc.

9.6 VENTA PERSONAL

La venta personal es un instrumento enormemente flexible.

Es un instrumento más de promoción, basado en la comunicación interpersonal entre comprador y vendedor. El vendedor realiza actividades de entrega de productos, realización de pedidos, educación de los compradores, asesoría técnica, o de creatividad en la venta. Sus funciones principales consisten en ofrecer información tanto al cliente como a la empresa, persuadir, y proporcionar servicio de apoyo al producto.

Las funciones del vendedor se clasifican de manera más formal según tres criterios: lugar de desarrollo de las acciones de venta, actividad específica que realiza el vendedor y el estilo de comunicación utilizado.

Según adónde vaya dirigida la oferta del vendedor, éste deberá viajar más o menos, enfrentarse con un cliente en su domicilio o permanecer en el stand de una exposición.

Por otro lado, la actividad específica del vendedor puede consistir, como acabamos de comentar, en recibir pedidos, conseguirlos o asesorar. Por ejemplo, en un punto de venta, el dependiente se dedica a recibir pedidos, a la vez que informa, muestra el producto, lo entrega y lo cobra. Conseguir pedidos ya no es tan fácil, pues requiere la búsqueda de clientes y un esfuerzo especial de convencimiento. Es ahora cuando se percibe el grado de formación del vendedor. Existen dos enfoques en la capacitación de los vendedores para conseguir pedidos, unos es el orientado a las ventas, en las que se enseña al vendedor a convencer para conseguir pedidos, y el otro es el que está orientado a los clientes, el más utilizado para las ventas personales y que enseña a los vendedores a resolver los problemas de los clientes, mediante la identificación de sus necesidades y el ofrecimiento de alternativas para satisfacerlas.

Finalmente, según el estilo de comunicación y las formas de contactar utilizadas, el desarrollo de las actividades del vendedor variarán. Por ejemplo, puede empezar una comunicación con un encuentro cara a cara y concretarse por teléfono, por fax o medios electrónicos, como hacen los comerciales de venta de pisos. En este momento entramos en el campo del marketing directo, el cual describimos en el apartado 9.9.

Muchas veces la venta tiene un significado poco respetado y con ella, el vendedor. Casi siempre es una tarea difícil, pues el comprador potencial no va a buscar el producto, sino que se lo encuentra.

Incluso, el hecho de que una oferta sea demasiado atractiva puede desembocar en una desconfianza mayor por parte del consumidor, lo cual resulta paradójico aunque comprensible. Todo esto requiere una formación especial por parte del vendedor para responder a todas estas desavenencias con las que se enfrenta en el mercado.

Para que la venta personal sea eficaz, el vendedor debe ser honrado, seguro, detallista y dedicarse al cliente.

La venta personal ha llegado a todos los entornos de la sociedad, desde fabricantes hasta abogados que intentan conseguir contrato, ofreciendo sus servicios. Es un instrumento amenazado por sus altos costes, la tecnología y los demás tipos de venta que existen, como por ejemplo el correo, electrodoméstico o el teléfono.

A pesar de todo, la venta personal es un instrumento de promoción muy flexible, ya que ofrece la posibilidad de adaptar la operativa según el momento y el lugar. Por otro lado, la comunicación directa deja en manos del vendedor la obtención de una respuesta rápida y con la información que precisa el comprador.

Otras de las ventajas de este procedimiento de comunicación son las siguientes: posibilidad de seleccionar el mercado, negociar y cerrar la venta. Para ello, es necesario dotar de capacidad de maniobra de negociación al vendedor.

9.6.1 Estrategia y estructura de la fuerza de ventas

Las empresas deben basar su estrategia en el proceso de compra del segmento elegido para establecer comunicación y, en definitiva, para vender. El vendedor puede limitarse a informar al cliente según las pretensiones de la empresa, o puede formar parte de un equipo de ventas que actúa de manera compleja. Una vez la organización ha decidido la forma de vender, puede utilizar un equipo de vendedores o dejar las tareas de venta personal en manos de una empresa especializada. El equipo de vendedores está formado por empleados internos o externos, mientras que la empresa contratada ofrece un equipo de representantes o agentes.

Toda la estrategia marcada por la empresa se plasma en una estructura que se ve reflejada en el organigrama de la organización.
1. *Fuerza de ventas geográfica.* En la que se asigna un área geográfica a cada vendedor, donde gestionará la venta de todos los productos de la empresa. Es una estructura muy buena porque define claramente las tareas del vendedor y éste crea vínculos comerciales en su zona. Muchas empresas utilizan esta es-

tructura. Sopas Campbell combina esta estructura con otras, que describimos a continuación.
2. *Fuerza de ventas por producto.* El vendedor gestiona la venta de una línea de productos en todo el territorio donde la empresa tiene alcance, algo establecido por sus objetivos corporativos. Kodak utiliza en algunos países esta estrategia: separa sus equipos de ventas según el tipo de producto (cámaras, películas, etc.). Esta estrategia puede contribuir a la duplicación de costes, dado que hay vendedores que pueden vender distintos productos de la empresa al mismo cliente.
3. *Fuerza de ventas por clientes.* Se utilizan distintos equipos de ventas según sea el consumidor. La empresa segmenta sus clientes según ciertas características y dedica a cada uno de ellos un procedimiento diferente de venta. Es una estructura muy buena, ya que se consigue dedicarse más al cliente. Es un modelo muy utilizado en el sector de los servicios.
4. *Fuerza de ventas combinada.* Sucede cuando la empresa fabrica muchos tipos de productos y trabaja en distintas áreas y con distintos de clientes. Se combinan algunas o todas las estrategias anteriores.

A partir de ahí la empresa deberá determinar el tamaño de la fuerza de ventas según el coste y la calidad de servicio, seleccionar a sus vendedores y el número de clientes a visitar. Finalmente, planificará el método de remuneración de sus vendedores, ya sea mediante una cantidad fija, variable o fija más variable.

9.6.2 El proceso de venta personal

A continuación exponemos los pasos que, eventualmente, debe seguir el vendedor para la realización de sus funciones:
1. *Búsqueda de clientes (individuos, empresas, etc.) potenciales.* El vendedor debe tratar con mucho público, utilizar fuentes de referencias, como distribuidores y proveedores, y sólo para conseguir unas cuantas ventas. La profesionalidad estribará en la identificación de las oportunidades y la organización.

2. *Información sobre los clientes elegidos.* Es decir, el vendedor debe conseguir datos sobre las necesidades de los consumidores a los que pretende dirigir su oferta y sobre su psicología de compra.

3. *Acercamiento al cliente y presentación del producto.* Consiste en preparar al detalle el primer contacto con el cliente y mostrarle las ventajas que le proporcionará el producto. Existen muchos estilos para llevar a cabo este primer contacto, desde una simple descripción del producto hasta complejas presentaciones que en las que prima la dialéctica, la identificación de las necesidades del cliente o la demostración con gráficos o videos.

4. *Convencimiento.* Dado que casi siempre el cliente presentará objeciones, lógicas o no, el vendedor debe estar preparado para razonarlas.

5. *Cierre de la venta.* Para ello, el vendedor tratará de reconocer hasta los mínimos indicios de cierre. Las técnicas más usuales y no muy bien vistas son la confirmación del pedido por parte del vendedor, la muestra y el diálogo dirigido directamente al contrato.

6. *Seguimiento del cliente.* Necesario para que el cliente se sienta satisfecho, concretando asuntos como el plazo de entrega, instalación, mantenimiento u otros aspectos del servicio posventa.

9.7 RELACIONES PÚBLICAS

Es imprescindible establecer los objetivos de las RR.PP.

Las promociones más "sociales" que puede utilizar la empresa son las relaciones públicas. Tal y como ya se ha descrito, consisten en entablar buenas relaciones con el público, adquiriendo una imagen social positiva mediante propaganda favorable. Sin embargo, las relaciones públicas son mucho más que propaganda. Entre sus actividades se incluyen las relaciones con la prensa, la propaganda del producto, las comunicados para fomentar la empresa como institución, el trato con las autoridades legales y la asesoría pública. Para este propósito, se organizan conferencias, ruedas de prensa, reuniones, actos sociales, demostraciones, presentaciones, espectáculos, etc.

La I Asamblea de relaciones públicas celebrada en Madrid en 1969, definió las relaciones públicas como *el instrumento que, con aplicación de una técnica y de forma planificada y habitual, se dirige a crear una recíproca corriente de comunicación, conocimiento y comprensión entre una institución pública o privada, o persona natural, y sus públicos.*

Las organizaciones han recurrido a las relaciones públicas para recuperar el interés de la población en relación a productos genéricos, como puede ser el azúcar o la leche, o elementos de la economía de un país, como son el turismo o la inversión exterior.

El coste de llevar a cabo estas actividades sociales es bajo, en comparación con otros instrumentos promocionales. Se necesita un equipo preparado para gestionar la información que se desea difundir y organizar actos públicos. Con lo cual, un buen evento puede llegar a tener tanta repercusión como un anuncio que cuesta millones, con una ventaja añadida: la credibilidad. Si la empresa es seria y respetada, las relaciones públicas que realiza funcionan mejor que su publicidad en relación al coste que representa el uso de esta última.

Las personas que trabajan las relaciones públicas en la empresa no siempre las utilizan como medio para alcanzar los objetivos de marketing. El principal motivo es que el departamento de relaciones públicas y la dirección de la empresa pueden interesarse por cosas distintas y dedicar tiempo a actividades que no producen beneficio ni a corto ni a largo plazo. La gerencia puede estar más interesada por la publicidad y las relaciones públicas que por las ventas. Esto es comprensible, dado que sus actividades se extienden más allá del departamento comercial, infiltrándose en las áreas de producción, finanzas o recursos humanos. En consecuencia, el público receptor no se limita a clientes, sino a accionistas, empleados, proveedores, sindicatos, asociaciones, medios de comunicación, etc.

Aun así, cada vez más se está extendiendo este concepto desde el punto de vista del marketing, creándose unidades de apoyo a la promoción del producto, o contratando empresas dedicadas a las relaciones públicas.

La primera tarea de la empresa para desarrollar unas buenas relaciones públicas consiste en establecer los objetivos. A partir de ahí debe encontrarse el mensaje adecuado y el medio de difusión de la información, para ponerlo en marcha con gran cautela. Los resultados no serán fácilmente medibles, dado que se utilizan junto con otros instrumentos de promoción cuyas repercusiones suelen ser indirectas.

9.8 INSTRUMENTOS PARA LAS RELACIONES PÚBLICAS

Estos son las noticias, los discursos, los escritos, los eventos y las actividades sociales (patrocinios, donaciones, etc.). Todas estas actividades están relacionadas entre sí, y realizan más de una función a la vez. Podemos clasificarlas como sigue, según los objetivos que se persiguen:

1. *Relaciones con los medios.* Es lo que se conoce como publicity (propaganda). Como ya fue expuesto en su momento, cuando se realiza la propaganda es el medio de comunicación el que controla el mensaje, con lo cual la información que se difunde de la empresa, producto o marca, puede ser positiva, negativa o neutra, en forma de noticias, reportajes, entrevistas, etc. La propaganda es muy efectiva y creíble, más que la publicidad y las ventas personales.

2. *Patrocinio.* Es terminología anglosajona se conoce como sponsoring. Consiste en la financiación y el apoyo de actividades sociales y culturales para obtener buena imagen. Sucede también cuando la financiación se dirige a programas de los medios de comunicación y a actividades deportivas. Si las ayudas se concretan en fundaciones, donaciones, subvenciones y permiso, se denomina *mecenazgo*.

3. *Gestión de la imagen.* La imagen de la empresa puede ser positiva, negativa, o simplemente inexistente. Aumentar, mantener o crear una buena imagen es difícil, aunque, si se consigue, resulta altamente beneficioso. Sin embargo, derrumbar una imagen positiva siempre es más sencillo. Los métodos que favorecen la imagen positiva son la mejora de la calidad del servicio, la actuación de sus empleados, proveedores y, en general, todas las acciones encaminadas a diseñar una percepción corporativa por parte del público.

Las actividades de las relaciones públicas también pueden clasificarse en externas e internas.

Las acciones externas engloban relaciones con los medios, los clientes, los accionistas, proveedores, sociedad, sindicatos, etc. Las internas son aquellas que buscan la armonía de relaciones entre los empleados y los directivos de la empresa, desarrollando lo que se denomina cultura empresarial.

9.9 MARKETING DIRECTO

Consiste en el desarrollo de las actividades de promoción con la ausencia de intermediarios, es decir, directamente desde el productor al consumidor.

Según la Direct Marketing Association, el marketing directo es el *conjunto de actividades a través de las cuales se ofertan bienes y servicios a segmentos de mercado por la intervención de uno o varios medios de comunicación con el fin de informar o de solicitar una respuesta directa de un cliente real o potencial a través del correo, el teléfono u otros medios.* Las acciones utilizadas en el marketing directo están dirigidas a grupos específicos y medibles, y sobre los que se realizan las actividades de distribución, comunicación, promoción y venta, para obtener una respuesta. Con frecuencia se identifica al marketing directo con la venta por correo entre otros instrumentos de distribución, aunque en la actualidad se considera más un instrumento de promoción.

El marketing directo se lleva a cabo a través del correo, el correo electrónico, la publicidad directa, la televenta y telemarketing.

Este último es el método más importante y utiliza el teléfono para vender, agilizar los trámites de compra y venta, conseguir clientes, realizar tareas de investigación de mercados, e incluso mejorar la imagen de la empresa. Se utiliza también para ofrecer servicio al cliente y para promocionar nuevos productos.

Estas tareas las puede realizar la propia empresa o una empresa especializada. Con el telemarketing, la comunicación entre el emisor y el receptor es interactiva, con lo que puede obtenerse una respuesta rápida.

Esta comunicación oral no es siempre favorable, al no existir presencia física ni, en general, interés del cliente por el producto.

Las ventajas de estos instrumentos de promoción son las siguientes:

- Permiten a la empresa contactar directamente con el cliente, sin tener que depender de los intermediarios.
- Los costes de venta personal disminuyen. Los instrumentos son flexibles y económicos y su coste es fácilmente medible.
- Se realizan varias acciones de marketing a la vez: distribución, publicidad, promoción y venta.
- Se facilita la compra al cliente, ya que la puede realizar en su propio domicilio.

Pero también presenta inconvenientes, algo que no ha limitado el aumento de su utilización en los últimos años:

- No todos los productos pueden comercializarse de este modo.
- Ausencia de predisposición de los clientes para demandar pedidos por teléfono o correo.
- Los distribuidores no lo respaldan.
- El cliente no siempre puede ver el producto.

Conceptos fundamentales

Agencia de publicidad. Es una empresa especializada en prestar servicios publicitarios a los anunciantes. Los servicios básicos que presta una agencia para ser reconocida como tal por las asociaciones y entidades calificadoras en la mayoría de los países son: estrategia de comunicación, creatividad y planificación y compra de medios. Las agencias ofrecen, asimismo, servicios de producción gráfica y audiovisual, es decir, la realización de piezas publicitarias para todos los medios: televisión, cine, diarios, revistas, radio, vía pública, material de punto de venta y promocional, impresos, folletos, papelería, etc. Otros servicios habituales son: asesoramiento y/o realización en investigación de mercado, promoción, relaciones públicas e institucionales, marketing directo y de relación.

AIDA. Siglas que corresponden a un modelo que describe el modo en que actúa la promoción, en general y la publicidad en particular, sobre el consumidor. Este modelo supone que la influencia de la promoción se desarrolla de modo jerárquico, a lo largo de cuatro etapas secuenciales: atención, interés, deseo, acción. La denominación del modelo se corresponde con la letra inicial de cada una de las cuatro frases contempladas.

Alcance. El número total de hogares con TV o radio, que reciben una o más transmisiones durante un período determinado generalmente cuatro semanas. Es sinónimo de audiencia acumulada o audiencia no duplicada.

Anunciante. Persona natural o jurídica que encarga y financia cualquier tipo de actividad publicitaria con el fin de promover la venta de sus productos o crear una imagen favorable de sí misma.

Anuncio. Mensaje publicitario que se difunde a través de los medios de comunicación en un formato específico (tamaño, duración, tipografía, colores, etc.). Puede referirse a un producto genérico, servicio, marca, empresa o entidad y tener como objetivos informar, persuadir y/o recordar.

Anuncio compartido. Mensaje publicitario en el que se asocian dos o más anunciantes.

Apoyo publicitario. Se define generalmente en términos de inversión semanal, mensual o anual, más bien que en número de mensajes.

Audiencia. La audiencia de un medio o un soporte publicitario es el número de personas expuestas al mismo.

Audiencia máxima (en televisión). Número máximo de individuos que han visto un programa de televisión a lo largo de su emisión. Se mide en porcentaje sobre el total de la población.

Audiencia media (en televisión). Suele denominarse rating. Es la media o promedio de individuos, sobre el total de la población, que han estado viendo un programa de televisión a lo largo de su emisión.

Audiencia mínima (en televisión). Número mínimo de individuos que han visto un programa de televisión a lo largo de su emisión. Se mide en porcentajesobre el total de la población.

Auditorías de mensajes publicitarios. Consiste en una encuesta de todos los mensajes emitidos por una marca, realizados según tarifa bruta, sin negociación alguna.

Bloque publicitario. Espacio en radio y televisión, que al principio, al final o durante la emisión de un programa, se destina a la emisión de cuñas o spots publicitarios.

Campaña publicitaria. Conjunto de acciones conducidas generalmente por una agencia de publicidad, por cuenta de un anunciante, destinadas a dar a conocer un producto, crear una imagen de marca o divulgar las actividades de una empresa o sector empresarial, con el fin último de estimular la demanda u obtener una actitud favorable del público objetivo. La campaña se desarrolla a lo largo de un período de tiempo determinado, durante el cual se programa la inserción de anuncios en distintos medios de comunicación, seleccionados en función de los objetivos de la campaña, audiencia de los medios y coste de las inserciones.

Campaña promocional. Conjunto de actividades llavadas a cabo durante un período de tiempo para estimular la demanda de uno o varios productos. Estas actividades pueden consistir en ofertas especiales (más producto por igual precio, tres por el precio de dos, etc.), descuentos, premios, regalos y sorteos, que se dirigen a los consumidores finales, vendedores o distribuidores. Pueden utilizarse los medios de comunicación para dar a conocer las características de la promoción.

Canal de comunicación. Medio utilizado para transmitir un mensaje. Puede ser personal o impersonal. Los canales de comunicación personal suponen la existencia de dos o más personas que se comunican directamente unas con otras, bien por medio de una entrevista personal, por teléfono o por correo. Los canales de comunicación impersonal incluyen los medios de comunicación de masas: prensa, radio, televisión, etc.

Cartel publicitario. Papel u otro material adecuado, normalmente de gran tamaño, que contiene un mensaje publicitario, y que suele exponerse en un lugar de gran tránsito de personas, bien colocado sobre una pared o sobre un soporte específico.

Central de medios. Mayorista que compra lotes de espacio publicitario a los medios (prensa, radio y televisión) y los revende al por menor a las agencias de publicidad y anunciantes directamente. Comprando espacios publicitarios en grandes cantidades, las centrales se benefician de precios inferiores a los de la tarifa normal.

Cobertura. Se denomina también alcance o cobertura bruta y es una forma de medir la audiencia de un medio o un soporte. Es la proporción de personas de la población objetivo expuestas al menos a un anuncio insertado en un medio o soporte. También se define como el número absoluto de personas expuestas o alcanzadas una o más veces por los anuncios insertados en un determinado soporte o medio.

Comunicación. Es la transmisión de un mensaje de una persona o un grupo a otra persona o grupo. Requiere la existencia de una voluntad de interacción entre quien transmite y quien recibe. Esta interacción se manifiesta generalmente en la transmisión de otra comunicación en sentido opuesto.

Comunicación externa. Es la comunicación destinada a los públicos externos de una empresa o institución. Se opone a la comunicación interna, destinada al personal de una empresa u organización.

Comunicación interna. Es la comunicación destinada al personal de una empresa u organización, por oposición a la comunicación externa.

Comunicación global. Es la comunicación considerada desde el ángulo tanto de la comunicación externa como de la comunicación interna.

Comunicación selectiva. Es contactar al emisor con grupos de audiencia específicos a través de la utilización de medios selectivos.

Decodificación del mensaje. Proceso de interpretación del significado del mensaje por el receptor o destinatario de la información.

Director de publicidad. Persona en la organización que dirige las actividades publicitarias de la misma. Entre sus funciones se incluyen las de diseño de la estrategia de publicidad, determinación del presupuesto, relación y selección de agencias de publicidad y medios de comunicación, diseño y planificación de campañas publicitarias, y control de la eficacia de la publicidad.

Efecto desgaste. Pérdida de efectividad en el recuerdo del mensaje de un anuncio al aumentar el nivel de exposición, por el mantenimiento constante del anuncio en el medio.

Eficacia de la publicidad. En sentido estricto, la eficacia de la publicidad debería medirse en términos de ventas o de cambios de comportamiento conseguidos.

Eje de campaña. También denominado eje publicitario. Es el tema del mensaje o la idea básica que se quiere transmitir en la campaña publicitaria. Puede ser muy variado. El mensaje debe decir qué se ofrece y por qué puede interesarle al destinatario del mensaje.

Exposición a un medio. Indica que un individuo es alcanzado o impactado por un medio de comunicación, que actúa como estímulo en el proceso de comunicación. Una distribución temporal muy concentrada de los anuncios en un medio de comunicación permitirá una rápida exposición y hará aumentar la notoriedad del producto.

Formato del anuncio. En un anuncio el formato es la plasmación del mensaje en un soporte específico, con un determinado tamaño, duración, tipografía, colores, disposición del texto e ilustraciones, momento de emisión, etc.

Formato del mensaje. El mensaje se formula por medio de palabras, ilustraciones, imágenes y sonidos. Lo que implica un proceso de codificación.

El texto o copy se refiere a las palabras contenidas en un anuncio.

Dentro del texto cabe distinguir el eslogan, que suele ser una frase corta que resume el mensaje.

Imagen. Representación mental que tienen los públicos interesados u la sociedad, en general, de un producto, una marca, una empresa o entidad, o sus directivos, realizaciones o iniciativas.

Imagen corporativa. Imagen de una empresa o entidad tal como es percibida por los públicos a los que se dirige y la sociedad, en general.

Imagen de marca. Es una representación mental de los atributos y beneficios percibidos por el producto o marca. Es un fenómeno multidimensional que depende de cómo se perciben tales atributos y beneficios.

Impacto. Exposición a un anuncio. El número total de impactos brutos se obtiene multiplicando la cobertura por la repetición o frecuencia media.

Jingle. Voz inglesa que se utiliza para referirse a la canción que acompaña a un anuncio con el fin de facilitar el recuerdo de un mensaje publicitario.

Layout. *Término inglés que se utiliza para referirse a la disposición de los elementos en una composición, anuncio o cartel.*

Mailing. *Término inglés que se utiliza para referirse al envío por correo de cartas personalizadas, con proposiciones de venta, acompañadas o no de folletos publicitarios. Los mailings personalizados, mediante la utilización de sistemas informáticos, permiten una gran selectividad de los segmentos de mercado objetivo. La publicidad de este tipo tiene una mejor imagen que la del buzoneo y su permanecia es mayor.*

Marketing directo. *Supone una relación directa entre productor y consumidor, sin pasar por los intermediarios (mayoristas y detallistas). Engloba un conjunto de modalidades de distribución, venta y promoción, en general, como la venta por correo y por catálogo, la venta a domicilio, la distribución multinivel o de red (networking), el telemarketing, la telecompra, la videocompra por ordenador y la venta mediante máquinas expendedoras.*

Media planning. *Locución inglesa utilizada para designar el estudio y determinación de una combinación de soportes publicitarios, así como las fechas y horas de emisión radiofónica o televisiva, de modo que se adapten a los objetivos de la estrategia publicitaria.*

Medida de la audiencia. *Se efectúa mediante encuestas y audímetros.*

Medio de comunicación. *Canal utilizado para hacer llegar el mensaje al destinatorio. Puede ser directo y singularizado, como la venta personal, por teléfono o por correo, o bien impersonal, como los medios de comunicación de masas: prensa, radio, televisión, publicidad exterior y cine.*

Medio publicitario. *Es el canal de comunicación de masas a través del cual se transmite un mensaje publicitario. Hay cinco tipos de mass media: diarios, revistas, radio, televisión y vallas.*

Mensaje. *Es el qué se dice, es la idea que el emisor quiere transmitir sobre el producto o la empresa.*

Mix de promoción. *Es la combinación de los instrumentos de promoción: venta personal, publicidad, relaciones públicas y promoción de ventas.*

Modelos publicitarios. *Algunos modelos de esta clase tratan de medir la respuesta de la demanda a la publicidad y la determinación del presupuesto publicitario.*

Objetivos de comunicación. *Son aquellos conceptos o nociones acerca del producto o la marca que se desea que la campaña transmita al público receptor.*

Orden de publicidad. *Documento vinculante entre el anunciante y el medio de comunicación, a través del cual se contratan y especifican las características de los avisos.*

Perfil de audiencia. *Conociendo la composición de audiencia de un determinado programa, podemos establecer el perfil del mismo, esto es, definir qué sexo, edades y/o niveles socioeconómicos que predominan en él.*

Promoción. *Es el conjunto de técnicas integradas en el plan anual de marketing para alcanzar objetivos específicos, a través de diferentes estímulos y de acciones limitadas en el tiempo y en el espacio, orientadas a públicos determinados.*

Promociones de ventas. *Son las promociones cuyos resultados son absolutamente mensurables en cajas, litros, toneladas, etc. Estas promociones pueden estar dirigidas a los distintos niveles: mayoristas, minoristas o consumidores.*

Publicidad. *Cualquier forma pagada de presentación impersonal o promoción de ideas, bienes y servicios llevada a cabo por una persona o institución identificada; en general, mas no necesariamente, se realiza a través de medios masivos.*

Publicidad sostenida. *El respaldo publicitario regular o normal que recibe una marca o producto durante un período continuado (un trimestre, un semestre, un año, etc.).*

Pancarta. *Cartelón de tela, cartón, plástico u otro material que, sostenido por uno o varios* *palos, se exhibe en reuniones públicas. Contiene letras grandes dimensiones y suele utilizarse para reivindicaciones colectivas de grupos sociales, aunque también puede utilizarse con fines comerciales.*

Relaciones públicas. *Son un instrumento de promoción y comunicación que integran un conjunto de actividades llevadas a cabo por las organizaciones, con el fin genérico de conseguir, mantener o recuperar la aceptación, confianza y el apoyo de una diversidad de públicos, no siempre relacionados con los productos o actividades que desarrolla la empresa o entidad.*

Ruido. *Cualquier interferencia que se produce en el proceso de transmición y recepción de un mensaje y que perturba su interpretación por parte del receptor.*

Spot. *Término inglés que se utiliza para referirse a un anuncio en televisión de corta duración (20-30 segundos). Cuando su duración es mayor (de 60 a 120 segundos) suele tener un carácter eminentemente informativo y recibe la denominación de "publirreportaje".*

Test sobre el capítulo (Sólo una respuesta correcta)

1. La función esencial de la promoción como herramienta del marketing mix es:
   a) Proyecta valores positivos a la sociedad
   b) Estimular la demanda
   c) Comunicar algo

2. El clickthrough es una medida de la efectividad de una campaña publicitaria en Internet que consiste en el porcentaje de clicks obtenidos sobre el total de impactos. ¿Cuál de las siguientes afirmaciones es cierta en relación con el clickthrough?
   a) La respuesta directa al estímulo es fácil de observar
   b) El número de impactos es menor que el número de accesos a la página
   c) El clickthrough no indica un interés inminente por la maca anunciada

3. ¿Cuál de los siguientes elementos no forma parte de un proceso de comunicación?
   a) El medio o canal de comunicación
   b) El producto
   c) El emisor y el receptor

4. ¿Cuáles de los siguientes conceptos son considerados instrumentos de la promoción?

   a) Publicidad, promoción de ventas y relaciones públicas
   b) Promoción de ventas, relaciones públicas e intermediarios
   c) Imagen pública, marketing directo y desarrollo de producto

5. Para la estimulación a corto plazo de un producto caro y con alto grado de especialización es más apropiada la utilización de:
   a) Publicidad
   b) Venta personal
   c) Relaciones públicas

6. Para crear notoriedad de marca es más apropiada la utilización de:
   a) Marketing directo
   b) Venta personal
   c) Publicidad

7. Con la final de dirigirnos (en términos de promoción o comunicación de un mensaje) a un segmento muy concreto, relativamente pequeño y definido, en principio, utilizaremos:
   a) Anuncio en televisión
   b) Anuncio en web de un periódico en Internet
   c) Marketing directo: buzoneo postal o electrónico, o teléfono

8. ¿Cuál de los siguientes conceptos no forma parte de los que se debe tener en cuenta en la elección del mix de promoción?
   a) Etapa de ciclo del vida del producto
   b) Tamaño de la red de ventas
   c) Tipo de intermediaros

9. ¿Qué se pretende con el anuncio anual televisivo navideño de una marca de cava?
   a) Exclusivamente, que las ventas en el mes enero no decaigan
   b) Notoriedad de marca
   c) Motivar a los vendedores

10. ¿Está permitida la publicidad comparativa?
    a) Si, siempre y cuando no se resalten negativamente las propiedades del otro producto, si bien depende de la legislación de cada país
    b) No en ningún caso.
    c) Si, siempre

11. ¿En qué fase del ciclo de vida del producto suele ser más elevado el presupuesto publicitario?
    a) Introducción
    b) Madurez
    c) Declive

12. Los criterios que pueden ayudarnos a elaborar un plan de medios eficaz son: alcance, audiencia, frecuencia media, impacto y coste. Por impacto entendemos:
    a) Porcentaje de personas que quedan expuestas a la campaña publicitaria en un período de tiempo
    b) Número de personas expuestas al medio de comunicación dado
    c) Valor cualitativo de una exposición al mensaje a través del medio dado, aunque puede cuantificarse multiplicando el alcance por la frecuencia media

13. ¿Qué medio publicitario ofrece una menor sensación de prestigio de marca?
    a) Televisión
    b) Correo directo
    c) Prensa

14. ¿A qué corresponde el término "AIDA" en un mensaje publicitario?
    a) Atención, incertidumbre, deseo, adecuación
    b) Atención, interés, deseo, actuación
    c) Atención, interés, desembolso, actuación

15. ¿Cuál de los siguientes conceptos se acerca más a lo que pretende representar el binomio push-pull?
    a) Cliente y proveedor
    b) Fuerza de ventas y publicidad
    c) Producto y precio

16. La fuerza de ventas combinada sucede:
    a) Cuando la empresa fabrica muchos tipos de productos y trabaja en distintas áreas y con muchos tipos distintos de clientes
    b) Cuando el vendedor gestiona la venta de una línea de productos en todo el territorio donde la empresa tiene alcance
    c) Cuando se asigna un área geográfica a cada vendedor, donde gestionará la venta de todos los productos de la empresa

17. ¿Con qué nombre se conoce a la financiación y el apoyo de actividades sociales y culturales para obtener buena imagen?
    a) Gestión de la imagen
    b) Propaganda
    c) Patrocinio, sponsoring o mecenazgo

18. ¿Cuál de las siguientes afirmaciones constituye un inconveniente en el desarrollo del marketing directo?
    a) Problemática por conflictos con la distribución
    b) Contactar directamente con el cliente
    c) Coste demasiado elevado

19. El descuento a la distribución es una herramienta típica de:
    a) Marketing directo
    b) Relaciones públicas
    c) Promoción de ventas

20. De las siguientes fases, ¿cuál de ellas puede formar parte del proceso estándar de venta personal?
a) Cierre de la venta
b) Patrocinio
c) Fuerza de ventas por producto

BIOHUMAN (Promoción de un nuevo producto)

(Este documento no pretende ilustrar una determinada forma de gestión, sino que debe servir como base para el diálogo. Para que la discusión sea provechosa, es necesario preparar el caso con antelación, definiendo los problemas y proponiendo alternativas de solución y acción.)

Introducción

Como resultado de muchos años sin problemas para alimentarse, en un gran sector de la población ha surgido otro problema: la necesidad de no tener apenas sensación de hambre, tener la sensación constante de estómago satisfecho ha provocado la aparición de gran cantidad de personas obesas con infinidad de problemas de salud, y que no están dispuestas a renunciar a este sentimiento erróneo de bienestar alcanzado. ¿Cómo combinarlo con una alimentación sana y saludable?

El mercado

En España, desde principios de los años setenta, una buena parte de la amplia clase media-media y, por supuesto, la clase media-alta y alta, había asumido el cuidado y el control de su peso, dentro de una "nueva cultura del cuerpo"; cambia la moda, se exhibe la "figura" con naturalidad y se incrementan las consultas a los especialistas en busca de las dietas adecuadas, surgen ciertos productos inhibidores del apetito. La práctica de diferentes tipos de ejercicios eran habituales en aquellos grupos sociales que por razones de tipo constitucional o por desequilibrios alimenticios tendían a acumular grasas en exceso en sus cuerpos.

Pero a pesar de estas evidencias, no había un producto fiable, serio, eficaz, y conocido en el mercado como tal producto y por sus propiedades. Existía, pues, una necesidad y una clara oportunidad de servicio y, por tanto, de negocio.

Presentación de "biohuman"

1. La empresa

Laboratorios Biohuman GMBH es una empresa pionera en la alimentación infantil y dietética, fue fundada en 1952 en la localidad alemana de Kufut por dos farmaceuticos que detectaron la necesidad de crear productos de calidad especificos para la población infantil. Hoy esta empresa es un referente para los especialistas dietéticas

En el año 1980 y después de diez años de investigación los laboratorios Biohuman GMBH introducen en el mercado la gama de productos Biohuman.

2. El producto

Normalmente los productos adelgazantes que existen en el mercado son inhibidores del apetito, ya que suprimen el efecto que la glucosa provoca en las células del cerebro y como consecuencia crean una sensación de apetito satisfecho, pero pueden conducir a situaciones difíciles de controlar por los efectos secundarios que provocan. Se trata de "productos-respuesta" a unas necesidades sentidas por los consumidores e identificadas por los fabricantes.

Biohuman se encuentra dentro del campo de los productos para el control del peso, pero no es un producto más entre los inhibidores del apetito. Es un complejo de proteínas y vitaminas equilibrado y conveniente para la alimentación humana, y desde el punto de vista organoléptico, lo que percibimos por los sentidos es "otro tipo de comida". Se presenta en forma de granulado, se ingiere con la ayuda de algún liquido y produce sensación de saciedad porque, una vez en el estómago, se hincha, no crea adicción y es compatible con la alimentación habitual. No contiene "efreda" ni "cafeína", por lo que no hay riesgos de incrementar la presión arterial ni de producir cambios en el ritmo cardíaco. Es un producto científico, serio y experimentado, lanzado con éxito anteriormente en otros países.

3. La distribución

Se realiza exclusivamente a través del canal "farmacias", formado por centrales de compra, como sociedades mercantiles o sociedades cooperativas.

Intervención de la agencia

La Agencia Carvis Publicidad, S.A. (director de Marketing, Magí Torner) fue invitada a participar en el concurso convocado cuando las otras agencias ya habían recibido con cierta antelación el *briefing*.

La agencia desarrolló su trabajo con los siguientes estudios y análisis previos.

1. El mercado
La agencia trató de hacer una cuantificación del mercado de la población española obesa.

Entre otras fuentes consultadas, identificó en la Biblioteca del Colegio de Médicos de Barcelona un estudio publicado por dos doctores especialistas en nutrición en el que se estudiaba el fenómeno de la población obesa en Estados Unidos de América, donde también se había ya manifestado el problema de la obesidad en diversos sectores de población, entendiendo que las conclusiones de dicho estudio, en cuanto a porcentajes de la población obesa, eran aplicables a la población española.

En el referido trabajo se distinguían dos grandes grupos de poblaciones obesas:
- las que tenían un sobrepeso superior al 10%, cuya solución reclamaba un tratamiento clínico individualizado.
- las que tenían un sobrepeso de hasta un 10%, que era la población objetivo de los productos para el control del peso.

Dentro de este segundo agrupo, presentaban los porcentajes de población obesa por segmentos de edad.

Pues bien, aplicando estos porcentajes a los distintos segmentos de edad de la población española, la agencia pudo presentar una estimación del total mercado español de la población obesa, trabajo que resultó altamente valorado por el Laboratorio.

2. La distribución
En un estudio realizado con el canal Farmacias, la agencia identificó esta situación:

- Los farmacéuticos concedían escaso interés a las productos de control de peso, dadas sus reducidas cifras de venta y de su estacionalidad, centrada en los meses de primavera y principios de verano, cuando los clientes, básicamente la población femenina, tenían la necesidad de exhibirse de nuevo en bikini.
- Tenían una imagen en general de productos poco serios, particularmente los inhibidores del apetito.
- Percibían una falta de información suficiente sobre algún producto que era realmente sustitutivo de las comidas, como las galletas Risk, producto que consumían algunas mujeres con la falsa creencia de que cuantas más comían más iban a adelgazar.

La conclusión era que se hacía necesaria una campaña de comunicación suficientemente explicativa para contrarrestar estos factores de freno y eventualmente de falta de imagen de los profesionales de la distribución farmacéutica.

3. El consumidor
A través de un estudio cualitativo (dinámicas de grupo), se identificaron las motivaciones y frenos de los consumidores:
- Elevada conciencia de que el peso equilibrado acorde con la constitución de cada persona es un requerimiento de buena salud y de eliminación de enfermedades actuales y potenciales.
- Reconocimiento de la prioridad de los objetivos estéticos, como alimentadores de la decisión de hacer algo positivo para conseguir un peso cuando menos cercano al ideal.
- El temor latente hacia el uso de ciertos productos que quitan el apetito, si pueden ser perjudiciales para la salud.
- Y, como freno muy importante, la sensación de angustia que invade a la persona obesa a partir del momento en que quiere realmente privarse de comer para perder peso, lo que lleva a algunas pacientes a, por última vez, darse una comilona, antes de iniciar el sacrificio de la dieta.

El estudio motivacional facilitó a la agencia una base sólida para el planteamiento de la campaña de comunicación.

4. La campaña de comunicación

4.1 Objetivos de comunicación
Objetivos básicos:
- Dar a conocer Biohuman al público objetivo y canal de distribución.
- Destacar el carácter científico del producto, elaborado por un gran laboratorio farmacéutico. Producto serio, adecuado para la salud, que produce un resultado beneficioso comprobado.
- Argumentar sobre las cualidades organolépticas del producto.
- Mover a la acción. Incitación a la prueba.

4.2 Público objetivo
La campaña de lanzamiento se orientó a un *target* amplio en cuanto a sexo (con mayor peso en la mujer), edad y clase social.
Con independencia, se avanzaban unas recomendaciones hacia otros segmentos:
- Población infantil
- Deportistas

4.3 Medio básico seleccionado
- Revistas
- Por tratarse de una comunicación seria, científica y no banal, que precisaba de una argumentación
- Y por tratarse de una información nueva, que el receptor en muchos casos podría conservar con facilidad

4.4 Creatividad
Se planteó de manera muy directa, ya que nos encontrábamos claramente con un "producto-respuesta", que necesitaba el público objetivo:
- Concepto: "Pierda peso sin que le pese". (Explicación: con Biohuman, no pasará hambre, tendrá sensación de saciedad.)
- Ilustración demostrativa: Mujer que viste una falda que claramente le viene ancha (con un gesto separa la falda de su cintura).

Resultados
Gran éxito en ventas. El primer año de lanzamiento se triplicaron los objetivos de ventas de Biohuman. El fenómeno siguió en los años siguientes. El producto se convirtió en el claro líder del mercado.

"LA MÉDICA" (Experiencias promocionales de éxito)

(Este documento no pretende ilustrar una determinada forma de gestión, sino que debe servir como base para el diálogo. Para que la discusión sea provechosa, es necesario preparar el caso con antelación, definiendo los problemas y proponiendo alternativas de solución y acción.)

Introducción

La Médica es una empresa que se encuentra dentro del campo de la distribución de productos farmacéuticos. Antiguamente tales empresas no existían, pues debido al reducido número de específicos farmacéuticos, la propia Farmacia ya disponía de ellas, y era con las tradicionales y sabias "fórmulas magistrales" como se resolvían las carencias de medicamentos indicados para la curación de muchas de las enfermedades y dolencias humanas. Pero a partir del momento en que el número de los específicos aumentó, fueron apareciendo empresas que hacían una labor de puente y al propio tiempo de almacén intermedio, entre el laboratorio farmacéutico y la oficina de farmacia.

El mercado

El mercado de la distribución de productos farmacéuticos nació, pues, respondiendo a una necesidad del progreso y desarrollo de la industria farmacéutica, dando origen a la aparición de un notable número de empresas distribuidoras, cada una de las cuales se asentaba en un territorio o zona determinada.

La estructura de estas empresas distribuidoras era relativamente simple, con la disponibilidad de unos almacenes debidamente acondicionados, un personal de almacén para la formalización de los pedidos y el correspondiente de transporte y servicio a las farmacias. Su servicio tenía que estar forzosamente condicionado por la disponibilidad de producto, de parte de los laboratorios, de la periodicidad y regularidad de los pedidos de las farmacias, y de la capacidad de respuesta a las mismas.

Con el tiempo, tales empresas de distribución se fueron mecanizando y adaptando a las necesidades del mercado para conseguir los grandes objetivos de rapidez en el servicio y de contención de costes de estructura, base de sus beneficios.

Por esta vía, con el tiempo, algunas de tales empresas adquirieron una notable dimensión tanto de extensión territorial como de cifras de facturación, alcanzando su servicio más allá de sus provincias o zonas de origen.

Esto es lo que sucedió con la empresa matriz de La médica, que desde su zona primitiva centrada en Aragón, fue desarrollándose hacia las provincias limítrofes hasta alcanzar en el caso que nos ocupa a la provincia de Tarragona, con un servicio asentado ya en los años treinta del siglo pasado.

Penetración de "la médica" en Cataluña

La empresa contaba, pues, con una notable experiencia de atención y distribución, desde su centro situado en Zaragoza; pero si quería expansionarse a fondo hacia la provincia de Barcelona, tenía que establecer en el área un importante centro de almacenamiento y distribución.

Así fue como la empresa al principio de la década de los ochenta construyó cerca de Barcelona, los almacenes farmacéuticos La Médica, S.A., con unos claros objetivos de penetración en este gran mercado:
- Ofrecer mejor servicio que el que las farmacias estaban recibiendo de los otros proveedores.
- En unas condiciones económicas también más favorables.

El servicio de distribución "la médica"

Fruto de la experiencia del grupo, la organización del servicio de distribución era el más avanzado en España, y se desarrollaba en un orden lógico estricto:

- Realizado el pedido por la oficina de farmacia, se recibía en la empresa de distribución a través de llamada telefónica.
- Recepción del pedido en almacenes farmacéuticos La Médica
- Registro de datos en el ordenador central y comprobación de stocks
- Formalización del pedido por la impresora
- Cumplimentación del pedido por el robot, o manualmente
- Distribución a la Farmacia en breve tiempo

Acción comercial de "la médica"

Los visitadores de las farmacias tenían con el nuevo servicio unos claros argumentos para lograr la ampliación del volumen de negocio con los clientes actuales, y también para conseguir nuevos clientes para la empresa. Ofrecían:
- Mejor servicio, o sea, mayor frecuencia y rapidez de reparto
- Mejor precio que la competencia

Como elemento de convicción desarrollaron un insistente programa de visitas de los farmacéuticos a los nuevos almacenes farmacéuticos La Médica, visitas que no se confirmaban por obligarles a abandonar durante una jornada su oficina de farmacia.
A pesar de los esfuerzos en inversión y servicios ofrecidos por la empresa, la penetración alcanzada en el mercado era de solo un 3%, muy lejos de los objetivos proyectados.

Intervención de la agencia

La agencia Torner & Layunta, S.L. (director de Marketing, Magí Torner) fue encargada de potenciar la acción de comercialización de los servicios de la empresa.

La agencia desarrolló su trabajo con estos estudios y análisis previos:

1. La distribución
La formación universitaria y la personalidad del farmacéutico explica que estos profesionales estén ligados enteramente a sus oficinas de farmacia. Este es su centro profesional, en el que ha vivido todas las experiencias pasadas en todos los sentidos, incluyendo las recepciones de ofertas y promesas de mejor servicio de parte de otras empresas distribuidoras.

Por otro lado, el farmacéutico, en su condición de licenciado universitario y dueño de su establecimiento, se siente comprensiblemente superior a los comerciales de las empresas distribuidoras.

Era difícil por tanto convencerles sobre la realidad de un mejor servicio a consecuencia de las nuevas tecnologías aplicadas en la distribución de los productos farmacéuticos, y más difícil aún, conseguir que realizaran una visita a los nuevos almacenes, para conocer sus nuevas instalaciones y servicios.

En definitiva, la acción de los comerciales de La Médica no resultaba lo bastante efectiva para alcanzar los objetivos planteados.

2. Estudio de la operativa de trabajo y servicio desde el nuevo almacén
Análisis detallado del proceso de formalización de los pedidos en las dos variantes:
la clásica, de formalización manual (reservada a productos que por tamaño no entraban en el robot), y la nueva, mediante el robot, con las ventajas que lleva aparejadas:
- Reducción de los errores
- Reducción de los costes
- Reducción de tiempos, pues el robot puede trabajar a un ritmo continuado, sin interrupciones, ni limitaciones de horarios.

3. La acción de comunicación

3.1. Principio rector
Para convencer al farmacéutico era necesario que se percatara o convenciera de la realidad del mejor servicio que ofrecía La Médica mediante su nueva tecnología. Ya se había intentado con la planificación de las visitas al nuevo almacén de distribución farmacéutica, aunque sin éxito. Pues bien, se partió del principio "si el farmacéutico no va al almacén, llevaremos el almacén al farmacéutico".

3.2. Medio básico

Tenía que ser un medio audiovisual capaz de comunicar en imágenes y voz las explicaciones sobre el funcionamiento del nuevo ingenio, y las ventajas que le reportaba al farmacéutico.

3.3. Creatividad

La agencia creó un vídeo como nueva "arma de ventas", con esta operativa:

- Se hizo la presentación del vídeo a los visitadores de farmacia.
- Se facilitaron las unidades necesarias a cada visitador.
- El visitador, en su visita, entregaba el vídeo al farmacéutico, proponiéndole que ya lo comentarían con motivo de la visita siguiente.

Los resultados no se hicieron esperar. En muchos casos, sin aguardar la siguiente visita del visitador, ya los farmacéuticos habían contactado con La Médica, principalmente los que ya eran clientes, pero también otros nuevos.

A partir de este momento, los visitadores de los almacenes farmacéuticos La Médica eran recibidos con la mayor atención por los farmacéuticos, convencidos del interés que la nueva realidad del servicio les proporcionaba

Resultados

Con el mejor servicio recibido y mejor precio ofertados, los almacenes farmacéuticos La Médica, con la ayuda de la nueva "arma de ventas", alcanzaron en dos años una cuota de mercado del 21% en la provincia de Barcelona.

PASSAT, S.A. (Publicidad para reposicionar un producto)

(Este documento no pretende ilustrar una determinada forma de gestión, sino que debe servir como base para el diálogo. Para que la discusión sea provechosa, es necesario preparar el caso con antelación, definiendo los problemas y proponiendo alternativas de solución y acción.)

El propósito de la campaña de lanzamiento del nuevo Passat se fundamentó en una operación para dar a conocer el automóvil de manera que no se relacionase con el modelo antiguo. Se quería romper la imagen del modelo anterior y sustituirla por una más moderna y renovada. Sobre todo había que reflejar en la promoción la intención del fabricante: un coche totalmente inédito.

Campaña de lanzamiento

Se llevó a cabo una gran operación multimedia el día de lanzamiento para crear impacto y notoriedad, con presencia en todos los canales de televisión, radio y prensa. No obstante, a pesar de utilizar un perfecto anuncio de lanzamiento, los resultados de investigación cualitativa y cuantitativa sobre la campaña internacional demostraban que existían ciertas deficiencias en cuanto al posicionamiento del coche en su asociación con el *target*. Por eso se decidió utilizar vallas, radio y prensa como vehículo de transmisión de los elementos que faltaban en el comercial de televisión.

La campaña tuvo un gran éxito, sobre todo considerando que se habían invertido menos del 10% del presupuesto total de medios en los primeros cinco días. A los diez días se obtuvieron los siguientes resultados cuantitativos:
- 92% han visto la publicidad del VW Passat (el 31% espontáneo, 64% sugerido)
- 88% han visto el anuncio de TV
- 40% prensa
- 25% vallas
- 19% revistas
- 9% radio

Además, se daba el dato extraño de que la media de veces que los encuestados decían haber visto el *spot* en televisión era de 16. Esto sólo en diez días de emisión y con unos presupuestos en línea con el mercado del automóvil ya era un logro, a parte de conseguir ser, en el primer año de vida del nuevo modelo:

- Considerado como el mejor lanzamiento de 1991
- Coche del año en Europa 1991
- Coche del año en España 1991
- Líder absoluto en ventas de su segmento y del mercado en 1991

Antecedentes

La introducción de este nuevo modelo no era un reto fácil. La reciente crisis del Golfo, la propia configuración del mercado, la situación económica, etc. hacía necesario el combinar a la perfección las distintas operaciones de marketing, publicidad, promoción, relaciones públicas, ventas. En otoño de 1990 el mercado sufrió de lo expuesto anteriormente, decreciendo en un 12% las ventas de automóviles.

El segmento de coches medianos era aproximadamente de 120.000 vehículos/año, con una participación de ventas de:
- Renault 21   19%
- Seat Toledo   27%
- Ford Scorpio   16%
- Opel Omega   17%
- Peugeot 405   21%

Este segmento estaba bastante masculinizado (33% hombres), de los que un 56% eran casados, y siendo un 65% de los propietarios mayores de treinta años, con una media de ingresos de 1.069,80€ (178.000 pesetas) y fundamentalmente urbanos. A nivel de imagen, el Renault 21 era el coche ideal, con todos los parámetros de comodidad, fiabilidad, etc.

1. Condicionantes del lanzamiento del nuevo passat
- No asociarlo al antiguo modelo.
- Conseguir un nuevo código de comunicación en el mundo del automóvil.
- El mensaje debe ser gratificante, comprensible y creíble para el *target* propuesto.

2. Estrategia del producto

Posicionar el VW Passat como el mejor de su categoría, como el "gran coche mediano".

3. Estrategia de comunicación

- Situar el nuevo coche como un acontecimiento en el mundo del automóvil.
- Conseguir notoriedad haciendo que la campaña sea también un acontecimiento.
- Transmitir superioridad a los competidores de la categoría mediana en prestaciones y motor.
- Transmitir que es un coche con tecnología alemana punta, con las connotaciones de seriedad, seguridad y calidad que ello conlleva.

4. Mercado objetivo

- Individuos en general interesados por los coches
- Especial énfasis en personas de 30 a 50 años con las siguientes características:
  - Casados
  - de clase media
  - con familia
  - económica y laboralmente estables

Los siguientes datos confirmaban los resultados de la investigación realizada antes de lanzar la campaña:

- 85% interés hacia la campaña
- 45% adhesión como algo cercano
- 48% marcará un hito en la comunicación
- 65% absolutamente nuevo
- 79% original
- 71% algo humorístico
- 92% bien integrado en todas sus piezas publicitarias

Este último era muy significativo ya que el impacto y la fuerza de la televisión podía "canibalizar" el resto de medios.

5. Utilización especial de medios

- *Teaser*[1] de veinte segundos en televisión- Patrocinio de distintos programas, tanto en las televisiones públicas como en las privadas
- Acciones especiales en revistas "masculinas" tipo Época, Tiempo, etc.

¿Qué pasó en el mercado? A principios de 1991 el VW Passat ya estaba posicionado como coche:

- Avanzado en tecnología
- Debe dar placer conducirlo
- Con buenas prestaciones

Se situó junto al Peugeot 405 y Renault 21 como coche ideal del segmento. Su participación en el mercado era de un 12%, siendo todavía el Renault 21 el líder del segmento con un 18%, seguido del Peugeot 405 con un 17%, y del Ford Scorpio con un 12%.

No obstante, en intención de compra el nuevo Passat estaba por debajo de la competencia:

- Peugeot 405   9,0%
- Renault 21   6,2%
- Seat Toledo   5,6%
- Ford Scorpio   4,3%
- Opel Omega   3,4%
- Peugeot 405   2,8%

Los componentes de imagen eran buenos, y la percepción del coche y atributos era buena, pero le faltaban dos características básicas:

- Bajo consumo
- Seguridad

Estrategia para 1991

Durante el segundo trimestre del año las acciones a llevar a cabo fueron:
- Incidir en el hecho de que el Passat era el coche del año en Europa y España.
- Continuar mediante prensa, vallas y revistas la consolidación del posicionamiento del vehículo, preparando la versión 16 válvulas.
- Introducir un precio de ataque, pero sin hacer promoción ni financiera ni descuento.

En junio de 1991 se lanzó la campaña del Passat 16V Premier para conseguir, mediante el vector de imagen, el tope de la gama en economía y seguridad. Los resultados fueron interesantes para la marca, ya que posicionaba el coche como:

- Económico   76%
- Fiable   63%
- Seguro   45%
- Diseño atractivo   31%
- Moderno/original   22%
- Agresivo   4%

Ya se podía considerar el Passat como el coche ideal y líder en imagen del segmento por:
- Tecnología: "Avanzado en tecnología".
- Fiabilidad: "Seguro".
- Exclusividad: "Para personas que les gusta distinguirse".

Frente al líder de imagen anterior en el segmento, el Renault 21, se habían sobrepasado todos los atributos que definen el automóvil como ideal o moderno, aunque todavía en el parámetro *adecuado para familias jóvenes* tenía mejor valoración el Renault 21.

Si nos guiamos por las intenciones de compra espontáneas como uno de los indicadores de salud de un producto, podríamos ver que a principios de 1992, y después de haber sido el coche más vendido del año anterior, todavía era el más deseado:

- VW Passat   7,1%
- Peugeot 405   6,2%
- Renault 21   6,1%
- Seat Toledo   5,7%
- Ford Scorpio   3,6%
- Opel Omega   3,1%
- *Media del segmento*   5,3%

Estos datos y los resultados alcanzados en los primeros meses de 1992 consolidaron la posición alcanzada por el nuevo VW Passat.

Cuestiones

1. Discusión acerca de las acciones de comunicación llevadas a cabo por la empresa para el lanzamiento del nuevo Passat y cumplir con el principal objetivo de reposicionamiento del automóvil.

10 Marketing y pymes

OBJETIVOS

1. Estudiar las acciones de marketing más apropiadas para las pequeñas y medianas empresas
2. Aspectos globales de gestión y de marketing a tener en cuenta a la hora de liderar un negocio de estas características
3. Tomar como ejemplo aquellas prácticas de éxito a partir de un análisis realizado sobre empresas líderes

10.1 INTRODUCCIÓN

El título de este capítulo lleva a pensar en que existe un marketing distinto al que puede practicar una multinacional del tipo Henkel, Microsoft o Coca-Cola o, en general, cualquier empresa intensiva en marketing. Hay algo de cierto en esta afirmación.

Aunque el detallista debe tomar decisiones sobre producto, precios, promociones, competencia, servicio, etc., no podemos huir de las peculiaridades que surgen de la propia esencia de un detallista, más cuando no cuenta con el soporte de un gran grupo o cuando no sea una franquicia. Una serie de propiedades intrínsecas en su definición como son el tamaño reducido, la base de clientes, los recursos limitados y la reducida difusión de sus mensajes. Es verdad que no todos los detallistas cumplen con este perfil.

Fácilmente nos encontraremos a pie de calle con comercios que forman parte de grandes cadenas, líderes de categorías, con franquicias o sin ellas. Y en todos los sectores. Del marketing agresivo de estos últimos, con recursos elevados, poder de compra, gran base de clientes y notoriedad de marca, entre otros, podemos encontrarles reflejo inmediato en los capítulos anteriores.

Sin embargo, existen 600.000 familias que, día a día, tratan de obtener rentabilidad de sus pequeños establecimientos. El marketing al que hemos hecho alusión sigue siendo válido para ellos, y es más, en muchos casos lo entienden mucho mejor que otros a los que el tamaño complica la existencia: gestión compleja, ineficiencia, distancia al consumidor, recursos humanos poco motivados, etc.

10.2 LIDERAZGO Y SOSTENIBILIDAD

En los comercios minoristas encontramos tres tipos de detallistas según su liderazgo:
1. Liderazgo comercial
2. Liderazgo destino de compra
3. Liderazgo psicológico

La forma de liderazgo más común es el que está basado en las ventas y en la cuota de mercado.

Los comercios detallistas cuya superioridad se basa en estos factores dominan el mercado en que compiten gracias a una variedad de factores. Algunos pueden ser la extensión de la red comercial, la inversión realizada en publicidad, la disponibilidad de recursos financieros y la amplitud de productos comercializados. Llamemos a este tipo de liderazgo *liderazgo comercial*.

El liderazgo comercial se sostiene fundamentalmente con recursos económicos. Los precios bajos y amplitud de líneas se consiguen gracias al poder de compra, la cobertura geográfica se obtiene con una gran cantidad de puntos de venta, y la publicidad masiva es muy costosa. Agreguemos a esto una adecuada financiación con proveedores y una política de gestión de inventarios acertada y prácticamente tenemos garantizado el éxito comercial. Como típicos ejemplos podemos mencionar grandes superficies y cadenas como El Corte Inglés o Carrefour. En este rango, la competencia por el liderazgo es particularmente feroz.

El consumidor compra en este tipo de establecimientos por razones de comodidad, conveniencia, precios bajos, extenso surtido y calidad de productos razonable. Estos motivos se prestan para las compras regulares del día a día y las de impulso. Sin embargo, cuando se trata de una compra planeada, de un producto más sofisticado o de una ocasión especial, los factores que inducen al consumidor a comprar en determinado lugar cambian.

Ciertos comercios han elegido concentrarse en una o en pocas líneas de artículos, cubriendo toda la gama de modelos. Son los comúnmente llamados *asesinos de categoría* o *category killers*, ya que ofrecen al consumidor todo el abanico de opciones de determinada clase de artículos, dejando pocas opciones al atrevido que acceda al mercado con la misma categoría en la misma zona. Este tipo de establecimientos se convierten con frecuencia en destino de compra, ya que son el lugar a donde se dirige un consumidor para comprar determinado artículo. Como ejemplos podemos mencionar Sephora, cadena de perfumería y cosmética francesa, o FNAC, especialista en libros, informática de uso personal y música. En estos negocios, el factor clave que induce a la compra es la reconocida autoridad que tiene determinada empresa en la venta de una clase específica de productos. A este tipo de liderazgo lo llamaremos *liderazgo destino*.

Los líderes destino normalmente compiten con precios ajustados; es decir, no ofrecen los precios más bajos del segmento, pero tampoco tienen márgenes muy altos. Este tipo de negocios tiene sus establecimientos generalmente en localizaciones históricas; por ejemplo, el local donde el fundador inició las operaciones. Esto significa que no necesariamente tienen sus puntos de venta en los lugares con más tráfico, o en zonas como los centros comerciales. Esta característica refuerza el concepto de destino de compra: una persona no pasa casualmente por el establecimiento, sino que se dirige específicamente a él con la intención de comprar.

El liderazgo destino de compra se sostiene con factores muy diferentes a los económicos, y se basa en ciertas características. En primer lugar está la profundidad de línea que se maneja. Esta se logra convirtiéndose primero en experto del producto, para lo que se requiere de preparación, conocimientos y entusiasmo. Asimismo, es imprescindible construir una red de proveedores especialistas para poder ofrecer todo el abanico de opciones, y para comercializar marcas que ningún otro detallista tendrá. Finalmente, el negocio necesita personal capacitado que conozca el producto y pueda asesorar al cliente en su compra.

El segundo factor para sostener el liderazgo destino es la autoridad que tenga el negocio dentro de su segmento de mercado. Esta autoridad proviene de varias fuentes, como la innovación. Los líderes destino son reconocidos por la sociedad como los primeros en comercializar nuevos productos, nuevas marcas y nuevos tipos de presentaciones que sean más convenientes o atractivos para el cliente. Otra fuente es la exclusividad de los productos que ofrecen, ya que frecuentemente manejan marcas de la que tienen representación exclusiva y que difícilmente pueden conseguirse en otros establecimientos. Los factores de innovación y exclusividad dan como resultado un surtido de productos relevante; es decir, suficientemente distinto del de la competencia como para lograr una diferenciación, y alineado con los gustos y preferencias del cliente.

El tercer factor que sustenta el liderazgo destino es la capacidad prescriptiva que tiene el personal. Debido a la profundidad de línea que manejan, y a la relevancia de los productos comercializados, los clientes son asesorados profesionalmente por los empleados, quienes tienen gran influencia sobre la decisión de compra. Por ejemplo, en una empresa especializada en la venta de vinos, parte del trabajo del personal consiste en aconsejar a los clientes sobre cuál es el vino más adecuado para la ocasión, el menú, y el presupuesto. Y en muchas ocasiones, no sólo se aconseja, sino que se cambia la idea original del cliente: *"No, señora, ese vino no es lo más indicado para brindar por el futuro enlace matrimonial de su hija. Le recomiendo este otro, que la hará quedar muy bien con sus invitados y está dentro del precio que me indicó"*.

Los establecimientos cuyo éxito se basa en la comercialización de un diseño exclusivo también son ejemplos de detallistas destino de compra.

Cuando el líder destino de compra se convierte en la primera consideración del conjunto de enseñas a las cuales el cliente somete a decisión, aparece el líder psicológico, algo así como un "líder destino líder". La frontera entre uno y otro es confusa, y muchas veces podríamos colocar a un comercio bajo las dos denominaciones.

El líder psicológico cumple con todas las propiedades que acabamos de citar, más otras que describiremos a lo largo de este capítulo. Estas empresas tienen dominio de la categoría en la mente del consumidor; son las primeras en las que piensa cuando tiene que comprar determinado producto. Generalmente, esta característica se debe a que fueron los primeros en introducir un producto o concepto en su región geográfica y por lo tanto están estrechamente ligados a la historia comercial de la misma. Este vínculo histórico es reforzado mediante un compromiso hacia el desarrollo de la comunidad, como el patrocinio de eventos especiales o los donativos a instituciones benéficas. Los líderes psicológicos marcan la pauta dentro de su segmento de mercado, ya que continúan siendo los primeros en introducir productos y conceptos (al igual que los líderes destino). Debido a que gozan de autoridad y legitimidad en las mentes del consumidor, son negocios a los que el cliente se dirige expresamente para recibir recomendaciones y consejos del personal.

Los líderes psicológicos no compiten en precio. Atienden a un cliente con poder adquisitivo medio-alto y alto cuya mayor preocupación es obtener un producto de calidad muy exclusivo.

No realizan prácticamente ningún tipo de publicidad, ya que su reputación es muy conocida gracias a la vinculación histórica antes mencionada. Frecuentemente, cuando un cliente no encuentra el producto deseado en estos establecimientos, desiste en su búsqueda diciendo: "si no lo he encontrado en esta tienda, no lo encontraré en ninguna otra parte". Los líderes psicológicos gozan de total supremacía en la mente del consumidor.

Se trata de comercios con gran éxito en su mercado, a pesar de un entorno cada vez más competitivo y de la aparición de nuevos formatos de comercio, como las grandes superficies y las tiendas de descuento. No cuentan con los recursos de las grandes multinacionales.

El gráfico 10.1 detalla los tipos de liderazgo explicados y la sostenibilidad de los mismos a largo plazo basado en la fidelidad del cliente.

El liderazgo comercial, al estar fundamentalmente basado en recursos económicos, es sostenible hasta que llegue un competidor más fuerte. Hoy en día somos testigos de cadenas fuertes que entran en todo tipo de sectores a competir con el líder establecido. También observamos fusiones y adquisiciones en las que el más grande llega a dominar a los demás competidores.

Los establecimientos líderes destino de compra y psicológicos mantienen una cartera de clientes muy fieles y adicionalmente atraen a muchos clientes de paso, gracias a las

/10.1/ Tipos de liderazgo

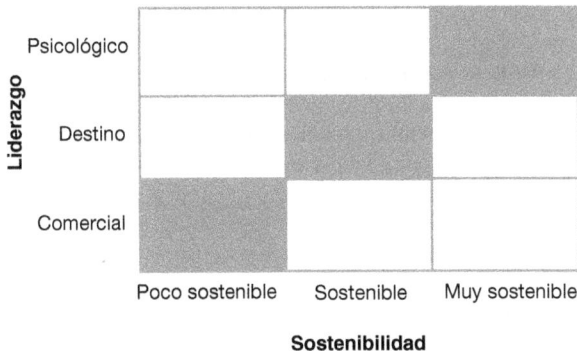

Sostenibilidad

recomendaciones de otras personas. La profundidad de línea que manejan, la experiencia y conocimientos del personal y su capacidad de prescripción son difíciles de imitar; por lo tanto, es más fácil para ellos sostener su liderazgo. La vinculación histórica con el desarrollo comercial de la ciudad de origen también es un importante valor. Si alguna otra empresa entrara a competir con ellos, necesitaría de mucho tiempo y preparación para poder estar a la misma altura, lo que proporciona a los líderes destino de compra una ventaja decisiva.

10.3 EL DETALLISTA DE ÉXITO

Hemos considerado apropiado basar los elementos de un buen marketing a partir de lo que realmente funciona. En este capítulo, colocaremos nuestro foco en el líder destino y psicológico, partiendo de los modelos de éxito a los que los autores hemos tenido acceso de forma directa. Las actitudes, valores y operativas que profesan estos detallistas han de trasladarse al resto de comercios que día a día sufren la entrada de grandes superficies y nuevos formatos.

Son comercios de origen familiar y la mayoría de ellos siguen controlados por la misma familia. No forman parte de ningún gran grupo o multinacional. La publicidad no entra en sus principales objetivos estratégicos. En general, todos ellos aportan algo distinto a lo que nos tiene acostumbrado el sector correspondiente. Son empresas rentables y muy conocidas dentro del segmento de mercado en que compiten, ya sea por su especialización, reinvención de un producto *commodity* o por un nuevo formato de venta.

No sólo lo tradicional es lo que triunfa. Los comercios emprendedores que se han establecido en los últimos años compiten con ideas y formatos de venta fuera de lo común, aportando nuevos conceptos a su segmento de mercado. Estas empresas han reinventado un producto típico o *commodity* a través de su diseño original o de la forma de venta.

En general, el pequeño comercio al que hacemos referencia tiene las siguientes características:
- En la mayoría de los casos, las compañías no disponen de los recursos necesarios para competir por un liderazgo comercial, sostenido principalmente por factores como costes y precios mínimos y amplia red de distribución.
- Han optado por una estrategia de especialización y diferenciación en el servicio ofrecido, buscando lograr o mantener el liderazgo destino de compra o liderazgo psicológico.
- La autoridad de los líderes destino y los líderes psicológicos proviene principalmente de la innovación en productos ofrecidos, la exclusividad de los mismos y los vínculos históricos con la comunidad.
- La diferenciación en servicio se busca principalmente en el nivel de servicio aumentado, que está estrechamente ligado con la especialización del negocio (productos y marcas manejados), la percepción de valor (experiencia de compra), el conocimiento del producto (capacidad prescriptiva) y la comunicación externa (los lazos con la comunidad).
- La posición de liderazgo es sostenible a través del tiempo y frente a la competencia; sin embargo, está basada en varios factores difícilmente transferibles en la expansión, como la involucración del directivo en las operaciones, la relación histórica con la sociedad, el aprendizaje rápido debido al tamaño de la empresa, y el conocimiento del producto, adquirido a través de los años.
- Las principales aspiraciones de muchos de estos comercios no son las altas rentabilidades ni las ventas, sino el producto y el cliente. Prima la afición del propio líder o la propia historia del establecimiento.
- Los departamentos financieros no existen en la gran mayoría de estos negocios. Al cuestionar a los directivos respecto al volumen de ventas, prevalecía la renuencia en dar una cifra determinada.
- En otras empresas, la propia estrategia seguida falsea los datos disponibles, y más cuando pretendemos compararla con otros establecimientos del sector en que opera. Algunos casos son la política de adquisiciones, que supone el retorno

de la inversión en varios años, el hecho de pertenecer a un grupo del que pueden aprovecharse elementos operativos, o la existencia de unidades de negocio pequeñas anexadas al negocio.

La diferencia más notable se encuentra en el crecimiento de la compañía versus la del sector. En general, financian sus operaciones con recursos propios o deuda a corto plazo principalmente.

10.4 ESPECIALIZACIÓN

10.4.1 Profundidad vs. amplitud de línea

Cuando una persona decide fundar su propia empresa, la primera decisión que tiene que tomar es qué tipo de negocio establecer. Cuáles serán los productos que se venderán, qué canales de venta utilizará, a qué segmento del público se dirigirá, y demás cuestiones relacionadas. Son muchas las opciones y muchos los caminos que se pueden seguir. Se puede abrir un comercio de prendas de vestir, donde se manejen líneas para dama, caballero y niños para todas las temporadas. Puede optarse por un comercio tipo bazar, en el que se venden todo tipo de artículos a 1 euro. Las grandes superficies como *Carrefour* optaron por comercializar una gama muy amplia de productos: desde comestibles hasta electrodomésticos. En resumen, el establecimiento puede vender cualquier cosa que deje dinero.

Los "pequeños grandes" han definido el concepto de su empresa con una característica en común: la especialización.

Estos negocios han optado por vender pocas clases de productos, pero a cambio ofrecer todos las variedades existentes dentro de ellas. Como comentamos anteriormente en la sección de liderazgo, la especialización de una empresa en una categoría de productos está basada en:

a. un surtido relevante de productos
b. una definición de mercado estrecha; es decir, la concentración en un segmento pequeño o nicho de mercado
c. en cubrir toda la gama de productos para no dejar huecos a los competidores

Todos los "pequeños grandes" ofrecen un surtido de productos relevante, logrando la exclusividad de productos, la profundidad de línea manejada y la adecuación a los gustos del cliente. El enfoque de mercado es reducido en todos los casos y se concentra en un pequeño nicho; sólo bicicletas y sus componentes, únicamente género de punto para mujeres y niños, exclusivamente grabaciones de música, sólo vinos españoles. Por ejemplo, si la categoría es bicicletas y sus componentes, se ofrecen artículos de todos los precios, para todo tipo de clientes, todos los modelos y colores a elegir.

Existen otros comercios en los que, si bien la especialización es alta, la gama de productos ofrecida también lo es, dado que el segmento elegido es más amplio.

La especialización tan profunda que observamos en los "pequeños grandes" no es una casualidad. Se trata de una decisión tomada expresamente por sus líderes. No desean competir en precio o en surtido de mercancía con las grandes superficies o las multinacionales y tampoco quieren convertirse en generalistas. Según la opinión de muchos de los propietarios, la especialización es el futuro de la pequeña y mediana empresa.

Lograr una especialización total es complicado y requiere enfocar todos los recursos de la empresa para lograr este fin. Se tienen que adquirir conocimientos técnicos especializados, conocer bien el sector, tratar con los proveedores indicados, y tener personal especializado. Es probablemente por esta razón por la que al integrar un pasatiempo con el negocio se logra una fórmula de éxito. Cuando se tiene una afición, se quiere saber todo de ella, se estudia el tema hasta que uno se convierte en experto en la materia. Este es el primer requisito para tener un comercio especializado: conocimiento del producto.

Los "pequeños grandes" han optado por la especialización como estrategia competitiva. Es uno de los pilares en los que está sostenido el éxito de su empresa. Sin embargo, el mejor juez para decidir si el comercio ha logrado la especialización deseada es, como siempre, el cliente. Y este juez les ha concedido su total aprobación mediante la siguiente frase: "Si no lo encuentras en esta tienda, no lo encontrarás en ninguna otra parte."

10.4.2 Marcas exclusivas y diseños propios

Los "pequeños grandes" están muy especializados en su segmento, y por lo tanto ofrecen una gran variedad de marcas para cubrir todo el espectro de productos dentro de una categoría. Sin embargo, su tendencia natural gravita hacia los artículos de mayor calidad, hacia las marcas más prestigiosas. Esta tendencia se debe a un número de razones. La primera va mano a mano con la especialización: pretenden ofrecer al cliente aquellos productos no comerciales que no encontrarán fácilmente en otro establecimiento. Esta exclusividad logra que el comercio especializado se convierta en destino de compra para ciertos productos.

Por ejemplo, en el sector de la perfumería, algunos ejemplos de estas marcas son Boucheron, Shisheido, La Praire, Bulgari y Celine, marcas difíciles de obtener en establecimientos no especializados, e incluso en tiendas departamentales.

Otra razón de peso para manejar las marcas más prestigiosas y los productos de mayor calidad es obviamente el precio que se puede cobrar por ello. Tradicionalmente, los márgenes de los comercios al detalle se ven castigados por la cantidad de intermediarios con los que tienen que tratar, por los bajos volúmenes de compra, por los costos fijos de las instalaciones y del personal. Comercializar productos de gran calidad y exclusividad, y en los que prácticamente no experimentan competencia, es una excelente manera de lograr márgenes más saludables si un determinado volumen de compra está garantizado, como es el caso de estas empresas.

Una última razón para comercializar los productos más exclusivos es la imagen que estos artículos y marcas dan al negocio. Si tomamos en cuenta que una buena parte de las empresas de la muestra atienden a clientes de nivel socioeconómico medio-alto y alto, podemos entender que resulte importante mostrar una imagen exclusiva. Para los clientes de estos comercios, los productos que compran representan pequeños lujos, y les gusta pensar que son pocas las personas que tienen acceso a ellos.

La exclusividad en la oferta de productos no sólo parte de ser el único establecimiento que tiene determinada representación, sino también de los diseños propios. La creatividad e innovación interna reflejada en productos originales y distintivos crea una exclusividad difícil de imitar. Ya que estos artículos sólo pueden ser adquiridos en puntos de venta de la empresa creadora, se refuerza el liderazgo destino de compra y adicionalmente se crea una asociación "exclusividad-empresa X" en la mente del consumidor, reforzando el liderazgo psicológico.

La gestión de diseños propios exclusivos y comunicación de los mismos está representada gráficamente en la figura siguiente. La innovación en diseño de los "pequeños grandes" generalmente tiene su origen en la personalidad del fundador, quien con su creatividad y conocimiento del mercado ha logrado diseñar artículos novedosos, emblemáticos y distintos. Al principio, las comunicaciones externas y la cobertura publicitaria pueden estar limitadas a medios locales y recomendaciones boca a oreja, pero llega un punto en el crecimiento de la empresa en que se requiere de tratamiento editorial frecuente y favorable. La creatividad en el diseño y la imagen transmitida a través de las publicaciones elegidas logran un estilo e imagen característicos que se refuerzan con otros elementos de marketing, como el punto de venta. La imagen y estilo característicos logran que el "pequeño grande" tenga prestigio y autoridad en la moda, lo que a su vez permite hacer menos rebajas en los productos y tener márgenes más altos. Los recursos provenientes de precios más altos son entonces utilizados en la innovación del diseño de nuevos artículos y la mejora en comunicaciones externas.

A medida que el pequeño y mediano comercio crecen, la innovación en diseño debe independizarse del fundador mediante la formación de un equipo creativo talentoso.

De éste dependerá la continua introducción de nuevos productos que reflejen la herencia de la marca sin mantenerla estática.

10.4.3 Actitud hacia el servicio

La posición de liderazgo también se puede analizar desde el punto de vista de servicio. Veamos primero los tres niveles de servicio comúnmente estudiados, que son de menor a mayor complejidad: *servicio base, servicio aumentado y apoyo de marketing*. El *servicio base* engloba los componentes elementales del comercio detallista, que son ubicación, surtido, precio y fiabilidad. Cualquier negocio dedicado a la comercialización al menor tiene que ocuparse de estos factores. El siguiente nivel de servicio, el *servicio aumentado*, se ocupa de las marcas manejadas, la comunicación, la accesibilidad o relación precio/ubicación, el conocimiento del producto y la experiencia de compra. Finalmente, tenemos el *apoyo de marketing*, que estudia los elementos de selección de personal, formación, recursos invertidos, sistemas y conocimientos del mercado y de herramientas de marketing.

Como podemos observar, el servicio base es el nivel elemental en donde operan todos los componentes fundamentales del comercio detallista, como son el precio y el surtido. Este nivel de servicio es el mínimo indispensable que deben ofrecer estos negocios y es la plataforma desde la cual se construyen los demás elementos agregados del servicio. Por lo tanto, el servicio base, a pesar de ser difícil

de ejecutar con éxito, es fácilmente imitable por los demás competidores.

El servicio aumentado tiene que ver con componentes más complejos y difíciles de imitar, como la selección de marcas comercializadas (resultado del posicionamiento elegido en el servicio base respecto a surtido y precio), el correcto manejo de las comunicaciones externas, y el conocimiento del producto, entre otros. La mezcla de componentes utilizada es una fuente para lograr la diferenciación y ventaja competitiva. Finalmente, tenemos el apoyo de marketing, que es el nivel más amplio y más complejo del servicio. Está relacionado con la aplicación de herramientas de marketing para mejorar el servicio en términos de personal, conocimientos del producto y sistemas.

Los comercios con liderazgo destacado en su zona de actuación cuentan con fuerzas competitivas concentradas en los niveles de servicio superiores, es decir, en el servicio aumentado y en el apoyo de marketing. Las ventajas en el servicio aumentado son evidentes. Como comentamos anteriormente, los líderes destino y psicológicos ofrecen un surtido de marcas a la vez profundo y relevante. Frecuentemente tienen marcas que sólo ellos comercializan, ya sea porque se trata de fabricación propia o por algún contrato de exclusividad.

Fomentar las comunicaciones externas, como parte del servicio aumentado, facilita las recomendaciones boca a oreja y da más alcance a las ocasionales publicaciones en algún medio masivo.

Las operaciones están estrechamente ligadas con la historia comercial de su zona y su buena reputación es transferida de generación en generación. También en el servicio aumentado, el conocimiento del producto que tienen el equipo directivo y el personal es difícilmente imitable, porque se ha adquirido a través de los años. Finalmente, la experiencia de compra es una ventaja a favor de estos negocios, ya que aumenta el valor percibido de compra. Esta percepción de valor adquirido aumenta a través del servicio personalizado, la experiencia multisensorial: el gusto, el olfato, el tacto o la acción visual y auditiva.

Las fuerzas en el apoyo de marketing están concentradas principalmente en el tema del personal. La selección se hace cuidado-

/10.2/ Círculo de la gestión del diseño y la comunicación

Recursos disponibles para innovación del diseños y comunicación

Innovación del diseño

Mayores márgenes de precio y menores rebajas

Tratamiento editorial frecuente y favorable

Prestigio y autoridad en la moda

Imagen y estilo característicos

samente, y muy frecuentemente es llevada a cabo por el propietario; el tamaño de la empresa y la manera en que el emprendedor se involucra en las operaciones de la misma fomenta el aprendizaje y la transferencia de conocimientos. Los aspectos relacionados con la gestión de inventarios, costes y procesamiento de pedidos son clave para los "pequeños grandes", por lo que la información se tiene a un nivel muy detallado y es actualizada constantemente. La dirección supervisa estos datos diaria o semanalmente.

El servicio al cliente como aspecto de diferenciación ha sido ampliamente estudiado en todo tipo de industrias y negocios. Para el comercio al detalle este tema cobra especial importancia y la atención personalizada es identificada como una fortaleza de la pequeña y mediana empresa. Muchos comercios, grandes y pequeños, se jactan de ofrecer servicio inigualable a sus clientes. Sin embargo, ¿cuántos de ellos verdaderamente cumplen su promesa? ¿Qué opinan los clientes al respecto? ¿Qué acciones están dispuestos a tomar para lograr este servicio? Sin duda alguna, no todos los establecimientos comerciales son expertos en el tema de servicio al cliente. Pero, ¿cuál es la actitud de los "pequeños grandes" hacia el servicio?

El servicio es una parte integral del producto que ofrecen y consideran que no se puede vender el uno sin el otro. Esta mentalidad dista un abismo de la actitud común entre los comercios de que el servicio es un beneficio adicional, y por lo tanto, tiene que pagarse. Pero es precisamente en esta mentalidad donde yace el cimiento de un servicio verdaderamente excepcional. Al considerar el servicio al cliente como atributo mismo del producto, el servicio se convierte en una ventaja competitiva difícil de imitar.

Una característica común de los negocios de éxito es la actitud hacia el servicio que tienen sus propietarios. Para la mayoría de estos líderes, la disposición al servicio es una cualidad humana fundamental que debe practicarse y fomentarse diariamente. La búsqueda del servicio atento, amable y experto fluye desde la cabeza del negocio, contagiando a todo el personal de la empresa. Esta calidad en el servicio no es algo que se consiga enviando al personal a un curso con la última panacea en servicio al cliente. Es una cualidad que se busca en el personal desde el momento de su selección, una conducta que se aprende del mismo propietario y líder.

Todas sus acciones dentro de la empresa están impregnadas de una actitud de servicio hacia los demás: hacia sus empleados, sus proveedores y sus clientes, siendo leal a todos ellos.

Los "pequeños grandes" entienden la importancia del servicio al cliente como elemento de diferenciación y como base para lograr la fidelización del mismo. Por lo tanto, el servicio es el segundo pilar en que basan su estrategia competitiva. A continuación comentaremos cómo gestionan el servicio y qué tipos de servicio ofrecen.

Servicio personalizado

Los "pequeños grandes" son conscientes de que una de sus ventajas competitivas frente a las grandes superficies es la calidad del servicio prestado, característica que se vuelve más importante al tratarse de negocios especializados. Estas empresas enfocan su servicio en base al conocimiento que tienen del cliente, punto de partida para la gestión del siguiente círculo virtuoso:

El conocimiento del cliente se logra a través de la interacción efectiva y frecuente que tiene el personal con éste. El tamaño reducido de la plantilla provoca que todos los empleados traten constantemente con los clientes, la actitud de servicio buscada desde el reclutamiento facilita la interacción y la especiali-

/10.3/ Círculo de gestión del servicio al cliente

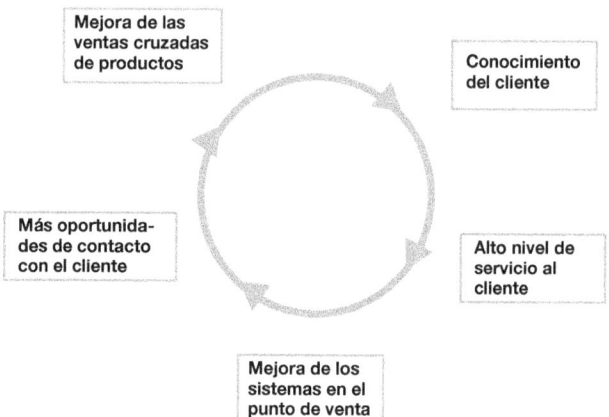

Mejora de las ventas cruzadas de productos

Conocimiento del cliente

Más oportunidades de contacto con el cliente

Alto nivel de servicio al cliente

Mejora de los sistemas en el punto de venta

zación del negocio fomenta la búsqueda de asesoramiento por parte del cliente. El actuar sobre este conocimiento, los "pequeños grandes" están en la posición de proporcionar un alto nivel de calidad en servicio al cliente, adaptándolo a sus necesidades. Al incrementar el conocimiento que tienen del cliente y el servicio que ofrecen, estas empresas procuran mejorar los sistemas de información que se tienen en el punto de venta, como las bases de datos. El uso adecuado de esta información les permite encontrar más oportunidades para interactuar con el cliente (por ejemplo, el enviar cupón regalos en las fechas de cumpleaños da incentivos al cliente para ir al local). Al tener más oportunidades de estar en contacto, mejoran las posibilidades de ventas cruzadas y de aumentar el ticket de compra.

En el sector de la moda, existen locales especializados que atienden a su clientela con gran tacto y amabilidad. Les conocen desde hace tiempo, y por lo tanto saben su talla, colores favoritos, estilos que les favorecen y demás gustos. Al disponer de esta información es más fácil para ellos poder ofrecer a sus clientes una alta calidad de servicio. En el momento de pagar la compra, todos los datos personales quedan registrados mediante la base de datos incorporada a la caja, o a través de la tarjeta cliente. Esta información facilita la segmentación y selección de clientes objetivo a quien dirigir promociones y nuevas colecciones.

Los "pequeños grandes" entienden a la perfección la gestión de servicio al cliente y la utilizan día a día en sus operaciones. De momento, el punto más débil en la gestión de este círculo es el tema de sistemas informáticos, que no está totalmente desarrollado en este tipo de establecimientos. En la mayoría de los casos, el pequeño tamaño de las operaciones aún no justifica la inversión requerida, y toda la información está almacenada en la memoria del propietario y los empleados.

Servicio de asesoría

La manifestación más importante de la calidad del servicio al cliente es la asesoría que el personal brinda a los clientes. Hay varios factores que se conjuntan para proporcionar al pequeño grande la oportunidad de diferenciarse por medio del asesoramiento. Uno de ellos

es el conocimiento que se tiene del cliente, ya sea por medio de una relación personal que se ha mantenido a través de los años o gracias a sistemas informáticos implementados en el local. Otro factor es el grado de especialización del negocio, ya que el establecimiento puede manejar productos y marcas que el cliente no conoce, pero que son adecuados a sus necesidades. Una tercera característica es el conocimiento del producto por parte de los empleados y la autoridad prescriptiva que tienen al ser los expertos. Finalmente, están los casos en que la complejidad del producto comercializado es tal que requiere de asesoría profesional para su venta.

El servicio de asesoría y el producto son uno mismo: no se puede vender uno sin ofrecer el otro.

Ofrecer servicio de asesoría profesional y acertado no es algo fácil de lograr. Este se basa fundamentalmente en dos aspectos: el conocimiento del cliente y dominio del producto. Ambos requieren de tiempo y recursos para lograrse, mediante la inversión en sistemas de información, en formación del personal, y adquirir experiencia para tratar con el cliente.

Servicios complementarios

Algunas compañías han ido desarrollando servicios complementarios a su oferta principal de producto a través de los años. Estos negocios periféricos han surgido principalmente porque los responsables consideraron necesario incluirlos en su oferta, ya sea para aprovechar una oportunidad de negocio o como servicio adicional que acentúe la fortaleza y el posicionamiento de la empresa. La oferta de servicios complementarios es perfectamente consistente con la estrategia competitiva de especialización, ya que cubre posibles huecos en las categorías de producto manejadas. No deja ninguna ventana abierta a los competidores, fomenta las ventas cruzadas y cuida de las necesidades del cliente al ofrecerle todo lo relacionado con un artículo en un mismo espacio.

Otros, además de ofrecer un servicio complementario apreciado por el cliente, organizan cursos que fomentan la compra del producto principal y también sirven de control de calidad para los mismos.

Los "pequeños grandes" consideran los servicios complementarios como parte de su especialización. Saben que ningún otro comercio puede ofrecer la gama entera de productos y servicios relacionados con una línea de artículos. Consecuentemente, se esmeran cada día en pulir estos servicios adicionales en beneficio propio y de sus clientes.

10.5 FIDELIZACIÓN DEL CLIENTE

La aparición de grandes superficies y multinacionales en el mercado crea un entorno cada vez más competitivo. El consumidor dispone cada día de más opciones para hacer sus compras, y las ofertas tienden a ser muy similares por lo que hacer compariciones les resulta más difícil. En este contexto, el tema de fidelización del cliente cobra gran importancia.

Las ventajas de contar con una cartera de clientes fieles resultan evidentes. Entre otras podemos mencionar:
- Un cliente fiel compra más veces en el establecimiento preferido.
- Una vez adquirido, normalmente el coste de un cliente fiel es menor que el de un cliente nuevo
- Tienden a gastar cantidades superiores.
- Son una excelente y económica fuente de información.
- La sensibilidad a los precios es más baja.
- Puede recomendar el establecimiento a clientes potenciales.
- Se garantiza un nivel de supervivencia mínima.
- El personal se siente más cómodo al trabajar con clientes conocidos, ya que tienen mayor tolerancia hacia los errores.

Los beneficios que la empresa puede obtener de los clientes fieles son obvios; lo que no resulta tan claro es cómo lograr esta fidelización. Un buen producto y servicio no son suficientes por sí mismos, la diferenciación con la competencia, aunque sea positiva, tampoco es la solución. Un cliente satisfecho no es necesariamente un cliente fiel, aunque su satisfacción sea un ingrediente esencial. ¿Cómo, pues, lograr la fidelización de un cliente?

La mayoría de los modelos académicos que estudian este tema coinciden en que la clave para lograr la fidelización está en el valor añadido que el cliente percibe. El valor percibido por parte del cliente es el elemento clave que decidirá si éste hará compras futuras en el mismo comercio. Lograr ventas repetidas es el primer escalón o nivel de fidelización que se detalla en la figura 10.4.

Los determinantes básicos del valor percibido por el cliente son cinco: precio, fiabilidad, servicio, ubicación y elementos sensoriales. La fiabilidad tiene que ver principalmente con la consistencia del nivel de servicio ofrecido por la empresa y con la autoridad que ha establecido dentro de su segmento. En el elemento de servicio se incluye la profesionalidad de los empleados, el conocimiento del producto, la empatía mostrada hacia el cliente, y la cortesía. La ubicación del punto de venta no tiene que ser necesariamente en un centro comercial para resultar conveniente, sino que basta con que esté cerca (en términos relativos) para el cliente y que tenga fácil acceso (parking, por ejemplo). Los elementos sensoriales son todos los que influyen en la experiencia de compra del cliente, tangibles o intangibles. Las instalaciones del local, su decoración, el aspecto físico del personal y los equipos utilizados son ejemplos de elementos tangibles. Entre los intangibles se encuentran la atmósfera del local (música de fondo, aromas, iluminación), los demás clientes, y la prueba de productos (por ejemplo, cata de vinos).

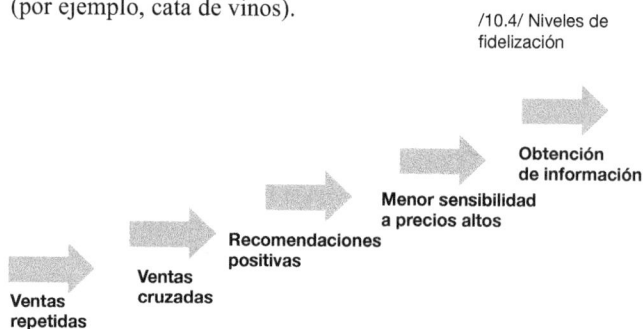

/10.4/ Niveles de fidelización

Ventas repetidas → Ventas cruzadas → Recomendaciones positivas → Menor sensibilidad a precios altos → Obtención de información

El valor añadido que el cliente percibe sobre su compra no necesariamente es igual al que la compañía pretende haber entregado, por lo tanto es importante obtener información en el momento de venta. Esta se puede conseguir mediante sistemas formales, como buzones de sugerencias, o informales, como la conversación. Sin importar la fuente de información, es importante enfatizar que el valor percibido en relación al precio pagado es crucial para lograr que el cliente repita compras en el establecimiento.

Una vez que el negocio ha logrado obtener ventas repetidas de un cliente, procede al siguiente nivel de fidelización que son las ventas cruzadas. El conocimiento del cliente que se tiene a través de sistemas de información y de la relación personal con el empleado facilita la recomendación de productos que no han sido probados y que, generalmente, tienen un precio más alto. La posibilidad de obtener ventas cruzadas aumenta la fidelidad del cliente, ya que este puede comprar más cosas en el mismo lugar. Cuando el cliente llega a este nivel de fidelización ya ha tenido varios contactos satisfactorios con el comercio y confía en él. La empresa ha logrado colocarse en su memoria, fomentando las recomendaciones positivas a otras personas, tercer nivel de fidelidad.

Al llegar a este punto, la relación está basada en la confianza que el cliente tiene en que el establecimiento entregue la misma calidad de servicio y en las asociaciones positivas que tiene acerca del lugar. Estas condiciones hacen que la sensibilidad frente a los precios disminuya notablemente porque hay un lazo de lealtad establecido. Finalmente, en el último nivel de fidelización, la relación entablada con el cliente permite obtener información relevante, fiable y económica sobre la cual la empresa puede actuar para adecuar su oferta a las necesidades cambiantes del mercado.

Del modelo anterior se deduce que lograr la lealtad de un cliente toma tiempo, esfuerzo y dinero. La inversión económica no es tan significativa cuando se compara con el tiempo que se tiene que dedicar y con la formación de empleados especiales que ello requiere. Las ventajas obtenidas de un cliente fiel son tantas y tan grandes que vale la pena invertir en ello desde el primer contacto que se tiene.

Para analizar el nivel de fidelidad que tienen los clientes de los "pequeños grandes" podemos pensar en dos parámetros: porcentaje de clientes asiduos y porcentaje de repetición de compra. El primero define la composición de la clientela y la divide en clientes de paso y clientes asiduos. El nivel de asiduidad varía de sector a sector y no se puede hacer comparaciones entre ellas, ya que lo que podría ser considerado asiduo en el comercio detallista de alimentación no es semejante a la asiduidad de un cliente en una joyería. El segundo parámetro lo definimos como el porcentaje de clientes nuevos o no fieles que regresan a comprar al mismo negocio al menos una vez.

Para estimar el porcentaje de repetición de compra, los "pequeños grandes" se apoyan en los conocimientos del propietario y de ciertos empleados clave más que en sistemas de información.

Corroborada la idea de fortaleza de un pequeño comercio líder en la relación con el cliente, resulta inevitable preguntarnos cómo alcanza porcentajes de repetición de compra tan altos. No hay que olvidar que las ventas repetidas son el primer peldaño en la escalada de fidelización del cliente. En el siguiente apartado trataremos de determinar cuáles son los elementos que ayudan a ello.

Determinantes de la fidelización

Los "pequeños grandes" buscan la relación continuada con los clientes enfocándose en los siguientes factores:

1. Liderazgo psicológico
2. Ejecución del servicio
3. Valor añadido percibido
4. Especialización en la categoría
5. Costes de cambio - tarjetas cliente
6. Diseño y fabricación propia

Anteriormente hablamos del liderazgo psicológico como una de las mayores ventajas de los "pequeños grandes". Esta característica es la que más les ayuda a lograr la fidelidad del cliente, ya que cuando éste necesita comprar determinado producto, el primer lugar que le viene a la mente es el líder psicológico, a donde se dirige sin dudar para efectuar la compra. Por lo tanto, al ser el primer (y en ocasiones el único) lugar en el que piensa, es lógico que las repeticiones de compra sean altas. Este tipo de liderazgo también propicia las recomendaciones por parte de los clientes asiduos a nuevos clientes, que potencialmente son clientes fieles.

Sin embargo, conseguir reconocimiento como líder psicológico lleva tiempo. Algunas empresas de la muestra aún no han consolidado su autoridad en el segmento en que compiten y se enfocan en otros factores, como el servicio. Como herramienta de diferenciación y fidelización, la calidad del servicio es el segundo elemento más importante. No olvidemos que las fortalezas de este tipo de negocio están concentradas en el servicio aumentado. La eficacia en ejecución del servicio está estrechamente relacionada con el conocimiento del producto y del cliente que tiene el personal, así como los sistemas operativos utilizados, tales como lectores de códigos de barra para efectuar el cobro rápidamente.

El tercer factor importante para lograr la fidelización es la relación valor/precio que el cliente obtiene en cada compra; es decir, el valor percibido. A pesar de que los precios son ligeramente más altos que en otros establecimientos del mismo sector, la persona siente que ha obtenido mucho valor por su dinero. A las características intrínsecas del artículo comprado (uso, calidad, etc.) suma la agradable experiencia de compra, el asesoramiento recibido, la amabilidad del personal, y otros aspectos ya comentados del valor percibido, que le hacen pensar que el precio pagado está justificado.

El cuarto elemento en el que se enfocan los "pequeños grandes" es la especialización en una categoría determinada de productos. Los comercios líderes empaquetan su oferta de tal manera que cubren todos los huecos dentro de una línea o líneas de productos. Los clientes saben que si necesitan un tipo determinado de artículo, no tienen más que dirigirse al local del "pequeño grande" para conseguirlo. Esto les evita innecesarias búsquedas en centros comerciales u otros establecimientos.

El quinto factor es la creación de barreras a la salida o costes de cambio. Se crean mediante tarjetas cliente, tarjetas crédito cliente y cupones, y requieren de sistemas informáti-

cos y de planificación de marketing para que den un buen resultado. Pero lo más importante: se requiere identificar muy bien a los clientes asiduos para que estos métodos no terminen costando dinero a la empresa. Bien empleados, las tarjetas cliente y cupones son una fuente de información muy valiosa para poder segmentar la clientela y dirigir las promociones y lanzamientos de nuevos productos con efectividad.

Los comercios pueden utilizar un sistema de cupones para aumentar la fidelidad de su clientela. Con cada compra efectuada se van sumando puntos hasta acumular una cantidad que permita al cliente canjearlos por unos regalos. Este sistema, sin embargo, no provee de una fuente de información tan amplia como las tarjetas cliente.

Utilizando la tarjeta de fidelización en la compra, se introducen los datos del cliente en la base de datos y ésta se hace poseedora de la tarjeta que sea más de su agrado. Con ella, se puede pagar la compra en 90 días, sin ningún recargo, y con la tarjeta crédito obtiene financiación durante 10 a 12 meses, pagando interés. Esta ayuda financiera anima al cliente a hacer sus compras más frecuentemente.

Hay un último punto relevante en la creación de costes de cambio: los costes psicológicos. Las tarjetas cliente y cupones son barreras de salida tangibles y con un fundamento económico. Sin embargo, el liderazgo psicológico, el servicio personalizado y el valor añadido percibido crean barreras psicológicas en la mente del cliente que le dificultan el cambio hacia otro establecimiento. Sirve de ilustración el siguiente comentario recurrente de los clientes de estos comercios: "¿Para qué voy a ir a otro lado si siempre he comprado aquí, siempre me han atendido bien, y estoy contenta con mis compras?". Finalmente, el diseño y fabricación propios son el último elemento que utilizan los "pequeños grandes" para fidelizar al cliente. Cuando los productos comercializados son únicos, han logrado la aceptación del consumidor y sólo se pueden adquirir en los puntos de venta de la empresa fabricante, es relativamente fácil lograr la lealtad del cliente, ya que éste no podrá encontrar un artículo igual en otro lado.

La opinión de los líderes de los "pequeños grandes" respecto a los métodos de fidelización empleados y su efectividad recae en el surtido de productos ofrecido y el servicio personalizado. En esta categoría se encuentran la mayoría de los fundadores y los empleados clave más antiguos. En menor medida, citan los sistemas informáticos de tarjetas cliente como determinante para conseguir la lealtad de sus clientes y para garantizar la supervivencia del negocio.

10.6 *MARKETING MIX*

El *marketing mix* que cada empresa decida para sus operaciones es el resultado de dos decisiones fundamentales:

- La estrategia de posicionamiento: ¿qué productos ofrecer y a qué mercados dirigirnos?
- La estrategia de diferenciación: ¿cómo ofrecer valor añadido a mis clientes?

Los pequeños comercios que triunfan se han posicionado en el entorno detallista como especialistas y se diferencian de sus competidores a través del servicio personalizado. Estas decisiones determinan el *marketing mix* con el cual operan. En este capítulo comentaremos los cuatro elementos básicos de la mercadotecnia: producto, precio, plaza y promoción.

Producto

Las decisiones a tomar respecto al producto giran en torno a la definición de la categoría en la cual se especializan. Por ejemplo, si el segmento es definido como artículos de deporte con énfasis en el esquí y alpinismo, la gama de artículos comercializados será más amplia que la del segmento bicicletas, sus refacciones y componentes. Ambas categorías tienen que ver con el deporte, sin embargo la definición de las mismas es más o menos estrecha, afectando consecuentemente los productos ofrecidos. El abanico de opciones se reduciría aún más si la categoría se definiera como bicicletas de lujo y sus componentes, ya que las marcas comercializadas cambiarían forzosamente. Cuanto más estrecha resulte la categoría de productos, el número de referencias manejada será menor y el mercado objetivo será más pequeño. Enfocar el comercio a un nicho de mercado pequeño y fácil de identificar tiene muchas ventajas, cuidando que el segmento no sea tan pequeño como para limitar el crecimiento de la empresa.

La definición de la categoría de especialización es el principal determinante de los productos a comercializar. Una ferretería optará por todos los artículos que entren en esta categoría: marcas blancas y marcas de calidad superior, exclusividad, productos nuevos y productos bien establecidos en el mercado, artículos de alta y baja rotación, etc. Cubrirá los huecos que otros dejan en la cadena de valor y buscará la excelencia en el clásico balanceo de las operaciones y la profundidad de línea.

Precio

El precio es el segundo elemento del marketing mix, y es determinado por varios factores que a su vez están estrechamente relacionados con las decisiones estratégicas. La decisión de posicionarse como negocio especializado puede socavar automáticamente algunas alternativas, como ofrecer precios mínimos al modo que hacen las tiendas de descuento. La elección de la categoría en la cual especializarse también determinó parcialmente los clientes objetivo y éstos, por su parte, influyen en las decisiones de precio.

La mayor parte de los clientes de los comercios especializados tienen una posición económica media o media-alta y por lo tanto, el precio no es necesariamente el factor decisivo de compra. Incluso clientes en situaciones de economía más tímida pueden esquivar la planificación de compra a cambio de calidad, servicio y, en definitiva, valor.

Cuando los usuarios acuden a este tipo de establecimientos, que suelen ser líderes destino o líderes psicológicos, se fijan en otros factores, como la asesoría recibida, la exclusividad del producto y la facilidad de adquirirlo en otro lugar. Estos y otros elementos proporcionan a los "pequeños grandes" la flexibilidad para fijar sus precios ligeramente por encima de los de otros competidores del sector, sin que el cliente lo resienta. En general, los propietarios concluyen que los precios no son percibidos como caros por parte de los clientes, sino como razonables en términos del valor adquirido percibido.

Un segundo factor que determina los precios es obviamente el coste de los productos. Como ya hemos comentado, estos comercios han optado por ofrecer a sus clientes la mejor calidad y las marcas más prestigiosas. Estas dos características se ven reflejadas en el coste de adquisición y/o fabricación de los productos, y por lo tanto, en el precio. Este hecho lleva a que para muchos de los proveedores, el volumen de operaciones no representa un porcentaje significativo de sus ventas. Pensemos, por ejemplo, en las grandes casas de perfumería y cosmética que logran una gran parte de sus ventas a través de tiendas departamentales como El Corte Inglés. Por lo tanto, los descuentos y condiciones de pago que obtienen las empresas de la muestra no son tan ventajosos como los de otros mayoristas o detallistas.

Un tercer punto a comentar respecto a la política de precios seguida por las compañías estudiadas es la determinación de no basar su ventaja competitiva en el precio. De hecho, evitan a toda costa competir en precio o iniciar una guerra con sus competidores directos. La ventaja competitiva y diferenciación de estos detallistas están basadas principalmente en la personalización del servicio.

Distribución

Una vez más, la decisión estratégica de posicionamiento juega un papel principal en las decisiones a tomar acerca de otro elemento del *marketing mix*: la distribución. En algunos casos, la estrecha categoría de productos comercializados puede limitar el crecimiento de la empresa; por ejemplo, cuando el mercado principal está saturado. En estos casos, la distribución cobra una importancia fundamental ya que es el camino para que el negocio siga creciendo (si se descarta la diversificación). Los "pequeños grandes" equilibran su reducida definición de mercado con una cobertura geográfica más amplia, expandiendo su red comercial.

La expansión geográfica es indispensable para el crecimiento y desarrollo de la compañía, ya sea regional, nacional o internacional y a través de canales presenciales o electrónicos.

La definición reducida de mercado tiene mayor éxito cuando se combina con una panorámica geográfica más amplia. Las empresas ven forzadas a compensar su enfoque limitado de producto con una red comercial que abarque varias zonas. De otra manera, corren el riesgo de saturar su mercado en una ciudad y limitar su crecimiento.

Promoción

Entendemos por promoción como todas aquellas acciones tomadas para comunicar al entorno exterior acerca de la empresa. Entre estas acciones se encuentra la publicidad, el punto de venta, el marketing directo y las relaciones públicas. Comentaremos brevemente cada una de estas cuatro herramientas.

Son pocas las empresas detallistas que verdaderamente utilizan la herramienta de publicidad en todo su potencial: publicidad masiva, como la televisión, la radio o el periódico. Si se hace, se limita a campañas en medios locales. La publicidad realizada generalmente cumple con un propósito muy específico y tiene una duración muy corta.

Para que la publicidad sea realmente efectiva se tiene que invertir una cantidad importante de recursos que frecuentemente están destinados a otros proyectos. Por lo tanto, la gran mayoría de los "pequeños grandes" dependen principalmente de las recomendaciones boca a oreja. Este tipo de publicidad "gratuita", es mucho más efectiva porque proviene de una fuente con credibilidad y se propaga como un virus, de ahí que se haya clasificado dentro del marketing con el apellido de *viral*. En general, el consumidor presta más atención a un amigo o familiar que a un anuncio televisivo que le insta a hacer sus compras en un determinado establecimiento. Sin embargo, lograr publicidad a través de recomendaciones no resulta fácil y es el resultado de muchos años de esfuerzo. De ahí nuestro entrecomillado en publicidad "gratuita".

El punto de venta es la mejor manera para transmitir un estilo e imagen característicos. Se trata de la inversión más fuerte en marketing y, en algunos casos, del único gasto en este renglón. Por sencilla que sea la organización de la empresa, la imagen corporativa ha de ser tratada de la manera más profesional, involucrando a todo el personal activamente en la decoración y diseño de sus puntos de venta, siendo artífices de la imagen que se genera de la empresa.

Los comercios que cuentan con un número importante de sucursales (mayor a 10, generalmente) y que piensan continuar su expansión, tienen un departamento en su organización dedicado exclusivamente a la imagen de los locales, empleando a un ejecutivo de tiempo completo sólo para esta función, y es supervisado directamente por el propietario.

Dado que el pequeño comercio no realiza publicidad masiva, la ubicación de los puntos de venta es el factor crítico para atraer al consumidor. Los locales *tienen forzosamente* que estar en lugares que garanticen un flujo importante de gente. Colocar puntos de venta en centros comerciales, calles principales y lugares semejantes resulta costoso, pero es considerada una excelente inversión por parte de los propietarios. A excepción de unos cuantos casos en que los puntos de venta están ubicados en localizaciones históricas (el lugar donde comenzó el fundador), las empresas buscan activamente colocar sus establecimientos en zonas de tráfico elevado de personas.

La exposición del producto dentro del punto de venta es uno de los factores más importantes a considerar en su diseño, recayendo en el viejo dicho, "lo que no se enseña, no se vende". A ello hay que añadir creatividad, originalidad y accesibilidad a la hora de mostrar sus productos, de la forma más llamativa y original, facilitando el acceso a los productos e invitando a recorrer la tienda.

El marketing directo como herramienta de promoción es particularmente efectivo gracias al conocimiento que tienen la empresa de sus clientes y a la fidelidad de los mismos. Básicamente, existen tres formas del marketing directo: catálogos, revistas especializadas y promociones especiales.

Los catálogos son utilizados como muestrarios en el caso de algunos detallistas con actividades de mayoreo. Las revistas especializadas son publicaciones que el negocio proporciona gratuitamente a sus clientes fieles (identificados a través de sistemas de información) y contienen información de interés respecto al producto. El detallista puede utilizar el marketing directo para informar a sus clientes base de eventos especiales, como campañas navideñas o promociones limitadas de alguna colección de productos.

El último elemento de promoción que analizaremos son las relaciones públicas. En este apartado, la autoridad del comercio le proporciona ventajas significativas debido a los lazos que han establecido con su comunidad a través de los años. Es relativamente sencillo encontrar detallistas de éxito con un fuerte compromiso hacia la sociedad, a la que ayuda cooperando con asociaciones benéficas, organizando cursos gratuitos, financiando determinadas actividades, y promoviendo activamente el desarrollo de su industria. A pesar de que estas acciones son realizadas callada y modestamente, sin fines publicitarios evidentes, la enseña logra con ello un tratamiento editorial favorable, que a su vez refuerza la imagen de líder psicológico que tienen.

Después de analizar los diferentes elementos del *marketing mix* y el tratamiento que reciben por parte de pequeño comercio, podemos ver claramente el impacto que las decisiones estratégicas de posicionamiento y diferenciación tienen sobre ellos. Asimismo, las elecciones hechas sobre el manejo de los cuatro elementos básicos tienen implicaciones operativas muy evidentes para las tareas de la empresa. Hemos resumido éstas en la tabla 10.5.

10.7 LA COMPETENCIA

Cada vez la competencia entre comercios es más dura. La aparición de grandes superficies con un amplio surtido de productos, la creación de las tiendas de descuento especializadas en precios bajos y la entrada al mercado de grandes multinacionales respaldadas con amplios recursos son factores que han fomentado un entorno competitivo feroz, con la

Elemento del marketing mix	Tratamiento del detallista	Implicaciones operativas
producto	definición de mercado reducida especialización y profundidad de línea calidad y exclusividad de productos	desarollo de proveedores exclusivos formación de empleados expertos
precio	precios "justos" evitar guerras de precios el precio no es la ventaja competitiva	justificación del precio a través del valor añadido percibido
plaza	crecimiento a través de la expansión: internacional nacional regional	inversión de recursos para expander la red comercial identificación de mercados geográficos potenciales
promoción	poca publicidad masiva imagen transmitida a través del local uso efectivo del marketing directo relaciones públicas positivas	dependencia en las recomendaciones y en la ubicación del local inversión en el diseño y decoración desarrollo de sistemas de información servicios a la comunidad

consecuente pérdida de rentabilidad para los negocios, debido principalmente a la presión sobre los márgenes.

El comercio de barrio no está exento de enfrentarse a su competencia. Debe estar siempre atento a sus movimientos, sin permitir que éstos dicten su estrategia. Como ya hemos mencionado, los comercios que se han posicionado como negocios especializados, buscan la diferenciación a través del servicio ofrecido. En el momento de enfrentarse a los competidores, estas empresas actúan siguiendo dos reglas básicas: evitar guerras de precios y evitar la imitación de prácticas. Todo ello hay que hacerlo a tiempo. Pensemos en la tienda típica de alimentación: si su única aportación a su clientela es el producto básico, la entrada de un grande de la distribución en su plaza, con una estrategia intensiva en precio y promociones, asegura un pérdida de cuota vertiginosa con efectos letales.

Ante situaciones de este tipo podemos resignarnos o mirar hacia delante. Preguntarnos acerca de todos los elementos que tratamos en este capítulo. Analizar los aspectos diferenciales que podemos aportar. Valorar alternativas contundentes, desde la desinversión hasta la reconversión.

La competencia directa
Identificamos dos categorías básicas de competidores: los directos y los indirectos. A continuación comentaremos cada una de estas clases y la manera en que estas organizaciones se enfrentan a ellas.

La competencia directa suele estar representada por comercios especializados en la línea del negocio. Establecimientos que también se han dedicado a comercializar una categoría de productos muy específica, aunque la mayor parte de las veces no supongan un riesgo elevado.

En estos casos, el líder podría verse fácilmente seducido a imitar estrategias y tácticas de operación de sus competidores más cercanos en concepto y geografía, pero pocas veces lo hará. En todo momento, será consciente de su estrategia de diferenciación basada en el servicio aumentado o valor añadido y actuará consecuentemente.

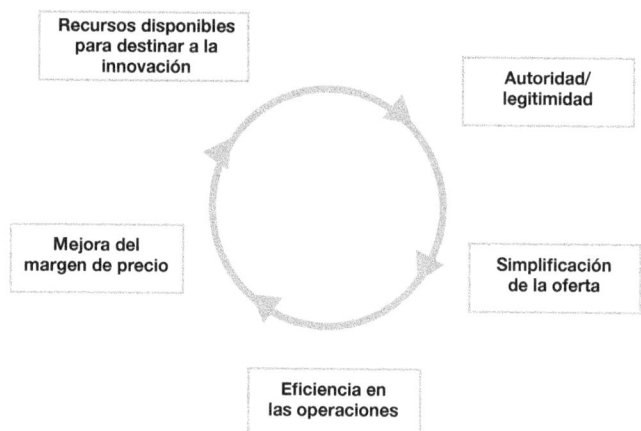

Recursos disponibles para destinar a la innovación

Autoridad/ legitimidad

Simplificación de la oferta

Eficiencia en las operaciones

Mejora del margen de precio

Muchos de los competidores directos suelen ser imitadores que tratan de beneficiarse de un concepto creado por otra persona. En estos casos, aunque ofrecen todos los productos y diseños del líder, la falta de creatividad propia les mantiene rezagados en un segundo lugar. Gan parte de la autoridad del líder destino de compra se obtiene gracias a la exclusividad de los diseños propios. Esta característica proporciona una ventaja competitiva frente a los imitadores, que a su vez genera un círculo virtuoso como vemos a continuación en el gráfico 10.6.

La autoridad o legitimidad de las marcas proviene del la personalidad creativa del fundador, de la constante innovación y del tratamiento editorial favorable que anteriormente comentamos en círculo de gestión de diseño y comunicación.

La autoridad permite simplificar la oferta de productos, ya que el consumidor no está buscando un amplio surtido sino hacerse con un artículo que le permita demostrar su estilo e individualidad. Al tener un menor número de referencias, los inventarios y costes de los mismos, así como las operaciones de producción, logística y otras se simplifican, y permiten mayores eficiencias.

Estas evidentemente se traducen en un mejor margen, lo que a su vez proporciona a la empresa los recursos necesarios para invertir en el diseño e innovación constante de productos. Este grupo de beneficios proporciona una ventaja constante al especialista respecto a sus competidores.

La competencia directa es fuerte y enfocada, pero también es escasa.

Los comercios de alta especialización no abundan, ya que lleva tiempo, esfuerzo y un enfoque claro lograr este posicionamiento. Incluso, se da el caso en que este tipo de competencia genera, más que enfrentamiento, simpatía y solidaridad.

La competencia indirecta

En el sector de referencia, la competencia indirecta está representada por las grandes superficies y los hipermercados.

Como competidores indirectos también podemos mencionar a los cientos de pequeños establecimientos que venden algunos de los mismos productos que las empresas de la muestra. Esta competencia fragmentada generalmente se concentra en los consumidores que habitan en su misma zona, por ejemplo, en el barrio. Las ventajas a su favor son la ubicación próxima, la posible adecuación de la oferta, la personalización del servicio al máximo y la conveniencia para compras de urgencia.

La competencia fragmentada no presenta grandes problemas para los líderes, excepto a nivel local. Especialmente en el renglón de compras de urgencia, las cuales se realizan en el comercio más cercano a casa y por lo tanto tienen una base de clientes fijos, próximos geográficamente. Pero éstos no representan una amenaza, como las grandes superficies.

Las mejores armas que pueden esgrimir los comercios tradicionales frente a las grandes superficies e hipermercados son la especialización y el servicio. Esto es algo que todas las empresas líderes comprenden claramente, y lo enfatizan sin cesar. Han redoblado los esfuerzos por concentrarse en aquellos conceptos y productos que les dieron éxito, sin caer en la tentación de diversificarse. Aunque están concentrados en el propio negocio, no dejan de observar las nuevas tendencias en el mercado para estar preparados a cualquier cambio.

La actitud del pequeño ante la distribución masiva debe basarse en evitar que ésta dicte la propia estrategia, sin dejar de estar atentos a sus movimientos, preocupándose por lo de uno. La concentración en el propio negocio es la mejor manera de innovar constantemente para que la empresa siga a la cabeza de los demás.

10.8 EL ABASTECIMIENTO

Elección de proveedores

La calidad de los productos y la amplitud de la línea ofrecida es uno de los pilares de la estrategia comercial del pequeño comercio líder. Para poder lograr la especialización es esencial contactar y cultivar relaciones comerciales con los proveedores apropiados. El comerciante tratará de conseguir los mejores proveedores, aunque se presenten condiciones de compra complicadas o exista lejanía física.

¿Qué criterios utilizan los detallistas para elegir sus proveedores? La elección de fabricantes obedece a un gran número de factores, pero los más importantes y los que frecuentemente influyen en la decisión son la exclusividad, la calidad, la especialización y la confianza.

El primer criterio es que el proveedor sea el líder en calidad del producto. Los mejores productos y las marcas más prestigiosas. Es probable que el precio de la mercancía sea la variable menos relevante para el comprador.

El siguiente criterio para elegir un proveedor es la profundidad de línea que maneje. Para poder lograr la especialización es indispensable tratar con suministradores igualmente especializados. Las centrales de compras cumplen con el criterio de profundidad de categoría, siendo más complicado que cuenten con el requisito de exclusividad y, por lo tanto, no representan un porcentaje importante del abastecimiento en colectivos de elevada especialización.

Si el mejor proveedor, o el único que produce un artículo, está en el extranjero, las empresas llegarán hasta él para obtenerlo.

La confianza y respeto mutuo es crucial en las relaciones comerciales, frecuentemente basada en la amistad personal que hay o hubo entre el fundador y el proveedor. Este aspecto personal puede crear problemas a las empresas en las etapas de sucesión. Otro factor que genera confianza es el hecho de que la empresa no deja a sus fabricantes habituales por otros que ofrezcan un precio más bajo.

Las transacciones que derivan en lotes de compra pequeños generalmente implican costes más altos. Sin embargo, estas situaciones se compensan con la confianza establecida entre negocios, que permite a los comercios de la muestra negociar condiciones más favorables para su empresa.

El tipo de relación depende de varios factores, como el producto comercializado, el volumen de facturación o la exclusividad de las marcas manejadas. A medida que el grado de especialización y conocimiento del comercio crecen, las relaciones cliente-proveedor tienden a hacerse más favorables. En el punto extremo en los que el propietario es experto en su producto, llega a asesorar técnicamente a sus proveedores.

La gestión de compras
Las compras ha de realizarlas alguien con conocimiento profundo del negocio. Lo más frecuente es que sea el propietario o un familiar cercano quien leve a cabo la tarea de garantizar un buena selección de mercancía.

El proceso de compra es largo sobre todo en los sectores que tienen que ver con la moda. En estos casos, las compras se hacen con varios meses de antelación, lo que incrementa el riesgo de quedarse con inventarios de artículos poco populares.

Los propietarios de comercios detallistas de éxito asisten con regularidad a ferias, convenciones y exposiciones para conocer los nuevos productos de temporada, desarrollos tecnológicos y nuevos proveedores. Los directivos consideran que estos viajes son muy importantes para mantener su establecimiento a la vanguardia y poder ofrecer a su clientela siempre lo mejor y más exclusivo.

10.9 LOS RECURSOS HUMANOS

Estructura interna
Los recursos humanos son uno de los factores clave para el éxito de cualquier negocio. En todas partes escuchamos a diversos líderes de empresas enfatizar que el recurso más preciado de la compañía son sus empleados. Adicionalmente, en los últimos años, el tema de recursos humanos ha cobrado gran impor-

tancia en las ciencias que estudian el funcionamiento de las empresas.

La importancia de contar con personal cualificado para las operaciones del negocio no es ninguna novedad. Los empleados han significado desde siempre el éxito de la compañía. Son el cimiento de una organización cuya ventaja competitiva es el servicio personalizado.

No se puede hablar de servicio excepcional sin mencionar a dependientes excepcionales.

El equipo humano debe estar integrado por personas que conocen la empresa tan bien como sus propietarios, que supervisan una gran cantidad de operaciones y que tienen una visión global del negocio. Los empresarios confían plenamente en estos empleados, ya que consideran la empresa como propia porque se han formado profesionalmente en ella.

Las responsabilidades y tareas de la empresa se dividen en función de personas, más que de puestos o departamentos. La gerencia casi siempre es asumida por el fundador o alguno de sus hijos, y frecuentemente es compartida por ambos cuando la generación más antigua comienza a formar a sus futuros sucesores. Además de estas actividades de dirección, la familia suele ocuparse de alguna otra tarea operativa, como compras, ventas a mayoreo, relaciones públicas o marketing. En el siguiente nivel de autoridad se encuentran los antiguos empleados, los cuales se encargan de la administración general, la contabilidad, los temas de personal y supervisión de los puntos de venta. Estos responsables se ven apoyados por empleados administrativos y tratan de mantener al mínimo este nivel de la organización para reducir los costes de personal. Finalmente, se encuentran los dependientes y encargados de mostrador quienes atienden al cliente en el establecimiento.

Como es de esperar, el organigrama varía de empresa a empresa y depende del tamaño de la misma; sin embargo, es una generalización aceptable para entender la estructura interna del pequeño comercio. Como comentamos anteriormente, la mayoría de los negocios no tienen un organigrama formalmente escrito.

A diferencia de lo que ocurre e una gran empresa, todo el personal es polivalente. Llevan a cabo un gran número de tareas y las delimitaciones del puesto no están muy marcadas, aunque las líneas de autoridad sí lo estén. La polivalencia de funciones se debe en parte a la antigüedad de los empleados clave. En muchos, éstos comenzaron el negocio con los fundadores y en sus inicios realizaban todo tipo de actividades por falta de personal. Los propietarios son conscientes de su dependencia en estos ejecutivos clave y de la necesidad de delinear los puestos dentro de la empresa.

La especialización de puestos y la profesionalización de los recursos humanos ha de atenderse con especial cuidado. Actualmente, la buena marcha de las operaciones del negocio se debe en gran parte a la experiencia de los antiguos empleados, adquirida a través de los años. Formar a una persona para que ocupe estos puestos clave lleva tiempo y dedicación, cosa que no se puede dejar al azar. La especialización de funciones es un buen paso para asegurar que el grueso de las actividades de la empresa no dependa de una sola persona.

Selección y formación

Prácticamente todas estas empresas utilizan procesos de selección informales. No usan herramientas como las pruebas de inteligencia o de personalidad, y rara vez tienen un perfil del puesto a cubrir. Los criterios de selección son cualitativos, en especial cuando se trata de contratar dependientes de tienda. Los estudios superiores y conocimientos informáticos se solicitan únicamente a los directivos.

Un estudio realizado por los autores sobre 125 comercios especializados en relación con los criterios de selección que utilizaban para la contratación de nuevos empleados desveló que el perfil más solicitado contenía las siguientes aptitudes como característica más destacada en cada una de las entrevistas:

Criterios de selección de personal

Podemos observar que el criterio más mencionado por las empresas de la muestra fue la amabilidad y la actitud de servicio, con un 62%. Esto no es extraño, ya que se trata de comercios detallistas y que ofrecen servicio excepcional como ventaja competitiva. El 26% de los entrevistados mencionó la iniciativa como importante, y el 18% pide profesionalidad. Este último concepto es definido de varias formas, como la responsabilidad en el trabajo, las ganas de trabajar y la dedicación al puesto de trabajo. En este punto es interesante notar que la mitad de las empresas que piden profesionalidad como criterio de selección pertenece al sector de restauración o alimentación.

El 16% de las empresas incluyen la experiencia previa o conocimientos del sector en sus criterios de selección. Este porcentaje lo requiere porque es realmente fundamental para las operaciones del negocio.

Únicamente el 8% de las empresas de la muestra piden estudios superiores al personal del punto de venta. Tal es el caso de comercios en los que el conocimiento técnico así lo requiere, como podría ser el caso de una ortopedia (medicina, enfermería, etc.) o una tienda de mascotas (veterinaria).

Los criterios más importantes para seleccionar el personal son eminentemente subjetivos. El proceso de formación se basa casi enteramente en la transferencia de conocimientos por parte del fundador propietario o de alguno de los empleados clave. En algunos casos en que las empresas estudiadas tienen una plantilla significativa y esparcida geográficamente, la formación se realiza a través de cursos de inducción formales y cursos especiales a lo largo del año.

Nadie está exento de eventuales problemas con la plantilla. Estos inconvenientes son los típicos a los que se enfrenta cualquier comercio, como la falta de profesionalidad y formación en el sector de la restauración, la falta de gente dispuesta a trabajar concienzudamente, la alta rotación en ciertos sectores como los supermercados, etc.

Lealtad del empleado

Existe una fuerte correspondencia entre el desempeño exitoso de un comercio detallista y la lealtad de sus empleados, tanto del equipo directivo como del personal operativo. En los negocios que calificamos como emprendedores, el personal clave lleva trabajando con ellos con entusiasmo desde sus orígenes para hacer crecer la empresa. ¿Por qué se logra la lealtad y el compromiso del empleado?

- Se sienten parte del equipo.
- Gozan de libertad y autonomía en sus puesto.
- Trabaja en la empresa líder del sector que les gusta.
- Cobra un sueldo por encima de la media del sector.
- Frecuentemente, depende jerárquicamente de una autoridad en la categoría.

A diferencia de otras empresas, estos factores logran que el empleado esté inmunizado

de las dificultades operativas del negocio. Por ejemplo, sobrellevan mejor la presión de las fuertes puntas de ventas que experimentan estos comercios en determinadas épocas del año.

Los líderes, por su parte, creen en la delegación de autoridad en sus empleados. Son conscientes de que no pueden controlar todas las operaciones de la empresa en sus manos si quieren crecer. Si supervisaran personalmente todas las operaciones, restarían agilidad a su empresa.

El término *empowerment*, correspondiente a la filosofía laboral, y cuyo significado es delegar autoridad plena en los empleados, fue inventado hace muchos años por los detallistas tradicionales.

Para algunos empleados, la satisfacción de trabajar en la compañía reconocida como líder del sector es suficiente razón para hacer su carrera profesional en ella.

Podemos extraer algunas conclusiones sobre la gestión de recursos humanos en el pequeño comercio:

- La estructura informal facilita la delegación de autoridad, la flexibilidad y la creatividad. Cuando la empresa crece se vuelve difícil sostener esta estructura porque necesitan más control sobre las operaciones, conservando las ventajas antes mencionadas.
- La especialización del producto y el servicio personalizado exige empleados preparados, leales y con experiencia en el puesto.
- La lealtad y antigüedad del empleado presentan un problema potencial, ya que todos los conocimientos residen en ellos.

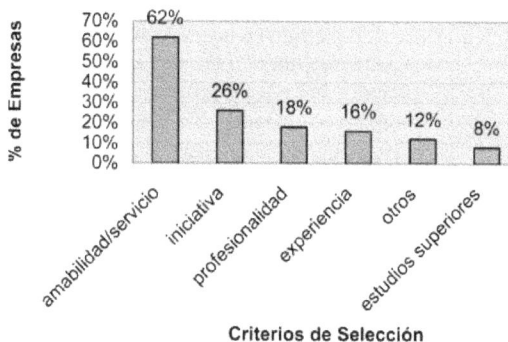

Criterios de Selección

Se vuelve más importante la implantación de sistemas de información.

El motor de la empresa - el líder

El perfil

La gran mayoría de los lideres destino y psicológicos, a excepción de los grandes grupos comerciales que se han posicionado como líderes de categorías, son empresas cuyo nacimiento parte de la afición o pasatiempo de sus propietarios. Integrar la afición con el trabajo es una combinación que ha resultado para muchos comercios y que, en algunos casos, resulta ser el punto de diferenciación frente a su competencia.

La personalidad del directivo es, en todos los casos analizados, el motor de la compañía. Es sencillo apreciar como la filosofía personal del propietario y la fuerza de su carácter dan forma a todas las operaciones de la empresa. En algunos casos se trata del propietario fundador, en otros se trata de alguno de los sucesores quienes han heredado su filosofía. Independientemente de esta circunstancia, la naturaleza del líder influye tan fuertemente en las actividades de la compañía que debe estudiarse detenidamente.

Los líderes de los comercios detallistas de éxito son de todas las edades, procedencias, antecedentes escolares y profesionales. Como era de esperar, no existe ningún prototipo ni perfil característico de los líderes entrevistados, aunque sí presentan ciertos rasgos comunes.

La primera cualidad es el amor al producto comercializado. A la mayoría de los propietarios de comercios les gusta en mayor o menor grado el sector en que trabajan, pero los líderes de las empresas deben gran parte de su éxito comercial a esta afición.

La segunda característica sobresaliente del estilo de liderazgo de los propietarios es su calidad humana. Estos directivos basan toda la filosofía empresarial en valores como la lealtad, la integridad y la responsabilidad. Todas sus acciones están matizadas por estos valores, desde las relaciones con los proveedores hasta las relaciones con los empleados. Puede incluso constatarse su compromiso con proveedores nacionales, a quienes ayudan de muchas formas para contribuir a su desarrollo.

Finalmente, queda el espíritu emprendedor de los propietarios, puesto que han sabido abrirse paso en sectores competitivos con nuevos conceptos y formatos de venta.

Los valores personales

Todos los valores corporativos de un comercio de éxito son aprendidos del líder, quien se encarga activamente de difundirlos. La mejor manera de enseñar es mediante el ejemplo.

Sus valores más importantes son la dedicación al trabajo, la actitud de servicio, la integridad y la lealtad. Los líderes son gente sencilla y modesta, consciente de que deben trabajar el día a día para sostener o aumentar su posición. Los valores son fomentados de formas muy diferentes.

La comunicación directa y honesta es factor clave para lograr la integración del personal al equipo de trabajo y para transmitir la cultura de la empresa. Todos los propietarios tienen una política de puertas abiertas porque consideran que la aportación del empleado es muy valiosa.

La participación en tareas operativas

Como comentamos en la sección anterior, la mejor manera para enseñar a los empleados la operación del negocio y la cultura del negocio es el ejemplo. Prácticamente todos los propietarios están estrechamente ligados a las operaciones, convencidos de que el éxito está en dedicarse a lo más concreto. Las típicas actividades que realizan los empresarios de estos negocios son las compras, las ventas a mayoreo, el marketing y el diseño. Estas operaciones son consideradas clave para la buena marcha del negocio y por lo tanto son llevadas personalmente por el propietario.

El contacto directo con el cliente es una de las tareas donde observamos mayor interés por parte de los directivos, frecuentemente dándose el caso que estos mismos atienden al público. Es en este contacto donde se transmiten los conocimientos superiores que tienen los dueños, a través de la asesoría personalizada. Saben que una de las razones fundamentales por las que un cliente va a su establecimiento es para recibir su consejo experto, y por lo tanto están allí para ofrecerlo.

Tratar directamente con la clientela es una de las tareas operativas más importantes para la mayor parte de los dueños.

CONCLUSIONES

Es fácil percibir que el pequeño comercio sigue viviendo una etapa de grandes cambios estructurales. Las grandes superficies, las tiendas de autodescuento y las multinacionales son nuevas opciones para el consumidor que presentan grandes retos para los comercios tradicionales. Por otro lado, la aparición de nuevos canales de distribución y la evolución de un consumidor cada vez más informado, sofisticado y exigente son puntos estratégicos para el aprovechamiento de nuevas oportunidades. El precio por un lado, y el servicio por otro, sobresalen como los factores clave en las decisiones de compra de los consumidores actuales. En base a estas tendencias generales del comercio, podemos identificar las fortalezas, debilidades, oportunidades y amenazas que presenta el pequeño comercio (análisis DAFO).

Oportunidades
- Insatisfacción del consumidor de las grandes superficies debido a su trato despersonalizado, lejanía geográfica y por la ausencia de un trato especializado de las líneas de productos.
- El grado de información del cliente cada vez es mayor, lo que le hace más exigente.
- El crecimiento en el uso de canales alternativos de distribución como son el marketing directo y el comercio electrónico.
- Desarrollo de tecnologías a precio accesible que permiten gestionar los stocks más eficientemente, controlando los costes. Esto también favorece el desarrollo de sistemas de información del mercado.

Amenazas
- El consumidor cada vez más busca calidad en el producto y profesionalidad en el servicio a buen precio.
- Las familias españolas tienen menos tiempo para realizar sus compras, lo que propicia la visita a centros comerciales y grandes superficies.

- La constante presión de nuevos formatos de venta hechos a la medida del consumidor.

Fortalezas
- Flexibilidad para adaptarse a los cambios.
- El comercio detallista está en contacto directo con el cliente, aportándole conocimiento sobre sus necesidades para poder adecuar su oferta.
- Servicio personalizado.
- El personal se encuentra más motivado e integrado.
- La gestión del comercio, por su tamaño, es más sencilla y su control más fácil.

Debilidades
- Economías de escala. Volúmenes elevados y rotación
- Recursos limitados para afrontar los cambios, crecer o diversificarse.
- Insuficiente uso de tecnologías para la gestión del día a día.

El factor común de las operaciones desarrolladas por un pequeño comerciante de éxito es un alto grado de sentido común: proporcionar buena calidad en el producto, valorar a los clientes buscando su lealtad a través del buen servicio, fiabilidad en la ejecución del mismo, y fomentar las relaciones a largo plazo a través del servicio posventa. En cada eslabón de la cadena de valor, estos comercios son efectivos. Ninguna operación es débil. Buscan la excelencia en todos los detalles, haciendo que el concepto sea muy difícil de imitar:
1. Creatividad en el tratamiento del producto: innovación de conceptos.
2. Entusiasmo por el producto con el que trabajan. Esto les da credibilidad frente a sus empleados, proveedores y clientes.
3. Elección y desarrollo de proveedores exclusivos.
4. El precio no es la ventaja competitiva.
5. Su diferenciación se fundamenta en el valor añadido percibido.
6. La mayor inversión en imagen es en el punto de venta.
7. Realizan poca publicidad en medios masivos.
8. Dependen de las recomendaciones boca a oreja.

9. Apuestan por las relaciones a largo plazo con clientes y proveedores.
10. Cuando quieren crecer, la alternativa no es la diversificación, sino la expansión geográfica.
11. Los líderes están muy involucrados en las operaciones del negocio.
12. Han logrado el compromiso del personal.
13. Gran parte de los conocimientos y experiencia están en el personal.
14. Han desarrollado fuertes vínculos con la comunidad.

Como podemos observar, ninguno de estos puntos por sí solo constituye una ventaja competitiva sostenible; es la suma de todos estos factores lo que logra una posición fuerte y difícil de imitar. Ninguna de las competencias de estas empresas está basada en tecnologías punta, ni requieren de elevados recursos económicos.

Las lecciones que hemos aprendido a través de este estudio nos dan seguridad y confianza para el futuro del pequeño comercio.

El reto está en la correcta identificación de segmentos de mercado atractivos, y del consecuente enfoque y concentración en él, procurando añadir valor en cada una de las operaciones de la cadena.

Para alcanzar el éxito es necesario el trabajo duro diario, sin imitaciones ni ambiciones extremas, con humildad y sentido común.

Conceptos fundamentales

Abastecimiento. Gestión de inventario, compra de mercancía, almacenamiento y logística que realizan las empresas para llevar a acbo sus operaciones comerciales

Commodity. Producto poco o nada diferenciado que se vende en distintos detallistas con características y precios similares

DAFO. Análisis previo que sirve de diagnóstico para establecer los objetivos y estrategias de la empresa. Consta de cuatro puntos: debilidades y fortalezas (interno) y amenazas y oportunidades (externo)

Fidelización. Capacidad de la empresa para conseguir la retención de clientes con acciones comerciales de valor añadido.

Liderazgo comercial. Posicionamiento comercial basado en las ventas y en la cuota de mercado

Liderago destino de compra. Posicionamiento comercial basado en las ventas de categorías especializadas.

Liderazgo psicológico. Posicionamiento comercial basado en la alta especialización y en el servicio.

Prescripción. Capacidad de los recursos humanos de los detallistas para ofrecer productos que consideran son más apropiados para el consumidor.

Servicio de asesoría. Acción de venta que consiste en el aleccionamiento de los consumidores por parte de la empresa y que está basado en el alto conocimiento del producto por parte de los vendedores

Servicio complementario. Elemento en la parte del servicio aumentado relacionado con el producto. La suma de todos ellos en la empresa concreta supone una ventaja competitiva.

Servicio personalizado. Acción de venta que consiste en la capacidad de la empresa para adecuar la oferta al consumidor.

Sostenibilidad. Capacidad del comerciante para garantizar la supervivencia de la empresa en el largo plazo.

Surtido relevante. Mercancía suficiente del comercio especializado para ser considerado como tal por parte de los consumidores de líderes destino de compra y psicológicos.

Tratamiento editorial. Situación en la que el empresario recibe notoriedad sin necesidad realizar acciones de comunicación. Se fundamenta en el boca a oreja.

Test sobre el capítulo (Sólo una respuesta correcta)

1. El liderazgo destino de compra o psicológico:
   a) Es aquel que se posiciona en la mente del consumidor como primera opción para considerar la compra en una categoría determinada
   b) Sostiene los precios más bajos
   c) Siempre cuenta con importantes recursos económicos para promocionarse

2. Es más probable que un colmado de barrio practique o sostenga:
   a) Una fuerte competencia en precios
   b) Publicidad en medios masivos
   c) Un liderazgo psicológico

3. El Corte Inglés o Carrefour son claros líderes:
   a) Comerciales
   b) Psicológicos
   c) Destino de compra

4. La oferta de un comercio especializado suele ser:
   a) Más cara que en el resto de comercios
   b) Sin atributos dentro de la zona del servicio aumentado
   c) Amplia y profunda

5. Las fuerzas de apoyo del marketing están más relacionadas con:
   a) El trato personal
   b) Los atributos de producto
   c) El precio

6. Un servicio complementario es aquel que:
   a) Consiste en el aleccionamiento de los consumidores por parte de la empresa y que está basado en el alto conocimiento del producto por parte de los vendedores
   b) Elemento diferencial y especializado de la oferta del empresario que está relacionado con el producto
   c) Consiste en la capacidad de la empresa para adecuar la oferta al consumidor

7. Una empresa pequeña o mediana con pocos clientes fieles, dará más importancia a:
   a) El precio
   b) El producto
   c) La publicidad

8. Una empresa pequeña o mediana especializada dará más importancia a:
   a) El servicio
   b) La cuota de mercado
   c) La promoción de ventas

9. Para gestionar con éxito la línea de productos y tener capacidad para competir con grandes empresas, lo ideal es:
   a) Contar con subvenciones de las Administraciones
   b) Contar con autoridad y legitimidad en el conocimiento del producto
   c) Realizar publicidad en medios locales

10. ¿Quién debe realizar las compras en una empresa pequeña especializada?
    a) Cualquiera que tenga conocimiento básico del producto
    b) El propietario o personas cercanas a él con alto conocimiento del producto
    c) Siempre el dependiente, que es quien está cerca del cliente

11. La estrategia de posicionamiento se pregunta ante todo:
    a) ¿Dónde hemos de vender?
    b) ¿Dónde hemos de comunicarlo?
    c) ¿Qué productos ofrecer y a qué mercados dirigirnos?

12. La estrategia de diferenciación se pregunta ante todo:
    a) ¿Cómo ofrecer valor añadido a mis clientes?
    b) ¿Qué productos hemos de ofrecer?
    c) ¿A qué mercados nos dirigimos?

CALZADOS GAMELIA (Reposicionamiento de una pyme)

(Este documento no pretende ilustrar una determinada forma de gestión, sino que debe servir como base para el diálogo. Para que la discusión sea provechosa, es necesario preparar el caso con antelación, definiendo los problemas y proponiendo alternativas de solución y acción.)

Eran las 11 h de la mañana de un caluroso sábado de verano de 2004. Jaime estaba en el sótano de su empresa, apoyado en una de las máquinas de cosido. Observaba unas fotos de su familia colgadas en una de las castigadas paredes de la planta de fabricación mientras rememoraba angustiado los consejos que le había dado su abuelo y seguía dándole su padre sobre cómo hacer un buen zapato. Realmente, era algo que había aprendido: hasta el menos entendido podía detectar algo especial en los zapatos que fabricaba Gamelia. Un producto de alta calidad muy valorado y respetado entre los fabricantes del sector, tanto en Baleares como a nivel nacional e incluso internacional.

La empresa

Gamelia es una empresa familiar ubicada en Menorca que diseña, fabrica y comercializa calzado de alta calidad, principalmente masculino (85% hombre, 15% mujer), operando en el mercado nacional desde 1904. Son productos de alta calidad con un elevado componente manual en su fabricación, lo que imprime un sello de prestigio y unos acabados excelentes. Es el único productor de calzado masculino en Menorca.

Cuenta con un portafolio de productos de unas 500 referencias activas, que se comercializan en dos colecciones anuales: otoño-invierno y primavera-verano. La estrategia de posicionamiento se realiza a través de marcas propias (Gamelia en zapaterías a través de cuatro representantes multimarca. El Corte Inglés también es uno de estos clientes), marcas de distribuidor (en el pasado había trabajado con las marcas de Emidio Tucci, Antonio Miró y Loewe. En la actualidad únicamente cuenta con Furest como cliente de alta gama) y licencias para España (exclusividad de la marca Fratelli Rosetti suponiendo un 35% de la facturación de Gamelia).

Desde el año 2000, el volumen de ventas se ha mantenido prácticamente estable en 1,7 millones de eruos. El resultado del negocio ha presentado pérdidas de entre un 5 y un 10% sobre las ventas (ver anexo 3). La capacidad de producción se encuentra entorno al 50% de su potencial. Cuenta con 36 empleados en tres áreas fundamentales: comercial, producción y administración. Miguel e Irene, hermanos de Jaime, se responsabilizan respectivamente de las áreas de diseño y administración.

Tomando medidas

Jaime estaba convencido de que con la entrada de un socio capitalista que aportara liquidez podría superar la situación. Por ello, buscaba incorporar a su accionariado a uno o varios inversores que aportaran capital para financiar el crecimiento planificado para los próximos cuatro años. Después de varios días, contactó con Carlos, un empresario jubilado que había tenido una carrera profesional de mucho éxito en el sector de la alimentación. Carlos accedió a escucharle.

El principal objetivo de Jaime es sanear la empresa, para posteriormente embarcarse en una experiencia internacional. Quería analizar la mejor opción: venta a intermediarios en otros países o tiendas propias. No descartaba la utilización de la tecnología de Internet para facilitar la venta de productos.

Tras un primer diagnóstico realizado entre Jaime y Carlos, obtuvieron las siguientes conclusiones:
1. Es necesario comprender por qué el producto no tiene en el mercado la aceptación de otros como Lotusse, Albaladejo, Yanko, Barrats, George's, Farrutx, Callaghan, Camper, Sebago, Lorenz, Geox,. Prada, Gucci, Homers, Kollflex, Magnani o Tod's. Quizás no esté posicionado.

2. El portafolio de productos es muy extenso y de difícil gestión (posibles problemas de inventario de materias primas y roturas de stock en picos de producción).

3. Existen oportunidades de optimización en el proceso productivo.

4. Ausencia de una estrategia clara en cada tipo de operación comercial. No hay red de ventas.

5. Se carece de cuentas de explotación por producto y del conocimiento de contribución unitaria. Se gestiona la cuenta de resultados de forma global, lo que provoca que no se identifiquen productos rentables de no rentables. ¿Es correcto (óptimo) el precio del producto?

6. Se desconoce la rentabilidad por cliente y, en consecuencia, el criterio para mantener o desarrollar la relación comercial.

7. Costes salariales y de materias primas muy elevados. ¿Está la plantilla sobredimensionada? ¿Se está negociando correctamente con proveedores?

Conclusiones sobre la cuenta de explotación y el balance:

1. Ventas en 2003 de 1,7 millones de euros.

2. Se observan pérdidas desde el 2000-2003: 5-9%.

3. El margen bruto en 2003 fue de un 48,2%.

4. Los gastos de personal son elevados: 44,18%.

5. Se observan oscilaciones importantes en la incidencia del coste de materias primas pasando de un 36,2% en el 2001 a un 41,2% en el 2003.

6. La empresa tiene buenos clientes (ECI, Furest, etc.), pero no gana dinero con ellos.

7. El inmovilizado material es pequeño: 128.000 euros.

8. Destaca la cantidad de dinero en existencias: valorando a coste variable (281 días) y a coste completo (151 días). En cualquier caso, muy superior a los 2 meses de ventas restantes del invierno (enero-febrero).

9. El stock de materiales está estimado en 400.000 euros (152 días como coste variable y 76 días como completo).

10. La deuda de clientes es de 125.000 euros, que corresponden a 21 días de venta.

Esto se debe a que se descuentan todos los cheques con bancos (-2,9%).

11. La empresa cuenta con 2 pólizas de crédito de 60.000 y 100.000 euros.

12. El plazo real medio estimado es de 100 días.

13. Deuda a largo: 173.700 euros, pero con cash-flow negativo, no garantiza la devolución.

14. Deuda a corto muy importante: 683.700 euros (proveedores + vencimiento a corto de la deuda a largo). Se estima en 727.000 euros el montante anual de materias primas, en consecuencia la mayor parte es de crédito bancario.

15. 60% de los proveedores son nacionales y se paga a 90 días. 40% es italiano (FR) y alemán/India, pagándose a 60 días (montante estimado: 375.000). Los 308.000 restantes corresponderían a crédito a corto y pagos de crédito a largo (préstamo e hipoteca) en bancos.

16. El endeudamiento es muy alto: (DC+DL)/FP: 4,88.

17. Según el valor de los activos, el valor substancial sería el de los fondos propios: 175.500 euros. Se requiere una auditoría más precisa para tasar el valor de los activos.

18. Medimer, otra sociedad del grupo, es titular de los activos del grupo (solar en el polígono industrial 6.500 m2 (300.000 euros) y un local en Alaior, 200 m2 (180.000 euros)).

Tras varias reuniones y con la información obtenida, Carlos decidió realizar un análisis profundo de todas las áreas de la empresa con la finalidad de elaborar un plan de negocio que pudiera justificar su eventual inversión. Contactó con algunos amigos del mundo profesional y académico para obtener herramientas que le ayudaran a decidir si la propuesta de Jaime era viable.

Cuestiones

1. ¿Cómo podemos ayudar a Carlos en sus decisión de inversión?

2. ¿Qué acciones deberíamos llevar a cabo para reflotar la empresa?

3. ¿Es realista plantear una liquidación de la compañía?

4. ¿Qué propuesta debe hacer la empresa a su mejor cliente, Fratelli Rosettti?

ANEXO 1. El sector del calzado

CARACTERÍSTICAS

- El sector exterior (exportación) es el principal canal (68%)
- 2do Productor/exportador de Europa.
- Compite con Italia en gama media-media alta.
- La crisis internacional de los años 2001-2003 ha afectado negativamente a este negocio.
- La fortaleza del €, frena la entrada de productos en EEUU
- Se importa producto de bajo precio/baja calidad y se exporta a alto precio/alta calidad

CONSUMO

- Consumo per cápita, pares/año:
  - Francia   5,7
  - Dinamarca   5,2
  - UK   4,7
  - Portugal   4,1
  - Alemania   4
  - Italia   3,8
  - España   3,5

MAGNITUDES

- Producción Nacional: 197,9 millones de pares (3,1 b€)
- Consumo aparente: 139 millones de pares (1,8 b€)
- Exportaciones: 137 millones de pares (2,1 b€) siendo Francia, Alemania, UK, EEUU, Portugal e Italia los principales destinos.
- Importaciones: 104 millones de pares (0,8 b€) siendo China, Vietnam, Italia, Indonesia y Tailandia los principales orígenes.
- Indice de penetración (importación/consumo): 69,4 %
- Propensión a Exportar (exportación/consumo): 69,4 %

EL CALZADO ESPAÑOL

- **Puntos fuertes:** mercados diversificados, alta calidad, rapidez en responder a los cambios de moda, excelente relación calidad/precio, etc.
- **Puntos débiles:** atomización de la industria, Mano de obra intensivo, Poco músculo financiero, falta de RRHH especializados, desconocimiento de marca española, dependencia con paridad €/U$.

MAGNITUDES ECONÓMICAS (€)

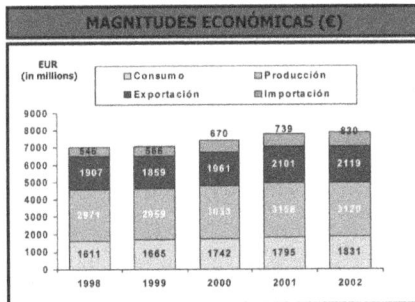

Evolución del Precio/par (Pares)

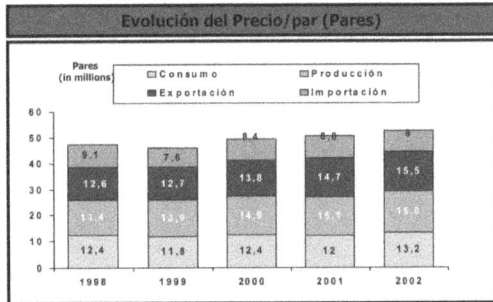

MAGNITUDES ECONÓMICAS (Pares)

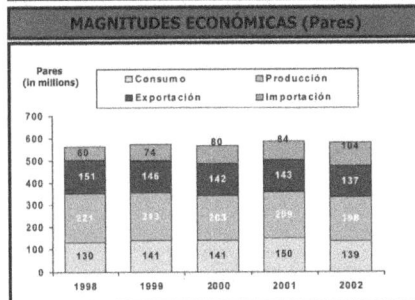

COMENTARIOS

- Analizando el ratio: % Importación/consumo se observa un incremento del 65% en valor y un 24,5% en pares de calzado desde el 2001 al 2002.
- El ratio de % de Exportación/producción, se mantiene estable en un 68% de media.
- La exportación ha caído un 4% en pares, pero ha crecido un 0,8% en valor y la producción ha decrecido un 5,4% en pares y sólo un 1,2 % en valor.
- **Resumen:** La producción en España está focalizándose en calzados de mayor valor y manteniendo su postura exportadora. La gama baja económica, está siendo ocupada por calzado de origen asiático (China, Vietnam).

ANEXO 2. Mercado objetivo

Mercado objetivo

Tamaño y cuota actual:
- Mercado objetivo estimado en un 2% del consumo total en España (2,6 Millones de pares)
- Cuota de mercado actual: 1% (25.000 pares)

Geografía:
- Grandes centros de población (Capitales de provincias). Centros comerciales y tiendas líderes en plazas locales.
- Internacional a través de marcas de la distribución y centros comerciales líderes.

Líneas de Productos
- Caballero clásico y deportivo (85%)
- Señora clásico y deportivo (15%)

Canal:
- Marcas de distribución de moda premium (ECI, Furest, Antonio Miro) y directa.

Segmento de consumidor final:
- Público adulto de edades comprendidas entre los 25 y 65 años
- Clase media-alta y alta
- Poder adquisitivo medio-alto y alto

ANEXO 3. Evolución cuentas Gamelia 2000-2004

	2000 Euros	%	2001 Euros	%	2002 Euros	%	2003 Euros	%
Ventas	1.629.364,6	100,0	1.736.233,7	100,00	1.826.925,6	100,0	1.694.445,3	100,0
Costos Variables								
CMV	630.144,1	38,7	628.772,5	36,21	727.212,8	39,8	698.404,4	41,2
Otros Costos Variables (1)	173.833,0	10,7	183.699,5	10,58	176.373,8	9,7	136.516,0	8,1
TOTAL COSTOS VARIABLES	803.977,1	49,3	812.472,0	46,80	903.586,7	49,5	834.920,5	49,3
Margen de contribución	825.387,6	50,7	923.761,7	53,20	923.338,9	50,5	859.524,8	50,7
Costos Fijos								
Costos de personal	719.835,1	44,2	770.211,8	44,36	805.885,1	44,1	798.504,1	47,1
Amortizaciones	20.803,5	1,3	20.789,0	1,20	22.592,6	1,2	18.441,1	1,1
Gastos de comercialización (5)	73.903,1	4,5	73.701,7	4,2	64.431,9	3,5	60.214,1	3,6
Otos Costos Fijos (2)	64.540,5	4,0	71.437,8	4,11	75.768,7	4,1	89.319,2	5,3
TOTAL COSTOS FIJOS	879.082,3	54,0	936.140,2	53,92	968.678,3	53,0	966.478,4	57,0
BAIT	-53.694,7	-3,3	-12.378,5	-0,71	-45.339,4	-2,5	-106.953,6	-6,3
Intereses (3)	-36.701,5	-2,3	-46.522,6	-2,68	-38.024,1	-2,1	-36.032,5	-2,1
Resultados atípicos (4)	1.639,8	0,1	-10.457,4	-0,60	-7.278,6	-0,4	-5.599,8	-0,3
BAT	-88.756,4	-5,4	-69.358,4	-3,99	-90.642,1	-5,0	-148.585,8	-8,8
Impuestos	-2.069,2	-0,1	-2.069,2	-0,12	-2.069,2	-0,1	-2.069,2	-0,1
BPT	-90.825,6	-5,6	-71.427,6	-4,11	-92.711,2	-5,1	-150.655,0	-8,9
Nro de Pares (70€)	23.277		24.803		26.099		24.206	

(1) Otros costos variables:
Costos variables según empresa

	2000	%	2001	%	2002	%	2003	%
- Gastos de representantes	173.833,0	10,7	183.699,5	10,6	176.373,8	9,7	136.516,0	8,1
- Gastos de negociación	867.129,5	53,2	880.522,0	50,7	959.265,7	52,5	889.441,4	52,5
- CMV	-40.060,8	-2,5	-40.229,9	-2,3	-36.803,4	-2,0	-34.600,1	-2,0
	-23.091,6	-1,4	-27.920,5	-1,6	-18.845,9	-1,0	-19.916,0	-1,2
	-630.144,1	-38,7	-628.772,5	-36,2	-727.212,8	-39,8	-698.404,4	-41,2

(2) Otros costos fijos:
Gastos Estructurales según empresa

	2000	%	2001	%	2002	%	2003	%
- Publicidad y Propaganda	64.540,5	4,0	71.437,8	4,1	75.768,7	4,1	89.319,2	5,3
- Amortizaciones	132.842,3	8,2	144.301,1	8,3	145.138,3	7,9	149.485,8	8,8
- Intereses de prestamos	-33.842,3	-2,1	-33.472,2	-1,9	-27.598,8	-1,5	-25.609,1	-1,5
	-20.803,5	-1,3	-20.789,0	-1,2	-22.592,6	-1,2	-18.441,1	-1,1
	-13.609,8	-0,8	-18.602,1	-1,1	-19.178,3	-1,0	-16.116,5	-1,0

(3) Intereses:

	2000	%	2001	%	2002	%	2003	%
+Gastos de negociación	-36.701,5	2,3	-46.522,6	2,7	-38.024,1	2,1	-36.032,5	2,1
+Intereses de préstamos	23.091,6	1,4	27.920,5	1,6	18.845,9	1,0	19.916,0	1,2
	13.609,8	0,8	18.602,1	1,1	19.178,3	1,0	16.116,5	1,0

(4) Resultats Extraordinarios

	2000	%	2001	%	2002	%	2003	%
+ Ingressos per arrendaments	1.639,8	-0,1	10.457,4	0,6	7.278,6	0,4	5.599,8	0,3
+ Ingressos extraordinaris	-3.750,3	-0,2	-3.936,6	-0,2	-4.134,0	-0,3	-4.200,8	-0,2
- Despeses extraordinàries	3.165,4	0,2	14.899,9	0,9	5.584,7	0,3	1.600,8	0,1
	-8.555,5	-0,5	-8.379,1	-0,5	-2.440,2	-0,1	-261,0	-0,0

(5) Gastos de comercialización

	2000	%	2001	%	2002	%	2003	%
+ Gastos de representantes	73.903,1	4,5	73.701,7	4,2	64.431,9	3,5	60.214,1	3,6
+ Publicidad y propaganda	40.060,8	2,5	40.229,9	2,3	36.833,2	2,0	34.605,0	2,0
	33.842,3	2,1	33.472,2	1,9	27.598,8	1,5	25.609,1	1,5

11 Internet y el marketing

OBJETIVOS

1. Conocer los modelos del negocio más apropiados en Internet
2. Analizar las necesidades, por el lado de la oferta y la demanda, para que el comercio electrónico tenga éxito

11.1 INTRODUCCIÓN

El producto es la razón de ser de la empresa

Algunas innovaciones intentan cambiar nuestras vidas. Otras, como Internet, lo consiguen, de la misma manera que en su momento lo hizo la electricidad o el teléfono móvil. Sin embargo, cada una de las funcionalidades que nos ofrece el medio evoluciona a velocidades distintas. Enviar un e-mail o buscar información en la Red poco tiene que ver con completar una transacción comercial o desarrollar un *marketplace*.

Lo primero se adoptó a velocidad de vértigo, hasta tal punto que hoy nadie imagina un entorno de comunicación sin el e-mail, y pocos son los que no han experimentado algún roce con la Web, desde el comprador más intensivo hasta el rezagado que lo observa de reojo con cierto temor, pasando por los millones y millones de jóvenes que chatean a diario. Para lo segundo, la adopción es errática, según del país del que hablemos, y su difusión algo contradictoria, puesto que los recursos físicos de apoyo a las transacciones (como la logística) tardan más en llegar a lugares remotos donde la razón de ser de Internet cobra fuerza, o porque los más propensos a la experimentación y la compra (los jóvenes) son los que menos dinero tienen para gastar. En definitiva, aún son necesarios una serie de cambios sectoriales y sociales para los que no estamos preparados o para aquellos que no todos los involucrados están dispuestos a esponsorizar.

Aunque afortunadamente cada vez menos, en España siguen siendo tímidas las cifras de volumen de negocio que mueve el canal. Unas semanas de Amazon son más prósperas que toda la oferta virtual española de un año. Un solo banco de los grandes genera unos beneficios anuales similares a los ingresos del medio. Para desgracia de muchos *start-up*, son precisamente éstos (los bancos) quienes están obteniendo mayores beneficios en el entorno virtual, ya sea directamente a través de la disminución de costes o con el incremento en los ingresos, o indirectamente prestando una serie de servicios a sus clientes con alto valor añadido.

El problema de este canal, relativamente nuevo, es una cuestión de expectativas, unas expectativas de crecimiento del comercio electrónico a corto plazo que han estado siempre por encima de la realidad, cuando toda innovación, necesita un periodo de tiempo para su adopción, tanto por parte de los consumidores como de las empresas. Una mezcla de ilusión y ambición de los inversores y otros agentes sobrevaloró las posibilidades del nuevo canal, dedicando esfuerzos con planes de negocio construidos sobre unos cimientos frágiles. Todo ello provocó en el año 2000 una sacudida en el sector que se llevó por delante a los más débiles, iniciándose un proceso de reestructuración que culminó en un canal dominado por grandes empresas híbridas (o *brick and mortar,* es decir, empresas con estructura presencial que inician operaciones en Internet), *start-up* pioneros y, paradójicamente, pequeños de ámbito local con clientes también locales, con una cuota predominante en su zona, cuando una de las ventajas naturales de Internet es la de reducir distancias.

¿Por qué ocurrió esto? Los medios de comunicación glorificaron el medio, de forma saludablemente eufórica aunque algo desorientada; los ciudadanos siempre hemos querido aprovecharnos cuanto antes de las expectativas, los académicos contribuyeron a través de su fascinación con lo desconocido, los intermediarios financieros levantaron enormes sumas de dinero, los consultores contribuyeron con su silencio cómplice, y los gobiernos sospechaban que esto era algo importante… No se puede potenciar un modelo de negocio con prisas y sofocando sus pilares fundamentales: el comercio electrónico es, por encima de todo, una opción de comodidad. Mientras el consumidor encuentre en su proximidad establecimientos presenciales protegidos o viables, sus opciones serán menores.

La realidad ha sido otra. ¿Significa esto el resurgimiento de la economía tradicional? Si bien la innovación que ha supuesto Internet no carece de recursos para producir estos cambios, quedan muchos temas por resolver antes de que Internet sea una opción exitosa.

El problema principal no consiste en decidir si permanecerá la nueva economía o la tradicional. Lo que se está produciendo es una adopción paulatina del medio en todos los sectores, donde los sistemas automatizados van ganando terreno lentamente a las estructuras existentes, modificando su funcionamiento.

Esto es lo que ha ocurrido en España, aunque no es nuestra pretensión reducir el modelo a nuestro país. En definitiva, los cambios que han de llegar y, en general, todo aquello que ha de ocurrir para que el comercio electrónico cuente con una cuota relevante del comercio, han sucedido ya en otros países, como Estados Unidos o Suecia. Por otro lado, han de producirse cambios sectoriales y sociales aún mayores en otros países, emergentes o desarrollados. Nuestra posición en el ranking mundial no es halagadora, pero tampoco deprimente.

Por el lado de la oferta, se acusan muchos problemas. Algunos de gestión, como las estrategias de producto, precio y promoción utilizadas, o un diseño de *sites* poco atractivo y menos funcional, que promueve la fuga masiva a *sites* extranjeros.

Otros, como la precaria estructura de mayoreo que no proporciona liquidez al sector, nuestro sistema de correos lento, o la carencia de líneas de conexión rápidas y fiables. Con este panorama, es razonable que únicamente algunos híbridos puedan estar haciendo algo interesante en la Red.

Por el lado de la demanda, las agencias de medición más optimistas cifran en algo más de cuatro millones el número de compradores a través de Internet en España, un 30% de un mercado potencial de doce millones de usuarios. Este colectivo es a su vez una parte decepcionante de los treinta y cinco millones de personas que podrían dar vueltas por Internet y no lo hacen. ¿Por qué existe esta diferencia? ¿Por qué compran tan pocos individuos? Y si lo hacen, ¿por qué no con más frecuencia?

Trataremos de responder a esta y otras preguntas. Para ello, profundizaremos en aquellos aspectos que consideramos que se han de tener en cuenta para garantizar el desarrollo del B2C. Continuaremos nuestro análisis con la descripción de algunas estrategias que pueden ayudar a que el comercio electrónico a consumidor no sea en el futuro la anécdota que es hoy.

Analizaremos también las variables que nos ayudan a dimensionar el medio. No es tarea fácil digerir la gran cantidad de información que nos presentan empresas de investigación de mercados, asociaciones, consultoras, bancos y otros agentes.

Antes de entrar en la materia más mercadotécnica, efectuaremos un breve repaso a la tecnología relacionada con Internet. Describimos qué es, para qué sirve y cuál es la cadena de mediación que sustenta esta innovación, así como sus efectos en el usuario.

11.2 ¿QUÉ ES INTERNET?

Internet *(Interconnected Networks)* es un sistema de redes que conecta millones de ordenadores que intercambian recursos. Todo empezó en los años sesenta en Estados Unidos, fruto de un proyecto militar. Se trataba de garantizar la comunicación entre diferentes puntos aun en el caso de que varios de ellos fueran destruidos. En 1975, el sistema comenzó a funcionar como red, sirviendo como base para unir centros de investigación militares y universidades, y se trabajó para desarrollar protocolos más avanzados para diferentes tipos de ordenadores y cuestiones específicas.

En la Red, las comunicaciones concretas se establecen entre dos puntos: uno puede ser el ordenador personal desde el que se accede, y el otro, cualquiera de los servidores que hay en la Red y que facilitan información. Al transmitir un mensaje, el bloque completo de datos se divide en pequeños paquetes que viajan de un punto a otro de la red, es decir, siguiendo cualquiera de las posibles rutas.

La información viaja por muchos ordenadores intermedios, a modo de repetidores, hasta alcanzar su destino, lugar en el que todos los paquetes se reúnen, reordenan y regeneran la información original. Millones de comunicaciones se establecen entre puntos distintos cada día, pasando por cientos de miles de ordenadores intermedios. Como cada intercambio de datos está marcado con números IP determinados, las comunicaciones no tienen por qué cruzarse. Y si los paquetes no encuentran una ruta directa, los ordenadores intermedios prueban vías alternativas. Se realizan comprobaciones en cada bloque para que la información llegue intacta, y en caso de que se pierda alguno, el protocolo lo solicita de nuevo hasta que se obtiene la información completa.

Este protocolo es la base de todas las máquinas y todo el *software* con el que funciona Internet: los programas de correo electrónico, transferencia de archivos y transmisión de páginas con texto e imágenes y enlaces de hipertexto.

Por otro lado, el *World Wide Web (*WWW*)* es una poderosa herramienta que, a través de programas hechos en hipertextos y gráficos, permite el traslado de un documento a otro con solo presionar el botón del ratón. Para acceder a WWW se requiere de un navegador *(browser);* los más conocidos son Netscape e Internet Explorer. Para localizar cualquier asunto o tema en Internet, la *web* usa los *Uniform Resource Locators* (URL).

El aspecto exterior de la WWW son las conocidas páginas web. Cada página *web* tiene una dirección única en Internet, en forma de URL, que indica el tipo de documento (página web o documento en formato HTML), y el de las páginas hipertexto de la WWW, que comienza siempre por HTTP. Una página web puede ser: http://www.universidad.es/prensa.html, que corresponde a un documento hipertexto (prensa.html) que está en el servidor (www) de un proveedor (universidad) de España (.es). Al saltar de un enlace a otro, el programa navegador simplemente va leyendo páginas HTML de distintos lugares de Internet y mostrándolos en pantalla.

11. 3 SERVICIOS DE INTERNET

Internet ofrece información y posibilidades de comunicación a través de lo que se denominan genéricamente *recursos de Internet*. Están disponibles a escala global, y son de diversos tipos. Algunos transmiten mensajes, otros ficheros y otros información multimedia.

El *correo electrónico* es una de las herramientas de Internet que ha proporcionado los resultados más satisfactorios a los usuarios. El e-mail presenta grandes ventajas frente a los métodos tradicionales de comunicación escrita. Éstas son: la facilidad de uso, la rapidez y el coste. El *Internet Relay Chat,* o IRC, es el equivalente en Internet a las comunicaciones entre radioaficionados. Se basa en una serie de servidores que admiten conexiones de cualquier persona desde cualquier lugar de Internet, que puede enviar y recibir mensajes en directo y charlar, por escrito, voz e incluso vídeo, con otros usuarios. Las charlas dentro de estos servidores se organizan en canales temáticos, los cuales pueden tener operadores que actúan como moderadores. El *chat* es un instrumento de comunicación interactiva intensivamente utilizada por el perfil de jóvenes, que prácticamente ha crecido con Internet, con un uso extendido entre conocidos en el mundo *off line*. En general, son utilizados en tono lúdico e intrascendente, a veces frívolo, si bien existen *chats* sobre temas profesionales. En este último caso, la presencia de interlocutores desconocidos sugiere una comunicación dudosa en cuanto a la sinceridad y confiabilidad. Por otro lado, el anonimato y la desinhibición ofrece la oportunidad de relacionarse con facilidad.

Finalmente, el FTP *(File Transfer Protocol)* es un sistema de transmisión de ficheros que hace que enviar y recibir archivos de gran tamaño de un lugar a otro de Internet sea rápido y más cómodo que mediante correo electrónico. En Internet existen enormes servidores FTP con miles de programas de distribución pública, imágenes y sonidos, de libre acceso. Muchos fabricantes los usan para mantener al día a sus clientes en cuanto a nuevas versiones del *software*, actualizaciones o controladores. Los servidores FTP también se emplean para la distribución de *software* de demostración, revistas electrónicas y otros materiales.

11.4 LA CADENA DE VALOR EN INTERNET

El comportamiento del navegante *on line* está afectado por una serie de agentes que crean valor en Internet y sin los cuales la experiencia en la red no sería posible. En el siguiente gráfico presentamos la cadena de intermediación de Internet, cuyos elementos actúan entre el consumidor y el proveedor del bien o servicio.

En primer lugar, nos encontramos con la oferta de bienes y servicios. Por ejemplo,

sites que ofrecen servicios financieros, de noticias o entretenimiento. Con un modelo de negocio algo distinto encontramos a los portales, que pueden ser genéricos, buscadores o específicos. Finalmente, los *e-tailers* o tiendas virtuales son *sites* que venden productos y que requieren una transacción económica.

El consumidor *on line* necesita encontrar razones para utilizar más activamente el medio y, por su parte, el problema al que se

/11.1/
Cadena de valor en Internet. Elaboración propia

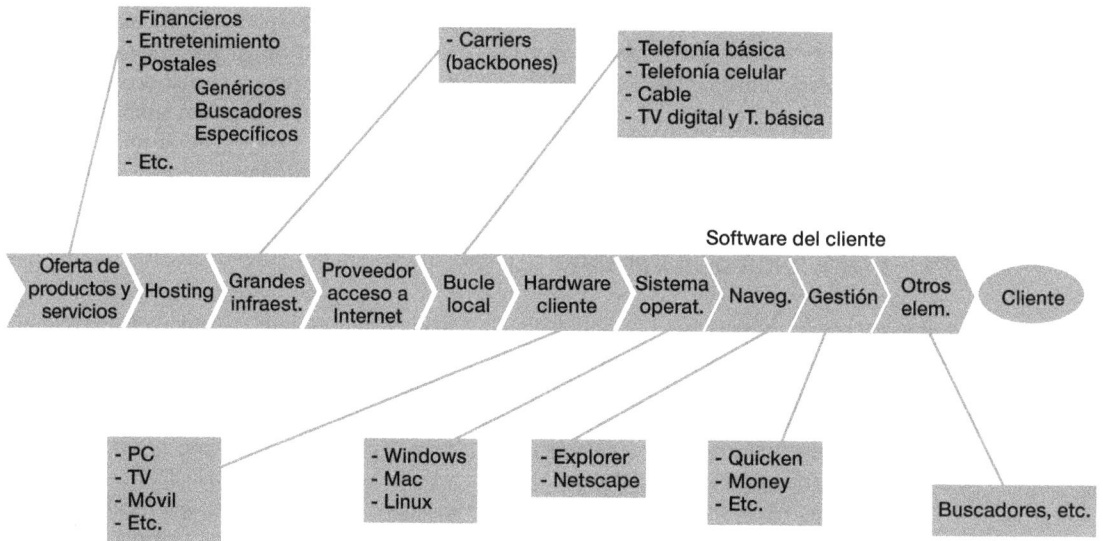

enfrenta el vendedor es que la masa crítica necesaria para alcanzar el punto muerto es demasiado grande en comparación con nuestra población internauta. Esto supone que, si la oferta crece y los navegantes no, la quiebra a medio plazo sea inevitable.

En el eslabón del *hosting*, encontramos las empresas que ofrecen los servicios para tener página web y su mantenimiento. Algunas permiten publicar una página de manera totalmente gratuita, aunque insertando anuncios en ella. Por poco dinero se pueden registrar dominios propios y acceder a otros servicios técnicos, y si el negocio es sencillo y las aspiraciones de venta modestas, nos pueden construir la plataforma virtual. Los negocios con vocación de masas, tienen que competir con sus homónimos europeos y norteamericanos, con unos recursos casi ilimitados y varios años de ventaja. Si se quiere ofrecer servicios que aporten un alto valor añadido al consumidor, son necesarias inversiones muy potentes. Por ello, cada vez más apreciamos que hay gigantes conviviendo con pequeños. Y muy pocos medianos.

Los proveedores de acceso a Internet (ISP) juegan un papel fundamental en la confianza percibida por el usuario en el medio. Por sus máquinas pasa gran cantidad de información, que podría ser registrada, o simplemente violada por terceros. Los ISP también tienen una alta influencia en el desarrollo del comportamiento del consumidor, puesto que muchas veces son el cuello de botella de la velocidad en la red. El desarrollo de Internet es tan rápido que muchas veces los ISP no están suficientemente preparados para el gran volumen de información que sostienen en horas punta. Esto provoca la frustración de muchos usuarios, que ven en Internet un canal de dudoso servicio.

Unido a esto, *el bucle local* utilizado (siguiente eslabón de la cadena) es un claro determinante de la velocidad que puede obtenerse. Redes de cable o tecnología ADSL, sobre redes convencionales, permiten en los hogares velocidades hasta 50 veces superiores a las que alcanzaba un módem convencional (incluso, podríamos decir "que alcanza", desde el momento en que siguen utilizándose). El cambio de los accesos en los hogares hacia estos tipos de conexiones permite en gran medida

que muchos usuarios empiecen a considerar el medio como un canal con muchas posibilidades. A través de esta tecnología, los hogares acceden a nuevos servicios de Internet, como es la radio, descarga de música, servicios de videoconferencia, o televisión. Además, el comercio electrónico se verá impulsado, al poder navegar por los *e-tailers* de manera mucho más rápida. Por su parte, la generalización de la televisión digital lleva consigo la conexión de alta velocidad a los hogares, posibilitando el acceso a la red sin necesidad del PC.

Es decir, observaremos cambios en el hardware utilizado para acceder a Internet. En sus primeros diez años de vida, prácticamente todo el uso de Internet se producía a través de un PC. En la actualidad, apreciamos aplicaciones en agendas *palm*, en teléfonos móviles (*mCommerce*) o en televisores (*tCommerce*). Incluso los electrodomésticos podrán ser controlados remotamente a través de Internet. Es más, la tecnología del hardware ya existe, aunque viene afectada por un fenómeno que hace que vaya muy por delante de las necesidades reales del usuario. Concretamente, *Chakravorti*, en un artículo publicado en 1998 en el *Financial Times,* dijo que la velocidad de difusión de las innovaciones tecnológicas es la mitad de la velocidad de avance de la tecnología pura.

Por último, el software que utiliza el cliente determina en gran medida su comportamiento. Aunque la forma tradicional de acceder a Internet haya sido el navegador, además de los programas de correo electrónico, el usuario puede navegar por Internet con distinto software.

Los programas de gestión permiten al usuario conectarse con su banco o gestionar la economía doméstica. En el segmento del ocio, se han lanzado muchos productos. El primer caso lo tuvimos con *Napster*, que tras el desarrollo de la tecnología MP3, inventó un modelo de negocio (no carente de polémica) en el que todos los conectados a su servidor mediante su programa podían acceder a los discos duros de otros ordenadores también conectados y descargar música.

Un software de gran potencial es el de los *shopbots*, agentes de comparación de precios que pueden identificar lo que uno va a comprar, ofreciendo un listado con los precios del mismo artículo en distintos *e-tailers*. Este software puede hacer que el consumidor compre de manera más eficiente. La realidad actual es que muchos usuarios prefieren pagar un *premium* razonable por comprar en tiendas virtuales como Amazon o El Corte Inglés, que le generan más confianza.

La proliferación de alternativas provoca un problema añadido: hay tantos programas disponibles en la red que los usuarios acaban confundidos, instalándose en sus máquinas mucho más de lo que necesitan, aumentando los riesgos de errores y disminuyendo la velocidad de procesamiento. El hecho es que el ordenador es aún una herramienta compleja para muchos usuarios, y esto facilitará el que haya un rápido crecimiento de accesos a Internet más sencillos, aunque tengan menos posibilidades. Ejemplos de ello son los esfuerzos para migrar aplicaciones a la televisión interactiva o a través de telefonía móvil.

11. 5 ADOPCIÓN DE INNOVACIONES

Conocer las variables que determinan la aceptación o el rechazo de una innovación es una de las principales preocupaciones de los profesionales del marketing. Según AC Nielsen en Europa, el 90% de los productos lanzados fracasa en el transcurso de dos años. En los países europeos, como en Gran Bretaña, 90.000 productos nuevos son lanzados anualmente al mercado, lo que implica que aproximadamente 81.000 productos acaban fracasando.

Perfil del adoptante
En la teoría de la difusión de las innovaciones desarrollada por Rogers, se califica a los innovadores como aquellos consumidores más aventureros, y con un perfil diferente al de los que adoptan las innovaciones más tardíamente. Como en todas las innovaciones importantes ocurridas en el pasado (radio, televisión, vídeo, etc.), los hogares que primero las acogían eran los que disponían de mayor renta. Esto se debe a la habitual estrategia de las empresas de ir reduciendo los precios gradualmente a medida que más gente accede a la tecnología, conocida como *estrategia de descreme*. Asimismo, los más entusiastas en acoger nuevas tecnologías siempre han sido los jóvenes. Tienen tiempo y ganas de aprender cosas nuevas, son inconformistas y buscan cualquier producto o servicio que mejore su calidad de vida. Su nivel de educación es asimismo un factor importante que determina la adopción de Internet por las personas. Leen más, están más expuestos a innovaciones procedentes de otros países, e interactúan con personas que se mueven más y que son más susceptibles de haber visto o usado nuevos productos.

El perfil del innovador cuenta con:
- *Características sociodemográficas:* educación, renta disponible, status social.
- *Variables personales:* los innovadores son menos dogmáticos en sus creencias, tienen mayor empatía, manejan mejor temas abstractos, son más racionales e inteligentes, tienen una actitud favorable hacia el cambio, menos aversión al riesgo, más favorables hacia la educación y la ciencia, menos fatalistas, y mayores aspiraciones y ambiciones que el resto.
- *Comportamiento comunicativo:* los innovadores son personas más orientadas hacia la comunicación con otras personas o agentes. Socializan más fácilmente, tienen una

/11.2/
Teoría de difusión de innovaciones Rogers (1983) Elaboración propia

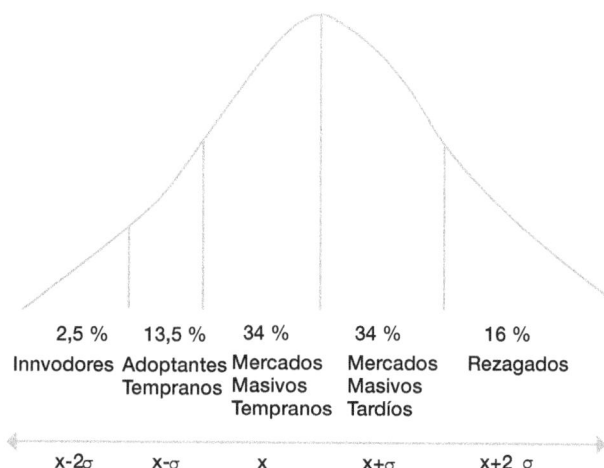

2,5 %	13,5 %	34 %	34 %	16 %
Innvodores	Adoptantes Tempranos	Mercados Masivos Tempranos	Mercados Masivos Tardíos	Rezagados

| $x-2\sigma$ | $x-\sigma$ | x | $x+\sigma$ | $x+2\sigma$ |

mayor exposición a los medios masivos, y conocen otras innovaciones.

No obstante, esta visión es algo limitada, ya que la evolución observada en todos los países es que los usuarios de Internet se parecen demográficamente cada vez más al mundo externo a Internet. Si colocamos gráficos sobre la demografía de la población de Internet junto a otros, con las mismas variables, de la población total, y observamos su evolución en el tiempo, cada vez se van pareciendo más. Los innovadores pueden tener importantes diferencias con la población general, pero los entrantes tardíos son mucho más similares, especialmente en innovaciones (como lo es Internet) que aspiran a una gran parte de la población.

La curva de Rogers nos muestra la configuración de las diferentes etapas de la adopción de la tecnología por parte de los usuarios.

En los mercados de bienes duraderos, el innovador actúa de prescriptor, es decir, se trata de un usuario muy selectivo que, si no se ve satisfecho, abandona el bien o la tecnología. Se trata de un segmento clave para la difusión y desarrollo de la innovación. Detrás de ellos llegan los adoptantes tempranos o imitadores, seguidos de los mercados masivos tempranos. Con el mismo volumen de usuarios de la innovación acceden los llamados mercados masivos tardíos, y para cerrar el proceso de difusión, los rezagados.

Tal y como muestra la curva de Rogers, lo que requieren precisamente las innovaciones es lo que no se le ha dado al comercio electrónico: tiempo.

¿Por qué se tarda tanto en adoptar las innovaciones? El usuario puede verse en alguna o varias de las siguientes situaciones:

1. No sabe que lo necesita
2. No lo puede comprar
3. No sabe que existe
4. Nadie lo acaba de entender
5. No sabe a quién comprarlo
6. No sabe que ya puede comprar
7. No se fía de la credibilidad del proveedor

Por su parte, el vendedor no sabe qué o a quién vender o está poco comprometido.

Un estudio realizado sobre 137 productos de 10 categorías distintas en 16 países europeos ha revelado que la media de tiempo en la adopción de innovaciones (paso de fase de introducción a madurez) es de 6 años. En España se sitúa en 7,1 años. Si nos referimos a productos tecnológicos, el periodo se incrementa en 2-3 años.

A pesar del panorama actual, el futuro es eminentemente tecnológico, y el reto es el de animar a que consumidores y empresas adopten aquello que en ocasiones aún no sienten que necesitan.

11.6 SOPORTES DE ACCESO A LA COMPRA ELECTRÓNICA

Hay mucha controversia sobre cuál será el medio de *e-Commerce* que triunfará. Si es por preferencia, será un televisor. Si es por difusión, el móvil. La gran mayoría de los vendedores de *hardware* personal en el mundo está pasándolo financieramente mal. Aun cuando el soporte cuenta con millones de desarrolladores de contenidos que lo hacen de manera gratuita (los dueños de portales, de *websites,* de servicios de facilitación, o de cualquier otro modelo), está sumido en una guerra de precios que no permite excesivas alegrías a la hora de subsidiar su penetración en mercados nuevos maduros. Es más, el mercado les pide a ellos ordenadores cada vez más simples, que sirvan para conectarse de manera sencilla y económica a la Red, y ellos, cautivos de sus proveedores de tecnologías, responden con equipos más potentes y por lo tanto más caros, capaces de hacer montones de cosas que los consumidores no quieren hacer.

A la vez, los vendedores de móviles presentan equipos cada vez más sofisticados y aumentan las demandas de mejores aplicaciones por parte de los consumidores que buscan portabilidad e interconectividad como elementos clave del próximo diseño dominante.

Todo ello lleva a un tipo de compra muy diferente al que se produce sentado frente a la pantalla del ordenador. Una compra dinámica, más subastera, con mucho más *push,* con transacciones más simples, modelos de precios más dinámicos y mucha más agregación.

La compra de lo menos tangible se hará desde los móviles: acciones, billetes de avión, órdenes concisas, juego, y compras con precios dinámicos (subastas). Los productos más experimentales, se comprarán por la tele, donde la compra será más impulsiva.

11.7 LOS USUARIOS REQUIEREN MÁS TIEMPO

Las características socioeconómicas y el comportamiento de cada uno de los perfiles que operan en la Red siguen muy distintos. Por el momento, los más propensos a realizar compras son los que menos dinero tienen: jóvenes heavy users, innovadores y comunicativos. Los que podrían gastar, adultos entre 30-49 años, no tienen tiempo para experimentar, y los que tienen tiempo y dinero (>50 años) no se atreven a dar su número de tarjeta de crédito a un monitor. Afortunadamente, esto está empezando a cambiar.

En cuanto a la compra, Internet es un mercado algo lejos de su madurez, y su consumidor también. Cualquier usuario evoluciona a lo largo del tiempo a medida que aumenta su experiencia. En una primera fase, cuando decide comprar en una categoría determinada debe optar por un *eTailer*. Se ha observado que muchos clientes visitan más de un *site*, con la esperanza de elegir el que más se adapte a sus expectativas. En una segunda fase, se produce el efecto *lock-in* (cierre), en el que el consumidor queda cautivo en un solo detallista debido a que, aunque Internet no tiene reglas y la competencia podría ser perfecta, las estrategias de algunas empresas lo han convertido en un oligopolio *de facto*. La entrada de nuevas enseñas origina una saturación en la mente del comprador potencial. Es en este punto donde se produce la "miopía" del consumidor: no es consciente de otras ofertas en el mercado, y no obtiene determinados ahorros que podría alcanzar si buscase un poco más. Esto se debe a que el consumidor aún se siente inseguro en el entorno *on line* y prefiere marcas que le inspiren confianza.

En sus relaciones con los *e-tailers,* el consumidor incurre en dos tipos de costes. Primero, los costes de entrada (inserción de datos personales, elección de nombre de usuario y *password*) y los costes de evaluación (tiempo invertido en la búsqueda en otros *e-tailers* compensados por los ahorros esperados). La decisión de cambiar de *site* vendrá marcada por la renuncia de unos en favor de los otros. A medida que este consumidor se sienta más cómodo y aumente su experiencia, van a ocurrir dos cambios fundamentales en su mente: conocerá la existencia de más *e-tailers*, fruto del boca a oreja y de los *banners* a los que ha estado expuesto, reduciéndose sus costes psicológicos de cambio significativamente. Se producirá lo que denominamos el efecto *lock-out* (apertura), en el que el consumidor aumenta su conjunto de marcas a las cuales somete a decisión.

A medida que el mundo de Internet se llene más de este perfil, el mercado tenderá a ser más transparente, y por tanto más eficiente. Cuando los consumidores tengan un mejor y más fácil acceso a la información, los mercados serán más competitivos. Esto puede contribuir a eliminar la apatía hoy existente a comprar *on line*, proporcionando atractivo a un medio que, en la actualidad, no es canal habitual de compra para los ciudadanos. Sin embargo, la realidad de hoy es que la variedad de *sites* y el aprendizaje crean un *lock-in* muy efectivo. La lealtad a los *e-tailers* disminuirá dramáticamente como consecuencia de unos costes de búsqueda menores. Los consumidores no aprenden muchos sitios debido a que los nuevos que van apareciendo cada día

/11.3/
Compotamiento del comprador en Interner.

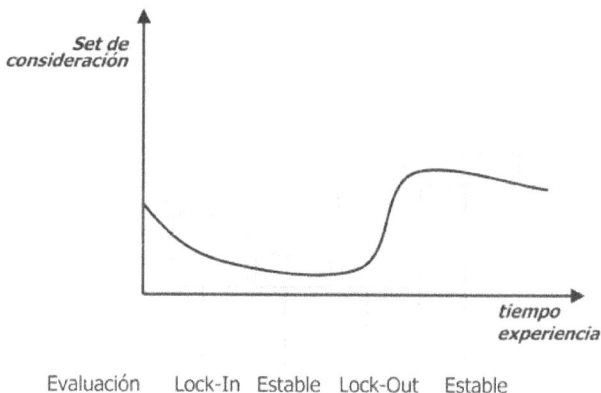

Evaluación   Lock-In   Estable   Lock-Out   Estable

eliminan la posibilidad de dedicar tiempo a buscar y a cambiar. La lealtad de los *eTailers* es mayor que la lealtad a los retailers tradicionales y no disminuye a lo largo del tiempo.

11.8 MAGNITUDES

Para obtener información acerca de la dimensión el comercio electrónico a consumidor, no tenemos más que acudir a las miles de cifras que nos proporcionan las agencias de medición. Si realizamos esta tarea, encontraremos estudios muy completos con datos sobre el número de usuarios y compradores, demografía de la población en Internet, categorías más vendidas, volumen de negocio, etc.

Existen importantes diferencias de un estudio a otro. Esto es debido a la utilización de criterios distintos a la hora de definir las variables de medición. La sorpresa aparece cuando, con criterios similares, las cifras siguen siendo dispares. Esta ausencia de estandarización en las mediciones resta credibilidad al B2C debido a que no existe consenso sobre su tamaño.

En cuanto a la compra, el contraste es igualmente confuso, con cifras realmente tímidas. Las diferencias entre los estudios que basan su análisis en datos obtenidos a través de las tarjetas de crédito y los que recogen información a través de encuestas son abismales. Sin embargo, estos estudios nos proporcionan una visión global de la susceptibilidad de cierto tipo de artículos para tener éxito en la Red y con ello podemos entender mejor qué elementos diferencian al mundo virtual del presencial. La mayor parte de ellos se confeccionan a través de encuesta, lo cual supone que recogen información de lo que el usuario "dice que hace" y no de lo que "realmente hace". Intencionadamente o no. Un consumidor más o menos intensivo no recordará aquellas categorías cuya proporción es pequeña en su conjunto de compras. Por otro lado, no podemos esperar la obtención de respuestas sobre categorías que son más íntimas, por muy anónimas que sean las encuestas. Si las entrevistas para conocer lo que más se vende a consumidor en Internet se realizan directamente a las empresas, el *ranking* es aún menos creíble, pues incluirá la venta telefónica y las transacciones realizadas entre empresas.

11.9 PRODUCTOS Y OFERTA EN LA RED

Sea cual sea la fuente que consultemos, siempre aparecen, en distinto orden, viajes, marketing directo, libros, música, informática, espectáculos, electrónica, suscripciones, compra doméstica u ocio. Algunas agencias, con ánimo de ser tardíamente veraces, incluyen en sus estudios el contenido para adultos, eso sí, a costa de invalidar sus ranking anteriores: la pornografía ha estado varios años en el podio sin que nadie nos lo dijera.

Afortunadamente para la imagen del sector, en los últimos años, los viajes, las agencias turísticas, el marketing directo, las apuestas y los juegos de azar, y las entradas para espectáculos han acaparado la mitad del negocio en España. Las categorías más íntimas siguen creciendo, aunque las ventas electrónicas de algunos pioneros, empresas de ámbito local o híbridos la han ido desplazando paulatinamente a posiciones más inadvertidas en los ranking.

A pesar de la oferta tímida y la venta lánguida, los usuarios obtenemos algunos beneficios más que las mediciones no acostumbran a recoger: gestionamos nuestras cuentas corrientes, contratamos depósitos, revisamos nuestra factura telefónica, modificamos datos de nuestra póliza de seguros, hacemos la declaración de renta o leemos el periódico; obtenemos información de todo tipo que utilizamos para realizar compras presenciales, desde una dirección postal de un comercio hasta la recepción de una oferta para visitar y quizás comprar una vivienda, pasando por el uso de agentes comparadores de precios de productos que, sabemos, no compraremos *on line*. Todo ello convierte a Internet en un gran canal de apoyo a la compra.

Internet no debe considerarse como un sustituto del canal tradicional de venta, sino como un componente integrado en la estrategia multicanal de la compañía.

Algunos productos, por sus características y forma de distribuirse, son más susceptibles que otros de tener éxito en Internet: aquellos en los que tradicionalmente la venta directa ha tenido una cuota predominante, como los que comercializa el sector financiero; productos no físicos, que puedan utilizar el ordenador u otros soportes como plataforma, como los viajes; productos con la obligación moral de utilizar estos medios, como el software o el hardware; productos que son distribuidos intensivamente a través de catálogos, cultura poco extendida en España; productos muy diferenciados no disponibles en el mundo presencial, con targets grandes y fragmentados, como las obras de arte; productos "intensivos en ego" que son adquiridos y consumidos más cómodamente de manera íntima, al resguardo del escrutinio de otros, como el contenido para adultos; finalmente, productos que pertenecen a categorías maltratadas en el mundo presencial, como libros y discos, permanentemente fuera de stock y mal clasificados.

El éxito de cada una de estas categorías específicas está íntimamente relacionado con la actitud y la experiencia del comprador. Que ocurra esto es razonable, debido a que:

- El efecto de la publicidad es muy débil sobre las compras: si bien aumenta el grado de conocimiento del usuario, éste, en su exploración, se fía más de su intuición y experiencia en la Red.
- Los usuarios que frecuentemente buscan información sobre productos son los que más compran.
- Los líderes de opinión (innovadores, menos adversos al riesgo) son los que más compran.
- Categorías como música y ocio requieren poca información y promociones frecuentes, mientras que para vender libros, educación, viajes y electrónica en la Red es necesario un alto grado de comunicación, ya sea a través de medios *on* u *off line*.

11.10 PRECIOS Y MARCAS

Todo ello tiene su repercusión en las marcas que el usuario de Internet considera para la compra y en los precios que está dispuesto a pagar. Cada consumidor tiene habilidades distintas para procesar información, y eso determina el tamaño de sus *sets de consideración* (conjunto de marcas a las cuales el consumidor somete a decisión). A medida que los consumidores sean más expertos en Internet, la importancia de las marcas disminuirá. La lealtad a las marcas para las marcas líderes es mayor en entornos virtuales que en tiendas tradicionales.

El marketing relacional ha tenido gran acogida en todos los foros y debates. Directivos de sectores de todo tipo reconocen la necesidad de retener sus clientes. Esta preocupación viene marcada por el hecho de que los consumidores en mercados maduros, como el español, son cada vez más desleales. Tienen más experiencia como consumidores y están saciados, por lo que una nueva oferta o promoción tiene muy pocas probabilidades de sorprenderles.

¿Son más leales los consumidores de Internet que los de comercios tradicionales? La respuesta no está clara. Varios estudios demuestran que la lealtad a comerciantes de Internet en las categorías de libros y discos compactos (cd´s) es más alta en Internet que en los comercios tradicionales. Este hecho sorprende a muchos, ya que Internet proporciona un entorno en el que los costes de cambio se reducen y cambiar de un comerciante a otro es extremadamente sencillo. Uno puede tener tres páginas abiertas con tres empresas competidoras e ir comparando la oferta de cada uno. Sin embargo, parece que eso no ocurre (al menos en las categorías señaladas).

Otra razón por la que los consumidores en Internet presentan comportamientos más leales es la obsesión por la seguridad. Esto beneficia mucho a los grandes, ya que el conjunto de marcas para cada referencia que el consumidor tiene en la memoria y que somete al proceso de toma de decisión se reduce tremendamente. Da igual lo fácil que sea comparar, los consumidores sólo quieren probar en uno o dos *sites.*

En este sentido, los estudios realizados hasta ahora parecen indicar que, en un entorno virtual, los consumidores prefieren las marcas líderes.

La razón es sencilla: por muy bien que estén diseñadas las páginas, los productos no se pueden tocar ni ver en tres dimensiones, y por tanto, convencer al consumidor de que pruebe algo nuevo es difícil. El consumidor necesita cierta información para decidir qué comprar, y en Internet es más difícil para productos de consumo. Tomemos una categoría límite: la moda.

Si el consumidor no conoce su marca, calidad, textura, o cómo sienta su ropa, es muy difícil convencerle. En un entorno tradicional puede probársela, tocarla y compararla. Por ello, en categorías como moda, quienes tienen más posibilidades de acceder a la masa crítica son aquellos que venden colecciones muy clásicas y con poca variación en sus diseños y calidades, en los que los consumidores dominan sus tallas.

Contrariamente a lo esperado por muchos, actualmente en algunas categorías, la sensibilidad al precio *on line* es menor que en el mundo *off fline.* Las razones son las siguientes:
- Al estar la oferta muy concentrada en unos pocos comerciantes, la dispersión de precios es menor que la que se pueda encontrar en el mundo presencial.
- Gran parte de los clientes actuales de Internet son personas con mayor renta que la media y que no disponen de mucho tiempo para comprar.

El dominio del entorno del ordenador promete también un cambio importante en los consumidores. El uso de *shopbots* (agentes de comparación de precios) permite ya comparar precios del mismo producto en decenas de comerciantes en poco tiempo. Unos comparadores de precios más eficientes harán que la importancia del reconocimiento de marca descienda como fuente de dispersión de precios.

Se ha demostrado que el aportar una buena información a los consumidores, que pueda ser de alguna manera controlada por el usuario, hace disminuir la elasticidad.

Otra batalla que los directivos de Internet deben aprender a ganar es la de la compra de impulso. Una gran ventaja de Internet es la ausencia total de barreras de horario y de barreras geográficas. En cualquier lugar en el que haya un ordenador y a cualquier hora puede ganarse una compra. *E-mails* con cupones descuento, anunciando unas rebajas, o simplemente con recomendaciones específicas a cada cliente, pueden generar compras que de otra manera se perderían. Algunas empresas conjugan muy hábilmente incluso los tradicionales catálogos enviados por correo con sus *websites.* De esta manera el consumidor puede preferir realizar una compra por Internet que hacerla por teléfono.

Un buen servicio de envío es otro elemento capital en la venta. Aunque este servicio suele estar subcontratado, diferentes compañías que venden productos similares ofrecen muy distintas fechas de entrega. Un buen ejemplo de ello son los vendedores de libros. Algunas compañías han desarrollado varias opciones de plazo de entrega a escoger por el comprador, cada una de ellas con un determinado coste. Otro ejemplo interesante lo encontramos en el sector de la distribución alimentaria: un buen servicio de logística es precisamente lo que animó a Condis a entrar. Siendo uno de los líderes en ventas alimentarias, lanzó su operación en la Red apoyándose en una entrega a domicilio concertada con el cliente.

11.11 ESTRUCTURA DE MAYOREO

Uno de los problemas fundamentales en nuestro país es el de la liquidez. Las tiendas virtuales han de tener productos en su escaparate y han de tener clientes. En Estados Unidos existe una importante estructura de mayoreo que proporciona liquidez al sector. Cuando Amazon empezó, utilizaba los servicios de Ingram, un enorme mayorista que adquirió eventualmente. Esos mismos grandes distribuidores, cuya existencia obedece a la enorme dispersión geográfica de EE.UU., son una especie en vía de extinción en nuestro mercado.

Tal y como describíamos en el capítulo de Distribucion, los canales del futuro serán cortos, híbridos y múltiples.

Conseguir lo anterior supone acceder a canales de distribución innovadores. Pensemos por ejemplo en el nivel de actividad que han emprendido los bancos: venden productos indiferenciados puros (*commodities*), pero los venden de manera directa (es decir, corta), múltiple (con oficinas centrales, sucursales, cajeros automáticos, implantes en otros detallistas, teléfono, Internet y pronto *m-Internet*), e híbrida (determinadas transacciones no se pueden ejecutar por teléfono o acudiendo al portal de la institución).

Lejos de acortarse, multiplicarse o hibridarse, nuestros canales están calcificados.

No han evolucionado hacia fórmulas de distribución que faciliten la introducción e implantación de nuevos canales de distribución. Con excepciones, los canales de distribución son múltiples, pero redundantes y largos. Tan sólo se han especializado.

Logística de entrega al cliente

Con el propósito de alcanzar una logística eficiente, es necesario que

- la empresa mejore el uso de la información antes que los flujos físicos. Se consigue disminuir aquellos movimientos que no aportan valor en los procesos de reparto.
- se aprovechen las estructuras físicas para efectuar la entrega en el último tramo.

Con ello, las posibles estrategias de entrega al cliente son:

- Aplazamiento logístico: la empresa aplaza las decisiones de entrega hasta que dispone de más información sobre lo que desea el cliente.
- Desmaterialización: cuando los flujos de información sustituyen a los flujos físicos.
- Intercambio de recursos: la información fluye por la red para localizar el inventario necesario.
- Consolidación de envíos: utilización de canales de físicos implantados para la entrega de otros productos.
- *Clicks and mortar:* colaboración del cliente para recorrer el último tramo.

11.12 COMUNICACIÓN

Internet es un canal caro. Las ventas son escasas y la gente ya duda de que, al menos en España, vayan a crecer mucho en el medio plazo. Las relaciones entre cliente y empresa son casi inexistentes. La mayoría de los directivos piensan que Internet es todavía un mercado poco maduro en España y que su desarrollo será, en cualquier caso, mucho más lento que en otros países más desarrollados. Las empresas han llegado a Internet con una mentalidad "antigua", como de abrir una tienda más. Esta mentalidad de *mass market* no es válida en Internet porque, por el momento, el comportamiento del consumidor en Internet es muy distinto al de entornos presenciales. La Red facilita una tecnología capaz de revolucionar las relaciones empresa-cliente que no se está aprovechando.

Las empresas deben tratar de mejorar los aspectos que conciernen a su relación con el cliente o posible comprador. Incluso en el mercado más "Internet" del mundo, Estados Unidos, observamos que algunas de las empresas referentes en cuanto a venta por Internet siguen tardando demasiado tiempo en responder a los e-mails de los clientes. Por otro lado, observamos que las empresas están haciendo un esfuerzo por mejorar el diseño de los *sites* y tratando de conseguir una compra con el mínimo número de *clicks*. Esto es especialmente importante en nuestro país si tenemos en cuenta las características desfavorables de las conexiones de Internet en los domicilios. Corregir este elemento facilitaría, por ejemplo, un aumento de la compra por impulso, tan importante para los comercios.

Aumentar el ticket de compra y la satisfacción del cliente son las principales funciones de la comunicación empresa-cliente. Por ello, es interesante estudiar el comportamiento del comprador e intentar predecir cuándo hay mayores probabilidades de perder un cliente. Un medio sencillo de hacerlo es identificar a los clientes que llevan sin visitar-nos un cierto número de días y enviarles un *e-mail* o simplemente llamarles por teléfono. No obstante, hay que tomar estas estrategias con cautela, para evitar conseguir únicamente a los clientes que no nos interesan. Las bases de datos nos permiten estudiar si estas inicia-tivas son rentables, porque podemos conocer la eficacia de estas campañas y es muy fácil experimentar con distintos niveles de precio.

Con este simple experimento, la empre-sa puede determinar que un descuento de 20$ le deja un impacto negativo, y por tanto debe ser evitado. Según el tipo de empresa y el tipo de mercado, un distinto plazo de tiempo para el estudio debe ser considerado. Puede em-pezarse con períodos más cortos, para tomar decisiones rápidas, cuando no se dispone de previa investigación de este tipo de campañas,

y progresivamente irlo ampliando. Una vez se tenga una idea de cuál es el descuento óptimo (o no descuento en absoluto), se seguirá lan-zando estas campañas con grupos de prueba más pequeños para ver cuál es la aceptación de pequeñas variaciones. Otras empresas ofre-cen en vez de descuentos en dinero, descuen-tos en porcentaje sobre el total de la compra, o gastos de envío gratis, o algún regalo.

Sin embargo las políticas de descuentos y regalos deben ser cuidadosamente definidas. La euforia de las empresas hacia Internet ha llevado a invertir en un sinfín de proyectos con planes de negocio en los que la estrategia de clientes era poco menos que inexistente. Eso ha llevado a muchas empresas a entrar en una dinámica de reducción de precios incon-trolada, o a captar nuevos clientes con muchos regalos y pocas propuestas de largo plazo.

Tabla 1
Experimento en un grupo de 400 consumidores que no han dado señales de vida en 8 semanas

Grupo	Comunicación	N clientes	vuelven	% éxito	margen de contribución medio 1 mes	3 meses	1 año	mc total 1 año	coste campaña	beneficio
Control	Ninguna comunicación	100	5	5%	10	23	30	150	0	150
Prueba 1	email recordatorio	100	17	17%	8	12	20	340	0	340
Prueba 2	email con 10$ descuento	100	35	35%	5	12	20	875	350	525
Prueba 3	email con 20$ descuento	100	45	45%	5	7	8	384	900	-516

Internet se ha visto como un canal en el que era fácil y barato adquirir clientes. La reali-dad no es así. Las empresas han gastado en captación mucho más de lo que han obtenido en margen de contribución. Y los problemas vienen por dos bandas:

- Gastar mucho en medios poco efectivos.
- Atraer a los consumidores con ofertas de precios y no basándose en una buena pro-puesta de valor que también sea rentable para la empresa.

Por su parte, los medios de comunicación y promoción son caros. Algunos estudios sobre la eficacia de la publicidad han demostrado que es altamente beneficiosa para las empre-sas, desde luego mucho más que las promo-ciones de precios. Pese a ello, es curioso ob-servar cómo se mide de manera inadecuada el resultado de una campaña publicitaria. Los usuarios eluden cada vez los *banner*, para mu-chos es una molestia. Sin embargo, ayudan

a crear marca. Por ello, medir los efectos de éstos sobre las ventas, por ejemplo a través de los *clickthrough,* desprecia todos los resul-tados que no sean inmediatos, puesto que las ventas provocadas por ellos pueden realizarse días después.

Las empresas de Internet cuentan con he-rramientas para aumentar el grado de fidelidad de sus clientes. Pueden recopilar inmensas ba-ses de datos sobre sus clientes y realizar pro-mociones basadas en los gustos de cada consu-midor, siendo por tanto mucho más eficientes, y establecer una relación mucho más estrecha con cada uno de sus clientes a muy bajo coste.

Adquisición de clientes
La estrategia de adquisición de clientes debe ser una de las más importantes de toda em-presa y muy especialmente de las empresas de Internet. Las preguntas que todo plan de negocio debe contener son, al menos: ¿a qué segmento de mercado me quiero enfocar?, es-

pecíficamente, ¿cuáles son las características de mi consumidor objetivo?, ¿cuán grande es este grupo de clientes? ¿cuántos espero captar y cómo espero captarlos?

Antes de lanzar una campaña de adquisición de clientes, la empresa tiene que definir cuál es el perfil de consumidor que quiere captar. En la mayoría de las empresas esto es decidido por los directivos según su intuición del negocio y sin obedecer a datos objetivos. En las empresas con departamentos de marketing más sofisticados, muchas veces se tiende a aquellos segmentos que dan más volumen de negocio, las cuentas clave. Sin embargo, hay que tener en cuenta que no siempre los clientes más grandes son los más rentables. La empresa debe estudiar:

- Cuánto se espera que cada cliente dejará, en función de su volumen anual y de su tiempo esperado de vida.
- Cuánto va a costar servirlo.
- Cuánto va a costar adquirirlo.
- Cuántos clientes de cada perfil puedo aspirar a captar y si es viable dirigirse a segmentos distintos.

No siempre los *heavy users* son los más rentables. En muchos casos requieren de un mayor servicio, y es muy posible que sean menos leales. Aunque cada mercado tiene sus peculiaridades.

Siguiendo Hanssens, Villanueva & Yoo (2001), los medios de adquisición de clientes pueden englobarse en dos categorías: según el nivel de "intervención" del marketing y según la "personalización" del mensaje. Así, podemos distinguir cuatro grupos en los que podríamos englobar cualquier método de adquisición de clientes: reputación o boca a oreja, relaciones públicas, marketing directo y publicidad.

Es importante que el director de marketing conozca cada método de adquisición de clientes. Cada uno de ellos es distinto en costes y eficacia. Pero la eficacia no debe medirse por el corto plazo. Poder hacer un seguimiento del valor esperado de los clientes atraídos por cada medio es extremadamente importante porque solo así podrá conseguirse una verdadera optimización del gasto en adquisición.

Las campañas de *e-mail* son uno de los

medios más baratos y efectivos para adquirir clientes (dedicamos el próximo apartado a este recurso). También son muy utilizadas, por supuesto, para lanzar promociones a los clientes actuales y para mantener relaciones cliente-empresa más fluidas. Algunas compañías venden direcciones de *e-mail* sobre las que tienen información demográfica. Esto permite una mejor identificación de los segmentos a los que se quiere servir. Aunque los *e-mail*s no solicitados (*junk e-mail,* en inglés) tienen baja efectividad, muchas empresas hacen extensivo uso de ellos, dado que su coste es relativamente bajo y la relación eficacia/coste es alta. Una tarea pendiente es la de estudiar cuál es la efectividad de este medio en el largo plazo, con respecto a medios que son mejores creando marca, como la publicidad o el boca a oreja.

Las empresas que operan en Internet deben aprender a segmentar su mercado para dirigir su oferta de productos. Conocer el comportamiento de variables como el sexo del usuario o la hora del día en la que se conecta son determinantes para que la empresa pueda adaptar su oferta.

En efecto, existen diferencias ante la compra entre hombres y mujeres. Éstas son compradoras más cuidadosas y comprometidas con el medio:

- Comparan más precios y ofertas, conocen los productos en comparación con el canal tradicional y realizan *tracking* del producto, una vez comprado.
- Compran más productos para la familia y el hogar (ropa, juguetes y decoración).

/11.4/
Medios de adquisición de clientes

Los hombres se centran en categorías como música, software y hardware, y electrónica.

- En una mayor proporción, detectan si el *site* está personalizado en algún momento, aunque gastan menos por recomendaciones.
- Se observan diferencias significativas en actitudes de compra, categorías compradas y servicios adquiridos.

Los estudios sobre sociodemografía e Internet suelen despreciar los cambios en la audiencia según la hora del día. Sería razonable la hipótesis de que no existe segmentación horaria debido a que:

- El acceso a la Red puede realizarse desde cualquier lugar a cualquier hora.
- Los contenidos están disponibles las 24 h, 7 días a la semana.
- No existen restricciones horarias de los *sites*.

Sin embargo, si los niveles de uso son distintos en distintas franjas horarias y podemos comparar sus perfiles, y los contenidos accedidos son también distintos, tiene sentido segmentar el día. Existen 5 franjas horarias distintas con diferencias significativas en niveles de uso, demografía y tipo de contenido accedido.

1. Franja temprana (L-V, 6 h-8 h)
2. Franja laboral (L-V, 8 h-17 h)
3. Franja tarde-noche (L-V, 17 h-23 h)
4. Franja noche-madrugada (L-V, 23 h-6 h)
5. Franja fin de semana (S-D todo el día)

La franja laboral es la más amplia en nivel de uso. Trabajadores con poder adquisitivo alto y entre los 25-54 años constituyen una buena parte de esta franja horaria. En cuanto a los niños y jóvenes de menos de 18 años, hay tres veces más posibilidades de detectarlos durante la franja tarde-noche y el fin de semana.

Las utilidades (motores de búsqueda, *e-mail*, chat) muestran poca variación en el uso a lo largo del día, al contrario que los contenidos: las noticias y la información están concentradas en las franjas temprana y laboral. El "uso" de deportes y entretenimiento crece drásticamente durante la tarde-noche y el fin de semana.

La actividad en comercio electrónico supone un 5,3% del tiempo dedicado *on line*, y la mayor parte ocurre durante la tarde-noche y el fin de semana.

Retención de clientes

La literatura del marketing relacional sostiene que a medida que un consumidor lleve más tiempo con la empresa, pasa a ser más rentable. Se sostiene que es más barato retener a un consumidor que captar a uno nuevo, y que un consumidor retenido y satisfecho tiende a ser menos sensible al precio, a comprar más en la empresa y a ser más barato de servir. Sin embargo, la realidad es que hay muy poca evidencia empírica de que esto sea realmente así. La poca evidencia empírica a la que aludimos se da en categorías no contractuales, por tanto con más susceptibilidad de venderse a través de canales no presenciales. Por ello, la empresa debe medir lo que gasta en retener a sus clientes y saber quienes son los clientes que retiene.

Ponemos como ejemplo el caso de Amazon y Barnes and Noble. Los dos *e-tailers* compiten intensamente en el mercado de libros a nivel internacional. Los dos envían regularmente campañas de descuentos a sus clientes con el objetivo de mejorar la lealtad. Sin embargo, podría ser que un grupo no pequeño de consumidores, a pesar de ser clientes antiguos de, por ejemplo Amazon, lo fuesen también de Barnes and Noble, y de hecho solo comprasen en el *e-tailer* que les diesen los mejores descuentos. Por tanto, para ambas compañías, no siempre los clientes antiguos son los más rentables. Hay que estudiar a cada cliente o cada segmento para hacer una valoración seria de lo que dejan en la empresa y lo que debe gastarse en ellos.

De cualquier modo, si se concluye que los clientes retenidos son más rentables, la empresa debe conocer la evolución de dos conceptos importantes: (1) el número de clientes activos y (2) el tiempo medio de esperanza de vida. Muchas empresas de Internet no conocen el número total de clientes activos porque cada cliente presenta un distinto comportamiento en la regularidad de sus visitas. Muchas ni siquiera tienen bases de datos en las que se realice un "*tracking*" de la regularidad de las visitas de cada cliente. En el caso de las empresas que requieren a sus clientes registrarse, un error muy común es el de considerar como clientes a todos los registrados, y no hacer una seria introspección de cuántos son activos y cuántos no parecen tener intenciones de volver.

Estos conceptos son de gran utilidad porque pueden permitir a la empresa desarrollar la política de comunicación con el cliente en función del momento en el que éste se encuentre. Así, clientes que acaban de empezar con la empresa pueden ser los que tengan más riesgo de no volver jamás. Hay que identificar cuáles son las causas de por qué estos clientes no quieren volver. ¿Es muy complicado el diseño del *site*? ¿Nuestros métodos de adquisición prometían algo que no es percibido por el cliente, una vez visitado el *site*? ¿Estamos llegando a la calidad del servicio demandado por el cliente?

Satisfacción de clientes
Los consumidores satisfechos no necesariamente son leales. Especialmente en mercados de alta competencia, hacen falta índices de satisfacción junto con costes de cambio muy elevados para conseguir lealtad. Diversos estudios empíricos han demostrado que la satisfacción de los clientes está íntimamente relacionada con la esperanza de vida de un cliente y ésta, a su vez, con la rentabilidad. Además, retener clientes satisfechos es más rentable a largo plazo que retener a clientes con otros costes de cambio, porque para los competidores seguramente será más difícil captarlos.

Un tema crítico para conseguir satisfacción es conseguir una muy buena experiencia en el *site*. Como los negocios de Internet no tienen ladrillos, la experiencia dentro de la *web* se compone del extremo cuidado de otros puntos críticos: contenidos, navegabilidad, y estética. Combinar los tres es casi un arte, y llevará a que los clientes gasten más tiempo en el *e-tailer*, y a tomar decisiones de compra más pensadas y que por tanto llevarán a una mayor satisfacción. Numerosos *e-tailers* añaden contenidos a sus *sites* que puede parecer que no añaden negocio a la empresa. La estética juega un importante papel en disminuir la fatiga del consumidor mientras navega por el *site*.

Uno de los efectos esperados de los clientes satisfechos y leales es que tienden a comprar más. Normalmente trasladan parte de su presupuesto, que antes gastaban en otros lugares, a la tienda que les gusta. Esto permite a la empresa seguir aumentando las ventas sin necesidad de adquirir un elevado número de clientes nuevos y, por tanto, ahorrar en costes de adquisición. Este efecto puede ser potenciado por la empresa con distintas estrategias comerciales.

Una de las estrategias de venta más utilizadas es la venta cruzada. La empresa, conocedora de los gustos e historial del consumidor, intenta venderle distintos productos, no necesariamente de la misma categoría de la que está comprando actualmente. Los bancos, por ejemplo, que son líderes del buen uso del *database marketing*, aprovechan a vender distintos productos a sus clientes: fondos de inversión, seguros, hipotecas, planes de pensiones, etc. Hay empresas que hacen un extensivo uso de la *web* y del teléfono para ampliar el ticket de compra de sus consumidores. Cada vez que un cliente se conecta al *site*, suele recibir una oferta de la venta de algún producto, y también recibe llamadas con distintas ofertas, incluso de servicios de telefonía.

Sin embargo, hay dos peligros que pueden surgir de una estrategia muy agresiva en este campo:
- Diluir el posicionamiento. Contra esto, es importante meterse solo en aquellos negocios en los que se puede hacer un volumen interesante de una manera competitiva y estudiar muy bien cuáles son las sinergias con el negocio actual.
- Apabullar al consumidor con ofertas que no le interesan. Para evitarlo, hay que dominar las bases de datos para disminuir al máximo los posibles errores.

Las promociones a actuales clientes son también una poderosa herramienta para aumentar el ticket de compra. Con la información histórica de los clientes, la eficacia de las promociones puede ser aumentada considerablemente. Una misma empresa puede crear distintos tipos de promociones a distintos tipos de consumidores. Normalmente, estas promociones se lanzan por *e-mail*, por lo que tienen un coste de ejecución muy bajo. Y nuevamente, distintas promociones pueden probarse para ver cuáles son más efectivas.

Muy pocas empresas se toman en serio el estudio de las causas de pérdidas de clientes. Sin embargo, es uno de los puntos más importantes para maximizar la retención de los mismos. Si conocemos con detalle las causas que llevan a nuestros clientes a abandonarnos y cuantificamos cuántos abandonan por cada causa, seguramente podremos pensar en estrategias que reduzcan sustancialmente esas deserciones.

Es falso que los consumidores sean desleales por naturaleza y que se vayan al *site* que les ofrezca el mejor precio. Tal y como explicábamos en el capítulo anterior, en relación con el comportamiento del consumidor, los efectos *lock-in* o de lealtad son más grandes en Internet que en tiendas tradicionales, a pesar de estar una tienda de otra a sólo un *click* de distancia. Por el momento, los consumidores prefieren ser leales, prefieren volver al *site* en el que están más cómodos. Por ello, muchos de los que abandonan lo hacen porque no hemos sabido estar a la altura de sus expectativas.

Herramientas de gestión del marketing relacional

Bases de datos, CRM, marketing relacional, *one to one*, SFA, entre otros, son términos y acrónimos que definen herramientas de automatización del marketing y que pueden ser muy útiles para aprovechar la información sobre clientes, y así poner en práctica los elementos que hemos tratado en los apartados anteriores. En definitiva, se trata de herramientas tecnológicas de gestión capaces de introducirse en las entrañas de la información que, bien utilizadas, proporcionarán ofertas a medida y la posibilidad de conocer más a los clientes. En la actualidad, las más utilizadas son:

- *Enciclopedias de marketing.* Bases de datos de información y ventas.
- *Gestión de bases de datos.* Permiten profundizar en la información contenida en los data-warehouses.
- *Gestión de contactos de ventas.* Actúan de enlace entre las campañas de marketing y la fuerza de ventas.
- *Gestión de canal.* Reúnen todas las formas de comunicación con el cliente (Internet, correo, centro atención telefónica o visitas de ventas).
- *Gestión de campañas.* Analizan el desarrollo y resultado de una campaña de marketing en todos los canales.

Aunque su uso aún no está extendido, algunas compañías que manejan información contractual las están utilizando con éxito. Con ellas, es posible identificar clientes rentables y crear nuevas oportunidades de venta a través de la adaptación de mensajes y campañas más precisas, consiguiendo un mensaje único para grupos de personas muy reducidos. Es lo que podríamos denominar una racionalización del proceso de marketing a partir de la facilidad con que Internet permite capturar datos sobre clientes. Con ellas se puede profundizar en satisfacción, retención y derserción de clientes, analizando las causas y proponiendo medidas. Por ejemplo, puede proponerse venta cruzada a clientes satisfechos y fieles, o incidir en las reclamaciones que la empresa no ha escuchado y que han desembocado en la deserción de clientes.

A continuación, exponemos las ventajas que nos proporciona el marketing automatizado:

- Permite segmentar y adaptar mensajes concretos a clientes.
- Permite responder en tiempo real a demandas de clientes.
- Da la posibilidad al cliente de recibir la información que desea.
- Mejora la calidad de las comunicaciones.
- Agiliza el desarrollo del producto.
- Acelera el tiempo de ciclo de campaña.
- Reduce los costes de marketing.

Estas herramientas, además de su valiosa aportación, ayudan a descubrir limitaciones, incoherencias y errores en la propia gestión de su marketing. Sobre todo en empresas que manejan información de cientos de miles de clientes, es frecuente enviar ofertas, campañas y mensajes a clientes varias veces y de manera contradictoria. Un ejemplo sería el de la compañía aseguradora que, después de vender un seguro de hogar, cancela esa póliza por haber existido un elevado número de siniestros y posteriormente le incluye en una campaña de seguros de automóvil.

11.13 *E-MAIL* MARKETING

La expansión de Internet y el e-mail como su principal herramienta de comunicación ha facilitado al marketing directo un terreno abonado para llevar a los consumidores ofertas comerciales a un coste de envío muy reducido.

Empleando el e-mail, los costes de las campañas son incomparablemente más bajos que por los medios tradicionales, a la vez que las tasas de conversión son más altas y este ahorro se puede hacer repercutir en el precio final del producto, haciéndolo más competitivo.

Las tasas de respuesta del marketing por correo electrónico o e-mail *permission marketing* van del 5% al 15%, mientras que las de los buzones tradicionales se sitúan entre el 0,5% y el 2%.

No obstante, el uso de esta herramienta también ha dado lugar al correo comercial no solicitado, llamado popularmente correo basura o *spam*, el cual representa un grave problema que afecta ya al 90% de la cifra total de usuarios de Internet. La diferencia en la eficacia es considerable; no obstante, el correo comercial no solicitado constituye un grave problema y para situar su dimensión basta con saber que el número de correo basura o *spam* que circula cada día por la Red supera los 50 millones.

Este incremento del tráfico puede llegar a saturar las redes y puede colapsar Internet si no se le pone freno a tiempo. Ello es debido a que la Red de redes se desarrolló hace más de veinte años bajo un estándar abierto y confiado, es decir, un entorno completamente distinto al actual.

Tipología de correos electrónicos
- *Virus*. Software que se propaga fundamentalmente mediante el correo electrónico y cuyo objetivo es causar daños en el sistema informático, ocultándose para no ser detectado. No acostumbra a llevar ofertas comerciales anexas. La característica de este virus es que llegaba adjunto a un correo electrónico e infecta con sólo visualizar el mensaje.
- *Hoax*. Se distribuyen en cadena, a menudo con textos alarmantes o engañosos que amenazan al usuario, obligándole a reenviar el mensaje a todos los contactos de su libreta de direcciones si no quieren verse afectados por la amenaza de dicho correo. ¿Quién no ha recibido algún mensaje con una broma y que le ha hecho tanta gracia que ha empezado a distribuirlo entre sus amistades?
- *Marketing viral o buzz marketing*. Estrategia de marketing que consiste en incitar, de alguna forma, a la gente a que hable, difunda y recomiende un producto o servicio. Esto provoca que el mensaje se multiplique rápidamente, autoalimentándose, convirtiendo mil mensajes en 4.000 y 4.000 en 32.000 y así exponencialmente. La base fundamental que se esconde detrás del marketing viral es el conocido hecho de que no existe mejor herramienta de marketing que el boca a oreja e Internet ha permitido que el boca a oreja se expanda de forma global. El mensaje viral nos proporciona un ahorro en la inversión publicitaria, pues una vez activado, su coste de propagación es nulo, ya que el mensaje se propaga por la acción de los usuarios, que son los que se encargan de reenviarlo.
- *Spam*. Es el denostado y conocido correo electrónico comercial no solicitado, también denominado correo basura, mail bombing, junk mail, etc.
- *Opt in*. Se basa en la opción de dar permiso. Ello significa que el cliente da de forma voluntaria y expresa su consentimiento y revela o autoriza la utilización de sus datos con el fin de recibir promociones de nuevos productos, ofertas, servicios, etc. Es un intercambio de datos a cambio de información periódica que aporte valor añadido al cliente, y también es el primer paso hacia una correcta personalización de las acciones comerciales.
- Opt out. El modelo opt out consiste en el envío de publicidad a través de correo electrónico aun sin contar con el consentimiento previo del destinatario, siempre que se ofrezca la posibilidad de oponerse a comunicaciones posteriores.

- Mobile marketing. La rápida proliferación de los teléfonos móviles ha originado un nuevo canal comercial. El uso del Servicio de Mensajes Cortos (SMS) para acceder a clientes a través de sus celulares está ganando popularidad. No obstante, dado que la interacción con el teléfono móvil es más inmediata que con el ordenador, las ofertas comerciales indiscriminadas pueden ser percibidas como una invasión aún más agresiva del entorno privado que en el caso del e-mail marketing, amenazando el futuro del mobile marketing como canal de comunicación comercial.

Alternativas del mobile marketing
- *SMS*. El más popular de los servicios, consiste en un mensaje corto de texto (máximo 160 caracteres). Válido para todo tipo de móviles, es el más utilizado por el usuario final.
- *MMS*. El emergente servicio multimedia que combina texto, imágenes vídeo y audio.
- *Browsing*. El servicio de móvil on line que permite navegar y descargar contenidos. La red móvil equivalente a Internet.

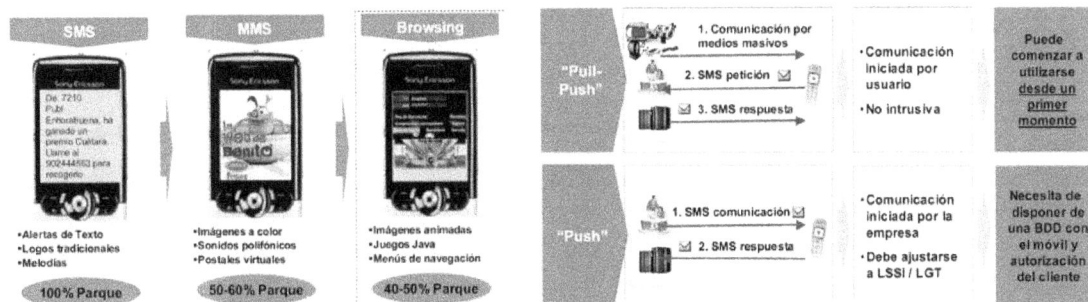

/11.5/
Acciones del
mobile marketing
(Ibernon, 2005)

11.14 COMERCIO ELECTRÓNICO ENTRE EMPRESAS (B2B)

Por B2B entendemos aquellas transacciones empresariales no presenciales que van desde el uso de mercados electrónicos hasta la propia integración de Internet en la cadena de valor, pasando por el aprovisionamiento electrónico. Cada uno de estos enfoques forma parte de un proceso de adopción de Internet por parte de las empresas.

Los sistemas EDI supusieron el inicio del B2B. Desde entonces, las tecnologías han ido remodelando buena parte de las estructuras sectoriales existentes que, lógicamente, seguirán cambiando. Existen dos formas fundamentales de utilizar Internet para el comercio entre empresas:
- Como plataforma interna de aprovisionamiento para su posterior venta a otra empresa o a cliente final.
- Utilizando los mercados electrónicos externos a la empresa para potenciar la relación con proveedores y clientes. Actualmente, hay un centenar de mercados electrónicos en funcionamiento.

Cuanto mayor es la empresa, con más recursos cuenta para el desarrollo de plataformas propias de aprovisionamiento. Las empresas pequeñas y medianas suelen recurrir a mercados electrónicos ya existentes o participando en su creación. La razón es clara: el coste de inversión y mantenimiento (catálogos de productos) de la plataforma es elevado y requiere unos recursos que no toda empresa puede satisfacer. Las carencias de liquidez en estos mercados complica el acceso de los pequeños. Estas dos formas de entrada no son excluyentes; de hecho, son muchas las empresas que han desarrollado ambas formas de comercio. Los beneficios que obtiene la empresa por el uso de herramientas de gestión electrónica, ya sea a través de la automatización de su aprovisionamiento o por participación en mercados electrónicos, provienen de la optimización en la gestión de mercancías y de la reducción de costes de transacción.

Internet es, antes que nada, una opción de comodidad y su uso "disminuye las distancias". Paradójicamente, los mercados electrónicos, lejos de abrirse camino en mercados globales, se han desarrollado en mercados locales, debido en gran parte a las restricciones legales.

El proceso de adopción de Internet en las empresas, sobre todo en aquellos campos que supone la integración de la herramienta en la cadena de valor, es lento, puesto que requiere una fuerte inversión y depende del grado de permisividad de cada sector.

Llevar a cabo un proyecto de comercio electrónico entre empresas es una oportunidad para muchas empresas. Para garantizar el éxito de su implantación son necesarios unos requisitos estratégicos:

- Centrarse en la creación de ventaja competitiva a medio plazo en el negocio principal
- Empezar a abordar proyectos con impacto en toda la cadena de valor
- Usar Internet como herramienta ofensiva y no solo defensiva
- Estar atento a las oportunidades de un sector en vías de consolidación
- Escoger en qué iniciativas participar como inversor, promotor o usuario
- Apalancarse y reforzar las habilidades del negocio tradicional
- Afrontar la transformación organizativa y cultural interna
- Alinear la tecnología con la estrategia del negocio, y no viceversa
- Definir herramientas de evaluación y seguimiento de los proyectos
- Asegurar una implantación excelente

Conceptos fundamentales

B2B. *Siglas en Ingles de comercio entre empresas (Business to Business)*

B2C. *Siglas en inglés referentes al comercio entre empresa y consumidor (Business to Consumer).*

Brick and mortar o híbrido. *Siglas en inglés que se refieren a las organizaciones o empresas que cuentan con estructura presencial.*

Browser. *Nombre con el que se conoce al navegador en inglés.*

Cadena de valor de Internet. *Conjunto de figuras que intervienen en las operaciones del comercio a través de Internet.*

Chat. *Concepto que contempla las conexiones de cualquier persona desde cualquier lugar de Internet, que puede enviar y recibir mensajes en directo y charlar, por escrito, voz e incluso vídeo, con otros usuarios.*

CRM. *Siglas en inglés correspondientes a la gestión de la relación con el cliente (Customer Relationship Management).*

EDI. *Siglas en inglés en referencia al concepto de intercambio electrónico de datos (Electronic Data Interchange).*

E-mail. *Electronic mail (correo electrónico en inglés).*

E-tailer. *Empresa detallista que opera en Internet.*

FTP. *Siglas en inglés que corresponden al protocolo de transferencia de ficheros (File Transfer Protocol).*

Heavy user. *En inglés, usuario intensivo (término que suele asociarse a la tecnología).*

Hoax. *Modalidad de mensaje que tienen el propósito de alarmar o engañar al receptor.*

Hosting. *Empresas que ofrecen los servicios para tener página web y su mantenimiento.*

Marketing viral o buzz marketing. *Estrategia de marketing que consiste en incentivar, de alguna forma, a la gente a que hable, difunda y recomiende un producto o servicio.*

Mobile marketing. *Marketing a través de telefonía móvil.*

MMS. *Siglas en inglés del servicio multimedia que combina texto, imágenes vídeo y audio a través de telefonía móvil (Multimedia Messaging service).*

Opt in. *Marketing por email no intrusivo (Permission Marketing).*

Opt out. *Marketing a través de email intrusivo.*

Pionero. *Empresa que inicia sus actividades en un canal sin competencia. Son válidas también otras acepciones. Por ejemplo, puede ser pionero quien comercializa antes que nadie una determinada oferta en un mercado de fuerte competencia.*

Retailer. *Nombre en inglés de "detallista".*

Set de consideración. *Conjunto de categorías a las cuales el consumidor somete a decisión. En caso de que quede "encerrado" en unas pocas se utiliza el término* lock-in. *En caso de que su consideración se incremente, se utiliza el término* lock-out.

Shopbot. *Herramienta para comparar precios de productos iguales en detallistas o etailers distintos.*

Site, web o website. *Página de contenidos de Internet. Términos en inglés.*

Spam. *Correo electrónico no deseado por el usuario. También se conoce como correo basura o junk mail.*

Start-up. *En general, empresa que inicia sus actividades. En Internet se asocia a empresas que inicia sus operaciones sin contar con estructura presencial con anterioridad al inicio de sus actividades.*

SMS. *Siglas en inglés de los mensajes de texto a través de telefonía móvil* (Short message service).

URL. *Siglas en inglés de la herramienta que utiliza la web para permitir la localización de cualquier asunto o tema en Internet* (Uniform Resource Locators).

Test sobre el capítulo (Sólo una respuesta correcta)

1. ¿Cuál de los siguientes eslabones de la cadena de valor del comercio electrónico se considera "crítico" en la actualidad?
   a. Organismos públicos
   b. Inmadurez de la demanda
   c. El "portal"

2. ¿Cuál de los siguientes puntos encaja mejor (según Rogers) con el perfil del innovador, (aquel individuo que adopta antes las nuevas tecnologías)?
   a. Joven, tímido y con alta renta disponible
   b. Profesional consolidado, aventurero y de clase social media
   c. Joven, inteligente, ambicioso y orientado hacia la comunicación con otros

3. ¿Qué método utiliza el marketing de permiso (permission marketing)?
   a. Opt in
   b. Spam
   c. Opt out

4. Con un volumen de usuarios navegantes relativamente alto o con buenas previsiones de crecimiento, y con un producto poco apropiado para comercializarse a través de Internet, una empresa optaría por un posicionamiento de:
   a. Presencia simbólica o corporativa
   b. Presencia promocional
   c. Presencia transaccional

5. ¿Cuáles son las variables sociodemográficas más utilizadas para conocer el perfil del internauta?
   a. Edad, sexo, hábitat, educación, clase social y nivel de ingresos
   b. Edad, estilo de vida, hora de conexión a la Red y satisfacción de compra
   c. Educación, tamaño de la familia, ingresos, productos comprados y gasto efectuado

6. En su análisis de usuario-comprador, ¿a qué se refiere la agencia de medición el término comprador off line (off line shopper)?
   a. Usuario que realiza todo su proceso de compra presencialmente sin interactuar con la Red

b. Usuario que nunca ha comprado en la Red

c. Usuario que compra presencialmente gracias a información obtenida en la Red

7. ¿Cómo podríamos definir la "miopía del consumidor" en relación con la compra en Internet?

a. Fenómeno en el que el usuario percibe sus decisiones como más precisas de lo que en realidad son

b. Una vez el consumidor ha decidido comprar en un site, no es consciente de otras ofertas en el mercado, y no obtiene determinados ahorros que podría alcanzar si buscase un poco más

c. La web está mal diseñada y provoca que el usuario no permanezca mucho tiempo en ella

8. Según los diversos estudios analizados sobre el sector, podemos concluir que, por el momento, a la hora de considerar una compra en Internet el consumidor:

a. Prefiere marcas conocidas que le inspiren confianza

b. Prefiere comprar en sitios web donde el precio sea inferior

c. No valora la información que le proporciona el medio

9. ¿Qué conclusión sobre la situación del sector Internet es más válida?

a. Triunfan brick and mortar (tanto globales como locales) y start-up pioneros y que se han hecho un nombre en la Red

b. La alta experiencia del consumidor en la Red hace que compre en multitud de establecimientos virtuales

c. Para cada categoría están triunfando el mismo número de tiendas o marcas que en el mundo presencial

10. ¿Dónde es mayor la sensibilidad al precio?

a. En el entorno on line

b. Contrariamente a lo esperado, para muchas categorías, la sensibilidad al precio en el mundo on line es menor que en el mundo off line

c. No existen diferencias en los dos entornos (virtual y presencial) en cuanto a elasticidad a los precios

11. ¿Cómo deben ser los canales de distribución para que el comercio electrónico tenga éxito?

a. Cortos, especializados en sus eslabones y múltiples

b. Largos, híbridos (especializados) y múltiples

c. Largos, polivalentes y simples

12. ¿Cuál es el principal factor de éxito en Internet de muchas empresas del sector alimentario?

a. Sean híbridos (brick and mortar) o start-up, han sabido gestionar bien sus almacenes

b. Han aprovechado la estructura logística y el poder de compra, aunque sólo los híbridos han sido capaces de explotar estas ventajas

c. Han podido vender a bajo precio dado que no han necesitado tiendas presenciales

13. ¿Cuál parece, a priori, el método más apropiado para una pequeña o mediana empresa que desea realizar operaciones B2B?

a. Desarrollo de un proyecto interno

b. Unión a una plataforma ya existente

c. Llevando a cabo una iniciativa esperando que otros se anexen

14. ¿Qué es el clickthrough?

a. Es una medida de la efectividad de una campaña publicitaria en Internet que consiste en el porcentaje de clicks obtenidos sobre el total de impactos

b. Es el número de páginas en las que aparece una misma campaña publicitaria en Internet

c. Es el período de prueba de una campaña publicitaria en Internet

15. ¿Qué grupo de características de entre las siguientes facilita que, en un país determinado, se desarrolle el comercio electrónico?

a. Venta por catálogo altamente desarrollada, jóvenes con poca renta disponible, tarifas telefónicas bajas y sistemas de seguridad en la Red poco restrictivos

b. Venta directa arraigada, sistema de correos lento, canales de distribución especializados y alto índice de innovadores en la sociedad

c. Distribución con canales múltiples y operadores logísticos con alta dispersión geográfica, una estructura de mayoreo que proporciona liquidez al sistema y población con uso intensivo del ordenador

16. ¿Qué grupo de productos o categorías son más susceptibles de comercializarse a través de la Red?

a. Seguros, hipotecas, categorías íntimas, billetes de avión, revistas, hardware, información y obras de arte

b. Productos no físicos, información, categorías íntimas, billetes de avión, software, "commodities" en general, libros y obras de arte

c. Productos financieros, moda, libros, dvd, software, hardware y revistas

ATLAS SEGUROS (Posicionamiento en Internet)

(Este documento no pretende ilustrar una determinada forma de gestión, sino que debe servir como base para el diálogo. Para que la discusión sea provechosa, es necesario preparar el caso con antelación, definiendo los problemas y proponiendo alternativas de solución y acción.)

Recientemente, la compañía Atlas estaba preparando el Plan de productividad para los próximos años. El Director General, José Antonio Gallego Soto, había instado a todos los empleados de la empresa a reunirse por departamentos en diversas sesiones con el fin de discutir las ideas que cada individuo aportase y así configurar una serie de medidas que, implantadas, pudieran finalmente mejorar los resultados de la empresa.

El proceso de preparación del plan era como sigue. Cada empleado tenía una semana para dedicarse a pensar en aquellas iniciativas que, bien por su dedicación concreta, bien por su experiencia, pudiera sugerir. El siguiente paso consistía en reunir durante una jornada laboral entera a los empleados en grupos de seis personas para que expusieran sus iniciativas ante los demás compañeros.

El grupo mismo tenía que decidir si aprobaba o no cada una de las ideas. Finalmente, los directores de los distintos departamentos filtrarían y unificarían las iniciativas en grandes áreas: nuevos productos, procesos, comercio electrónico, relaciones con la distribución, mejoras internas, etc. Además, serían clasificadas con indicadores como importante, urgente, secundaria, a estudiar, etc. José Antonio revisaba todas las ideas del plan y si las aprobaba, las hacía llegar a los responsables correspondientes para su concreción e implementación.

María José Pardo, directora de Canales de Distribución de Atlas, había recibido la instrucción de estudiar e implantar con carácter urgente algunas de las iniciativas que él mismo había propuesto:
- Analizar la productividad del canal de distribución más importante de la empresa, la mediación.
- Consecuencias de la potenciación de la venta directa por Internet en todo el colectivo de mediadores.

Historia de la Empresa

Atlas es una multinacional suiza del sector asegurador con sede en Ginebra. La Dirección General para España se encuentra en Barcelona y está formada por varias divisiones, según el tipo de productos que maneja: Atlas Seguros Generales (productos de no vida como los dedicados a automóvil, hogar, accidentes, embarcaciones, etc.) Atlas Vida y Pensiones, Atlas Salud. La facturación anual de la empresa ronda los 600 millones (100.000 millones de pts). La distribución de estos productos se realiza a través de dos canales: mediadores profesionales entre los que se incluyen agentes exclusivos y correadurías de seguros, y directamente desde las delegaciones e Internet.

Atlas cuenta con 5.000 mediadores profesionales que manejan la mayor parte del negocio. Dentro de este colectivo se cumple la teoría del 80-20. Es decir, el 20% de los mediadores mantienen el 80% del negocio. Sobre ellos no se había planeado ninguna medida de productividad.

La Productividad de los Mediadores Profesionales

El análisis que María José Pardo debía realizar estaba dirigido a ese 80% del colectivo de mediadores que manejaban un 20% del negocio por este canal. Se trata de un grupo de 4.000 agentes y corredores que no pueden considerarse productivos por no ser profesionales de la mediación. La mayor parte de los agentes de este grupo dados de alta en Atlas trataban de compatibilizar su trabajo habitual con la venta de seguros, sin dedicar tiempo a su formación ni a incrementar su negocio. Esto no significa que no posean una cartera importante en su poder y que a la compañía le interese perder este negocio, pues supone un 10% de su facturación anual.

Por otro lado, cualquier decisión en relación con los canales de distribución era compleja y fácilmente podría llevar a conflicto por la cantidad de personas involucradas. Además, toda acción que se decidiera implantar debía estar en línea con la estrategia de negocio, algo que parece obvio, pero que no siempre lo es.

Después de la recogida de datos sobre los agentes y corredores con una cartera de baja productividad, María José realizó la siguiente clasificación:

1. Mediadores de reciente nombramiento
2. Mediadores que, por política de la compañía, han anulado su cartera y están decreciendo
3. Mediadores poco productivos y con cierta antigüedad en la compañía

Estaba claro que aquellos que llevaban poco tiempo trabajando con la compañía no podían considerarse dentro del grupo de baja productividad, con lo cual había que seguir apoyándolos. Por otro lado, la empresa ya había llegado a una serie de acuerdos con algunos agentes para traspasar su cartera de clientes a la compañía. El punto más preocupante era el de los mediadores que llevaban varios años en la compañía y cuya productividad era baja o había descendido drásticamente en pocos años.

Con la intención de profundizar sobre las características de este grupo, María José y sus colaboradores empezaron a segmentarlo con más detalle. Prepararon un informe clasificando los mediadores según... ¿Qué variables podrían ayudar al equipo de canales de distribución para conocer mejor a este grupo de mediadores y así poder tomar una decisión sobre ellos?

Analizando con más detalle la información, María José se dio cuenta de la diversidad de mediadores que había: desde corredurías de seguros que hacía varios años habían sido muy profesionales, hasta empleados de la propia Atlas que manejaban una cartera de 2 pólizas. Los resultados también revelaban algo que ya intuían: el 90% de los mediadores dedicaban poco tiempo a la formación en materia de seguros y a la captación y fidelización de clientes. Ello era debido a que la venta de seguros no era una dedicación exclusiva.

Una vez realizado el análisis, llegó a las siguientes alternativas como posibles soluciones a la problemática con la mediación:

Alternativa 1

Debido a que la compañía no tiene un posicionamiento directo con los clientes, pues éstos pertenecen a la mediación, Atlas trataría con ellos directamente, realizando así el trabajo de agentes y corredores y la venta cruzada de los productos que no tuviesen contratados con la entidad.

Alternativa 2

La compañía podría negociar con cada mediador de manera personalizada la compra de esas carteras.

Alternativa 3

Atlas podría tratar de vender directamente a los clientes de estos agentes, únicamente algunos productos. Para ello, la compañía debería analizar en qué ramos está el mediador más profesionalizado. Por cada venta que realizara Atlas a uno de estos clientes, se derivaría una comisión (menor de la habitual) al mediador. Este podría dedicarse más intensamente a los ramos productivos de su agencia.

Cuestiones

1. ¿Qué alternativa es más apropiada?

2. ¿Cuáles son los inconvenientes con los que se enfrenta la empresa en cada una de las alternativas?

La Venta Electrónica

El comercio electrónico constituye una pequeña parte de la innovación más destacable de las últimas décadas en todo el mundo desarrollado y emergente: Internet. Éste, a su vez, se enmarca dentro de la llamada *nueva economía*: una nueva forma de entender los negocios, un cambio de actitud de las personas en las empresas y de la gestión de la información y el conocimiento. Se trata de un impacto en lo social y económico difícil de medir y precisar. Aun así, todos coincidimos en identificar las nuevas tecnologías y específicamente Internet como el factor detonante de este nuevo fenómeno.

Concretamente, y en lo que al sector seguros se refiere, debido a la creciente popularidad del comercio en la Red, nos encontramos con canales emergentes dentro de un negocio muy tradicional. No olvidemos que el 80% de la comercialización de seguros de no vida (automóvil, hogar, etc.) proviene de la medicación tradicional, es decir, presencial. Esto ha hecho plantearse muchas cuestiones a la dirección de la compañía sobre la viabilidad de negociar a través de Internet.

La decisión estratégica de desintermediar parte del negocio de Atlas es de suma importancia, pues puede ser considerada como una amenaza por parte de sus principales mediadores, por lo que debemos analizar cuáles pueden ser las ventajas de comenzar a vender a través de la Red y contrastarlas con las amenazas que la decisión pueda constituir para el 80% del negocio de la compañía.

A continuación describimos tres alternativas posibles para desarrollar la venta electrónica:

Alternativa 1

La compañía decide apostar por el nuevo canal. Eso sí, lo hará con la participación activa de los mejores mediadores. Para ello, ofrecerá una página web a cada uno de ellos para comercializar los mismos productos que eventualmente pudiera vender la compañía. Esta situación no es más que un traslado del mundo presencial al virtual. Fuera de Internet encontramos la central, los mediadores y los clientes. Los *sites* de los agentes actuarían de oficinas de mediación locales. Aun así, el cliente nuevo que desee adquirir productos de Atlas en Internet seguramente no accedería a la web de un agente concreto, sino al

de la compañía, a no ser que la contratación proviniera de la recomendación del agente y a través de su propia página.

En el ámbito de los ingresos para el mediador, la única diferencia estribaría en el hecho de que la comisión pactada sería inferior, debido a que es la compañía la que corre con todos los gastos: telefónicos y de envío de documentación. Esto podría aportarle al agente una imagen de profesionalidad de cara a sus clientes internautas, favorecería la venta cruzada y proporcionaría más tiempo al mediador para dedicar a otras tareas relacionadas con su negocio: formación, acciones de marketing y venta, etc.

Alternativa 2

La compañía es consciente de la dificultad que conlleva la venta a través de Internet (ver anexo), pues todavía no es un mercado lo suficientemente maduro. Atlas pretende promocionar este nuevo canal en su sector, y sobre todo, ser identificada por el pequeño colectivo de usuarios de la Red como la compañía más proactiva del mercado. Existe la posibilidad de incentivar la venta electrónica a aquellos mediadores que, siendo ya vendedores de un determinado ramo, se esfuerzan por comercializarlo por Internet. El comisionamiento para este grupo y tipología de canal sería similar al de los productos comercializados tradicionalmente. Para el resto de mediadores, el escalado de comisión de estos productos sería bajo.

Alternativa 3

¿Está preparada Atlas para la nueva economía? Los responsables de la empresa son conscientes de la dificultad que supone la adaptación de la empresa hacia la tecnología. Las personas, los procesos, los productos, etc. Enfocar la empresa hacia el *e-Business* o negocio electrónico es mucho más que vender por Internet: es un cambio cultural.

Quizás la solución pasaría por la creación de una nueva compañía dedicada exclusivamente a estos productos, con lo que se eliminaría cualquier conflicto con la mediación. La empresa vendería los productos adaptándolos y contaría con el *backoffice* necesario para su comercialización: programadores, plataforma telefónica, servicios de estudios y marketing, etc.

Esta nueva entidad sería independiente y no contaría con ningún tipo de mediador. El total de las ventas serían directas, los precios más ajustados, al no existir comisiones, y los beneficios mayores. Las tareas de los responsables de distribución ya no estarían enfocadas a los mediadores sino a las relaciones con buscadores, portales horizontales y verticales, y dependiendo del ramo, a la potenciación del comercio electrónico entre empresas.

Cuestiones

1. ¿Qué alternativa parece más viable si queremos potenciar el comercio electrónico sin crear conflictos con el canal tradicional?

2. ¿Sería necesario adaptar los productos a la Red?

3. ¿Brevemente, qué infraestructura debería proporcionar la compañía a los mediadores para facilitarles la venta electrónica? ¿A todos ellos?

4. ¿Cómo es el comportamiento del consumidor en Internet? ¿Cómo aprecia el consumidor el valor de la marca?

5. Si bien el volumen de venta electrónica actual y previsto (ver anexo) no justifica la inversión, ¿qué puede aportar a Atlas el hecho de estar en Internet?

/11.5/
Venta de
seguros en
Internet

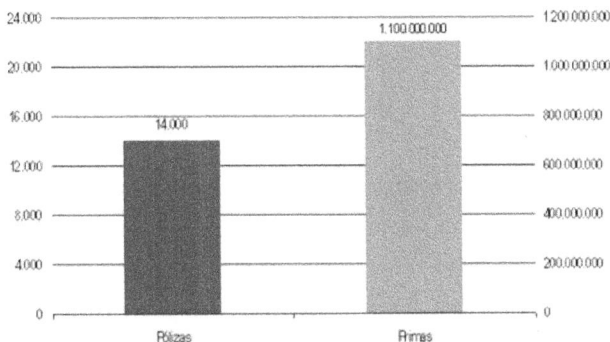

ANEXO. El Seguro en Internet

Según ICEA (Investigación Cooperativa entre Entidades Aseguradoras), el año 2000 cerró con unas 14.000 pólizas vendidas a través de Internet, suponiendo unos ingresos cercanos a los 6,01 millones euros (1.000 millones de pesetas) para la decena de aseguradoras que operan *on line*. Los ramos de más éxito son los de salud y automóvil.

Estos valores son tímidos si tenemos en cuenta los volúmenes de contratación que se realizan en el mundo presencial. Es destacable el contraste entre las entidades bancarias en Internet (consulta y comercialización) y las compañías aseguradoras. El seguro es uno de los negocios con más dificultades para arrancar en la Red debido a:
- La complejidad de los procesos de gestión, entre los cuales se incluye la necesidad de firma manuscrita por parte del cliente.
- El uso de *shopbots* como mecanismo de comparación de precios entre las diversas compañías, que frena la entrada de híbridos.
- La presencia de mediadores que pueden verse amenazados por la existencia de estos sistemas de comercialización.
- El producto precisa un alto grado de asesoramiento por parte del vendedor.

Por las propias características de los productos, el desarrollo del sector seguros en Internet es lento: del conjunto de entidades que operaban en España en 2001, un 79% disponía de página web. El 36,7% de las aseguradoras ofrecían información básica, un 46,8% elaboraba presupuestos personalizados *on line*, y otro 16,4% permitía la contratación directa. En un estudio sobre el sector asegurador en Internet realizado en 2001 por Cap Gemini Ernst & Young, el 37,5% de las compañías tradicionales de seguros ofrecía la contratación a través de la web.

Muchas compañías aprovechan la entrada en la Red para revisar, mejorar y, sobre todo, simplificar los procesos de gestión de la venta de seguros.

En su informe de 2001, Cap Gemini Ernst & Young pronosticaba que se generalizarán nuevos modelos de negocio, agregándose ofertas en portales en los que podrá existir incluso la subasta de seguros. También afirma que se producirán alianzas entre compañías con portales y proveedores que permitirán completar la oferta. Los acuerdos evolucionarán desde los portales generalistas hacia los verticales. A nivel interno, la firma resume las tendencias del sector como sigue:

- Menor foco en la venta y mayor en el servicio
- Mayor inversión en empleado, mediador y profesional
- Renovación de la tecnología y sistemas de información
- Visión integradora de canales: web, teléfono, agente y directa
- Mejora del soporte de atención telefónica
- Aparición de software estándar para soporte CRM
- Clara área de mejora en marketing personalizado, segmentación y venta autorizada
- Evolución de venta *on line* de productos más sencillos (auto) a más complejos (vida)

Otro elemento importante que debe darse si queremos garantizar la prosperidad del seguro en el medio interactivo es la facilitación de la contratación segura a través de la firma electrónica. Este sistema simplificaría de una manera aplastante los procesos en los que se inmiscuye una compañía que requiere la firma manuscrita del cliente para dar validez al producto o servicio. Este es el caso de las compañías de seguros, cuyos sistemas de venta en la red son más complejos que en el canal tradicional (de hecho, el circuito tradicional es el mismo, y a éste se suman los elementos debidos a la no presencia del cliente) con el consecuente distanciamiento del cliente potencial y la renuencia de la empresa a reforzar este canal.

AIR PALMA (Comercio electrónico dirigido a consumidor)

(Este documento no pretende ilustrar una determinada forma de gestión, sino que debe servir como base para el diálogo. Para que la discusión sea provechosa, es necesario preparar el caso con antelación, definiendo los problemas y proponiendo alternativas de solución y acción.)

A principios de 2001, los responsables de Air Palma se planteaban cuál sería la estrategia para continuar liderando el sector sin fricciones con la intermediación tradicional y afrontando los retos de los nuevos portales de viajes con modelos de negocio e imagen en la Red muy competitiva.

Hasta el momento, las iniciativas de la empresa en Internet siempre habían tenido mucho éxito, tanto en tiempos de bonanza como de crisis: distintos diseños de página atractivos, rápidos y completos, programas de marketing y gestión logística acertados, innovación continua y, sobre todo, aprovechamiento de la marca.

Todo el sector tenía un problema serio en España. Si bien los modelos de negocio de muchas de las empresas que operaban en la Red parecían correctos, el mercado potencial era muy reducido (ver anexo). Los responsables de Air Palma se cuestionaban acerca de las acciones necesarias para afrontar un futuro con una aumento casi asegurado del mercado potencial y de las nuevas tecnologías.

Historia de la empresa

Air Palma opera en el sector de la aviación desde 1956, año en que se inauguró la ruta Barcelona-Palma de Mallorca. Poco tiempo después, en 1959, la compañía aérea enlazaba la mayor parte de las grandes ciudades españolas, hasta un total de 15. El inicio de la explotación de las rutas internacionales coincidió con una etapa de modernización de los aparatos: los Boeing 747 y 727, y los DC-10. Todo ello sirvió para que Air Palma renovara la mayor parte de su flota de turbohélice. A lo largo de su historia, la empresa ha cambiado dos veces su imagen corporativa. Fue en 1980 cuando tuvo lugar el cambio de logotipo tal y como lo conocemos hoy. En esta década, gracias en parte a la privatización de la empresa y a cierta

liberalización del sector, el crecimiento de la compañía fue continuado, con un aumento medio en la facturación anual del 45% durante 12 años.

A principios de 1993 se sucedieron altibajos en la empresa y en la industria en general, debido a la subida de los precios del carburante y la inestabilidad económica. La empresa consigue salvar los escollos, no sin fuertes problemas con los distintos colectivos de trabajadores.

Air Palma cuenta con una flota de 225 aviones que vuelan a 110 destinos de 50 países con una frecuencia de 1.000 vuelos diarios, y es líder indiscutible en el mercado español.

Air Palma afrontaba la última década del siglo XX con tres grandes retos:
1. Propiciar acuerdos con otras compañías a nivel mundial para compartir esfuerzos y acceder al mayor número posible de destinos.
2. Lanzamiento de un programa de fidelización sin precedentes en la industria aérea: la tarjeta cliente.
3. Ampliar los canales de venta: en concreto Internet.

En relación con este último punto, podemos decir que la compañía aprovechó como nadie las nuevas tecnologías para conseguir negocio vía comercio electrónico. Su página web, creada en 1997, permitía la reserva de billetes, la consulta de vuelos y tarifas, y servía como canal para promociones: regalos, información sobre programas de fidelización, ofertas y subastas. A finales de 2001, las páginas de la compañía reciben diariamente unas 30.000 visitas con una estancia media de unos doce minutos.

Air Palma y el sector de viajes en Internet

Son muchas las categorías de productos susceptibles de ser vendidos en Internet:

ocio, viajes, informática (hardware, software y servicios), libros y cedés. Si nos referimos a los viajes como una de las categorías que más éxito ha tenido desde 1999 en el comercio electrónico a consumidor, destacan las compañías de transporte que cuentan con sus propios contenidos (que denominaremos verticales), como Air Palma y Renfe, e incluso aquellas agencias *on line* que se hayan hecho con un hueco en la intermediación, como pueden ser Lastminute o eDreams (que denominaremos portales de viajes). El problema vendrá si las compañías verticales que comercializan sus billetes de avión se dedican también a horizontar su oferta y venden también noches de hotel, alquileres de coches, o incluso acuden a alianzas con editoriales para distribuir guías de viaje con sus billetes.

Quizás los sectores que han protagonizado y protagonizarán más conflictos en los negocios al consumidor (B2C), debido a su capacidad de desintermediación, son los que corresponden a libros y viajes. La irrupción en Internet de las librerías virtuales ha desencadenado una batalla entre la liberalización y la defensa de una reglamentación por parte de los editores preocupados por la diversidad cultural. Por su parte, la desintermediación de jugadores con contenidos propios, como Air Palma, estaban avanzando en la Red con pies de plomo para evitar conflictos con los operadores turísticos. Existían precedentes en el sector. Hace un tiempo asistimos a las primeras medidas cautelosas contra empresas como MP3 o *Napster* por la difusión ilegal de música.

Dentro del sector de viajes, es fácil que se den los conflictos con los canales si las empresas que podríamos denominar híbridos (cuentan con negocio presencial y virtual) deciden horizontalizar su oferta, entrando en el terreno de las agencias de viajes. Air Palma ya ha dado el primer paso. La empresa desea convertir su web en un portal con soluciones integrales de viaje, ¿debe hacerlo? En otros entornos, los proveedores de contenidos han optado primero por trabajar con e-tailers ajenos al mundo presencial y que han mantenido sus servicios disociados de las ofertas de los híbridos. Ello ha facilitado la implantación de *startups* sin contaminar la estructura, frecuentemente rígida, de las ofertas de los proveedores de contenidos.

Un intermediario que ya las está ofreciendo es *eDreams*, que utiliza el poder de personalización de Internet para sugerir los viajes que mejor se adaptan a las preferencias de los clientes, y para ponerlos en contacto con una comunidad de viajeros que comparten sus intereses. Actualmente, no existe en España una agencia de viajes *on line* comparable a eDreams. Si las previsiones se cumplen, el sector turístico será uno de los más boyantes de la nueva economía. Según un estudio elaborado por Forrester (2000), la reserva y venta de billetes on line ascendió a 3.100 millones de dólares en 1999, mientras que para el año 2003 se estima que esta cifra supere los 29.000 millones de dólares. Otro estudio, esta vez de Salomon Smith Barney (2000), asegura que las ventas *on line* de billetes de avión pasarán del 2% actual al 50% en la próxima década. Aprovechando este tirón, empresas como Expedia, Travelocity y Priceline han conseguido una gran acogida en Estados Unidos, eDreams pretende hacer lo mismo en Europa.

Según un informe del banco de inversiones estadounidense Bear Stearns (2000), el 25% de las agencias de viajes puede desaparecer por no adaptarse a la competencia en Internet. La amenaza proviene de la pérdida de las comisiones por la entrada de jugadores con contenidos propios. Sin embargo, ¿por qué el 25% y no el 5% o el 55%? El estudio tampoco lo aclara. Para los proveedores de viajes, como las compañías aéreas, Internet es un medio que les permite reducir unos costes que suponen el 20% de los gastos operativos (billetaje, ventas, etc.). Esto supone la eliminación de los agentes de viaje como intermediarios, salvo que se especialicen en un nicho de mercado. En España, el anuncio de la venta directa de billetes por parte de varias compañías aéreas se solucionó dando acceso a las agencias a ese mismo sistema. Cuando parecía que todo había terminado, una alianza entre Terra y Amadeus (central de reservas líder en Europa), de nombre Rumbo, empezó a actuar a finales de 2000 como agencia de viajes *on line*. La iniciativa cuenta con la aprobación de Bruselas, no así con la de las agencias de viajes, convencidas de que Rumbo tendrá una posición dominante en el mercado.

Michael Porter (2000) define tres estrategias de supervivencia para las agencias de viajes: ser líderes en costes, con un producto muy estandarizado (por ejemplo, Viajes Halcón); ofrecer un producto diferenciado (marcas líderes u hoteles de lujo), o bien, en segmentos de mercado (viajes de aventura o turismo rural).

En empresas como Air Palma no podemos encontrar en la actualidad otra categoría de productos fuera de la propia dedicación de la empresa y que claramente utilizan la red como nuevo canal de venta. Son negocios virtuales que ofrecen contenidos propios sin complementos, aunque en un futuro muchos de ellos tratarán de horizontalizar su oferta en la red. Por ejemplo, si los intermediarios de viajes se lo permitieran, Air Palma vendería o intermediaría otros servicios de viaje junto a sus billetes, como podría ser el alquiler de coches o la reserva hotelera.

Hoy por hoy, es más seguro permitir a Priceline.com, o a Lastminute.es, que experimenten por ellos, ya que el poder de algunos intermediarios puede ser un obstáculo a la desintermediación.

La lógica detrás del modelo de *startup* (Lastminute, Priceline o eDreams (aunque este último preconiza que es distinto)) es que los híbridos no quieren acostumbrar a los clientes a las ofertas, y que prefieren pasar a un especialista sus *stocks* de perecederos (lo que los anglosajones llaman *yield management*) que dedicarse a desarrollar usuarios oportunistas, seguros de que el *carrier* acabará ofreciendo en oferta todos los vuelos si se le educa en esa dirección.

La única ventaja sostenible de los *startups* radica en su habilidad de empaquetar ofertas con ingredientes diferenciados. Air Palma

puede ofrecer un billete a Lanzarote a precio de derribo porque estadísticamente en mayo le sobran 20 plazas en cada vuelo. Pero, ¿puede ofrecer las 15 habitaciones necesarias en destino? ¿Tiene que ofrecerlas? ¿O mejor se dedica a lo suyo y entrega las plazas a quien sepa crear esos paquetes? Por otra parte, ¿qué pasa si Air Palma introduce en su portal a todos aquellos prestatarios necesarios para cerrar unas vacaciones completas? ¿Son ésas sus competencias centrales? La personas que van a Lanzarote, ¿compran billetes de avión o compran bronceado el día después de regresar?

No debemos olvidar que una marca reconocida en el mundo presencial vale más en la red que una no conocida, por mucho que se encuentre en los mejores buscadores. Además, así lo reconoce el comprador: minimiza sus riesgos adquiriendo productos en empresas que le ofrecen un mayor grado de confianza. Para estas compañías tradicionales, el esfuerzo de estar en la red es sólo "un poco más". Muchas ya han entendido que el futuro no es *off line* u *on line*, sino multicanal: una compra *off line* bien puede haber provenido de una consulta en la red. Incluso algunos *pure-players*, como Amazon, ya se han planteado la realidad multicanal y han empezado a distribuir catálogos con el fin de aumentar sus ventas en Internet.

Cuestiones

1. ¿En qué se fundamenta el éxito de Air Palma en relación al resto de categorías del sector?

2. ¿Qué podemos sugerir a los responsables de la empresa? ¿Debe horizontalizar su oferta? ¿Y acudir a alianzas?

ANEXO. El comercio electrónico a consumidor en España en 2001

Si bien es relativamente sencillo delimitar las áreas que conforman Internet, a través de la cadena de mediación, el problema del dimensionamiento no queda resuelto: qué y cuánto se refiere a *eBusiness* o *eCommerce*; a empresa o a consumidor. A menudo, las compañías de consultoría nos proveen de cifras tan dispares que difícilmente podemos comparar. Cada número, presentado como la referencia de lo que suscribe la compañía en cuestión, ha surgido después de una investigación, un análisis matemático y aplicando criterios muy distintos. En relación con el volumen de negocio que movió el comercio electrónico a consumidor en España en 2000, convivimos con valores que van desde los 11.000 hasta los 70.000 millones de pesetas. Los autores sostenemos que la cifra está muy cerca del límite inferior de este rango y que cifras superiores carecen de fundamento.

Las variables más relevantes para analizar el desarrollo del comercio electrónico son el porcentaje de usuarios respecto de la población total y el porcentaje de compradores respecto al número de usuarios. En la siguiente tabla exponemos estas variables según distintas fuentes. Las cifras varían mucho dependiendo de los criterios elegidos para la recogida de los datos: (Fig. 3.1)

Una consecuencia interesante que podemos extraer de los resultados anteriores es la baja penetración de compradores. La empresa de medición Taylor Nelson Sofres, en su estudio de 2001, profundiza en las características

del comprador y en su estudio incorpora una serie de definiciones que pueden ayudar al vendedor a entender al consumidor y a actuar en consecuencia. Sabemos que únicamente compraron durante los últimos 30 días (desde el momento en que se llevó a cabo la recogida de información) el 9% sobre el 26% de usuarios. El resto no compra, pero lo ha intentado: el 12% abandonaron el *site* antes de cerrar su transacción o planearon la compra sin finalmente llevarla a cabo; el 19% utilizó el medio para buscar información sobre productos que compró *off line*, y un 20% asegura que en un plazo de 6 meses realizará alguna compra: (Fig. 3.2)

El siguiente cuadro resume las características demográficas del internauta en España: (Tabla 3.3)

Estos valores contrastan con los que nos ofrecen otras fuentes de estudio: (Tabla 3.4)

Los productos más comprados por los internautas españoles se distribuyen de manera parecida entre las distintas fuentes consultadas (AECE, ACNielsen, TNS, Opinática, etc.). Los datos se recogieron preguntando al usuario sobre aquellos productos que había comprado en alguna ocasión durante el último año: (Tabla 3.5)

Fuente	Usuario	Criterio	Comprador	Criterio
Asociación Española de Comercio Electrónico	23,5%	Población mayor de 18 años (7,6 millones de personas, 3% de la población española). Dato en feb/mar de 2001.	12,7%	Usuarios que adquirieron productos o servicios en la red durante el año 2000. Dato en feb/mar de 2001.
Taylor Nelson Sofres	26%	Población entre 16 y 65 años. Conexión los últimos 30 días. Dato en julio de 2001.	9%	Usuarios que han realizado al menos una compra en los últimos 30 días. Dato en julio de 2001.
eMarketer	9%	Población adulta, mayor de 14 años. Dato en marzo de 2001.	7%	Usuarios que han realizado al menos una compra en los últimos 30 días. Dato en junio de 2000 obtenido de TNS.
International Data Corporation	27,8%	Población total. Conexión en los últimos 90 días. Previsión para diciembre de 2001.	20,9%	Previsión para diciembre de 2001.

Figura 3.1
Comportamiento
de compra entre
internautas y po-
blación total

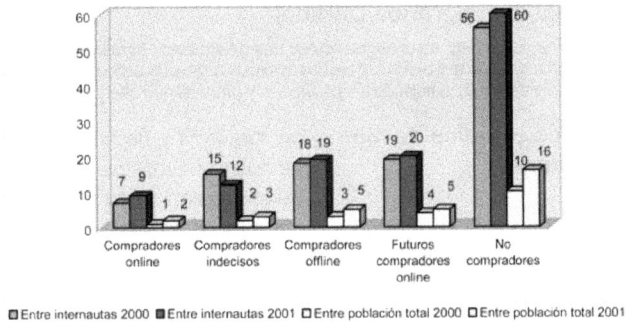

Figura 3.1
Comportamiento de compra entre internautas y población total

Entre internautas 2000 ■ Entre internautas 2001 □ Entre población total 2000 □ Entre población total 2001

Figura 3.2
Los datos sobre
usuarios se refie-
ren a ciudades de
más de 30.000
habitantes e
individuos de 16 a
65 años.
Fuente: ACNiel-
sen, 2000

Características demográficas del usuario de Internet

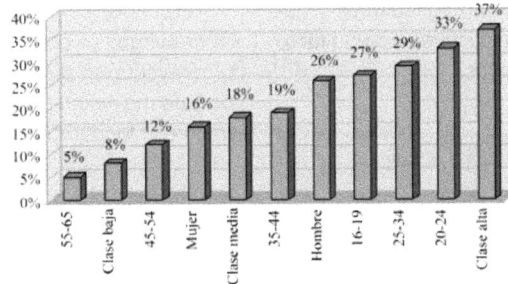

Tabla 3.3
Volumen de
negocio en B2C
en España
Fuente: elabo-
ración propia a
partir de datos de
Sermepa

	1999	2000	2001
Facturación en B2C (millones €)	21,04	**72,12**	144,24

Tabla 3.4.
Facturación en
B2C en España
según distintas
fuentes
Fuente: elabo-
ración propia a
partir de datos de
Sermepa, 2000

Facturación en B2C (millones €)	1999	2000	2001
eMarketer	45,08	96,16	180,30
Jupiter Media Metrix	-	150,25	366,62
CMT	-	90,15	-
AECE	72,12	204,34	459,77
ACNielsen	90,15	-	-
WDR-IDC	144,24	420,71	1.081,82

Tabla 3.5
Distribución
de categorías
compradas en
Internet
Fuente: Opinática.
Estudio de campo
comprendido
entre octubre de
2000 y marzo de
2001. Universo:
individuos 14
años o más. Dis-
tribución a 4.000
internautas.

	Productos comprados en Internet en los últimos 12 meses	Total
1	Libros/revistas	29,9
2	Viajes/ocio	21,2
3	Música/instrumentos musicales	17
4	Ordenadores/componentes/periféricos	13,4
5	Electrónica/aparatos eléctricos	12
6	Software	6,3
7	Alimentación	4,3
8	Ropa	4
9	Juguetes o artículos deportivos	2,8
10	Inversiones/productos bancarios	2,5
11	Servicios de Internet (suscripciones, etc.)	2,2
12	Coches, motos y accesorios	0,9
13	Cosmética y perfumes	0,9
14	Información	0,6
15	Jardinería y envío de flores	0,3
16	Otros	2
17	NS/NC	1,3
	Total	121,6

agroterra.com (Negocios agrarios On-line)

La importancia de los estudios de mercado: Regreso al futuro

Al comenzar sus emisiones el 3 de diciembre de 1999, agroterra.com fue uno de los primeros portales agrarios lanzados en España. El portal fue creado como una plataforma de negocios agrarios en tiempo real entre profesionales del sector, permitiendo a los productores en origen (como agricultores y ganaderos) vender a más destinos y por lo tanto obtener precios más altos.

Actualmente son más de 400.000 los usuarios que visitan cada mes las páginas de agroterra.com para participar en la comunidad del agro, llegando a superar el millón de páginas mostradas cada mes, y con más de 34.000 vendedores registrados (datos Diciembre 2006).

Pero entre 1.999 y 2006 pasaron muchas cosas, y no todas buenas.

Los comienzos de agroterra.com no fueron nada fáciles. A finales de 1.999, época en la que muchos estudiantes de informática no tenían e-mail, agroterra.com se ofrecía a los profesionales del sector agrario que utilizaban Internet como una plataforma de negocios en tiempo real. En menos de tres meses se dieron cuenta que su perfil de usuarios no estaba demandando su producto. Llegaron a la conclusión de que básicamente se trataba de un servicio "demasiado" complejo para el momento. El usuario medio del sector estaba demandando noticias, actualidad o informaciones diarias. Era el máximo al que podían acceder con sus visitas esporádicas a un nuevo medio como en ese momento era Internet.

Tuvieron que tomar una decisión: adaptarse o cerrar. Decidieron adaptarse y, por lo tanto, modificar el portal y todos sus servicios. Decidieron relegar a un segundo plano el mercado de compraventa y desarrollaron hasta 27 canales de noticias temáticas con actualización diaria. Se especializaron en los canales de temas especiales, como en su momento la EEB, la fiebre aftosa, la peste porcina o la gripe aviar.

Este nuevo enfoque del portal les hizo crecer rápidamente en tráfico y captar a su vez importantes patrocinadores.

Sin embargo, su objetivo era el mercado de compraventa en tiempo real, y por lo tanto con este movimiento habían perdido completamente el foco inicial.

Durante los siguientes dos años trabajaron ofreciendo actualidad diaria al usuario, y a su vez "educándole" para realizar negocios agrarios en tiempo real en su plataforma.

Nuevamente, Internet les dio la vuelta y sus usuarios, en un corto espacio de tiempo, empezaron a utilizar mayoritariamente los servicios de compraventa. Eso les creó un problema: estaban ofreciendo servicios de contenidos a sus usuarios cuando lo que realmente querían era ofrecer un mercado de negocios on line. Además, el mercado on line ya funcionaba. Incluso estando en un segundo plano en el portal, habían perdido el foco inicial y, ahora que el mercado agrario funcionaba, tenían que volver a los orígenes para avanzar.

Por este motivo establecieron su eslogan interno para el 2006-2007 como REGRESO AL FUTURO, que pretende recuperar el mercado agrario en tiempo real como primer y más destacado servicio de agroterra.com, para centrar de esta forma todos sus esfuerzos en mantener y mejorar día a día los servicios de compraventa.

Hoy en día agroterra.com es el portal de negocios agrarios más grande de España y Latinoamérica.

Lo cierto es que al lanzar agroterra.com no hicieron estudio de mercado ni analizaron los usuarios a los que se dirigían. Esto, a juicio de Juan Martínez Climent, Director Ejecutivo de Agroterra Tecnologías Agrarias S.L., les hizo errar el tiro inicialmente y, curiosamente, el retraso les vino muy bien. Supieron readaptarse, crear mucho tráfico y luego convertirlo en negocio. Sin embargo, y aunque posteriormente las cosas fueron bien, todo hubiera sido más fácil si hubieran sabido contestar desde el inicio a la pregunta de ¿quiénes son nuestros clientes y qué son capaces de hacer?

Pero hay que tener en cuenta que no todos los sectores ni situaciones te permiten errar y volver a continuar.

Cuestiones

1. ¿Fue acertada la decisión de modificar el enfoque del portal en sus inicios?

2. ¿Cuáles son los elementos básicos para desarrollar un portal Business to Business o Marketplace en Internet?

3. En general, ¿qué características han de cumplir los productos y servicios para que la compraventa en Internet tenga éxito?

4. ¿Qué modelo de negocio en la Red sería más apropiado establecer para el futuro?

12

Marketing Internacional

OBJETIVOS

1. Introducir los conceptos básicos del marketing internacional y determinar su evolución y alcance
2. Analizar las causas de la necesidad de expandirse internacionalmente
3. Detallar las principales variables formas de entrada en los mercados exteriores
4. Explicar las peculiaridades de las cuatro variables del *marketing mix* a nivel internacional: precio, producto, promoción y distribución
5. Realización y pasos del Plan de Marketing Internacional (PMI)

12.1 CONCEPTO Y ALCANCE DE MARKETING INTERNACIONAL

El desarrollo y mejora de las tecnologías de comunicación, el empuje económico y el aumento de tratados internacionales han logrado que el comercio internacional se haya incrementado notablemente. Es por ello, que cada vez más el marketing internacional cobra mayor importancia.

Según Cateora el marketing internacional es la realización de las actividades de negocios que dirigen el flujo de bienes y servicios de una compañía hacia sus consumidores en más de una nación para obtener beneficio. De manera similar, Santesmases lo define como el conjunto de actividades dirigidas a ofertar los productos a una pluralidad de naciones. Es decir, se apoya en los mismos principios y métodos que el marketing nacional y sólo se diferencia por los mercados a los que se dirige. Podríamos decir que se trata de un detalle sutil, que origina problemas inusuales. Además ofrece una variedad de estrategias que son necesarias para hacer frente a los diferentes niveles de incertidumbre de los mercados exteriores como son la competencia, restricciones legales, clima, cultura, comportamiento del consumidor, etc.

En el caso de la Unión Europea, la cuestión se centra en si las empresas deben llevar a cabo una estrategia idéntica en todos los países, o bien, se deben realizar adaptaciones en su marketing-mix para cada uno de sus países. Entramos entonces en realizar una serie de precisiones terminológicas, llamadas también orientaciones del marketing internacional:

1. *Concepto de extensión del mercado nacional*
Se refiere a la compañía nacional que busca la extensión de sus ventas hacia mercados exteriores. El negocio nacional es el principal y el mercado extranjero se ve como una extensión de sus operaciones. La orientación de la empresa es vender a clientes extranjeros de la misma forma en que la empresa vende a los clientes nacionales.

2. *Concepto de mercado multinacional*
Una vez la empresa identifica y valora los negocios en el exterior, observa que cada mercado tiene unas características sustancialmente diferentes. Por ello, venden sus productos con estrategias diferentes y separadas en cada uno de ellos.

3. Concepto de marketing global

Se hace referencia a una compañía donde su actividad de marketing es global y su cobertura de mercado es el mundo. Una empresa que utiliza una estrategia de marketing global procura desarrollar un producto estandarizado de calidad aceptable y que pueda ser vendido a todo el mundo, ya que satisfacen las mismas necesidades y deseos. Es más, estos mercados mundiales se dirigen "hacia un estado común". De esta manera, se forman unos importantes segmentos de mercado con demandas similares para el mismo producto. En definitiva, el mundo es visto como un mercado y la empresa desarrolla un marketing global. Esta idea la defiende Levitt en su famoso artículo sobre la "globalización de mercados".

12.2 ¿POR QUÉ HABLAMOS DEL MARKETING INTERNACIONAL?

En el mundo en el que vivimos cada vez hay una interconexión mayor entre las empresas y los países. El conocimiento que tienen los clientes del entorno global es grande. Por lo tanto, las empresas deben plantearse su mercado como algo general, más allá de ámbito donde operan habitualmente. Es por ello que se ha incrementado notablemente el comercio internacional. Podemos decir que los motivos que impulsan el crecimiento del comercio internacional en estas últimas décadas han sido causado en alguna medida por:

- Mejora y desarrollo de las comunicaciones
- Estabilidad política y crecimiento económico
- Mejora en los sistemas de transporte y logística
- Mayor seguridad jurídica
- Homogeneización de los gustos de los consumidores
- Competencia y estrategia a nivel mundial

Una vez la empresa está consolidada y su rentabilidad es buena, son muchas las razones que le llevan a plantearse abrir nuevos mercados. Según García (2000), los motivos más importantes que llevan a una empresa a internacionalizarse se pueden resumir en doce, que son:

1. Saturación del mercado

Aparece cuando no hay suficiente demanda para la producción de la empresa. Por eso, algunas empresas industriales buscan nuevos mercados para sus productos.

2. Enfrentarse a nuevos competidores procedentes del exterior

Existen empresas que salen al exterior como reacción ante el ataque de un competidor internacional que amenaza a su cuota de mercado.

3. Buscar mercados menos competitivos o en una etapa diferente a su ciclo de vida

Cuando el producto de una empresa ha llegado a su madurez, se enfrenta a muchos competidores y la tasa de crecimiento de mercado es muy baja. Dada esta situación le resulta adecuado llevar su producto a otros países donde su producto sea menos conocido.

4. Aparición de nuevos mercados atractivos

Aparecen nuevos mercados como China, Corea, etc., que tienen gran empuje tanto por el lado de la oferta y de la demanda. Es decir, son una amenaza por el gran potencial de producción y competencia, y a su vez una oportunidad, por existir más de dos billones de consumidores ávidos de nuevos productos.

5. Incentivos gubernamentales y déficit comercial

Hay múltiples países con un alto déficit comercial, que obliga a los gobiernos a incentivar las exportaciones con el fin de conseguir divisas para las necesidades propias del país.

6. Búsqueda de mercados más amplios para aprovechar las economías de escala

Los avances tecnológicos han provocado en muchas empresas grandes cambios en su estructura, modificando en la dimensión óptima del tamaño de dichas empresas. Esto ha llevado que para alcanzar el tamaño mínimo eficiente hay que buscar más compradores para los productos.

7. Diversificación del riesgo

Para evitar concentrar el éxito de la empresa en único país y así no estar expuestas a las circunstancias económicas, políticas, demográficas, muchas empresas optan por la apertura de nuevos mercados.

8. Seguir a un cliente en la apertura internacional

Para aquellas empresas cuyo negocio está concentrado en un reducido número de clientes, la decisión de internacionalizarse acontece cuando uno de sus clientes inicia la aventura de expandirse. El mercado de los proveedores de las piezas de automóvil es un claro ejemplo.

9. Buscar un fácil acceso en avances tecnológicos y de materias primas

Las fábricas buscan nuevas localizaciones que ganen en acceso más barato de materias primas o donde estén los avances tecnológicos.

10. Expandir las operaciones hacia lugares con mano de obra barata

En aquellas industrias donde la mano de obra es una proporción importante en los costes, es ventajoso extender la producción hacia esos países.

11. Aprovechar la capacidad ociosa de producción

En un inicio puede motivar a las empresas la salida al exterior, aprovechar toda la capacidad productiva de la empresa y abrir así nuevos mercados.

12. Vocación internacional de sus directivos

La existencia de directivos con esa vocación, que tengan experiencia, sepan idiomas, etc. facilitará que la empresa realice el esfuerzo de salir al extranjero.

Tal y como se ha visto, muchas son las ventajas que aporta a la empresa la internacionalización. De modo esquemático y agrupado por función de la empresa, podemos citar todos aquellos aspectos que motiva a la empresa a salir al exterior, como se muestran en el siguiente esquema:

PRODUCCIÓN
- Utilización de toda la capacidad productiva
- Economías de escala
- Ventaja competitiva en los factores de producción

COMERCIALIZACIÓN
- Acceso a un mercado de tamaño mayor
- Estabilidad en las ventas
- Proximidad al cliente
- Mejora de la imagen
- Eliminación de barreras culturales
- Supresión de barreras proteccionistas
- Reacción frente a la competencia

FINANZAS
- Diversificación de riesgos
- Compensación de resultados
- Acceso a financiación internacional
- Planificación fiscal internacional

RECURSOS HUMANOS
- Aprendizaje
- Aportación de nuevas experiencias

12.3 FORMAS DE ENTRADA EN MERCADOS EXTERIORES

Las organizaciones que han tomado la decisión de salir al exterior para lograr nuevas oportunidades de negocio acostumbran a seguir una serie de etapas incrementando progresivamente el nivel de compromiso y recursos implicados.

En la medida que la empresa logra un mayor conocimiento y experiencia en el entorno internacional, acostumbra a incrementar la presencia en dicho mercado y se inicia en otros nuevos. Al principio, el compromiso es menor, mientras que cuando la empresa ya está consolidada, los recursos invertidos para tal efecto son mayores.

En general, estas formas de entrada son dos: la exportación o la fabricación en los mercados exteriores. Las grandes empresas acostumbran a utilizar varias formas de entrada, según sean las características del país de destino.

Según algunos autores, se pueden decir que hay cinco etapas en el proceso de internacionalización:

1. Exportaciones pasivas
Las primeras exportaciones suelen ser fruto de pedidos no planificados que se inician de manera accidental por iniciativas de cámaras de comercio o subvenciones ofrecidas por el gobierno. Por tanto, se dice que la actitud de la empresa es pasiva y se realizan las ventas internacionales simplemente respondiendo a estas obligaciones.

2. Inicio exportaciones activas
En esta etapa la empresa ya ha tomado la decisión de abrirse a nuevos mercados buscando nuevas oportunidades comerciales en el exterior. Se busca de manera explícita la internacionalización, una vez se han sopesado las ventajas e inconvenientes. Dicha expansión se centra en mercados cercanos geográficamente o de cultura similar. Las ventas locales todavía son las más importantes en la facturación de la empresa y el porcentaje de producto que se lleva al exterior tiene poco peso.

3. Consolidación de las exportaciones
A medida que crece el número de exportaciones, la empresa va adquiriendo experiencia y va consolidando su posición en el mercado internacional. Sin dejar de comercializar en los mercados que tiene, abre nuevos mercados. Con ello, aumenta su grado de compromiso y al mismo tiempo las oportunidades que se le ofrecen. Aparece normalmente dentro de la estructura de la empresa el departamento de exportaciones o internacional. Se lleva a acabo una política activa de exportaciones con un marketing asociado y bien planificado. La empresa tiene en cuenta estos nuevos mercados a la hora de diseñar los productos, determinar los precios, etc.

4. Establecimiento de subsidiarias comerciales
Una vez que la empresa tiene consolidada la apertura de mercados exteriores, puede iniciar el paso de crear una filial comercial. Este hecho exige una fuerte inversión financiera y de personal, ya que hay que crear una red de agentes y distribuidores (en el caso de licencias, franquicias o joint ventures). La gran ventaja es que permite conocer mejor los mercados y a los clientes y poder tener así un mayor control de las herramientas del marketing.

5. Establecimiento de centros de producción
El último paso que realizan las grandes multinacionales dentro del proceso de expansión internacional es la creación de centros de producción. Los principales objetivos que se persiguen son las ventajas en costes, reducir aranceles o cuotas de importación y reducir los gastos del transporte. Sólo las grandes empresas pueden realizar este esfuerzo inversor que requiere la creación de las plantas de producción y en la mayoría de casos está combinada con otras formas de entrada.

Otra clasificación de las formas de entrada de los mercados exteriores es la siguiente:

1. Exportación
Este tipo de entrada es la primera forma que suelen realizar las empresas en un inicio. Se trata de la opción que implica un menor compromiso para la empresa: no se requieren muchos recursos iniciales y suele contar con ayudas de los gobiernos. Existen tres variantes:

1.1 Exportación indirecta. La empresa exportadora usa los servicios de intermediarios instalados en el propio mercado, que son los que lleva a cabo las actividades de exportación y marketing de los productos que exportan.

1.2 Exportación directa. La responsabilidad y las actividades de venta internacional permanecen manos de la empresa exportadora. A su vez, pueden existir las siguientes formas:
- Venta directa. La organización vende directamente a sus clientes finales en mercados exteriores. Para ello dispone de representantes comerciales que de forma regular visitan a los clientes.
- Agentes y distribuidores. Los agentes son representantes que actúan en nombre de la misma y transmite los pedidos a los clientes de su mercado a la firma de la empresa que representa. Los distribuidores es un cliente para la empresa que compra y revende el producto del exportador.
- Establecimiento de una subsidiaria comercial. Es algo costoso, pero vale la pena por el incremento de ventas que supondrá. Esta se encarga de canalizar todos los pedidos del mercado exterior donde se encuentra y vende directamente a los clientes, realizando un seguimiento directo y sin barreras comerciales de ningún tipo.

1.3 Exportación concertada. Supone la existencia de un contrato de colaboración con otras empresas para introducirse e incrementar las ventas en un mercado exterior.
- *Piggyback*. Se realiza cuando un fabricante utiliza sus canales en otros mercados para vender los productos de otros fabricantes conjuntamente con los suyos. Es útil para productos que circulan por canales de distribución parecidos. Por ejemplo, Chupa-chups.
- Consorcio de exportación. Permite a empresas locales competidoras o con líneas de fabricación similares cooperar para llevar a cabo una exportación común. Los consorcios actúan como el brazo exportador de sus miembros frente a los mercados exteriores y obteniendo eco-

nomías de escala. Por ejemplo Fagor y Solac crearon en 1994 un consorcio de exportación para entrar en el mercado del este.
- *Joint ventures* internacionales. Son empresas creadas por dos o más compañías procedentes de distintos países para el desarrollo conjunto de una actividad. Este acuerdo de empresa se plasma en un contrato donde quedan especificados los detalles.
- Agrupaciones europeas de interés económico. Es un figura creada por el UE en 1989 con una presencia creciente en el mercado comunitario debida una sencilla tramitación. Se trata de entidades creadas con dos o más empresas comunitarias, procedentes de diversos países para realizar una actividad común (prestación de un servicio, fabricación de un producto, etc).
- Franquicias internacionales. Consiste en la cesión de los productos, nombres, marcas y *know how* sobre procedimientos de gestión de un negocio a una empresa situado a un mercado exterior. La empresa que cede la franquicia de nomina franquiciador, y la que recibe, franquiciado. Un ejemplo es el caso de Telepizza.
- Alianzas estratégicas. El motivo de este tipo de alianza es la búsqueda de nuevos mercados. Las empresas colaboradoras suelen ser competidoras que quieren beneficiarse de las economías de escala derivadas de las sinergias existentes.

2. *Fabricación en mercados exteriores*
La producción en los mercados extranjeros puede llevarse a cabo por diversos caminos:

2.1 Contrato de fabricación. Se trata de una subcontratación, es decir, que el producto es fabricado por otra empresa bajo contrato de la empresa local.

2.2 Licencia de fabricación. Consiste en autorizar la fabricación del producto a una empresa extranjera, cediendo las patentes, copyrights, marcas, etc. a cambio de una compensación económica.

2.3 Establecimiento de un centro de producción. Es la forma de entrada que compromete más recursos para la empresa y supone más riesgo. Las formas de entrada pueden ser adquirir una empresa existente o bien crearlas desde cero.

12.4 *MARKETING MIX*: PRODUCTO INTERNACIONAL

Se puede decir que el elemento más crucial del marketing mix, ya que es el centro de todas las decisiones. En el desarrollo de los productos hay que tener en cuenta la orientación de la empresa, los recursos disponibles, los objetivos y la estrategia. Además, hay que tener en cuenta el modo de entrada para un país y un mercado concreto. El producto conforma la naturaleza del negocio y define los clientes y competidores.

Dentro del producto básico están contenidas todas aquellas características físicas, químicas o técnicas (atributos intrínsecos), como son la composición del producto, la calidad de fabricación o el diseño. El producto real añade al producto básico los atributos externos, como son el nombre la marca, el envase, etiquetado u otros rasgos tangibles. Finalmente, el producto ampliado incrementa al producto real toda una serie de servicios como son las garantías, servicios post-venta, condiciones de entrega y financiación, etc. también llamados atributos intangibles, que añaden valor al producto.

Es importe señalar los diferentes atributos que conforman el producto básico, producto real y producto aumentado. Esta concepción servirá para identificar el mercado que se quiere servir y cómo se adaptará a las características básicas. En la planificación del producto internacional se tomarán decisiones sobre:
  - ¿Qué productos venderé en cada país?
  - ¿Realizaré alguna modificación de los mismos?
  - ¿Crearé nuevos productos?
  - ¿Qué marcas comerciales voy a utilizar?
  - ¿Cómo haré las etiquetas y los envases y embalajes?

12.4.1 Estrategias de producto internacional

Las opciones que tienen las empresas son vender los productos con los mismos atributos en los mismos mercados donde opera, o bien, adaptarlos a las características de cada uno de ellos. Sin embargo, la realidad nos confirma que se acostumbra a utilizar estrategias intermedias.

Las estrategias diferenciadas son aquellas que implican un diseño diferente para cada uno de los países, según sean las características sociales, políticas, económicas, etc. Tienen como mayor ventaja que es más efectiva por adecuarse mejor a las necesidades de los clientes extranjeros, aunque su coste y seguimiento es mayor.

Entre los factores que animan a las empresas a seguir este tipo de estrategias se pueden citar las siguientes:
  - Diferencias en las condiciones de uso de los productos y/servicios
  - Normativas legales locales que afectan a la fabricación y diseño del producto
  - Infraestructura representativa de nivel internacional de la producción

La estandarización o definición de una estrategia global para todos los países por igual supone que las diferencias sociales, culturales, económicas. de cada país no son suficientes para elaborar una estrategia de producto diferente para cada lugar. Así, si la estrategia de marketing es homogénea en todos los países, se consiguen ventajas en costes por las economías de escala producidas y la estandarización de productos. Esta opción, no obstante, puede fallar por tener una visión reducida y parcial del mercado que no se adecua a todas las problemáticas y por una investigación comercial insuficiente.

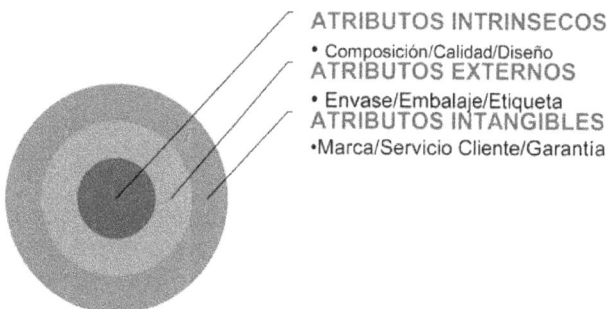

ATRIBUTOS INTRINSECOS
• Composición/Calidad/Diseño
ATRIBUTOS EXTERNOS
• Envase/Embalaje/Etiqueta
ATRIBUTOS INTANGIBLES
•Marca/Servicio Cliente/Garantia

Las variables que motiva a la empresa a estandarizar sus productos, podemos decir que son, entre otras, los siguientes:
- Economías de escala a nivel de producción, marketing y gestión
- Homogeneización de gustos y demanda de los clientes
- Imagen consistente y robusta a nivel mundial

- Comercialización de los productos industriales

La tradicional teoría del ciclo de vida del producto defiende que los productos que están en la fase de madurez de los países desarrollados pueden ser introducidos en los países en desarrollo en una fase más temprana.

12.5 *MARKETING MIX:* PRECIO INTERNACIONAL

El número de variables que influyen en la fijación de los precios a nivel internacional son muchas y variadas. Por ello, los precios internacionales tienen que estar constantemente actualizados, como consecuencia de los cambios y ajustes que se producen en el entorno.

Los objetivos de fijación de precios internacionales pueden cambiar en función de una serie de variables, como son la etapa de ciclo de vida del producto donde se encuentra, así como la situación del país extranjero. De forma esquemática se puede decir que los objetivos de precios que una empresa marca en los mercados a donde va vienen condicionados por:
1. La orientación de la empresa sobre esos mercados, pues variará la concepción si los mercados son complementarios a los nacionales o son necesarios para la supervivencia de la empresa.
2. La etapa del proceso de internacionalización en el cual se encuentre la empresa.
3. La etapa del ciclo del producto.
4. Las metas financieras, es decir, la rentabilidad que quiere sacar la empresa según el mercado al que se dirija.

5. Las regularizaciones de los gobiernos que varían entre países actúa de freno para poner un mismo precio a todos los países.
6. La situación competitiva del mercado cuya incidencia en los mercados internacionales es alta.
7. Las expectativas de los clientes.

Las variables que influyen en la determinación de los precios a nivel internacional se pueden dividir en:
a. Variables controladas por la empresa
   - Costes
   - Objetivos
   - *Marketing mix*
b. Variables de mercado
   - Demanda
   - Competencia
   - Barreras legales
   - *Dumping*
   - Tipos de cambio
   - *Made in*
c. Variables de producto
   - Ciclo de vida internacional del producto

12.6 *MARKETING MIX:* DISTRIBUCIÓN COMERCIAL EN EL CONTEXTO INTERNACIONAL

La forma de entrada a los mercados exteriores condicionará en gran medida a la elección de la mejor alternativa de los canales de distribución. Trasladar la política de distribución de un mercado a otro puede no funcionar, ya que hay que tener en cuenta una serie de características diferenciales, como son:
- Tipo de producto
- Segmento de mercado al que distribuyen

- La cuota de mercado
- Los servicios asociados que prestan

La distribución hay que tenerla en cuenta desde dos perspectivas: la comercial y la logística.

La primera tiene que ver con los canales de distribución con los que la empresa colabora. La segunda está relacionada con todas las actividades relativas a la distribución física de las mercancías y el tratamiento del pedido.

La diferencia más significativa que existe entre la distribución nacional e internacional está en las infraestructuras, climas, la topografía, etc. de cada uno de los países a donde se dirige. Con todo ello, hay que tener en cuenta muchas más variables para su buena gestión.

12.6.1 Funciones y estructura de los canales de distribución

La organización tiene que seleccionar para cada mercado la "longitud" de la distribución, es decir, el número de intermediarios o canales en la cadena y cuáles de ellos son los más adecuados. Dentro de la "longitud" de la distribución, podemos encontrar tres alternativas:

1. *Distribución larga*
Es aquella que tiene un gran número de eslabones dentro de la cadena de distribución hasta llegar al cliente final. La ventaja de dicho tipo es su bajo coste de transporte y almacenamiento y los ahorros producidas por los envíos conjuntos. La desventaja se puede decir que es la lejanía entre la empresa y el cliente final para poder ofrecer la mejor calidad de servicio.

2. *Distribución corta*
La empresa suprime la intervención de algunos de los canales, distribuyendo a los detallistas o centrales de compra directamente. Así se consigue que la empresa tenga un mayor conocimiento del cliente y del mercado al que pertenece, aunque deberá destinar más recursos a la logística.

3. *Distribución directa*
La distribución directa es aquella que la empresa distribuye de manera directa a todos sus clientes internacionales. Se utiliza para los mercados industriales o productos muy especializados. Este tipo de distribución exige una gran capacidad logística, pero que se puede adaptar perfectamente ante cualquier cambio que se produzca.

La logística internacional cobra importancia, ya que se ocupa de las actividades como la gestión del pedido internacional, el transporte de la mercancía, la selección del embalaje, la documentación comercial y administrativa. Además, hay que realizar una buena gestión, ya que tiene un componente importante sobre el coste total del producto, sobre la percepción de satisfacción del cliente y el cumplimiento de los plazos de entrega.

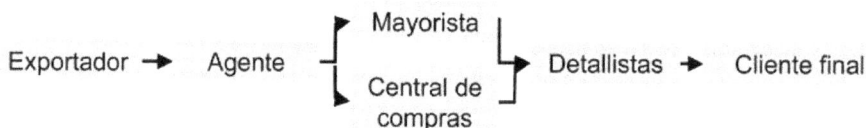

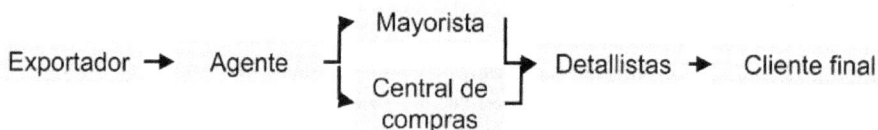

12.7 *MARKETING MIX:* PROMOCIÓN A NIVEL INTERNACIONAL

La importancia de la estrategia de comunicación de las empresas es algo que se considera importante para la buena marcha de la comercialización de los bienes y servicios. La complejidad de dicha función se relaciona con la pluralidad de medios, y diversidad de contenidos.

El objetivo principal de la comunicación internacional es la de hacer llegar a todos los clientes un mensaje donde se le informa de las características del producto y de todos los beneficios que posee.

Los elementos con los que se trabaja en la promoción internacional son la publicidad y las marcas globales, las promociones internacionales, las relaciones públicas a nivel internacional, las ferias y los congresos internacionales.

El gran debate se centra en si todas las campañas de comunicación de la empresa tienen que ser iguales a nivel internacional, o bien, hay que adaptarlo a las características propias de cada país al que se dirige. Los primeros argumentan hay que enfatizar la promoción en las semejanzas de todos los clientes y ofrecer así los mismos productos y servicios. La homogeneización de los deseos y necesidades de los consumidores hacen que se realice una sola estrategia global de publicidad. Esta estrategia supone a la empresa una serie de ahorro de coste, además evita confusión de los clientes y compite de modo internacional. Los segundos, por el contrario, defienden que la influencia de las diferencias socioculturales son importantes para la comprensión del mensaje publicitario.

La investigación de diversos autores nos lleva a destacar una serie de variables que hacen que la estandarización de la comunicación sea conveniente o no. Estas son:

- Normas socioculturales, como son las religiones, valores o creencias
- Tipo de producto y su implicación en el tipo de compra
- Disponibilidad de los medios de comunicación
- Comprensión e interpretación del anuncio por parte del consumidor puede variar entre mercados
- Nivel de alfabetización y educación de los países destino que determinarán el tipo de medio elegido (TV, radio, prensa, etc.)
- Actitud frente las campañas extranjeras
- Restricciones legales de cada país en esta materia
- Posicionamiento del producto
- Nivel de competencia local de los países

12.8 PLAN DE MARKETING INTERNACIONAL

La finalidad del Plan de Marketing Internacional (PMI) es la creación y puesta en marcha de un plan de marketing en los mercados exteriores y por fases, según sean cuantificables los objetivos y según un análisis interno y externo.

De modo general, podemos decir que existen cuatro fases para la elaboración del PMI:

1. *Análisis interno y externo: ¿Dónde estamos?*
En esta primera fase se trata de realizar un análisis de la situación actual tanto a nivel interno de la empresa (capacidades) como a nivel externo (entorno internacional).

El análisis interno trata de identificar las fortalezas y debilidades de la empresa en todas las funciones de la empresa: logística, producción, financiero, recursos humanos, etc. La empresa deberá explotar sus fortalezas para la comercialización de sus productos en el exterior y afrontar las debilidades para que minimicen su impacto en el extranjero.

El análisis externo comprende el conocimiento del entorno internacional en que se mueve la empresa. Podemos decir que los aspectos más relevantes a tener en cuentan serían:

- Entorno económico
  El entorno económico aporta información muy valiosa para la empresa a la hora de tomar decisiones sobre la estrategia a seguir. Cada empresa, según el producto que comercialice, necesitará una información concreta relacionada con el sector al

que pertenece, y sobre las característica del consumidor. Los aspectos financieros, la agrupación de bloques comerciales y el desarrollo tecnológico deberán ser tenidos en cuenta por el director de marketing a la hora de analizar el entorno en el que se mueve.

- Entorno político-legal

El director de marketing debe tener en cuenta el sistema político y el entramado de leyes que configuran el marco de la empresa. Además, el equilibrio político internacional afectará de forma importante el flujo de comercio internacional.

- Entorno sociocultural

El entorno sociocultural es el que marca la pauta del comportamiento del consumidor y en principio hay que tener en cuenta para cada lugar del mundo. No obstante, la amplia difusión de la información (televisión, Internet, etc.) lleva a que los gustos del consumidor sean homogéneos. Comercializar internacionalmente debería propiciar la búsqueda de segmentos de mercado con demandas similares que puedan satisfacer con el mismo producto y la estandarización de los elementos del marketing mix. Por otro lado, es conveniente la adaptación de los mismos donde existan diferencias culturales significativas que requieran un trato específico.

2. Establecimiento de objetivos: ¿Dónde queremos llegar?

Una vez analizado el punto de partida, la empresa está en disposición de plantearse hacia dónde quiere dirigirse para fijar los objetivos a nivel internacional. Esta segunda fase comprende la determinación de los límites donde la empresa quiere llegar según su situación de partida, los recursos con los que cuenta, sus capacidades, la estrategia general de la empresa y la situación internacional.

En esta fase se deciden las líneas de producto que se van a comercializar en cada mercado. Además, se deberán seleccionar las formas de entrada que mejora vaya a cada mercado. El fin de esta fase es diseñar las estrategias con la que se va a realizar la expansión internacional de mi empresa. Básica-

mente habrá que decidir entre una estrategia global, una adaptada a cada mercado o una combinación de ambas.

Es importante en esta etapa se delimiten los objetivos que se quieren alcanzar en cada mercado: alcanzar una cuota determinada para un producto, lograr el liderazgo de marca, reaccionar frente a la competencia, etc.

3. Determinación del marketing mix: ¿Cómo vamos a llegar?

En esta tercera parte se determina las variables del *marketing mix* que van a marcar el camino a seguir para alcanzar los objetivos. Se definen las decisiones relativas al producto, precio, distribución y promoción para lograr el posicionamiento internacional deseado y que se detallan más adelante.

4. Implantación y control: ¿Cómo lo estamos haciendo?

La última fase a realizar es la implantación; hay que determinar las tareas y responsables en la empresa para estas nuevas tareas a realizar. Además, hay que poner una planificación temporal para determinar los plazos que se quieren seguir. Una vez realizada la puesta en práctica del PMI, habrá que analizar las desviaciones entre los objetivos previstos y alcanzados.

El periodo de implantación del PMI suele ser de un año, aunque es frecuente realizarlo en paralelo con planes a tres a cinco años. Además, es recomendable la revisión de objetivos y resultados con una periodicidad anual.

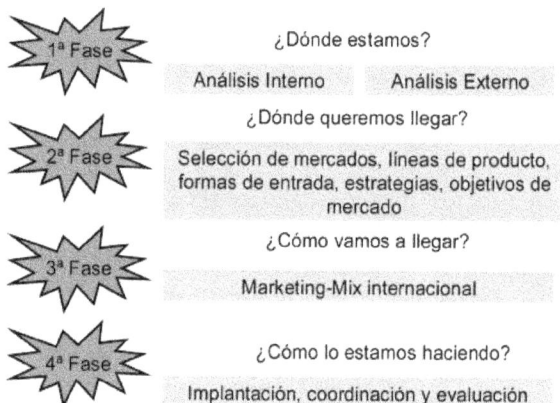

1ª Fase	¿Dónde estamos?
	Análisis Interno Análisis Externo
2ª Fase	¿Dónde queremos llegar?
	Selección de mercados, líneas de producto, formas de entrada, estrategias, objetivos de mercado
3ª Fase	¿Cómo vamos a llegar?
	Marketing-Mix internacional
4ª Fase	¿Cómo lo estamos haciendo?
	Implantación, coordinación y evaluación

Conceptos fundamentales

Ciclo de vida del producto internacional. Pautas de evolución seguidas por las ventas de productos en los mercados internacionales.

Comercio exterior. Es el conjunto de intercambios económicos entre personas u empresas separadas por fronteras políticas o económicas.

Dumping. Venta de productos al exterior a precios inferiores del mercado nacional.

Estrategia diferenciada. Estrategia de marketing distinta en cada país, adaptada a las características económicas, sociales, culturales y legales. Sigue una política de marketing diferente por cada segmento del mercado por criterio geográfico.

Estrategia global. Estrategia de marketing internacional que supone que las semejanzas entre los países son mayores que las diferencias porque se seguirá una misma estrategia para todos.

Exportación. Venta a un país extranjero de bienes o servicios de un país.

Importación. Introducción en un país de los bienes y servicios comprados en el exterior.

Inversión directa. Inversión en plantas de fabricación o instalaciones comerciales en un país extranjero.

Joint venture. Acuerdo de colaboración entre dos empresas: una nacional y otra extranjera, donde se comprometen a llevar en común una actividad industrial o comercial, según las condiciones pactadas.

Licencia de fabricación. Consiste en autorizar la fabricación del producto a una empresa extranjera, cediendo las patentes, copyrights, marcas, etc. a cambio de una compensación económica.

Marketing global. Integración del enfoque de marketing internacional o multinacional. Se hace referencia a una compañía donde su actividad de marketing es global y su cobertura de mercado es el mundo.

Ventaja comparativa. Principio económico en que se fundamenta el comercio internacional, que supone que una de las partes quedará beneficiada con el intercambio debido a la especialización de los recursos que posee, de los que la otra parte no tiene.

Test sobre el capítulo (Sólo una respuesta correcta)

1. De entre los siguientes conceptos, ¿cuál es el incorrecto?
   a) El marketing internacional es una mera extensión del marketing nacional
   b) El marketing internacional es la realización de las actividades de marketing en más de una nación para obtener beneficios
   c) Sólo se diferencia del marketing nacional porque se dirige a una pluralidad de naciones

2. Cuando no existe suficiente demanda para la producción de la empresa:
   a) Hay que reducir el precio del producto
   b) Es un motivo a la internacionalización

   c) Debo realizar esfuerzos en los estudios de mercado para predecir mejor la demanda

3. Una de las principales causas que han propiciado el marketing internacional es:
   a) El incremento del comercio internacional
   b) Mejora de los sistema de transporte y logística
   c) Ambas respuestas son correctas

4. Es recomendable vender mi producto en otros mercados cuando el ciclo de vida del producto está en la fase:
   a) Declive
   b) Madurez
   c) Crecimiento

5. Una empresa para operar con el exterior necesita de:
   a) Personas con conocimientos y experiencias en otros países
   b) Directivos expertos en planificación y control
   c) Gran cantidad de recursos económicos

6. A grandes rasgos, las motivaciones que llevan a una empresa a abrir sus fronteras son las siguientes:
   a) Vocación internacional, buen producto y buena distribución
   b) Motivos de producción, de ventas, financieros y de recursos humanos
   c) Reacción a la competencia y creación de ventajas competitivas

7. Se llama exportaciones pasivas a:
   a) Aquellas que se realizan a través de un intermediario
   b) Aquellas ventas que vienen de pedidos no planificados
   c) Aquellas que vienen impuestas por políticas gubernamentales

8. La responsabilidad y las actividades de venta en la exportación directa recae en:
   a) Empresa importadora
   b) Empresa distribuidora
   c) Empresa exportadora

9. La principal ventaja de una subsidiaria comercial radica en:
   a) Se consiguen reducir costes
   b) Puede realizar un mejor seguimiento de las ventas
   c) Consigue crear barreras comerciales

10. Las agrupaciones europeas de interés económicas:
    a) Fueron creadas para competir con EE.UU.
    b) Fueron creadas por la UE en el año 2000
    c) Se trata de entidades creadas con dos o más empresas comunitarias

11. Una empresa puede realizar la fabricación en mercados exteriores a través de los siguientes caminos:

a) Comprar o alquilar nuevas fábricas
b) Contratos de fabricación, licencias de fabricación o abrir un centro de producción propio
c) Ninguna de las anteriores es del todo cierta

12. La política de producto internacional es:
    a) Diferente del producto nacional
    b) Tiene en cuenta normativas legales locales
    c) No tiene en cuenta las diferencias de uso de los consumidores

13. La orientación de la empresa a la política de precios vendrá dada de manera principal por:
    a) Características sociales
    b) Los costes de transporte
    c) Según la etapa del ciclo de vida del producto

14. Los precios internacionales:
    a) Tienen que ser poco flexibles
    b) Tienen que tener en cuenta en tipo de cambio y la balanza de pagos
    c) Tienen que estar continuamente actualizados

15. En la distribución larga a nivel internacional intervienen:
    a) Exportadores, agentes y clientes
    b) Exportadores, detallistas, central de compra y clientes
    c) Las anteriores y además los mayoristas

16. La promoción dentro del marketing mix internacional:
    a) Es muy compleja
    b) Tiene que contar con la ayuda de socios locales
    c) Se tiene que centrar principalmente en la publicidad a gran escala

17. Es conveniente la estandarización de la promoción cuando:
    a) Los gustos de los consumidores cambian
    b) Hay restricciones legales de algún tipo
    c) Existen un buen posicionamiento del producto a nivel mundial.

18. El plan de marketing internacional:
    a) Es igual al nacional
    b) Es diferente al nacional
    c) Tiene en cuenta los países a donde se quiere dirigir la empresa

19. El *Joint venture* es:
    a) Es una unión temporal de empresas
    b) Es la adquisición de una empresa de la competencia
    c) Acuerdo de colaboración entre dos empresas: una nacional y otra extranjera, donde se comprometen a llevar en común una actividad industrial o comercial, según las condiciones pactadas

20. El plan de marketing internacional:
    a) Se basa en estudios de mercado a nivel regional
    b) Parte de un análisis interno y externo, establece los objetivos y determina las políticas a realizar
    c) Depende de los cargos más altos de la compañía

LA GALLINA (Marketing fuera del mercado nacional)

(Este documento no pretende ilustrar una determinada forma de gestión, sino que debe servir como base para el diálogo. Para que la discusión sea provechosa, es necesario preparar el caso con antelación, definiendo los problemas y proponiendo alternativas de solución y acción.)

Productos alimenticios ASPA es una empresa perteneciente al Grupo International Foods con una gran actividad exportadora y de implantación en nuevos mercados. Inició su actividad internacional a mediados de los años setenta, en los los mercados africanos, y en 1991 empezó a instalarse en los países del Este.

Inició su incursión en Hungría y Chequia, donde entonces estaba emergiendo la economía libre: las antiguas cooperativas habían pasado a manos de pequeños comerciantes que alternaban los productos locales por otros de países vecinos modernos; los consumidores tenían poca capacidad adquisitiva, pero estaban deseosos de tener productos nuevos y mejores. Se daba una situación especialmente favorable para ASPA.

Aunque en un principio la presencia de ASPA en estos países fue tibia y cautelosa, dieron con una persona que ya tenía una red de distribución de productos similares, lo que les permitió llegar a las tiendas de alimentación sin necesidad de un gran soporte publicitario.

El producto fue bien recibido y, en 1995, después de unos pocos años de permanencia en Hungría y Chequia, se decidió intentar la implantación en Rusia con los productos de pasta de sopa y condimentos bajo la marca La Gallina.

El objetivo primordial de los responsables de la empresa cuando iniciaban su experiencia en mercados extranjeros era introducir los productos alcanzando una elevada cuota de mercado a base de entender y respetar la cultura local, satisfacer necesidades y aprovechar las debilidades del sector en la gestión comercial.

Para ello, siempre se había considerado que lo más idóneo era instalarse en el país, fabricando lo que se pudiera e importando determinadas materias primas.

Problemas que se plantean en Rusia

La dificultad más acusada fue "aterrizar" en un mercado en el que prácticamente todo resultaba nuevo, el acercarse mentalmente a una situación a la que no se estaba acostumbrado, a una sociedad con experiencias y valores muy diferentes.

La falta de información a todos los niveles fue otro obstáculo. Se desconocía totalmente el mercado, sus hábitos alimenticios, no se sabía cómo se utilizaría el producto, quién lo compraría, qué precio ponerle, cómo promocionarlo, ni tan siquiera por medio de qué soporte anunciarlo.

La problemática de la "mafia rusa" se respetó desde un primer momento, tomándolo como otra manera de hacer las cosas por medio de unos intermediarios muy concretos. Contactando con las personas adecuadas, se consiguió personal, locales, transporte, además de una agencia publicitaria local como partner.

El mercado y la competencia en rusia

El punto de partida de la reforma económica en la sociedad rusa hacia una economía de mercado se inició en 1992 con la liberalización de los precios. Desde entonces han estado surgiendo instituciones como la banca comercial, las bolsas y las asociaciones de empresas. Es en este momento cuando cobra también fuerza el mercado de trabajo.

Esta transición no transcurrió sin problemas. A finales de 1991, el principal objetivo de la economía consistía en salvar al país de la quiebra y protegerlo del hambre. La excesiva diferenciación del nivel de vida, la caída de la producción y, en general, los factores desestabilizadores ejercieron una influencia negativa sobre la sociedad rusa. La situación del mercado de consumo alimentario se ve seriamente afectada por la recesión de la economía agropecuaria.

Aun así, el país sobrevivió y comenzó su andadura para pasar de una economía planificada y dirigida a un serio mercado emergente. Todo ello supuso la creación de un mercado de consumo, una dinamización de la producción, de las exportaciones, etc. En 1995 el PIB disminuyó en un 4%, siendo el del año anterior del 13%. En 1996 la inflación superó ligeramente el 20%, mientras que cuatro años antes se habían alcanzado cotas de hasta el 300%. Una de las iniciativas económicas más importantes fue la eliminación del monopolio de comercio exterior. En la actualidad no existen restricciones especiales para las importaciones y las exportaciones.

Para el año 2000 los principales objetivos de las autoridades económicas rusas pasan por garantizar la estabilidad en el crecimiento económico y transformar institucionalmente el país para facilitar el funcionamiento eficaz de la economía de mercado.

Otros mercados de tradición comunista en los cuales La Gallina ha entrado no han tenido tantos problemas para convertirse al capitalismo. Si comparamos Rusia con el mercado chino, observamos que la transición transcurrió sin muchos sobresaltos. ¿Por qué? China empezó las reformas económicas en 1979, diez años antes que Rusia. Y lo hizo de forma gradual. Antes de ello, en China nunca se había eliminado del todo la iniciativa privada. Quizás uno de los puntos más importantes del cambio fue la liberalización de la iniciativa privada en la agricultura antes que en la industria. Además, los cambios económicos nunca han llegado a afectar tan fuertemente al sistema político como en Rusia. Finalmente, hemos de resaltar que China ha recibido mucha inversión extranjera destinada a explotar su mano de obra barata y sus recursos naturales (la inversión extranjera directa en 1997 en China fue de 45.300 millones de dólares frente a los 3.900 de Rusia).

Por todo ello, un punto primordial a tener en cuenta es que Rusia tuvo, y de hecho sigue teniendo, problemas de carácter social y económico por salir de una situación económica

de control total al haberse convertido en pocos años en una sociedad de libre mercado.

En relación con la competencia a la cual se enfrentaba ASPA en el mercado ruso, en aquellos momentos existían varias compañías que habían intentado hacerse con buena parte de la cuota de mercado en el sector de la alimentación. La realidad es que no tuvieron el éxito esperado. Dominaban el mercado europeo y no fueron capaces de hacer los mismo en Rusia y en la Europa del Este. Quizás, el motivo principal de ello fue que no cuidaron el detalle, y no lograron entender la cultura de estos países y su situación socioeconómica.

Los productos

Línea de pastas para sopa

En 1995, existían en Rusia dos tipos de pastas para sopa:
- Pasta local, de baja calidad, mal distribuida, sin publicidad e, incluso, envasada en papel de celofán con una tarjeta informativa dentro de la bolsa que tocaba el producto. El precio de estas bolsitas era bajo en comparación con los productos de la tímida competencia.
- Dos marcas italianas buenas, bien presentadas, con poca cobertura de distribución y muy apreciadas. El problema era que estaban fuera del alcance de la economía media local.

El producto de La Gallina era bueno, estaba bien presentado, tenía una amplia cobertura de distribución y su precio era asequible. Era ligeramente más cara que la pasta local y más barata que la italiana. Desde un principio se cuidó mucho el respeto por la cultura local. Todo el texto del envase estaba escrito en lengua local (ruso, húngaro). Se intentó que el producto encajara en la cocina tradicional del país. Había que adaptar el formato a los hábitos de consumo rusos.

En definitiva, el propósito de La Gallina era que el ciudadano medio ruso pudiera acceder a las pastas de sopa de la empresa en lugar de los limitados productos locales.

Línea de condimentos

Los productos que ASPA deseaba introducir en el mercado eran los caldos concentrados, las salsas y otros condimentos como la pimienta. Había que aprovechar el hecho de que la gastronomía rusa apreciaba mucho la condimentación. Tradicionalmente, la cocina eslava es rica en condimentos. Las hierbas, el pimentón húngaro y el curry son utilizados de manera cotidiana. Se trata de una cocina básica, poco sofisticada, pero muy condimentada. Por ejemplo, existe una sopa sencilla a base de remolacha, siempre presentada con una salsa de leche agria.

La evolución en las grandes ciudades había hecho difícil conservar muchos de los condimentos, que habían desaparecido debido a la recesión agrícola y no habían sido sustituidos por productos envasados para vender al público. La Gallina presentaba productos populares que ayudaban a la cocinera tradicional, como un pinche en la cocina de siempre.

Cómo se llevó a cabo el proyecto

1. Búsqueda de información

Lo que siempre intentó Raport y Asociados, empresa de publicidad que lleva la cuenta de International Foods, fue adaptarse al entorno en el que se encontraban. Como el desconocimiento del mercado era enorme, lo primero que hicieron fue tomar contacto con una agencia local de publicidad que, aunque no estaba muy preparada, les fue útil para traducir diversos textos (en los envases, en los spots, etc.), en el casting de los personajes, etc. Se inició la ardua tarea de recabar cualquier tipo de información útil sobre el mercado, el consumo, la competencia y las comunicaciones, escuchando a la propia agencia local, a distribuidores, a un ingeniero, a personas que hablan inglés, leyendo en un libro de cocina las tradiciones culinarias del país; pero no se obtuvieron muchos datos sobre el consumidor.

Se realizó conjuntamente con la agencia publicitaria rusa una investigación del mercado. Se seleccionaron unas zonas de Moscú,

completando la selección con unas pruebas piloto para analizar estos pequeños pre-test de lanzamiento.

2. Qué publicidad hacer

Con tan poca información se presentaba difícil determinar qué tipo de publicidad sería la más conveniente. Se descartó el humor, y tampoco se sabía muy bien qué podría considerarse original. Por lo tanto, se decidió buscar un mensaje creíble, un tanto impactante pero cauteloso, sin arriesgarse demasiado. Resultó una promoción que en nuestra sociedad se calificaría de "llana", muy simple, anodina. Uno de los atractivos de la marca fue el propio nombre. Galina es un nombre de mujer muy común en Rusia. Si la pretensión era adentrarse en la cultura y hábitos rusos, un nombre familiar ayudaría.

Se introdujeron otros dos elementos que dieron carácter a la marca y a la campaña:

1. En primer lugar, se intentó que el jingle del spot tuviese gancho, se memorizase con facilidad y aportase la notoriedad que le faltaba a la campaña. Dada la gran cultura musical del país se utilizó la ópera Carmen; mucha gente la conoce, saben dónde tiene lugar, y a los publicitarios les pareció una referencia muy digna al país de origen de los productos que anuncian. Resultó ser un auténtico hallazgo. Tanto es así que ahora esta ópera se asocia siempre a los productos La Gallina, con lo que a otras empresas les sería inútil utilizarla.

2. El otro aspecto clave de la campaña fue la inesperada aparición de una gallina en el spot. Aparecía por la cocina, o simplemente paseándose en primer plano por la pantalla. Aunque se utilizara el símbolo comercial de la empresa anunciante, lo que se pretendía era crear sorpresa en el espectador. Y de hecho, así fue; incluso se pensó explotar la idea de utilizar una gallina como motivo central de una campaña futura.

3. La producción publicitaria

Desde el primer momento se tomó la decisión de producir en Barcelona. Aun insistiendo la agencia local rusa en que tenían de todo, se intuía que a la hora de la verdad no sería suficiente para obtener la buena calidad de imagen que desde el punto de vista plástico, estético, exige la promoción de un producto alimenticio.

No obstante, existieron diversidad de problemas. Primero, la agencia rusa reivindicaba llevar a cabo el proyecto allí, alegando que resultaría más económico y evitaría los conflictos lingüísticos en cuanto a ortografía, sintaxis, vocabulario, etc. En este aspecto Raport y Asociados tuvo una doble tarea, ganándose la confianza de ASPA e intentando que sus fallos no fuesen muy evidentes para la agencia local. Por otro lado, se tuvieron que tomar una serie de cautelas que no hay por qué considerar cuando se trabaja con algo conocido. Aparte de la dificultad de encontrar rusos en Cataluña, se tenía que cuidar especialmente su vestimenta y caracterización, los decorados, incluso los utensilios de cocina. Había que tener cuidado con las traducciones y hacerlas fonéticamente atractivas, y también superar el inconveniente de desconocer cuál sería el ritmo adecuado para pasar el spot.

4. Los spots

Se decidió utilizar como base el soporte televisivo para esta campaña. También se dedicaron recursos a otros medios como la publicidad exterior, radio y revistas. Hasta hace relativamente poco no se tenían datos sobre audiencias de televisión ni radio, ni tan siquiera se sabía qué revistas se compraban más; además, se quería llegar a mucha gente. La televisión era el medio que proporcionaría mayor alcance y que parecía ofrecer mayores garantías de acierto.

Se utilizó como personajes a gente joven, dado que seguramente a la gente mayor iba a ser difícil hacerle cambiar sus hábitos culinarios. Se pudo apreciar una progresión cualitativa en los spots: se pasó de unos anuncios muy convencionales a otros (a medida que se iba obteniendo más información sobre el

mercado, el país y las costumbres) más agresivos y definidos.

A la hora de preparar los anuncios, aparte de que ya se tenía más información sobre el mercado, se aconsejó que hiciesen ver al espectador que, utilizando los productos La Gallina, el ama de casa ganaba tiempo y la cocina resultaba sencilla.

Conclusiones

A pesar de la buena aceptación que están teniendo los distintos productos en el mercado ruso, siempre queda la duda de saber si la gente se siente identificada con los anuncios. No obstante, se prevé que a medida que se vaya conociendo mejor el mercado las campañas evolucionen para adaptarse a cada segmento. Ahora la empresa ya tiene una línea a seguir, y sobre todo, ha conseguido que la gente se hiciese una imagen mental de la marca. Hay que destacar que esto por sí solo (el estar bien asentado en un mercado cuando todavía no está muy desarrollado) ya es un gran logro, y desde luego es mucho más importante para una posible futura expansión de la empresa que los escasos beneficios que está obteniendo ahora.

Cuestiones

1. ¿Qué variables hay que tener en cuenta a la hora de lanzar productos en mercados extranjeros?

2. ¿Es adecuada la planificación del proyecto realizada?

3. ¿Cuáles son los procesos y programas de marketing más fácilmente transportables?

4. ¿Cómo se hubiera llevado a cabo la campaña en un país occidental?

5. ¿Por qué no triunfó la competencia en Rusia?

CRISTALERÍAS MONTBLANC
(Introducción de un producto en un mercado exterior)

(Este documento no pretende ilustrar una determinada forma de gestión, sino que debe servir como base para el diálogo. Para que la discusión sea provechosa, es necesario preparar el caso con antelación, definiendo los problemas y proponiendo alternativas de solución y acción.)

En el siguiente caso, observamos cómo la empresa Cristalerías Montblanc, perteneciente a un fabricante catalán de productos de vidrio para la industria y el consumo, soluciona el problema de posicionamiento de su innovador producto, Bonvidre, en el mercado francés.

Historia de la empresa

Cristalerías Montblanc fue fundada en Barcelona en 1963 por un grupo de empresarios provinientes del sector del vidrio. Inicialmente, treinta operarios fabricaban toda clase de vidrios planos para consumidor final y empresas. Una de las claves del éxito de la empresa era el conocimiento de los empleados y propietarios en materia de vidrio. El departamento de Investigación y Desarrollo llevó a cabo una política de innovación tecnológica sin precedentes en el sector. Ello supuso una autoridad en el mercado y un crecimiento promedio de las ventas del 24%.

En una de las aventuras científicas del departamento de Investigación y Desarrollo surge Bonvidre, que se empieza a fabricar y a distribuir en 1996, principalmente a otros fabricantes e intermediarios relacionados con el hogar, pues su uso principal era de recubrimiento vitrocerámico.

Lanzamiento de bonvidre en Francia

El producto, material de vidrio y cerámica hecho para cubrir la superficie de los fogones eléctricos de las cocinas, parecía tenerlo todo para lograr éxito en ese mercado. Era completamente no poroso (por ello resistente a las manchas), fácil de limpiar y de larga duración. Lo mejor de todo era que cuando un quemador estaba encendido, el calor no se propagaba y se concentraba justo en el círculo directamente sobre el quemador. Por ello, después de diez años, los quemadores he-

chos de Bonvidre todavía funcionaban como si fueran nuevos.

A pesar de lo anterior, la empresa pensó que no sería fácil conquistar el mercado francés. En primer lugar tendría que ganarse a los fabricantes de cocinas, los cuales deberían promocionar Bonvidre entre los comercios, diseñadores de cocinas, arquitectos y constructores. Los comercios deberían a su vez influir en los clientes finales.

En 1998, dos años después del probado éxito en el mercado español, la filial de Cristalerías Montblanc Francia se puso a vender Bonvidre con una estrategia agresiva a un público objetivo de catorce fabricantes de electrodomésticos franceses. La filial posicionó Bonvidre según a sus cualidades de ingeniería e impresionante técnica, mostrando cortes transversales de cocinas y a través de cantidad de charlas de alta tecnología. Luego esperó con optimismo a que le llegasen los pedidos. Las compañías de electrodomésticos escuchaban pacientemente las explicaciones de los agentes comerciales, pedían muestras gratuitas y luego no hacían absolutamente ningún pedido.

La investigación de la agencia de publicidad de Cristalerías Montblanc reveló dos problemas:

1. La empresa había fallado al no posicionar Bonvidre entre los clientes de los fabricantes. El material era aún virtualmente desconocido, no sólo entre los consumidores finales, sino también entre los comerciantes, diseñadores, arquitectos y constructores.

2. Montblanc había intentado posicionar el producto a través de características equivocadas. En la selección de compra de un quemador, al cliente parece importarle muy poco la sofisticada ingeniería a la que se asocia el producto, y mucho más lo que respecta a su apariencia y facilidad de lim-

pieza. Sus principales preguntas son: ¿Es fácil de usar? ¿De limpiar?

Replanteando el posicionamiento de bonvidre

Basándose en estos descubrimientos, los responsables de la empresa trataron de reposicionar Bonvidre, trasladando su énfasis hacia la belleza inherente del material y su versatilidad de diseño. A finales de 1998, la compañía lanzó una amplia campaña promocional para comunicar su nuevo posicionamiento al mercado intermedio y a los compradores finales. Los anuncios incluían temas como "un traje de noche para su cocina", que presentaba un quemador negro aerodinámico y elegante como un smoking, para remarcar esto y persuadir a los diseñadores para que añadieran Bonvidre como "una forma de expresión". Para reforzar su posicionamiento de belleza y diseño, los anuncios presentaban imágenes que incluía una parrilla (grill) geométrica de una cocina con un quemador rojo incandescente.

Complementado los anuncios, la agencia de Cristalerías Montblanc hizo un esfuerzo masivo de relaciones públicas que obtuvo una sustancial cobertura en las publicaciones de bricolaje. También produjo un reportaje informativo acerca de Bonvidre que fue emitido por ciento cincuenta estaciones locales de TV a lo largo de toda la nación. Para reforzar la débil conexión con la cadena de ventas (los vendedores de los electrodomésticos estaban pobremente equipados para poder responder a las preguntas de los clientes acerca de Bonvidre), la agencia creó un vídeo que los vendedores podían mostrar a los clientes en la TV de su propia tienda de electrodomésticos.

Una vez correcta y fuertemente posicionado, Bonvidre comenzó a venderse bien. Todos y cada uno de los catorce fabricantes de electrodomésticos franceses compraban grandes cantidades de Bonvidre y equipaban sus cocinas con ese material. Todos ofrecían, no sólo uno, sino varios modelos de vitrocerámicas. Montblanc era el principal distribuidor de vitrocerámicas en Francia, y éstas cuentan en la actualidad con más del 15% del mercado de cocinas eléctricas. En una feria de cocinas y cuartos de baños, celebrada a finales de 1999, el 69% de toda la línea de modelos de la exposición tenía vitrocerámicas.

La empresa introdujo en el año 2000 las unidades portátiles de vitrocerámicas como alternativa a los tradicionales calentadores, posicionadas también según su estética y facilidad de limpieza. Las unidades de mesa estaban empezando a ganar popularidad rápidamente tanto en mercados comerciales como en las residencias. Para hacer frente a este incremento, Cristalerías Montblanc construyó una planta en Francia que solamente producía Bonvidre para el mercado francés.

Cuestiones

1. Compare las estrategias de posicionamiento utilizadas Cristalerías Montblanc. ¿Por qué una tuvo éxito y la otra falló?

2. ¿Podría ser utilizado el país de origen del producto como una ayuda en su posicionamiento en el mercado?

3. ¿Qué asociaciones podría haber utilizado la empresa para comunicar su exitoso posicionamiento? ¿A qué famosos?

13

Marketing relacional

OBJETIVOS

1. Dar a conocer los principales conceptos relacionados con el nuevo paradigma del marketing relacional
2. Describir el proceso de implementación del marketing relacional en la empresa
3. Explicar el marketing relacional como un proceso

13.1 DEFINICIÓN

Las relaciones de marketing, como fenómeno, son tan antiguas como las relaciones comerciales existen ensayos que describen las prácticas de marketing relacional a lo largo de la historia, luego el surgimiento del marketing relacional como tal no se debe a la ausencia de las relaciones en la historia de la práctica del marketing, si no a la falta de atención explícita a estas relaciones en la investigación, los textos y, claro, en el entrenamiento del marketing.

El marketing relacional es el proceso de administrar las relaciones de la empresa de una manera rentable

Actualmente el término *marketing relacional* es una de las expresiones más de moda en el área. Tratando de precisar esta nueva perspectiva, existen muchas definiciones que afortunadamente tienen fundamentos comunes y difieren únicamente en énfasis y amplitud.

Una de las definiciones más ricas es la de Grönroos (1997), que define el marketing relacional como: "el proceso de identificar, establecer, mantener, reforzar y ser necesario terminar las relaciones con los clientes y otros *stakeholders* de una manera rentable, de tal forma que los objetivos de todas las partes involucradas sean logrados".

En este sentido, el marketing relacional es un proceso global más que una función específica de un área de la empresa; debe-

mos considerar esta perspectiva como una administración que busca la orientación de la empresa al mercado y ya no como una tarea exclusiva de los responsables de marketing. La aplicación del marketing relacional implica el reconocimiento de un nuevo tipo de organización cuya tangibilidad sería cuando menos discutible, ya que, además de un núcleo central (competencia distintiva), cuenta con una amplia red de relaciones que evolucionan en el tiempo.

Grönroos (2004) indica que cuando el marketing está orientado a las transacciones, el núcleo del proceso es el producto. Debe existir un producto, de tal manera que las decisiones puedan ser tomadas acuerdo a cómo distribuirlo, cómo promoverlo y ponerle precio, etc. Sin embargo, el producto existe en un punto dado del tiempo, no evoluciona en una relación continua, de ahí que el producto sea el constructo núcleo y tenga que ser reemplazado con un constructo de largo plazo que vaya de acuerdo con la naturaleza del marketing relacional.

La aproximación relacional ubica el proceso de generación de valor del cliente, no los productos, en el centro del marketing. Si una organización desea ser exitosa, debe alinear sus recursos, competencias y procesos con el proceso de creación de valor del socio con el que desea establecer una relación.

Un buen producto es sólo la condición básica para una relación, pero lo que cuenta más allá de este prerrequisito es la habilidad de la firma para administrar mejor que la competencia los elementos adicionales de la oferta, de tal manera que sea posible crear valor para el cliente en su proceso interno de generación de valor. El producto se convierte en un proceso; visto como tal, incluye elementos tangibles como bienes físicos y equipos, e intangibles, como varios tipos de servicios.

13.2 ORIGEN

Los primeros pensadores del marketing tenían intereses operacionales; en principio, el proceso del marketing fue pensado para buscar formas adicionales de producir utilidad. Aunque el pensamiento del marketing fue influido por otras ciencias como la psicología, la sociología y la antropología, la teoría formal desarrollada alrededor de la idea del intercambio permaneció como el principio central, poniendo considerable énfasis en resultados, experiencias y acciones relacionadas con las transacciones.

La teoría del marketing transaccional, ha sido muy útil en la era industrial, ya que por un lado, estaban las economías de escala que ayudaban a reducir costes y en consecuencia el precio de los bienes y por el otro los intermediarios que ayudaban a los fabricantes a asumir los grandes inventarios de productos terminados. Así, las prácticas de marketing apuntaban a promover el consumo en masa y el marketing era considerado exitoso cuando terminaba en una venta, floreciendo así la orientación transaccional del marketing.

Desde hace aproximadamente diez años, académicos de diferentes latitudes empezaron a cuestionarse la validez de la teoría transaccional para explicar fenómenos como el compromiso relacional entre firmas, que más allá de residir en la teoría de costes transaccionales consisten en contratos relacionales con políticas implícitas de conducta ética. Surgió así el paradigma relacional del marketing como una reencarnación de las prácticas preindustriales, cuando la orientación a la relación era muy clara y con base en la cooperación, la seguridad y la confianza, y se lograban relaciones que permanecían por generaciones.

Para un mejor entendimiento, el origen moderno del marketing relacional desde el punto de vista teórico se puede derivar de cuatro fuentes principales, como se indica en la figura 13.1.

A finales de 1970, investigadores del marketing industrial y de marketing de canales empezaron a desarrollar marcos de trabajo y teorías enfocadas a las relaciones diádicas. Esto fue algo innovador, reconociendo la tradición del marketing mix, que consideraba el intercambio desde el punto de vista transaccional y lo desarrollaba, ya desde la perspectiva del comprador, ya desde la del vendedor.

Al mismo tiempo el área de la administración del marketing de servicios empezó a ser cuestionada por los académicos. Su principal preocupación era que el enfoque del marketing mix no brindaba guías suficientes para modelar y administrar la relación del servicio.

La percepción de calidad del cliente y su subsecuente satisfacción eran un resultado principalmente de una relación de interacción con el personal de la organización; esto hacía

/13.1/
Raíces disciplinarias del Marketing Relacional

Raíces disciplinarias del Marketing Relacional

Marketing Industrial Interacción & Redes

Marketing de Servicios

MARKETING RELACIONAL

Marketing de Canales

Marketing Directo y de Base de Datos

evidente la necesidad de enfatizar el desarrollo y el mantenimiento de las relaciones.

A pesar de la gran cantidad de estudios en el área del comportamiento del consumidor, el análisis teórico de las relaciones de largo plazo entre los consumidores y productores o distribuidores permaneció sin muchos avances. Sin embargo, desde mediados de los ochenta el rápido progreso de las Tecnologías de la Información y comunicación (TIC) contribuyó al desarrollo de una literatura basada en la práctica y conducida a la administración de las relaciones con los clientes a través de bases de datos o marketing directo.

Estas cuatro corrientes surgieron y se desarrollaron dentro de la disciplina del marketing; todas ponen énfasis en las relaciones de las empresas y particularmente en las relaciones con los clientes, y han contribuido grandemente al cambio de enfoque de los intercambios de marketing, desde un fenómeno transaccional hacia un fenómeno relacional, además de brindar fundamentos teóricos y prácticos al concepto del marketing relacional.

El paradigma relacional del marketing explica muchos aspectos de la práctica actual de los negocios e invita a la consideración y creación de relaciones más cercanas para el intercambio. Gracias a este enfoque que enfatiza la creación de valor, las empresas desarrollan una visión más integradora del marketing, en la cual no solo los clientes, sino todos los *stakeholders* de la empresa son interesantes y valiosos en el momento de generar valor a partir de las relaciones.

13.3 LAS DOS TEORÍAS DEL MARKETING RELACIONAL

Para fines prácticos es muy útil distinguir entre dos tipos de teorías de marketing relacional (Figura 13.2) Möller y Halinen (2001) proponen:

a. El marketing relacional basado en el mercado, que trata con relaciones de intercambio relativamente simples y asumen un contexto de mercado.

b. El marketing relacional basado en las redes, que se refiere a relaciones más complejas y asume un contexto de redes.

Al hablar de complejidad relacional nos referimos al número de actores involucrados en la relación y su interdependencia, la naturaleza y la intensidad de la relación y, finalmente, a las contingencias temporales en la relación.

Las relaciones complejas generalmente tienen lugar en un contexto de redes donde la experiencia y el comportamiento de la organización en el pasado son importantes al entender en cualquier otra relación, mientras que las relaciones más simples son más eficientes cuando son gobernadas por el mercado donde la competencia es la fuerza dominante.

Ambas teorías tienen características distintivas y son eficientes en explicar el fenómeno del marketing relacional en sus respectivos dominios. Se debe basar esta distinción en el contexto de la relación (redes o mercados) y no en la división consumidor-negocio.

La utilidad de esta división queda muy clara cuando dividimos las relaciones de acuerdo con:

- Su naturaleza: complejas o estandarizadas, individuales u organizacionales, mantenidas por el vendedor o mutuamente interdependientes.
- Su contexto: atomizadas en mercados competitivos o fuertemente interconectadas incluso en redes de colaboración.

Las principales características del intercambio a su vez pueden puntualizarse de la siguiente manera:

/13.2/
Características del intercambio de relaciones con el consumidor y relaciones interorganizacionales Fuente: Adaptado de Möller y Halinen (2001)

Tipos de teorías de Marketing Relacional

Mercados   Redes

MARKETING RELACIONAL   MARKETING RELACIONAL
BASADO EN EL MERCADO   BASADO EN LAS REDES

Baja complejidad relacional   Alta complejidad relacional

Relaciones con los consumidores Baja complejidad relacional	Relaciones interorganizacionales Alta complejidad relacional
El enfoque está en las relaciones especialista de marketing-individuo.	El enfoque está en las relaciones diádicas dentro de redes específicas.
Un gran número de clientes	Un pequeño número de actores (todo tipo de organizaciones o personas clave).
Bajo nivel de dependencia. Los recursos, relaciones, productos, información, etc. son relativamente abundantes.	Alta dependencia mutua a través de los lazos de los recursos; los recursos son escasos y heterogéneos.
El cambio de socios es relativamente fácil.	El cambio de socios relativamente difícil.
El vendedor es el más activo.	Cualquier actor puede ser activo.
El enfoque está en ciertos eventos, no siempre se logran relaciones de largo plazo.	Las transacciones casi siempre son eventos en relaciones de largo plazo.
El énfasis está en los enfoques administrativos, económicos y psicológicos del intercambio.	El énfasis está en las relaciones de intercambio de recursos, relaciones de intercambio sociales y las relaciones de intercambio interfuncionales.

Es evidente que no siempre existen tipos "puros" de relaciones y lo mejor es ubicarlas en una continuidad de diferentes grados de complejidad relacional para así aplicar las herramientas más apropiadas en un momento dado.

13.4 HERRAMIENTAS ADMINISTRATIVAS

Lamentablemente, con frecuencia se emplea el marketing relacional para señalar un conjunto difuso de ideas cuyo atractivo desaparece en el momento de tratar de ponerlas en práctica.

Las principales actividades en la administración del marketing relacional basado en el mercado tienen que ver con una administración de la organización que se centre en el cliente, uno de los principales problemas es el relacionarse con un gran número de consumidores (de manera prácticamente individualizada) y aun así seguir siendo rentables. En este punto las tecnologías de la información son muy importantes, prácticamente indispensables, para manejar la interfaz del cliente y la reestructuración de la organización de acuerdo al pensamiento del marketing relacional, ya que las principales tareas están vinculadas con los procedimientos internos de las empresas, como la planificación de actividades para clientes regulares y el control del portafolio de clientes.

Cuatro grupos de herramientas analíticas son más relevantes para el marketing relacional basado en el mercado.

- *Primer grupo:* En este grupo tenemos la microeconomía y la optimización; el desarrollo de las bases de datos de clientes, la minimización de los coste de recolección, almacenamiento y uso de la información. La tecnología de los sistemas de información han hecho presentes problemas como la segmentación de las relaciones con el cliente y la administración eficiente de las actividades de marketing para segmentos solucionables cada vez más pequeños.

- *Segundo grupo:* El segundo grupo de herramientas comprenden el marco de trabajo de la calidad percibida que lleva al modelo del "*gap* de calidad", nuevos enfoques de las dimensiones de las relaciones con los consumidores y el trabajo en la retención de clientes.
- *Tercer grupo:* El tercer grupo de herramientas se refiere a los marcos de trabajo desarrollados para proveer formas organizacionales de administración de las relaciones con los clientes, incluyendo marketing interno.
- *Cuarto grupo*: Finalmente, el cuarto grupo tiene que ver con la planificación tradicional y la teoría de control de las actividades organizacionales.

En este punto se debe resaltar que la administración del marketing transaccional y del marketing relacional basado en el mercado no son similares, la diferencia fundamental es que el marketing relacional mantiene como el objeto de interés la relación con el cliente, mientras que el marketing tradicional se enfoca hacia las transacciones. Sin embargo, las herramientas analíticas del marketing transaccional se consideran apropiadas para manejar los problemas del marketing relacional con base en el mercado.

En contraste, los retos administrativos del marketing de relaciones con base en las redes pueden ser descritos como la administración de las interdependencias entre las empresas. Las tareas y los retos incluyen interacciones más amplias y profundas con socios que no siempre son clientes. Las relaciones son más complejas y son tratadas individualmente; los problemas clave se refieren a cómo coordinar actividades con diferentes actores, cómo movilizar recursos críticos y cómo controlarlos a través de estas relaciones.

Los problemas administrativos confrontados por el marketing relacional basado en las redes son más complejos y las herramientas analíticas disponibles para los administradores están menos desarrolladas. La complejidad y el carácter intrincado de los problemas administrativos implican que los problemas y decisiones más importantes sean prácticamente únicos. En otras palabras, existe un grupo limitado de problemas que pueden repetirse en formas similares, por consiguiente también hay pocas herramientas analíticas disponibles para el uso de los administradores. Un área particular en la cual se han diseñado algunas herramientas analíticas es la administración de portafolios de clientes y de proveedores; el reto básico es desarrollar portafolios de clientes que refuercen la ventaja competitiva de largo plazo para la firma.

El carácter histórico, único de los problemas más complejos ha hecho que éstos sean encapsulados en amplios marcos conceptuales. Los marcos de trabajo, los modelos de procesos de desarrollo de relaciones interorganizacionales y la dinámica de las redes también han sido presentados. Todo esto puede ser usado por la administración de marketing para ampliar el entendimiento del contexto de mercado industrial de las compañías, para entender la creación de posiciones en las redes y para operar exitosamente dentro de estas.

13.5 CARACTERÍSTICAS Y TIPOS DE RELACIONES

Existen tres tipos de relaciones: relaciones individuales, relaciones interorganizacionales y megarrelaciones.

Las personas, en general, viven en redes de relaciones (que no siempre cuentan con toda su confianza); cada relación es única, pero las relaciones no existen aisladas, cada una de alguna manera contiene a otras y a su vez es contenida.

Con base en el trabajo de Gummenson (1994), proponemos tres tipos de relaciones: relaciones individuales, relaciones interorganizacionales y las megarrelaciones.

Las relaciones individuales pueden ser internas (con los empleados, departamentos funcionales, unidades de negocio, etc) o externas (proveedores, competidores, clientes, etc). Las relaciones interorganizacionales, de acuerdo con el nivel de integración: transacciones, transacciones repetidas, relaciones de largo plazo, *partnerships*, alianzas estratégicas, *joint ventures,* organizaciones en red y, finalmente, las integraciones verticales. Las megarrelaciones existen en niveles que están por encima del mercado propiamente dicho, como en el caso del megamarketing o las megalianzas y, en ciertos casos, también incluyen las redes personales y sociales.

Lamentablemente aún no existe un número exacto o ideal de variables para identificar y caracterizar las relaciones, pero el siguiente cuadro puede ser muy útil para este propósito:

Cualquier relación puede ser descrita como de alto o bajo nivel, de acuerdo con estas variables. Los indicadores de eficiencia, las metas comunes y la valoración de la relación, por ejemplo, describen la relación en general. Otras reflejan la naturaleza diádica de la relación y por lo tanto pueden tener diferentes valoraciones, dependiendo del punto de vista del que se analice.

Otro aspecto muy útil en el momento de analizar relaciones son los diferentes tipos de integración que las organizaciones pueden alcanzar:

- *Integración estratégica:* Al nivel de la alta administración.

- *Integración táctica:* Cambios organizacionales y de sistemas que vincularán las empresas de una manera más efectiva.
- *Integración operacional:* Acceso oportuno a la información, recursos o personas necesarias para cumplir las tareas rutinarias.
- *Integración interpersonal:* Las personas de ambas organizaciones llegan a conocerse y vincularse personalmente.
- *Integración cultural:* Valores y normas compartidas.

Cada una de estas integraciones debe ser analizada al momento de establecer la estrategia relacional de la organización.

Asimismo, es de esperar que las relaciones cambien con el tiempo, ya sea en función de los intentos estratégicos o en función de otras fuerzas. Morris y otros (1998) discuten un movimiento de la naturaleza de las relaciones desde la toma de conciencia, la exploración, la expansión y la solidaridad hasta la disolución.

Variable	Definición
Compromiso	Deseo sostenido de hacer un esfuerzo máximo para mantener la relación.
Confianza	Confianza en la integridad y fiabilidad del socio.
Cooperación	Reflejos de actitudes, expectativas, y comportamientos que las partes tienen con respecto al trabajo conjunto para lograr metas comunes e individuales.
Adaptación	Magnitud en la cual las partes deben hacer ajustes (específicos para la relación) a procesos, productos, procedimientos, etc.
Metas comunes	Resultados operativos y estratégicos (financieros, técnicos, competitivos) que los socios ven iguales para la relación.
Intercambio de información	Deseo de compartir abiertamente la información que puede ser útil para ambas partes.
Valoración de la relación	Las relaciones pueden ser clasificadas en una continuidad desde las relaciones cooperativas y amistosas hasta las que son competitivas y hostiles
Indicadores de eficiencia	Indicadores financieros que señalen si la relación está logrando sus objetivos (considerando la relación como una entidad separada).
Indicadores de equidad	Medidas del logro de los objetivos estratégicos de los socios.

13.6 LOS PÚBLICOS

El marketing relacional amplía el número de los diferentes públicos que la empresa debe atender y, una vez claras las herramientas del marketing relacional, debemos especificar los diversos públicos que se debe tener en cuenta:

Esta claro que a nivel práctico es prácticamente imposible para una organización administrar todas estas relaciones para todos sus mercados. Por lo tanto, en el momento de establecer la estrategia relacional debemos centrarnos en un mercado específico y realizar un proceso de análisis que debe tomar en cuenta los siguientes puntos:

- Realizar una investigación a fondo que nos permita comprender el verdadero potencial y la importancia relativa de cada una de estos públicos en un horizonte de tiempo dado.
- Establecer los públicos más interesantes para este mercado específico.
- Establecer niveles óptimos para estas relaciones.
- Valorar estas relaciones en la actualidad.
- Establecer los requerimientos de estos públicos.
- Formular la estrategia relacional más adecuada.

Esto hace posible trabajar de una manera operativa con las relaciones más importantes aplicando las herramientas más apropiadas en un momento dado a una relación específica. Después de haber analizado las teorías del marketing relacional, sus respectivas herramientas administrativas, las características y los tipos de relaciones, además de los diferentes públicos con los que trabajar, ahora debemos entender el proceso general del marketing relacional.

Socios proveedores

Proveedores de bienes
(actuales y potenciales)

Proveedores de servicios
(actuales y potenciales)

Socios laterales

Competidores (actuales y potenciales)

Organizaciones no lucrativas

Gobierno (actual y potencial)

Socios compradores

Clientes finales (actuales y potenciales)

Clientes intermedios
(actuales y potenciales)

Socios internos

Unidades de negocios

Empleados (actuales potenciales)

Departamentos funcionales

13.7 EL PROCESO GENERAL DEL MARKETING RELACIONAL

13.7.1 El proceso de interacción

Para entender el marketing relacional como proceso se debe considerar la interacción, la comunicación , el diálogo y la generación de valor.

Como sabemos, el marketing de éxito requiere una solución lo suficientemente buena para el cliente. En el marketing transaccional esta solución es un producto en la forma de un bien físico o un servicio núcleo. En el marketing relacional la solución es la relación misma y su funcionamiento y lleva a la creación de valor y a la satisfacción de las necesidades de los clientes. La percepción de la relación que tiene el cliente es holística y acumulativa.

La relación requiere el intercambio o transferencia óptima de los productos, pero además un patrón de elementos de servicios deben ser incluidos. Sin ellos, los productos pueden ser de valor limitado o sin valor para el cliente. Por ejemplo, servicios atrasados, llamadas tardías, reclamaciones o quejas mal manejadas, ausencia de información o personal que no es gentil pueden destruir lo que pueden ser, en principio, una buena solución.

La relación procede de un proceso de interacción donde varios tipos de contactos entre comprador y vendedor ocurren en el tiempo; estos contactos pueden ser diferentes dependiendo del tipo de situación de marketing, algunos contactos son entre personas, máquinas y/o sistemas.

Para ser capaz de entender y analizar en situaciones prácticas de marketing y planear el proceso de interacción, uno tiene que dividir estas interacciones en las unidades prácticas que indicamos en las características de las relaciones.

Grönroos (2004) ha desarrollado un entendimiento del proceso de interacción para lograr y extender la profundidad analítica de la relación.

Proceso de Interacción

Los actos son la unidad más pequeña de análisis del proceso de interacción, como las llamadas telefónicas, visitas a las plantas o el registro en un hotel. En la literatura de administración de servicios son llamados los *momentos de la verdad*. Los actos pueden estar relacionados con cualquier elemento de interacción, bienes físicos, servicios, información aspectos financieros o contactos sociales.

Los actos interrelacionados forman una entidad natural menor en una relación, un episodio, por ejemplo una negociación, un envío de bienes, o cenar en el restaurante del hotel en el que uno se aloja. Cada episodio incluye una serie de actos; por ejemplo, un envío puede incluir acciones como la ubicación de una orden por teléfono, ensamblar y empaquetar, emitir una queja o enviar una factura.

Los episodios interrelacionados forman el siguiente nivel, que es una secuencia. Las secuencias pueden ser definidas en términos de un periodo de tiempo, una oferta, una campaña, un proyecto o una combinación de éstos.

Esto implica que el análisis de una secuencia puede contener toda clase de interacciones relacionadas en un año particular o durante un proyecto en particular. Las secuencias naturalmente se solapan. Para tomar otro tipo de ejemplo: en un contexto de restaurante, abarca todo lo que toma lugar durante una visita a un restaurante en particular.

El nivel final y más agregado de análisis es la relación. Varias secuencias forman una relación. Las secuencias pueden seguir una a otra directamente, pueden solaparse o pueden separarse por diferentes intervalos de tiempo, dependiendo, por ejemplo, del tipo de negocio. Esta manera de dividir el proceso de interacción en varios niveles de agregación da al administrador de marketing un instrumento lo suficientemente detallado para analizar profundamente las interacciones. Se puede analizar la formación de la relación, los diferentes tipos de elementos del proceso de interacción, resultados de bienes y servicios, información, contactos sociales, actividades financieras, etc. Estas actividades pueden ser identificadas y puestas en una perspectiva correcta.

13.7.2 El proceso de comunicación planificada

De acuerdo al concepto integrado de comunicación de marketing, todos los medios y los esfuerzos de comunicación tienen que estar integrados en un mensaje consistente. Sin embargo, generalmente sólo se incluyen las actividades de comunicación que son más o menos "puras" del marketing, como la publicidad tradicional, la respuesta directa, las relaciones públicas y las actividades de ventas. Sólo se incluyen otros esfuerzos de comunicaciones si éstos se vuelven transparentes y se fusionan con los elementos de comunicaciones del marketing.

El aspecto característico de la comunicación en el marketing relacional es un intento de crear un proceso de comunicación de doble sentido o incluso de multisentido. No todas las actividades son comunicación directa de doble sentido, pero todos los esfuerzos de comunicación deberían llevar a una respuesta de alguna clase que mantenga y refuerce la relación. Cualquier esfuerzo dado, como una reunión de ventas, una carta de *e-mail* directo o un paquete de información, debe ser integrado en un proceso continuo planificado.

Este proceso de comunicación planificada incluye una variedad de elementos que, por ejemplo, pueden ser divididos en actividades de ventas, actividades de comunicación en masa, comunicación directa e interactiva (otros esfuerzos de ventas donde se busque la respuesta directa) y relaciones públicas. La comunicación en masa incluye publicidad, folletos o cartas de venta de las cuales no se espera respuesta inmediata, pero se busca una respuesta más directa en forma de retroalimentación de las interacciones previas, solicitudes de mayor información o una oferta, o una respuesta puramente social.

El proceso de comunicación planificada se puede esquematizar como un círculo paralelo al proceso de interacción, que en su caso incluye un número de episodios que consisten en actos individuales. A menudo, pero no siempre, el proceso de comunicación empieza antes que el proceso de interacción. Desde el punto en que los dos procesos van juntos, la relación es mantenida y luego reforzada. La interacción y el proceso de comunicación planificada son paralelos, lo que significa que deben fundamentarse mutuamente y no contraactuar.

Una actividad en el proceso de comunicación planificada como una reunión de ventas o una carta personalizada crear una expectación y el proceso de interacción debe seguir esta expectación. Si, por ejemplo, sólo el proceso de comunicación planificada es considerado parte del marketing relacional cualquier acto que sea percibido negativamente en el proceso de interacción pueden fácilmente destruir la buena impresión inicial o el esfuerzo de proceso de comunicación planificada y la relación no tiene lugar.

Está claro que aunque los esfuerzos de comunicación como las negociaciones de ventas y las cartas personales pueden parecer relacionales solo la planificación y administración de las comunicaciones a través de distintos medios incluso si es en los dos sentidos no es marketing relacional. Sólo la integración del proceso de comunicación planificada y la comunicación dentro de la estrategia que es sistemáticamente implementada crea

el marketing relacional. Sólo en este caso el valor percibido de la relación para cliente es percibido como favorable.

13.7.4 El diálogo del marketing relacional

Las actividades en la interacción y el proceso de comunicación planificada envían mensajes, acerca de la firma y su manera de servir a sus clientes. Duncan y Moriarty (1997) dividen las posibles fuentes de mensajes en cuatro grupos:

- Comunicación planificada de marketing (mensajes enviados como una parte del proceso de comunicación planificada)
- Mensajes de productos (mensajes creados a través del proceso de interacción)
- Mensajes de servicios (mensajes creados a través del proceso de interacción)
- Mensajes no planificados (referencias personales)

Evidentemente, el primer grupo puede tener menor credibilidad y el último la mayor credibilidad en la mente del cliente.

La comunicación planificada hace promesas de cómo funcionará una solución para el cliente.

Los mensajes de producto se refieren, por ejemplo, al diseño, las características físicas, las características técnicas, la durabilidad, la distribución de elementos de producto en una relación de comunicación con el cliente.

Los mensajes de servicios se originan en la interacción con un servicio y otros procesos.

Finalmente los mensajes no planificados son comunicados vía noticias, chismes de los empleados y propaganda de boca a oreja. En este contexto la empresa debe tomar en cuenta que la ausencia de comunicación también envía mensaje y, por lo tanto, también contribuye al proceso de comunicación total.

Entonces la comunicación planificada toma lugar en el proceso planificado del marketing, los mensajes de producto y servicio son creados en el proceso de interacción, y la propaganda de boca a oreja y otros mensajes no planeados son resultado de cómo perciben el cliente y otros individuos todos estos procesos y cómo se fundamentan o interactúan unos con otros.

Los varios tipos de mensajes se desarrollan en un proceso continuo y probablemente sus efectos sean acumulativos en la mente del cliente. El flujo de interacciones va construyendo episodios y eventualmente creciendo dentro de una relación. Si el proceso de comunicación planificada soporta y es soportado por el mensaje de productos y servicios creado en el flujo de episodios del proceso de interacción, tiene lugar la comunicación favorable no planificada resultando en propaganda de boca en boca. Así la firma y el cliente estarán motivados, lo cual es un prerrequisito para dos partes que se comprometen en un diálogo.

Un diálogo puede ser visto como un proceso interactivo de razonamiento, de tal manera que sea posible una plataforma de conocimiento común. Si esta plataforma de conocimiento permite al proveedor crear valor adicional para el cliente, el marketing relacional se facilita, además de crear valor extra para el proveedor también. Estar involucrado en un diálogo significa que uno aprovecha el conocimiento existente, pero también está involucrado en la creación de conocimiento nuevo que, entre otras cosas, puede llevar al desarrollo de mejores soluciones para todos.

Los clientes deberían sentir que la firma que se comunica con ellos muestra un interés único en ellos, sus necesidades, requerimientos y sistemas de valores y que de una manera convincente defiende sus productos, servicios y otros elementos del total de la oferta disponible. Aún más, ellos deben ver que la firma aprecia la retroalimentación y la usa. En tal situación, los aspectos de comunicación del proceso de interacción del marketing relacional se fusionan en un proceso de comunicación simple en un sentido, es decir, los dos procesos se fusionan en una relación de diálogo. Sin embargo, para que esto pase todas las partes involucradas tienen que ser capaces de escuchar y responder a los mensajes de la otra parte.

En otras palabras, los mensajes planeados de comunicación no llevan a un diálogo, pueden iniciar un proceso de diálogo, pero son necesarios las interacciones y los mensajes basados en las interacciones para que se desarrolle. Finalmente, la naturaleza y el contenido de las referencias de boca en boca probablemente diferirán en función del tiempo que el cliente esté involucrado en el proceso de interacción.

13.7.5 El proceso del valor del marketing relacional

Claramente el marketing relacional requiere más esfuerzos que el marketing transaccional, por consiguiente una estrategia relacional debe crear más valor entre las partes. El consumidor tiene que percibir y apreciar el valor que es creado a través de una relación continua. Como una relación es un proceso en el tiempo, el valor para el cliente está también surgiendo en el tiempo. Esto se denomina *proceso de valor*; si el marketing relacional va a ser exitoso y significativo para el cliente, debe haber un proceso de valor positivo paralelo al proceso de comunicación e interacción planificado.

Tradicionalmente, el valor ha sido usado en el marketing y el estudio de comportamiento del consumidor como "el valor de los clientes para una firma"; sólo en cierta medida el "valor para el cliente" ha sido discutido en la literatura y cuando esto ha sucedido ha sido en un contexto de marketing transaccional. El valor percibido por el consumidor es la evaluación total del consumidor de la utilidad de un producto basado en la percepción de lo que es recibido y lo que es dado. Aunque algunos autores observan que el aspecto relacional como una parte constituyente de la oferta no se está tomando en cuenta, está claro que la relación como tal debe tener un mayor efecto en el total del valor percibido.

En una relación cercana, el cliente probablemente cambie de enfoque desde la evaluación de las ofertas separadas hacia la evaluación de la relación como tal. Por ejemplo, lo que una compañía está produciendo (el núcleo del negocio) es por supuesto fundamental, pero no será la razón final de compra.

Uno puede imaginar que incluso si la solución en términos de bienes y servicios no es la mejor posible, si la relación es considerada lo suficientemente valiosa para las partes, todavía pueden encontrar un acuerdo. El valor es considerado un constituyente importante del marketing relacional y la habilidad de la compañía para proveer de mayor valor a sus cliente es considerada como la más exitosa de las estrategias.

Cuando las transacciones son el fundamento del marketing, el valor para los clientes está embebido del intercambio de un producto por dinero en un episodio dado. El sacrificio percibido iguala al sacrificio pagado. Sin embargo, cuando las relaciones son la base del marketing, el rol de productos se vuelve más borroso. En el caso de maquinaria industrial, por ejemplo, además del producto central, el cliente tiene que estar satisfecho con lo que compró, la entrega, entrenamiento, mantenimiento, información, administración de reclamaciones y demás. Si estos servicios no son buenos, es fácil ver como el valor del producto central es cuestionable. Sin los servicios, es altamente cuestionable si este producto tiene valor o no.

En un contexto de relación, la oferta total incluye la solución núcleo y servicios adicionales de varios tipos (por ejemplo, experiencia demostrable). El sacrificio incluye un precio y un coste adicional para el cliente, obedeciendo al hecho de que uno está en una relación con otra parte. En un contexto de relación, este tipo adicional de sacrificio puede ser llamado *coste relacional*. Estos costes comienzan con la decisión de establecer una relación con un proveedor.

Los costes de la relación pueden incrementarse si el cliente, por ejemplo, tiene que mantener un inventario más grande que el necesario debido a la política del cliente (costes directos de la relación) o por costes de mantenimiento más altos de los esperado debido a reparaciones tardías, mantenimiento del servicio o alguna otra desviación de algún acuerdo (costes de indirectos de la relación).

Otra manera de cuidar el valor para los clientes es distinguir entre un valor núcleo de una oferta y el valor añadido de elementos adicionales en la relación. Finalmente, el valor para el cliente en una relación puede ser visto como la suma del componente de valor de un episodio y un componente de valor que está embebido de la relación misma. De ahí que el valor percibido por el cliente VPC en

un contexto de relación pueda ser descrito como sigue:

VPC = (la solución núcleo
+ los servicios adicionales) /
(precio + costes de la relación)...................(1)
VPC = valor núcleo +/- valor añadido............(2)
VPC= valor del episodio
+/- valor de la relación ....(3)

En una relación el valor percibido por el cliente se desarrolla y percibe en el tiempo. En la ecuación (1) el precio tiene una noción de corto plazo, en principio es pagado en la entrega del producto núcleo. Sin embargo, los costes de la relación ocurren en el tiempo mientras la relación se desarrolla. La utilidad de la solución núcleo es percibida y los servicios adicionales son experimentados en secuencias de episodios y actos simples.

En la ecuación (2) está presente una noción de largo plazo, el componente del valor añadido es experimentado con el tiempo. Pero es importante observar los signos dobles; a menudo el valor añadido es tratado como si algo estuviera siempre adicionado al valor núcleo. Este claramente no es el caso, porque el valor añadido puede también ser negativo. El valor de un buen producto núcleo puede decaer o incluso ser destruido por entregas retrasadas, mala administración de las quejas, facturas equivocadas, etc. Los servicios adicionales no añaden valor positivo; en vez de eso, crean un coste de relación que es restado del valor del producto núcleo. En situaciones con valores añadidos negativos, para crear valor no es necesario brindar nuevos servicios, sino que la firma debe mejorar los servicios que ya existen. Esta en una de las maneras más rápidas de crear valor. Siempre es posible crear nuevos servicios, pero estos deben ser considerados aparte de los servicios negativos que restan valor a la oferta.

Finalmente, en la ecuación (3) se considera que el valor percibido por el cliente incluye un componente explícito de valor relacionado con el mero hecho de que una relación existe. Este componente de valor incluye, por ejemplo, un sentimiento de seguridad, un sentido de confianza, costos controlados de la relación, riegos mínimos, etc. Por supuesto, esta parte del valor de la relación en la ecuación deberá ser positivo. Sin embargo, si los destructores de valor están presentes en la relación, también puede ser negativa. Es este caso es debatible si el cliente percibe que una relación existe. El cliente puede continuar haciendo negocios con el proveedor solo porque los vínculos los relacionan por ejemplo, el precio, la localización o la tecnología. Teóricamente parece importante mantener los componentes de valor del episodio y de la relación aparte. Pero es posible que el cliente no siempre los perciba como separados.

Las soluciones núcleo y los servicios adicionales, brindados en las secuencias o episodios en el proceso de interacción, deberían crear un valor percibido para el cliente en una base continua. El valor del núcleo no debería ser reducido por valor añadido negativo. Al mismo tiempo, las actividades de comunicación en el proceso de comunicación planeada deberían soportar este proceso de valor y no destruirlo.

En conclusión, una estrategia de marketing relacional requiere que los tres procesos discutidos sean tomados en cuenta en su planificación. El proceso de interacción es el núcleo, el proceso de comunicación planificada es un aspecto distintivo y el proceso de valor es el resultado. Cuando estos procesos son integrados consistentemente, tiene lugar el impacto del marketing relacional. Si la integración es exitosa, la interacción y el proceso de comunicación planificada pueden fundirse en un diálogo, en una relación continua entre las partes. Si el progreso del proceso de valor del cliente no es cuidadosamente analizado, pueden tener lugar acciones equivocadas. En este caso, debido al conflicto de señales para los clientes y las promesas que no se cumplen, el valor del proceso puede tornarse negativo.

Finalmente, para los que consideran el marketing relacional como una solución para todos los clientes, cabe decirles que este no es el caso; algunos clientes estarán más deseosos de aceptar un contacto relacional con una firma, mientras que otros quieren un contacto transaccional. Aún más, una misma persona puede, en una situación, estar interesada en una relación y en otras no. Grönroos (2004) nos habla en este caso de modos relacionales activos o pasivos. Los consumidores o usuarios en un modo activo buscan contacto, mientras que los que están en un modo pasivo estarán satisfechos con la idea de que la firma estará ahí por ellos cuando lo necesiten. Sólo hay sugerencias con respecto a por qué los clientes escogen entrar en un modo relacional y reaccionan favorablemente a la aproximación del marketing relacional. Pero sabemos poco de los antecedentes de un modo relacional activo o pasivo y acerca de los factores endógenos o exógenos que hacen oscilar al cliente de un modo transaccional a un modo relacional y desde un modo relacional pasivo a uno activo.

La existencia de múltiples teorías de marketing indica claramente que son necesarias diferentes perspectivas para lograr un enfoque completo del marketing para las organizaciones. El marketing relacional no reemplaza al marketing transaccional, ni lo hace obsoleto, porque ambas teorías deben ser administradas de manera que se acomoden al comportamiento del público objetivo.

Conceptos fundamentales

Acto. La unidad de análisis más pequeña del proceso de interacción, por ejemplo una llamada telefónica...

Diálogo. Proceso interactivo de razonamiento que hace posible una plataforma de conocimiento común.

Episodio. Grupo de actos vinculados; por ejemplo, una negociación.

Comunicación planificada. Proceso que incluye actividades decomunicación en masa, comunicación directa e interactiva (otros esfuerzos de ventas donde se busque la respuesta directa) y relaciones públicas.

Marketing relacional. Proceso de identificar, establecer, mantener, reforzar y de ser necesario terminar las relaciones con los clientes y otros stakeholders de una manera rentable, de tal forma que los objetivos de todas las partes involucradas sean logrados

Marketing relacional basado en el mercado. Aquel que trata con relaciones de intercambio relativamente simples y asumen un contexto de mercado

Marketing relacional basado en las redes. Aquel que se refiere a relaciones más complejas y asume un contexto de redes.

Megarrelaciones. Relaciones que existen en niveles que están por encima del mercado propiamente dicho, como en el caso del megamarketing o las megalianzas y en ciertos casos también incluyen redes personales y sociales.

Relaciones individuales externas. Relaciones con proveedores, competidores, clientes, etc.

Relaciones individuales internas. Relaciones con empleados, departamentos funcionales, unidades de negocio, etc.

Relaciones interoranizacionales. De acuerdo con su nivel de agregación, pueden ser: las transacciones, transacciones repetidas, relaciones de largo plazo, partnerships, alianzas estratégicas, joint ventures, organizaciones en red y, finalmente, las integraciones verticales.

Relación. Sucesión de varias secuencias.

Secuencia. Serie de episodios vinculados que generalmente se definen en términos de tiempo, por ejemplo una campaña.

Shareholder. Accionista de la organización.

Stakeholder. (implicados) para designar a personas u organizaciones que son afectadas (favorablemente o adversamente) por las operaciones de la empresa.

TIC. Siglas para designar los sistemas de información de la empresa u organización (tecnologías de la información y comunicación).

Test sobre el capítulo (Sólo una respuesta correcta)

1. De acuerdo al paradigma relacional, un producto es:
   a) Un bien tangible
   b) Un proceso
   c) Una relación

2. Las raíces disciplinarias del marketing relacional son:
   a) El marketing directo y el marketing de canales
   b) El marketing industrial, el marketing de servicios, el marketing directo y el marketing de canales
   c) El marketing transaccional con una nueva perspectiva

3. La complejidad relacional se refiere a:
   a) Al número de actores involucrados en una relación y a su interdependencia
   b) La intensidad de la relación y las posibles contingencias

   c) Al número de actores, su interdependencia, la intensidad de la relación y las posibles contingencias

4. Las relaciones complejas generalmente tienen lugar en:
   a) Un contexto de mercado
   b) Un contexto de redes
   c) Un contexto mixto

5. Las principales herramientas administrativas del marketing relacional basado en el mercado son:
   a) Las mismas que utiliza el marketing transaccional
   b) Similares a las del marketing transaccional, pero ahora el enfoque está en la relación con el cliente y no en la transacción
   c) Diferentes a las del marketing transaccional porque ahora el enfoque está

en la relación con el cliente y no en la transacción

6. Los retos administrativos del marketing relacional basado en las redes pueden ser resumidos como:
   a) La aplicación de una nuevas estrategias de marketing
   b) La diferenciación clara entre relaciones y transacciones
   c) La administración de las interdependencias de las empresas

7. Las interacciones transorganizacionales se pueden clasificar como:
   a) Interacciones relacionales
   b) Interacciones contractuales-relacionales
   c) Interacciones transaccionales-contractuales

8. La integración que facilita el acceso oportuno a información, recursos o personas para cumplir las tareas rutinarias es:
   a) La integración operacional
   b) La integración interpersonal
   c) La integración cultural

9. La última etapa en la evolución de la naturaleza de las relaciones es:
   a) La solidaridad
   b) La disolución
   c) La exploración

10. Inmediatamente después de realizar una investigación a fondo para comprender el potencial y la importancia relativa de cada uno de nuestros públicos en un horizonte de tiempo dado, debemos:
    a) Formular la estrategia relacional más adecuada
    b) Establecer niveles óptimos para las interacciones con estos públicos
    c) Decidir cuales son los públicos más interesantes

11. La sucesión de las unidades prácticas de las relaciones es la siguiente:
    a) Acto, episodio, secuencia, relación
    b) Episodio, acto, relación, secuencia
    c) Secuencia, acto, episodio, relación

12. Los dos enfoques del marketing relacional son el:
    a) Marketing relacional basado en el mercado y marketing relacional basado en las redes
    b) Marketing directo y marketing de bases de datos
    c) Marketing para relaciones de largo y corto plazo

13. La función de las tecnologías de la información en el marketing relacional es:
    a) Aplicar la estrategia de marketing relacional
    b) Reestructurar la organización de acuerdo al pensamiento del marketing relacional y manejar la interfaz del cliente
    c) Trabajar en un contexto de redes y mercados

14. Las interacciones interorganizacionales son:
    a) Más transaccionales que las interacciones transorganizacionales
    b) Más relacionales que las joint ventures
    c) Menos relacionales que las interacciones transorganizacionales

15. Los indicadores financieros que señalan el logro de los objetivos de una relación son:
    a) Los indicadores de equidad
    b) Las metas comunes
    c) Los indicadores de eficiencia

16. La organizaciones no lucrativas pueden ser consideradas:
    a) Socios internos
    b) Socios verticales
    c) Socios proveedores

17. Para implementar el marketing relacional como un proceso, se debe tener en cuenta:
    a) El proceso de interacción y la planificación de recursos
    b) La comunicación planificada y las relaciones
    c) El proceso de interacción, la comunicación planificada y el proceso de generación de valor

18. ¿Cuál es el aspecto distintivo de la comunicación planificada en el marketing relacional?
    a) La aplicación de las tecnologías de la información

    b) El intento de crear una comunicación en doble sentido o incluso multisentido
    c) La atención a diferentes públicos

19. Las fuentes de mensaje en el marketing relacional pueden ser:
    a) La información de producto y la propaganda de boca en boca

    b) La comunicación planificada, los mensajes de productos, mensajes de servicios y los mensajes no planificados
    c) La comunicación planificada y los mensajes creados durante el proceso de interacción

20. Una de las maneras más rápidas de crear valor para el cliente es:
    a) Mejorando el producto
    b) Brindando nuevos servicios
    c) Eliminar los valores añadidos negativos, mejorando los servicios existentes

"DESDKASA" (Marketing relacional)

(Este documento no pretende ilustrar una determinada forma de gestión, sino que debe servir como base para el diálogo. Para que la discusión sea provechosa, es necesario preparar el caso con antelación, definiendo los problemas y proponiendo alternativas de solución y acción.)

Para David Dávalos, un Administrador de empresas llegado a España, no había duda con respecto a las nuevas oportunidades de negocio que podía encontrar en este nuevo país. Uno de los aspectos más interesantes que llamaron su atención fue la gran cantidad de bolivianos que vivían en España (300 mil). Esto despertó su interés con respecto a las necesidades comunes que tenían esas personas y cómo eso podía convertirse en una buena idea de negocio para él.

La pregunta clave fue: ¿Qué es lo que puedo ofrecerles a estas personas que no tengan? Obviamente pueden haber muchas y muy variadas respuestas, no obstante pensó en la pirámide de Maslow y concluyó: es evidente que cualquier ser humano tiene como prioridad satisfacer sus necesidades básicas, como la alimentación, por ejemplo, aunque esta necesidad también puede ser satisfecha por alimentos españoles…; sin embargo, estos alimentos no se sienten como "propios", no se sienten como los de casa.

David Dávalos lo tenía claro; además de proveer de alimentos, debía proveer de identidad, sentimiento de familiaridad, ahí estaba el negocio.

Así nació DESDKASA, empresa unipersonal fundada en marzo del 2005, ubicada en la calle Capitán Arenas 70. En sus inicios la empresa proveía únicamente de conservas bolivianas a cinco "colmados" y recibía pedidos y conservaba grandes inventarios para poder satisfacer estos pedidos.

Entre los muchos problemas que ha ido enfrentado DESDKSA en estos años de funcionamiento, está la dificultad al ampliar su oferta de productos debido a la falta proveedores de confianza pues cuando se trató de importar cereales, estos no cumplían la calidad concertada; además, ha habido retrasos en las entregas a los clientes, pedidos insatisfechos, altos costes de inventario e ineficiencias en los procesos.

Estas condiciones no se encuadraban dentro de las pretensiones de la Gerencia (a cargo del propio David Dávalos) de convertir a DESDKASA en una importadora moderna y eficiente con una amplia oferta de productos bolivianos, así que decidió llevar adelante la reorganziación de la empresa, esperando así poder satisfacer la creciente demanda.

En la nueva etapa, la empresa fue asesorada por consultores externos y se realizaron muchos cambios internos; no obstante, DESDKSA recibe quejas y reclamos de sus clientes con relativa frecuencia y aún no ha podido ampliar lo necesario su oferta de productos. Urge la necesidad de una mayor orientación al cliente, así que la Gerencia nos cita para que nosotros como consultores de marketing, despejemos algunas dudas.

Caracterización de la empresa

DESDKSA cuenta con la siguiente estructura orgánica:
Las funciones principales de las áreas y departamentos son:

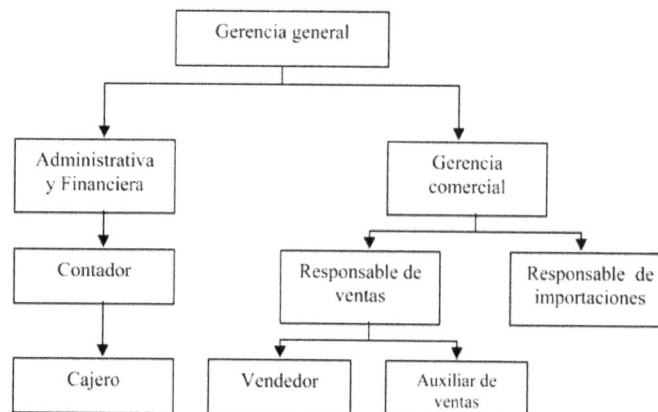

- Gerencia general: El órgano superior de la empresa. Bajo su cargo está la dirección de toda laempresa, preside las reuniones y la toma de decisiones en todos los aspectos comerciales, financieros, administraticos y de personal de la empresa.

- Gerencia administrativa y finanzas: Tiene como función la organización, control y evaluación de todas las funciones y actividades administrativas de la empresa. De este cargo dependen el contador y el cajero.
- Gerencia comercial: Es el órgano encargado de llevar a cabo el ejercicio, desarrollo y control de la actividad comercial de la empresa. Se encarga específicamente de supervisar todo lo referente a publicidad, promoción y distribución de los productos.

Tanto la visión, misión como los objetivos de la empresa fueron definidos por la Gerencia General:

Visión: Ser conocidos como líderes en la importación, distribución y comercialización de productos bolivianos.

Misión: Proveer de productos alimenticios bolivianos de buena calidad y buen precio en el mercado español.

1. La oferta comercial

DESDKSA en la acutalidad, importa y comercializa los siguientes productos detallados en la tabla siguiente:

Además, se han recibido solicitudes para cereales embolsados (quinua, maca y amaranto) y de bebidas alcohólicas (cerveza, singani).

2. Procesos

No existe un sistema de gestión de calidad. Los procesos de aseguramiento y de control de calidad se reducen a la inspección aleatoria de una muestra en la mercadería recibida. Los procesos para la recogida de información consisten en pesquisas en Internet y una diálogo abierto y directo con las partes implicadas.

3. Tecnología

La tecnología de la empresa es bastante sencilla, ya que los procesos en general no son complejos. Los datos referidos a los clientes se almacenan con la ayuda de una simple base de datos de colmados latinos y de bares y restaurantes bolivianos. También se cuenta con información acerca de los proveedores actuales y posibles.

4.Personal

Los trabajadores de la empresa son constantemente estimulados por la Gerencia a tomar decisiones a favor de los clientes y trata de recompensar los comportamientos que evidencian este enfoque.

5. Estrategia competitiva

La Gerencia de la empresa comprende que los clientes y su satisfacción son el motor de la organización y que son los que definen el éxito y los resultados de la importadora. Los clientes son los que deciden el producto que desean y muchas veces lo solicitan directamente, aunque en otras ocasiones son los colmados los que reciben estos pedidos y los dan a conocer a DESDKASA. Lamentablemente, la empresa hasta ahora no se ha planteado la idea de elaborar programas de marketing individualizados o por pequeños segmentos de clientes.

El dilema

La Gerencia conoce el enfoque del marketing relacional, y pone mucha pasión en cada pro-

Código	Descripción	Unidades U/mes
001	Carne en conserva (carne de camélido, envases de 500 ml)	20.110
002	Salsa de tomate (tomate frito, envase de 300 ml)	5.000
003	Salchichas (salchichas de res en conserva, envase de 500 ml)	32.000
004	Salsa tabasco (salsa de "locoto", envase de 50 ml)	35.250

yecto que emprende. La organización en general tiene una mentalidad abierta para encontrar oportunidades de mejora y expansión, pero la Gerencia teme que tratar de aplicar la filosofía del marketing relacional a su empresa sea "quemar etapas", tratando de aplicar algo demasiado adelantado cuando aún no se ha controlado lo anterior; además, piensa que no cuenta con personal para implementar nuevos procesos.

1. ¿Cuál es nuestra respuesta ante estos argumentos?

Una vez escuchados nuestros argumentos, el gerente nos pide que antes de tomar una decisión le respondamos a las siguientes preguntas:

2. ¿Cuáles son los procedimientos que la empresa debería seguir para conocer mejor a sus clientes directos e indirectos?

3. ¿Puede la empresa con los medios que cuenta, diferenciar a sus clientes según el valor que estos son capaces de generarle, así como de las necesidades que demandan ser satisfechas?

4. ¿Cómo podría mejorar la interacción con los clientes sin complicar demasiado los procesos?

3 ¿Cómo podría la empresa mejorar su relación con sus proveedores para asegurar la calidad de los productos?

14

El plan de marketing

OBJETIVOS

1. Establecer las guías para diseñar un plan de marketing
2. Ofrecer elementos para desarrollar el contenido de cada una las fases del plan: análisis, consenso de objetivos y estrategias, reparto de tareas, implementación, control y ajuste
3. Animar a su elaboración e insistir en la relevancia de contar con un "mapa" para alcanzar los objetivos fijados por el departamento de marketing y los de la organización

14.1 LA NECESIDAD Y UTILIDAD DE UN PLAN DE MARKETING

El contenido de este capítulo tiene como objetivo determinar cuáles son las fases que debe contemplar un plan de marketing elaborado para el lanzamiento de un nuevo producto o servicio, o bien para el relanzamiento de uno ya existente, en forma de *check list* de aspectos a tener en cuenta.

El plan de marketing consiste en un documento escrito en el que se detallan todas las variables relacionadas con los objetivos, que también hemos de fijar en nuestra singladura después del estudio de situación y de haber comprendido los resortes que gobiernan nuestra empresa y el sector en el que operamos. Este ejercicio debe servir además, bajo el prisma del marketing, para obtener una visión actual y futura que nos permita establecer las directrices y reducir al máximo los riesgos empresariales.

En la misma línea, la existencia de un documento de apoyo o guía facilitará que todos los miembros de la organización involucrados hablen el mismo idioma y que la referencia al plan no nos plantee más dudas que las propias de la complejidad en la ejecución de las tareas que tenemos asignadas.

Por todo ello, una de las principales propiedades que debe tener un plan de marketing es la sencillez, la flexibilidad y el pragmatismo. Los objetivos a su vez deben ser ambiciosos, pero claros, coherentes y realistas. Finalmente, el presupuesto para su implementación debe ser real. Es fácil encontrar en las organizaciones grandes objetivos y estrategias que, a la hora de la verdad, no pueden llevarse a cabo debido a la limitación de recursos.

La introducción de un nuevo producto o servicio en el mercado supone para la empresa una decisión importante y costosa. En este contexto, el desarrollo de un plan de marketing previo al lanzamiento constituye una tarea obligada y de gran utilidad debido a que:

Facilita la coherencia del proyecto (análisis de recursos y oportunidades, determinación de objetivos, estrategias y tácticas de rentabilidad).

Para afrontar con posibilidades de éxito la introducción de productos en los actuales mercados, tan competitivos, es preciso hacerlo con profesionalidad. Se acabaron aquellos tiempos en los que el "gran vendedor" tomaba sus "armas" y "salía de caza", diciendo: "Veremos qué pieza se me pone hoy a tiro".

Esa tan necesaria profesionalidad nos obliga a poner negro sobre blanco lo que vamos a hacer. Esto es, hemos de contar con un mapa que nos indique hacia dónde debemos ir y que nos ayude a prever estadios futuros.

Obliga a definir objetivos y la forma de alcanzarlos (estrategias) en el marco de unos recursos que siempre son limitados.
Objetivos que deben ser, además de lo anteriormente expuesto, adecuados a la situación del mercado, en el momento elegido para ese lanzamiento. Estamos, pues, ante temas estratégicamente definidos y para los que debemos diseñar las oportunas acciones que nos lleven a alcanzar nuestros propósitos.

Prevé cómo sacar el máximo partido de las oportunidades, cómo solventar problemas y evitar amenazas.
Aprovecha las oportunidades detectadas en ese previo análisis de la situación, así como los puntos fuertes de nuestra organización, nuestra marca, nuestra posición en los mercados, las posibles cadenas de distribución y las capacidades de comunicación de nuestra fuerza de ventas.

En este sentido, hemos de resaltar que el análisis es tanto interno como externo, y el conocido DAFO (Debilidades, Amenazas, Fortalezas y Oportunidades) es de vital importancia en las primeras fase de un plan. Podemos desarrollar conceptos y variables del tipo:

1. Análisis del entorno: analizar la situación social, política, demográfica (envejecimiento de la población), económica (estado del ciclo económico, tasa de desempleo, tipos de interés, inflación), etc., y cómo puede influir en las decisiones de compra de la población.
2. Análisis del mercado y del público objetivo: necesidades, deseos, valor que tienen los productos de la empresa para su público objetivo, capacidad adquisitiva, demanda potencial, valores, segmentos del mercado y hábitos de consumo.
3. Análisis competitivo: grado de competitividad en el sector, número y características (tamaño, líneas de productos, precios, servicios,

imagen corporativa y estrategias). Amenaza de nuevos entrantes, en relación con las barreras de entrada que haya en el sector (inversión mínima necesaria, conocimiento del producto y el mercado, personal, etc.).

Productos sustitutivos que pueda haber o que puedan aparecer. En relación con el análisis de la situación interna:

1. Personal de que se dispone, estrategias, instalaciones, *know-how*, imagen que se da al exterior, costes fijos y variables, etc.
2. Producto: amplitud y/o profundidad de la gama, marcas, envases, calidad, etc.
3. Precio: con qué criterio se han establecido, como están en comparación con la competencia, margen.
4. Promoción y comunicación: ¿llega a nuestro público objetivo?, ¿qué medios utilizamos (publicidad, promociones, relaciones personales, eventos ...)?, ¿es el más adecuado?, ¿cuál es el coste por impacto de las campañas publicitarias?, ¿el personal de ventas disponible es el adecuado?, etc.
5. Distribución: más determinante en empresas y comercios mayoristas. Canales utilizados, fidelización de los minoristas...

Detalla los pasos requeridos para ir de donde estás a donde quieres estar. Define tiempo, esfuerzo y recursos necesarios en cada fase.
Después del análisis de situación, y de oportunidades, amenazas, fortalezas y debilidades; después de la fijación de los objetivos y de la definición de la estrategia, hemos de implicarnos en la acción y realización de las tareas necesarias de nuestro plan. Traducir los objetivos en resultados palpables no es sencillo, más cuando precisamos de la colaboración y apoyo de otos departamentos y del presupuesto y recursos para actuar.

Nuestros directivos han decidido "atacar" y ahora nos corresponde a nosotros, tomar las armas ganar la "batalla". Los estrategas han decidido y a nosotros, los tácticos, corresponde diseñar las acciones para ganar la "batalla".

Facilita la asignación de responsabilidades y tareas e instrumentaliza actividades, plazos y secuencias.

Informa a cada uno de los participantes en el proyecto de sus responsabilidades para el alcance de los objetivos y de cómo deben coordinarse sus acciones de forma sinérgica.

Es en este punto en el que el plan de marketing toma fuerza, no sólo como guía de acción, sino como documento y manual que pueda ser fácilmente utilizado por los colaboradores afectados.

Estamos, siguiendo el símil, ante: "la artillería" preparando el terreno". (¿producto? ¿precio?)), "la infantería" presionando el flanco derecho": (¿publicidad y comunicación? ¿Logística?), "la caballería" pasando al ataque": (¿introducción y ventas?)

Permite controlar la implementación de estrategias y tácticas y evaluar resultados. Y, al final de la jornada: "contar los prisioneros": (¿control de resultados?), "lamentar algunas bajas": (¿control de costes?)

Es decir, debemos incorporar a nuestro plan medidas de seguimiento, monitorización, control y ajuste. Con ello, aseguramos la correcta implementación de las acciones y que alcanzamos los objetivos previstos. Según P. Kotler, podemos establecer cuatro tipos de control:

1. Control del plan anual: análisis de los resultados y su correspondencia con los objetivos fijados. Algunas variables que nos pueden ayudar a ello son: análisis de ventas, cuota de mercado, gastos comerciales incurridos, ratios financieros y reacción de los consumidores o usuarios.
2. Control de rentabilidad: determinación de la contribución de los productos, las zonas geográficas, clientes, canales de distribución, etc.
3. Control de eficiencia: con el propósito de mejorar la productividad y los gastos comerciales y de marketing, como por ejemplo la promoción de ventas, la distribución, el merchandising o la publicidad.
4. Control estratégico: como análisis sobre el aprovechamiento de las fortalezas y las oportunidades que ofrece el mercado y las acciones que hemos establecido en nuestro plan.

Puesto que se trata de un proyecto realizado para un producto, servicio, línea de productos o marca que aún no ha sido introducido por la empresa, existirán más áreas de desconocimiento de las que aparecen en el plan de marketing anual de la empresa. Será, pues, necesario hacer suposiciones basadas en productos o servicios similares que la firma ha comercializado o que han sido introducidos por otras compañías.

Pues la experiencia es un grado y otras "batallas" anteriores, propias o ajenas y que bien conocemos, contribuirán a un buen plan de ataque y evitarán errores sufridos en el pasado.

No todo es futuro positivo si no se conocen bien esas experiencias anteriores.

Cabe indicar que uno de los elementos más complejos de gestionar está relacionado con el factor humano de la organización. Es por ello que es preciso trabajar el circuito de comunicación para que la ejecución del plan de marketing tenga éxito.

En definitiva, las utilidades que nos proporciona un plan de marketing pueden resumirse en:

- Es una guía que nos refleja la situación en la que nos encontramos y elimina riesgos futuros.
- Vincula a los empleados de la compañía.
- Permite conocer mejor el entorno, en especial, nuestra competencia.
- Facilita el control de gestión.
- Permite gestionar lo recursos eficientemente.
- Facilita avanzar en la consecución de los objetivos fijados.

Todo directivo responsable de la elaboración de un plan de marketing debe conocer cuándo debe realizarse el plan y qué vigencia tendrá el documento. Ello depende del tipo de empresa. Asimismo, debe orientar a la organización implicada para aportar en equipo los contenidos del plan, debe asignar responsabilidades para su preparación, darle salida al documento y distribuirlos para su implementación.

Finalmente, debe velar por su consecución, hacer seguimiento y conseguir los recursos económicos y humanos necesarios.

14.2 ESTRUCTURA DEL PLAN DE MARKETING

14.2.1 Resumen ejecutivo

Resumen del proyecto global, que incluye: descripción del nuevo producto o servicio, ventaja diferencial respecto a competidores, inversión requerida, resultados previstos (R.O.I., ventas, beneficios, participación de mercado...).

Empezar por el final, de modo que todos tengamos claro dónde hay que llegar, qué objetivos alcanzar y con qué acciones, así como los oportunos controles que nos permitirán evaluar los resultados, en función de los objetivos propuestos.

14.2.2 Índice temático

Algo tan sencillo como puede ser el de cualquier libro de texto de una materia determinada.
- Análisis de la situación propia de la empresa
- Entorno económico
- Clientes potenciales
- Competencia
- Oportunidades
- Objetivos
- Estrategias
- Acciones sobre las cuatro P del *marketing mix*
- Timing previsto (calendario)
- Control de resultados
- Cuenta de explotación propia del plan

14.2.3 Análisis de la situación

Se realiza con el objetivo de determinar si existe realmente una oportunidad de mercado para el nuevo producto o servicio. Contempla dos grandes marcos de análisis, interno y externo.

Parte de la definición de la misión de la empresa, lo que quiere ser y cómo quiere aparecer ante el público en todos los ámbitos.

El análisis de la situación requiere la recopilación de datos históricos de la empresa y del mercado, obteniendo cifras de la evolución de la empresa en los últimos años y argumentos acerca del desempeño de aquélla.

También puede o debe incluirse según el caso: estudio de mercado, análisis DAFO,

análisis de comportamiento de la fuerza de ventas y de posicionamiento de la marca y el producto en el mercado.

En general, a modo de resumen, las siguientes variables pueden ser tenidas en cuenta a la hora de desarrollar los contenidos de un plan de marketing adecuado:
- Entorno: legislación, situación macroeconómica, cultura, etc.
- Imagen de la empresa y la marca o productos, el sector y otras de la competencia
- Equipo directivo y colaboradores
- Mercado: tamaño, segmentos, etc.
- Canales de distribución: tamaño, longitud, número de puntos de venta, logística
- Competencia: cuota de mercado, etc.
- Precios
- Producto: tecnología, línea, costes, lazos de fabricación y entrega, contribuciones unitarias, etc.
- Comunicación: mensaje, presupuesto, medios, etc.

14.2.4 Análisis interno de la empresa

¿Existe coherencia entre la naturaleza del producto / servicio que se pretende lanzar y la finalidad, misión, objetivos, estrategias y ventajas competitivas de la compañía?

Partimos de que todo ello debe ser conocido y asumido, de la mejor manera posible, por quienes confeccionan y redactan el plan de marketing. Sin contradicciones ni carencias.

*¿Posee la empresa los puntos fuertes requeridos para dar soporte al lanzamiento (*know-how*, experiencia, recursos financieros, humanos, de producción y tecnológicos; proveedores, red de ventas, cobertura en la distribución, ...)?*

No basta "querer", sino que es preciso "poder". Recomendamos, expresamente, el huir de voluntarismos frustrantes. Lo que nos proponemos debe ser:
- Adecuado a la situación
- Posible para nuestras capacidades
- Medible, en cuanto a resultados
- Insistimos en que se acabó aquello de "a ver qué pieza se me pone a tiro".

Analizando el portafolio actual de la firma, ¿se trata de un lanzamiento capaz de optimizarlo en función de los objetivos de la organización a medio y largo plazo?

Es decir, ¿"encaja" el plan concreto que estamos diseñando dentro de la estrategia general de la compañía? La victoria será más probable si estrategia y acción se coordinan y se suceden. Tal vez, dejando un cierto margen a posibles decisiones imprevistas, según se desarrollen los acontecimientos.

¿Posee la empresa / marca una imagen capaz de "soportar" el nuevo producto?

Además de "querer", insistimos en que es preciso "poder". Al aplicar recursos al nuevo plan y también evaluando las posibles interacciones con el resto de nuestras actividades, incluida la evolución positiva de nuestra imagen corporativa.

Diagnóstico interno: resumen de lo anterior en términos de "puntos fuertes y débiles" de la empresa. Se pretende, en definitiva, determinar si existe una coherencia entre objetivos, recursos disponibles y la idea de un nuevo lanzamiento.

Una vez más: diagnostiquemos si además de "querer", "podemos". No nos cansaremos de repetirlo. No sólo para huir de frustraciones, sino especialmente para conseguir los objetivos, que deben ser, no lo olvidemos, posibles.

14.2.5 Análisis externo

No sólo debemos ser plenamente conscientes de nosotros mismos y de nuestras posibilidades, sino también, conocer qué es lo que está sucediendo más allá, fuera de nuestros límites, en los mercados.

14.2.6 El entorno

El nuevo producto ¿se ve favorecido por factores de entorno que determinen su oportunidad (convergencia con normativas legales / fiscales, tendencias socio–culturales y/o demográficas, situación política y/o económica, factores del medio ambiente natural...)? ¿Existen amenazas derivadas de dichos elementos?

No vivimos en una "tribu en medio del desierto". Es necesario conocer, lo mejor posi-

ble, todas las posibilidades del "mundo" en el que vamos a intentar mover nuestro producto. Y muy especialmente todo aquello a lo que habrá que enfrentarse para vencer.

Barreras de entrada, modas vigentes y por si fuera poco, tendencias. Es la hora de saber cuáles son terrenos favorables y cuáles son desfavorables. Napoleón venció en Austerlitz, con menos hombres y armamento inferior, porque supo llevar la batalla al terreno que más le favorecía. Utilizando su punto fuerte (su dominio de la artillería, su profesión primera) y aprovechando las oportunidades (las lagunas heladas de la llanura de Austerlitz, en aquel 2 de diciembre de 1805). Casi sin bajas, el enemigo se perdió en aquellos hielos convertidos en aguas pantanosas por el bombardeo artillero y acabó pidiendo la rendición incondicional. ¡La mayor victoria que conocieron los siglos!

Situación de la tecnología para esta clase de productos: ¿se trata de un tipo de tecnología con un ciclo de vida corto o largo? A corto plazo, ¿cómo se prevé que la tecnología afecte al producto?

Porque hay que pensar en obtener beneficios cuantificables, capaces de justificar los esfuerzos que estamos planificando, y eso, en el mundo actual, puede suponer ciclos de vida muy cortos, pues los cambios y avances tecnológicos que consiguen alargar la vida de las personas acaban con los productos "a toda velocidad".

¿Existen grupos de interés / influencia que de algún modo puedan verse afectados por nuestros planes?, ¿de qué modo?, ¿cuál puede ser su reacción (favorable-desfavorable)?

Es preciso pensar, no sólo en los posibles consumidores, sino también en los prescriptores, los decisores y todos cuantos ejercen influencia en la opinión pública (productos de consumo) o en la mayoritaria en el sector (productos industriales).

14.2.7 El mercado

14.2.7.1 El consumidor / cliente potencial

¿Cuál es el tamaño total del mercado, en volumen y en valor?, ¿cuáles son las tendencias?,

¿hay crecimiento, estancamiento, declive? El mercado en el que se pretende introducir el nuevo producto o servicio, ¿es suficientemente atractivo en cuanto a tamaño y evolución?

Las cosas puede ser muy distintas, según los resultados de un análisis de ese tamaño de mercado y sobre todo de su evolución previsible. ¿Capaces de adivinar? Como siempre, habrá que ser capaces de tomar "decisiones inciertas". Pero tratando de que sean lo menos inciertas posible.

Los consumidores potenciales del nuevo producto, ¿cómo se hallan segmentados?, ¿cuál es el tamaño de cada segmento y cuáles las tendencias de crecimiento?, ¿cuáles son las características de cada segmento, su perfil demográfico y psicográfico (edad, clase social, hábitat, estilo de vida, necesidades y motivaciones...) ?

Y es que la palabra "segmentación" resulta la clave de buena parte de los éxitos y también de los fracasos.

¿Cuál es el consumo medio por habitante, hogar, cliente?, ¿cómo evolucionan los hábitos de compra de los compradores?, ¿cuál es la frecuencia o la periodicidad de las compras?, ¿cuáles son los productos sustitutivos que ofrecen el mismo servicio?, ¿cuáles son las causas de satisfacción e insatisfacción?

Volvemos a los "números" y por ello es preciso saberlos manejar, recurriendo a datos que resulten, verdaderamente, sugestivos. Sin voluntarismos y lo más racionales posibles.

¿A qué factores de marketing son más sensibles los compradores: precio, publicidad, servicio, imagen de marca...?

Teniendo en cuenta las llamadas motivaciones psicológicas de los posibles compradores:

- Seguridad
- Afecto
- Bienestar
- Orgullo
- Novedad
- Economía

¿Existe una estructura estacional en las ventas?

El *timing*, tan importante, no sólo para conseguir introducir los productos, sino también para optimizar costes y gestionar bien los recursos, sean éstos humanos o económicos.

¿Cuál es el proceso seguido en la decisión de compra, cuáles son los móviles determinantes?, ¿quién es el comprador, el decisor, el usuario el prescriptor?, ¿frente a qué factores demuestra sensibilidad (al precio, a la distribución, a la comunicación...)?

¿Psicólogos? Por supuesto, un buen experto en marketing debe ser capaz de detectar esas motivaciones que conducen a decisiones que pretendemos favorables para nuestros planes. Napoleón acertaba al suponer que el ejército del Zar se lanzaría, ciego, al ataque, sabiendo que sus fuerzas doblaban las de los franceses. Sin pensar en que los hielos se volverían cieno y barro.

Los consumidores potenciales, ¿valoran positivamente las características del nuevo producto?, ¿aporta según su percepción atributos diferenciales?, ¿cubre alguna necesidad no cubierta?

Debemos ser capaces de prever esas apreciaciones, por parte de los mercados, de nuestros puntos fuertes y así resaltarlos convenientemente. Desde la deseable novedad hasta la más sencilla diferenciación positiva favorable para nosotros. Todos tenemos un "artillero" entre los nuestros.

14.2.7.2 La competencia

Estructura de la competencia: número de competidores directos, cuotas de mercado por competidor, grado de concentración del mercado.

Debemos ser capaces de individualizar esa competencia. Uno por uno, los más posibles y con el mayor número de datos. Es preciso conocer lo mejor posible al "enemigo".

Descripción de los principales competidores: sus productos, objetivos, estrategias, *know-how*, recursos (financieros, humanos, proveedores), grado de fidelidad de sus clientes, canales de distribución que utilizan, ventajas competitivas. Puntos fuertes y débiles.

Como ya apuntamos anteriormente: "con el mayor número de datos sobre cada competidor":

- Calidad
- Características de los productos
- Precio
- Condiciones
- Promoción y comunicación
- Cadenas largas y/o cortas
- Relaciones con los proveedores
- Servicio pre y postventa
- ...

¿Cómo se espera respondan los competidores ante el lanzamiento de nuestro producto?, ¿qué haremos entonces para responder a su amenaza y sacar ventaja de las oportunidades?
De la competencia es preciso saberlo todo y no contar nada.

¿Existen barreras de entrada y salida del mercado para mi empresa/ para otros potenciales nuevos competidores?, ¿cuáles son?, ¿poseen poder de negociación los clientes y/o los proveedores? Productos sustitutivos y nivel de amenaza que representan.
Especial atención, según los casos, a aquellas "competencias" propias de productos susceptibles de provocar "elección" de compra, por parte de los posibles compradores.

Por ejemplo, no hemos de olvidar que para la venta de automóviles, cuando se acerca la Navidad, la "competencia" no son sólo otras marcas y modelos, sino incluso el propio Papá Noel, quien es capaz de dejar sin recursos a los posibles compradores que eligen regalar juguetes y otros obsequios a sus hijos y familiares y que por ello acaban aplazando su deseo de un nuevo vehículo, para "más adelante". ¡Papá Noel, competencia!

Diagnóstico externo: resumen de lo anterior, que contemple las oportunidades y amenazas más relevantes para el nuevo producto derivadas del entorno y del mercado.

14.2.7.3 Determinación de la oportunidad de mercado

Finalizado el análisis, estaremos en disposición de determinar si existe o no una oportunidad, un "hueco de mercado" para el nuevo producto o servicio. Dicha oportunidad, lógicamente, radicará en la capacidad que tenga la empresa para introducirlo y en que

las tendencias de entorno, las características del consumidor potencial y de la competencia nos sean *a priori* favorables.

Necesitamos encontrar esas oportunidades que, de hecho, existen en la mayoría de los casos. Como cuando de una aparente debilidad (como nuestra pequeña dimensión empresarial, frente al tamaño del líder del mercado) podemos hacer una fortaleza (ante esos posibles consumidores de tamaño similar al nuestro y en busca de alguien que "les considere importantes").

Deben listarse y justificarse en este apartado todos aquellos factores considerados como oportunidades de mercado.

Cuanto más exhaustivo y más profesional sea nuestro análisis, mayores probabilidades de éxito, alcanzando los objetivos propuestos.

14.2.8 Objetivos de marketing

En el establecimiento de los objetivos de la empresa o comercio, vemos que pueden ser de tipología diversa, como por ejemplo conseguir una determinada cuota de mercado.

Mantener la posición en el mercado, ante amenazas, como pueden ser las grandes superficies para el comercio minorista:
- Aumentar las ventas en un tanto por ciento
- Aumentar el margen
- Especialización
- ...

Se han de determinar con precisión los objetivos de marketing de la empresa que se deben alcanzar en términos de cifra de ventas, participación de mercado, retorno de la inversión, etc; considerando en cada caso el tiempo requerido para alcanzarlos. Y es que no nos olvidemos de que hay que introducir el producto, ganando cuota de mercado y generando beneficios. ¡Ya está bien de tanta "literatura"! ¡Hay que vencer!

Los objetivos de marketing y comerciales deben ser:
- Coordinados y coherentes con la estrategias de empresa
- Medibles con facilidad, sin enmascaramientos propios de los perdedores, aquellos que "perdiendo votos, parecen que

siempre ganen las elecciones". El mundo del marketing no es compatible con el engaño y la manipulación. Es la persuasión nuestra arma y ese arma es, siempre, ética
- Flexibles y cambiantes, según se desarrollen los acontecimientos y por ello debemos ser, nosotros los de la "acción", también creativos. Modificables en caso de que se produzcan contingencias o cambios en el entorno
- Viables y alcanzables. Fijados desde la realidad y el pragmatismo
- Concretos y precisos. Fácilmente comprensibles
- Ajustados a un plan de trabajo
- Consensuados con el resto de departamentos
- Motivadores, puesto que suponen un reto alcanzable

Podemos encontrar la formulación de dos tipos básicos de objetivos: cualitativos, como por ejemplo la formación de la fuerza de ventas o la mejora de la imagen de nuestra marca, y cuantitativos, entre los que podemos encontrar la previsión de ventas, la cuota de mercado, etc.

14.2.9 Estrategias de marketing

Las estrategias son aquellas acciones, en principio conceptuales, que materializaremos a través de lo que podríamos denominar táctica y operativa. Parten de la formulación de los objetivos y de los análisis que hemos realizado, como por ejemplo el de oportunidades, amenazas, fortalezas y debilidades.

La elección de una o varias estrategias viables, en términos de marketing, pasa por:
- Conocer nuestro mercado objetivo
- Desarrollo de los objetivos en cada una de las variables del mix de marketing
- Valoración del presupuesto
- Determinación de cuenta de explotación
- Configuración del equipo de acción y reparto de tareas

Para llegar a los objetivos fijados habrá que tomar una estrategia o una combinación de varias. A modo de ejemplo, podríamos encontrar las siguientes:

- Penetración: potenciar los productos de la empresa, en el mercado, mediante mejoras en los servicios (horarios, trato, etc.), la calidad, la amplitud de la gama...
- Diversificación: ampliar los negocios de la empresa en áreas diferentes.
- Integración vertical: asumiendo producción y distribución.
- Concentración: centrarse en una sola línea de productos, en un área geográfica, en un segmento determinado de la población.
- Posicionamiento: cómo quiere que los clientes vean a la empresa.
- Diferenciación: centrarse en aspectos concretos para ser asociados directamente por el consumidor.
- Liderazgo en costes: ser los más baratos.
- Entrar en Internet.
- Modificar los sistemas de entrega.
- ...

14.2.10 Determinación del concepto de producto

Descripción pormenorizada de la "idea" de producto cuya viabilidad ha sido facilitada mediante análisis e investigación definiendo correctamente lo que llamamos producto aumentado y su implicación con las restantes variables:
- Precio
- Distribución
- Comunicación
- Servicio
- Tangibles
- Intangibles

14.2.11 Determinación del publico objetivo

Analizado y cuantificado todo el mercado potencial, es preciso, en este estadio, determinar aquel o aquellos segmentos a los que va a dirigirse el nuevo producto o servicio y que va a convertirse en "público objetivo" del lanzamiento. Los segmentos elegidos deben ser suficientemente atractivos para la empresa en cuanto a tamaño y ésta debe poseer recursos suficientes para satisfacer sus expectativas. Siempre hemos dicho, y aquí insistimos, en que una de las claves para poder aplicar recursos con carácter de optimización es la de segmentar los públicos posibles. Y escoger aquellos que verdaderamente interesen.

La definición de publico objetivo debe realizarse en profundidad y con detalle, contemplando tanto aspectos del consumidor / cliente de índole demográfico (edad, sexo, tipo de hábitat, clase social...) como psicográfico (motivaciones, actitudes, creencias, estilo de vida...). Hay que segmentar bien. Algo que parece sencillo y no lo es. Sin embargo, resulta la gran mayoría de las veces, la clave del éxito de cualquier plan.

14.2.12 Posicionamiento del producto/servicio

Consiste en definir la "promesa" ofrecida por el producto a fin de ocupar una posición en el mercado y en la mente del consumidor.

Después de tener muy claro "a quién", es preciso centrarnos en el "cómo". Y entre todos los caminos, saber elegir los de la comunicación. No sólo publicidad, sino la mucho más amplia comunicación, a través de la cual hemos de hacer llegar el mensaje deseado.

Dicha promesa debe ser única, importante para el cliente, "soportable" por el producto / servicio (creíble) y distinguirse de las promesas ofrecidas por las marcas competidoras.

Reflejo de la realidad de nuestro producto/servicio y, por lo tanto, aceptable para los clientes debidamente segmentados y diferente a las demás ofertas de nuestros competidores de todo tipo.

14.2.13 Tácticas del marketing mix

Se tratará en esta fase de determinar de qué modo se implantarán las estrategias de marketing formuladas en términos operativos. Cada una de las variables del *marketing mix* implica un conjunto de decisiones:

1. Producto

Definición de las características concretas del producto servicio (nivel de calidad, sabor, olor, tacto, tamaño, forma, otros atributo). Características del packaging *(mensaje, color, tamaño, material...).*

Estamos intentando introducir nuestro producto "ampliado" y ése es el que tenemos que mostrar a los mercados. En nuestro actual mundo de predominio de la imagen, la presentación es básica. Y no sólo por una cuestión estética, atractiva para los clientes, sino también porque todo ello debe ajustarse a normativas legales. Determinación y diseño de nombre/marca y logotipo de acuerdo con las estrategias, previamente marcadas:
 -Marca propia
 - Marca blanca
 - Logo
 - Colores
 - Nombre de la "criatura"

2. Precio

Frecuentemente, por su complejidad, los directivos de marketing no dedican al precio la importancia que merece. No olvidemos que las mejoras en los precios típicamente tienen un efecto tres o cuatro veces mayor sobre la rentabilidad que aumentos proporcionales en el volumen.

El desarrollo económico de la demanda y la oferta ha contribuido a crear una presión sobre el precio:
 - Unas tasas de inflación crecientes, que coinciden con una renta real disponible cada vez menor, hacen que el consumidor preste más atención al precio.
 - La saturación del mercado y la sobrecapacidad en las industrias llevan a utilizar el precio como instrumento diferenciador.
 - Una estrategia común para entrar en un mercado consiste en utilizar el precio como herramienta para obtener cuota de competidores establecidos.
 - La creciente globalización ocasiona más proveedores nuevos en los mercados que, para ganar cuota, utilizan estrategias agresivas de precios.
 - Los fabricantes de productos de prestigio con precios elevados utilizan cada vez más el precio como reclamo del producto.
 - La creciente concentración de la distribución, con mayor poder de compra y negociación, ha contribuido a aumentar la presión sobre el precio.

Determinación del precio en función del coste, la demanda y/o la competencia: precio bajo ("de penetración"), alto o similar al de la competencia (productos sustitutivos).

Contrariamente a lo que algunos creen, el precio es algo que *va de soi*, en el sentido de que un buen análisis previo de competencia y costes nos conduce hacia el precio "justo". Otra cosa serán las posibles promociones, descuentos, condiciones y todo cuanto pueda modificarlo, en función de la cantidad y calidad de producto aumentado que ofrezcamos a cambio del dinero de los clientes y en vistas a conseguir su satisfacción y fidelización. Por supuesto, obteniendo beneficios.

Política de descuentos, bonificaciones y rappels en relación con canales de distribución. Descuentos promocionales al consumidor.

No sólo el producto aumentado se relaciona con el precio, sino también otros conceptos relacionados con los canales, a través de los que llegamos a los destructores de ese producto que pretendemos introducir.

El análisis previo nos ayudará a conocer la variable más importante en términos de precios: la elasticidad de los precios: cambios en la demanda debida a cambios en el precio. Existen métodos para obtener este tipo de información, como son la opinión de los expertos, los análisis de preferencias o concesiones, los *test market* o los experimentos de precios.

Finalmente, hemos de tomar la decisión de qué estructura de precios adoptar: precio en línea de productos, discriminación de precios a través de precios lineales y no lineales, paquetes de precios, etc.

3. Distribución

Determinación de los canales a través de los cuales se va a distribuir el producto/servicio: directos o indirectos, singulares o múltiples, tipo de intermediarios, número de distribuidores en cada nivel.

Sabemos que las cadenas tienen tendencia en la actualidad a acortarse, de modo que los precios al consumidor sean los mejores posibles, pero todo ello en función de segmentación adecuada, usos y costumbres sectoriales, tipos de productos y un larguísimo etcétera.

Entender cómo son los canales de distribución de nuestro sector y cómo van a evolucionar en el futuro.

Quizá el cambio esencial en los canales es que hoy es el cliente final y no el canal o el proveedor el que, a través del acceso a ofertas variadas de múltiples proveedores y rehén de la información sobre ofertas y niveles de servicio cada vez más disponibles, demanda tareas y no instituciones. El enfoque para diseñar el canal adecuado se basa en las funciones a desempeñar y no en los intermediarios a beneficiar.

Entender la estructura de los canales de distribución y nuestra situación en ellos es un aspecto básico en el lanzamiento de nuevos productos. Quizás nos encontremos ante la oportunidad de iniciar acciones en un nuevo canal, como podría ser Internet.

Los productores, mayoristas, distribuidores, minoristas y otros miembros del canal de distribución existen con el objetivo de desempeñar algunas de las siguientes funciones genéricas:
- Sostener inventarios
- Generar demanda
- Distribuir físicamente los bienes
- Suministrar servicio posventa
- Extender crédito a los clientes

Con el fin de poder hacer llegar los bienes a los usuarios finales, los fabricantes deben asumir estas funciones o traspasarlas a los intermediarios en el canal. Se pueden eliminar o sustituir miembros en el canal de distribución, pero nunca se podrán eliminar las funciones que estos desempeñan, a no ser que éstas dejen de ser genuinas. En el mundo físico, sin embargo, se suele dar que, cuando se eliminan miembros en el canal de distribución, sus funciones se transfieren aguas arriba o abajo dentro del canal y pasan a ser responsabilidad de otros miembros.

En la medida en que una misma función sea desempeñada a más de un nivel en el canal de distribución, la carga de trabajo de la función será compartida por diferentes miembros en todos los niveles. Por ejemplo, los fabricantes, mayoristas y detallistas quizás se vean en la necesidad de sostener inventarios. Esta duplicación y redundancia incrementa los costes. Hemos de saberlo. Sin embargo, el incremento en costes se justifica en la medida en que esto se requiera para poder proveer bienes a los clientes en la cantidad adecuada y en el momento y lugar precisos. Si el incremento en costes no se justifica, entonces la redundancia genera imperfecciones.

Determinación del tipo de distribución: intensiva, selectiva, exclusiva.

Según tamaños de productos y niveles de precios, para acertar con los caminos para llegar a los consumidores. Aquí, también hay que profesionalizar al máximo la elección del "por dónde" llegar, consiguiendo "aliados" que pueden sernos muy necesarios y a los que deberemos tratar sabiendo que sus motivaciones son muy distintas a las de los usuarios finales.

4. Ventas

Entramos, por fin, en la cuantificación de objetivos. Según las segmentaciones elegidas:
- Geográficas
- Clientes
- Canales
- ...

Incluyendo el necesario y previsible *timing* necesario Tamaño y organización de la red de ventas. Formación de los vendedores, remuneración e incentivos especiales.

Describiendo la fuerza de ventas que vamos a precisar. Con una sucinta distribución de tareas y responsabilidades. De todos aquellos que van a "entrar en combate" y para que alcancen la victoria. Y, cómo no, dejando siempre abierta la puerta de la creatividad e incluso, de la improvisación. Pero siempre después de un plan perfectamente estudiado y asumido. Por todos.

Con un presupuesto de ventas, acordado con la fuerza de ventas y por ello, insistimos nuevamente: de todos.

Presupuesto que habrá que seguir comparándolo con la realidad. Es decir: controlar. Para corregir.

5. Comunicación

Determinación de los objetivos y eje de comunicación. Planificación y justificación de los medios a utilizar (prensa, revistas, televisión, radio, publicidad exterior, otros). Cobertura.

Acciones de relaciones públicas, sponsoring *y mecenazgo, promoción de ventas, marketing directo.*

Presupuesto. Tratando de elegir medios, según recursos aplicables y sin perder de vista la rentabilidad e, incluso, la tesorería necesaria. Sin olvidar que la "p" que estamos aquí tratando, no es sólo la de promoción y publicidad, sino muy especialmente la de comunicación, y ésa es una variable táctica en manos de nuestra fuerza de ventas.

14.2.14 *Timing*

Listado de actividades y plazos de realización previstos (calendario) reflejadas de forma secuencial en el tiempo, que facilite la coordinación de tareas y el control del cumplimiento. Insistimos en los tiempos. Algo que muchas veces no tenemos en cuenta y que en un mercado que, cambia rápidamente y que "envejece" los productos con rapidez, es preciso prever. Y controlar. Para corregir. Como siempre, con profesionalidad.

14.2.15 Previsión de cuenta de explotación

Una vez desarrollados los apartados anteriores, estaremos en disposición de "cuantificar" lo que el proyecto supone en cuanto a costes y beneficios, umbral de rentabilidad y retorno de la inversión. Dicha previsión contemplará como mínimo un periodo de tres años a través de presupuestos mensuales.

Estamos ante el "cuánto" y, además, del "cuándo". ¿Cuánto nos va a costar la broma?, ¿cuánto vamos a ganar, introduciendo el producto?, ¿cuándo vamos a gastar lo que tenemos previsto?, ¿cuándo van a entrar en caja los ingresos que esperamos por las ventas presupuestadas? Recordemos que no sólo el plan financiero es importante, también la tesorería.

14.2.16 Medidas de control

Consiste en la utilización de herramientas de trabajo para evaluar los procesos y programas de marketing puestos en marcha. Debe ser una metodología sistemática, completa y periódica, y es necesario que se lleve a cabo por expertos.

En este apartado, cabe destacar que las empresas no suelen realizar este ejercicio de control, y sólo algunas lo realizan de forma poco profesional cuando hay una desviación en las ventas o se prevé claramente que los objetivos no van a alcanzarse. Insistimos, pues, en que el grado de proactividad en este punto del plan de marketing ha de ser elevado.

Probablemente, nada irá tal como estaba previsto. Es preciso, pues, antes de la fase de implementación del proyecto, establecer *a priori* mecanismos y seguimiento del mismo que permitan detectar desviaciones e introducir rectificaciones.

Podemos estar seguros de que se cumplirán, sobradamente, las famosas leyes de Murphy y que las cosas serán algo diferentes de lo proyectado. En general, los ingresos serán menores y los gastos, mayores de los previstos. Y ello nos obligará, según los casos, también, a corregir.

Pero puede ser que los éxitos en cantidades vendidas o en tiempos de introducción sean mejores de lo esperado. ¡Y que tengamos que ampliar producción, logística o capacidades financieras! ¡No todo van a ser miserias!

Las medidas de control nos permiten establecer acciones correctoras y realizar los ajustes correspondientes. Para ello, es necesaria la recolección de datos relativos a, por ejemplo, los resultados de las ventas por área, producto, etc; la rentabilidad, desempeño de la fuerza de ventas (ratios de visitas, efectividad, etc.), y de otros más cualitativos, como son el posicionamiento o la imagen que hemos generado de nuestra marca en el mercado.

A continuación citamos las etapas para realizar una auditoría de marketing en el marco de un eventual plan:
- Descripción de los aspectos a analizar. *Briefing*
- Análisis y obtención de información sobre los distintos segmentos y áreas de actuación:
  - Ámbito general de la empresa
  - Investigación de mercado
  - Producto
  - Precio
  - Mercado
  - Canales de distribución
  - Comunicación
  - Fuerza de ventas

- Sesiones de trabajo en equipo con los principales implicados
- Discusión, detección de problemas y búsqueda de alternativas
- Conclusiones y plan de acción de ajustes, modificaciones, etc.

14.2.17 Apéndices

Información de soporte que se considere conveniente adjudicar.

14.2.18 Presentación del plan de marketing

Para la presentación del documento a la Dirección de la empresa, y posterior aprobación, el plan de marketing debe contener toda la información relevante acorde con los objetivos de marketing y globales de la organización. Su redactado debe ser profesional.

Es conveniente que no sea excesivamente complicado y que contenga la información justa y necesaria, sin pretender escribir algo que parezca muy elaborado pero que no nos facilite la implementación.

El documento debe evitar términos demasiado técnicos, incluir gráficos sencillos y debe estar escrito con un redactado agradable. No hemos de olvidar que lo han de entender y asumir muchas personas en la organización, profesionales que no tienen tiempo para interiorizar información que quizás no sea relevante para su desempeño. Durante la presentación es preferible argumentar por qué se desechan determinadas alternativas.

La tecnología nos puede ayudar a "vender" mejor nuestro plan, y mostrar más profesionalidad: transparencias con cañón, con apoyo de la documentación, incluirlo en la web interna de las empresa, comunicarlo a toda la organización a través de correo electrónico, etc.

14.2.19 Conclusiones

La elaboración de un plan de marketing efectivo para el lanzamiento de un nuevo producto o servicio constituye una tarea compleja que exige dedicación y rigurosidad. El esfuerzo, sin duda, merece la pena y maximiza las posibilidades de éxito. Hemos de destacar que, en las pocas empresas que cuentan con un plan de marketing en los términos que estamos definiendo en este artículo, cada uno de ellos será completamente diferente. Es posible que encontremos coincidencias en algunos aspectos en empresas del mismo sector, pero con toda seguridad, lo más parecido será el índice de contenido.

Lo realmente claro e imperativo es que el desarrollo de este documento escrito nos ayudará a sistematizar todas las acciones apropiadas para obtener los mejores resultados en cada situación de mercado.

Las acciones propuestas deben coordinarse con el resto de áreas de la organización: finanzas, producción, etc. con el propósito de que el plan tenga cabida en el plan de global estratégico de la compañía.

El periodo de validez de un plan de marketing varía también según la empresa. Uno, dos o incluso cinco años pueden ser perfectamente plazos de ejecución e implementación, siempre y cuando se consideren las más que seguras medidas periódicas de auditoría, control y corrección de las acciones que contenía el plan inicial. El tamaño de la empresa es otro factor que afecta a la elaboración y el contenido del plan de marketing.

Es usual que la carencia de un departamento de marketing en pequeñas y medianas empresas responsabilice al director de ventas de este cometido, dándole al plan una visión comercial, no por ello negativa, pero desestimando la visión estratégica, de marca, de posicionamiento y, en definitiva de carácter duradero a la empresa. No hemos de olvidar que a través de un plan de marketing obtenemos una información y formación objetiva, así como una foto real de la situación del mercado y la empresa. Nos aporta confianza y criterio para tomar decisiones comerciales de forma sistemática, reduciendo riesgos. Facilita que toda la organización esté coordinada en cuanto a objetivos y estrategias, y que cuente con información histórica muy valiosa. Permite controlar otros elementos, como por ejemplo la evaluación de la fuerza de ventas o el presupuesto.

En definitiva, al contar con un plan de marketing sustituimos la pura intuición por información objetiva y real, algo que facilitará indudablemente las posibilidades de éxito de la empresa.

ANEXO 1

Test sobre el capítulo (Sólo una respuesta correcta)

1. ¿Por qué es útil un plan de marketing?
   a. Por que tiene el propósito primordial de controlar a la fuerza de ventas
   b. Por que nos sirve de guía para establecer las acciones comerciales más apropiadas
   c. No lo es del todo, puesto que no puede suplir carencias en cuanto a los plantes globales estratégicos de la compañía

2. Un análisis DAFO dentro de un plan de marketing suele realizarse en:
   a. Las fases iniciales
   b. No suele realizarse
   c. En las fases finales

3. Entre los tipos de control que pueden establecerse en un plan de marketing encontramos:
   a. Control de eficiencia
   b. Control de precios
   c. Control de posicionamiento

4. ¿Qué vigencia tiene un plan de marketing?
   a. Lo que dura la empresa
   b. Depende del tipo de empresa y de lo que dicte su cuadro directivo
   c. Dos años, lo que suele durar un ciclo de vida de producto de consumo

5. ¿Cuál de los siguientes conceptos suele formar parte del índice de contenido de un plan de marketing?
   a. Manual técnico de producto
   b. Tabla de comisiones de los vendedores
   c. Control de resultados

6. De entre las siguientes características, ¿cuál no hace referencia a un requisito que debe cumplir un objetivo?
   a. Medible
   b. Observable
   c. Alcanzable

7. ¿Sobre qué tipo de producto o situación no es necesario realizar un plan de marketing?
   a. Producto industrial
   b. Producto de consumo
   c. En todos los casos puede ser beneficioso un plan de marketing

8. "Aumentar las ventas en un tanto por ciento" es un enunciado propio de:
   a. Una estrategia
   b. Un objetivo
   c. Una misión

9. "Centrarse en una sola línea de productos, en un área geográfica o en un segmento determinado de la población" es un enunciado típico de:
   a. Una estrategia
   b. Una misión
   c. Una medida de control

10. En el apartado de precios de nuestro plan de marketing, ¿a través de qué método -entre otros- podemos conocer cómo va a reaccionar el público objetivo por cambios en el precio?
    a. Análisis de medios
    b. Análisis de preferencias
    c. Modificando atributos en el producto

11. Un plan de acciones de ajuste sería una situación propia:
    a. Análisis de situación
    b. Establecimiento de tácticas referentes al mix de marketing
    c. Medidas de control y auditoría

12. ¿Qué elementos afectan a la vigencia de un plan de marketing?
    a. El número de ajustes que se realicen al documento
    b. El tipo de producto, empresa y sector
    c. La publicidad realizada

13. Dentro del marketing táctico podemos encontrar:
    a. Políticas de producto
    b. Análisis de situación del sector
    c. Análisis DAFO

14. En el ámbito del marketing estratégico, podemos encontrar:
    a. Políticas de posicionamiento
    b. Políticas de comunicación
    c. Estudios del consumidor

15. Un diagnóstico externo de oportunidades y amenazas corresponde a un marketing del tipo:
    a. Analítico

b. Táctico
c. Estratégico

16. El timing de un plan de marketing es:
    a. Un documento para facilitar la evaluación de la fuerza de ventas
    b. Un manual de formación sobre el producto
    c. Un listado de acciones a realizar y su calendario

ASCENSORES CASTRO (Plan de marketing)

(Este documento no pretende ilustrar una determinada forma de gestión, sino que debe servir como base para el diálogo. Para que la discusión sea provechosa, es necesario preparar el caso con antelación, definiendo los problemas y proponiendo alternativas de solución y acción.)

Introducción

Resulta imposible conocer exactamente cuál fue la primera familia real del mundo que instaló un ascensor en su palacio, pero se sabe que los reyes de Francia contaron con elevadores rudimentarios en el Palacio de Versalles a principios del siglo XVIII. Con los ascensores pasa como con la electricidad o el agua potable: estamos tan acostumbrados a disponer de ellos que sólo cuando faltan notamos su importancia. Sin embargo, además de ser un elemento de comodidad, los aparatos de transporte vertical han tenido, en el urbanismo y en la vida en general, un enorme impacto en la sociedad, hasta tal punto que, hoy en día, no se concibe la construcción de una vivienda de pisos, hoteles, oficinas o cualquier otro edificio sin la incorporación de uno o varios ascensores.

Historia

Ascensores Castro abrió sus puertas al mundo del ascensor el 2 de junio de 1972 con la clara vocación de prestar un servicio integral al cliente. Empezó como una empresa familiar donde trabajaba Alfredo Castro con sus cuatro hijos jóvenes y emprendedores (José M., Miguel, Pablo y Javier). Alfredo era una persona minuciosa, trabajadora y de trato muy cordial. Había trabajado toda su vida en una empresa cuya actividad se centraba en la fabricación y ensamblaje de piezas mecánicas de aparatos eléctricos. Pero su gran pasión eran los ascensores, que en esa época empezaban a extenderse por Galicia en los pisos de nueva construcción.

Tras una reestructuración en su empresa, Alfredo invierte el dinero de la indemnización en crear su propio negocio y así poder trabajar con sus hijos, quienes, al igual que su padre, contaban con un talento especial para las máquinas. Su ambición se centraba en el mantenimiento y reparación de ascensores.

A los pocos años de iniciar Alfredo su nueva aventura empresarial, el negocio fue yendo mejor de lo que esperaba, debido en parte a que no había apenas competencia. Su conocimiento del sector, en concreto de arquitectos y constructores de la zona, supuso un elemento más para afianzar su posición pionera. En diez años ya eran más de cuarenta personas trabajando.

En 1982 fallece Alfredo, y su hijo mayor, ya licenciado en Ingeniería Técnica, se pone al frente de la empresa y plantea una serie de cambios. Junto con sus hermanos, realiza una plan de reestructuración y profesionalización de la compañía y afronta nuevos retos, como el de fabricar sus propios ascensores, compitiendo en precio y calidad de servicio. La competencia más fuerte la sustentan empresas extranjeras.

El organigrama propuesto por José Mª consistía en una estructura funcional en cuatro áreas. Con ello, sobre cada uno de los hermanos recaía una responsabilidad concreta basada en las capacidades y habilidades de cada uno.

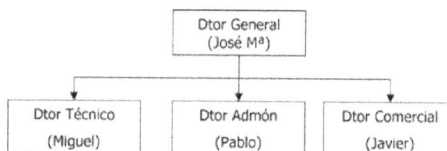

Los cuatro hermanos, miembros del equipo de dirección mantienen una reunión semanal para comentar los temas más relevantes. De estas sesiones surgen las líneas estratégicas del negocio, no sin frecuentes y constructivas discusiones antes de llegar a un consenso sobre las decisiones a tomar.

Ascensores Castro, ya consolidada en el mercado, se dedica al diseño, fabricación, instalación, modernización y conservación de aparatos elevadores. Dispone de una nave de más de 3000 m² en La Puebla de Tribes (Orense) en la cual se fabrica aproximadamente el 80% del ascensor. En dicha planta se ensambla el chasis, las cabinas, los suelos, techos, paredes, espejos, etc.

En Orense se sitúa la sede central, donde están los departamentos comerciales, administración y de I+D. Este último fue creado en 1985, bajo la supervisión de José Mª, y es donde se diseñan las botoneras, cuadros de maniobras, pulsadores sensitivos, etc. El objetivo del departamento de I+D es aplicar la tecnología de última generación para ofrecer un viaje más cómodo al cliente. La alta capacidad de innovación del departamento permite que se adopten las últimas tecnologías en la fabricación de los productos. A modo de ejemplo, la última acción ha consistido en la incorporación a la cabina del ascensor de una línea de teléfono que le mantiene unido con un servicio de rescate en caso de emergencia. Además, se trabaja continuamente para fabricar cuadros de mando que proporcionen al ascensor un arranque y parada más suave, garantizando así una mayor confortabilidad en el trayecto.

Actualmente, Ascensores Castro es responsable del mantenimiento de más de 10.500 aparatos elevadores distribuidos por toda Galicia, Cantabria, Asturias y Castilla y León. Esta cifra se incrementa en más de 500 unidades anuales entre montaje de obra nueva y nuevas incorporaciones en mantenimiento.

Ascensores Castro dispone de todo el equipo humano necesario para poner en funcionamiento su ascensor: albañiles, pintores, aparejadores, ingenieros y comerciales.
Todo el personal busca ofrecer un servicio excelente de manera que desplazarse verticalmente sea sinónimo de seguridad, comodidad y bienestar, siendo un valor añadido a su calidad de vida.

En la actualidad, la empresa cuenta con 240 trabajadores (ver gráfico 1), convirtiéndose en una de las mayores empresas en su sector dentro del ámbito nacional. La facturación de este último año alcanza la cifra de 22 millones de euros (ver gráfico 2).

Fabricación
Para ascensores Castro, fabricar es sinónimo de beneficio común. A los clientes les supone un menor coste debido a la significativa reducción del número de intermediarios, algo que influye directamente en los márgenes.
La política de flexibilidad en la producción también supone un gran valor añadido para el montador, el cual dispone de una mayor adaptabilidad al espacio disponible. Además, el hecho de ser la empresa el propio proveedor de los ascensores garantiza una mayor agilidad y seguridad en el suministro de recambios y piezas necesarias para que su ascensor siempre esté en perfecto estado.

La dirección técnica cuida de manera muy especial el cumplimiento de las normativas industriales de seguridad vigentes, estando certificados por ECA (declaración de evaluación de conformidad nº 045/ER/R/04/00) y en el cumplimiento de la ISO9001 de calidad.

Líneas de negocio
La máxima de Ascensores Castro es que cada cliente es diferente, y por eso hacen ascensores adaptados a todas las necesidades de los usuarios. Por ello, tras su larga trayectoria en este sector, poseen cuatro líneas de negocio para ofrecer una amplia gama de soluciones para los clientes, tres de ellas dedicadas al transporte de pasajeros y una de ellas para cargas:

Evolución Plantilla

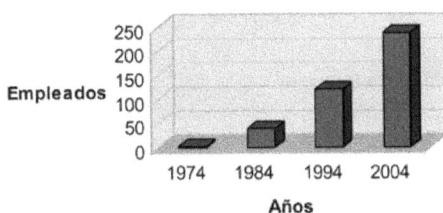

Gráfico 1. Evolución decenal de la plantilla

Evolución facturación (Mill. €)

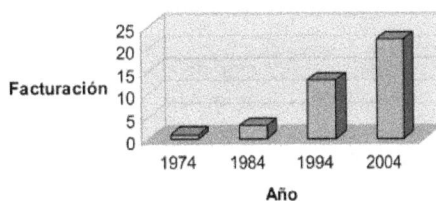

Gráfico 2. Evolución decenal de los ingresos

1. Ascensores para edificios de nueva construcción

Ascensores Castro presenta un nuevo concepto de ascensor diseñado específicamente para satisfacer las necesidades de arquitectos y constructores. Desaparecen las preocupaciones de plazos de entrega y complejidad en el montaje, apareciendo otros conceptos como la sencillez en la instalación, el diseño innovador y la calidad del servicio, todos ellos respaldados por una gran marca a un precio muy competitivo.

2. Ascensores para edificios sin ascensor

En los años ochenta fue Castro quien desarrolló por primera vez un nuevo concepto de ascensor sin cuarto de máquinas con notable difusión en el mercado japonés, basado en la tecnología del motor lineal. Fue Miguel, en uno de sus viajes a la capital nipona, quien trajo esta innovación. Ahora, y ampliando su serie normalizada de ascensores eléctricos, Castro lanza su modelo de ascensor sin cuarto de máquinas: Castro 2000 XXRD4, con motor de frecuencia variable.

3. Ascensores panorámicos e instalaciones en edificios emblemáticos

La constante evolución de la arquitectura demanda nuevas soluciones estéticas y funcionales, con el fin de resaltar la singularidad de los edificios, haciéndolos más atractivos para los usuarios y visitantes. Como respuesta a esta necesidad, han surgido los ascensores panorámicos, hoy extendidos universalmente, los cuales permiten armonizar ornamentación con practicidad para realzar áreas importantes de multitud de inmuebles, destinados a los usos más diversos, desde oficinas hasta hoteles, pasando por centros comerciales e incluso fábricas.

Su instalación puede efectuarse en el interior o exterior de los edificios, siendo necesario considerar, en este último caso, la orientación de la fachada por la que circularán los ascensores y las circunstancias climatológicas de la zona, con el objeto de conseguir la solución estética y funcional más adecuada.

Es una línea de negocio nueva que no supone una facturación muy elevada, aunque el margen de contribución es muy atractivo. Además, se tienen buenas perspectivas de crecimiento sobre todo en el mercado catalán y madrileño.

4. Montacargas

Los montacargas Castro ofrecen una amplia gama de capacidades, velocidades y características particulares, tanto con accionamiento eléctrico como hidráulico, para cualquier tipo y necesidad de transporte de cargas. Están provistos de velocidad de nivelación para conseguir una mayor exactitud en la parada. Su robusta construcción asegura una larga vida aún sometidos a las más duras condiciones de trabajo. En esta línea de negocio tienen un gran prestigio de marca.

Proceso comercial

El proceso habitual de Ascensores Castro empieza con una llamada comercial al cliente interesado en la adquisición o renovación del ascensor. Un técnico comercial analiza técnicamente la obra y realiza una evaluación de la viabilidad del proyecto.

Si el cliente está interesado en las condiciones técnicas y económicas, se firma el contrato. A partir de ahí, la oficina técnica, a través de los ingenieros, diseña la solución y empiezan la fabricación y preparación de la obra. Una vez se tiene el ascensor y todas las piezas asociadas, se instala en el edificio. El periodo medio de instalación suele ser de dos meses. Pasado este plazo, el cliente ya podrá disfrutar del nuevo ascensor.

El 60% de la facturación es fruto del mantenimiento de los elevadores. El compromiso con los clientes no acaba con la instalación de los equipos. De hecho, Castro dispone de una selección de programas de mantenimiento que ofrecen la experiencia y profesionalidad de los técnicos junto con las más avanzadas herramientas y piezas de repuesto originales. Para realizar dicho servicio, Castro dispone de una central de atención telefónica que opera permanentemente las 24 horas del día, los 365 días del año y donde no sólo se reciben las llamadas telefónicas de los clientes cuando su instalación presenta alguna incidencia, sino también las señales enviadas por el sistema REM (sistema de seguridad a distancia). Todo ello se traslada inmediatamente al personal técnico para realizar la intervención más adecuada a cada situación.

Ascensores Castro está trabajando en este sistema de seguridad REM, que permite controlar permanentemente los elementos de seguridad del ascensor y facilita la comunicación verbal entre la cabina y la central de servicios 24 horas. Otras empresas de la competencia, como Castro, ya lo tienen implementado.

El control constante del ascensor aporta información a los técnicos de Castro, agilizando la intervención antes de que se produzca cualquier incidencia, con lo que se minimiza el riesgo de encerramiento. Además, permite mantener la comunicación de las personas encerradas en la cabina con el servicio 24 horas de Castro, lo que representa un gran valor para los usuarios en caso de incidencia mecánica del aparato.

Competencia

La competencia más directa que ha tenido Ascensores Castro durante su existencia ha sido la empresa Zardoya-Otis, que por su proceso de crecimiento por adquisiciones es líder indiscutible de los elevadores en España y Portugal.

Zardoya, S.A. (fundada en 1919), experimentó desde 1950 una fuerte expansión que culminó a finales de los años sesenta con la compra de varias empresas del sector, como Seifert y Bienzobas, S.A., de Madrid; Elinter, S.A. de Barcelona; La Térmica, S.A. de Madrid; La Térmica, S.A. de Barcelona; Energit, S.A. de Bilbao; Piesa, S.A. de Alicante, y otras menores.

Por aquel entonces, Zardoya, S.A. se había especializado en la fabricación de grandes series de ascensores normalizados, lo que le permitió llegar a ser durante varios años la empresa que más número de unidades vendía en España.

Con la fusión de actividades de Schneider Otis, S.A. y Zardoya, S.A., en 1972 nacía la empresa más importante del país del sector de ascensores. Desde esa fecha, otras compañías se han ido integrando en la organización. Destacan, entre ellas, Munar y Guitart, S.A. de Madrid, la más antigua de España (1877) y Eguren, de Bilbao, fundada en 1906.

Más recientemente, se han incorporado la portuguesa Lavanda Elevadores (lo que ha permitido convertir a Zardoya Otis, S.A. en líder del conjunto del mercado ibérico), la barcelonesa Auxiliares de la Construcción Reunidos, S.A., la valenciana ascensores Pertor, S.L., y la madrileña Ascensores Express, S.L.

Desde su nacimiento, Zardoya Otis, S.A. ha ido consolidando el liderazgo con que nació, como consecuencia, principalmente, de su fuerte vocación por la calidad, la seguridad y tecnología, factores determinantes en sus dos áreas fundamentales de negocio: venta de nuevos equipos y mantenimiento de los mismos.

En la actualidad, el Grupo Zardoya Otis es la primera empresa de transporte vertical del mercado español y portugués, con una facturación de 605,6 millones de euros en el año 2002. Cuenta con un parque de mantenimiento de 194.487 ascensores y más de 2.200 escaleras y andenes móviles.

Emplea a 4.780 personas entre la central, las tres fábricas (Madrid, Munguía y San Sebastián) y los 322 puntos que integran la red comercial y de asistencia distribuida en España y Portugal. Dispone, asimismo, de uno de los seis centros de investigación y desarrollo que Otis Elevator Co. tiene en el mundo.

Perspectivas de futuro

Nos encontramos en un mercado altamente competitivo y maduro en el que sólo sobreviven con éxito aquellas empresas capaces de fidelizar al cliente mediante un servicio excelente.

Ascensores Castro es una de estas empresas cuya preocupación radica en el servicio al cliente y lo consiguen a través de un equipo humano cualificado y motivado. A pesar de todo, José Mª estaba preocupado por el futuro. La globalización de los mercados suponía una amenaza explícita para que entraran nuevos competidores de fuera a su mercado local. La distancia ya no suponía un problema logístico y los procesos de fusiones y adquisiciones en el mercado hacían que grandes corporaciones ganaran competitividad con su tamaño. Jose Mª veía que tenían que hacer algo. No se podían quedar como hasta ahora. Es cierto que estaba satisfecho de su evolución desde que cogió las riendas del negocio y nunca hubiera soñado llegar donde está ahora.

Esa misma tarde, le llamó Santiago Alsina, compañero del master que hizo en Dirección de Empresas y le transmitió sus preocupaciones e inquietudes. Santiago, que trabajaba en el departamento comercial de una gran constructora, veía con optimismo el ritmo de crecimiento que llevaba la vivienda nueva en Cataluña. Le animó a que abriera su mercado a Cataluña y al resto de España. Se ofreció a ayudarle a realizar un plan de marketing detallado para distribuir los ascensores de vivienda nueva en Cataluña.

José Mª, ilusionado, estuvo dándole vueltas a la conversación que había mantenido con Santiago hasta que se dijo: ¿Y por qué no? Vamos a hacer números. José Mª empezó a escribir los objetivos estratégicos que podía tener Ascensores Castro, ya que, una vez consolidada su posición de liderazgo en Gali-

cia, había que plantear un proceso de expansión centrado en dos objetivos claros:
- Abrir mercado en Cataluña en un plazo de dos años (ver gráfico 3, punto 1) y acceder al resto de España en cinco años (ver gráfico 3, punto 2)
- Potenciar las líneas de negocio que dan más rentabilidad

Todo ello, ayudado por dos ejes:
- La salud financiera que puede permite la absorción, total o parcial, de empresas competidoras y la realización de acuerdos comerciales con empresas extranjeras.
- Y el crecimiento orgánico gracias al gran equipo comercial respaldado por los departamentos técnicos, que aseguran el cumplimento con éxito de los contratos con los clientes.

Imagínese que es usted Santiago Alsina y que tiene que preparar con José Mª Castro el plan de marketing para el mercado meta de ascensores de vivienda de nueva construcción en Cataluña. Ayúdese también de los datos de los Anexos.

ANEXO 1
Barcelona Provincia y la demanda de obra nueva

La mayor demanda detectada de obra nueva es en las comarcas del Vallès Occidental, en el Baix Llobregat y en el Barcelonès, con el 28,48%, el 24,01% y el 14,4% respectivamente.

El Vallès Occidental es una comarca de Cataluña. Limita al norte con el Bages, al norte y al este con el Vallès Oriental, al oeste con el Baix Llobregat y al sur con el Barcelonès.

Las cocapitales de la comarca son las ciudades de Sabadell y Tarrasa. Con el Vallès Oriental forma la gran comarca natural del Vallès. Su población aproximada es de 736.382 habitantes.

El Baix Llobregat es una comarca catalana. Tiene unos 757.814 habitantes (cifra del 2006) y una superficie de 486,5 km². La capital de la comarca es Sant Feliu de Llobregat.

Gráfico 3. Movimientos estratégicos para los próximos 5 años

El Barcelonès es una comarca catalana que contiene la ciudad de Barcelona, de donde viene su nombre. Tiene unos 2.222.623 habitantes (cifra del 2006) y una superfície de 145,54 km². Se compone de 5 municipios: Barcelona, Badalona, Sant Adrià de Besós, L'Hospitalet de Llobregat y Santa Coloma de Gramanet. En la tabla siguiente podemos observar cómo se reparte la extensión, población y densidad de cada una de las poblaciones.

La demanda de obra nueva tiende a ser cualitativamente distinta a la de la vivienda de ocasión: se concentra en un 41,90% en inmuebles a partir de 70 y 80 m², mientras que en vivienda de ocasión un porcentaje similar (el 47,35%) se centra en pisos de menos de 70 m².

A modo de resumen, cualitativamente el demandante de obra nueva elige las comarcas de la conurbación de Barcelona, opta por un inmueble de mayor tamaño que si fuese de ocasión y asume un precio de partida mayor, de lo cual se presume que estamos ante un perfil de una mayor intención de gasto en vivienda y con exigencia superior en cuanto a la tipología de vivienda.

Ciudad	Extensión	Población	Densidad
Barcelona	100,4 km²	1.593.075 hab.	15.867 hab./km²
Sant Adrià de Besós	3,87 km²	31.939 hab.	8.253 hab./km²
Badalona	22,20 km²	219.163 hab.	9.910 hab./km²
Hospitalet de Llobregat	12,49 km²	261.310 hab.	20.926 hab./km²
Santa Coloma de Gramanet	6,57 km²	117.136 hab.	17.823,9 hab./km²

2.1. Distribución de la demanda de Obra Nueva

a) Barcelona Provincia

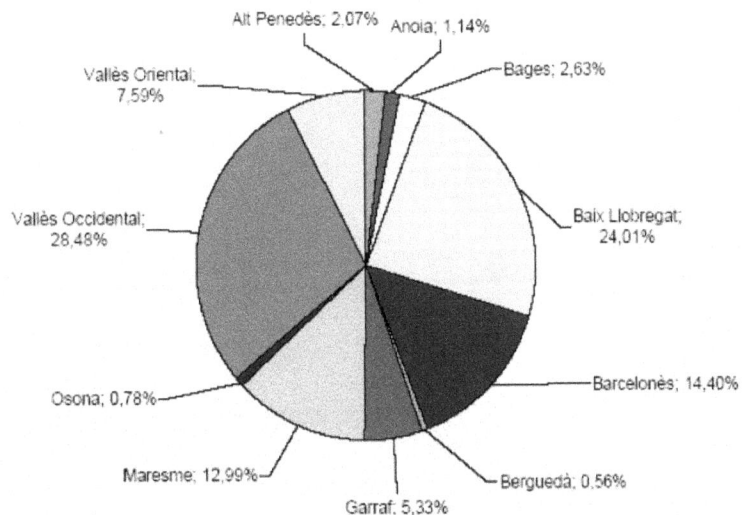

Alt Penedès: 2.07%
Anoia; 1,14%
Bages; 2,63%
Vallès Oriental; 7,59%
Vallès Occidental; 28,48%
Baix Llobregat; 24,01%
Osona; 0,78%
Barcelonès; 14,40%
Maresme; 12,99%
Berguedà; 0.56%
Garraf; 5,33%

Fuente : Observatorio Vivendum.com, datos 2003 completo y 2004 (Enero a Mayo)

ANEXO 2
Número de viviendas construidas de nueva planta en Cataluña
Distribución por comarcas. Datos obtenidos de Idescat (Generalitat de Catalunya, 2003)

	Cualificacines definitivas protección oficial promoción priv. D.G.A.H.	Cèdules habitabilitat habitatges libres D.G.A.H.	Certificados finales de obra colegios aparejadores
Alt Camp	37	417	452
Alt Empordà	50	1.820	1.775
Alt Penedès	50	1.224	1.221
Alt Urgell	0	190	138
Alta Ribagorça	0	155	146
Anoia	122	1.030	1.013
Bages	140	1.633	1.573
Baix Camp	207	2.699	3.794
Baix Ebre	59	820	2.579
Baix Empordà	26	2.088	2.073
Baix Llobregat	602	4.997	6.146
Baix Penedès	46	2.263	2.478
Barcelonès	833	4.548	5.684
Berguedà	0	427	376
Cerdanya	24	707	679
Conca de Barberà	0	113	137
Garraf	80	1.924	2.172
Garrigues	0	82	72
Garrotxa	163	281	399
Gironès	243	1.980	2.186
Maresme	104	3.987	4.307
Montsià	148	1.079	2.548
Noguera	58	254	285
Osona	86	1.516	1.504
Pallars Jussà	0	84	81
Pallars Sobirà	0	199	202
Pla d'Urgell	7	305	264
Pla de l'Estany	1	223	210
Priorat	0	25	38
Ribera d'Ebre	0	75	112
Ripollès	6	361	315
Segarra	70	160	261
Segrià	193	1.733	2.033
Selva	26	2.178	2.486
Solsonès	0	120	91
Tarragonès	161	3.540	5.384
Terra Alta	5	36	49
Urgell	33	301	320
Val d'Aran	18	256	270
Vallès Occidental	788	7.451	9.394
Vallès Oriental	200	3.658	3.551
Catalunya	4.586	56.939	68.798

ANEXO 3
Estados financieros de Ascensores Castro

BALANCE (Cifras en miles €)

	2004	2003	2002	2001	2000
ACTIVO					
Inmovilizado inmaterial	567,0	602,0	521,5	136,5	161,0
Inmovilizado material	483,0	556,5	605,5	605,5	665,0
Inmovilizado financiero	770,0	619,5	577,5	427,0	357,0
Clientes a largo plazo	52,5	63,0	108,5	154,0	171,5
Acciones propias	0,0	0,0	14,0	0,0	0,0
Fondo de comercio	154,0	203,0	332,5	472,5	469,0
Existencias	4.480,0	4.655,0	3.927,0	3.234,0	3.024,0
Deudores	7.409,5	7.108,5	6.846,0	5.729,5	5.428,5
Inversiones financieras	5.579,0	5.386,5	4.644,5	4.550,0	4.095,0
Caja	168,0	147,0	94,5	91,0	45,5
Ajustes periodificación de activo	17,5	10,5	63,0	35,0	49,0
	393,6	**387,0**	**354,7**	**308,7**	**289,3**
PASIVO					
Fondos propios	3.206,0	2.866,5	2.681,0	2.800,0	3.073,0
Intereses participacions minoritarias	161,0	147,0	122,5	119,0	94,5
Provisiones para gastos y riesgos	0,0	0,0	2.093,0	1.687,0	1.400,0
Acreedores a largo plazo	1.393,0	1.708,0	0,0	3,5	14,0
Deudas con entidades de crédito	94,5	28,0	42,0	35,0	45,5
Acreedores comerciales	7.329,0	7.336,0	7.119,0	5.673,5	5.106,5
Otras deudas no comerciales	5.771,5	5.628,0	4.179,0	3.808,0	3.598,0
Provisiones para ops de tráfico	997,5	945,0	882,0	707,0	602
Ajustes periodificación de pasivo	728,0	693,0	616,0	602,0	532,0
	393,6	**387,0**	**354,7**	**308,7**	**289,3**

CUENTA DE RESULTADOS (Cifras en miles €)

	2004	2003	2002	2001	2000
Ingresos	22.274,0	21.196,0	19.019,0	17.017,0	15.421,0
Ingresos extraordinarios	80,5	94,5	87,5	91,0	84,0
Aprovisionamientos	-7.745,5	-7.679,0	-6.972,0	-6.079,5	-5.218,5
Gastos de personal	-6.478,5	-6.321,0	-6.125,0	-5.789,0	-5.418,0
Amortizaciones	-315,0	-318,5	-266,0	-283,5	-294,0
Variación de la provisión por impagos	-73,5	-168,0	-24,5	10,5	-31,5
Variación de la provisión para riesgos	-140,0	-63,0	-94,5	-56,0	3,5
Otros gastos de explotación	-1.358,0	-1.312,5	-1.239,0	-1.169,0	-1.127,0
Resultado de explotación	**6.244,0**	**5.428,5**	**4.385,5**	**3.741,5**	**3.419,5**
Ingresos financieros	171,5	203,0	248,5	203,0	171,5
Gastos financieros	-115,5	-38,5	-35,0	-38,5	-49,0
Diferencias de cambio	3,5	3,5	0,0	7,0	10,5
Resultado financiero	**59,5**	**168,0**	**213,5**	**171,5**	**133,0**
Amortizacion de fondo de comercio	-66,5	-98,0	-98,0	-94,5	-91,0
Resultado de las actividades ordinarias	**6.237,0**	**5.498,5**	**4.501,0**	**3.818,5**	**3.461,5**
Resultado extraordinario	59,5	-59,5	21,0	108,5	-73,5
Resultado antes de impuestos	**6.296,5**	**5.439,0**	**4.522,0**	**3.927,0**	**3.388,0**
Resultado neto	**2.203,8**	**1.903,7**	**1.582,7**	**1.374,5**	**1.185,8**

15 Auditoría de marketing

OBJETIVOS

1. Conocer los principios básicos de una actividad de importancia creciente como es la auditoria de marketing
2. Saber en qué consiste, para qué sirve, cuándo efectuarla, cómo hacerla y cómo presentarla

15.1 ¿EN QUÉ CONSISTE UNA AUDITORÍA DE MARKETING?

Hoy en día se ha encontrado en el *marketing audit,* o auditoría de marketing, una inestimable herramienta de trabajo que logra que los directivos puedan analizar y evaluar los planes y objetivos puestos en práctica, así como su adecuación al entorno y a la situación del momento.

El control de la estrategia del departamento de marketing persigue asegurar el cumplimiento del plan de marketing y comprobar que se logran los objetivos marcados. El proceso de control supone medir los resultados de las acciones, diagnosticar el grado de cumplimiento de los objetivos propuestos y, si procede, tomar medidas correctoras.

Una auditoría de marketing se puede definir como un examen completo, sistemático, independiente y periódico del entorno del marketing, objetivos estrategias y actividades comerciales de una empresa o de una unidad de negocio, con la intención de determinar amenazas y oportunidades y recomendar un plan de acción tendente a mejorar sus actuaciones en materia de marketing.

Por esta razón, la auditoría de marketing debe ser un análisis que se realice de forma sistemática, objetiva e independiente.

Para que nos garantice su fiabilidad sin que dudemos si entran en juego intereses personales por parte de ciertos sectores de la empresa, es aconsejable que la auditoría se realice por consultores externos a la compañía.

El fruto de estos análisis dará como resultado la recomendación o no de un plan de acción que permita mejorar la rentabilidad de la empresa.

Por tanto, podemos decir que las auditorías realizadas por profesionales externos a la empresa tienen las siguientes ventajas:

- La profesionalidad y experiencia de los auditores en distintas empresas, tanto por su actividad como por su dimensión.
- La garantía de objetividad en el diagnóstico ofrecido.
- La dedicación total a la realización de la misma, lo que supone una garantía profesional y una certeza sobre el conocimiento de los cambios que se están produciendo en el entorno y cómo afectan éstos a la empresa.

En resumen, podemos destacar estas tres características básicas que debe de cumplir la auditoría de marketing:

1. El análisis sistemático de todos los aspectos relevantes del área de marketing o comercial de una empresa
2. realizado por un consultor o auditor o experto independiente
3. con el propósito de ofrecer recomendaciones de mejora

15.2 SITUACIONES DONDE ES ACONSEJABLE UNA AUDITORÍA DE MARKETING

La auditoría de marketing debe realizarse sólo en determinadas circunstancias, a diferencia de una auditoría contable, que se realiza con una periodicidad anual.

Las situaciones típicas que aconsejan la realización de una auditoría de marketing suelen ser de dos tipos:

1. La auditoría como respuesta a resultados reiteradamente insatisfactorios
   - Los resultados económicos de la empresa en el mercado no son satisfactorios.
   - La orientación hacia el mercado es insuficiente o confusa.
   - La organización comercial es poco eficiente.
   - Las personas están insatisfechas, ¿la cultura empresarial no es gratificante?

2. La auditoría como ayuda ante situaciones nuevas o desafíos importantes para la empresa.
   - Renovación de la dirección comercial o de una elevada proporción del personal.
   - Adquisición o fusión con otra organización o red comercial.
   - Entrada en un nuevo mercado, apertura de una nueva delegación importante, arranque de un nuevo canal de distribución (Internet).
   - Introducción de una nueva metodología de trabajo que afecta a toda la organización (implementar la metodología de plan de marketing; implantar un nuevo sistema o paquete informático para el área comercial; implantar un sistema de calidad...).

Toda organización comercial ha atravesado alguna vez por alguna situación de este tipo y ello no quiere decir que sea necesario emprender un diagnóstico comercial externo de forma inmediata.

Sin embargo, cuando alguna de estas situaciones se presenta de forma reiterada o cuando varias de estas situaciones se presentan simultáneamente, podría ser la señal de una cierta incapacidad de la organización para resolver los problemas por sí misma, utilizando sus métodos y sus recursos habituales.

En este caso la realización de una auditoria de marketing suele ser el procedimiento más rápido y eficaz para detectar las causas de los problemas y ofrecer vías de solución.

15.3 CONTENIDO DE LA AUDITORÍA COMERCIAL

Según Philip Kotler, una auditoría en el ámbito comercial debe constar de los siguientes seis elementos:

1. Auditoría del entorno. Incluye tanto el macroentorno (económico, demográfico, cultural, etc.) como el entorno de tareas (mercados, clientes, distribuidores, proveedores, competencia).
2. Auditoría de las estrategia. Se trata de analizar si la estrategia está bien enfocada en función de los problemas y oportunidades que se le presenta a la empresa.
3. Auditoría de la organización. Implica el estudio del grado de eficacia de la organización comercial, así como de las relaciones de marketing con las demás funciones empresariales: finanzas, logística, compras, producción, etc.
4. Auditoría de los sistemas. Es el estudio de los sistemas de información, planificación y control de la actividad comercial. En concreto, supone revisar los precedimientos de previsión de ventas, fijación de objetivos y cuotas de ventas, control de existencias, distribución física, desarrollo de nuevos productos, etc.
5. Auditoría de la productividad. El objetivo es determinar dónde se obtienen beneficios y si es posible o no reducir de alguna manera costes comerciales.
6. Auditoría de las funciones. Consiste en comprobar el rendimiento general de las distintas funciones del marketing: ventas, publicidad, investigación de mercado, etc.

Podemos afirmar que, en general, un sistema de control de marketing será efectivo si tiene las siguientes características:

a. Pone de manifiesto las variables respecto a los resultados previstos con la antelación suficiente para que se puedan tomar decisiones y acciones correctoras.

b. Ayuda a identificar las áreas específicas donde se pueden producir variaciones que afecten al rendimiento global del área comercial.

c. Permite la dirección por excepción, es decir, permite que la dirección se centre sólo en aquellas áreas de la empresa don-

de se produzcan las desviaciones sobre los objetivos fijados.

d. Está integrado en el sistema general de control de la empresa.

e. Limita la información pertinente y necesaria a cada director.

f. Proporciona información básicamente para el control y sólo ocasionalmente para la planificación.

15.4 RESULTADOS DE UNA AUDITORÍA DE MARKETING.

El conjunto del trabajo debe quedar recogido en, al menos, dos tipos de informes:

1. Informe de auditoría: Incluye todo el trabajo realizado por el consultor. El contenido del mismo se resume en la siguiente imagen:

2. Informe confidencial: Recoge, de forma breve, aquellas observaciones que por su especial incidencia en la organización deben ser tratadas con total confidencialidad.

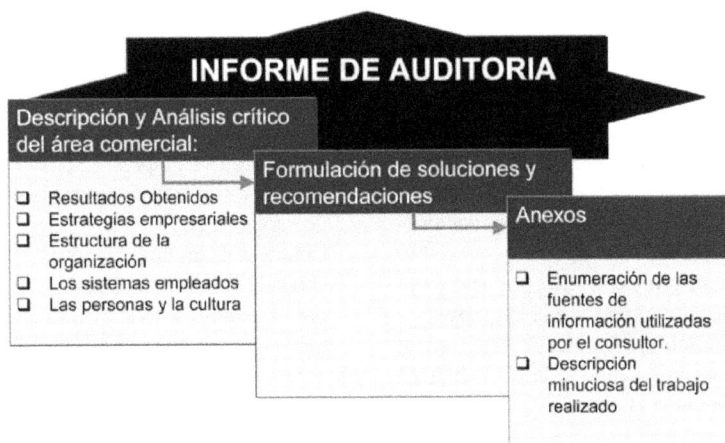

INFORME DE AUDITORIA

Descripción y Análisis crítico del área comercial:

❑ Resultados Obtenidos
❑ Estrategias empresariales
❑ Estructura de la organización
❑ Los sistemas empleados
❑ Las personas y la cultura

Formulación de soluciones y recomendaciones

Anexos

❑ Enumeración de las fuentes de información utilizadas por el consultor.
❑ Descripción minuciosa del trabajo realizado

15.5 CONTENIDO DEL INFORME DE AUDITORÍA

El contenido del informe de auditoría debe recoger de manera regular aspectos clave, como los siguientes indicadores de la actividad del departamento:

Resultado de esfuerzos comerciales
- Ventas totales
- Márgenes comerciales
- Posición en el mercado
- Clientes
- Esfuerzos comerciales. Red de ventas
- Esfuerzos comerciales. Comunicación
- Eficiencia de los esfuerzos comerciales

más significativos
- Eficacia de los esfuerzos comerciales más significativos

Estrategias
- Cartera de productos
- Estrategia competitiva
- Estrategia de marketing
- Competencia
- Mercado: tamaño, segmento de clientes y zona geográfica
- Mercado: tendencias de la evolución de la demanda

Estructura
- Organización comercial y de marketing
- Plantilla de la organización comercial y gastos directos asociados a la misma

Sistemas
- Sistema de planificación y control
- Sistema de innovación

- Sistema de calidad
- Sistema de información
- Sistema de remuneración

Persona/Cultura
- Calificación del personal comercial
- Dirección y motivación
- Marketing interno

15.6 ¿CÓMO SE REALIZA UNA AUDITORÍA DE MARKETING?

Como ya comentamos al principio, una buena auditoría de marketing tiene las siguientes características:
- Ser sistemático: ya que debe seguir una secuencia ordenada en las fases que necesariamente se deben dar para realizar el diagnóstico.
- Ser completo: ya que deben ser analizados cada uno de los factores que influyen en todas y cada una de las variables del márketing y en su efectividad.
- Ser independiente: esto es, que nos garantice un análisis objetivo sin que tengamos dudas de que entran en juego intereses personales por parte de ciertos sectores de la empresa. Para ello es aconsejable que la auditoría se realice por auditores especializados externos a la empresa.
- Ser periódico: ya que debe programarse regularmente, aunque la periodicidad está supeditada al tamaño de la empresa.

Los pasos propuesta para la realización de la auditoría de marketing son:
1. Establecimiento del proyecto de auditoría. Para empezar, se trata de reflexionar y determinar el ámbito de actuación del proyecto de auditoría que se quiere abordar.
2. Aceptación formal del proyecto de auditoría. Una vez determinado el ámbito del proyecto por las personas relacionados con el tema, se debe tener la aprobación formal por parte de los responsable de la empresa, el Director de Marketing, e incluso, dependiendo de la empresa, el Director General.
3. Recogida de la información interna. Es de vital importancia para la realización de la auditoría recoger los datos internos

necesarios y reales para poder ver las posibles desviaciones.
4. Visitas a clientes y distribuidores seleccionados. Para recoger datos primarios sobre clientes y distribuidores se seleccionará una muestra representativa de los mismos y se realizarán visitas para obtener la información necesaria para el esudio.
5. Recogida de información externa. Para conseguir un informe completo también se necesita la obtención de información externa de la empresa, como datos macroeconómicos, del sector, de estándares de servicio, etc.
6. Contraste de las informaciones. Una vez recopilada toda la información, se debe contrastar y unificar toda la información para que sea útil para la toma de decisiones.
7. Redacción del informe de auditoría. El último paso es la redacción y presentación de los resultados y conclusiones de la Auditoría a Dirección.

En conclusión, podemos decir que las auditorías de marketing son, en la actualidad, una de las mejores herramientas de trabajo para analizar y corregir posibles desviaciones del

PASOS PARA LA REALIZACIÓN DE UNA AUDITORÍA DE MARKETING

1. Establecimiento del proyecto de auditoría
2. Aceptación formal del Proyecto de Auditoría
3. Recogida de información interna
4. Visitas a clientes y distribuidores seleccionados
5. Recogida de información externa
6. Contraste de las informaciones
7. Redacción del informe de auditoría

mercado y, lo que es aún más importante, para descubrir las áreas de mejora sobre las que actuar y, de esta forma, aumentar la rentabilidad de la empresa. La auditoría de marketing se convierte así en la opción más beneficiosa para sus potenciales inversores. Además, es una herramienta perfecta para situaciones de crisis, ya que ayuda a superarlas con éxito.

Conceptos fundamentales

Auditoría de Marketing. *Revisión, valoración general de la función de Marketing en una organización; su filosofía, ambiente, metas, estrategias, estrutura organizacional, recursos humanos y financieros, y desempeño.*

Informe de autoría. *Documento final donde se resumen las principales conclusiones de la auditoría realizada por los consultores.*

Informe confidencial. *Recoge, de forma breve, aquellas observaciones que por su especial incidencia en la organización deben ser tratadas con total confidencialidad.*

Auditoría del entorno. *Incluye tanto el macroentorno (económico, demográfico, cultural, etc.) como el entorno de tareas (mercados, clientes, distribuidores, proveedores, competencia).*

Auditoría de las estrategia. *Se trata de analizar si la estrategia está bien enfocada en función de los problemas y oportunidades que se le presenta a la empresa.*

Auditoría de la organización. *Implica el estudio del grado de eficacia de la organización comercial, así como de las relaciones de marketing con las demás funciones empresariales: finanzas, logística, compras, producción, etc.*

Auditoría de los sistemas. *Es el estudio de los sistemas de información, planificación y control de la actividad comercial. En concreto, supone revisar los precedimientos de previsión de ventas, fijación de objetivos y cuotas de ventas, control de existencias, distribución física, desarrollo de nuevos productos, etc.*

Auditoría de la productividad. *El objetivo es determinar dónde se obtienen beneficios y si es posible o no reducir de alguna manera costes comerciales.*

Auditoría de las funciones. *Consiste en comprobar el rendimiento general de las distintas funciones del marketing: ventas, publicidad, investigación de mercado, etc.*

Test sobre el capítulo (Sólo una respuesta correcta)

1. La realización de una auditoría de marketing en una empresa nos ayuda a:
   a. Averiguar si su organización comercial es la apropiada
   b. Incrementar la cifra de ventas
   c. Obtener más beneficios

2. Para la realización de una auditoría de markerting es necesario que:
   a. Intervenga únicamente el personal de la empresa
   b. Intervenga únicamente un auditor externo
   c. Intervengan ambos

3. La empresa llevará a cabo únicamente una auditoría de marketing:

   a. Para fijar las políticas de las cuatros herramientas del marketing: producto, precio, posición y promoción
   b. Para analizar la situación de la empresa frente a la competencia
   c. Para analizar la gestión comercial de la empresa, así como su valoración

4. Cuando se afronta la posibilidad de compra o fusión entre empresas:
   a. Es necesario trabajar únicamente con la información de los datos aportados por la auditoria contable y fiscal.
   b. Se necesitan, únicamente, los datos aportados por la auditoría de marketing.
   c. Ambas auditorías son necesarias.

5. Cualquier empresa que esté obligada por ley a presentar una auditoría contable:
   a. También ha de presentar la auditoría de marketing.
   b. No está obligada a presentar la auditoría de marketing.
   c. Está obligada, siempre y cuando supere una cifra de ventas determinada.

6. La auditoría de marketing se realiza:
   a. Únicamente con información proporcionada por la propia empresa objeto de la auditoría
   b. Con la información que reciba el auditor del mercado, el entorno y la propia empresa
   c. Con la información que crea oportuno el auditor externo

7. Es aconsejable realizar una auditoría de marketing:
   a. Cuando exista una fusión entre empresas o una adquisición de otra empresa, o una nueva red comercial

   b. Para estimular al equipo de ventas
   c. Para incrementar la cifra de ventas

8. La auditoría de marketing:
   a. Consiste en un análisis sistemático de los aspectos más relevantes del área de marketing o comercial de la empresa.
   b. Tiene como propósito el ofrecer recomendaciones de mejora para la empresa.
   c. Las dos afirmaciones son ciertas.

9. Para la realización de una auditoría de marketing es necesario:
   a. Pertenecer al Colegio de censores y auditores de marketing
   b. Disponer de título de licenciado en Dirección y administración de empresas, en la especialidad de Marketing
   c. Ninguna de las afirmaciones anteriores es cierta.

Car-Spare (Auditoría de Marketing)

(Este documento no pretende ilustrar una determinada forma de gestión, sino que debe servir como base para el diálogo. Para que la discusión sea provechosa, es necesario preparar el caso con antelación, definiendo los problemas y proponiendo alternativas de solución y acción.)

Una Empresa de recambios de automóvil, Car-Spare, esta en tratos con la que llamaremos Car-Parts con el fin de comprarla. Ambas son competidoras, llevan más de 10 años en el mercado y tienen marcas conocidas dentro del sector de talleres, sus clientes.

Introducción

En el proceso convencional que incluye la "Due Diligence contable y fiscal", se incluye la "Due Diligence comercial", que es la tarea que nos encargan como expertos en marketing.

El objetivo es la valoración de los Intangibles de la vendedora y dentro de ellos los del ámbito comercial. Así que efectuamos una Auditoría de Marketing para posibilitar la posterior valoración económica y disponer de datos fehacientes para negociar.

Los objetivos vienen de la compradora, la Car-Spare, nuestro cliente, y en nombre de ella se efectúa el Auditoría de Marketing en el domicilio de la Vendedora, la Car-Parts.

Es de suponer que las personas con las que hipotéticamente colaboramos no están bien predispuestas y que habrá que extremar el rigor de la metodología ya que la compra en ese caso es una operación que busca afianzar la empresa Car-Spare y eliminar un competidor, Car-Parts, cuya cifra de negocio desciende dada año.

Se cumplen las condiciones iniciales de objetividad ya que somos auditores externos Car-Spare las compañías, validación ya que aprueban nuestra planificación y metodología, sistematización y visión global porque los vendedores aceptan facilitarnos información de cualquier departamento además del comercial.

En aras de conseguir la fiabilidad de la información nos apoyaremos básicamente en documentación y entrevistas con proveedores, clientes, banqueros y otras personas de fuera de Car-Parts.

El *Audit* de Gestión

El proceso de gestión de la auditoría denota sensibles carencias estructurales que hacen depender de las decisiones de unas pocas personas la actividad de toda la empresa. Por ejemplo no hay un buen sistema de información de Marketing, ni es coherente la supuesta misión (no explícita ni asumida) con las actuaciones reales.

No se sabe muy bien quién hace qué porque "entre todos lo hacen todo".

La gama de productos no esta de acuerdo con la demanda sino en función de necesidades de producción.

Los indicadores de capital estructural –organización, ligazón con el exterior- muestran resultados muy deficientes. Excepto en el caso de los decisores, los indicadores de capital humano –aptitudes y actitud de los empleados- son buenos.

El *Audit* de Mercado

En este apartado, se aprecia baja imagen por parte de los *stakeholders*. Y desconfianza, que se materializa en dificultades crediticias que complican las compras y consecuentemente dificultan los cumplimientos ante los clientes.

No disponen, ni creen necesitar, estudios de mercado.

Hay un férreo control económico, de manera que se anula la asistencia Car-Spare a una Feria si los números no salen. La Marca es muy conocida.

Los indicadores de clientes son negativos, están descontentos con Car-Parts.

El *Audit* de Estrategia

Demuestra que la empresa actúa por impulsos, hay poca planificación, se controla poco y no se toman medidas correctoras previstas.

Los productos nuevos se lanzan en función de viajes de prospección que realiza el propietario y que optimizan la capacidad de producción.

Los precios de tarifa no se cumplen y los precios reales se negocian en función de las necesidades de vaciar existencias.

Se hace publicidad solamente como reacción de malas coyunturas.

Y no hay una adecuada gestión de la marca. La comunicación interna es nula. Los indicadores de valor y de creación de valor son muy flojos.

La empresa vendedora, conocedora de sus puntos débiles, hace hincapié en la marca y el equipo aduciendo que son las dificultades económicas las que generan la pérdida de ventas.

La empresa compradora partía interesada en hacerse con la marca y la clientela, aspectos sinérgicos de sus potencialidades y debilidades. Una de las más arduas negociaciones se centró en el valor de la marca, activo muy considerado por el vendedor.

La operación se efectuó. Se mantuvo en sus puestos al equipo humano de base, indemnizándose al cuadro directivo. La marca no se compró, sustituyéndose por la de la empresa compradora.

Cuestiones

1. Análisis y discusión del proceso de auditoría realizada en los aspectos indicados

2. ¿Considera apropiada la decisión tomada?

Bibliografía

Aaker, D. (1994). *Strategic Market Management*. Ed. Díaz de Santos.

Agustín, A.; Iniesta, F. (2001). Fidelización de consumidores. Gestión2000.com

Alba, J.; Lynch, J.; Weitz, B.; Janiszewski, C., et al. (1997). "Interactive Home Shopping: Consumer, Retailer, and Manufacturer Incentives to Participate in Electronic Marketplaces". *Journal of Marketing*, 61(3), 38-53.

Alfaro Rius, M. (1995). *Marketing racional*. Ed. IPMARK.

Alvira, M. (1987). *Aspectos psicológicos del comportamiento de consumidor*. Ed. CUPEMA.

Bakos, J. Y. (1991). "A Strategic Analysis of Electronic Marketplaces". *M. Quarterly*, 15(3), 295-310.

Bakos, J. Y. (1997). "Reducing Buyer Search Costs: Implications for Electronic Marketplaces". *Management Science*, 43(12), 1676-1692.

Bakos, J. Y. (1998). "The Emerging Role of Electronic Marketplaces on the Internet". *Communications of the ACM*, 41(8), 35-42.

Barua, A.; Konana, P.; Whinston, A.B.; Yin, F. (2003). "Hacia la Excelencia en el eBusiness". *Harvard Deusto Business Review*.

Baum Herbert, M. (1988) *El marketing de la distribución en el año 2000*. Distribución Actualidad.

Briggs, R.; Hollis, N. (1997). "Advertising on the Web: Is There Response Before Click-Through?". *Journal of Advertising Research*, 37(2), 33-45.

Brynjolfsson, E.; Smith, M. D. (2000), "Frictionless Commerce? A Comparison of Internet and Conventional Retailers". *Management Science*, 46(4), 563-585.

Callebaut, J., et al. (1994). *The Naked Consumer: The Secret of Motivational Research in Global Marketing*. Censydiam Institute.

Cardozo, R. (1994). *Industrial Marketing Management*. Abril de 1994.

Cateora, Philip. (2000). *Marketing internacional*. Ed. McGraw-Hill.

Chatterjee, P.; Hoffman, D.; Novak, T. (1998). "Modeling the Clickstream: Implications for Web-based Advertising Effects". Conclusions. Owen Graduate School of Management, University of Vanderbilt. Working Paper.

Churruca, A. (1995), *Marketing internacional*. Ed. Pirámide. Madrid.

Clemons, E. K.; Hann, I.; Hitt, L. M. (1999). "The Nature of Competition in Electronic Markets:

An Empirical Investigation of Online Travel Agent Offerings". Working Paper. The Wharton School, University of Pennsylvania.

Cristol S.M.; Sealey, P. (2000). *Simplicity Marketing: End Brand Complexity, Clutter, and Confusion*. Ed. Reviews.

Danaher, P. J.; Wilson, I. (2000). "Consumer Brand Loyalty in a Virtual Shopping Environment". Working Paper.

Degeratu, A. M.; Rangaswamy, A.; Wu, J. (2000). "Consumer Choice Behavior in Online and Traditional Supermarkets: The Effects of Brand Name, Price, and Other Search Attributes". *International Journal of Research in Marketing*, 17(1), 55-78.

Deighton, J.; Agustono, A.; Aistrich, M., et al. (1999). "Marketing and the World Wide Web". Industry Note: Harvard Business School.

Dios, M. (2003). "Cómo mejorar la presencia de su empresa en Internet". E-Deusto. Ediciones Deusto.

Dolan, R.; Moon, Y. (2000). "Pricing an Market Making on the Internet". *Journal of Marketing*.

Dorfman, R. (1972). *Precios y mercados*. Ed. Prentice Hall.

Druker, P. (1973). *Management: Tasks, Responsibilities. Practices*. Ed. Harper & Row.

E-Deusto (2003). "Marcas españolas renombradas: el veredicto de Internet". Ediciones Deusto.

E-Deusto (2003). "Evite los errores habituales en Internet". Ediciones Deusto.

Emmanouilides, C.; Hammond, K. (2000). "Internet Usage: Predictors of Active Users and Frequency of Use". *Journal of Interactive Marketing*, 14(2), 17-32.

Emarketer. Varios estudios sobre comercio electrónico B2C y B2B en España, Europa y el Mundo (2000, 2001 y 2002). Varios artículos sobre B2C (2003).

Font, A. (2000). *Seguridad y certificación en el comercio electrónico*. Biblioteca Fundación Auna.

Fontdevila, J. (2001). Varios artículos sobre sistemas de información, tecnología y negocios en la red.

Forrester (2003). *Retail North America. Consumer Technographics Data Overview*. Gartner. (2001)."Interactive TV: Crouching Consumers, Hidden Opportunities", (1999). "Global Consumers E-Commerce Forecast Update".

García, R. (2000). *Marketing internacional*. Ed. ESIC. Madrid.

Gelb, B.D.; Sundaram, S. (2003). "Atentos a la opinión online". Harvard Deusto Marketing y Ventas. *Ginebra Torra, J.* (1973). *La maduración de los mercados*. Ed. Eunsa.

Goolsbee, A. (2000). "In a World Without Borders: The Impact of Taxes on Internet Commerce". *Quarterly Journal of Economics*, 115(2), 561-576.

Hammond, K.; Bain, M. (2000). "Factors Related to Consumer Adoption of the Internet As a Purchase Channel". Working Paper.

Haubl, G.; Trifts, V. (2000). "Consumer Decision Making in Online Shopping Environments: The Effects of Interactive Decision Aids". *Marketing Science*, 19(1), 4-21.

Iniesta, F.; Díaz, R. (2000). "Marketing on the Internet". Revista de Antiguos Alumnos del IESE.

Instituto Nacional de Estadística, INE. Datos sobre población en España.

International Data Corporation (2000). "PCs and eCommerce: Forecast and Analysis of Online US Consumer PC Sales" and "Small Business eCommerce: Definitions, Taxonomy and Forecasts"

Johnson, E. J.; Fader, P.; Moe, W.; Lohse, J.; Bellman, S. (2000). "On the Depth and Dynamics of World Wide Web Shopping Behavior". Working Paper.

Jupiter Communications (2000). Varios estudios sobre Internet: *European Online Advertising in 2005*; As Spain´s Online Market Gathers Momentum, Traditional companies Take Control; Online Users and Spending in Spain.

Kaplan, S.; Sawhney, M. (2002). "B2B Marketplaces". *Harvard Business Review*.

Kotler, Ph. (2000). *Dirección del marketing*. Ed. Prentice Hall. 10ª edición.

Kotler, Ph. (2000). *Introducción al marketing*. Ed. Prentice Hall.

Hartley, R.F. (1991). *Errores en el marketing*. Colección éxito.

Hill, S.; Rifkin, G. (1999). *Radical Marketing*. Ed. HarperBusiness.

Lafuente, A. (2003). "Pasos Clave en la Creación de una Página Web". Harvard Deusto Marketing y Ventas.

Lambin, J.J.(1987). *Marketing estratégico*. Ed. McGraw-Hill.

Lee, H.L.; Whang, S. (2003). "El momento de la entrega: ganar el último tramo en el comercio electrónico". *Harvard Deusto Business Review*.

Levitt, Th. "The globalization of markets". *Harvard Business Review*, mayo-junio de 1983. pp. 92-102.

Lewitt, Th. (1975). *La moda del marketing*. Ed. Grijalbo.

Lohse, G. L.; Bellman, S.; Johnson, E. J. (2000). "Consumer Buying Behavior on the Internet: Findings From Panel Data". *Journal of Interactive Marketing*, 14(1), 15-29.

López-Pinto, B.; (2000). *La esencia del marketing.* Edicions UPC

López-Pinto, B.; Tamayo, V.H.; Viscarri, J. (2001). *La esencia del marketing. Casos prácticos.* Edicions UPC

Lynch, J. G. J., Ariely, D. (2000). "Wine Online: Search Costs Affect Competition on Price, Quality, and Distribution". Marketing Science, 19(1), 83-103.

Martín Armario, M.(1993). Marketing. Ed. Ariel Economía.

Maslow, A.H.(1975). Motivación y personalidad. Ed. Sagitario.

Nielsen/Netratings (2001-2003). Datos sociodemográficos.

Nueno, J.L. (2000) Estudio patrocinado por la Conselleria de Industria de la Generalitat de Catalunya: "Canales de Distribución en las Empresas Industriales Catalanas".

Nueno, J.L.; Simon, H. (1999)."Gestión de precios". Ed. IESE

Nueno, J.L.; Ruiz, A.C.; Viscarri, J. (1999). *Claves para el éxito del pequeño comercio.* Ed. Idelco

Nueno, J.L.; Villanueva, J.; Viscarri, J. (2003). ¿Hay B2C en España? *Harvard Deusto Business Review*, Feb-mar. 2003

Online Publisher Association (2003). The Existence and Characteristis of Dayparts in Internet. Vol.1, N.3.

"Opinet" (2002). "Monitor de las empresas e Internet".

Polo, F. (2003). "¿Escucha usted lo que está diciendo la Red?. Harvard Deusto Marketing y Ventas.

Rasch, S., Lintner, A. (2001). "The Multichannel Consumer". The Boston Consulting Group.

Rifkin, G., Kurtzman, J. (2003). "Modelos de Negocio On-Line que sí Funcionan". Harvard Deusto Marketing y Ventas.

Roman, M. V., Martínez, J. (2001). Efectividad de la Publicidad en forma de "Banner". Harvard Deusto Marketing y Ventas

Salop, S., Stiglitz, J. E. (1982). "The Theory of Sales: A Simple Model of Equilibrium Price Dispersion With Identical Agents". American Economic Review, 72(5), 1121-1130.

Santesmases, Miguel.(1996) Marketing. Conceptos y estrategias. Ed. Pirámide. Madrid.

Shama, A. (2001). Estrategias de Marketing para el Comercio Electrónico. Harvard Deusto Marketing & Ventas

Shankar, V. (1999). "Relating Shareholder Value to Customer Value in Cyber Space". Working Paper.

Shankar, V., Rangaswamy, A., Pusareti, M. (1999). "The Online Medium and Customer Price Sensitivity". Working Paper.

Simon, H. (1997). Líderes en la Sombra. Planeta.

Staüffer, D. (1999). Sales Strategies for the Internet Ages. Harvard Management Update.

Subirana, B., Valor, J., Carvajal, P. (2000). "Entender Internet". Revista de Antiguos Alumnos del IESE.

Strout, E. (2003). "Guía para la Supervivencia para la Creación de un Negocio Web". Harvard Deusto Marketing y Ventas.

Taylor Nelson Sofres: "Global eCommerce Report": Country Reports y Global Results Report (2001 y 2002).

Tellis, G.J., Stremersch, S., Yin, E. (2002). "The International Takeoff of New Products: The Role of Economics, Culture, and Country Innovativeness" Working Paper. Marketing Science Institute.

Varian, H. R. (1999). "Economics and Search". Working Paper.

— (1999). "Market Structure in the Network Age". Working Paper.

Valor, J., Sieber, S. (2003). "Lecciones desde el Cementerio punto-com". Harvard Deusto Business Review.

Ward, M. R., Lee, M. J. (1999). "Internet Shopping, Consumer Search, and Product Branding". Working Paper at the University of Illinois.

Wu, J., Rangaswamy, A. (2000). "A Fuzzy Set Model Of Consideration Set Formation Calibrated On Data From An Online Supermarket". Working Paper.

What Products can be successfully promoted and sold via Internet? (2002). Journal of Advertising Research.

Zapata, M. (2003) "Webs Corporativas: algo más que estar en Internet". Ediciones Deusto.

Zauberman, G. (2000). "Consumer Lock-in Over Time: The Impact of Time Preferences and Failure to Predict Switching Costs". Working Paper at The Fuqua School of Business.

Se puede encontrar más información en:
www.edicionsupc.es/poli180

www.ingramcontent.com/pod-product-compliance
Lightning Source LLC
Chambersburg PA
CBHW080650220326

41598CB00033B/5161